W0395825

Franz Kurowski

1940

So war der 2. Weltkrieg

1940

So war der
2. Weltkrieg

FLECHSIG

Umwelthinweis:
Dieses Buch und der Umschlag wurden auf chlorfrei gebleichtem Papier gedruckt.
Die Einschrumpffolie – zum Schutz vor Verschmutzung – ist aus umweltverträglichem und recyclingfähigem PE-Material.

Sonderausgabe für Flechsig-Buchvertrieb

Internet: www.verlagshaus.com
Gesamtherstellung: AGORA, United Graphic Services b.v., Netherland

ISBN 978-3-88189-711-2

Inhaltsverzeichnis

ALLGEMEINE ÜBERSICHT

Politische Ereignisse

Die ersten drei Monate des Jahres 1940 waren deutscherseits von einer intensiven politischen Aktivität geprägt, während sich die Kampfhandlungen sowohl an der Westfront als auch im Luftkrieg auf ein Minimum beschränkten. Lediglich im Seekrieg - und hier vor allem im Krieg unter Wasser - wurden weiterhin harte Schläge gegen einen Gegner geführt, der sich ebenso verhalten gab wie die Deutsche Wehrmacht.

Es galt, noch vor Beginn des Westfeldzuges, den Hitler am Jahresende 1939 abermals verschoben hatte, die politischen Möglichkeiten zu erkunden und noch unsichere Kantonisten auf die deutsche Seite zu ziehen.

Nachdem Hitler den Beginn des Westfeldzuges, um dessen Aufmarschplan und Durchführung seit Monaten gerungen wurde, am 10. Januar 1940 endgültig auf den 17. Januar festgesetzt hatte, schienen die Würfel gefallen. Doch am gleichen Tage kam es bei Mechelen, also auf belgischem Gebiet, zur Notlandung eines deutschen Flugzeuges, die Folgen in der obersten Führung und bei der Luftwaffe nach sich zog.

In diesem Flugzeug hatten sich die Majore der Luftwaffe Reinberger und Hönmanns befunden. Die beiden Offiziere führten den vollständigen Aufmarschplan für den Westfeldzug bei sich, obgleich sie in Bonn lediglich einen Teilaspekt - der die Luftlandungen betraf - mit der Luftwaffenführung durchsprechen sollten.

Zwar konnte der größte Teil des Aufmarschplanes von den beiden verbrannt werden, doch die belgische Polizei, die kurz nach der Notlandung am Landungsplatz eintraf, konnte einen Teil der Akten, wenn auch feuergeschädigt, sicherstellen. Die Experten, die diese Dokumente untersuchten, fanden rasch heraus, daß es sich hier um einen Angriffsplan gegen Frankreich handelte, der einen Verstoß über belgisches und niederländisches Gebiet vorsah.

Als Hitler über diesen Unfall Meldung erstattet wurde, erließ er noch am 11. Januar den "Grundsätzlichen Befehl Nr. 1", der während des gesamten Zweiten Weltkriegs seine Gültigkeit behielt. Der Kernsatz dieses Befehls lautete:

"Niemand darf von einer geheimzuhaltenden Sache mehr erfahren, als er aus dienstlichen Gründen davon Kenntnis haben muß."

Die belgische militärische Führung machte nach der Entzifferung des angekohlten Planes ihrem König, Leopold III., von dessen Sprengkraft Meldung. Dieser ließ sich gegen Abend mit Königin Wilhelmina der Niederlande verbinden, um ihr die erschreckende Neuigkeit zu übermitteln: daß sowohl Belgien als auch die Niederlande in Gefahr stünden, zum Kriegsschauplatz zu werden.

Der deutsche Luftwaffenattaché in Den Haag erfuhr sofort davon und meldete ins Reich.

Von diesem Zeitpunkt an herrschte in Brüssel die Furcht vor einem deutschen Überfall. Man tat dort - trotz des Druckes von Frankreich und England - alles, um eine strikte Neutralität zu wahren. Eine vorbeugende Besetzung Belgiens durch die Alliierten lehnte Leopold III. entschieden ab.

Dieses Ereignis wurde für die Luftwaffe zum Anlaß einer Umbesetzung der Oberbefehlshaber der Luftflotten 1 und 2 und deren Generalstabschefs. Doch darüber später.

Als die Mobilmachung Belgiens und Hollands aufgrund des Planes bekannt wurde, mußte Hitler, der sich bis dahin geweigert hatte, den Angriffstag zu verschieben, diesen auf unbestimmte Zeit vertagen.

England und Frankreich erhielten aus Belgien Ablichtungen der vom Feuer angesengten Dokumente über den Fall "Gelb". Beide Führungen waren der Überzeugung, daß ihnen diese Pläne als Täuschungsmanöver zugespielt worden seien.

Was Winston Churchill besonders enttäuschte, war die Haltung der Belgier. Dazu bemerkte er in seinen Memoiren: "Ich wurde sogleich über den Fall unterrichtet und hielt es für selbstverständlich, daß die Belgier uns auffordern würden, einen gemeinsamen Operationsplan zur Abwehr dieser geplanten Invasion aufzustellen. Doch sie taten nichts dergleichen." (Siehe Churchill, Winston: Der Zweite Weltkrieg).

Hitlers ursprünglicher Plan, am 14. Januar 1940 im Westen anzugreifen, war zwar fallengelassen worden, doch der belgische Militärattaché in Berlin, Oberst Goethals, meldete seiner Regierung am späten Abend des 13. Januar, daß Hitler am folgenden Tage angreifen werde.

Diese Meldung stammte von einer Warnung, die Oberst Oster, der Stellvertreter von Admiral Canaris in der Deutschen Abwehr, an den niederländischen Major Sas richtete. Er teilte mit, es komme zum Angriff.

Die belgischen Streitkräfte wurden in Alarmbereitschaft versetzt. Der Oberbefehlshaber der belgischen Armee, General van den Bergen, ließ noch in der Nacht die Sperren zur französischen Grenze beseitigen. Dies kostete ihn seinen Posten, denn der deutsche Angriff fand nicht statt.

Als Mitte Januar 1940 französische und englische Truppen an die belgische Grenze vorrückten, schien deutscherseits klar, daß Belgien von den Alliierten besetzt werden sollte. Dies deutete darauf hin, daß Frankreich und England den Dyle-Plan von General Gamelin verwirklichen wollten.

Am 16. Januar 1940 begannen die ersten Vorbereitungsarbeiten für eine militärische Aktion an anderer Stelle, in Skandinavien. Sie wurden unter dem Codewort "Weserübung" betrieben und ab dem 27. Januar 1940 im Oberkommando der Wehrmacht bearbeitet.

In Polen von 1939

Die bereits am 12. Oktober durch Geheimerlaß unter der Bezeichnung "Generalgouvernement" an Deutschland gefallenen Teile Polens aus dessen fünfter Teilung wurden von dem neuernannten Generalgouverneur Hans Frank übernommen. Hinzu kamen die ins Reich eingegliederten Ostgebiete: jene 1919 von Deutschland geraubten Gebiete, die außerdem noch durch kongreßpolnische Teile "abgerundet" wurden.

Durch die "Volksdeutsche Mittelsstelle" unter SS-Obergruppenführer Werner Lorenz wurden 65.000 Baltendeutsche in diese Gebiete umgesiedelt. Später kamen 135.000 Deutsche aus Bessarabien und dem Buchenland hinzu. Alle Maßnahmen dieser Umsiedlung und der geplanten Germanisierungspolitik wurden vom Reichskommissar für die Festigung des deutschen Volkstums, Heinrich Himmler, koordiniert.

Der deutsche Reichstag verabschiedete am 29. Januar 1940 ein Gesetz, nach welchem er um so viele Abgeordnete verstärkt wurde, "als die Gesamtzahl der in den einzelnen Ostgebieten ansässigen über 20 Jahre alten deutschen Volksgenossen durch 60.000 teilbar ist."

Am 2. Februar 1940 war die erste Umsiedlungsaktion in Osteuropa beendet. Der letzte Umsiedlertransport passierte die deutsch-sowjetische Interessengrenze am genannten Tage.

Hitler sprach am 30. Januar 1940 - anläßlich des 7. Jahrestages der Machtübernahme - im Berliner Sportpalast. An die Adresse der Alliierten gerichtet, erklärte er: "Ich kann Frankreich und England nur sagen, auch sie werden den Kampf bekommen."

Das deutsch-sowjetische Wirtschaftsabkommen

Wie es um das deutsch-sowjetische Verhältnis im Januar 1940 bestellt war, wird am besten aus einer Meldung der PRAWDA vom 26. Januar 1940 deutlich, in der es hieß: "England und Frankreich und nicht Deutschland haben den Krieg erklärt. Nicht Deutschland, sondern diese beiden Länder haben die Friedensvorschläge Hitlers zurückgewiesen und nicht nur auf der Fortsetzung des Krieges, sondern sogar auf seiner Ausweitung bestanden."

Die PRAWDA in diesem Artikel weiter: "Die englischen und französischen Imperialisten wollen diesen Krieg in einen Weltkrieg verwandeln. Sie wollen die gesamte Menschheit in einem Meer von Leid und Entbehrungen ertränken. Sie haben einen gefährlichen Weg gewählt, denn für alle diejenigen, die ein neues Weltmassaker heraufbeschwören, werden daraus verheerende Folgen entstehen."

Im Zuge dieser Einigkeit und als Folge der deutsch-sowjetischen Geheimverhandlungen wurde am 11. Februar 1940 das deutsch-sowjetische Wirtschaftsabkommen unterzeichnet. Aus der UdSSR rollten in der Folgezeit die Güterzüge mit Erdöl und anderen von Deutschland benötigten Rohstoffen wie: Kautschuk, Kupfer, Weizen, Tabak, Zinn und Zink. Oftmals waren es 3 000 Tonnen Erdöl und 3 600 Tonnen weiterer Rohstoffe, die an einem Tage die deutsche Grenze passierten.

Die UdSSR bestellte zunächst für 200 Millionen Reichsmark Waren im Deutschen Reich und erhielt sie. Es waren dies vor allem Werkzeugmaschinen, Schiffe, Waffen, Nachrichtengeräte und vor allem Investitionsgüter.

Der Rußlandausschuß der deutschen Wirtschaft hatte unter der Leitung von Botschafter Karl Ritter und General Georg Thomas vom Wehrmachtsbeschaffungsamt nicht weniger als 42 Einkäuferfirmen unter einen Hut zu bringen, die alles kaufen wollten, was die Sowjetunion produzierte.

Der Schwere Kreuzer "Lützow" wurde 1940 - glücklicherweise noch nicht fahrbereit - an die UdSSR verkauft. (Er konnte nach Beginn des Ostfeldzuges auf der Werft von Leningrad von deutschen Stukas zerbombt werden, bevor er in der Ostsee gegen Deutschland eingesetzt wurde).

Vom 10. Februar 1940 bis zum Beginn des Ostfeldzuges hatte Stalin an das Reich nicht weniger als 1 500 000 Tonnen Erdöl und vor allem 2 700 Kilogramm jenes für die Rüstungsindustrie hochwichtigen Platins, das später auf verschiedenen Umwegen aus Kolumbien herangeschafft werden mußte, geliefert. Chrom und Baumwolle verkaufte die UdSSR an das Reich ebenso wie Rinderhäute und viele andere Erzeugnisse.

Deutschland lieferte außer dem halbfertigen Schweren Kreuzer "Lützow" noch für 467 Millionen Reichsmark Güter aller Art an die Sowjetunion und stand am 22. Juni 1941 immer noch mit 239 Millionen Reichsmark in Lieferungsverzug.

Dieser Warenaustausch, der praktisch bis zur letzten Minute lief, wiegte alle Welt in Sicherheit. Selbst Stalin war nicht sicher, ob die Alarmmeldungen seiner Agenten und Spitzel zutrafen, die von einer Rüstung des Deutschen Reiches und von einem geheimen Aufmarsch deutscher Truppen an der sowjetisch-deutschen Demarkationslinie berichteten; erst im späten Frühjahr 1941 wurde das für Moskau offenbar.

Zur Vorbereitung verstärkter Rüstungsanstrengungen ernannte Hitler den Generalinspektor für das deutsche Straßenwesen, Fritz Todt, zum Generalinspektor für Sonderaufgaben im Vierjahresplan.

Trotz aller dieser Vorbereitungen für einen weiteren Blitzfeldzug vergaß die deutsche Führung auch auf sozialem Gebiet nur wenig. So erhielt der Reichsorganisationsleiter der NSDAP, Robert Ley, die Weisung, mit der Vorbereitung der Durchführung einer umfassenden Altersversorgung für das deutsche Volk zu beginnen.

Am 19. Februar 1940 schickte Hitler dem schwedischen Forscher Sven Hedin zu dessen 75. Geburtstag ein Glückwunschtelegramm und ließ ihm durch den deutschen Botschafter in Stockholm das Großkreuz des Ordens vom Deutschen Adler überreichen.

Fünf Tage darauf kam es in Rom zum Abschluß der deutsch-italienischen Wirtschaftsverhandlungen, und am 1. März unterzeichnete Hitler die erste operative Weisung für die Besetzung Dänemarks und Norwegens.

Am selben Tage erschien Unterstaatssekretär Sumner Welles, stellvertretender Außenminister der USA, in Berlin. Er war von Präsident Roosevelt nach Europa geschickt worden, um die Friedensaussichten mit den Führern aller kriegsführenden Länder zu besprechen, ohne allerdings Vermittlungsvorschläge der US-Regierung zu unterbreiten. Vor allem sollte er versuchen, Mussolini und Hitler auseinanderzubringen. Immerhin hatte der italienische Außenminister Graf Ciano die Moskauer Verträge mißbilligt und Sympathien für Polen und Finnland bekundet. Ciano hatte auch ihm zugetragene Berichte über den Terror des nationalsozialistischen Regimes nach Paris und London weitergeleitet. (Siehe Ciano-Tagebücher).

Graf Ciano hatte Sumner Weles in Rom - wohin er vorher gereist war - versichert, daß Italien nicht in den Krieg eintreten werde. Der italienische Außenminister hatte übrigens auch den König Leopold III. von Belgien vor deutschen Angriffsabsichten warnen lassen.

In Berlin angekommen, wurde Welles nacheinander von Hitler, Göring, Ribbentrop und Rudolf Heß empfangen. Alle bereiteten ihm einen überaus kühlen Empfang und gaben deutlich zu verstehen, daß sie auf den Rat Roosevelts nichts gaben.

In Paris erfuhr Welles zu seinem Leidwesen, daß die französische Regierung kurz vor dem Auseinanderbrechen stand und daß nur noch der bevorstehende deutsche Angriff die tiefen Risse notdürftig kittete.

Seine anschließend in London geführten Gespräche zeigten dem US-Politiker, daß weder Chamberlain mit Halifax noch Churchill mit Eden in der Frage der Führung der Abwehr Deutschlands übereinstimmten. Viel weniger noch die Oppositionspolitiker mit den Regierungsvertretern.

Als Sumner Welles noch einmal nach Rom zurückkehrte, weil er dort einen Ansatzpunkt sah, Deutschland zu schaden, hatte man dort bereits eine entgegengesetzte Haltung eingenommen, ohne daß er erfuhr, weshalb dies so rasch geschehen konnte.

Mussolini war der Überzeugung, daß jedes weitere Zuwarten ihn von der Verteilung der europäischen Beute ausschließen werde. Außerdem sah er sich nicht zuletzt aufgrund der erheblich verschlechterten Lage seines Landes zu diesem Kurswechsel veranlaßt.

Italien war durch die englische Seeblockade Deutschlands von den für das Land entscheidenden Kohlezufuhren aus dem Deutschen Reich abgeschnitten worden. Diese Kohlelieferungen waren bisher über Rotterdam und Antwerpen im Schiffstransport erfolgt. Italien war "im Mittelmeer eingesperrt", wie A. Giannini dies in seinem Werk "L'accordo italo-germanico per il carbone" in RSPI 1940 darlegte.

Außerdem hatte der Westen Italien die Pistole auf die Brust gesetzt und von Mussolini die Lieferung von 800 Flugzeugen, Flak, Pak, Munition und Sprengstoffen verlangt. (Siehe dazu: Catalano, F.: Les ambitions mussoliniennes et la réalité economique de l'Italie, in: Revue d'histoire 76/1969).

Dies waren die entscheidenden Auslöser der 180-Grad-Schwenkung die Mussolini veranlaßt hatten, auf die deutsche Seite überzuwechseln. Dafür sagte Reichsaußenminister Ribbentrop dem Duce zu, daß deutsche Kohle in dem von Italien benötigten Umfang auf dem Schienenwege geliefert würde. Dafür mußte sich Italien verpflichten, später einmal, sobald es dazu bereit sei, auf deutscher Seite in den Krieg einzutreten.

Am 18. März 1940 trafen Hitler und Mussolini auf dem Brenner zusammen. Dazu Hitler: "Mussolini trat mir sichtlich verlegen entgegen. Er war wie ein Schuljunge, der seine Schulaufgaben nicht ordentlich gemacht hatte, und versicherte mir treuherzigen Blickes, daß er am Krieg teilnehmen werde, sobald die italienische Wehrmacht dazu in der Lage sei." (Siehe Rintelen, Enno v.: Mussolini als Bundesgenosse, Tübingen 1951).

Die erste Monatslieferung deutscher Kohle in Höhe von mehr als einer Million Tonnen rollte gen Süden. "Damit war nach monatelangen Spannungen ein völliges Einvernehmen erzielt worden." (Siehe Dahms, Günther: Die Geschichte des Zweiten Weltkriegs).

Katastrophenstimmung in Frankreich – Unentschlossenheit in England

Am Samstag, dem 2. März 1940, besuchte der französische Politiker Pierre Taittinger mit einer Abordnung des Parlamentes die französischen Stellungen bei Sedan. Was er dort sah, veranlaßte ihn dazu, noch am kommenden Sonntag einen langen Brief an General Gamelin zu schreiben. Kernsatz dieses Briefes war die Feststellung: "Die Verteidigungsanlagen bei Sedan sind eine einzige Katastrophe. Die vorhandenen Hindernisse können die Deutschen höchstenfalls eine Stunde aufhalten."

Diese Feststellung stand genau im Gegensatz zu jener Meldung, die General Huntzinger, OB der 2. französischen Armee, seinem Oberbefehlshaber gemacht hatte, daß "für die Verstärkung des Abschnitts Sedan keine Dringleichkeit geboten" sei.

Der Kriegsplan, den General Gamelin am 16. März für die Alliierten zu Papier brachte, entsprach voll den Erwartungen Hitlers, der die Westfront als Freiwilliger des Ersten Weltkrieges ja kannte. Gamelins Plan enthielt eine Verschärfung der Blockade Deutschlands, den Einmarsch in die Niederlande, nach Belgien und nach Skandinavien. Ferner wurde auch der am 19. Januar 1940 bereits ausgearbeitete Plan der Zerstörung der sowjetischen Erdölfelder wieder aufgenommen. Und zwar sollte der Raum Batum und Baku durch massierte Bombenangriffe derart zerstört werden, daß eine Ölförderung auf Jahre hinaus unmöglich sein würde.

Dieser Plan wurde allerdings mit einiger Skepsis aufgenommen, weil Moskau dies möglicherweise als Anlaß nehmen könnte, auf deutscher Seite in den Krieg einzutreten.

Alles aber sollte darauf abgestellt werden, daß die Deutschen ihre abwartende Haltung - die die Alliierten mehr als nur irritierte - aufgeben würden.

Am 18. März trat in Paris die Kammer zu ihrer großen Debatte zusammen. Beinahe jeder der ans Pult tretenden Redner warf dem Regierungschef Daladier vor, den "unfähigen Oberbefehlshaber, General Gamelin", nicht gefeuert zu haben. Man habe Finnland geopfert, die alliierten Landungsoperationen in Skandinavien verzögert, und damit werde der deutschen Armee die Chance gegeben, vor ihnen in Norwegen zu landen. Gaston de Bergery rief laut, was beinahe jeder Abgeordnete dachte:

"Der Präsident du Conseil hat den Krieg weder vermieden noch vorbereitet. Die so handeln, sind nicht dazu berufen, ihm ein Ende zu machen oder den Sieg zu erringen."

Vier Stunden nach Mitternacht des 19. März kam es zur Abstimmung. Von den 539 Deputierten der Kammer sprachen nur 239 Regierungschefs Daladier ihr Vertrauen aus. Am 20. März trat Daladier zurück, und der Präsident der Republik, Pierre Lebrun, beauftragte Paul Reynaud mit der Bildung einer neuen Regierung.

Der neue Regierungschef war gezwungen, den soeben gestürzten Daladier zum Verteidigungsminister zu ernennen, was nach den ihm gegenüber vorgebrachten Anschuldigungen völlig widersinnig zu sein schien. Aber ohne diese Maßnahme hätte Reynaud nicht die notwendige Mehrheit im Kabinett erlangt. Mehrheiten verderben oft den Charakter.

Der neue Verteidigungsminister aber hielt nach wie vor an General Gamelin fest. Er verhinderte darüber hinaus, daß der Oberst Charles de Gaulle, ein Protegé des Präsidenten du Conseil, neuer Staatssekretär wurde. Alles blieb also beim Alten.

Die Regierung Chamberlain war in England zunächst offensichtlich nicht mehr so sehr an Norwegen interessiert wie vorher. Lediglich Winston Churchill wies immer wieder darauf hin, daß Norwegen besetzt werden müsse, um die Deutschen von ihren Roheiseneinfuhren aus Nordschweden abzuschneiden. Doch das bereits dafür aufgestellte britische Expeditionskorps wurde aufgelöst. Seine Überbleibsel verlegte man vom Absprungort Schottland nach Frankreich.

Dort stand nach wie vor das französische Expeditionskorps mit einem Flottenverband unter Admiral Derrien und einer Truppe von 12 000 Mann Alpenjägern, Fremdenlegionären und polnischen Truppen für den Einsatz in Skandinavien bereit.

Im März 1940 aber überschlugen sich auf beiden Seiten die Vorbereitungen zu einem Handstreich auf Norwegen. Nach der bereits am 1. März herausgegebenen Führerweisung Nr. 10a "Weserübung" liefen deutscherseits die Vorbereitungen zur Besetzung Dänemarks und Norwegens auf Hochtouren.

Auf der Seite der Alliierten ließ Reynaud am 25. März 1940 in London einen Operationsentwurf vorlegen, der eine doppelseitige Umfassung Deutschlands von

Norden und Süden enthielt. Die Chiefs of Staff rieten dem Kabinett Chamberlain, bis zur vollen Aufstellung und Entwicklung aller eigenen Kräfte von jeder Offensivhandlung abzusehen.

Die Sitzung des britischen Supreme War Council des 28. März 1940 erörterte einen Entwurf Churchills. Darin war die Verseuchung des Rheins mit 6 000 Minen vorgesehen. Dieser gefährliche Vorschlag wurde aber fallengelassen, als sich das Comité de guerre in Paris aus Furcht vor deutschen Vergeltungsmaßnahmen dagegen aussprach.

Die beiderseitige einvernehmliche Weiterführung des Krieges auf alliierter Seite war nicht zu erreichen. Einzig über die Operation "Wilfried" - das Legen einer Minensperre vor Narvik - wurde man einig. Diese Maßnahme hätte, falls sie gegriffen hätte, Deutschlands Kriegswirtschaft entscheidend getroffen, denn bereits 1938 lieferte Schweden mit 8,99 Millionen Tonnen jährlich die Hälfte aller jährlichen Eisen-Importe Deutschlands.

Der Großteil dieser Eisen-Importe wurde im Gebiet von Kiruna und Gällivare gefördert und über die Grenze durch Norwegen zum eisfreien Hafen Narvik transportiert. Dort wurde es nach Deutschland verschifft. Der schwedische Hafen Lulea war ein Drittel des Jahres durch Eis blockiert und kam daher nicht für den Erztransport in Frage.

Die deutsche Haltung zu Norwegen

Hitler hatte die Gefahr eines Krieges mit England - die ja auf dem Papier bestand - zu diesem Zeitpunkt immer noch nicht als endgültig angesehen. Er hielt an seinen Friedensgedanken gegenüber England unentwegt fest, ohne zu begreifen, was sein Antisemitismus dort angerichtet hatte. Folglich hatten weder das OKW noch das OKM irgendwelche Operationspläne für Skandinavien entwickelt.

Zwar hatte Vidkun Quisling, der ehemalige norwegische Verteidigungsminister und nunmehrige Führer der Nasjonal Samling Norwegens, anläßlich seines Besuches in Berlin am 11. Dezember 1939 den OB der Kriegsmarine, Großadmiral Raeder, vor einem wahrscheinlichen britischen Überfall auf Norwegen gewarnt. Er hatte von einem Geheimabkommen gesprochen, das Norwegens Ministerpräsident Johan Nygaardsvold mit England getroffen habe, den Briten den Hafen Kristiansand als Stützpunkt zu überlassen. Hitler aber, der daraufhin Quasling ebenfalls empfing, war angesichts seiner Liebe zu England nicht von dieser britischen Absicht zu überzeugen.

Dennoch wurde aufgrund weiterer Fakten, vor allem durch den alliierten Druck auf Norwegen, anfangs März 1940 ein Sonderstab ins Leben gerufen, dessen Führung General Nikolaus von Falkenhorst übernahm. Hitler hatte der Aufstellung dieses Sonderstabes erst zugestimmt, nachdem am 16. Februar 1940 das deutsche Troßschiff "Altmark" im Jössing-Fjord, also innerhalb der norwegischen Hoheitsgewässer, von dem britischen Zerstörer "Cossack" unter Captain Vian überfallen und geentert worden war. Das Troßschiff hatte 303 Besatzungsmitglieder von alliierten Schiffen an Bord, die von der "Admiral Graf Spee" im Südatlantik versenkt worden waren. Es befand sich unter der Führung von Kapitän Dau auf der Rückreise in das Reich. Acht deutsche Seeleute waren bei diesem heimtückischen Überfall in neutralen Gewässern ums Leben gekommen.

Zwar hatte die norwegische Regierung gegen diese Verletzung ihrer Hoheitsgewässer protestiert, aber es dabei auch bewenden lassen.

Dieses Vorkommnis zeigte Hitler, daß sich Norwegen bereits von England hatte einschüchtern lassen und daß eine englische Landung an der norwegischen Küste und die Sperrung des wichtigen Erzhafens Narvik durchaus im Bereich der Möglichkeiten lag.

Am 10. und 11. März weilte dann Reichsaußenminister von Ribbentrop in Rom. Diesmal war Mussolini bereit, an der Seite Deutschlands in den Krieg einzutreten.

Einen Tag später befahl die Seekriegsleitung die sofortige Aufstellung der für den Einsatz von Narvik und Drontheim vorgesehenen U-Boote.

Eine Warnung aus Stockholm, nach welcher "die Gefahr einer großen Aktion der Westmächte in bedrohliche Nähe gerückt" sei, zwang zur Eile, um diesem Handstreich des Gegners zuvorzukommen.

Nach einer Lagebesprechung mit Großadmiral Raeder am 26. März entschied Hitler, daß das Unternehmen "Weserübung" mit einem zeitlich geringen Vorsprung vor der Westoffensive stattfinden sollte.

In einer Besprechung, an der auch Keitel und Jodl teilnahmen, erklärte Hitler den Befehlshabern der Deutschen Wehrmacht am 1. April 1940, daß es nun nicht mehr allein um die Sicherstellung des schwedischen Erzes für Deutschland gehe, sondern daß er auch "einen freien Weg in die Welt gewinnen" wollte, denn es sei unerträglich, daß jede deutsche Generation erneut dem Druck Englands unterworfen werde. Welch eine Wandlung!

Zwei Tage später beschloß der alliierte Kriegsrat in London, daß am 5. April die Gewässer um Narvik vermint werden sollten. Darüber hinaus sollten "alle möglich erscheinenden Maßnahmen ergriffen werden, um die Öllieferungen Rumäniens an Deutschland zu verringern." Abschließend bekräftigten beide Seiten einander, niemals einen Seperatfrieden mit Deutschland zu schließen.

Am 17. April schrieb General Weygand an den französischen Oberbefehlshaber Gamelin sowie an den Oberbefehlshaber der französischen Luftstreitkräfte, General Vuillemin, die Vorbereitungen zur Bombardierung der kaukasischen Erdölfelder seien so weit gediehen, daß in Kürze damit begonnen werden könne.

General Gamelin und sein Oberkommando akzeptierten dies und beschlossen, die UdSSR Anfang Juli 1940 zu bombardieren.

DIE WEHRMACHT ANFANG 1940

Das Heer im Westen

Das Jahr 1940 begann an der Westfront mit "geringer Artillerie- und Spähtrupptätigkeit", wie die Wehrmachtsberichte der ersten und fast aller folgenden Tage den Sitzkrieg charakterisierten. Der "drollige Krieg" setzte sich auch in den ersten Monaten des neuen Jahres fort.

Zwischen der Mosel und dem Pfälzer Wald wurde am 4. Januar das Störfeuer stärker, und in den frühen Morgenstunden des 8. Januar gelang es im Grenzgebiet westlich von Merzig, einen starken feindlichen Spähtrupp unter Verlusten für den Gegner abzuwehren.

Der feindliche Vorstoß südlich Saarbrücken am 10. Januar in Kompaniestärke wurde gestoppt, der Gegner jedoch nur in seine Ausgangsstellungen zurückgedrängt. Die nächsten Tage verliefen ereignislos bis auf ein Spähtruppgefecht am 20. Januar zwischen der Mosel und dem Pfälzer Wald, wo ein deutscher und ein französischer Spähtrupp aufeinandergeprallt waren und sich ein Gefecht geliefert hatten, in dessen Verlauf die Deutschen einige Gefangene machen.

Die folgenden Januartage verliefen ruhig. Auch im Februar gab es kein herausragendes Ereignis an der Westfront, die einer Geisterfront glich. Der Raum südlich und südwestlich von Saarbrücken war Schauplatz einiger Begegnungen beider Seiten, bei denen Schüsse gewechselt wurden. Einige deutsche Stoßtrupps drangen bei Merzig in die französischen vordersten Stellungen ein und machten Gefangene, um den gegenüberliegenden Gegner zu lokalisieren.

In der Nacht zum 23. Februar wurde die feindliche Besatzung im Heytwald westlich von Merzig überfallen. Es gelang wieder, einige Gefangene einzubringen, die bei den Stäben über ihren Truppenteil ausgefragt wurden.

Ende Februar war noch einmal der Raum Merzig und jener von Perl ostwärts der Mosel Schauplatz von Stoßtrupp-Begegnungen.

Im Halbjahresbericht des Oberkommandos der Wehrmacht hieß es am 2. März zum "Kriegsschauplatz Westfront":

"Im Westen wurde der Westwall planmäßig besetzt und bis zur Küste verlängert. An keiner Stelle hat der Gegner es gewagt, auch nur in den Wirkungsbereich des Westwalls vorzustoßen, geschweige denn ihn anzugreifen.

In kühnen Spähtrupp- und Stoßtruppunternehmen hat das deutsche Heer immer wieder seinen Angriffsgeist bewiesen und den hohen Stand seiner Ausbildung und Ausrüstung gezeigt. Wo der Gegner versuchte, im Vorfeld des Westwalls auf deutsches Gebiet vorzudringen, warfen ihn Verbände des Heeres in raschem Zufassen in seine Ausgangsstellungen zurück."

Indienststellung von U 123, einem Boot, das später große Erfolge erzielte.

Prien mit U 47 von erfolgreicher Feindfahrt zurück. An Bord drei aus Seenot gerettete Flieger.

Bei Nacht am Konvoi.

Das U-Boot-Kriegsabzeichen.

Die ersten Asse: Werner Hartmann.

Klaus Korth.

Wolfgang Lüth.

U-47 von erfolgreicher Feindfahrt zurück.

Otto Kretschmer, der erfolgreiche Kommandant von U-99.

Schwerer Kreuzer Admiral Hipper auf See.

Hitler trifft Mussolini am Brenner.

Mussolini spricht am 9.Mai 1940 zum italienischen Volk.

Hitler und der ungarische Admiral Horthy.

Januar 1940: Fliegerhorst Münster. Major Hönmanns und Major Reinberger müssen mit dem Offensivplan für den Westfeldzug starten. Der Plan fällt in feindliche Hand.

Admiral Canaris, Chef der deutschen Abwehr, und Richard Heydrich, Chef der Gestapo.

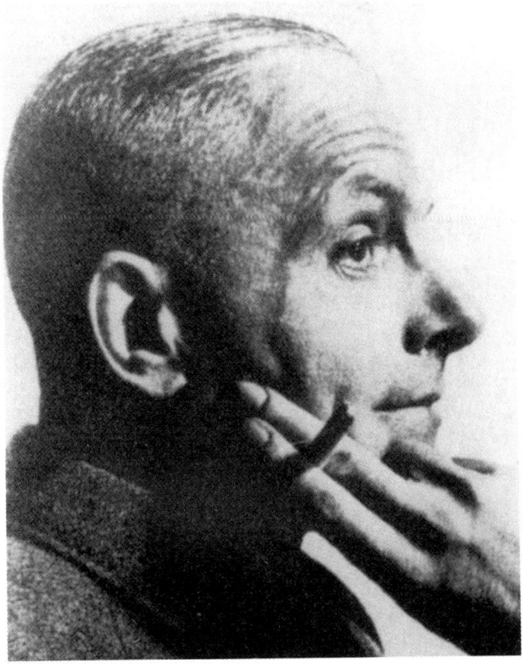

Oberst Oster, Abteilungschef Ausland/Abwehr, verriet den Zeitpunkt des Beginns des Westfeldzuges an seinen Freund Major Gijsbertus Sas.

Eine französische berittene Aufklärungsabteilung auf Patrouille.

Erich von Manstein,
der Schöpfer des „Manstein-Planes".

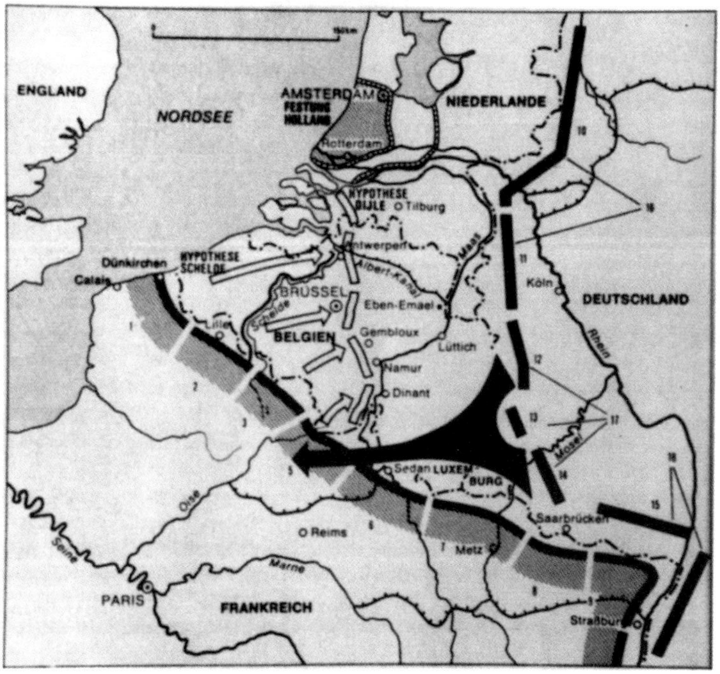

Der „Mansteinplan".

Essensausgabe bei einer Feldküche am Westwall im Frühjahr 1940.

Übung im Schützengraben am Westwall. Ein Gegenstoß mit MG-Unterstützung wird eingeleitet.

Ein Bunker des Westwalls am Rhein, davor ein Stacheldrahtverhau.

Was macht der Franzose auf der anderen Rheinseite?

Eine schwere 15cm-Feldhaubitze in Feuerstellung. 1939/40 kam es mehrmals zu deutsch/französischen Artillerieduellen.

Offiziere der Artillerie-Einheit mit den schweren 15cm-Granaten.

Dieser deutsche Betonbunker hat zwei schwere Stahltüren im rückwärtigen Bereich. Ein markiger Spruch ziert die sonst kahle Betonwand.

Das Westwall-Ehrenzeichen wurde 1940 an alle, am Bau beteiligten Personen verliehen.

Der Verlauf des März 1940 zeigte dann an allen Stellen der Westfront das gleiche Bild: Leichtes Artillerie- und Störfeuer, Spähtrupp- und Stoßtrupptätigkeit, Überfälle auf französische Tragtierkolonnen und Sprengungen vorgeschobener feindlicher Beobachtungsstände.

Am 29. und 30. März kam es zwischen Mosel und Rhein mehrfach zu Zusammenstößen eigener und feindlicher Spähtrupps. Nördlich von Saargemünd gelang es einem deutschen Stoßtrupp, mehrere Gefangene einzubringen.

Bereits Anfang März 1940 hatte der Oberbefehlshaber des Heeres, Generaloberst von Brauchitsch, der Westfront einen mehrtägigen Besuch abgestattet. Dabei ging er bis zu einigen im Vorfeld des Westwalles eingesetzten Einheiten nach vorn, um sich von der Stimmung der Soldaten zu überzeugen.

Zwischen deutschen und französischen Soldaten kam es während dieser Zeit zu einer Art von Verbrüderung; man schoß oft nicht aufeinander; sogar einige Tauschgeschäfte wurden getätigt, und andere Aktionen machten die Runde. Dies zeigt, daß keine der beiden Seiten - was ihre Soldaten anging - Haß auf die andere verspürte.

Die deutschen Truppen der Westfront hatten Weisung erhalten, die Verantwortung für die Eröffnung der Feindseligkeiten eindeutig England oder Frankreich zu überlassen. Der erste Schuß sollte auf keinen Fall von deutscher Seite fallen. Dennoch war schärfste Aufmerksamkeit und Kampfbereitschaft befohlen worden.

Der Mansteinplan

Am 12. Januar 1940 legte das Oberkommando der Heeresgruppe A dem Oberkommando des Heeres noch einmal eine Denkschrift vor. Diese trug den Titel: *WESTOFFENSIVE.* Darin wurden dem OKW jene Gedankengänge zur Kenntnis gebracht, die der Generalstabschef der HGr. A, Generalleutnant von Manstein, über die Führung der Westoffensive zusammengefaßt hatte.

Es galt, noch einmal eindeutig darauf hinzuweisen, so von Manstein, "daß die Gedankengänge des Oberkommandos der HGr. A auch im Rahmen des bereits laufenden Aufmarsches bei Durchführung der Operationen zwangsläufig in den Vordergrund treten würden."

Eine grundlegende Änderung des deutschen Operationsplanes zugunsten des Mansteinplanes schien immer noch offen zu sein. Zwar hatte das OKH mehrfach betont, es sei an Hitlers Weisungen gebunden, die Schwerpunktbildung vom Verlauf der Operationen abhängig zu machen. Die drängendste Frage, die sich Manstein in diesem Zusammenhang stellte, war jene, ob denn das OKH seinen Plan Hitler überhaupt vorgelegt hatte. Manstein trug sich mit der Absicht, diesen Plan, der nach seiner Überzeugung allein "die Möglichkeit des Erreichens der vollen Entscheidung im Westen garantierte", Hitler persönlich vorzulegen.

Es gelang ihm, seinen Oberbefehlshaber davon zu überzeugen, daß dieses Faktum in die Denkschrift *WESTOFFENSIVE* aufgenommen werden müsse.

So beendete Generaloberst von Rundstedt sein Begleitschreiben zur Denkschrift mit den Worten: "Nachdem durch Befehl des OKW der Heeresgruppe bekannt gegeben ist, daß der Führer und Oberste Befehlshaber sich selber die Entscheidung über die Bestimmung des Schwerpunktes bei Durchführung der Operation und damit ihre oberste Leitung vorbehalten hat - das OKH in seinen Entscheidungen also nicht frei ist -, bitte ich darum, diesen Vorschlag dem Führer vorlegen zu wollen, gez. von Rundstedt." (Siehe Manstein, Erich, von: a.a.O. und: an den Autor).

Die Antwort, die der OB der HGr. A aus Berlin erhielt, erklärte, daß die Auffassung der HGr. A, das OKH strebe im Westfeldzug nur ein Teilziel an, nicht zutreffe. Weitere Zielsetzungen würden zeitgerecht erfolgen. "Für die Zuführung weiterer Kräfte und den Einsatz eines weiteren AOK bei der HGr. A ist bereits Vorsorge getroffen." (Siehe Manstein, Erich von: a.a.O.).

Zum Schluß der Antwort wurde lapidar erklärt, eine Vorlage der Denkschrift bei Hitler sei nicht erfolgt. Damit würde also der bisherige Aufmarschplan in Kraft bleiben, nach welchem der HGr. B der Auftrag gestellt war, durch einen frontalen Angriff den Durchbruch zu erzwingen, während die HGr. A die Deckung dieser Operation übernehmen sollte.

Während eines am 7. Februar 1940 in Koblenz stattfindenden Kriegsspiels, bei dem das Vorgehen der HGr. B mit ihren beiden Armeen und dem XIX. PzK durchgespielt wurde, zeigte es sich, daß das Vorwerfen des isoliert stehenden XIX. PzK sehr problematisch sein würde. General Halder, Generalstabschef des Heeres, der anwesend war, "begann die Berechtigung der HGr. A einzusehen", wie GFM von Manstein in seinen Erinnerungen schrieb.

Um den lästigen Generalstabschef der HGr. A loszuwerden, ernannte das OKH Generalleutnant von Manstein zum Kommandierenden General des XXXVIII. AK, das allerdings erst noch in der Heimat aufgestellt werden mußte. Dazu von Manstein:

"Es kann kaum bezweifelt werden, daß meine Ablösung darauf zurückzuführen war, daß das OKH einen lästigen Dränger loswerden wollte." (Siehe von Manstein, Erich: a.a.O.).

Doch mit dieser "Abschiebung" hatte man genau das Gegenteil erreicht. Hitlers Adjutant, Generalmajor Schmundt, hatte den Führer mit dem Plan Mansteins in den Umrissen vertraut gemacht und Hitlers Aufmerksamkeit erregt. Als am 17. Februar 1940 von Manstein nach Berlin befohlen wurde, um sich mit allen anderen neuernannten Kommandierenden Generalen bei Hitler zu melden, fiel die Entscheidung. Während des anschließenden Frühstücks wurde von Manstein bei der Verabschiedung von Hitler aufgefordert, ihm seine Gedanken über die Führung der Westoffensive vorzutragen.

Nach den Ausführungen Mansteins stimmte Hitler diesen ohne jede Einschränkung zu, denn er erkannte sofort, daß allein dieser Plan Hoffnung auf einen durchschlagenden Sieg verhieß.

Erich von Manstein hat über diese Unterredung unter vier Augen sofort ein Gedächtnisprotokoll angefertigt, das er dem Autor anläßlich ihrer gemeinsamen Arbeit im Sommer 1969 überreichte. Darin waren die Gedanken von Mansteins so, wie er sie Hitler in bezug auf den Westfeldzug vorgetragen hatte, enthalten:

"1.) Das Ziel der Westoffensive muß die Herbeiführung der Entscheidung zu Lande sein. Für Teilziele, wie sie nach der derzeitigen Aufmarschanweisung angegeben werden, wie das Schlagen möglichst großer Teile der Feindkräfte in Belgien, Besitznahme von Teilen der Kanalküste, ist der Einsatz politisch und militärisch zu hoch. Der endgültige Sieg zu Lande muß das Ziel sein.

2.) Dies erfordert, daß im Gegensatz zur Aufmarschanweisung der Schwerpunkt der Angriffsoperationen von Anfang an klar auf den Südflügel, also zur HGr. A gelegt wird und nicht bei der HGr B. bleibt oder offengelassen wird.

Bei dem derzeitigen Ansatz kann man bestenfalls in Belgien die dorthin gehenden französisch-englischen Kräfte frontal schlagen und auf die Somme werfen, wo unter Umständen dann die Operation zum Stehen kommt.

Durch Verlegen des Schwerpunktes auf den Südflügel, zur HGr. A, die durch Südbelgien über die Maas Richtung untere Somme vorzustoßen hat, müssen die in Nordbelgien zu erwartenden starken Feindkräfte, wenn sie von der HGr. B frontal geworfen werden, abgeschnitten und damit vernichtet werden. Das ist nur möglich, wenn die HGr. A schnell auf die untere Somme vorstößt. Das muß der erste Teil des Feldzuges sein. An ihn wird sich der zweite Teil, die Umfassung des französsichen Heeres mit starkem rechten Flügel, anschließen.

3.) Eine solche Aufgabe der HGr. A bedingt ihre Gliederung in drei Armeen. Es ist also noch eine Armee auf dem nördlichen Flügel einzuschieben.

Die nördlichste Armee der HGr. A (die 2.) hat die Aufgabe, über die Maas auf die untere Somme durchzustoßen, um die vor der HGr. B ausweichenden Feindkräfte abzuschneiden.

Südlich davon muß eine zweite (die 12.) Armee über die Maas beiderseits Sedan vorgehen, um dann nach Südwesten einzuschwenken und jenen französischen Versuch, mit starken Kräften zum Gegenangriff westlich der Maas aufzumarschieren, durch Angriff zu zerschlagen.

Der dritten (16.) Armee fällt dann die zunächst defensive Deckung der Operation in der Südflanke zwischen Maas und Mosel zu.

Wesentlich ist, daß die Luftwaffe den französischen Aufmarsch frühzeitig zerschlägt, da der Franzose, wenn er etwas wagt, einen Gegenangriff großen Stils westlich oder beiderseits der Maas, vielleicht bis zur Mosel reichend, zu führen versuchen wird.

4.) Das Vorauswerfen nur des XIX. PzK auf die Maas bei Sedan ist eine Halbheit. Geht uns der Feind mit starken mot. Kräften nach Südbelgien entgegen, so ist das Korps zu schwach, um diese schnell und vernichtend zu schlagen und mit den Resten zugleich die Maas-Linie zu überschreiten. Beschränkt sich der Gegner auf das Halten der Maas mit - nach der derzeitigen Kräfteverteilung - starken Kräften, so wird das Korps allein nicht über die Maas kommen.

Wenn man mot.-Kräfte vorwirft, so müssen es im bisherigen Streifen der HGr. A mindestens zwei Korps sein, welche die Maas zugleich bei Charleville und Sedan überschreiten, abhängig von dem Einsatz der Panzerkräfte gegen die Maas bei Givet durch die 4. Armee. Das XIV. Korps muß also von Anfang an neben das Korps Guderian gesetzt werden, seine Verwendung bei der HGr. A oder B darf nicht vorbehalten bleiben.

Der Führer gab zu diesen Ausführungen seine Zustimmung zu erkennen. Kurze Zeit später wurde die neue endgültige Aufmarschanweisung ausgegeben." (Siehe Manstein Erich von: a.a.O.).

Auf Anordnung Hitlers erging am 20. Februar 1940 die neue Aufmarschanweisung. Der Mansteinplan sollte nunmehr verwirklicht werden. Was er bewirken würde, das konnte nur der Angriff selbst beantworten. Daß er die völlig Niederlage Frankreichs bringen würde, daran glaubte niemand auf deutscher Seite.

Die Luftwaffe während der Wartezeit

Für die Luftflotte 1, die den Hauptteil des Kampfes gegen Polen getragen hatte und von der nur einige Kräfte zum Jagdschutz an der Küste und zum Objektschutz im Ruhrgebiet zurückgeblieben waren, hatte nach dem Sieg in Polen ein neuer Abschnitt intensiver Ausbildung begonnen. Dies war notwendig, um jene Mängel auszugleichen, die sich in Polen gezeigt hatten. Deshalb verzichtete man auf den ursprünglichen Plan, die Luftwaffe direkt nach dem Sieg in Polen gegen England in den Kampf zu schicken. Lediglich die Aufklärung über England wurde von den Aufklärerverbänden des OKL geflogen. Von der Luftflotte 2 wurde sie gegen die britischen Flottenstützpunkte durchgeführt.

Nach dem Einfliegen der ersten Ju 88 in Rechlin drängte die Geschwaderführung des KG 30 auf einen raschen Einsatz dieses neuen Flugtyps, von dem man sich viel erhoffte. Göring bat Hitler schließlich, die Genehmigung zum Angriff der Ju 88 - Horizontal - und Sturzkampfbomber - gegen britische Schiffsziele zu erteilen.

General Felmy hatte vorgeschlagen, diese starke Waffe erst dann einzusetzen, wenn 100 Maschinen einsatzbereit seien, um mit ihnen einen entscheidenden Schlag gegen britische Luftziele führen zu können. Doch in der Mitte des Januar 1940 wurde Felmy abgelöst. (Darüber später mehr).

Andere Teile der Luftwaffe, vor allem jene Staffeln, die dem Heer zugeteilt worden waren, erlebten die ersten Aufklärungseinsätze gegen Frankreich. Die Aufklärer wurden von Me 109-Jägern begleitet, um sie vor Überfällen französischer Jagdflugzeuge zu sichern. Darüber hinaus hatten die Jäger im Westen die Aufgabe, feindlichen Fliegerverbänden den Einflug ins Reich zu verwehren. Die Überwachung des feindlichen Gesamtaufmarsches in Frankreich und vor allem die Überwachung der feindlichen Luftstreitkräfte gehörte zum allgemeinen Tagespensum der Aufklärerverbände.

Vor der deutschen Westfront versperrten die neutralen Staaten Holland, Belgien und Luxemburg den Luftaufklärern den Weg nach Westen. Für den Einflug nach Frankreich blieb ihnen nur der verhältnismäßig schmale Korridor südlich Luxemburgs, in der Gegend von Merzig bis hinunter nach Basel. Daß die Stadt Merzig immer wieder im Wehrmachtsbericht genannt wurde, hängt mit dieser Lagedarstellung zusammen. Merzig wurde für Freund und Feind gewissermaßen zu einer Wendemarke. Hier kehrten auch die nachts nach Deutschland einfliegenden Engländer zurück. An dieser Stelle lagen also Flak und Jägerstaffeln auf der Lauer, um zu schnellen Erfolgen zu kommen.

Als am Mittwoch, dem 3. Januar 1940 ein kleiner Verband Vickers-Wellington-Bomber in die Deutsche Bucht einflog, wurde er von einer Staffel Me 109 abgefangen. Drei Bomber wurden abgeschossen. Alle deutschen Jäger kehrten zu ihren Horsten zurück.

Der Einflug von neun Bristol-Blenheim-Bombern am 11. Januar mit dem Ziel eines Angriffs auf deutsche Flugplätze an der Küste wurde gestoppt. Vier Me 109 stürzten sich aus überhöhten Positionen auf den Gegner. In einem zehn Minuten dauernden Luftduell wurden drei Bomber abgeschossen, ein vierter drehte mit qualmendem rechtem Motor ab. Auch diesmal waren deutscherseits keine Verluste zu beklagen.

Am nächsten Tag wurde eine Aufklärung gegen die englische und schottische Ostküste geflogen. Drei britische Vorpostenboote und ein bewaffneter Handelsdampfer, die das Feuer eröffneten, wurden angegriffen, mit Bomben und Bordwaffenfeuer belegt und versenkt. Von den angreifenden britischen Jägern wurde einer abgeschossen.

Der Gegner wiederum flog in der Nacht des 12. Januar mehrfach über niederländisches Gebiet in das Reichsgebiet ein. Eine Bristol-Blenheim wurde abgeschossen.

Die Fortsetzung der Aufklärungsflüge am 13. Januar sowie der Grenzüberwachungsflüge und Jagdeinsätze über der Westfront führten bis zum 29. Januar nur zu geringen Erfolgen. Erst an diesem Tage gelang es, mehrere kleine Küstengeleitzüge in See zu stellen und anzugreifen. Britische Jagdverbände versuchten die deutschen Kampfflieger am Bombenwurf zu hindern, doch sieben Handelsdampfer und zwei Vorpostenboote wurden vernichtet. Bei Hartlepool wurde im Luftkampf ein feindlicher Jäger abgeschossen.

Die Aufklärung des 30. Januar lief von den Orkneys bis zur Themsemündung, doch ohne zählbare Erfolge.

Der 3. Februar brachte schließlich wieder einen größeren Einsatz über der Nordsee gegen englische Kleingeleitzüge. Es wurden ein Minensuchboot, vier Vorpostenboote und neun kleine Handelsdampfer versenkt. Dieser Erfolg wurde durch Sondermeldung bekanntgegeben. Diesmal erlitten die beteiligten deutschen Verbände mit drei abgeschossenen Flugzeugen einen herben Verlust.

Die Versenkungserfolge setzten sich am 9. Februar fort, als es deutschen Kampffliegern gelang, aus Küstengeleitzügen sechs britische Schiffe und zwei Vorpostenboote zu versenken. Am 10. Februar folgte ein weiteres Vorpostenboot nach.

Mit diesen kleinen "Nadelstichen" wurde die englische Küstenschiffahrt beeinträchtigt. Angriffe auf England waren verboten worden. Nicht einmal Häfen durften angegriffen werden, freilich mit Ausnahme jener Kriegshäfen, in denen ausschließlich englische Kriegsschiffe lagen.

Vom Abschuß einer Bristol-Blenheim am 10. Februar über die Versenkung zweier britischer Minenleger nahe den Shetlands bis zu tiefen Vorstößen deutscher Flieger nach Frankreich hinein gingen diese Einsätze weiter. Am 27. Februar wurde das erstemal Paris von deutschen Flugzeugen überflogen. Auch hier kamen Bombenwürfe nicht in Frage.

Vom Aufklärungsflug gegen England kehrten an diesem Tage zwei Fernaufklärer nicht mehr zurück.

Am 1. März wurde an verschiedenen Positionen bis hinauf zu den Orkney-Inseln englische Kriegsschiffe sowie im Geleitzug fahrende Handelsdampfer angegriffen. Ein Schiff sank nach Volltreffer, fünf weitere wurden beschädigt, konnten aber eingeschleppt werden.

Außer der Luftüberwachung und Frontflügen zur Erkundung französischer Flugfelder und Nachschublinien kam es am 2. März zu einem Duell mit französischen Jägern. Drei Gegner wurden abgeschossen. Zwei Aufklärer des Typs Me 110 wurden deutscherseits vermißt.

Im Halbjahresbericht des OKW vom 2. März 1940 über den Luftwaffeneinsatz seit Kriegsbeginn heißt es:

"Die deutsche Luftwaffe war an der siegreichen Entscheidung des polnischen Feldzuges in hervorragender Weise beteiligt.

Gleichzeitig mit dem Zerschlagen der polnischen Luftstreitkräfte sicherte sie mit anderen Teilen den deutschen Luftraum im Westen.

Die auch bei ungünstigen Witterungsverhältnissen durchgeführten Erkundungsflüge ergänzten die vorhandenen Unterlagen über die Maßnahmen des Gegners.

In der Aufklärung gegen England gelangten die deutschen Flugzeuge trotz feindlicher Gegenwehr immer wieder bis zu den Orkney- und Shetland-Inseln.

Wiederholt wurden Angriffe auf feindliche Seestreitkräfte, bewaffnete Handelsschiffe und Geleitzüge durchgeführt. Es wurden von der Luftwaffe bisher 65 Schiffe mit 75 000 BRT versenkt.

Durch Bombentreffer wurden außerdem schwer beschädigt und zum Teil zerstört: 52 Schiffe mit rund 200 000 BRT. Davon 40 Schiffe leichter britischer Seestreitkräfte, zwei britische Kreuzer, zwei Schlachtschiffe und ein britischer Flugzeugträger."

Insgesamt meldete dieser Halbjahresbericht 285 britische und französische Flugzeuge durch die Luftwaffe und von der Luftwaffenflak abgeschossen.

Die Verlustbilanz der deutschen Luftwaffe für dieses erste Halbjahr des Zweiten Weltkrieges lautete:

"Die deutsche Luftwaffe verlor an der Westfront und über dem britischen Kampfraum insgesamt durch unmittelbare Feindeinwirkung 35 Flugzeuge. Durch auf dem Feindflug beschädigte und verunglückte Flugzeuge zurückzuführenden Verluste erhöhte sich die Gesamtzahl der Verluste auf 43 Maschinen."

Im März gelang es der Luftwaffe trotz der ihr immer noch auferlegten Beschränkungen, eine Reihe spürbarer Erfolge zu erzielen. So am 7. März, als sie in mehreren Angriffen bis in die Nacht des 8. März hinein trotz starker feindlicher Flakabwehr aus mehreren Geleitzügen elf Handelsschiffe zum Sinken brachte, die vor der Küste Englands abgeblendet liefen.

Die Luftkämpfe gegen französische und englische Flugzeuge der Typen Morane und Curtiss steigerten sich, je intensiver die deutsche Aufklärung nach Frankreich hinein durchgeführt wurden.

Als die Vormittagsaufklärung des 17. März in Scapa Flow starke Kriegsschiffsansammlungen meldete, griffen Kampfflugzeuge in den Abendstunden dieses Tages diesen Hauptkriegshafen des Gegners an. Es waren Ju 88 des KG 30 und He 111 des KG 26. Sie bombten trotz stärkster Flakabwehr von den Schiffen und Landbatterien eine Reihe Großkampfschiffe. Die Meldungen über die Erfolge dieses Angriffs "drei Schlachtschiffe und ein Kreuzer getroffen", trafen nicht zu. Spätere Erkenntnisse bewiesen, daß lediglich der Schwere Kreuzer "Norfolk" getroffen worden war. Bei den anderen Treffern handelte es sich entweder um Nahtreffer oder um Breitseiten, die von den Schiffen abgefeuert waren; ihre Flammen wurden wegen des dichten Rauches für Treffer gehalten.

Der Angriff von 30 Whitley- und 20 Hampden-Bombern auf den deutschen Seefliegerhorst Hörnum auf Sylt dauerte von 20.00 Uhr des 19. März bis zum anderen Morgen um 2.40 Uhr an. Die meisten Bomben fielen ins Wasser. Ein Wohnhaus wurde getroffen und ein britischer Bomber von der Inselflak abgeschossen. Auch dieser britische Bomberverband hatte niederländisches und dänisches Hoheitsgebiet überflogen.

Am Abend des 20. März griffen deutsche Kampfflugzeuge ein zweitesmal einen britischen Geleitzug in Höhe von Scapa Flow an, der durch Kreuzer, Zerstörer und aus der Luft gesichert war. Der Geleitzug wurde zersprengt und neun Einheiten, darunter ein Kriegsschiff, als versenkt gemeldet. Am selben Tage gelang es deutschen Kampffliegern, nahe der Insel Wight den englischen Frachter "Barn Hill" mit 5 439 BRT zu versenken.

In den letzten Nächten des März überflogen immer wieder englische und französische Flugzeuge die Grenzen der neutralen Anliegerstaaten, ohne daß dieselben protestiert hätten.

Am 28. März wurde ein britischer Geleitzug nördlich von Flamborough Head gestellt und angegriffen. Der Geleitkreuzer wurde durch Bombentreffer beschädigt, ein Handelsschiff versenkt und ein weiteres in Brand geworfen. Die Bordflak des Kreuzers schoß ein deutsches Flugzeug ab.

Am Nachmittag des 31. März kam es dann südlich Saarbrücken über französischem Gebiet zu einer Reihe von Luftkämpfen zwischen deutschen und französischen Fliegern. Sieben Morane-Jäger wurden ohne einen eigenen Verlust abgeschossen.

Die Luftwaffe hatte in den lediglich gestreiften Darstellungen sowohl wertvolle Aufklärungsergebnisse erzielt als auch der britischen Küstenschiffahrt schweren Schaden zugefügt. Doch dies alles waren nur Auftakteinsätze, die einen geringen Teil der deutschen Luftwaffe im Einsatz sahen. Erst zu Beginn der Operation "Weserübung" und verstärkt noch während des Frankreichfeldzuges sollten sich diese Einsätze mehr und mehr steigern, um schließlich in der "Luftschlacht über England" zu einem Furioso ohnegleichen zu werden.

Die Luftwaffe - das sei an dieser Stelle gesagt - war für ihre großen Aufgaben bereit, auch wenn das bereits dargestellte Ereignis der Notlandung der beiden Luftwaffenmajore ein böses Nachspiel hatte und die Luftwaffenführung im Westen einer grundlegenden Veränderung unterzog.

Umbesetzung in der Führung der Luftflotten

Am 12. Januar 1940 wurden die zum Geburtstag ihres Oberbefehlshabers, Generalfeldmarschall Hermann Göring, in Berlin versammelten Luftwaffenbefehlshaber und Kommandeure eine Stunde vor Beginn der Geburtstagscour zum Oberbefehlshaber befohlen.

Hermann Göring teilte ihnen mit, daß der gesamte Operationsplan für die Westoffensive dem Gegner in die Hände gefallen sei. Er erklärte seinen Offizieren, daß der dadurch angerichtete Schaden unermeßlich groß sei. Anschließend verkündete er die Absetzung des Oberbefehlshabers der Luftflotte 2, General der Flieger Felmy, und dessen Gereralstabschef, Oberst i.G. Kammhuber, die er für dieses Versagen verantwortlich machte.

Danach wandte sich Göring an General der Flieger Kesselring, der im Polenfeldzug die Luftflotte 1 geführt hatte, und erklärte diesem: "Sie werden neuer Luftflottenchef 2, weil ich keinen anderen habe."

General der Flieger Stumpff wurde als Nachfolger Kesselrings mit der Führung der Luftflotte 1 beauftragt.

Am 13. Januar flog General Kesselring mit seinem Piloten und Freund Zellmann von Berlin nach Münster und richtete sich in der dortigen Luftnachrichtenkaserne zu Handorf ein. Sein Stabschef der Luftflotte 1, Oberst i.G. Speidel, folgte ihm als neuer Stabschef der Luftflotte 2 nach.

Damit war General der Flieger Kesselring nunmehr die Verantwortung für die Führung des Luftkrieges im Westfeldzug zugefallen.

"Die Luftflotte 2", bemerkte er, "war auf Zusammenarbeit mit der HGr. B unter Generaloberst von Bock angewiesen, dem die 18. Armee unter General der Artillerie von Küchler und die 6. Armee unter Generaloberst von Reichenau unterstellt waren. Sie sollte darüber hinaus auch mit dem Marinekommando Nord unter Admiral Carls zusammenarbeiten." (Siehe Kesselring, Albert: Soldat bis zum letzten Tag und: Kurowski, Franz: Generalfeldmarschall Albert Kesselring, Oberbefehlshaber an allen Fronten).

Eines war für General Kesselring von entscheidender Bedeutung: "Die Panzerkräfte der 18. Armee mußten am 3. Feldzugstag mit den Luftlandekräften unter General Student bei Rotterdam Verbindung aufgenommen haben. Ferner mußten die Luftlandeunternehmungen bis ins einzelne genau festgelegt und durchgeführt werden. General Student bereitete diese Unternehmungen auf das gründlichste und ideenreichste vor." (Siehe Kesselring, Albert: a.a.O.).

Die Sicherung der Luftlande-Transportgeschwader sollte das JG 51 unter Oberst Osterkamp übernehmen. Das ebenfalls zur Luftflotte 2 gehörende II. Flakkorps unter Generalmajor Dessloch befand sich noch in der Endaufstellung.

Oberst Osterkamp - das sei in diesem Zusammenhang vorgetragen -, einer der Alten Adler und Pour le mérite-Träger des Ersten Weltkrieges, verfügte mit seinem JG 51 über insgesamt 84 Me 109-Jäger. Falls er alle ihm gestellten Aufgaben wahrnehmen wollte, dann konnte er für jeden Auftrag nicht mehr als eine Kette Jäger freimachen. Dies war für den "altbeschossenen Hasen" Osterkamp eine Unmöglichkeit und eine Zumutung. Deshalb fuhr er sofort zum Jagdfliegerführer 2, Generalmajor von Döring, und trug diesem die Sachlage vor. Er erklärte, daß er mindestens noch eine Gruppe als Verstärkung benötigte. Von Döring meldete dies weiter, und einige Tage darauf wurde Osterkamp zu seinem Oberbefehlshaber befohlen. Es gelang ihm hier, noch eine Gruppe zu erhalten.

Wieder zwei Tage darauf wurde der Jagdfliegerführer 2 mit seinem Adjutanten auf dem Flug zum JG 51 von einer Me 109 dieses Geschwaders abgeschossen. Der Jägerpilot hatte die "Weihe" für ein feindliches Flugzeug gehalten. Zum Glück wurden beide Insassen nur leicht verwundet.

Am Abend vor Beginn des Westfeldzuges versammelte Oberst Osterkamp seine Kommandeure und Staffelkapitäne um sich und verkündete ihnen den Zeitpunkt des Angriffsbeginns.

Doch nun zum Luftlandekorps und zu den Fallschirmjägern, von deren Existenz bis dahin nur den Eingeweihten mehr als Gerüchte bekannt waren.

Die deutschen Fallschirmjäger: Aufbau und Einsatzplanung

"Hitler hatte die operative und taktische Linie für den Luftlandeeinsatz der jungen Fallschirmtruppe bis ins Detail festgelegt." (Siehe Kesselring, Albert: a.a.O.). Diesen Worten eines Sachkenners von höchsten Graden ist nichts mehr hinzuzufügen außer der Tatsache, daß Hitler auch die neuen Sprengmittel für diese Truppe hatte entwerfen lassen. Wie entstand die Fallschirmtruppe? Wer führte sie, und in welcher Stärke stand sie der Wehrmacht - und darin der Luftwaffe - zur Verfügung?

Am 1. Juli 1938 war Generalmajor Kurt Student mit der Führung der 7. Fliegerdivision beauftragt worden. Hinter dieser Tarnbezeichnung verbarg sich der erste Kern der deutschen Fallschirmtruppe, die erst viel später die Bezeichnung 1. Fallschirmjägerdivision erhielt.

Die Geburtsstunde dieser Waffe reichte bis in das Jahr 1935 zurück. Sie war bis zum Tage der Übernahme durch Generalmajor Student noch lange nicht zu einer vollen Division gewachsen. Erst das FJR 1 stand, während die ersten Kader des FJR 2 im Werden waren.

Die 7. Fliegerdivision wurde eingangs Januar 1939 direkt dem OKL unterstellt, während GenMaj. Student die Richtlinien ihrer weiteren Ausbildung aufstellte.

Am 20. April 1939 trat die Fallschirmtruppe erstmals bei einer großen Truppenparade auf, die aus Anlaß des 50. Geburtstages Hitlers Unter den Linden in Berlin abgehalten wurde. Im Juli folgte das erste große Luftlandemanöver auf dem Truppenübungsplatz Bergen.

Als das Reich am 26. August 1939 mobil machte, standen erst vier Bataillone der Fallschirmtruppe einsatzbereit in ihren Friedensstandorten. Im Polenfeldzug war die 7. Flieger-Division, die durch das IR 16 verstärkt worden war, operative Reserve der Obersten Führung und marschierte zu dieser "Aufgabe" am 1. September 1939 in Liegnitz ein.

Die Division kam nicht zum Einsatz. Sie führte mit kleinen Teilen Wachaufgaben durch und kehrte nach Ende des Polenfeldzuges wieder in ihre alten Standorte zurück.

Erst am 27. Oktober 1939 wurde Generalmajor Kurt Student zu Hitler befohlen. Zum erstenmal stand er diesem gegenüber; Hitler informierte ihn über den bevorstehenden ersten Einsatz der Fallschirmjäger und erklärte auch die Zurückhaltung der Division während des Polenfeldzuges:

"In Polen ist das Heer allein mit der Luftwaffe siegreich gewesen. Es wäre unüberlegt gehandelt, das Geheimnis unserer neuen Waffe zu lüften.

Nunmehr aber ist es so weit! Sie werden mit Ihrer Truppe und besonders dazu ausgerüsteten und geübten Sturmgruppen mit Hilfe von Lastenseglern einen Handstreich auf die belgische Werkgruppe Eben Emael unternehmen." (Siehe dazu: Student, Kurt: Gespräche mit dem Autor und Memoiren, i.Ms.).

Der Kernsatz von Hitlers Ausführungen lautete: "Dieser erste scharfe Einsatz muß mit aller Kraft und Kühnheit an entscheidender Stelle geführt werden. Sie und

Ihre Männer, mein General, werden jetzt im Westen bestimmt zum Einsatz kommen!"

Hitler erläuterte dann den gesamten Umfang des Fallschirmjäger-Einsatzes:

Nach seinen Ausführungen, die er anhand einer Karte des Großraums Lüttich-Maastricht besonders unterstrich, sollten General Students Verbände - zu denen noch die 22. Luftlande-Division kommen würde, das "Reduit National" der Niederlande aus der Luft nehmen und es bis zum Eintreffen der Heeresverbände halten. Des weiteren sollten die Fallschirmjäger mit einer eigens dazu aufgestellten "Sturmabteilung" auf Lastenseglern in dem erwähnten Handstreich auf die belgische Werkgruppe Eben, südlich von Maastricht bei Lüttich gelegen, angesetzt werden und diese im Handstreich erobern. Drittens aber sollten gleichzeitig auch die nördlich davon gelegenen Brücken über den Albertkanal und die Maasbrücke bei Maastricht im Handstreich erobert und gehalten werden, um den nachfolgenden Panzerverbänden den Weg nach Belgien hinein zu öffnen.

Generalmajor Student bezweifelte, daß alle drei großen Aufgaben gleichzeitig gelöst werden könnten. Dazu sei vor allem die Werkgruppe Eben Emael ein zu schwerer Brocken. Hitler riet ihm, die Sache erst einmal zu überschlafen und ihm am nächsten Vormittag endgültig zu berichten.

Am nächsten Morgen ließ sich Student bei Hitler melden und erklärte: "Mein Führer, ein Handstreich auf Eben Emael ist bei äußerster Geheimhaltung und bester Vorbereitung der Truppe durchführbar." Er erhielt den Auftrag, alle Vorbereitungen dazu unter strengster Geheimhaltung zu treffen.

Diesen ersten Sturmangriff aus der Luft schildert Student so: "Er basierte zum einen auf einer völligen Geheimhaltung und zum anderen auf der Anwendung neuester Sprengmittel: einer Hafthohlladung verschiedener Größen, mit denen die Panzerkuppeln von Eben Emael gesprengt werden konnten."

Hauptmann Walther Koch, Chef der 1. Kompanie des FJR 1, wurde zum Kommandeur der Sturmabteilung Koch ernannt. Zu seiner Kompanie erhielt er noch den Fallschirm-Pionierzug des II./FJR 1, der von Oblt. Witzig geführt wurde, und das Lastenseglerkommando unter Oblt. Kiess. Alles in allem waren dies schließlich 427 Soldaten und 11 Offiziere, die am 9. Mai 1940 zum Sturmangriff aus der Luft bereitstanden.

Kurt Student, seit dem 1. Januar 1940 Generalleutnant, bereitete alles gründlich vor. Doch Anfang April 1940 mußte er das I. Bataillon des FJR 1 unter Major Erich Walther für den Norwegeneinsatz freistellen. Dies bedeutete, daß er mit diesem Bataillon nicht würde rechnen können, wenn der Sprung in die Festung Holland planmäßig verlaufen sollte.

Hinzu kam nun noch erschwerend, daß große Teile der beiden neu aufgestellten Transportgeschwader zbV 1 und zbV 2 unter ihren Kommandeuren, Oberstleutnant Morzik und Oberst Conrad, mit über 450 Flugzeugen ebenfalls für Norwegen benötigt wurden. Die für die Schleppgruppen vorgesehenen Lastensegler blieben untätig in ihren Bereitstellungen liegen.

Für den Norwegeneinsatz hatte General Student nun drei Kampfgruppen zusammenzustellen: Es waren dies:

1.) Zur Besetzung des Flugplatzes Oslo-Fornebu: Ein halb-Bataillon unter Führung von Major Walther. Die Aufgabe dieser Kampfgruppe: Besetzung und Sicherung des Flugplatzes für die nachfolgenden Truppenlandungen.

2.) Zur handstreichartigen Besetzung des Flugplatzes Stavanger-Sola und dessen Freihalten für deutsche Truppenlandungen: Die 3. Kompanie des Bataillons unter Führung von Oberleutnant von Brandis.

3.) Zur Besetzung der wichtigen Brücken und Flugplätze in Dänemark sowie Freihalten derselben: Die 4. Kompanie unter Führung von Hauptmann Gericke.

Damit standen also auch für das Unternehmen "Weserübung" Fallschirmjäger bereit.

In der Zwischenzeit hatte General der Flieger Kesselring alle ihm unterstellten Fliegerkorps besucht. Zuerst erschien er beim VIII. Fliegerkorps unter Generalmajor von Richthofen. Dieses Korps stellte die Nahkampfverbände der Luftflotte 2. Es sollte vor allem die 6. Armee und darin insbesondere das Panzerkorps Hoepner unterstützen.

Dem IV. Fliegerkorps waren die Fernkampfaufträge zugewiesen worden. Als vordringlichste Aufgabe hatte es die Unterstützung des Luftlandekorps unter General Student durchzuführen. Dazu sollte es die feindlichen Flugplätze und Bodenorganisationen ausschalten und die Truppenansammlungen und Aufmarschgebiete des Gegners niederkämpfen.

Das ebenfalls der Luftflotte 2 unterstellte IX. Fliegerkorps befand sich noch in der Aufstellung. Seine Aufgabe ab April würde es sein, den Luftmineneinsatz vor der britischen Küste durchzuführen.

Die der Luftflotte 2 direkt unterstellte Fernaufklärergruppe 122 flog bereits seit Wochen ihre Aufklärungseinsätze.

General Kesselring war mit seiner Truppe für beide Feldzüge, sowohl "Weserübung" als auch den West-Feldzug, auf das Beste vorbereitet.

Das OKW-Amt Abwehr/Ausland im Einsatz: Vorbereitungsphase

Bereits vor Kriegsausbruch waren auch im skandinavischen Raum deutsche Nachrichtenbasen eingerichtet worden, die alle aus den Häfen der norwegischen Westküste, so aus Bergen, Stavanger, Christiansand, Oslo und Skagen auslaufenden Handelsschiffe erfaßten und nach Berlin meldeten.

Bis zum Beginn des Jahres 1940 war dieses System derart vervollkommnet worden, daß damit eine lückenlose Erfassung aller ein- und auslaufenden Schiffe möglich war.

Die Meldungen wurden mit solcher Schnelligkeit weitergegeben, daß das X. Fliegerkorps unter Generalleutnant Geisler 150 000 BRT britischen Handelsschiffsraumes versenken konnte. Geisler erhielt dafür bereits am 4. Mai 1940 das Ritterkreuz.

Als Ende Januar 1940 bei der Abwehrstelle Hamburg eine Meldung einging, daß französische Alpenjäger aus ihren bisherigen Standorten in Metz herausgezogen und an der französischen Kanalküste zum Abtransport nach England eingeschifft würden, war der Abwehr klar, daß damit eine "Schweinerei im Norden, vermutlich an der norwegischen Küste" verbunden sein würde.

Die Abwehr unter Admiral Canaris erhielt den Auftrag, Dänemark und Norwegen nachrichtendienstlich intensiver als vorher zu durchleuchten. Diese Aufgabe wurde der Abwehrstelle Hamburg übertragen.

Erkunder gingen in der Folgezeit über die Grenze nach Dänemark und brachten alle Daten der Standorte und Stärken der dänischen Truppen zurück. Ebenso ging es mit Norwegen. Eingreiftrupps der Abwehr wurden auf ihre Aufgabe vorbereitet; es galt vor allem, die dänischen Nachrichtenverbindungen zwischen Gedser und Nykoebing zu unterbrechen. Darüber hinaus wurde das Unternehmen "Sanssouci" vorbereitet: die schlagartige Besetzung des Hafens von Tinglev. Hauptstraßen waren an ihren Knotenpunkten vor dem Einmarsch deutscher Truppen zu besetzen und Sprengungen dort zu verhindern. Die Bahnbrücke bei Padborg mußte ebenfalls vor einer Sprengung bewahrt werden. Damit allein wäre dem Heer die schnellste Durchmarschmöglichkeit durch Dänemark sichergestellt.

Wichtigster Handstreich war die Besetzung der großen Brücke über den Belt im Tarneinsatz. Über den Einsatz der Abwehr sowohl im Norwegenfeldzug als auch im Westfeldzug später mehr.

Die Aufgabenstellung der Führerweisung Nr. 10a lautete nach wie vor gleich: Dänemark und Norwegen sollten besetzt werden, um so englischen Übergriffen gegen Norwegen vorzubeugen und "die Erzbasis des Reiches, Schweden, zu sichern". Darüber hinaus sollte damit für die Kriegsmarine eine erweiterte Ausgangsstellung gegen England gewonnen werden.

Hitler war gewillt, diesen Blitzoperationen "den Charakter einer grundsätzlich friedlichen Unternehmung" zu geben. Vorausgesetzt, der Gegner machte dabei mit. Damit wollte er "die eigene zahlenmäßige Schwäche durch kühnes Handeln ausgleichen". (Siehe Hubatsch, Walter: Weisungen aus dem Führerhauptquartier).

Großadmiral Raeder, schlug Hitler vor, den X-Tag für "Weserübung" wegen der dann herrschenden dunklen Neumondnächte in der Zeit zwischen dem 8. und 10. April anzusetzen und den "W-Tag" - die Operation "Gelb" Angriff im Westen - drei bis vier Tage darauf zu starten. Hitler stimmte dem OB der Kriegsmarine zu. Er ließ die Wetterprognosen und die Eisverhältnisse im vorgesehenen Operationsgebiet noch einmal überprüfen und erklärte danach den 9. April 1940 zum X-Tag für "Weserübung".

Doch nun zu den Einsätzen der Kriegsmarine im ersten Vierteljahr 1940.

DIE KRIEGSMARINE FRÜHJAHR 1940

Allgemeine Übersicht

Der ozeanische Zufuhrkrieg war mit der Vernichtung des deutschen Panzerschiffes "Admiral Graf Spee" von der La Plata-Mündung zunächst beendet. Vor Anfang März 1940 konnte die Seekriegsleitung kein großes Schiff mehr in den Atlantik entsenden, und die Hilfskreuzer, deren Ausrüstung rasch vorangetrieben wurde, konnten ebenfalls erst ab Februar auslaufbereit sein. Dann aber würden wahrscheinlich bis zum Mai fünf Hilfskreuzer ausgerüstet sein und als Handelsstörkreuzer in See gehen.

Neben dem reinen Tonnageerfolg der Einsätze der ersten beiden Großkampfschiffe "Deutschland" und "Admiral Graf Spee" hatte ihr Einsatz erhebliche Ablenkung erzielt. Nicht weniger als acht britische Jagdgrupen waren allein auf die "Admiral Graf Spee" angesetzt gewesen. Die Britische Admiralität hatte zu den Großkampfverbänden noch ein Schlachtschiff und einen Flugzeugträger in den Indischen Ozean verlegen müssen. Dadurch war es der britischen Admiralität nicht möglich gewesen, mit der Flotte gegen Deutschland vorzugehen.

Alle diese Dinge kamen zur Sprache, als Großadmiral Raeder bei seinem Vortrag beim Führer am 26. Januar vortrug, daß nunmehr die Lage nicht ungünstig sei, "einen Vorstoß unserer schweren Seestreitkräfte gegen Geleitzüge Bergen-Shetlands, über welche laufende Meldungen eingehen, zu unternehmen".

Raeder kündigte auch den Einsatz der in "Lützow" umbenannten "Deutschland" zum März an. Er erklärte Hitler, "daß es weniger auf eine hohe Versenkungszahl, sondern mehr auf eine lang andauernde Beunruhigung des englischen Handels ankommt". (Siehe Kurowski, Franz: Auf allen Meeren - Der Kreuzerkrieg im Zweiten Weltkrieg).

Dies bedeutete, daß so rasch wie möglich der Gegner mit neuen Einsätzen in Atem gehalten werden mußte. In diesem Sinne hatte die Seekriegsleitung der Marinegruppe West bereits am 21. Dezember die Weisung erteilt:

"Nach Herstellung der vollen Fahr- und Kriegsbereitschaft der Schlachtschiffe 'Scharnhorst' und 'Gneisenau' sowie des Kreuzers 'Hipper' ist ein möglichst häufiger, erfolgversprechender Einsatz dieser schnellen und kampfkräftigen Einheiten außerhalb der Nordsee vorzusehen."

Darüber hinaus forderte die Skl den massiven Einsatz von U-Booten, der allerdings aus Mangel an Masse nicht erfolgen konnte. Nur einige wenige U-Boote eröffneten im Januar 1940 die Schießzeit dieses Jahres. Doch zunächst jene Einsätze der Kriegsmarine, die von Überwasserstreitkräften gefahren wurden.

Ein Fehlschlag: Das Unternehmen "Nordmark"

Der Zweck jener Operation der beiden Schlachtschiffe "Scharnhorst" und "Gneisenau" und des Kreuzers "Admiral Hipper" wurde von der Skl dahingehend präzisiert, daß zum einen durch überraschendes Auftreten in Seegebieten, in denen ein gefährlicher Gegner sich nicht ständig aufhalten konnte, "unterlegene Feindstreitkräfte vernichtet" werden sollten.

Darüber hinaus galt es, Angriffe auf die Kanada-Geleitzüge auszuführen, damit das feindliche Geleitsystem zu stören und den Gegner dazu zu zwingen, auch schwere Geleitstreitkräfte dort zu verwenden.

Vor allem aber sollte durch den Einsatz der drei genannten Einheiten ein Abziehen von schweren Feindverbänden aus den Gebieten erfolgen, in welche deutscherseits Panzerschiffe und Hilfskreuzer entsandt werden sollten.

Die wichtigste Aufgabe aber war das "Führen eines wirksamen Schlages gegen den lebenswichtigen Banngutverkehr von Norwegen zum Gegner". (Siehe dazu: Chef der Seekriegsleitung B. Nr. 1/Skl op 484/39 GKdos. Chefs. v. 21. 12. 39).

Die geplante Operation mußte nicht weniger als dreimal verschoben werden, ehe der 18. Februar 1940 als Einsatzbeginn festgelegt wurde. Der Seebefehlshaber, Vizeadmiral Marschall, ging um 11.00 Uhr dieses Tages mit seinem Verband ankerauf.

Das Flaggschiff "Gneisenau" stand unter dem Kommando von Kpt. z.S. Netzband. "Scharnhorst" wurde von Kpt. z.S. K.C. Hoffmann geführt, während die "Hipper" unter Kpt. z.S. Heye stand. Der Verband wurde von drei Zerstörern der 4. Z.-Flot. unter FKpt. Bey geleitet. Hinzu kamen die Torpedoboote "Luchs" und "Seeadler".

Am 19. Februar lief der Verband bereits durch die nördliche Nordsee. Es herrschte gute Sicht, deshalb gab VAdm. Marschall den Befehl zum Schleudern der Bordflugzeuge beider Schlachtschiffe. Ihr Start erfolgte um 8.45 Uhr. Zwei Stunden blieben die Arado 196 in der Luft. Danach kehrten sie zu den Schlachtschiffen zurück, wasserten und wurden an Bord genommen. Sie hatten kein einziges gegnerisches Fahrzeug gesichtet.

Da keinerlei Aussicht auf einen raschen Erfolg bestand, und der Brennstoff-Vorrat der Zerstörer für den Rückmarsch bereits knapp wurde, trat der Kampfverband den Rückmarsch an.

Am Abend des vierten Einsatztages, dem 20. Februar, lagen alle Einheiten wieder auf Wilhelmshaven-Reede.

Der Grund für die Erfolglosigkeit des Verbandes lag in der Tatsache verborgen, daß er in der Nacht zum 19. Februar auf der Wangerooger Reede und im Wangerooger Fahrwasser durch Feindflugzeuge erfaßt und gemeldet worden war. Admiral Forbes hatte daraufhin den nach Norwegen bestimmten Geleitzug nach Scapa Flow umgeleitet.

Als Großadmiral Raeder Hitler am 23. Februar über den Verlauf des Unternehmens "Nordmark" Meldung erstattete, sagte er, daß er beabsichtige, diesen Vorstoß so bald wie möglich zu wiederholen. Er erklärte dazu, daß gute Ergebnisse des B-Dienstes das Risiko dieser Operation bedeutend herabsetzen würden. Hitler war einverstanden.

Das Unternehmen "Wikinger"

Zwei Tage nach Beginn des Unternehmens "Nordmark" kam es zum Unternehmen "Wikinger", das für die Zerstörerwaffe mit einem Fiasko endete, dem zwei deutsche Zerstörer zum Opfer fielen. Damit hatte die Kriegsmarine auf einen Schlag ein Zehntel ihrer Zerstörer verloren.

Aufklärungsflugzeuge hatten im Februar 1940 mehrfach größere Ansammlungen britischer Fischdampfer im Gebiet der Doggerbank gemeldet. Die Marinegruppe West unter Großadmiral Saalwächter plante daraufhin eine Zerstöreroperation mit dem Ziel, so viele Fischereifahrzeuge wie eben möglich zu vernichten. Mit der Durchführung dieser Operation wurde die 1. Zerstörer-Flottille unter FKpt. Berger beauftragt.

Am 20. Februar lagen die neuesten Aufklärermeldungen vor, die genaue Hinweise und Anhaltspunkte über Zahl und Standort dieser Trawler und Kutter brachten. Das Unternehmen gegen diese Fahrzeuge wurde zum 22. Februar befohlen. Der Operationsbefehl dazu lautete:

"Möglichst unbemerkte Annäherung, überraschender Zugriff, Aufbringung der Fischdampfer ist zu versuchen." (Siehe Kühn, Volkmar: Torpedoboote und Zerstörer im Einsatz 1939 - 1945).

Die 1. Z.-Flot. verließ am 22. Februar gegen 12.00 Uhr unter Luftsicherung durch Me 109 des Jagdgeschwaders 1 die Jade. Folgende Boote und Kommandanten waren dabei:

"Richard Beitzen" - KKpt. Hans von Davidson
(Chef 1. Z.-Flot. FKpt. Berger an Bord).
"Lebrecht Maass" - KKpt. Fritz Bassenge
"Max Schultz" - KKpt. Klaus Trampedach
"Theodor Riedel" - KKpt. Gerhard Böhmig
"Erich Koellner" - FKpt. Alfred Schulze-Hinrichs
"Friedrich Eckoldt" - FKpt. Schemmel

Die deutsche Luftaufklärung war kurz vor dem Auslaufen des Zerstörerverbandes gestartet. Wegen Nebels mußte sie jedoch vorzeitig abbrechen und zu den Horsten zurückkehren. Fregattenkapitän Berger war nicht darüber informiert, daß die Luftwaffe am selben Tage einen Einsatz fliegen würde. Ebensowenig wußte das X. Fliegerkorps unter GenLt. Geisler, etwas über einen Zerstörereinsatz im selben Gebiet der Nordsee. Es unterstand dem Oberbefehlshaber der Luftwaffe direkt und hatte den Auftrag erhalten, Handelskrieg an der englischen Ostküste bis ins Seegebiet der Humbermündung hinein zu führen. Die Katastrophe war also vorprogrammiert.

Generalleutnant Geisler setzte für seinen Einsatz He 111 Flugzeuge des KG 26 ein. Um 12.18 Uhr teilte er dem Marinegruppenkommando West diesen geplanten Einsatz mit.

Währenddessen hatte die 1. Zerstörer-Flottille gegen 14.00 Uhr das Gebiet südwestlich von Helgoland erreicht und lief auf Westkurs in das Operationsgebiet hinein. Um 16.15 Uhr - der Zerstörerverband war derweilen etwa 50 Seemeilen weitergelaufen - ließ Generalleutnant Geisler eine zweite Meldung an das Marinekommando West abgeben: "Erbitten, die der Kriegsmarine unterstehende Luftverteidigung der Marinefestungsbereiche davon in Kenntnis zu setzen, daß in den Abendstunden nach Einfall der Dunkelheit mit zurückkehrenden He 111 des KG 26 zu rechnen ist."

Dreiviertel Stunden darauf wurde das X. Fliegerkorps von der Marinegruppe West dahingehend unterrichtet, daß sechs deutsche Zerstörer in den Vormittagsstunden des 23. Februar von einer Unternehmung zurückkehren und in die Jade einlaufen würden.

Den Jagdschutz der heimkehrenden Einheiten sollten abermals Jäger des JG 1 übernehmen. Dieses Jagdgeschwader unterstand der Luftflotte 2, General der Flieger Kesselring. Das X. FlK befand sich in keinem Unterstellungsverhältnis zu diesem Großverband.

Wieder eine halbe Stunde später fragte der Ia des X. FlK. bei der Marinegruppe West an, ob denn deutsche Zerstörer unterwegs seien. Erst jetzt wurde das X. FlK. davon unterrichtet, daß ein eigener Zerstörerverband noch in dieser Nacht durch das deutsche Marinewarngebiet bei der Doggerbank laufen werde. Gleichzeitig wurde das X. FlK angewiesen, sämtliche Angriffe auf Ziele nördlich der Breite von Terschelling-Feuerschiff südlich 55 Grad Nord und ostwärts des englischen Warngebietes zu unterlassen.

Zu dieser Zeit jedoch - es war zwischen 17.40 und 18.18 Uhr - startete in Neumünster bereits die II./KG 26 mit acht He 111 zum Handelskrieg zwischen Themsemündung und Firth of Forth. Es war zu spät, den bereits in der Luft befindlichen Maschinen mitzuteilen, daß eigene Zerstörer in der Nordsee operierten. Die Marinegruppe West wurde davon unterrichtet.

Inzwischen hatten die sechs Zerstörer den Ostrand des Minenwarngebietes erreicht und gingen - auf 53° 55' stehend - um 18.18 Uhr auf Nordwestkurs. Mit 17 kn Fahrt und Kurs 300 Grad liefen sie in Kiellinie ihrem Einsatzgebiet entgegen.

Um 19.30 Uhr wurde von den drei am Ende der Linie laufenden Zerstörern "Leberecht Maass", "Max Schultz" und "Erich Koellner" ein von achtern aufkommendes Flugzeug gesichtet. Es wurde Fliegeralarm gegeben, weil die Maschine von achtern anflog und sich Schiffe bei solcher Anflugrichtung in höchster Gefahr befanden.

Dieses Flugzeug tauchte immer wieder aus dem Dunst auf und wurde von 19.40 Uhr an durch "Albrecht Maass" dem Flottillenchef stets gemeldet.

Aus ihren Flawaffen eröffneten die drei am Schluß laufenden Zerstörer das Feuer auf dieses Flugzeug. Die Maschine erwiderte dies mit Bordwaffenbeschuß und verschwand dann ein weiteresmal im Dunst. Von "Max Schultz" wurde dem Flottillenchef gemeldet, daß es sich wahrscheinlich um eine He 111 handeln mußte.

15 Minuten darauf meldete "Leberecht Maass" das Flugzeug ein weiteresmal. Von der Brücke von "Erich Koellner" sah dessen Kommandant FKpt. Schulze-Hinrichs plötzlich beim letzten Zerstörer in der Linie mehrere blitzende Bombeneinschläge, und unmittelbar darauf meldete "Leberecht Maass" über den UK-Sprechfunk (Ultrakurzwellenfunk): "Bin getroffen, erbitte Hilfe!"

Eine 50-kg-Bombe war in das hinter der Brücke stehende Verkehrsboot eingeschlagen. Durch Ruderversager schor "Leberecht Maass" nach Steuerbord aus dem Kurs.

Fregattenkapitän Berger befahl für seinen Verband unmittelbar nach Erhalt der Treffermeldung eine Schwenkung nach Steuerbord auf Gegenkurs. Dazu meinte nach dem Kriege Kpt. z.S. Schulze-Hinrichs als Augenzeuge:

"Als mein Zerstörer 'Erich Koellner' die Schwenkung ausgeführt hatte, erfolgte auf dem ausgeschorenen "Leberecht Maass" eine gewaltige Detonation, die wie ein Feuerball aussah. Es wurde Fliegeralarm gegeben und mit leichter Flak geschossen. Man vermutete einen neuen Bombenangriff." (Siehe Schulze-Hinrichs, Alfred: "Der Untergang zweier deutscher Zerstörer", Z.S.).

Kurz darauf wurde eine zweite schwere Detonation gehört. Noch wußte niemand, daß sie das Schicksal des Zerstörers "Max Schultz" besiegelte.

Lassen wir Kpt. z.S. a.D. Schulze-Hinrichs über die nächsten Ereignisse berichten:

"Ich lief mit meinem Zerstörer instinktiv einige Ausweichkurse, sah aber kein Flugzeug. Wenige Minuten darauf standen wir plötzlich in nächster Nähe des in der Mitte auseinandergebrochenen, mit Bug und Heck aus dem Wasser ragenden "Leberecht Maass". Viele Seeleute trieben bereits im Wasser. Es herrschte eine unheimliche Ruhe. Die Männer rangen zwar mit dem Tode, aber wir hatten damals Soldaten, die eine feste Haltung besaßen und zuviel Stolz, als daß sie außer Fassung gerieten. Sie halfen sich gegenseitig, gaben ihre Schwimmwesten an einen hilfsbedürftigen Kameraden oder verschwanden stumm in der See."

Das Verkehrsboot von "Erich Koellner" war inzwischen zu Wasser gelassen worden und hatte immer mehr Gerettete aufgenommen, die teilweise dick mit Heizöl beschmiert waren. Plötzlich blieb der Motor des V-Bootes wegen Überhitzung stehen. Er hatte anstelle von Kühlwasser das auf der See schwimmende Heizöl angesaugt. "Erich Koellner" trieb vor dem Wind an sein V-Boot heran, das an der Backbordseite der Back zu liegen kam, sodaß die Geretteten geborgen werden konnten.

Bei den Kommandanten der liegenbleibenden Zerstörer gingen die einander widersprechendsten Meldungen ein, die von weiteren Flugzeugsichtungen, von Schnellbooten und sogar von U-Booten wissen wollten.

FKpt. Schulze-Hinrichs befahl, das V-Boot wieder loszuwerfen. Er wollte zunächst die Umgebung erkunden und danach die Rettung der Überlebenden fortsetzen. Als der Zerstörer Fahrt aufnahm, blieb das V-Boot achteraus zurück. Allerdings ahnte niemand, daß unten im V-Boot irgend jemand eine Leine am Schraubenschutz des Zerstörers festgemacht hatte. Als nun der Zerstörer Fahrt aufgenommen hatte und durch die Leine Zug auf das V-Boot kam, kenterte dieses. Bis auf einen Mann, der gerettet werden konnte, fielen alle übrigen Geretteten, die sich noch im V-Boot befanden, zum zweitenmal über Bord. Hier wieder Kpt. z.S. a.D. Schulze-Hinrichs zur Lage:

"Auf der Brücke stehend spähten wir, wechselnde Kurse steuern, nach irgendwelchen Gegnern, bis wir schließlich wieder den vermeintlichen Vordersteven von 'Leberecht Maass' in Sicht bekamen. Auch hier sahen wir Leute im Wasser treiben. Bevor unser Boot sich aber daran machen konnte, diese Schiffbrüchigen aufzunehmen, erscholl der Ruf: 'Torpedolaufbahn an Backbord!'

Ich selber glaubte sogar einen auf unser Heck zulaufenden Zweierfächer zu erkennen und drehte schnell in diese Richtung zur Schußposition des feindlichen U-Bootes. Doch als sich das Ziel aus dem Dunst herausschälte, erkannten wir - wieder? - den Vordersteven des Zerstörers. Aber dieser Vordersteven gehörte zu dem Zerstörer "Max Schultz", von dessen Untergang wir noch nichts wußten."

Die Zerstörer kümmerten sich um die Rettung der Schiffbrüchigen. Von "Max Schultz" wurde kein einziger Mann gerettet. Von der dreihundert-köpfigen Besatzung des "Leberecht Maass" konnten 60 Mann gerettet werden.

Was war geschehen? Waren die deutschen Flugzeuge schuld an diesem Desaster? Es stellte sich heraus und wurde nach dem Kriege durch Kpt. z.S. a.D. Schulze-Hinrichs in den Akten des Militärarchivs des Bundes bestätigt, daß es sich um eine englische Ankertau-Minensperre handelte, die in der Nacht vom 9. zum 10. Januar 1940 dort gelegt worden war. Beide Zerstörer waren kurz nacheinander auf eine jener Minen gelaufen. Während "Max Schultz" unbemerkt sank, gab es um die in See schwimmenden Matrosen von "Leberecht Maass" die genannten Rettungsaktionen.

In den Unterlagen des X. Fliegerkorps heißt es zu dem Angriff, der als Auslöser der Katastrophe galt, weil er die Zerstörer zu gravierenden Kursänderungen gezwungen und in das Ankertau-Minenfeld getrieben hatte:

"Um 18.00 Uhr acht Kampfflugzeuge zur bewaffneten Aufklärung zwischen Themsemündung und Firth of Forth. Ergebnis: Gegen 20.00 Uhr Angriff auf abgeblendet fahrende Dampfer (3. - 4.000 Tonnen) querab Terschelling. Aus 1.300 m Treffer auf Back, zwei Treffer mittschiffs. Nach Explosion brannte der Dampfer und sank. Abwehr durch leichte Flak und MG."

Es war kein Handelsschiff gewesen, sondern der eigene Zerstörer "Leberecht Maass", und die Detonation war keine Folge des Abwurfes der 50-KG-Bomben, sondern die besagte Minendetonation.

Hitler hatte nach der Rückkehr der vier übrigen Zerstörer, die ihre Operation abbrachen, eine sofortige Untersuchung angeordnet. Die Untersuchungskommission kam zu dem Schluß, daß "der Verlust der beiden Zerstörer wahrscheinlich durch 50-Kilo-Bombentreffer eigener Flugzeuge verursacht wurde."

Daß dies unmöglich war, war jedem Zerstörerkommandanten klar, doch die Erklärung wurde stillschweigend hingenommen.

Seit dieser Untersuchung fanden keine weiteren Einsätze von Überwasserstreitkräften mehr im Nordseeraum statt. Erst der Beginn der Operation "Weserübung" ließ beinahe "alles, was deutscherseits schwamm", zu einem Unternehmen auslaufen, von dem es für zehn deutsche Zerstörer keine Wiederkehr mehr geben würde.

Der U-Boot-Krieg im ersten Vierteljahr 1940

In den ersten Januartagen des Jahres 1940 gelang es Kptlt. Kuppisch, zwei Dampfer zu versenken, und am 9. dieses Monats schrieb sich zum erstenmal ein Kommandant in die Versenkungsliste ein, der sehr bald mehr und mehr von sich reden machen sollte: Oblt. z.S. Joachim Schepke, der mit dem "Einbaum" U 19 den kleinen norwegischen Dampfer "Manx" versenkte. Das Boot wurde von einem Zerstörer unter Wasser gedrückt und mit Wasserbomben belegt. Es sackte beschädigt auf Grund, konnte aber nach Ablaufen des Zerstörers vom Kommandanten wieder an die Wasseroberfläche zurückgebracht werden. Trotz Schwergängigkeit des Tiefenruders konnte der Leitende Ingenieur das Boot auspendeln. Mit kleiner E-Maschinenfahrt lief U 19 ab.

Am selben Tage sank vor Liverpool auf einer von U 30 gelegten Mine der britische Tanker "El Oso", der 7 267 BRT verdrängte. Zwei Tage darauf sichtete U 23 einen in der Inganes Bay liegenden großen Tanker, vor dem zwei Zerstörer ankerten. U 23 unter Kptlt. Kretschmer hatte den Auftrag erhalten, zu den Shetland-Inseln zu marschieren, um herauszufinden, ob die Home Fleet wirklich in Scapa Flow ankerauf gegangen war, um in den Buchten der Shetland-Inseln nördlich von 62 Grad zu ankern, wie dies der B-Dienst gemeldet hatte. Luftaufnahmen von Scapa Flow schienen diese Meldung zu bestätigen.

Am 11. Januar hatte U 23 die Shetlands erreicht und stand querab zur Einfahrt der Inganes Bay. In die Bucht einlaufend, sichtete Kretschmer durch das Sehrohr den großen Tanker. Um zu einem günstigen Schußwinkel zu kommen, mußte Kretschmer sein Boot an den beiden Zerstörern vorbeibringen. Er ließ auftauchen und mit kleiner Fahrt zwischen den beiden Sicherungszerstörern hindurchlaufen. Der Zielgeber meldete bereits Hartlage, aber noch näher ließ Kretschmer herangehen, ehe er den Befehl zum Schuß gab. Der Tanker wurde mittschiffs getroffen. Sekunden später erreignete sich eine zweite gewaltige Detonation, und schon stand eine breite Flammenwand über dem Tanker.

U 23 hatte bereits wieder gedreht und lief zwischen den beiden Zerstörern. Man sah von der Brücke aus, wie die Zerstörerbesatzungen, teilweise in Unterhosen, nach oben rannten, um die Gefechtsstationen zu besetzen.

Das U-Boot wurde nicht bemerkt, alles starrte auf die mächtige Flammenwand des Tankers, der Benzin geladen hatte und nun buchstäblich von weiteren Explosionen auseinandergerissen wurde und sank.

Es war der dänische Motortanker "Danmark" mit 10 517 BRT, der auf 58 59 N und 02 53 West auf Tiefe ging.

Am selben Tage um 16.32 Uhr kam das Boot auf einen kleinen Dampfer zum Schuß. Es war der Norweger "Fredville" mit 1150 BRT, der unmittelbar nach dem Treffer sank.

Erst einige Tage später wurde bekannt, daß auf den von U 30 gelegten Minen neben dem Tanker "El Oso" auch der britische Dampfer "Cairnross" gesunken und der britische Frachter "Gracia" schwer beschädigt worden war.

Im Januar 1940 hatte Oblt. z.S. Wolfgang Lüth mit U 9 zur ersten Feindfahrt abgelegt. Durch den Kaiser-Wilhelm-Kanal und mit Schlepperhilfe durch die Elbe laufend, steckte das Boot einen Tag nach dem Auslaufen um 12.00 Uhr des 17. Januar in der Höhe von Cuxhaven im Treibeis. Nach einer Unterbrechung und Reparatur der Lüftung I, die sich nicht öffnen ließ, marschierte U 9 am 18. Januar in Richtung England. Nach drei Torpedoschüssen, von denen die beiden ersten den anvisierten Dampfer untersteuerten, sank die "Flandria" mit 1179 BRT. Das Boot lief ab und sichtete kurz darauf einen weiteren Dampfer. Lüth setzte sein Boot vor, und um 1.45 Uhr des 19. Janaur fiel der Schuß aus kurzer Distanz. Es war der Schwede "Patria" mit 1188 BRT, der sich wenige Minuten nach dem Treffer auf den Bug stellte und steil vorlastig in die Tiefe rauschte.

U 9 lief nun in Richtung Helgoland, um gegen 18.00 Uhr einzulaufen und festzumachen. Im Eisgeleit marschierte der kleine "Einbaum" am nächsten Morgen nach Wilhelmshaven und machte dort nach einer Feindfahrt von nur siebentägiger Dauer fest. Das Boot hatte auf seiner Jungfernfahrt unter Lüth zwei Dampfer versenkt.

Es waren die Kommandanten Schütze mit U 25, der vier Schiffe versenkte, und Mathes mit U 44, der es gar auf sieben Schiffe brachte, darunter die 7 906 BRT große "Arendskerk", welche die Bilanz des Januars trotz der U-Boot-Leere noch emporschnellen ließ. U 19 konnte auf seiner zweiten Januar-Feindfahrt vier Schiffe versenken, und mit U 20 gelang es Kptlt. von Klot-Heydenfeldt in den späten Abendstunden des 27. Januar, binnen 190 Minuten vier Dampfer auf den Grund der See zu schicken.

Mit dem dänischen Dampfer "Vidar", der am 31. Januar um 19.54 Uhr durch einen Torpedo von U 21 unter Kptlt. Stiebler versenkt wurde, brachte es die U-Boot-Waffe im Januar auf 56 versenkte Schiffe. Vor Tarbett Ness hatte bereits am 21. Januar U 22 unter Kptlt. Jenisch den britischen Zerstörer "Exmouth" unter Wasser geschickt.

Am 31. Januar war U 37 unter KKpt. Hartmann zur neuen Feindfahrt ausgelaufen. Das Operationsgebiet lag westlich von Irland, im englischen Kanal und schließlich in der Biskaya.

Bereits auf dem Ausmarsch konnte U 37 den britischen Dampfer "Leo Dawson" und den Niederländer "Hop" versenken. Als der deutsche Funkbeobachtungsdienst am 7. Februar eine englische Funkmeldung über einen Kriegsschiffsverband mit dem Träger "Arc Royal", dem Schlachtkreuzer "Renown" und dem Schweren Kreuzer "Exeter" mit Positions- und Kursangaben auffangen konnte, wurden die drei im westlichen Kanal stehenden Boote U 26, U 37 und U 48 auf diesen Kriegsschiffsverband angesetzt. Diese Operation mißlang. Der Feindverband konnte nicht gesichtet werden. Statt dessen sichtete U 37 am 10. und 11. Febr. zwei Dampfer, die beide versenkt wurden. Am 10. Febr. hatte U 48 unter Herbert Schultze bereits den Dampfer "Burgerdijk" durch Torpedotreffer versenkt, während U 26 unter Kptl. Scheringer den Dampfer "Nidarholm" vernichtete.

Wolfgang Lüth hatte mit U 9 am 5. Februar zur zweiten Feindfahrt abgelegt. Das Boot lief zunächst nach Helgoland, wo der "Einbaum" beim Verholen an den richtigen Liegeplatz mit der Backbordschraube in eine Trosse geriet. Der Taucher mußte die Stahlrosse aus der Schraube lösen. Während dieser Zeit waren Treiböl und Trinkwasser, danach die Minen übernommen worden, die U 9 vor der Haustür des Gegners legen sollte.

Nach Legen der Minen trat das Boot den Rückmarsch an und stieß am Nachmittag des 11. Febr. auf drei kleine Dampfer. Als einer sich aus dem kleinen Konvoi löste, drehte Lüth auf ihn ein. Um 18.20 Uhr fiel der Schuß, und der Torpedo traf nach 48 Sekunden Laufzeit die nur 1213 BRT große "Linda" Achterkante Brücke. Der estnische Dampfer brach durch und sank. Damit hatte der "Einbaum" U 9 sein drittes Schiff versenkt. Wegen der Eisverhältnisse mußte U 9 wieder Helgoland anlaufen, ehe es am Morgen des 17. Februar nach Wilhelmshaven lief.

Im Februar zeichnete sich auch ein neuer Kommandant aus. Es war Kptlt. Klaus Korth, der mit U 57 am 14. Februar aus dem Konvoi HX 18s den 10 191 BRT großen Tanker "Gretafield" herausschoß. Grosse, Schütze und Bauer erzielten einige Erfolge. Aber am 15. Februar ging der Stern des jungen Kommandanten Oblt. z.S. Wolfahrth auf, der vier kleine Dampfer torpedierte; sie alle sanken. Kretschmer konnte am 18. dieses Monats mit U 23 den britischen Zerstörer "Daring" unter Wasser schicken. Danach gelang ihm noch am 22. Febr. ein Fangschuß auf die "Loch Maddy", die am späten Abend des 21. von Korth nahe Copinsay bewegungsunfähig geschossen worden war.

Bauer, Frauenheim, Jenisch und wieder Hartmann waren die erfolgreichen Kommandanten dieses Monats, denen sich Oesten und Preuß mit jeweils zwei Versenkungen anschlossen.

Als U 63 unter FKpt. Lorenz am 24. Febr. den Konvoi HN 14 angriff und das norwegische Motorschiff "Santos" mit 3 840 BRT herausschoß, wurde das Boot durch die Geleitzerstörer "Escort", "Inglefield" und "Imogen" unter Wasser gedrückt und versenkt. Ein Teil der Besatzung, unter ihnen auch der Kommandant, wurde vom Gegner gerettet.

Der Monat Februar brachte eine Erfolgsbilanz von 51 versenkten und zwei torpedierten Schiffen. Den größten Erfolg dieses Monats erzielte U 48 unter Kptlt. Schultze mit der Versenkung des 12 306 BRT großen britischen Dampfers "Sultan Star". Es war die vierte Feindfahrt des Bootes unter "Vaddi" Schultze; sie erbrachte vier Versenkungen mit insgesamt 31 526 BRT.

Die geringen Erfolgszahlen des Monats März mit nur 26 versenkten Schiffen war darauf zurückzuführen, daß nur einige wenige Boote in See standen. Als Mitte März sechs bis acht Boote auslaufbereit gemeldet wurden, erhielten sie keine Freigabe. Die U-Boot-Führung hatte bereits am 4. März den Befehl der Seekriegsleitung erhalten, der folgenden Wortlaut hatte:

"Auslaufen weiterer U-Boote zunächst abstoppen. Kein Einsatz auch bereits ausgelaufener U-Boote vor der norwegischen Küste. Verwendungsmöglichkeit aller Seestreitkräfte beschleunigt herstellen. Keine besondere Bereitschaft."

Einen Tag später wurde Konteadmiral Dönitz von der Seekriegsleitung über die Landungsabsichten deutscher Truppen in Dänemark und Norwegen unterrichtet. Dabei sollte es die Hauptaufgabe der deutschen U-Boote sein, die eigenen Seestreitkräfte zu sichern, nachdem diese in die vorgesehenen Anlandehäfen eingedrungen waren.

Selbst die U-Boot-Ausbildung in der Ostsee wurde abgebrochen. Die dort liegenden sechs Schulboote wurden in die Gruppen der Frontboote aufgenommen, ebenso die beiden neuen, noch in der Erprobung stehenden Boote U 64 und U 65.

Die Boote, die im März dennoch zum Einsatz kamen, erzielten beachtliche Erfolge. Es waren wieder U 32, U 29, U 14 und U 19. Oblt. z.S. Schepke erzielte mit U 19 am 19. und 20. März einen vierfachen Versenkungserfolg. Mit U 29 war Schuhart wieder erfolgreich. Drei Schiffe kamen auf sein Konto, ein viertes konnte nicht bestätigt werden. Auf eine von U 29 gelegte Mine lief ein kleiner Dampfer auf und sank bereits am 3. März. Wolfahrth kam auf vier Versenkungen, während Liebe mit U 38 gar fünf Schiffe unter Wasser bringen konnte.

Damit war der März 1940 der schwächste Monat bisher. Er sollte jedoch vom April noch unterboten werden.

DER FELDZUG IN NORWEGEN

Vorbereitungen zur "Weserübung"

Für die Operation "Weserübung" konnten der OB des Heeres, Generaloberst von Brauchitsch, und der OB der Luftwaffe, Generalfeldmarschall Göring, nur geringe Kräfte aus Heer und Luftwaffe abzweigen, weil das Gros der Wehrmacht - mit Ausnahme der Kriegsmarine - für die Operation "Gelb" zur Verfügung stehen sollte.

Es waren insgesamt acht Infanterie-Divisionen, eine Infanterie-Brigade und eine Panzerabteilung, die für "Weserübung" freigemacht werden konnten. Hinzu kamen 582 Flugzeuge der Typen Ju 52, Ju 90 und FW 200 des Lufttransportführers, drei Flak-Abteilungen und ein Fallschirmjäger-Bataillon.

Die Marine aber, welcher unter anderem auch der Transport der Truppen nach Norwegen oblag, hatte einschließlich aller Waffen und allen Gerätes mit sämtlichen Einheiten klarzustehen. Hitler hatte in dieser Hinsicht alles auf die Marinekarte gesetzt und wohl auch deren mögliche Vernichtung in Kauf genommen.

Mit der Operationsführung in Norwegen wurde der Chef des Wehrmachtsführungsamtes, General Jodl, beauftragt.

Jene sechs Divisionen, die in Norwegen landen sollten, wurden zur Gruppe XXI unter General von Falkenhorst zusammengefaßt. Ihr unterstellt war das Höhere Kommando XXXI unter General Kaupisch mit zwei Divisionen. Es sollte in Dänemark zum Einsatz kommen.

Alle Fliegerverbände, Flak- und Fallschirmjäger-Einheiten traten unter das Kommando des X. Fliegerkorps, Generalleutnant Geisler.

Die Schiffsverbände wurden von der Seekriegsleitung dirigiert. Sie standen unter dem direkten Kommando der Marinegruppenkommandos Ost, Admiral Carls, und West unter Generaladmiral Saalwächter.

Norwegen als möglicher Gegner verfügte über ein Heer von 19 000 Mann. Seinen Streitkräften standen insgesamt 120 Flugzeuge zur Verfügung. Hinzu kamen vier Küstenpanzerschiffe, neun U-Boote, 24 Torpedoboote und 80 Hilfsfahrzeuge. (Siehe: Krigshistoriskes avdeling: Krigen i Norge, Oslo 1952-1954, 4. Bd.).

Am 2. April wurde KAdm. Dönitz davon in Kenntnis gesetzt, daß der 9. April Stichtag für die Operation "Weserübung" sei. Der BDU hatte gemäß den drei Hauptaufgaben der U-Boot-Waffe alle verfügbaren U-Boote eingesetzt. Sie dienten zur:

1.) Sicherung der eigenen Streitkräfte,

2.) Bekämpfung feindlicher Gegenlandungen und zu

3.) Angriffen auf feindliche Seestreitkräfte.

Es waren dies: 12 Atlantikboote, 13 kleinere Boote und 6 Schulboote. Entsprechend diesen Überlegungen und der speziellen Kampfeigenschaft der einzelnen Boote, die vom Aktionsradius und dem Grad der Kriegserfahrung der Kommandanten abhing, kam es schließlich zu folgendem Aufgaben- und Verteilungsplan:

1.) Sicherung der Landungsplätze:
Narvik durch vier Boote in tiefer Staffelung.
Drontheim durch zwei Boote.
Bergen durch fünf Boote, die die innere Einfahrt zu sperren hatten.
Stavanger durch zweiBoote.
2.) Bildung von zwei Verfügungsgruppen als Angriffsgruppen für den Fall feindlicher Gegenlandungen.
2a) Die nördliche Gruppe mit sechs mittleren Booten nordostwärts der Shetland-Inseln.
2b) Bildung der südlichen Gruppe von drei Booten ostwärts der Orkneys.
3.) Aufstellung einer Gruppe von vier kleinen Booten ostwärts und westlich des Pentland Firth, wo der Verkehr feindlicher Seestreitkräfte zu erwarten war.
3.) Aufstellung einer Verfügungsgruppe vor Stavanger, bestehend aus zwei kleinen Booten, und westlich von Lindesnes, bestehend aus drei kleinen Booten, für den Fall, daß feindliche Seestreitkräfte versuchen sollten, unseren Seeverkehr zu unterbinden. Für diese Aufstellung wurden Schulboote wegen ihres geringen Aktionsradius verwandt."

(Siehe: Bericht des BdU in KTB 1940).

Bereits am 11. März befahl die Skl aus Sorge vor ebenfalls erwarteten englischen Landungen bei Narvik die sofortige Aufstellung der für Narvik und Drontheim vorgesehenen Boote.

Durch Funkspruch-Entschlüsselung wurde am 14. März das Auftauchen einer großen Zahl englischer U-Boote in der Nordsee gemeldet. Vor dem Skagerrak, westlich Jütland und bei Terschelling wurden nicht weniger als 14 U-Boot-Standorte festgestellt.

Nachdem der BdU am 2. April von der Skl erfuhr, daß der Stichtag für "Weserübung" der 9. April sei, erhielten alle in See stehenden und für den Norwegeneinsatz vorgesehenen Boote durch Dönitz am 6. April über Funk Weisung, den Operationsplan "Hartmut" zu öffnen. Darin waren die einzunehmenden Positionen und die Aufgaben jedes einzelnen Bootes dargestellt. Am Morgen des 9. April standen alle deutschen U-Boote in den befohlenen Positionen.

Einteilung und Aufgaben der Kriegsmarine für "Weserübung"

Als der Uhrzeiger auf der Brücke des deutschen Schlachtschiffes "Gneisenau" die zweite Morgenstunde des 7. April anzeigte, kam gerade das vor der Wesermündung liegende Feuerschiff "F" in Sicht: der Treffpunkt jener Seestreitkräfte der Kriegsschiffsgruppen 1 und 2, welche die Gebirgsjäger nach Norden transportieren sollten. Kapitän zur See Netzband, Kommandant dieses Schiffes, blickte durch seinen "Kieker" und sah voraus die "Scharnhorst", die von Kpt. z.S. Hoffmann geführt wurde. An Bord dieses Schlachtschiffes befand sich auch der Befehlshaber der deutschen

Schlachtschiffsgruppe, Vizeadmiral Lütjens. Beide Großkampfschiffe waren von der Jade ankerauf gegangen, um nunmehr für ihre Aufgaben bereitzustehen.

Die Aufgabe, die Vizeadmiral Lütjens für "Weserübung" gestellt war, lautete: "Deckung der Kriegsschiffsgruppen 1 und 2."

Auf die beiden Schlachtschiffe sammelte nun zunächst der aus Bremerhaven ausgelaufene Schiffsverband der Kriegsschiffsgruppe 1 unter Führung von Kommodore Bonte mit neun Zerstörern; der Verband war ebenso pünktlich zur Stelle wie die aus Cuxhaven ausgelaufene Kriegsschiffsgruppe 2 unter Kpt. z.S. Heye, der zugleich Kommandant des Führungsschiffes dieser Gruppe, der "Admiral Hipper" war. Ihm standen neben seinem Führerschiff vier Zerstörer der 2. Z.-Flot. zur Verfügung.

An Bord des Führerzerstörers der Kriegsschiffsgruppe 1, also auf "Wilhelm Heidtkamp", war auch Generalmajor Dietl, der Kommandeur der 3. Gebirgs-Division, eingestiegen. Jeder Zerstörer der Kriegsschiffsgruppe 1 hatte 200 Gebirgsjäger mit ihren Waffen, Geräten und leichten Fahrzeugen an Bord genommen.

Am 6. April waren die Gebirgsjäger in drei Eisenbahnzügen direkt in das hermetisch abgeschirmte Hafengebiet der Kaiserschleuse von Wesermünde gefahren worden. Das Unternehmen "Weserübung" stand und fiel mit seiner strikten Geheimhaltung. Es galt, in einem blitzschnellen Zufassen die entscheidenden Häfen der norwegischen Küste ebenso wie auch ganz Dänemark zu besetzen. Zu diesem Zweck wurde fast die gesamte deutsche Flotte eingesetzt. Es waren dies nicht weniger als elf Kriegsschiffsgruppen und eine Zahl von sieben U-Boot-Gruppen.

Die Kriegsschiffsgruppen

Kriegsschiffsgruppe 1 - Narvik, Chef: F.d.Z. Kapitän z.S. und Kommodore Bonte.

Zerstörer:
"Wilhelm Heidtkamp" - KKpt. Erdmenger
"Georg Thiele" - Chef 1. Z.-Flot. FKpt Berger
KKpt. Wolff
"Hans Lüdemann" - Chef 3. Z.-Flot. FKpt. Gadow
KKpt. Friedrichs
"Wolfgang Zenker" - Chef 4. Z.-Flot. FKpt. Bey
FKpt. Pönitz
"Hermann Künne" - KKpt. Kothe
"Diether von Roeder" - KKpt. Holtorf
"Anton Schmitt" - KKpt. Böhme
"Bernd von Arnim" - KKpt. Rechel
"Erich Giese" - KKpt. Smidt
"Erich Koellner" - FKpt. Schulze-Hinrichs
"Richard Beitzen" - KKpt. Davidson

(Dieser Zerstörer ankerte als Reservezerstörer auf der Weser und nahm nicht am Unternehmen teil).

Kriegsschiffsgruppe 2 - Drontheim, Chef: Kpt. z.S. Heye
"Admiral Hipper" - Kpt. z.S. Heye
Zerstörer:
"Paul Jakobi" - Chef 2. Z.-Flot. FKpt. von Pufendorf
KKpt. Zimmer
"Theodor Riedel" - KKpt. Böhmig
"Bruno Heinemann" - KKpt. Langheld
"Friedrich Eckold" - FKpt. Schemmel

Kriegsschiffsgruppe 3 - Bergen, Chef: B.d.A. KAdm. Schmundt
"Köln" Kpt. z.S. Kratzenberg
"Königsberg" - Kpt. z.S. Ruhfus
"Bremse" - FKpt. Förschner
Torpedoboote:
"Leopard" - Kptlt. Trummer
"Wolf" Oblt. z.S. Peters (Broder)
Schnellboot-Begleitschiff "Carl Peters" mit S 19, S. 21, S 22, S 23 und S 24
Hilfsschiffe: Schiff 9 und Schiff 18

Kriegsschiffsgruppe 4 - Kristiansand und Arendal, Chef: Kpt. z.S. Rieve
"Karlsruhe" - Kpt. z.S. Rieve
Torpedoboote:
"Luchs" - Kptlt. Kassbaum
"Greif" - Kptlt. Frhr. von Lyncker
"Seeadler" - Kptlt. Kohlauf
Schnellboot-Begleitschiff "Tsigtau" mit S 7, S 8, S 17, S 30, S 31, S 32, S 33

Kriegsschiffsgruppe 5 - Oslo, Chef: KAdm. Kummetz
"Blücher" - Kpt. z.S. Woldag
"Lützow" - Kpt. z.S. Thiele
"Emden" - Kpt. z.S. Lange
Torpedoboote:
"Möwe" - Kptlt. Neuss
"Albatros" - Kptlt. Strelow
"Kondor" - Kptlt. Wilcke
1. Räumboot-Flottille - Kptlt. Forstmann mit R 17, R 18, R 19, R 20, R 21, R 22, R 23 und R 24
Walfangboote "Rau 7" und "Rau 8"

Kriegsschiffsgruppe 6 - Egersund, Chef: KKpt. Thoma
2. Minensuch-Flottille - KKpt. Thoma mit M 1, M 2, M 9, M 13

Kriegsschiffsgruppe 7 - Nyborg und Kosör, Chef: Kpt. z.S. Kleikamp
"Schleswig-Holstein" - Kpt. z.S. Kleikamp
Versuchsboote "Claus von Bevern", "Pelikan", "Nautilus"
Transporter "Campinas" und "Cordoba"

Zwei Schlepper und B.S.O. - Schulflottille, FKpt. Dannenberg mit sechs Fischdampfern

Kriegsschiffsgruppe 8 - Kopenhagen, Chef: KKpt. Schröder

Minenschiff "Hansestadt Danzig" - KKpt. Schröder

Eisbrecher "Stettin"

13. Vorposten-Flot. - Kptlt. Fischer

Kriegsschiffsgruppe 9 - Middelfahrt und Beltbrücke, Chef: Kpt. z.S. Leissner (F.d.V.-Ost)

Dampfer "Rugard"

M-Boote M 157, "Otto Braun", "Arcona"

R-Boote R 6 und R 7

Vorpostenboote V 102 und V 103

U-Boot-Jäger UJ 172

Marineschlepper "Passat" und "Monsun"

Kriegsschiffsgruppe 10 - Esbjerg und Nordby auf Fanö, Chef: Kommodore Ruge (F.d.M.-West)

Führerboot "Königin Luise" (F 6)

M-Boote M 4, M 20, M 84, M 102

12. Minensuch-Flottille - KKpt. Marguth mit M 1201 und M 1208 (große Fischdampfer)

Kriegsschiffsgruppe 11 - Tyborön am Limfjord, Chef: KKpt. Berger (Chef 4. MS-Flot.).

Mit M 61, M 89, M 110, M 111, M 134 und M 136

3. Räumboot-Flottille - Kptlt. Küster (i.V.) mit Begleitschiff "Von der Gröben", R-Boote R 33, R 34, R 35, R 36, R 37, R 38, R 39 und R 40

Von Kiel wurden zum Einsatz in den dänischen Gewässern bereitgestellt:

Linienschiff "Schlesien" - Kpt. z.S. Horstmann

Die U-Boot-Gruppen:

1) für den Westfjord mit: U 25, U 46, U 51, U 64 und U 65

2) für Drontheim mit: U 30 und U 34

3) für Bergen mit: U 9, U 14, U 56, U 60 und U 62

4) für Stavanger mit: U 1 und U 4

5) ostwärts der Shetlands mit: U 47, U 48, U 49, U 50, U 52 (später kam U 37 hinzu)

6) für den Pentland Firth mit: U 13, U 19, U 57, U 58 und U 59

7) für Tindesnes mit: U 2, U 3, U 5 und U 6

9) für den Raum Shetland-Orkney-Inseln mit U 7 und U 10.

Die Kriegsschiffsgruppe 1 für Narvik sollte auf ihren zehn Zerstörern Truppen der 3. Gebirgsdivision unter Generalmajor Dietl aufnehmen und in Narvik landen. Dieser Gruppe folgend, sei der Auftakt des Unternehmens "Weserübung" aufgezeigt:

Mit den Zerstörern nach Narvik

Am 5. April 1940 fand im Flottillengebäude Bremerhaven eine Kommandantensitzung der Kriegsschiffsgruppe 1 statt, bei der alle Kommandanten durch den Führer der Zerstörer (F.d.Z.), Kpt. z.S. und Kommodore Bonte, über "Weserübung" unterrichtet wurden. Aus der Feder des Kommandanten von "Bernd von Arnim", KKpt. Rechel, stammt der folgende Bericht:

"Am 6. April verholten die Boote an den Kolumbus-Kai. Hier machte mein 'Bernd von Arnim' zwischen 'Georg Thiele' und 'Wilhelm Heidtkamp' fest.

Gegen 15.00 Uhr trafen nach Absperrung des gesamten Hafengebietes die Gebirgstruppen unter Generalmajor Dietl auf dem Kolumbus-Bahnhof ein. Kurz darauf begann das Verladen zunächst des Gerätes und des Proviants.

Mit Beginn der Dunkelheit gingen jeweils 200 Gebirgsjäger, die bisher zur Tarnung gegen Luftaufklärung innerhalb des Bahnhofes geblieben waren, an Bord der bereitliegenden Zerstörer. Damit waren mit der Besatzung auf jedem Boot über 500 Mann eingeschifft.

Während noch die Gebirgsjäger an Bord gingen, fand auf 'Wilhelm Heidkamp' eine Sitzung beim F.d.Z. statt, der sich eine halbe Stunde darauf in der Lloydhalle eine Besprechung unter Leitung von Generalmajor Dietl anschloß. Gegen 22.30 Uhr war die Einschiffung beendet, und KKpt. Rechel meldete dem Chef der 4. Z.-Flot.:

'Zerstörer, Bernd von Arnim' klar zum Auslaufen zur 'Weserübung'".

Um 23.15 Uhr lief der gesamte Verband aus. "BA" als taktische Nr. 5 in der Mitte. Von der Brücke aus gab KKpt. Rechel seiner Besatzung das Ziel dieser Unternehmung bekannt. Ebenso verfuhren die Kommandanten der übrigen Zerstörer und aller eingesetzten Einheiten der Kriegsmarine.

Vor Beginn der Morgendämmerung des 7. April sammelten gegen 3.00 Uhr die Zerstörer südwestlich Helgoland auf die dort bereits eingetroffenen Schlachtschiffe "Gneisenau" und "Scharnhorst", sowie den Kreuzer "Admiral Hipper". Etwa zwei Stunden später wurde in Tagmarschformation mit einer Fahrt von 22 kn der Marsch nach Norden angetreten. Die Zerstörer nahmen Aufstellung in der U-Boot-Sicherung. "BA" befand sich dabei an Steuerbord voraus, etwa 300 m vor der "Gneisenau" stehend.

Im Verlaufe des Vormittags wurden mehrere Treibminen gesehen. Als gegen 14.00 Uhr einige dänische Fischdampfer in Sicht kamen, mußten die Gebirgsjäger unter Deck gehen. Ab Mittag begann es aufzufrischen; der aus Südsüdwest kommende Wind erreichte die Stärke 5, die See ging mit Stärke 3.

Bereits im Laufe des Vormittags hatte ein feindliches Aufklärungsflugzeug, ohne selbst gesichtet zu werden, den Verband gesehen und diesen gemeldet. Von der eigenen Funkaufklärung wurde diese Meldung aufgefangen und kurz vor Mittag dem Flottenchef übermittelt.

Etwa um 14.30 Uhr wurde der Verband in der Höhe von Nordjütland von zwölf englischen Bombern überflogen und aus etwa 2.500 m Höhe angegriffen. Die schwere Flak der Schiffe beschoß den geschlossen fliegenden Verband. Alle Zerstörer fielen in dieses Feuer ein. Die abgeworfenen Bomben fielen weitab vom Verband in die See. Aber auch das eigene Flakfeuer war ohne Wirkung geblieben.

Als KKpt. Rechel noch einmal den Operationsbefehl studierte, bemerkte er einen Fehler, der sofort korrigiert werden mußte. Sein Zerstörer sollte als zweiter nach "GT" in Narvik einlaufen, aber an Bord befand sich jener Stoßtrupp, der Narvik handstreichartig in Besitz nehmen sollte und dementsprechend auch zuerst gelandet werden mußte.

Die Meldung des Kommandanten über UK an den F.d.Z. brachte die folgerichtige Abänderung des Befehls und bestimmte "BA" als erstes einlaufendes Boot. Damit mußte Rechel sein Boot an der Postpier festmachen, während "GT" an der Eisenbahnbrücke anlegen sollte.

Bis 18.00 Uhr frischten Wind und See beträchtlich auf, die Sicht wurde geringer, so daß die Marschformation der Schiffe geändert werden mußte. Während die beiden Schlachtschiffe und die "Hipper" in Kiellinie gingen, bildeten die zehn Zerstörer zwei Kiellinien zu beiden Seiten der Großkampfschiffe.

Zur gleichen Zeit erging der Befehl an alle Gebirgsjäger, das Oberdeck nicht mehr zu betreten, denn nun wurde es stürmisch. Der aus Südwest kommende Wind erreichte Stärken von 9, und mit der inwzwischen auf 26 Knoten erhöhten Marschfahrt schlingerten die Boote derart vor der achterlichen See, daß es gefährlich war, an Deck zu kommen.

Alle Boote meldeten im Verlauf der nächsten Stunden die ersten Seeschäden. Bei "EG" ging das Dingi außenbords. Ein Brecher riß fast die gesamte Reling ab. Schwimmwestenkästen wurden zerschlagen. Eine Wasserbombe wurde außenbords gerissen, ebenso mehrere an Oberdeck festgezurrte Krafträder und Beiwagen der Gebirgstruppe.

Die Nachtmarschformation, in welcher die Zerstörer zwei Kiellinien hinter den Großkampfschiffen bildeten, wurde um 20.30 Uhr eingenommen, und "BA" lief nun als taktische Nr. 5 in der Steuerbordkolonne. Noch immer war die Fahrt 26 Knoten schnell. Den Kommandanten der einzelnen Zerstörer wurde vom Flottenchef befohlen, nach Abreißen der Fühlung erst bei Helligkeit am nächsten Morgen wieder aufzuschließen. Dies war eine Vorsichtsmaßregel, denn in der ungewöhnlich dunklen Neumondnacht zum 8. April 1940 bestand eine derart schlechte Sicht, daß man Freund und Feind nicht unterscheiden konnte. Darüber hinaus bestand die Gefahr einer Kollision. Die Boote holten in einzelnen besonders hohen Seen außerordentlich stark bis zu 50 Grad über, so daß immer wieder der Eindruck bestand, sie könnten sich nicht wieder aufrichten. Dazu Kpt. z.S. a.D. Rechel:

"Trotz der gesetzten Kielwasser- und Hecklaternen war es unmöglich, den Vordermann in der Finsternis zu erkennen. Die einzige Hilfe bei zu starker Krängung war das kurzzeitige Heruntergehen mit der Fahrt, um den Zerstörer rasch wieder auf ebenen Kiel zu bekommen. Durch diese Manöver und durch das Aufkommen schwerer dunkler Wolken ging der Zusammenhalt der Formation mehr und mehr verloren."

Im KTB seines Zerstörers berichtete KKpt. Rechel weiter darüber:

"Ich halte mich gut nach Steuerbord frei, um nicht bei dem starken Gieren mit einem Zerstörer der Backbordkolonne zu kouidieren. Während meiner gesamten Torpedoboots- und Zerstörerzeit habe ich nicht mehr ein solch schwieriges Fahren im Verband mitgemacht."

Es galt in dieser Sturmfahrt bei Nacht die Zerstörer annähernd auf Kurs zu halten und die befohlene Fahrt zu laufen, um nicht zu weit zurückzuhängen. Ein wirkliches Fahren im Verband war dies nicht mehr. Dennoch erreichten alle Boote mit den Großkampfschiffen in den frühen Morgenstunden des 8. April das Nordmeer. Gegen 4.00 Uhr wurde über UK eine Kursänderung des gesamten Verbandes befohlen. Eine halbe Stunde später hatte "Bernd von Arnim" einen Ruderversager. Der Zerstörer legte sich schnell quer zur See und schlingerte derart stark, daß die Gefahr des Kenterns bestand. Es gelang KKpt. Rechel durch intensives Arbeiten mit den Schrauben, den Zerstörer wieder auf Kurs zu bringen.

Der Flottenchef wußte seit dem vergangenen Abend durch einen FT-Spruch des Marinegruppenkommandos West, daß zwei englische Kreuzer - die "Galatea" und die "Arethusa" - auf ihren Verband angesetzt worden waren.

Während dieses Sturmmarsches lief der Spitzenzerstörer der Backbordkolonne "Hans Lüdemann" einmal um nicht weniger als 90 Grad aus dem Ruder. Wenig später geschah dies auch dem Führerzerstörer "Wilhelm Heidtkamp"; er hätte um ein Haar "Anton Schmitt" gerammt. Kein Boot war am Morgen dieses 8. April ohne Seeschäden. Hinzu kamen Schäden an den Maschinenanlagen. Acht Gebirgsjäger und zwei Zerstörermänner waren bei dieser einzigartigen Fahrt über Bord gespült worden.

Der Zerstörer "Erich Koellner", der etwa 20 Seemeilen zurück stand, hatte den Befehl zur Kursänderung nicht gehört, weil die UK-Verständigung nicht so weit reichte. Erst ein von "Hermann Künne" abgegebener UK-Spruch konnte gehört werden, weil auch dieses Boot weit achteraus gesackt war. Der Text:

"Verband hat anscheinend auf Nordostkurs gedreht."

Mit 30 Knoten Fahrt ließ KKpt. Schulze-Hinrichs nun hinterherklotzen, und eine Stunde später konnte in 33 Grad Schiffspeilung an Backbord das erste der eigenen Schlachtschiffe wieder gesichtet werden. Auch der noch weiter achtern stehende Zerstörer "HK" hatte Anschluß gefunden.

Diese Fahrt würde niemand vergessen, der sie miterlebt hatte. Bei einer so hohen Fahrtstufe, wie sie Schulze-Hinrichs befohlen hatte, schnitt der Zerstörer mit dem Vorschiff derart weit unter, daß sogar noch das erhöht stehende zweite Geschütz von Wassermassen überflutet wurde. Von achtern liefen schwere Brecher über das Mitteldeck. Selbst die auf den Aufbauten des Mitteldecks stehenden 3,7 cm-Flakstände standen oftmals unter Wasser.

Auch "DR", der in der Nacht westlichere Kurse gelaufen war als die anderen Boote, stand bei Tagesanbruch weit südwestlich vom Verband, bis auch er endlich wieder Anschluß fand. "EG" war wegen eines schadhaften Ölbunkers, durch den

Wasser in die Brennstofftanks gedrungen war, ebenfalls weit zurückgefallen. Er lief allein weiter.

Bei einer Begegnung mit einem kanadischen Zerstörer, der die Frage "What ship?" herübermorste, ließ FKpt. Gadow, der Chef der 3. Z.-Flot., der auf "HL" eingeschifft war, zurückblinken: "Svenska destroyer Goeteborg."

Doch der Kanadier schien Lunte gerochen zu haben. Er eröffnete aus 80 hm das Feuer, doch bei seiner zweiten Salve war "HL" bereits außer Schußweite seiner 10,5 cm-Granaten.

Wenig später begegnete "Bernd von Arnim" ebenfalls einem auf Gegenkurs herankommenden Feindzerstörer. Ein kampfloses Entkommen, wie dies vorgesehen war, - um ein vorzeitiges Erkennen der Operation "Weserübung" zu verhindern, war nicht mehr möglich. KKpt. Rechel eröffnete das Feuer auf diesen Gegner, der auf Gegenkurs um zwei Dez heranlag. Von der zweiten Salve an erwiderte der Gegner dieses Feuer. Es kam schließlich zu einem laufenden Gefecht an Backbord, nachdem der Gegner das Kielwasser des deutschen Zerstörers passiert hatte, mit Wendungen zum Gefecht an Steuerbord. Die Artillerieleitung erfolgte vom achteren Stand aus. Es wurde mit drei Geschützen gefeuert. Hier wieder der Originalbericht von Kpt. z.S. a.D. Rechel:

"Um endlich Klarheit zu schaffen, ging ich auf 35 kn. Der Zerstörer hatte kaum Umdrehungen für 35 kn aufgenommen, als er - vor der See laufend - mit der gesamten Back unterschnitt. Das gesamte Brückenkleid, die Scheiben am Steuerhaus und die Stirnwand des vorderen Artilleriestandes wurden eingedrückt. Teile der großen Doppelgläser flogen durch die Gegend. Der Backbord-Torpedobefehlshaber wurde losgerissen, auf der Brücke stand das Wasser etwa einen halben Meter hoch.

Durch zweimal Stop und Hartruder richtete sich 'Bernd von Arnim' ganz langsam wieder auf. Es blieb mir nichts anderes übrig, als wieder auf 27 kn Fahrt zurückzugehen.

Das Achterausgefecht wurde weitergeführt. Nunmehr ließ ich Nebelbojen werfen und nebelte weiter mit den Nebelkannen. Dann setzte ich mich etwas nach Steuerbord heraus und verbreiterte solcherart die hinter mir liegende Nebelwand. Durch diese Maßnahmen wurde erreicht, daß die gegnerischen Einschläge nur noch ungenau und weit genug vom Zerstörer ab ins Wasser gingen.

Eine halbe Stunde dauerte dieses Gefecht bereits, als ich gegen 9.30 Uhr an Backbord querab Mündungsfeuer sah. Auf meine wiederholten ES-Anrufe erhielt ich keine Antwort. Vom E-Gerät aber wurde das schießende Schiff als 'Hipper' ausgemacht, das den englischen Zerstörer kurz darauf versenkte. Es handelte sich um die "Glowworm', einen Zerstörer, der auch in diesem See mühelos mit fast trockener Back laufen konnte. Der Zerstörer war von seiner Bauart her dem deutschen überlegen.

Es war für mich erschütternd, so klar erkennen zu müssen, daß bei diesen Wetterverhältnissen die Taktik auf die See-Eigenschaften und die Stabilität des Zerstörers Rücksicht nehmen mußte."

Frühjahr 1940: Der OB des Heeres, Generaloberst von Brauchitsch, bei der HGr C im Schwarzwald.

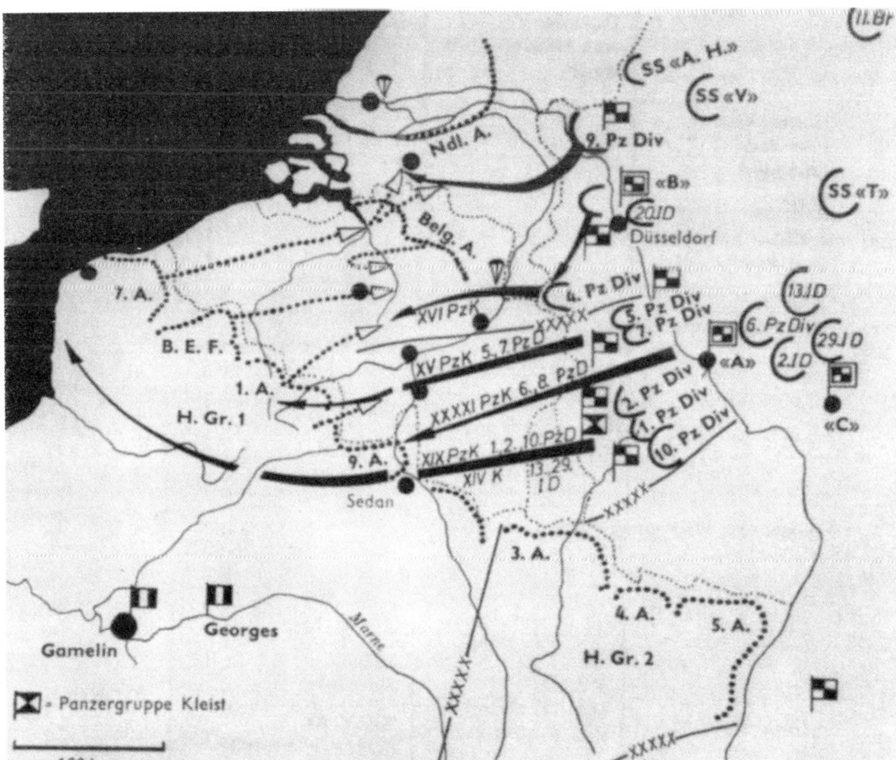

Beraten wird die Führerweisung vom 24. 2. 1940: „Gliederung und Aufträge zum Angriff im Westen."

Beginn der Operation „Weserübung": Gebirgsjäger an Bord eines Transporters kurz vor der Landung im Ofotfjord.

Kopenhagen: Deutsche Flugzeuge werfen Flugblätter.

General Kaupisch in der Zitadelle von Kopenhagen.

Luftbild eines Fernaufklärers vom Hafen Narvik.

Der Hafen von Narvik mit gesunkenen Schiffen, vorn im Bild der Pier.

Eine deutsche Zerstörerbesatzung hat Adler, Fahne und Glocke ihres versenkten Schiffes geborgen. Der Zerstörername wurde retuschiert.

Nordwacht

Frontzeitung im Narvikfjord

Nr. 6 Dienstag, den 23. April 1940

Der OKW-Bericht -- eine stolze Bilanz!

Elf Flugzeuge bei Luftangriffen und Luftkämpfen abgeschossen — Panzer erzwangen die Entscheidung bei Gjoevik — Zwei feindliche U-Boote vernichtet

Narvik wurde gestern nachmittag erneut durch feidliche See-

Britische Flugzeuge griffen den norwegischen Flugplatz Alborg an.

dass die von ihnen sichergestellten Mengen an Waffen und Material

Die „Nordwacht"-Zeitung für die eingeschlossenen deutschen Kräfte im Gebiet Narvik.

Deutscher und norwegischer Posten vor dem Osloer Schloß.

Stukas über Norwegen.

Deutscher Granatwerfer in Feuerstellung.

Volltreffer auf das Kraftwerk von Tromsö.

Bomben auf Andalsnes.

Gebirgsjäger auf Vorposten.

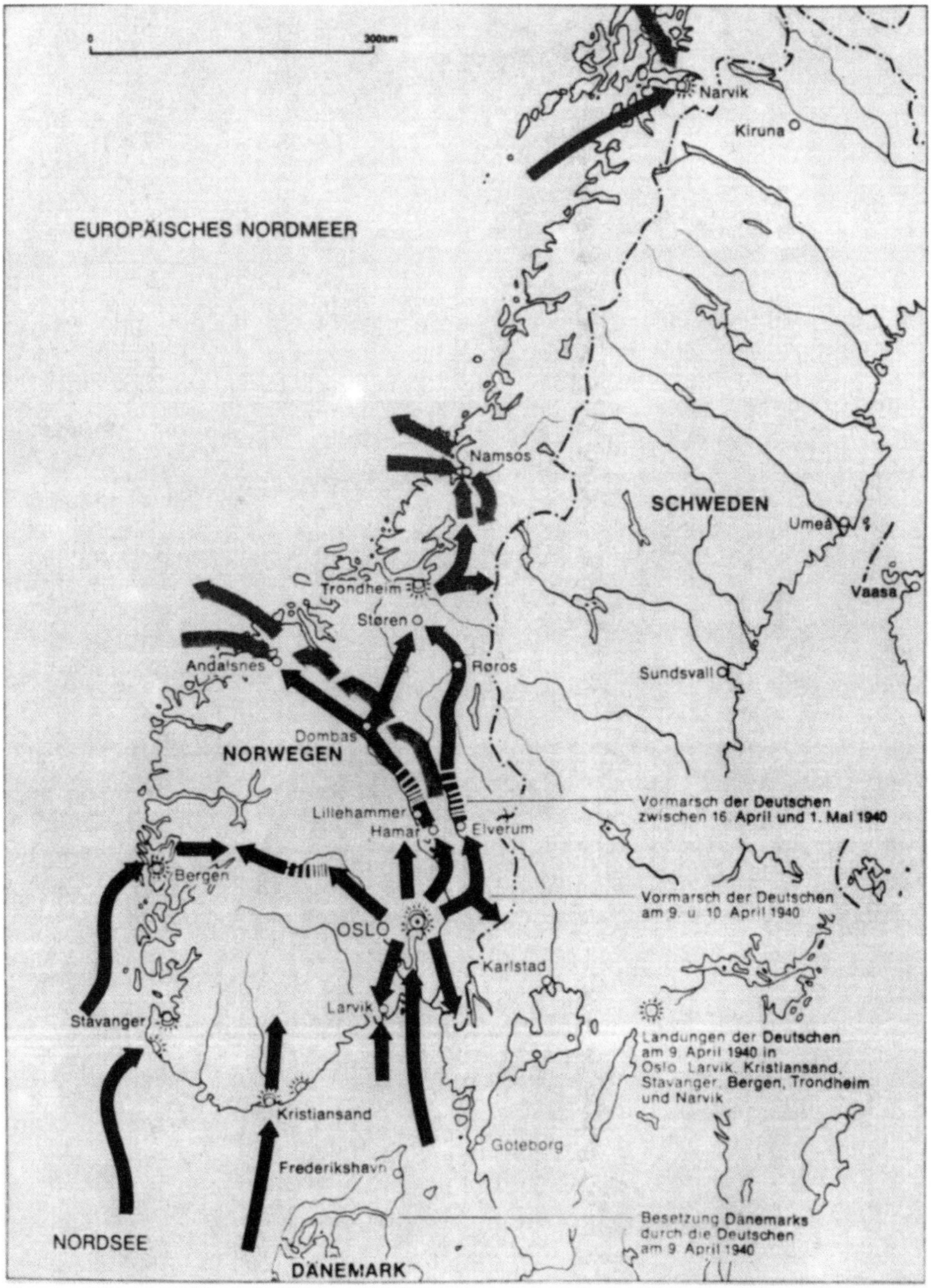

Übersichtskarte Norwegen-Einsätze.

Gebirgsjäger mit Fallschirmjägerausrüstung oder Fallschirmjäger mit Gebirgsjägeruniformen, wer kann es sagen?

Provisorische Wintertarnung mit Bettlaken im Raum Narvik.

Auch hier ein buntes Gemisch von Marine, Luftwaffe und Gebirgsjäger-Soldaten.

Die Ju52-Transportverbände hatten bei der Versorgung von Narvik ihren ersten großen Bewährungsfall, den sie sehr gut meisterten.

Die Besatzungen der versenkten deutschen Zerstörer werden nach Abschluss der Kämpfe um Narvik im Juni 1940 heimtransportiert, um auf andere Schiffe kommandiert zu werden.

Auch die Fallschirmjäger wurden per Schiff zurück nach Deutschland gebracht.

Um ganz Norwegen und seine Küsten zu besetzen, mussten eine große Anzahl von Besatzungstruppen nach Norden verschifft werden. Hier die Verladung von LKWs.

Ein LKW am Hebegeschirr.

Dicht an dicht stehen die verladenen LKWs im Schiffsrumpf.

Soldaten einer Besatzungstruppe auf dem Schiffsweg nach Norden, beachtenswert sind die unterschiedlichen Rettungswesten, die die Soldaten angelegt haben.

Interessante Tarnbemalung eines Transportschiffes für die Versorgung der Truppen in Norwegen.

Wie "Hipper" einen Feindzerstörer versenkte

Der Zerstörer "Glowworm" unter Lieutenant-Commander Gerhard B. Rope gehörte als Begleitschutz zum Schlachtkreuzer "Renown"; dieser stand zur Deckung der britischen Minenleger in See, welche die Gewässer vor der norwegischen Küste verminen sollten. Der Zerstörer war zurückgeblieben, weil er nach einem Mann seiner Besatzung suchte, der über Bord gefallen war. Als "Hipper" diesen Gegner dicht vor sich in Sicht bekam - er mußte durch die Nebelschwaden des deutschen Zerstörers hindurchstoßen - versuchte er, den Gegner zu rammen. Doch Lieutenant-Commander Rope hatte sofort die gleiche Absicht, und da sein Boot günstiger stand und viel wendiger war, stieß der Bug der "Glowworm" nur ein paar Meter hinter dem Bug des deutschen Schiffes gegen die Steuerbord-Bordwand. Der Zerstörer wurde durch die Wucht des Aufpralles unter Wasser gedrückt, sein Vorschiff einfach wegrasiert. Unter der Bordwand der "Hipper" entlangschrammend riß er dem deutschen schweren Kreuzer auf etwa 40 Meter die Außenhaut auf. Als "Glowworm" wieder frei war, kenterte er.

Die Besatzung der "Hipper" rettete trotz der groben See 38 britische Seeleute, unter ihnen den Lt. Ramsey.

Mit 100 Tonnen Wasser im Schiff setzte die "Hipper" ihren befohlenen Vormarsch fort. Sie war ja das Führerschiff der Kriegsschiffsgruppe 2, von der Drontheim besetzt werden sollte. Diese Gruppe schor nun aus dem bisher etwa gleichen Kurs zur Gruppe 1 aus und legte ihren Kurs auf Drontheim.

Doch zurück zu den zehn Zerstörern für Narvik. Der Zerstörer "Erich Giese", der wegen eines Defektes ebenfalls zurückhing, sichtete am Mittag dieses 8. April ebenfalls einen englischen Zerstörer, der zwischen zwei starken Schneeböen in Sicht kam und, auf südwestlichem Kurs liegend, rasch verschwand.

Drei Stunden später hallte plötzlich der Ruf "Mann über Bord" über den Zerstörer hinweg. KKpt. Smidt ließ stoppen. Es stellte sich heraus, daß es einer der Gebirgsjäger war, der bei Südwestwind in Stärke 9 über Bord gespült worden war. Es gelang, diesen Mann binnen fünf Minuten wieder zu "fischen".

Den ganzen Nachmittag des 8. April kämpften sich die zehn Zerstörer ihren Zielen entgegen. Scheinbar aus dem Nichts kommend, brach gegen Abend ein schwerer Westnordweststurm aus, der schließlich mit 10 bis 11 Orkanstärke erreichte. Eine Kreuzsee entstand (verursacht durch die vorhergehende Südwestdünung, die noch anhielt, und die neue Sturmrichtung aus Westnordwest). Im Sturm wurde der Maschinengefreite Böker auf "EK" über Bord geschleudert. Für ihn gab es keine Rettung mehr. Dann ging ein FT-Spruch des Marinegruppenkommandos West ein, der die Lage noch bedrohlicher zu machen schien:

"An alle: 14.48 h gesichtet: sechs Zerstörer, zwei Schlachtkreuzer, ein schwerer Kreuzer. Quadrat 7360, auf nördlichem Kurs, 20 kn Fahrt." Dies war die Höhe von Stadlandet.

Ein um 16.33 Uhr eingehender zweiter FT-Spruch des Marinegruppenkommandos West lautete: "Englische Streitkräfte, mehrere Gruppen Kreuzer und Zerstörer, stehen zwischen Orkneys und Shetlands und der norwegischen Küste mit wechselnden Kursen."

Diese britischen Flottenoperationen sollten für den weiteren Verlauf der Kämpfe eine entscheidende Bedeutung erlangen: deshalb an dieser Stelle eine kurze Übersicht über die Bewegungen des Gegners zur See im Nordraum.

Britische Flottenoperationen vom 7. bis 9. April 1940

Am 5. April 1940 waren einige britische Schiffsverbände zu Minenunternehmungen in die norwegischen Gewässer ausgelaufen. Zum einen die Force "WB" mit zwei Zerstörern, die eine Scheinunternehmung gegen Bud/Christiansund unternahmen.

Ferner die Force "WS" mit dem Minenleger "Teviot Bank" und vier Zerstörern. Letztere wurde kurze Zeit später, noch vor Ausführung des Auftrages, zurückgerufen.

Die Force W/V mit den zum Minenlegen ausgerüsteten Zerstörern der 20. Z.-Flot. unter Captain Bickford - es waren die Zerstörer "Express", "Esk", "Icarus" und "Impulse", gesichert durch die Zerstörer der 2. Z.-Flot. unter Captain Warburton-Lee mit den Zerstörern "Hardy", "Havock", "Hunter" und "Hotspur", legten im Bereich von Bodö ihre Minensperre.

Die Deckungsgruppe unter Vizeadmiral Whitworth mit dem Schlachtkreuzer "Renown" und den Zerstörern "Hyperion", "Hero", "Greyhound" und "Glowworm" sicherten diesen Verband nach Süden und Südwesten.

Auch diese Verbände wurden durch den schweren Sturm am Morgen des 8. April gebeutelt, und als auf "Glowworm" ein Mann über Bord ging, blieb dieser Zerstörer zurück und wurde - wie dargestellt - durch die "Hipper" vernichtet.

Dieses britische Minenunternehmen mit dem Codewort "Wilfried" hatte den Sinn, die schwedische Erzzufuhr aus dem norwegischen Hafen Narvik nach Deutschland weitgehend zu stören. Es war von langer Hand geplant worden, und da man bei der Britischen Admiralität wußte, daß die vorhandenen norwegischen Küstenpanzerschiffe in Narvik lagen, hatte man der Minenwurfgruppe eine so starke Bedeckung mitgegeben, um einmal die Norweger einzuschüchtern und zum anderen auch deutschen Gegenmaßnahmen begegnen zu können.

In einem weiteren Geheimplan mit der Codebezeichnung "R 4" war die Besetzung von Stavanger, Bergen, Drontheim und Narvik vorgesehen. Jene Truppen, die Stavanger und Bergen besetzen sollten, wurden am 7. April 1940 in Rosyth auf den Kreuzern "Devonshire", "Berwick", "York" und "Glasgow" eingeschifft. Führer dieses Verbandes war Vizeadmiral Edward-Collins. Jene Truppen aber, die Drontheim und Narvik zum Ziel hatten, sammelten sich auf mehreren im Clyde liegenden Truppentransportern. Sie erhielten eine Deckungsstreitmacht, welche aus dem Kreuzer "Aurora" und sechs Zerstörern bestand. Dieser Deckungsverband wurde von Admiral Evans geführt. Der Verband sollte dann in See gehen, sobald sichere Nachrichten vorlagen, daß sich die deutschen Truppen anschickten, Norwegen zu besetzen. 16 britische U-Boote wurden als Späher eingesetzt, die die Annäherung deutscher Schiffe melden sollten.

Bereits am Morgen des 7. April hatte eine Hudson-Maschine des Coastal Command einen deutschen Kreuzer mit sechs Zerstörern in See gesichtet. Dieser stand in Höhe des Horn Riffs westlich der dänischen Küste und lief Nordkurs. Jene um 14.30 Uhr einen deutschen Schiffsverband angreifenden britischen Bomber meldeten: "Gesichtet: einen Schlachtkreuzer, zwei Kreuzer und zehn Zerstörer in Höhe des Zugangs zum Skagerrak auf Nordwestkurs."

Erst am späten Nachmittag wurde die Home Fleet alarmiert und ging um 20.15 Uhr in Scapa Flow ankerauf. Mit großer Fahrt nach Nordosten laufend, versuchten sie, "eventuell in den Atlantik ausbrechenden deutschen Großkampfschiffen den Weg abzuschneiden". Damit blieb die gesamte mittlere Nordsee ungedeckt. Man war also britischerseits der Überzeugung, daß die Kriegsmarine einen Durchbruch in den Atlantik anstrebte, was immerhin zeigte, daß die Geheimhaltung "wasserdicht" war.

Erst nachdem der Zerstörer "Glowworm" über sein Gefecht mit einem deutschen Zerstörer Meldung gemacht und dann die Begegnung mit der "Hipper" gemeldet hatte, wobei der Funkverkehr mitten im Spruch abbrach, befahl Admiral Forbes, Oberbefehlshaber der Home Fleet, der "Repulse", dem Kreuzer "Penelope" und vier Zerstörern, in Richtung auf die "Glowworm" zu operieren.

Admiral Withworth marschierte mit seinem Verband währenddessen in Richtung Westfjord, um einen Gegner, der vielleicht diesen Fjord ansteuern würde, zu stellen und zu vernichten.

In dieser Lage griff die britische Admiralität unmittelbar in die Befehlsgebung ein und wies sämtliche Zerstörer, die vor dem Westfjord Minen gelegt oder die Minenleger gesichert hatten, an, ebenfalls auf die "Renown" zu sammeln.

Durch dieses Eingreifen wurde der Westfjord von den dort operierenden acht Zerstörern entblößt, und die zehn deutschen Zerstörer konnten unbehelligt nach Narvik einlaufen.

Zehn Zerstörer allein in Narvik

Nachdem der Flottenchef, Vizeadmiral Lütjens, die Überzeugung gewonnen hatte, daß feindliche Kriegsschiffe in der Nähe sein mußten, entschloß er sich, die zehn Zerstörer mit seinen schweren Einheiten bis zum Westfjord zu begleiten, um sie bei Angriffen sicher schützen zu können. Es war 21.00 Uhr am 8. April, als der gesamte Verband vor dem Eingang zum Westfjord stand. Der aus Nordwest kommende Wind hatte Stärken bis 10, und die See ging - immer noch - als Kreuzsee mit 7 bis 9.

"Alle Boote sammeln auf `WH'! lautete der Befehl von Kommodore Bonte, als sein Verband den von "Scharnhorst" und "Gneisenau" errechneten Standort erreicht hatte. Die Schlachtschiffe drehten auf Nordwestkurs ab, und die Zerstörer liefen stampfend und schlingernd durch den hier sehr breiten Fjord. Es waren neun Boote, die Anschluß gewonnen hatten. Das zehnte, "EG", hatte durch eine Leckage (Leckstelle mit Ölaustritt, d. Verf.) an den Heizölbunkern 90 cbm Heizöl verloren und konnte nur noch 21 kn in der Stunde laufen, womit es weit zurückhing. KKpt. Smidt, der Kommandant, fürchtete, Narvik nicht mehr erreichen zu können, und befahl die Lofoten anzusteuern, um in ruhigem Wasser den genauen Ölstand peilen zu lassen. Als ihm aber keiner der Ankerplätze sicher genug erschien, ließ er doch noch Narvik ansteuern.

Die übrigen Boote waren inzwischen alle in den Westfjord eingelaufen. Um 4.00 Uhr passierten sie, noch immer 27 kn laufend, die Insel Barö. Von hier aus verengte sich der Westfjord zum Ofotfjord. Zehn Minuten darauf wurde auf allen Zerstörern "Klar Schiff zum Gefecht!" befohlen.

Um 5.00 Uhr folgte der UK-Befehl des F.d.Z. an "BA": "Auf befohlene Station gehen!"

KKpt. Rechel dampfte nun mit seinem Zerstörer auf, um befehlsgemäß als erster in Narvik einzulaufen und die Sturmkompanie an der Postpier zu landen.

Das Schneetreiben war inzwischen so dicht geworden, daß die Sicht nur etwa 100 m betrug. Nach der Koppelung des Kommandanten mußte "Bernd von Arnim" dicht vor der Narviker Einfahrt stehen. Er drehte etwas nach Steuerbord und nahm mit 17 kn Fahrt direkten Kurs auf den Hafen.

Bei Einlaufen in den Ofotfjord blieben die beiden Boote "HL" und "AS" der 3. Z.-Flot. auf der Linie Ramnes-Hamnes zurück. Sie sollten die hier vermuteten beiden norwegischen Küstenbatterien außer Gefecht setzen. "DR" war zu ihrer Sicherung bei Barö zurückgeblieben und hatte gestoppt. Boote von "HL" und "AS" wurden zu Wasser gelassen; die Gebirgsjäger der 1. und 6./GJR 139 stiegen hinein und wurden nach Ramnes an der Nordseite und Hamnes auf der Südseite des Fjords hinübergebracht.

Als sich ein norwegisches Küstenwachboot "AS" näherte, ließ KKpt. Böhme es anrufen und auffordern, nach Narvik zurückzulaufen. Doch das Wachboot lief weiter auf sie zu, und selbst ein Schuß vor den Bug aus dem 3,7 cm-Geschütz stoppte es nicht. Es war das Fischereischutzboot "Senja", das dann schließlich doch stoppte. Es sah zu, wie die Truppen an Land gingen.

Inzwischen war "Bernd von Arnim" bis auf wenige hundert Meter an den Hafen von Narvik herangekommen, als von Backbord, durch das dichte Schneetreiben ein Kriegsschiff auf den Zerstörer zulief. Es war - wie sich später herausstellte - der norwegische Küstenpanzer "Eidsvold", der vor dem Hafen auf und abstand.

KKpt. Rechel hatte noch die Weisung von Kommodore Bonte im Ohr, sich bei der Annäherung an Narvik nicht durch norwegische Küstenpanzerschiffe stören zu lassen, sondern so schnell wie möglich die Stoßkompanie an Land zu setzen, weil davon das Gelingen der Landung in Narvik abhänge.

KKpt. Rechel ließ seinen Zerstörer auf 12 kn Fahrt heruntergehen, weil das Schneetreiben so dicht geworden war, daß er von der Brücke aus seinen eigenen Bug nicht mehr sehen konnte.

Plötzlich befand er sich mitten im Hafen von Narvik, und Sekunden später kamen an Backbord und Steuerbord vor Anker liegende Schiffe in Sicht. Englische, dänische, schwedische, norwegische und auch deutsche Seeleute drängten sich an der Reling ihrer Schiffe, um den wie aus dem Nichts auftauchenden deutschen Zerstörer anzustaunen. Teilweise wurde Hurra gerufen. Das Deutschlandlied erscholl.

Mit kleinster Fahrt lief der Zerstörer weiter. An Backbord kam für kurze Zeit ein weiteres Kriegsschiff in Sicht. Es war der norwegische Küstenpanzer "Norge", der unentwegt mit seiner Signallampe den Buchstaben "A" morste, ohne eine Antwort zu erhalten. Von der Postpier aber, wo der Zerstörer anlegen sollte, war immer noch nichts zu sehen. Hier wieder Kpt. z.S. a.D. Rechel:

"Mein Zerstörer war klar zum Gefecht. Die Heizerfreiwache war vorn, mittschiffs und achtern verteilt, um das Anlegemanöver durchzuführen. Ich ließ vor allem den Küstenpanzer, der inzwischen besser aus dem Schneetreiben herausgetreten war, und die bewaffneten englischen Handelsschiffe scharf beobachten.

Dann ging ich in Rufweite an das Heck eines deutschen Dampfers heran und ließ ihn anrufen, ohne jedoch Auskunft über die Postpier zu erhalten. Danach drehte ich unter schärfstem Manövrieren - es herrschte immer noch starkes Schneetreiben - zwischen den eng herumliegenden Dampfern und bekam auf diesem Kurs plötzlich die Erzpier in Sicht.

Nun hatte ich Klarheit. Die Postpier mußte südlich davon liegen. Deshalb legte ich meinen Zerstörer auf 90 Grad und ließ mich durch den Nordwestwind nach Süden treiben, in der Annahme, daß ich auf diese Weise die Postpier genau erreichen mußte. Diese Überlegung erwies sich als richtig. Auf 80 m Distanz bekam ich die Postpier in Sicht, genau in Höhe meines Zerstörers.

Während wir noch darauf zutrieben, beobachtete ich, daß der an Backbord querab stehende Küstenpanzer "Norge" seine beiden schweren Türme auf uns zuschwenkte. Ich gab meinen Offizieren Feuererlaubnis, sobald die "Norge" das Feuer eröffnen werde.

Die Stoßtrupp-Kompanie unter Hptm. Salzer stand an Steuerbord verteilt, klar zum An-Land-Springen. Noch während dieser Anlegemanöver flogen die Stellings an Land. Die ersten Männer der Stoßtrupp-Kompanie folgten springend.

In diesem Augenblick eröffnete die 'Norge' aus ihren beiden 21 cm-Türmen und mit der 15 cm-Batterie aus einer Distanz von 500 m das Feuer. Ihre ersten Salven lagen etwas zu kurz, etwa zwischen 100 und 30 m. Alle folgenden Salven gingen über 'BA' hinweg und schlugen weiter oben in der Stadt ein.

Mit der ersten feindlichen Salve wurde auch von uns das Feuer eröffnet. Die 'Norge' dampfte ständig hin und her, und 'BA' feuerte auf das Schiff ohne Rücksicht auf die im Schußfeld liegenden Dampfer, die von der 'Norge' als Deckung benutzt wurden.

Währenddessen mußte 'BA' noch etwas vorziehen, um die Truppen an der günstigsten Stelle der Pier schneller auszuladen. Die bereits gelandeten Gebirgsjäger nahmen in dem auf der Pier stehenden Betonschuppen Stellung und volle Dekkung.

Nun ließ ich Torpedos schießen. Insgesamt wurden sieben Aale im Einzelschuß losgemacht. Der sechste Aal, ein Oberflächenläufer, traf die hin- und herdampfende 'Norge' etwa 30 bis 35 achtern. eine masthohe feuerdurchmischte Wassersäule stob in die Höhe. Die 'Norge' drehte sich noch einmal um ihre Achse, schwamm dann noch für einige Zeit kieloben, um dann endgültig unter Wasser zu verschwinden. Das ganze Szenarium vom Treffer bis zum Verschwinden des norwegischen Küstenpanzerschiffes dauerte etwa eine Minute." So weit der Kommandant von "Bernd von Arnim."

Das Ausschiffen ging nun ungestört weiter. KKpt. Rechel schickte unmittelbar nach dem Sinken der "Norge" sein Verkehrsboot zur Untergangsstelle. Dort waren bereits mehrere Rettungsboote von dem Dampfern mit der Bergung der norwegischen Seeleute beschäftigt. Das Verkehrsboot der "Bernd von Arnim" fischte noch neun Männer der "Norge", darunter auch den Kommandanten. Kurt Rechel zum Autor: "Dieser war ein älterer Herr von etwa 60 Jahren. Er wurde zu mir gebracht und erhielt sofort ärztliche Hilfe."

Mit einem Sanka, den KKpt. Rechel aus einem norwegischen Lazarett holen ließ, wurden die neun Schiffbrüchigen der "Norge" in das Krankenhaus geschafft. Und von den übrigen Rettungsbooten kamen 88 weitere Soldaten der "Norge" hinzu.

Nachdem Kommodore Bonte die genannten Zerstörer bei der Ramnes-Hamnes-Enge entlassen hatte, mußte er kurz darauf die drei zum Einlaufen in Elvegaardsmoen bestimmten Zerstörer ebenfalls entlassen. Unmittelbar darauf tauchte plötzlich vor dem deutschen Führerboot "WH" die "Eidsvold" auf. Sie hatte die Wache vor dem Hafen. Mit diesen beiden 3 645 tons großen Küstenpanzerschiffen hatten die Norweger ihre stärkste Waffe aufgeboten um Narvik zu schützen.

Noch während auf dem deutschen Zerstörer beraten wurde, was geschehen sollte, blitzte auf dem Küstenpanzer ein einzelner Abschuß auf, diese erste Granate schlug weit hinter "WH" ins Wasser. Gleichzeitig wurde auf der "Eidsvold" das Signal "Stoppen Sie sofort!" gesetzt.

Der F.d.Z. ließ den Zerstörer stoppen und seinerseits das Signal "Ich sende Boot mit Offizier!" setzen.

Die Motorpinaß wurde ausgeschwenkt, und KKpt. Gerlach, der 2. Admiralstabsoffizier (A2) des F.d.Z., stieg mit dem Signalgasten über und wurde zur "Eidsvold" gefahren.

Noch wußte niemand, daß am heutigen Vormittag FKpt. Askim, der Befehlshaber der Küstenpanzerschiffe, den Befehl erhalten hatte, auf deutsche Schiffe das Feuer zu eröffnen, britischen aber den Weg nach Narvik freizugeben.

Während KKpt. Gerlach auf der "Eidsvold" verhandelte, ließ KKpt. Erdmenger seinen Zerstörer so manövrieren, daß er sofort zum Torpedoschuß kommen konnte, wenn der Gegner das Feuer eröffnen sollte.

Als schließlich die gestoppt liegende "Eidsvold" Fahrt aufnahm und drehte, ließ Erdmenger "WH" ebenfalls Fahrt aufnehmen.

Inzwischen verhandelte KKpt. Gerlach mit FKpt. Willoch, dem Kommandanten der "Eidsvold". Dieser verkündete dem Deutschen, daß er Widerstand leisten werde.

KKpt. Gerlach ließ beim Verlassen des Küstenpanzers den für einen solchen Fall vereinbarten roten Stern schießen.

Der F.d.Z. zögerte immer noch mit den Gegenmaßnahmen. Er blickte den neben ihm stehenden Kommandeur der 3. Gebirgsdivision, Generalmajor Dietl, fragend an.

"Schießen!" sagte Dietl knapp.

Währenddessen hatte KKpt. Erdmenger seinen Zerstörer gedreht und lief mit hoher Fahrt an der "Eidsvold" vorbei; während er gerade drehte, um noch bessere Schußmöglichkeiten zu haben, befahl er das Klarmachen der achteren Torpedorohrgruppe.

Der Kommodore gab die Schußerlaubnis, und auf den unmittelbar darauf gegebenen Befehl des Kommandanten drückte der Torpedooffizier auf den Abfeuerknopf.

Ein Viererfächer klatschte ins Wasser, alle vier Aale liefen auf die "Eidsvold" zu. Zwei dieser Torpedos trafen den Küstenpanzer mittschiffs. Gewaltige Feuersäulen stiegen in die Höhe. Der Küstenpanzer brach in der Mitte durch. Beide Teile kenterten gleichzeitig und sanken sofort.

Nur Sekunden nach dem Untergang des Schiffes liefen die Rettungsmaßnahmen für die Besatzung. Boote liefen auf die Untergangsstelle zu. Aber es konnten nur acht Soldaten der "Eidsvold" gerettet werden. Der Untergang war zu schnell erfolgt.

Sekunden später dröhnten auch Schüsse aus dem Hafen von Narvik heraus, welche die Feuereröffnung durch die "Norge" anzeigten. Dann rollte eine mächtige Detonation durch die Bucht. "Bernd von Arnim" hatte auch die "Norge" unter Wasser geschickt.

"Georg Thiele", das kurz nach "Bernd von Arnim" in den Hafen eingelaufen war, sah diesen ebenso voller Schiffe. Die Männer auf den Stationen erblickten eines der deutschen Schiffe, das brennend auf dem Uferfelsen aufsaß. Es war die "Bockenheim". Der Kapitän dieses Handelsschiffes hatte in den einlaufenden eigenen Zerstörern englische Gegner gesehen. Er wollte sein Schiff nicht in die Hände des Gegners fallen lassen.

"Georg Thiele" mit dem Chef der 1. Z.-Flot. an Bord lief in den Hafen ein und fand den deutschen Tanker "Jan Wellem", bei dem sich das Boot längsseits legte und schon wenige Minuten darauf mit dem Beölen begann.

Die Stoßtruppkompanie stürmte geschlossen nach Narvik hinein. Sie besetzte die wichtigsten Gebäude, während "Bernd von Arnim" gefechtsbereit blieb, um jederzeit mit seiner Artillerie eingreifen zu können. Das Schneetreiben hatte inzwischen aufgehört, und eine Stunde nach dem Anlandgehen kam der Führer der Stoßtruppkompanie zurück und meldete KKpt. Rechel, daß die Aktionen an Land planmäßig abgelaufen seien und sich alle wichtigen Punkte Narviks in deutscher Hand befänden.

Danach meldete KKpt. Rechel dem F.d.Z. den Schußwechsel mit der "Norge" und dessen Versenkung. Als er geendet hatte, trat Kommodore Bonte auf ihn zu, faßte ihn an den Schultern und sagte:

"Ich bin Ihnen ja so dankbar, daß Sie dem Küstenpanzer den ersten Schuß gelassen haben. Ich mußte den anderen versenken, ohne ihn vorher gewarnt zu haben."

Um 8.10 Uhr meldete der F.d.Z. dem Marinegruppenkommando West, daß Narvik in deutscher Hand und dem Heeresbefehlshaber, Genmaj. Dietl, übergeben worden sei. Damit war der erste und wichtigste Teil des Unternehmens "Weserübung" gelungen.

Nach dem Operationsplan sollten die zehn Zerstörer der Gruppe Narvik nach erfolgter Brennstoff-Ergänzung bei der "Kattegatt" und der "Jan Wellem" noch in der Nacht zum 10. April den Rückmarsch antreten. Doch die "Kattegatt" war am 9. April versenkt worden, so daß jeweils nur zwei Zerstörer gleichzeitig bei der "Jan Wellem" beölt werden konnten. Eine Beölung aber dauerte sieben Stunden. Deshalb war der Operationsbefehl nicht einzuhalten. Dies sollte sich verhängnisvoll für alle zehn Zerstörer auswirken.

Abwehr/Ausland und Fallschirmjäger in Dänemark

Am frühen Morgen des 9. April 1940 standen auch die "Brandenburger" im Hohen Norden im Einsatz. Unter Führung von Fw. Sorgenfrey wurde das Unternehmen "Sanssouci" durchgeführt. Es gelang dem Kommando, alle Aufträge reibungslos durchzuführen. Keiner der Einwohner des Landes kümmerte sich um die Monteure, die in Zivil zu Werke gingen.

Der Zug unter Lt. Lotzel wurde im Lastenseglereinsatz zum Großen Belt geflogen. Die Lastensegler gingen direkt an der Brücke nieder und nahmen sie in Besitz, ohne daß es hier zu irgendwelchen Zwischenfällen mit dänischen Soldaten oder dänischer Polizei gekommen wäre.

Am frühen Morgen diesen Tages lief auch das Minenschiff "Hansestadt Danzig" unter KKpt. Wilhelm Schröder mit 1000 Soldaten des IR 308 unter Major Glein, Krädern, Fahrrädern und Waffen an Bord in den Hafen von Kopenhagen ein. Das Schiff hatte die Reichsdienstflagge gesetzt.

Mit KKpt. Schröder stand auch der als Marine-Nachrichtenoffizier für Kopenhagen vorgesehene Kptlt. Skipowski auf der Brücke. Die "Hansestadt Danzig" legte an der "Langen Linie" in Kopenhagen an, und die Sturmkompanie ging an Land. Das hier liegende Küstenpanzerschiff "Niels Juel" wurde besetzt, und Wilhelm Schröder konnte eine Stunde nach dem Auslaufen melden: "An Gruppe Ost: Kessel (Tarnwort für Kopenhagen) eingelaufen. Bataillon gelandet."

Kopenhagen war ohne einen Schuß im tollkühnen Handstreich besetzt worden.

Da sich zur Landungszeit in Norwegen der deutsche Dampfer "Vidar" im Hafen von Oslo befand, auf dem sich Oblt. Kempf von der Abwehr/Ausland befand, übernahm dieser sofort den Funkverkehr über das AFU-Gerät an Bord mit der Außenstelle Hamburg. Er gab noch am Morgen die erfolgte Landung der deutschen Flugzeuge durch und setzte bis zum Nachmittag des 9. April 240 Meldungen nach Hamburg ab, die von dort unmittelbar nach Empfang telefonisch zur Abwehrzentrale in Berlin und von dort ins FHQ weitergeleitet wurden.

Der Einsatzstab Kewisch des Amtes Ausland/Abwehr in Oslo wurde noch am 9. April eingerichtet und von diesem der Einsatz des in Brandenburg/Havel in Bereitschaft liegenden "Nordzuges" angefordert.

Unter persönlicher Führung von Major Kewisch mit Lt. Knauß und 41 Soldaten begann der Einsatz des Nordzuges in Norwegen jedoch erst am 1. Mai, als dieser im Zusammenwirken mit den Gebirgsjägern eine Reihe von Sonderaufgaben zu lösen hatte, ehe er am 12. Juni wieder nach Brandenburg/Havel zurückkehrte.

Dieser Einsatz, so klein er auch war, gehörte als winziges Verbindungsrädchen zu jener genauestens ausgearbeiteten "Weserübung", in die auch - wie vorher bereits aufgelistet - das "Bataillon Walther" der jungen Fallschirmtruppe eingebunden war. Hier in knapper Skizzierung ihre ersten scharfen Einsätze im Zweiten Zweltkrieg.

Beide Verbände, sowohl die Abwehr/Ausland als auch die Fallschirmtruppe, sollten erst im Westen zum vollen Einsatz gelangen. Dies hier waren nur Auftakt-Einsätze, die dennoch bereits zeigten, was ein schneller entschlossener Vorstoß zu wichtigen Zielen, z.B. Brücken, Straßenknotenpunkte und deren Halten für das nachfolgende Heer, bedeutete. Im Frankreichfeldzug sollte erst der große Schlag beider Verbände erfolgen, wobei jener der Fallschirmjäger sich zu einem den Westfeldzug mitentscheidenden Großkampf entwickeln würde.

Die Fallschirmtruppe bei "Weserübung"

Am frühen Morgen des 9. April 1940 starteten die deutschen Fallschirmjäger zum ersten Einsatz. Das Ziel des Halb-Bataillons Walther war der Flughafen Oslo-Fornebu.

Die Wetterlage über dem Skagerrak und über Südnorwegen war derart schlecht, daß sie das gesamte Unternehmen in Frage zu stellen drohte. Dichter Nebel senkte sich bis auf wenige Meter auf die See herunter und reichte bis zu 600 Meter empor.

Oberstleutnant Drewes, Kommandeur der II./KG. z.b.V. 1, der mit seinen Ju 52-Transportern die Fallschirmjäger nach Fornebu bringen sollte, sah sich über dem Oslofjord einer so dichten Nebenwand gegenüber, daß er seinen Auftrag nicht durchführen konnte. Selbst die Nachbarflugzeuge des in Kettenformation fliegenden Verbandes kamen einander zeitweise außer Sicht.

Als dann gar zwei Maschinen vermißt wurden, befahl Oberstleutnant Drewes, die Nebelwand nach oben zu durchstoßen. Der Verband machte kehrt und flog Aalborg an, dessen Flugplatz bereits in deutscher Hand war. An Bord dieser Maschinen befand sich übrigens auch die 1. Kp. des FJR 1 unter Führung von Oblt. Schmidt.

Die 4. Kp. unter Hptm. Gericke hatte nach dem Antreten am frühen Morgen dieses entscheidenden Tages befehlsgemäß auf Fahrrädern die Storstrommebrücke erreicht und sie im Handstreich den völlig überraschten Dänen entrissen und gesichert. Damit war diese wichtige Brücke für die Heeresgruppe frei, so daß sie von der Insel Falster nach Seeland vorgehen konnte.

Die unter dem Befehl von Oblt. von Brandis stehende 3./FJR 1 geriet bei ihrem Flug zum Zielort Stavanger-Sola ebenfalls in dichten Nebel. Zehn km vor dem Ziel riß jedoch diese Nebeldecke auf, und die norwegische Küste kam in Sicht.

Über dem Ziel angekommen, erscholl zum ersten Male in den Transportmaschinen während eines scharfen Einsatzes das Boschhorn.

Die Kompanie wurde richtig abgesetzt. Fallschirme pendelten der Erde entgegen. Die norwegischen Soldaten eröffneten aus verschiedenen Feldstellungen das Feuer. Sie schienen den gesamten Flugplatzrand besetzt zu haben.

Als es bereits so aussah, als sei die Kompanie Fallschirmjäger zur Inbesitznahme des Flugplatzes zu schwach, tauchten plötzlich zwei Me 110-Zerstörer auf. Im Tiefflug jagten sie über den Platz und feuerten aus allen Bordwaffen auf die Platzrandstellungen und schossen den Gegner hinaus.

Oblt. von Brandis setzte sofort nach und ließ diese Feindstellungen säubern und besetzen. Der Platz wurde für Truppenlandungen gesichert. Damit war eine der wichtigsten Voraussetzungen zum Gelingen des Unternehmens "Weserübung" gegeben. Auf dem Flugplatz von Stavanger-Sola konnte von nun an der Nachschubverkehr abgewickelt werden.

Doch noch immer war der zweite wichtige Flugplatz, jener von Oslo-Fornebu, in der Hand des Gegners.

Zum Glück für die gesamte Norwegen-Operation wurde er von der nächsten dorthin dirigierten Transportgruppe unter Hptm. Ingenhoven angeflogen. Vorausgegangen aber war ein Einsatz der Luftwaffe, der hier in knapper Skizzierung eingebracht werden muß.

Im Hamburger Hotel Esplanade, wo der Luftwaffenstab tagte, schlug die Meldung von der Rückkehr der Fallschirmjäger unter Hptm. Walther wie eine Bombe ein. Es galt für Oslo-Fornebu: "Wegnahme des Flugplatzes zur Durchführung der Luftlandungen, um der Kriegsmarine zu helfen, die seit Stunden im Oslofjord im Gefecht stand."

Generalleutnant Geisler hatte von Feldmarschall Göring den Befehl erhalten, sofort alle Transportverbände zurückzurufen, wenn die Fallschirmjäger nicht planmäßig abspringen könnten. Dies war nunmehr der Fall, und GenLt. Geisler gab diesen Befehl.

Es war der Lufttransportchef, Oberst Frhr. von Gablenz, der sich weigerte, diesen Befehl an seine Transportgruppen weiterzugeben. Er war immer noch der festen Überzeugung, daß eine Landung möglich sei und daß man dies der ersten Gruppe überlassen solle, die nun Oslo-Fornebu erreichte.

Doch GenLt. Geisler ließ den FT-Spruch an die Transportgruppen des Verbandes Oslo hinausgeben: "An alle! Zurückkehren! X. Fliegerkorps."

Der Kommandeur der Kampfgruppe z.b.V. 103, der den Fallschirmjägern in 20 Minuten Abstand folgte, erhielt diesen Rückmarschbefehl. Aber er führte ihn nicht aus. Er ließ weiterfliegen. Hauptmann Wagner hielt diesen Funkspruch für einen fingierten feindlichen FT-Spruch, mit dem er getäuscht werden sollte. Dies glaubte er an der falschen Unterschrift zu erkennen, denn er gehörte ja nicht zum X. Fliegerkorps, sondern zur Transportgruppe von Gablenz.

"Weiterfliegen!" befahl Hptm. Wagner seinen Piloten, die blindflugerfahren waren und den Nebel nicht zu fürchten brauchten. Als es dann kurz vor Oslo aufklarte, sah er sich in seiner Entscheidung bestätigt. Die Führungskette überflog den Platz. Hptm. Wagner, der an der Spitze flog, suchte eine Landungsmöglichkeit oder eine Einweisung der bereits gelandeten Ju 52. Aber alles, was er erkannte, waren zwei brennende Flugzeugwracks, und dann sichtete er in der Luft zwei eigene Me 110-Zerstörer. Sie konnten also landen. Der Platz war freigekämpft.

Als Wagners Führermaschine zur Landung ansetzte, erhielt sie vom Platzrand schweres MG-Feuer. Hptm. Wagner fiel, einige Männer in der Ju 52 wurden verwundet, und der Pilot zog seine Maschine entschlossen wieder hoch. Der Platz - das zeigte sich nunmehr ganz deutlich - war noch feindbesetzt. Aber was war mit den deutschen Me 110-Zerstörern, die hier herumkurvten?

Diese Maschinen gehörten zur I. Gruppe des Zerstörergeschwaders 76, deren erste Staffel unter Führung von Oblt. Hansen Befehl erhalten hatten, den Platz für die erste Fallschirmjägergruppe vorzubereiten und beginnendes Feindfeuer zu bekämpfen. Diese Staffel war zeitgerecht über dem Platz von Oslo-Fornebu erschienen und stand wenig später bereits mit neun norwegischen Gloster-Gladiator-Jägern im Luftkampf. Einige dieser Maschinen wurden abgeschossen. Zwei davon stürzten auf den Platz und brannten aus.

Oblt. Hansen umflog den Platz mit seinen Maschinen. Zwei Me 110 erhielten Treffer und versuchten eine Notlandung. Aber die Fallschirmjäger kamen nicht. Sie waren - wie dargestellt - wegen des dichten Nebels abgedreht.

Als um 8.50 Uhr noch immer keine Fallschirmjäger erschienen waren, konnten sich der Hptm. ausrechnen, wie lange sie noch in der Luft bleiben konnten. Um 9.00 Uhr leuchteten die roten Warnlampen auf. Zuerst eine, dann zwei, dann die dritte. Sobald die vierte aufleuchtete, waren die Treubstofftanks der Maschinen leer. Dann mußten sie heruntergehen.

Es war 9.05 Uhr, als die ersten Ju 52 auftauchten. Doch in diesen Maschinen saßen keine Fallschirmjäger, sondern die nachzulandenden Soldaten, was Hptm. Hansen erst aufging, als die erste Ju 52 zur Landung ansetzte, dann aber Treffer erhielt und wieder durchstartete.

Nun mußten die Me 110 heruntergehen, denn drei seiner noch einsatzbereiten sechs Maschinen flogen nur noch mit einem Motor und außerdem mit den letzten Litern Benzin. Hptm. Hansen entschloß sich zur Landung. Er befahl über die Bord-Bord-Verständigung: "Leutnant Lent, landen Sie! Wir geben Feuerschutz und folgen nach."

Helmut Lent - ein Name, der in den folgenden Bänden der Geschichte des Zweiten Weltkrieges immer wieder auftauchen sollte - zog seine Maschine in einer Linkskurve herum, glitt in einem Steilflug herunter und landete mit brennendem rechtem Motor, der beim Landeanflug noch einen Treffer erhalten hatte. Es gelang Lent, seine Maschine herunterzubringen, und in diesem Augenblick kreuzte eine Ju 52 die Landebahn der Me 110, aber es ging noch einmal gut, und die Ju 52 setzte auf der zweiten Asphaltbahn des Platzes auf. Es war die versprengte Nachrichten-Ju der nicht abgesprungenen Fallschirmjäger.

Leutnant Lent bekam seine Me 110 nicht mehr vor Ende der Landebahn zum Stehen, und am Ende der Rollbahn kippte die Maschine nach vorn und verschwand über einen schrägen Abhang.

Nun landete Hptm. Hansen. Er sollte dicht an den beiden noch immer brennenden Gloster-Gladiator vorbei und blieb zehn Meter vor dem Abhang stehen, über dem Lt. Lent verschwunden war.

Die Norweger hatten das Feuer eingestellt. Die Gloster-Gladiator, die die Luftkämpfe überstanden hatten, waren von ihrem Staffelkapitän, Hptm. Erling Munthe Dahl, abgezogen worden. Er selber zog sich mit seinem Stab in die Festung Akershus zurück. Die Platz-Flak und die MG-Nester schwiegen.

Die landenden Zerstörer wurden eingewinkt und am Nordwestrand des Platzes aufgestellt, damit die Funker mit ihren MG den gegenüberliegenden Waldrand unter Feuer halten konnten, wohin sich die Platzwache zurückgezogen hatte.

Leutnant Lent meldete sich bei seinem Staffelkapitän. Er und sein Funker Kubisch waren unverletzt. Kubisch hatte das Heck-MG ausgebaut, um bei der Verteidigung des Platzes mithelfen zu können.

Um 9.17 Uhr schwebte dann eine Kette Ju 52 ein und rollte bis nahe an die norwegische Flakstellung heran, die glücklicherweise ausgeschaltet war. Die Infanteristen verließen die Maschine und vertraten sich nichtsahnend die Beine, bis Oblt. Hansen sie aufscheuchte.

Eine landende Maschine aber rollte direkt auf die Reihe der Zerstörer zu. Es war Hptm. Flakowski, der Blindfluglehrer der I./ZG 76, der mit den sechs Warten des Bodenpersonals und einem Haufen Waffen und Munition sicher gelandet war.

Während die Soldaten noch damit befaßt waren, die Trümmer der beiden Gloster-Gladiator aus dem Weg zu räumen, rollte ein amerikanischer Straßenkreuzer auf das Flugfeld. Ein deutscher Offizier in Luftwaffenuniform verließ den Wagen. Nun fragte Hptm. Spiller, der deutsche Luftwaffenattaché in Oslo, Hptm. Hansen, wo denn die Fallschirmjäger und das Bataillon Infanterie steckten. Er berichtete, daß die Kriegsschiffsgruppe mit der eingeschifften Infanterie vor der Dröbak-Enge von den Norwegern gestoppt worden sei.

Nun mußten sofort die Transportgeschwader her, um die Truppenlandungen durchzuführen. Hptm. Hansen ließ einen FT-Spruch an den Lufttransportführer Frhr. von Gablenz tasten:

"Fornebu in eigener Hand. I./ZG 76." Der Spruch wurde in Aalborg aufgenommen und an den Kommandeur des X. Fliegerkorps weitergeleitet.

Was war mit der zweiten Transportgruppe geschehen, die Hptm. Wagner geführt hatte? Die meisten dieser Transporter hatten nach dem Tode von Hptm. Wagner gedreht. Nur Hptm. Ingenhoven, dem stellvertretenden Kommandeur, gelang die Landung in Fornebu mit wenigen Ju 52, während noch die Me 110 in der Luft waren und sich teilweise im Landeanflug befanden. Seine Fallschirmjäger kämpften die MG-Nester und die Flakstellung nieder. Zu ihnen stießen die Soldaten des nachgelandeten IR 324 und die Besatzungen der Zerstörer.

Die Funksprüche über die Inbesitznahme des Platzes erreichten auch die KGr. Walther, und unmittelbar darauf erfolgte der Befehl, wieder in die Maschinen zu klettern und erneut nach Oslo-Fornebu zu starten.

Drei Stunden nach der ursprünglichen Landezeit schwebten die Ju 52 auf dem inzwischen geräumten Platz ein und landeten. Mit einem scharfen Sprungeinsatz war es also nichts. Dennoch waren die Männer auf Fornebu froh, als sie die Ju 52-Verbände einschweben sahen; im Verlauf der nächsten Stunden gelang es auch, das gesamte IR 324 im Lufttransport nach Oslo-Fornebu zu schaffen. Die erste Hauptstadt der Welt war durch einen Luftlandeeinsatz erobert worden.

Die Ju 87 der I./StG 1 unter Hptm. Hozzel waren um 10.59 Uhr in Kiel-Holtenau gestartet. Ihr Ziel waren die Inselfestungen Oskarsborg und Akershus, die sich tapfer verteidigten. Die ersten Stukabomben heulten auf diese Festung herunter und lagen voll im Ziel.

Auch das KG. 4 griff in den Kampf ein, nachdem vorher bereits deren III. Gruppe um 6.30 Uhr über Kopenhagen Flugblätter abgeworfen hatte und diesen friedlichen Einsatz auch über Kristiansand, Egersund, Stavanger und Bergen durchführte.

Gemeinsam mit dem KG 26 und der KGr. 100 wurde der Flugplatz Oslo-Kjeller angegriffen, Flakstellungen am Holmenkollen vernichtet und die Küstenbatterien im Oslofjord derart schwer gebombt, daß die meisten dieser Befestigungen bis zum Abend des ersten Angriffstages den Widerstand aufgaben.

Ein weiteres Ziel für die Luftwaffe wurde um 10.30 Uhr von deutschen Aufklärern im Seegebiet vor Bergen gemeldet. Es handelte sich um englische Schlachtschiffe und Kreuzer der Home Fleet unter Admiral Forbes.

GenLt. Geisler bot die Eliteverbände seines X. Fliegerkorps auf, um dieser Flotte den Garaus zu machen. 41 He 111 des KG 26 und 47 Ju 88 des KG 30 starteten zum Einsatz gegen diesen Feind. Mehr als drei Stunden dauerten die Einzel- und Gruppenangriffe auf diese Ziele. Es war dies die erste schwere See-Luft-Schlacht des Zweiten Weltkrieges.

In diesem Gefecht wurden vier Ju 88 von der Flak der Großkampfschiffe abgeschossen. Eine 500-Kilo-Bombe traf das Schlachtschiff "Rodney", ohne aber die Gürtelpanzerung zu durchschlagen. Der Zerstörer "Gurkha" erhielt einen Volltreffer und sank mit der gesamten Besatzung. Der Schwere Kreuzer "Devonshire" erhielt einen Volltreffer, die ihn beschädigten. Die Leichten Kreuzer "Southampton" und "Glasgow" mußten ebenfalls beschädigt in die Werft.

Bliebe noch ein Fallschirmjäger-Einsatz vorzuziehen, der am 14. April geflogen wurde. Am Morgen dieses Tages erhielt Major Walther einen Alarmruf, mit dem er und der Chef seiner 1. Kp., Oblt. Schmidt, zum Korpsgefechtsstand gerufen wurden. Gleichzeitig mit ihnen wurde auch der Kommandeur der II./KG z.b.V. 1, Oberstleutnant Drewes, zur Meldung herbeizitiert.

Auf dem Gefechtsstand wurde ihnen die Lage erklärt. Danach erhielt die 1./FJR 1 folgenden Auftrag:

"Englische Truppen befinden sich von Namsos aus im Vorstoß nach Südosten auf Andalsnes. Das Vordringen dieses Gegners - es handelt sich vor allem um die 148. britische Infanterie-Brigade - muß am Eisenbahnknotenpunkt Dombas gestoppt werden. Der Auftrag: Sprunglandung im Raume ostwärts Dombas. Sprengung der Bahnlinie und Sperrung der von Dombas nach Süden führenden Straße. Dombas ist in Besitz zu nehmen, und die Stellung bis zum Eintreffen der im Vorstoß nach Norden begriffenen Heerestruppen zu halten."

Auf der Karte zeigte es sich, daß das angegebene Absprungziel 150 Kilometer vor der eigenen Front lag und daß die Fallschirmjäger dort auf sich allein gestellt sein würden. Mit ihrer Versorgung an Nachschub aller Art und Ersatz auf dem Straßenwege war nicht zu rechnen.

Der Fallschirmeinsatz im Gudbrandsdal

Um 16.30 Uhr dieses 14. April 1940 hieß es in Oslo-Fornebu für die 1./FJR 1: "An die Maschinen!"

Der Nebel drückte auch an diesem Tage tief auf den Platz herunter. Doch die Aufklärer hatten aus dem Einsatzgebiet klares Wetter gemeldet.

Wie vorgesehen startete die erste Kette, dicht gefolgt von den übrigen, um 17.00 Uhr. Im schwachen Steigflug durchstießen die Ju 52 den Nebel nach oben, während sie auf Kurs gingen. Erst als sie 3000 Meter Höhe erreichten, lag die dicke Wolkenecke unter ihnen, wurde auch die Sicht nach vorn klar.

Dicht vor dem Landegebiet ankommend, befahl Oberstleutnant Drewes: "Maschinenweise nach unten durchstoßen!"

Es galt, in dem gebirgigen Gelände mit Bergkämmen von 1000 m Höhe minutenlang durch dichte "Milchsuppe" nach unten durchzustoßen und darauf zu hoffen, sich nicht an einer der Kuppen "die Nase zu verbiegen".

Die Ju 52 mit dem Kompaniechef und dem Kompanietrupp einschließlich des Funktrupps, durchstieß als erste diesen dichten Schleier. Die letzten Nebelfetzen zogen an der Maschine vorbei. Unter sich erkannte Oblt. Schmidt das tief verschneite Gudbrandsdal.

Unmittelbar darauf eröffnete die norwegische Flak das Abwehrfeuer. Die Deutschen waren nach Süden über den vorgegebenen Landeplatz hinausgekommen, und der Flugzeugführer drehte seine Ju 52 nach Norden. Er flog nun fast frontal in den aufflammenden Feuervorhang der Flak hinein. Links und rechts der Ju 52 krachten Granaten auseinander. Steil, sehr steil stieß die Ju 52 herunter, wodurch sich auch ihre Geschwindigkeit erhöhte. Ein krachender Detonationsschlag in nächster Nähe riß das Seitenleitwerk weg. Aber die Ju 52 war genügend robust, um auch in dieser Lage noch dem Steuerknüppel zu gehorchen. Rechts von ihnen wurde eine Ju 52 von einem Volltreffer erwischt. Ein grellroter Feuerball quoll aus dem Bauch dieser Maschine heraus. Dann krachte es abermals in der Führermaschine. Lt. Vogt, der Flugzeugführer, sah, wie Einzelteile seiner Maschine der voll getroffenen Ju 52 in die Tiefe nachfolgten. Ein sanfter Hang wurde direkt vor ihnen sichtbar.

"Dort springen!" rief Oblt. Schmidt und tastete sich zur Tür vor, die er mit Hilfe eines nachfolgenden Jägers aufstemmte. Oberstleutnant Drewes, der die Führermaschine selber flog, drückte die Ju 52 nach unten. Als sie noch etwa 100 Meter über Grund waren, nahm er das Gas weg, um die Fahrt zu verlangsamen. Dann waren es nur noch 90 Meter. Das Boschhorn quakte.

Oberleutnant Schmidt schnellte sich mit einem weiten Satz nach vorn aus der Maschine hinaus. Der Fallwind riß an seiner Tasche, in der er die notwendigen Dinge am Körper trug, die er als Kampfgruppenführer benötigen würde. Dann riß der Entfaltungsstoß ihn scheinbar wieder in die Höhe. Danach erst hörte er auch wieder das Gebelfer der Maschinenwaffen der Norweger, die von zwei Höhen zur Rechten und Linken des Gudbrandsdals schossen.

Eine zweite Ju 52 wurde von mehreren Flakgranaten fast gleichzeitig getroffen und stürzte steil nach unten. Sie raste gegen eine Felswand, schlug auf und rutschte durch die Aufprallwucht etwa zehn Meter nach oben, ehe sie in einer grellen Benzi nexplosion auseinanderbarst.

Die dritte getroffene Ju 52 drehte seitlich weg. Über ihr standen aber bereits Fallschirme und zeigten dem Kompaniechef, daß die Männer noch unmittelbar vorher hatten aussteigen können.

Von den 15 eingesetzten Ju 52 der Kampfgruppe Schmidt, mit denen die 140 Fallschirmjäger ans Ziel gebracht werden sollten, gingen insgesamt acht verloren, davon drei direkt beim Absetzen, wie dies geschildert wurde.

Die übrigen konnten ihre Fallschirmjäger absetzen, und die ersten Gruppen hatten sich sehr rasch zum Kompaniechef vorgearbeitet, der das vereinbarte Leuchtzeichen für "Hier bin ich!" geschossen hatte.

Noch immer feuerte der Gegner aus Maschinenwaffen und Karabinern. Dies zeigte, daß die Gelandeten mitten in eine norwegische Stellung hineingesprungen waren. Die eigenen MG's eröffneten auf diesen Gegner das Feuer. Wo immer sich ein

Feind-MG durch die in der Abenddämmerung sichtbar werdenden Leuchtspurgarben abzeichnete, dort fanden die Fallschirmjäger das Ziel ihrer Waffen und kämpften ein Feind-MG nach dem anderen nieder.

Der vorgeschickte Spähtrupp kehrte nach 20 Minuten zurück und meldete dem Chef, daß sich nur wenige hundert Meter voraus ein Blockhaus befinde. Oblt. Schmidt befahl, dieses Blockhaus zu besetzen. Während zwei Jäger Feuerschutz gaben, sprangen der Oberleutnant und der Kp.-Trupp auf und rannten den deckenden Kusselbüschen entgegen. Ein norwegisches MG begann zu feuern. Dann klackerten auch Karabinerschüsse dazwischen. Noch bevor sie die kusselbestandene Bodenwelle erreichten, spürte Oblt. Schmidt einen harten Schlag gegen die linke Seite und wurde durch die Wucht des ihn treffenden Geschosses zu Boden geschleudert. Daß er nicht tot war, verdankte er seiner dick vollgepackten Tasche, die an seiner linken Seite am Koppel hing. Sie war durch die Gewehrkugel fortgefetzt worden. Schmidt hatte einen Hüftschuß erhalten, der auch die Bauchdecke beschädigt hatte.

Das linke Bein des Kompaniechefs war völlig gefühllos geworden, als zwei seiner Männer ihn in ein mit Schneewasser gefülltes Loch zerrten. Einer der Männer öffnete sein Verbandspäckchen und drückte den Mullverband auf die blutende Wunde. Als der Gegner zum Schweigen gebracht war, wurde Oblt. Schmidt auf einer provisorisch aus zwei Karabinern und Zeltplanen hergestellten Tragbahre zu dem Blockhaus getragen, das von den Jägern bereits bezogen worden war.

Jene der beiden weiter nördlich abgesetzten Gruppen, der die Sprengung der Bahnlinie befohlen worden war, hatte von ihrem Landeplatz aus noch 350 m zur Bahnlinie zurückzulegen. Zwei Männer trugen jeweils eine 25-Kilo-Sprengladung, bestehend aus Tellerminen. Unangefochten erreichten sie die Bahnlinie, gruben unter Schienen und Schwellen zwei Löcher, bauten die Tellerminen ein, verdämmten sie sachgemäß und rollten das Kabel der elektrischen Fernzündung ab. Der Truppführer stieß den Handgriff der Zündmaschine herunter. Mit Donnergetöse gingen beide T-Minen hoch, rissen die Geleise in die Höhe, wirbelten Schwellen durch die Luft und machten den Schienenstrang unpassierbar.

Als auch hier zwei Feind-MG das Feuer eröffneten, zogen sich die Männer der Sprenggruppe zurück. Sie gingen mit Generalrichtung Südsüdost dorthin, wo sie die Kameraden vermuteten.

Die Detonation der Doppelsprengung war aber auch in dem Blockhaus gehört worden. Oblt. Schmidt ließ zwei Stoßtrupps losmarschieren. Einer davon sollte den Sprengtrupp zurückgeleiten, während der zweite Weisung erhielt, sich bis nach Dombas durchzuschlagen und zu erkunden, ob diese Stadt feindlich besetzt sei.

Der Stoßtrupp Dombas fand die Stadt von mehreren Bataillonen norwegischer Soldaten besetzt. Auch Artillerie wurde erkannt. Nach der Meldung der Stoßtruppführer, darüber entschloß sich Oblt. Schmidt, das Gudbrandsdal an der Stelle zu sperren, wo sie sich gerade befanden.

Als der Stoßtrupp mit dem Sprengtrupp zurückkam, atmeten alle auf. Nun waren hier zwei Offiziere und 61 Soldaten, die versuchen wollten, den Feind so lange wie möglich zu stoppen und der eigenen Infanterie den Vormarsch zu sichern.

Am Vormittag des nächsten Tages griffen die norwegischen Truppen an. Aber die Fallschirmjäger hatten bereits das Tal auf einer Tiefe von über 100 Meter vermint. Aus den vorbereiteten Löchern peitschte den vorgehenden Gegnern das Feuer der MG 34 entgegen. Zwei feindliche Spähwagen mit aufgesessener Infanterie versuchten in schneller Fahrt über die Straße vorwärtszukommen. Beide rollten kurz nacheinander auf eine Mine und blieben bewegungslos liegen. Die aufgesessenen Soldaten ergaben sich den Fallschirmjägern.

In den ersten Morgenstunden des dritten Tages führte ein weiterer Stoßtrupp die zweite Gleissprengung durch. Damit war die Bahnlinie auf mindestens 8-10 Tage unbenutzbar. Ein Trupp mit MG wurde an exponierter Stelle im Tal vorgestaffelt eingesetzt. Er konnte auch die Bahnstrecke weit überblicken und nahm jeden Arbeitstrupp, der erschien, unter Feuer.

Weit auseinandergezogene MG-Löcher verhinderten, daß der Feind diese Stellungen einzeln umging und sie unschädlich machte. Diese Löcher waren so angelegt, daß eines dem anderen Feuerschutz geben konnte.

Trotz seiner schweren Verwundung war Oblt. Schmidt die Seele der Verteidigung. Sein Beispiel spornte die Fallschirmjäger zur Hergabe der letzten Kräfte an.

So wurden die mehrfach vorgetragenen norwegischen Angriffe am Morgen des vierten Tages immer wieder abgewiesen. Dreimal wurden die Fallschirmjäger zur Übergabe aufgefordert. Oblt. Schmidt lehnte ab. Er wußte, daß er hier halten mußte, bis die im Süden stehenden Kameraden vom Heer genügend stark waren, einem solchen zusätzlichen Druck standzuhalten.

Am frühen Morgen des fünften Tages war die Munition bis auf einige wenige MG-Gurte und Karabinerschüsse verschossen. Ersatztruppen oder Munition hatten nicht nachgeführt werden können. Doch im Süden war die Lage stabilisiert, wie sie über Funk erfuhren. Die letzten 34 Fallschirmjäger gingen mit ihrem Chef in die Gefangenschaft. In norwegischen und englischen Sanitätsfahrzeugen wurden die Verwundeten - und das waren alle - nach Dombas in Lazarett geschafft. Als das hier lagernde Gros der Briten sah, wer sie aufgehalten hatte, taten sie dies als typische Propaganda ab. Aber die Wahrheit belehrte sie, als der letzte Fallschirmjäger registriert worden war.

Die Fallschirmjäger wurden von Dombas nach Andalsnes geschafft. Acht Tage darauf ging es nach Aalesund weiter, wo sie anfangs Mai von deutschen Gebirgsjägern befreit wurden.

Am 24. Mai 1940 erhielt Oblt. Herbert Schmidt das Ritterkreuz des Eisernen Kreuzes für seinen und seiner Kompanie Einsatz 150 Kilometer vor der eigenen Truppe.

“Seine Kompanie und sein besonderer Einsatz sperrten das Gudbrandsdal bei Dombas und machten ein weiteres Vorstoßen des Gegners nach Süden unmöglich”, lautete die Begründung für diese hohe Auszeichnung.

Was aber war auf allen übrigen Einsatzplätzen des 9. April geschehen? Was war vor allem im Oslo-Fjord los?

Die letzte Fahrt der "Blücher"

Die Kriegsschiffgruppe 5, die für Oslo bestimmt war, erreichte am frühen Morgen des 9. April die Dröbakenge vor dem Hafen von Oslo. Der Schwere Kreuzer "Blücher" führte den Verband an. Er war an und für sich noch nicht einsatzbereit gewesen, aber Hitler hatte seinen Einsatz befohlen.

Bereits am Vortage war der Schwere Kreuzer "Lützow" von dem britischen U-Boot "Trident" mit zehn Torpedos angegriffen worden. Alle Aale hatten glücklicherweise ihr Ziel verfehlt.

Koneradmiral Kummetz, der noch vor Mitternacht von dem über Radio Oslo verbreiteten Befehl der norwegischen Admiralität zum Löschen aller Feuer unterrichtet worden war, wußte nun, daß Norwegen Widerstand leisten würde. Kpt. z.S. Thiele, Kommandant der "Lützow", schlug vor, direkt mit großer Fahrt nach Oslo durchzubrechen. Doch Kummetz hatte Weisung der Skl, erst am Morgen des 9. April um 5.00 Uhr einzulaufen.

Als die Kriegsschiffgruppe 5 um 0.25 Uhr des 9. April zwischen den beiden Inseln Rauöy und Bolärne hindurchlief, die die Einfahrt nach Oslo merklich verengten, mußten sie eine dort eingebaute Lichtsperre durchlaufen. Die norwegischen Scheinwerferbedienungen erfaßten die "Blücher" mit ihren Scheinwerfern, und sogleich eröffneten die Batterien auf beiden Inseln ihr Feuer aus 15 cm-Geschützen.

"Dagegen leuchten! - Feuer zum Schweigen bringen!" lautete der Befehl von VAdm. Kummetz. Vom Lichtbündel der deutschen Scheinwerfer erfaßt, wurden die Geschütze der Norweger mit gutgezielten Salven außer Gefecht gesetzt.

Aus der Dunkelheit stieß plötzlich der norwegische Bewacher "Pol III" vor und eröffnete das Feuer auf das deutsche Torpedoboot "Albatros".

Kptlt. Strelow ließ das Feuer sofort erwidern. Mit einigen Salven wurde der Gegner versenkt. 14 Mann seiner Besatzung konnten aus dem eisigen Wasser gerettet werden.

Zwischen 1.00 Uhr und 3.00 Uhr stiegen Infanterie-Stoßtrupps auf die zu diesem Zweck mitlaufenden Räumboote über, um den Kriegshafen Horten und die beiden bereits genannten Inseln in Besitz zu nehmen.

Die schweren Einheiten liefen indessen mit kleiner Fahrt weiter fjordaufwärts und stießen um 4.50 Uhr auf zwei norwegische Bewacher, die mit ihren Scheinwerfern leuchteten. Nachdem sie den Gegner erkannt hatten, ließen sie Lichtzeichen nach Dröbak hinüber absetzen.

Es war inzwischen 5.18 Uhr geworden. Langsam hellte sich der Himmel auf, als "Blücher" der Dröbak-Enge näherkam. Um 5.20 Uhr wurde von dem Schweren Kreuzer für alle "Halbe Fahrt!" signalisiert.

Aus dem Frühdunst tauchte die Ortschaft Dröbak an Steuerbord auf. An Backbord voraus kam die Insel Kaholm in Sicht. Sie war als Festungsinsel ausgebaut; auf beiden Seiten der Enge war mittlere, auf Kaholm außerdem noch schwere Artillerie gemeldet worden.

Zehn Sekunden nach dem Signalspruch der "Blücher" an alle, auf halbe Fahrt zu gehen, blitzten Scheinwerfer auf, glitten über die See hinweg und fingen die "Blücher" voll ein. Sekunden darauf schossen die drei alten 28 cm-Geschütze der Festung Kaholm und trafen den in nur noch 600 Meter Distanz passierenden Schweren deutschen Kreuzer voll.

Eine Granate schlug in den Vormars und riß diesen herunter. Der Flak-Einsatzleiter, Kptlt. Pochhammer, wurde mit allen dort eingesetzten Soldaten getötet. Die Flugzeughalle erhielt ebenfalls einen schweren Treffer. Eine hohe Benzin-Stichflamme stob aus der Halle empor.

Beinahe zur gleichen Zeit brüllten auch die 15 cm-Geschütze von Dröbak herüber. Granaten schlugen dicht beim Schiff ein. Dann hämmerten die ersten in den Schweren Kreuzer hinein.

Mit dem Befehl zur Feuereröffnung schossen alle leichten Fla-Waffen des Schweren Kreuzers; die mittlere und schwere Flak fiel in das Feuer ein. "AK voraus!" befahl der Kommandant, Kpt. z.S. Woldag.

Nun zeigte sich, daß bereits nach den ersten Treffern die Ruderanlage der "Blücher" ausgefallen war. Das Schiff lief aus dem Ruder.

"Mit den Schrauben gegensteuern!" befahl Woldag. "Wir dürfen nicht auf die Felsen der Dröbakenge auslaufen."

Dieser erste Feuerschlag der Norweger war nur eine Minute vorüber, als eine dumpfe, dröhnende Unterwasserdetonation durch den Morgen brüllte.

"Es war so, als würde unser Kreuzer von der Faust eines Giganten gepackt und geschüttelt. Ich stürzte neben meinem Kameraden Wübbeke zu Boden", berichtete Matrosen-Obergefreiter Beinecke.

"Minen, Herr Kapitän!" rief der 1. Offizier, KKpt. Heymann, seinem Kommandanten zu, weil er im Feindnachrichtenblatt gelesen hatte, daß die Norweger elektrisch zu zündende Minen in der Dröbakenge verlegt hätten.

Es waren jedoch keine Minen, sondern zwei Torpedos, die aus einer unterirdischen Torpedobatterie auf Kaholm abgeschossen worden waren.

Beide Torpedos trafen die Maschinenanlagen der "Blücher". Schlagartig blieben die Turbinen des Schweren Kreuzers stehen. Der L.I., FKpt. (Ing.) Thannemann, meldete dies seinem Kommandanten über die Bordsprechverbindung.

"Wassereinbrüche in den Maschinenräumen!" gab ein Maat nach oben durch.

Drei Minuten nach Beginn dieses Feuerüberfalls verstummten schlagartig alle Geschütze. Mit starker Schlagseite, in helle, höher und höher emporwirbelnde Flammen gehüllt, trieb die "Blücher" aus der Enge von Dröbak heraus in Richtung Oslo. Sie war nun von den nachfolgenden Einheiten nicht mehr zu sehen. Die Besatzungen der "Lützow" und der "Emden", die der "Blücher" mit einigem Abstand gefolgt waren, wußten nicht, was dort, jenseits der Enge, auf der "Blücher" geschah.

Kpt. z.S. Woldag, der Kommandant der "Blücher", ließ sofort Anker werfen, um zu verhindern, daß der Kreuzer auf den Dröbak-Felsen auflief. Die auf der Brücke eingehenden Schadensmeldungen wurden vom 1. Offizier zusammengestellt. Sie waren niederschmetternd.

Neben dem riesigen Leck an der Backbordseite, durch das die See ins Schiff einströmte, war das Feuer um die Flugzeughalle nun voll entfesselt. Munition detonierte. Die Männer wuchteten unter Lebensgefahr alle greifbare Munition über Bord. Mit rasender Geschwindigkeit breitete sich das Feuer aus.

Die nachfolgenden Einheiten erhielten durch Kpt. z.S. Thiele den Befehl, die Enge nicht zu durchlaufen. Die Torpedobatterie verfügte sicherlich über weitere Torpedos, die jedes hier durchlaufende Schiff tödlich treffen würden.

"Lützow" hatte ebenfalls um 5.20 Uhr die ersten Treffer aus den 28 cm-Geschützen der Norweger erhalten. Einer davon schlug in das mittlere Rohr des vorderen Drillingturmes. Die zweite Granate hieb in das Schiffslazarett ein, während eine dritte den Bootskran an der Backbordseite zerfetzte.

Der Turm Anton war durch diesen Rohrtreffer außer Gefecht gesetzt worden. KKpt. Weber im Vormars war nicht in der Lage, das Feuer zu erwidern, weil das Ziel zu weit vorlich lag und der Turm Berta es nicht auffassen konnte.

Nur die Mittelartillerie und die Flak erwiderten das norwegische Feuer.

Kpt. z.S. Thiele ließ die "Lützow" nicht in den Gefahrenbereich der Dröbakenge hineinlaufen, sondern zog sein Schiff über den Achtersteven mit "Beide Maschinen zurück!" aus der Feuerzone hinaus. Für ihn war der Durchbruchsversuch durch die Dröbak-Enge bereits gescheitert. Er mußte nach dem für diesen Fall vorgesehenen Plan operieren. Dies bedeutete, daß die auf der "Lützow" zur Landung wartenden Soldaten einige Kilometer weiter südlich von Dröbak, in Sons-Bukten, ausgeschifft werden mußten.

Auch die "Emden" mußte - diesem Plan folgend - ihre Truppen dort an Land setzen, weil an dieser Stelle keine Küstenartillerie stand.

Von der "Blücher" erhielt Kpt. z.S. Thiele um 5.50 Uhr einen FT-Spruch, in dem ihm die Führung der Operation im Raume Oslo übertragen wurde. Danach verstummte das FT-Gerät der "Blücher" für immer.

Über Funk wurde um 6.26 Uhr das Torpedoboot "Möwe" längsseits der "Blücher" befohlen, um bei der Feuerbekämpfung zu helfen. Doch bereits zwei Minuten später fragte Kptlt. Neuss, Kommandant der "Möwe": "Welcher Befehl gilt? Truppen landen oder zur 'Blücher' gehen?"

Kapitän zur See Thiele befahl daraufhin, zunächst die Truppen zu landen, weil er befürchten mußte, daß auch die "Möwe" beim Durchlaufen der Dröbakenge beschossen werden würde. Ein einziger Torpedotreffer aber, und das kleine Boot wäre mit einem Schlage vernichtet. Dies würde das Ende der Besatzung und den Tod der eingeschifften Soldaten bedeuten.

Es war genau 6.30 Uhr, als eine gewaltige Detonation die "Blücher" erschütterte. Eine ihrer Munitionskammern war in die Luft geflogen. Ein gigantischer Ball aus Feuer und Qualm stob in den Morgenhimmel empor. Der Schwere Kreuzer hatte immer größere Schlagseite. Noch immer hoffte Kpt. z.S. Woldag die "Blücher" halten zu können. Während fieberhaft versucht wurde, das Feuer unter Kontrolle zu bringen, war ein anderer Teil der Mannschaft ebenso verzweifelt darum bemüht, die

Verwundeten zu versorgen und sie mit dem einzigen noch intakten Kutter an Land zu bringen.

Die weiteren eintreffenden Schadensmeldungen, die immer größer werdende Schlagseite des Schiffes und die Tatsache, daß der Kreuzer mehr und mehr voll Wasser lief, veranlaßten Kpt. z.S. Woldag schließlich um 7.00 Uhr zu dem schwersten Befehl seiner militärischen Laufbahn: "Alle Mann von Bord!"

Damit war der Schwere Kreuzer "Blücher" aufgegeben worden. Mit 45 Grad Schlagseite lag er auf der See. Die nicht verwundeten Soldaten, die über Bord sprangen oder an Tampen abenterten, hatten nun vom Schiff aus 400 Meter durch das eiskalte Fjordwasser bis an Land zurückzulegen.

Sie erreichten das rettende Ufer, während um 7.32 Uhr der Schwere Kreuzer "Blücher" kenterte und von der Wasseroberfläche verschwand.

Zehn Minuten nach dem Unterschneiden des Schweren Kreuzers erscholl noch eine gewaltige Unterwasser-Detonation. Mit einem Geysir aus Wasser und Qualm schoß eine mächtige Stichflamme durch die Wasseroberfläche in die Höhe. Das aus dem Kreuzer ausgelaufene Öl, das auf dem Fjord schwamm, geriet in Brand und markierte die Stelle, wo die "Blücher" gesunken war.

Die inzwischen von Kpt. z.S. Thiele befohlenen Landungsversuche blieben erfolglos. Lediglich außerhalb von Horten gelang es dem Torpedoboot "Kondor", einige Züge Soldaten an Land zu bringen.

Der Vormittag des 9. April war vorübergegangen. Die Männer auf den übrigen Schiffen im Operationsgebiet Oslo standen noch immer unter dem Schock dieses Ereignisses, ihren neuesten Schweren Kreuzer binnen zweier Stunden sinken zu sehen.

Die erbetene Hilfe kam um 13.15 Uhr, als die ersten Stukaangriffe auf die Festung Oskarsborg niederheulten und die Bombendetonationen mit ihren hoch aufsteigenden Detonationswolken anzeigten, daß die anvisierten Ziele getroffen worden waren.

Um 14.17 Uhr eröffnete die "Lützow" das Feuer auf Kaholm mit ihrer Schweren Artillerie. Die Salveneinschläge wurden deutlich erkannt. Sie lagen mitten im Ziel. Im pausenlosen Donner der Granaten lief das kleine deutsche Motorschiff "Norden" nun durch die Dröbakenge. Es sollte aufklären und melden. Das Schiff wurde nicht mehr beschossen und meldete 20 Minuten, nachdem es die Enge durchlaufen hatte:

"'Blücher' bei Aksholmen gesunken. Wahrscheinlich zwei Torpedotreffer. Besatzung zum Teil auf Aksholmen und auf dem Festland."

Wenig später wurde im Kriegshafen Horten die weiße Fahne gesetzt. Um 17.25 Uhr erhielt Kpt. z.S. Thiele von Admiral Carls aus Kiel den FT-Spruch: "Fliegerkorps X angreift Dröbak. Gelegenheit für Durchbruch günstig."

Doch Kpt. z.S. Thiele war inzwischen davon in Kenntnis gesetzt worden, daß in der Torpedobatterie von Kaholm noch mindestens zwei einsatzbereite Torpedos lagen. Diese würden genügen, auch sein Schiff bei einem solchen sinnlosen Versuch zu vernichten. So nahm er die Anregung aus Kiel nicht auf, sondern versuchte eine andere Möglichkeit.

Er schickte Kptlt. Frhr. von Schnurbein auf einem der R-Boote als Parlamentär in Richtung Kaholm. Als das R-Boot unterwegs war, kam ihm ein Boot der Norweger, das eine weiße Flagge gesetzt hatte, entgegen. Drei Minuten darauf stand Kptlt. von Schnurbein dem Kommandanten von Kaholm, Oberst Erichsen, gegenüber. Dieser erklärte sich zur Übergabe seiner Festung bereit, wenn ihm die Erlaubnis gegeben werde, ehrenvoll zu kapitulieren. Dazu wollte er morgen früh noch einmal die norwegische Flagge setzen. Er gab sein Ehrenwort, daß keine Minen gelegt worden seien.

Von Schnurbein meldete Kpt. z.S. Thiele, der sich bereit erklärte, diese Bedingungen anzunehmen und das Setzen der Flagge zu gestatten.

Der Kampf um die Enge von Dröbak, die einen Schweren deutschen Kreuzer gekostet hatte und jedem Eindringling das Einlaufen in den Hafen von Oslo verwehrt hätte, war zu Ende.

Als deutsche Truppen wenig später die Torpedobatterie besetzten, fanden sie noch vier einsatzbereite Torpedos in den Rohren. Sie hätten mit Sicherheit auch der "Lützow" das Leben gekostet.

Am Morgen des 10. April liefen der Schwere Kreuzer "Lützow" und die "Emden" nach Oslo ein. Die norwegische Hauptstadt war schon vorher durch deutsche Fallschirmjäger besetzt worden.

Von der Seekriegsleitung erhielt die "Lützow" nun den Rückmarschbefehl zur Ausbesserung ihrer Schäden. Anschließend sollte sie zum Kreuzerkrieg in den Atlantik auslaufen.

Doch auch ihr sollte zunächst ein anderes Schicksal beschieden sein. Die "Lützow" lief am 11. April eine Stunde nach Mitternacht wieder auf Heimatkurs. Sie steuerte Kap Skagen an, um von hier aus - dicht unter der dänischen Küste laufend - ins Kattegatt zu gelangen und den irgendwo in See stehenden feindlichen U-Booten auf diesem landnahen Kurs zu entgehen.

Um 1.20 Uhr des 11. April meldete das De-Te-Radargerät der "Lützow" ein Objekt in sechs Grad Schiffspeilung und in einer Distanz von 15 000 Meter. Der Schwere Kreuzer lief direkt auf dieses Ziel zu. Es war das britische U-Boot "Spearfish" unter Lieutenant-Commander Forbes, das um 1.29 Uhr einen Torpedofächer auf die "Lützow" abfeuerte. Der Schwere Kreuzer wurde voll getroffen. Ein Torpedotreffer riß dem Schiff beide Schrauben weg. Auch das Ruder ging verloren. Damit war die "Lützow" manövrierunfähig. Das gesamte Achterschiff knickte ab. Es gelang Kpt. z.S. Thiele mit aller Müh und allen Reserven, das Schiff zu halten.

Er befahl, die unteren Decks zu räumen und Schwimmwesten anzulegen. Nun warteten sie alle auf den Fangschuß durch das U-Boot, das den nun gestoppt liegenden Schiffsriesen nicht mehr verfehlen konnte. Ein einziger Torpedo, aus kurzer Distanz geschossen, würde genügen, die "Lützow" zu den Fischen zu schicken". Dieser Schuß erfolgte nicht. Die "Spearfish" hatte offensichtlich verschossen den Rückmarsch angetreten.

Es gelang, den Schweren Kreuzer nach Kiel einzuschleppen. Die Verluste dieser beiden Schweren Kreuzer waren für die Skl deshalb so besonders schwerwiegend, weil ihr Einsatz im Unternehmen "Weserübung" überhaupt nicht notwendig gewesen wäre. So notierte denn auch das KTB der Seekriegsleitung zu diesem Fall:

"Die Entsendung der beiden Schweren Kreuzer nach Oslo hat sich als schwerer Fehler erwiesen."

Zwar war dieser Fehler von Hitler begangen worden, als er kategorisch den Einsatz dieser beiden Schiffe für Oslo forderte. Doch die Seekriegsleitung hatte sich den Vorwurf zu machen, daß sie diesem widersinnigen Verlangen nachgegeben hatte.

Vor dem Westfjord war es noch am 9. April zu einem kurzen Gefecht der beiden deutschen Schlachtschiffe mit dem britischen Schlachtkreuzer "Renown" unter Captain Simeon gekommen. Zwei Granaten der "Gneisenau" trafen das britische Schiff. Beide waren Blindgänger. Die "Renown" hingegen konnte drei 38 cm-Treffer auf der "Gneisenau" anbringen, die erhebliche Beschädigungen verursachten. Danach war es zu dem bereits kurz geschilderten Angriff deutscher Kampfflieger auf die Home Fleet gekommen, in deren Verlauf die "Renown" zwar keine Beschädigung erlitt, dafür aber das Schlachtschiff "Rodney" schwere Treffer erhielt.

Wenden wir uns der Kriegsschiffgruppe 3 zu, die am 7. April mit dem Ziel Bergen in See gegangen war, und lassen wir dann den Einsatz der Kriegsschiffgruppe 4 folgen.

Weitere Verluste der Kriegsmarine bei "Weserübung"

Zur Kriegsschiffgruppe 3 gehörten die Leichten Kreuzer "Köln" und "Königsberg". An Bord dieser Gruppe waren auch der Admiral Westküste Norwegen mit seinem Stab, der Hafenkapitän für Bergen, der Stamm einer Marineabteilung, die Wasserschutzpolizei Bergen und ein Infanterie-Regiment mit einem Divisionsstab gegangen.

Im Verlauf des 8. April erfuhren die Besatzungen der Schiffe und ihre "Passagiere", daß es nach Norwegen gehe.

Unangefochten lief der Verband durch die grobe See. In der Nacht zum 9. April befand er sich schon in der südlichen Einfahrt von Bergen. Einige Fahrzeuge der norwegischen Marine wurden unbehelligt passiert. Dann eröffneten diese plötzlich das Feuer. Eine Landbatterie fiel darin ein.

Die "Königsberg" wurde von einer 21 cm-Granate getroffen, die auch das Bordflugzeug beschädigte. Starke Scheinwerfer flammten auf. Als das Feuer sich mehr und mehr verstärkte, brachen die "Köln" und das Artillerie-Schulschiff "Bremse" in den Hafen von Bergen durch, während die "Königsberg" Pionier-Stoßtrupps landete, die den Auftrag erhielten, die feuernden Batterien von Land aus zu nehmen.

Nachdem die zwei genannten deutschen Kriegsschiffe in den Hafen durchgebrochen waren, legte sich das Feuer. Auf der "Königsberg" war man nun der Annahme, daß der norwegische Widerstand gebrochen sei. Als sie aber, wieder andrehend, in den Feuerbereich der norwegischen Küstenbatterie kam, wurde sie ein zweitesmal heftig beschossen.

Die Artillerie der "Königsberg" erwiderte das Feuer. Ihre Salven lagen gleich deckend. Flammen, Rauch und grelle Explosionsblitze zuckten bei der Batterie in die Höhe. Nach einer Reihe gut und deckend liegender Salven schwieg die Batterie.

Die zwei Flüge des Bordflugzeuges der "Königsberg" zeigten die Umgebung Bergens frei von Feindstreitkräften. Von jenen 13 Feindzerstörern, die der B-Dienst gemeldet hatte, war nichts zu entdecken. Deshalb erhielt die "Köln" am Abend dieses ereignisreichen Tages Befehl, mit zwei Torpedobooten als Bedeckung nach Deutschland zurückzukehren. Die "Königsberg", die ebenfalls auslaufen sollte, mußte wegen eines Treffers in der Maschinenanlage zwölf Stunden länger als geplant in Bergen liegenbleiben und lief in der Nacht zur Pier, wo sie anlegte.

Hier erfolgte am Morgen des 10. April ein Angriff britischer Skua-Sturzbomber. Von den 15 Blackburn-Skua konnten sich acht auf die "Königsberg" herunterstürzen. Fünf ihrer Bomben schlugen in das Schiff hinein. Haushohe Flammen stoben an verschiedenen Stellen aus dem Deck in die Höhe. Munition detonierte, Verwundete riefen um Hilfe. Die "Königsberg" legte sich weit über, und um 10.50 Uhr kenterte das Schiff. Ein weiterer deutscher Kreuzer war der Operation "Weserübung" zum Opfer gefallen.

Dies sollte jedoch noch nicht der letzte der herben Verluste sein, welche die Kreuzerwaffe zu bringen hatte.

In der Kriegsschiffgruppe 4, die den Auftrag erhalten hatte, Kristiansand und Arendal in Besitz zu nehmen, gehörte auch der Leichte Kreuzer "Karlsruhe". Er war am 8. April aus Wesermünde ausgelaufen. Am Morgen des 9. April gegen 6.00 Uhr erreichte die "Karlsruhe" mit den eingeschifften Landungstruppen den Bereich der Küstenbatterien von Kristiansand. Als diese das Feuer eröffneten, erwiderte "Karlsruhe" mit allen Waffen, drehte dann aber ab, um einen neuen Anlauf zu fahren und alle Geschütze ins Ziel bringen zu können.

Auch dieser zweite Anlauf führte nicht zur Niederringung der Feind-Batterie, die nach wie vor aus allen Rohren auf den Leichten deutschen Kreuzer schoß.

Das von der "Königsberg" gestartete Bordflugzeug mit der Besatzung Oblt. z.S. Hesse und Lt. z.S. Luther flog die Feind-Batterie an und fungierte als Artilleriebeobachter für das Schiff. Als die Batterie niedergekämpft war, flog die Arado 196 die noch arbeitende Funkstation der Norweger an, warf die einzige mitgeführte 50-kg-Bombe auf die Station und brachte diese zum Schweigen.

Die Norweger zeigten die weiße Flagge und ergaben sich. Die Kriegsschiffgruppe 4 lief nach Kristiansand ein, die Truppen wurden gelandet und entwaffneten mehrere dort liegende Boote und zwei norwegische U-Boote. Als alle Einheiten ausgeschifft waren, lief die "Karlsruhe" um 18.30 Uhr aus, um befehlsgemäß den Rückmarsch nach Deutschland anzutreten.

Es war genau 20.00 Uhr, als es unterwegs U-Boot-Alarm gab. Es war das britische U-Boot "Truant", das unter LtCdr. Hutchinson auf Lauer gelegen hatte. Der von der "Truant" geschossene Torpedofächer traf die "Karlsruhe". Die Marschturbinen fielen schlagartig aus. Die begleitenden Torpedoboote kamen längsseits und nahmen die Besatzung auf, weil einwandfrei feststand, daß der Leichte Kreuzer nicht mehr zu halten sein würde. Um 23.00 Uhr wurde der Leichte Kreuzer "Karlsruhe" durch einen Torpedoschuß des Torpedobootes "Greif" versenkt. Damit hatte der Norwegerfeldzug den Verlust von drei Kreuzern und die Beschädigung eines vierten Kreuzers gekostet.

Was aber war mit den zehn Zerstörern, die nach Narvik eingelaufen waren?

Der britische Gegenschlag: Angriff auf Narvik

Während Admiral Withworth mit dem Schlachtkreuzer "Renown" in Höhe des Westfjordes in See auf- und abstand und in den Morgenstunden des 9. April in ein Gefecht mit den beiden deutschen Schlachtschiffen verwickelt wurde, befanden sich seine neun Zerstörer vor dem Westfjord auf Patrouillenfahrt. Sie waren hinter der "Renown" zurückgeblieben, weil sie die Fahrt des Schlachtkreuzers nicht mithalten konnten.

Zur gleichen Zeit marschierte noch der Schlachtkreuzer "Repulse" mit weiteren Zerstörern - vom C-in-C zur Hilfeleistung entsandt - in Richtung Westfjord.

Um 11.58 Uhr wurde Admiral Withworth über FT darüber unterrichtet, daß deutsche Truppen in Narvik gelandet seien und daß ein weiteres Eindringen deutscher Kräfte in den Westfjord verhindert werden müsse. Diese Nachricht wurde ihm zwar erst am Morgen des 10. April übermittelt, aber der erfahrene Befehlshaber hatte auch von sich aus noch am 9. April alle entsprechenden Maßnahmen getroffen und um 12.00 Uhr dieses ersten Angriffstages Captain Warburton-Lee Weisung gegeben, die 20. Z.-Flot., deren Minenaufgabe er gesichert hatte, zu verlassen und mit seinen Zerstörern die deutschen Transporter anzugreifen und - wenn eben möglich - Narvik zurückzuerobern.

Captain Warburton-Lee befahl an Bord seines Führerzerstörers "Hardy" das Einlaufen in den Westfjord. Zu seinem Verband gehörten "Hotspur" mit Cdr. H.F. H. Layman, "Havock" mit LtCr. R.E. Courage und "Hunter" unter LtCdr. L. de Villiers. "Hostile", geführt von Cdr. J.P. Wright, stieß noch zu ihnen.

Es war 16.00 Uhr als der Führer dieser 2. Zerstörer-Flottille in Höhe auf der Südseite der Lotsenstation Tranöy auf halbem Wege nach Narvik den Verband stoppen ließ, um Erkundigungen einzuziehen. Von der Lotsenstation erfuhr er auch, daß nicht weniger als sechs deutsche Zerstörer (mehr hatte man nicht gesichtet) nach Narvik gelaufen seien. Captain Warburton-Lee ließ einen FT-Spruch absetzen.

"Intend attacking at dawn high water - ich beabsichtige in der Morgendämmerung bei Hochwasser anzugreifen."

Nachdem bereits um 14.00 Uhr die "Repulse", der Kreuzer "Penelope" und vier Zerstörer die Kampfgruppe unter Admiral Withworth erreicht hatten, erwog dieser die Verstärkung der 2. Z.-Flot. Doch wenn er dies in die Tat umsetzen wollte, hätte er den Angriff verschieben müssen und damit sicherlich auch den Überraschungsfaktor aus der Hand gegeben. Außerdem hätte er natürlich den Zerstörerschutz seines Verbandes geschwächt.

Dennoch: wäre es so geschehen, wie von ihm zuerst erwogen, dann hätte es um Norwegen keinen wochenlangen Kampf und schließlich den deutschen Sieg gegeben, sondern die Engländer hätten sich in Narvik festgesetzt und die deutsche Erzzufuhr für lange Zeit - vielleicht für immer - unterbunden.

Admiral Whitworth unterließ diese Verstärkung, wobei er sich auf den Befehl der Admiralität stützen konnte, die diesen Angriff ausdrücklich der 2. Z.-Flot. übertragen hatte.

Am Abend des 9. April um 20.59 Uhr, als die fünf britischen Zerstörer auf dem Marsch nach Narvik waren, funkte der Erste Seelord der Admiralität, Winston Churchill, an diese:

"You alone can judge whether, in these circumstances, attack should be made. We shall support what ever decision you take. - Sie allein können beurteilen, ob unter den bestehenden Umständen ein Angriff ausgeführt werden soll. Wir werden jede Entscheidung unterstützen, die Sie treffen."

Captain Warburton-Lee aber hatte seine Entscheidung bereits getroffen. Er wollte kurz nach 5.00 Uhr des 10. April angreifen und verzögerte deshalb den Vormarsch seiner Zerstörer, um diese Zeit einzuhalten. Hierbei wurde er, gerade als er sich auf Südwestkurs - also Auslaufkurs befand - von dem deutschen U-Boot U 51 gesichtet und gemeldet. In den häufigen Schneeböen aber konnte U 51 nicht sehen, daß die fünf britischen Zerstörer wieder auf Nordostkurs - Einlaufkurs - gingen.

Gegen 5.00 Uhr erreichten die britischen Zerstörer ihre Ausgangsposition zum Angriff auf den Hafen.

Erste Zerstörerduelle

KKpt. Holtorf hatte Befehl erhalten, mit seinem Zerstörer "DR" das seit 0.00 Uhr im Vorpostendienst stehende Boot "AS" um 4.00 Uhr abzulösen und bis zur Helligkeit U-Boot-Sicherung vor der Hafeneinfahrt von Narvik durchzuführen. Als er den Hafen verließ, war das Schneetreiben so dicht, daß man keine 100 m weit sehen konnte.

Der Kommandant entschied sich dazu, "wechselnde Kurse vor der Hafeneinfahrt" zu steuern. Als der Zerstörer die Huk passiert und den Ofotfjord erreicht hatte, war nichts zu sehen. Alles verschwamm im dichten Flockengewirbel.

Nach Anbruch der Helligkeit lief "DR" wieder in den Hafen ein und ging zwischen den Dampfern in der Mitte zwischen Malmkai und Postpier vor Anker, um sich zur anstehenden Ölübernahme bereitzuhalten.

Genau zehn Minuten darauf erreichten "Hardy", "Hunter" und "Havock" die Huk, sichteten eine Menge Schiffe und deutsche Zerstörer und eröffneten aus allen Waffen das Feuer. Sie schossen Torpedofächer.

In der zweiten Attacke griffen auch "Hotspur" und "Hostile" in diesen Kampf ein. Die ersten Torpedos trafen Zerstörer und Dampfer. Der überraschende Schlag war geglückt. Deutsche Zerstörer kämpften gegen den eigenen Untergang.

Es war genau 5.30 Uhr, als die Wache auf "WH" einen Schuß vernahm und Alarm gab. Der Kommandant, KKpt. Erdmenger, der in seiner Brückenkammer geschlafen hatte, stürzte auf die Brücke. Er sah nichts und wollte bereits die Wache zurechtweisen, als plötzlich ringsum ein Höllenlärm ausbrach. Rings um den Zerstörer und überall im Hafen schlugen Schiffsgranaten ein und widerlegten den anfangs laut gewordenen Warnruf "Fliegeralarm!"

Sekunden darauf schlugen die ersten Granaten in Höhe der Signalbrücke von "WH" hinein. Von den ersten Treffern wurde die Backbord-Brückennock weggerissen. Dann eine krachende Detonation, ein fürchterlicher Schlag, der "WH" herumwarf.

Als KKpt. Erdmenger auf den freien Teil der Brücke eilte, sah er, daß seinem Boot das Achterschiff weggeschossen war. Eines der drei achteren 12,7 cm-Geschütze wurde von einer weiteren Detonation soeben weggerissen, durch die Luft geschleudert und landete auf der Back. Das zweite Geschütz schmetterte in den Niedergang zu einem Heizraum hinein, durchschlug diesen und landete im zweiten Kesselraum. Das dritte und letzte Geschütz wurde auf den Brückenniedergang geschleudert.

Einer jener zuerst geschossenen Torpedos der Angreifer hatte den deutschen Führerzerstörer in der Nähe der achteren Munitionskammer getroffen. Die anschließenden Detonationen rissen dem Zerstörer das Achterschiff weg.

Kommodore Bonte, die meisten Offiziere dieses Bootes und viele Mannschaften starben in diesem Inferno.

Doch dies war noch nicht alles! Der Gefechtslärm war zu einem unbeschreiblichen Getöse angeschwollen, das in der Bucht widerhallte. Einschläge ließen haushohe Wasserfontänen in die Höhe steigen. Splitter heulten durch die Luft. Stahl krachte auf Stahl. Schreie der Schwerverwundeten gellten durch dieses Tohuwabohu hindurch.

Nur wenige Sekunden nach dem Führerzerstörer traf ein weiterer Torpedo auch den Zerstörer "AS". Ein zweiter Aal schlug wenige Sekunden darauf in diesen Zerstörer hinein, ließ ihn in der Mitte durchbrechen und so schnell sinken, daß er einen großen Teil seiner Besatzung mit in die Tiefe nahm.

Die beiden Zerstörer "HL" und "HK", die zur Brennstoffübernahme an der "Jan Wellem" lagen, brachen die Ölaufnahme ab und versuchten im Rückwärtsdrehen der Schrauben von dem Tanker freizukommen, um in das Gefecht mit den nur schemenhaft sichtbar werdenden Feindzerstörern eingreifen zu können.

Während dieser Manöver erhielt "HL" zwei Artillerietreffer. "HK" aber, der nur etwa 40 Meter von "AS" entfernt lag, wurde von den Torpedodetonationen, die "AS" versenkten, derart erschüttert, daß seine Maschinenanlage für eine Stunde ausfiel.

An Bord von "DR" wurde ebenfalls sofort Alarm gegeben. Sekunden darauf vernahm KKpt. Holtorf die ersten Granateneinschläge. Durch das noch immer dichte Schneegestöber konnten weder Kommandant noch Brückenwache etwas erkennen. Nur das immer wieder grell aufblitzende Mündungsfeuer zeigte ihnen, daß die Gegner, wer auch immer sie waren, pausenlos feuerten.

An der Backbordseite, hart unterhalb der Brücke schlugen die ersten Granaten in diesen Zerstörer hinein. Der Ölbunker des 2. Kesselraumes erhielt zwei Treffer. Dikker schwarzer Qualm quoll in wabernden Wolken heraus und hüllte das ganze Vorschiff ein. Mehrere Männer stürzten in brennendem Lederzeug aus den Kesselräumen nach oben. Einer von ihnen sprang über Bord, um die auflodernden Flammen zu löschen. Die Kabelstränge der Feuerleitanlagen wurden von diesen Treffern zerstört.

Salve um Salve hämmerte auf den Hafen und die darin liegenden Schiffe herunter. Ein dritter Treffer schlug ins Vorschiff von "DR". Die Granate detonierte im Heizerdeck und tötete acht Soldaten. Zwei wurden verwundet, ein einziger konnte heil dieser Hölle entkommen. Über Megaphon befahl KKpt. Holtorf: "Geschütze Backbord querab: Feuererlaubnis!"

Sekunden darauf erwiderte "DR" das Feuer des Gegners. Die Ziele waren jeweils nur schemenhaft für Augenblicke sichtbar. Die fünf 12,7 cm-Geschütze des deutschen Zerstörers schossen im Salventakt. Abschüsse und Einschläge verschmolzen zu einer Kakophonie der Vernichtung. In diesen Lärm hinein gellte der Ruf des Ausgucks Backbord: "Torpedolaufbahnen an Backbord!"

KKpt. Holtorf stürzte nach vorn in die Backbord-Brückennock und konnte noch sehen, wie eine der Blasenbahnen keine zehn Meter vor dem Bug seines Zerstörers vorbeilief. Die zweite jagte dicht daneben her, und einer der Dampfer, der neben "DR" lag, wurde von diesem Torpedo getroffen und brach in zwei Teile auseinander.

Die deutschen Zerstörer, die diesen ersten Überfall überlebt hatten, schossen nun aus allen Waffen. KKpt. Holtorf sah die aufzuckenden Mündungsfeuer der Feindzerstörer durch das Schneetreiben blitzen. "Torpedowaffe: Feuererlaubnis!"

Der TO mußte jeden der Torpedos einzeln von den Rohrsätzen aus schießen, da auch die Torpedo-Feuerleitanlage ausgefallen war. Aber seine acht Torpedos trafen nicht, zu wechselnd waren die vom Gegner gelaufenen Kurse, zu unsichtig das Wetter.

Der vierte Treffer schlug in "DR" ein und zerstörte das dritte Geschütz. Flammen schlugen über das Achterschiff, und Sekunden später hieb der fünfte Treffer an der Wasserlinie in die Konservenlast.

Schließlich ließ das Gefecht nach. Dann verstummten die letzten Abschüsse und Einschläge, und der Hafen von Narvik lag in der Stille der Verzweiflung. Captain Warburton-Lee hatte den Befehl zum Ablaufen seiner Zerstörer gegeben, um sie im Ofotfjord zu sammeln und dann gemeinsam auszulaufen. Doch nun verließ das Kriegsglück den Flottillenchef, der mit diesem überfallartigen Angriff eines der wagemutigsten Zerstörergefechte des Zweiten Weltkrieges geliefert hatte.

Die beiden deutschen Zerstörer "GT" und "BA", die in der Nacht zum 10. April in der Ballangenbucht westlich von Narvik in sofortiger Bereitschaft lagen, griffen nun in den Kampf ein. Zwar war die Backbordmaschine von "GT" nur ab 15 Knoten Fahrt klar, doch einsatzbereit war auch er.

Um 6.00 Uhr ging der Funkspruch ein: "Alarm! - Überfall auf Narvik!"

Beide Zerstörer gingen sofort ankerauf und liefen aus dem Ballangenfjord aus. Auch hier herrschte dichtes Schneetreiben, das nur Sichtweiten bis zu 200 m zuließ. Mit hoher Fahrt liefen beide Zerstörer in Richtung Narvik. Dabei stand "BA" in 1000 m Abstand im Kielwasser von "GT".

Bei Erreichen des Ofotfjords kamen ihnen von Steuerbord voraus fünf stark qualmende Zerstörer in Sicht, die mit hoher Fahrt nach Westen liefen. Für einige Sekunden war KKpt. Wolff im Zweifel, ob es sich nicht um Boote der eigenen 4. Z.-Flot. handeln könne, denn kurz vorher hatte er einen FT-Spruch des Chefs der 4. Z.-Flot. erhalten: "Breche durch nach Westen!"

Doch bald darauf konnte bei etwas verbesserter Sicht der Verband als Gruppe feindlicher Zerstörer erkannt werden. Sie wurden voraus genommen. Um 6.57 Uhr drehte "GT" mit Backbordruder um drei Dez ab, um seine Batterie voll ins Gefecht bringen zu können und gleichzeitig dem Gegner den Weg nach Westen zu verlegen.

"Feuer eröffnen mit allen Geschützen!" befahl KKpt. Wolff, als die geschätzte Distanz zum Gegner nur noch 40 hm betrug (4 000 m).

Hier der Bericht, den Kpt. z.S. a.D. Wolff dem Autor nach dem Kriege in Bremen über dieses Gefecht gab:

"Im Passiergefecht an Steuerbord wurde der britische Führerzerstörer 'Hardy' unter Feuer genommen, der zu dieser Zeit allein klar aus dem Qualm herausgetreten war. Auch 'BA' eröffnete das Feuer. Dieses Boot schoß jedoch auf den zweiten Zerstörer in der Linie, da man bereits erkannte, daß mein Zerstörer den Spitzenzerstörer beschoß.

Die Batterie von 'Georg Thiele' lag bereits nach der dritten Salve deckend im Ziel. Beim Gegner wurden Treffer mit Brandwirkung beobachtet. Nach etwa zehn in schneller Fahrt geschossenen Salven verschwand der britische Führerzerstörer 'Hardy' mit einer hohen Flamme mittschiffs in einer dichten Qualm- und Rauchwolke. Als sich diese verzog, war der Zerstörer brennend aus der Linie geschoren. Er sackte zunächst bewegungsunfähig achteraus und setzte sich später auf die Klippen an der Südseite des Fjords.

Nunmehr wurde der nächste Zerstörer der Linie von "GT" wie von "BA" unter Feuer genommen, da die drei folgenden Zerstörer im dichten Qualm immer noch schlecht auszumachen waren. Die Batterie lag wieder schnell deckend im Ziel.

Um den Gegner vor dem Eintreffen der 4. Z.-Flot. nicht zu weit nach Westen ablaufen zu lassen, wird mit Hartruder nach Backbord auf Gegenkurs gewendet.

Während dieses Gefechtsabschnittes hatte 'GT' keinen Treffer erhalten. die Gefechtsentfernungen hatten sich zwischen 35 und 25 hm bewegt, so daß auch die FlaMW sehr wirkungsvoll in dieses Gefecht eingreifen konnten. Die Torpedowaffe hatte zwei Einzelschüsse geschossen, die ihr Ziel jedoch verfehlten. Zwei vom Gegner geschossenen Einzelschüssen konnte ausgewichen werden. Die Torpedos detonierten am Nordufer des Fjords.

Nach dieser Meldung führten wir den Kampf im laufenden Gefecht nach Backbord weiter. Auch diesmal war die Batterie sehr schnell wieder eingeschossen. Als ein weiterer Zerstörer durch das vereinte Feuer unserer beiden Einheiten schwer getroffen und brennend achteraus sackte, löste sich die Linie der gegnerischen Zerstörer auf, die ihren Marsch nach Westen zunächst aufzugeben schienen und mit wechselnden Kursen, gelegten Qualmwänden und starkem vereintem Artilleriefeuer die havarierten und brennenden Kameradenboote deckten. Wiederum mußte einem Dreierfächer und einem einzelnen Torpedoschuß ausgewichen werden.

Eine feindliche Granate durchschlug die Backbord-Seitenwand Abt. VII, detonierte im Gefechtsbunker VII 3.2. und schlug in das K-Gebläse II, das zerstört wurde. Weitere Splitter schlugen außerdem die Bunker VII 3.3. und VII 3.1 leck. Bunker K I mußte wegen starken Heizöleinbruches und der damit verbundenen Brandgefahr das Feuer ausmachen. Ferner wurden zerstört: Feuerlösch-, Seewasser-, Trink- und Waschwasser- sowie die Hafendampfleitung.

Eine weitere Granate durchschlug die Backbordwand Abteilung I, dann auch noch das Querschott der Abteilung II und detonierte in der achteren Backbord-Doppelkammer.

Da der Gegner weiterhin in der Nähe seiner havarierten Kameraden auf der Stelle verhielt, wurde erneut, diesmal mit Hartruder nach Steuerbord, zum Gefecht nach Steuerbord gewendet. Während dieser Wendung schlug eine Feindgranate, von Backbord achteraus kommend, in den Pivot (Schwenkzapfen, d. Verf.) des bereits nach Steuerbord geschwenkten 1. Geschützes ein. Die Bedienung und die Munitionsmänner dieses Geschützes fielen bis auf zwei Mann. Das Geschütz war nun unbrauchbar. Sprengstücke verursachten außerdem einen Kartuschenbrand, der sich mit starker Rauchentwicklung in den umliegenden Schreibstuben ausbreitete.

Eine weitere Granate durchschlug, diesmal von Steuerbord kommend, den vorderen Schornstein und detonierte an der Backbordseite hinter dem Signaldeck.

Nach ausgeführter Wendung erhielt unser Boot einen weiteren Treffer. Die gesamte Besatzung der Artilleriezentrale wurde durch diesen Treffer getötet. Der Kampf aber ging weiter. Unsere Artillerie schoß Höhe und Seite direkt, Schieber und Aufsatz durch Telefon.

Zu diesem Zeitpunkt drehte einer der feindlichen Zerstörer direkt auf "GT" ein und lief mit Höchstfahrt scheinbar zum Torpedoschuß oder zum Rammstoß an. Die FlaMW deckten ihn mit starkem Feuer auf Brücke und Leitstände ein, so daß er auf

17 hm Distanz wieder abdrehte. Torpedoschüsse wurden nicht beobachtet. Weitere Granaten schlugen auf `GT' ein. Unsere Torpedowaffe schoß auf etwa 28 hm einen Dreierfächer, dessen, rechter Torpedo einen feindlichen Zerstörer in Höhe der Brükke mit hoher Wasser- und Detonationssäule traf. Der Zerstörer sank sofort. Nach Aussagen einiger später von "WZ" aufgefischter englischer Seeleute war es der Zerstörer "Hunter".

Wir wichen einem Einzelschuß und einem Dreierfächer mit Mühe aus. Die Blasenbahnen gingen nur wenige Meter hinter dem Heck unseres Zerstörers durch.

Inzwischen kamen die aus dem Herjangsfjord anlaufenden drei Zerstörer der 4. Z.-Flot. in Sicht, von denen "WZ", am weitesten vorn stehend, bald in das Gefecht eingriff. Unter starkem Schwarzqualmen brachen jetzt die restlichen englischen Zerstörer das Gefecht ab und versuchten mit hoher Fahrt nach Westen zu entkommen.

Um 7.25 Uhr wurde das Feuer auf den von den Zerstörern der 4. Z.-Flot. verfolgten Gegner eingestellt. Die Endentfernung betrug 110 hm.

Die mit starker Rauchentwicklung weiter wütenden Brände im Vor- und Achterschiff unseres Bootes zwangen zum Fluten der vorderen und achteren Munitionskammergruppen. Auch die Feuerlöschmittel des nunmehr längsseits kommenden Zerstörers "BA" brachten keinen Erfolg. Erst durch völliges Abriegeln des Brandes wurde das Feuer nach etwa zwei Stunden erstickt. Die Munitionskammern wurden wieder gelenzt.

Unsere eigenen Verluste betrugen:

Gefallen: 3 Uffz. und 12 Mann,

Verwundet: 1 Offz., 5 Uffz., 17 Mann."

Soweit der direkte Bericht von Max-Eckart Wolff, der unmittelbar nach dem Einsatz nach dem KTB niedergeschrieben wurde und dem Autor vorlag.

Doch nun zu einem weiteren Kurzbericht aus der Feder von KKpt. Rechel, dem Kommandanten von "Bernd von Arnim":

"Ich manövrierte auf ein Passiergefecht an Steuerbord. Da aus Osten mit dem Auftreten eigener Zerstörer zu rechnen war, ließ ich den großen `ES-Wimpel' setzen. Das gleiche tat auch `GT'.

Die Anfangsentfernung betrug etwa 60 hm. Infolge des starken Nebels und Schwarzqualmens war nicht genau auszumachen, um wie viele Feindzerstörer es sich handelte. Wir haben das Feuer eröffnet auf den ersten Zerstörer. Bereits nach kürzester Zeit hatte sich unser Zerstörer eingeschossen. Wir beobachteten erste Treffer auf dem vordersten Gegner. Rote Feuerbrände und weißer Qualm stiegen dort empor.

Ich staffelte noch etwas heran und brachte auf etwa 35 hm die FlaMW zum Einsatz. Gerade diese Waffe hat nach Gefangenenaussagen schwere Wirkung erzielt.

Die Gefechtsentfernung ging bis auf 25 hm herunter. In dieser Situation brach ein englischer Zerstörer aus der Linie heraus und kam 6 Dez an Steuerbord mit einer Schneidung von etwa 90 Grad auf mich zu. Ich vermutete einen Torpedoangriff, doch der Gegner drehte auf etwa 22 hm zu einem laufenden Gefecht an Steuerbord auf und schoß gleichzeitig Torpedos.

Kurz darauf war er wieder im schwarzen Qualm verschwunden. Während des Manövers dieses Zerstörers wurde er heftig unter Feuer genommen. Der einzige an Bord befindliche Torpedo wurde geschossen. Kurz darauf kamen mehrere Blasenbahnen in Sicht, denen wir auswichen." So weit der Bericht.

Als die drei Zerstörer der 4. Z.-Flot. an Steuerbord vorbeiliefen, gab KKpt. Rechel den Befehl zur Feuereinstellung, um die eigenen Boote nicht zu gefährden. Danach ließ er sein Boot bei "GT" längsseits gehen, um mitzuhelfen, deren Brände in den Munitionskammern zu bekämpfen. An Bord von "BA" hatte es durch die insgesamt fünf Treffer zwei Tote und mehrere Verwundete gegeben. Zusammen mit den von "GT" übernommenen Schwerverwundeten lief "BA" in den Hafen von Narvik ein und machte längsseits eines deutschen Dampfers an der Erzpier von Narvik fest.

Nun der zu diesem Gefecht abschließende Bericht eines der drei verfolgenden Boote der 4. Z.-Flot., und zwar des Zerstörers "Erich Giese" unter KKpt. Smidt. Dieser stellte dem Autor seine KTB-Aufzeichnungen zur Verfügung.

"10. April 1940: Um 5.30 Uhr erreichte mich die Meldung der Wache: 'Geschützdonner aus Richtung Narvik!' Gleichzeitig ging ein offener FT-Spruch ein: 'Englischer Überfall auf Narvik!'

Der Flottillenchef gab den Befehl zum Ankeraufgehen. Alle drei Zerstörer der Flottille marschierten kurz darauf in Kiellinie in Richtung Narvik.

Im Ofotfjord wurde die Sicht besser. Bei Insichtkommen der englischen Zerstörer, die vor dem Hafen standen, wurde auf Befehl des Flottillenchefs Backbordstaffel eingenommen, um von allen Booten aus gleichzeitig das Feuer im Buggefecht eröffnen zu können.

Die Anfangsentfernung betrug 70 hm. Der Gegner erwiderte das Feuer sofort. Als sich der eigene Verband den englischen Zerstörern näherte und auf 40 bis 50 hm herangekommen war, wurden quer durch den Ofotfjord die Kurse einzelbootweise gesteuert, um alle Geschütze ins Gefecht zu bringen. Bei Annäherung an die Küste wurde kehrtgemacht. Dabei mußte wegen der starken Krängung, (Schiffsneigung, d. Verf.), die wiederum durch den außerordentlich geringen Ölbestand verursacht wurde, das Feuer jeweils eingestellt werden, bis der neue Kurs anlag. In dem englischen Seegebiet ergaben sich weitere Unterbrechungen des Feuers, da eigene Boote in der Schußlinie fuhren.

Weil der Gegner ähnlich starke Kursänderungen ausführte, war ein längeres, geleitetes Schießen im allgemeinen nicht möglich. Der AO unternahm deshalb auch im wesentlichen Feuerüberfälle mit 2 hm-Gabelgruppen, die seitlich und der Länge nach durchweg gut lagen. Der Gegner erhielt zahlreiche Treffer.

Das Feuer des Gegners lag schlecht. Die Aufschläge seiner Granaten lagen nur selten näher als 4^0 bis 50 Meter.

Es kam zu häufigen Zielwechseln und starken Fahrtstufenveränderungen, was dem Gegner das Am-Ziel-bleiben erschwerte, während das eigene Schießen dadurch nicht behindert wurde, da der Vorhaltrechner alle Bewegungen gut und sofort erfaßte.

Vorstoß der Truppen auf Andalsnes.

Gebirgsjäger marschieren nach vorn.

Spähtrupp in Südnorwegen.

Landungstruppen der Kriegsmarine bei Narvik.

Vorstoß auf Hoenefoss.

Infanterie geht im Schutze eines Panzers gegen eine Feindstellung vor.

Drontheim: Englische Gefangene werden ins KG-Lager geführt.

Abgeschossene Ju 52 auf Oslo Fornebu.

Fallschirmjäger-Nachlandungen bei Narvik.

Fallschirmabsprung über dem Gudbrandsdal.

General Eduard Dietl grüßt die Fallschirmjäger und bedankt sich für deren Hilfe.

Weitere Fallschirmlandungen für die Gebirgsjäger.

Der Narvik-Schild

Der Führer stiftete zur Erinnerung an den heldenhaften Kampf, den die in echter Waffenbrüderschaft bei Narvik fechtenden Verbände des Heeres, der Kriegsmarine und der Luftwaffe siegreich bestanden haben, am 19. August 1940 den Narvik-Schild.

Der Schild ist nur zur Uniform am linken Oberarm zu tragen, und zwar für Heer und Luftwaffe silberfarben, Kriegsmarine goldfarben. Der Narvikschild wird verliehen an alle Wehrmachtangehörigen, die an der Landung in Narvik oder an den Kämpfen der Gruppe Narvik ehrenvoll beteiligt waren. Die Verleihung vollzieht im Auftrage des Führers der Befehlshaber der Gruppe Narvik, Generaloberst Dietl.

Der Narvikschild für alle Kämpfer der „Gruppe Narvik".

Eduard Dietl im wiedergewonnenen Narvik.

Generalfeldmarschall Milch bei den Stukafliegern in Drontheim.

Generaloberst Dietl bei einer Gebirgsjägereinheit, die abgeschnitten wurde und sich durch die norwegischen Linien zur eigenen Truppe zurückkämpfte

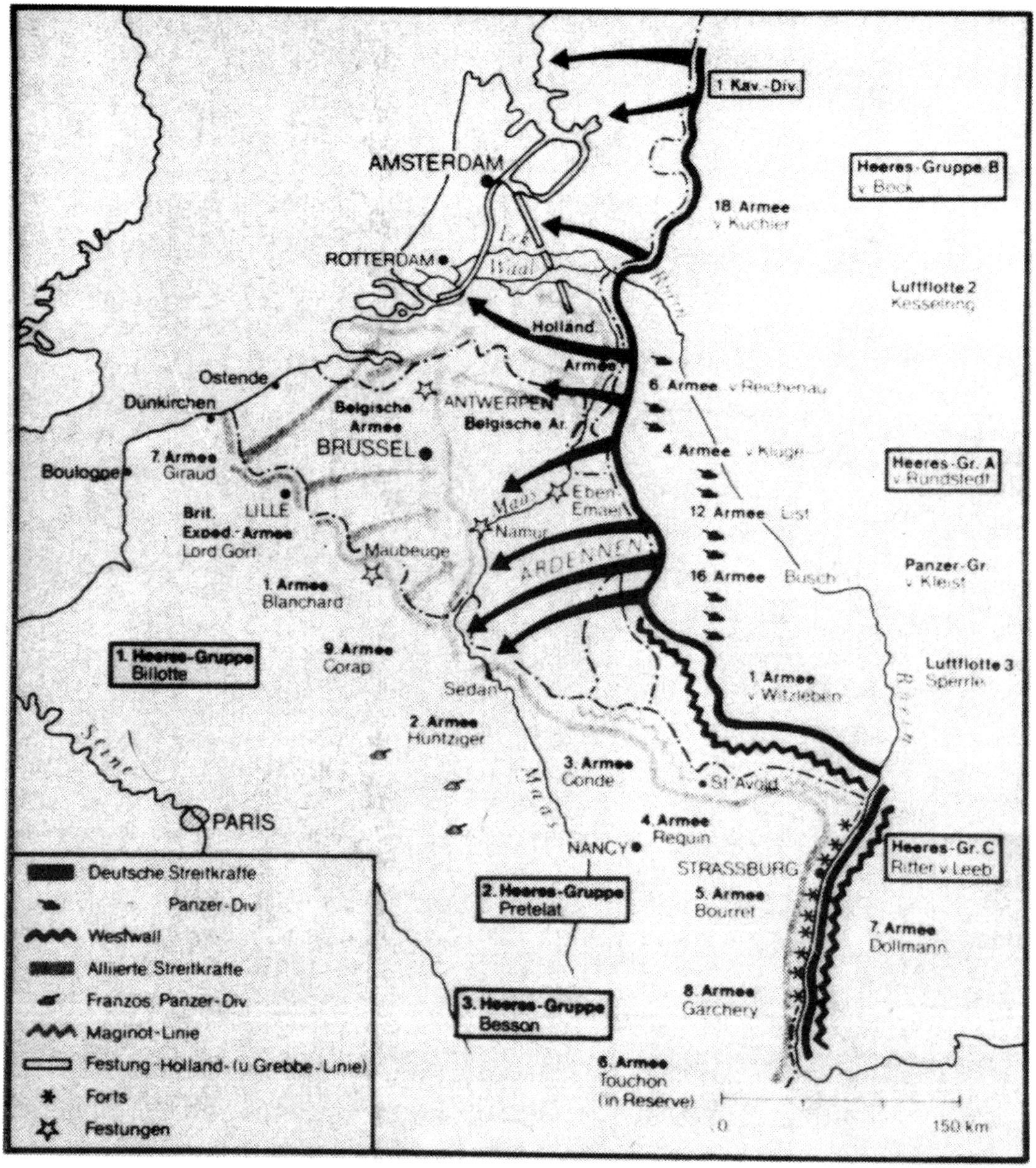

10. Mai 1940: Aufmarsch und Angriff.

Während des Gefechtes nebelte sich ein Zerstörer stark mit schwarzem Nebel ein. Was dort vor sich ging, war zunächst nicht zu erkennen. Wie sich hinterher herausstellte, hatte "Hunter" unter der Einwirkung von starken Treffern mit einem anderen Zerstörer eine Ramming, das seinen Untergang herbeiführte.

Auf einen aus dem Nebel sichtbar werdenden gestoppt liegenden Zerstörer wurde aus 40 hm ein Torpedo geschossen. Wirkung konnte nicht beobachtet werden.

Während sich 'Hardy' gegen Ende des Gefechtes in der Nähe des Ballangenfjords nach schweren Beschußschäden auf Strand setzte, liefen die restlichen drei Zerstörer, die ebenfalls Treffer erhalten hatten, mit hoher Fahrt ab. - - -

Von 'Hunter' schwammen noch eine Reihe Überlebende auf Flößen und in Schwimmwesten im Wasser. Hiervon konnten 16 Mann mit unserem Verkehrsboot aufgefischt werden. Acht Mann davon starben jedoch an Bord vor Erschöpfung und Unterkühlung.

Bei Rückkehr nach Narvik wurden im Westen hohe weiße Explosionswolken gesichtet. Wie sich später herausstellte, handelte es sich um den eigenen Versorgungsdampfer 'Rauenfels', der von den ablaufenden Zerstörern - und zwar von der "Havock" - im Ofotfjord vernichtet wurde."

Soweit der ergänzende Bericht von KKpt. Smidt. Die Ramming, von dem Smidt geschrieben hatte, spielte sich dergestalt ab, daß "Hunter" nach der Torpedierung durch "GT" sofort stoppte und sank und der dahinter laufende Zerstörer das bereits fast ganz untergeschnittene Boot noch berührte, wie Überlebende berichteten.

"Erich Giese", der ja noch nicht beölt hatte, lief um 11.00 Uhr in Narvik ein. Den Männern bot sich ein Bild katastrophaler Vernichtung. Der größte Teil der hier vor Anker liegenden Schiffe war vernichtet worden. Das Einlaufen an den auf Grund liegenden Wracks vorbei gestaltete sich äußerst schwierig. Dennoch machte der Zerstörer rasch an den "Jan Wellem" fest, beölte und war um 17.00 Uhr wieder voll fahrbereit. Danach wurden die zwei verschossenen Torpedos durch zwei Torpedos von "WH" ersetzt.

Durch diesen schneidigen Überfall der englischen 2. Z.-Flot. waren zwei deutsche Zerstörer vernichtet worden. Zwei weitere waren nicht mehr seefähig, und weitere zwei waren durch Artilleriefeuer beschädigt worden. Voll einsatzfähig waren von den zehn Narvik-Zerstörern zu dieser Stunde nur noch "WZ", "EG" und "EK".

Captain Warburton-Lee, der auf "Hardy" die Flottille geführt hatte, ging mit seinem Führerzerstörer unter. Posthum erhielt er die höchste englische Kriegsauszeichnung, das "Victoria Cross". Da an Bord von "WH" auch der F.d.Z., Kommodore Bonte, gefallen war, übernahm der älteste Flottillenchef, FKpt. Bey, Chef der 4. Z.-Flot., die Führung der übriggebliebenen Zerstörer.

Am 11. April um 1.00 Uhr konnte dann ein vierter Zerstörer, "EK", nach Reparatur der Hochdruckdampfleitung und Beölung einsatzbereit gemeldet werden. Um 18.12 Uhr ging ein Funkbefehl in Narvik ein, der das Auslaufen der beiden voll fahrbereiten Boote forderte:

"An Flotte, Chef 4. Zerstörer-Flottille: 'Zenker' und 'Giese' mit Chef heute nach Dunkelwerden auslaufen. Seebefehlshaber Treffpunkt durch Kurzsignal geben. Gruppe."

FKpt. Bey ließ sofort auslaufbereit machen. Kurz nachdem beide Boote klargemeldet hatten, ließ er um 20.40 Uhr zum "Durchbruch in die Heimat" auslaufen.

In der hellen und klaren Nacht wurde bei guter Sicht bereits um 22.05 Uhr bei Barö ein mit gleichem Kurs laufender Zerstörer gesichtet. Wenig später, bei Annäherung an diesen, erkannte man auch einen Kreuzer. Dennoch ging der Marsch zunächst weiter.

Erst als auf der Westseite der Tranö-Enge ein zweiter Zerstörer in Sicht kam und sich den beiden deutschen Booten bis auf 70 hm näherte, befahl der Flottillenchef die Umkehr. Er sagte später in einer Unterredung:

"Da die Ausfahrt vom Gegner dicht bewacht war, schien die Chance unbemerkt und vor allem unbeschädigt die hohe See zu erreichen, gleich null. Damit war auch die Durchführung einer folgenden längeren Fahrt nach Deutschland unmöglich geworden. Diese Gründe veranlaßten mich dazu, den Befehl zur Umkehr zu geben."

"WZ" nebelte und drehte als erster. Nachdem er kehrtgemacht hatte, schwenkte auch "EG" hinter ihm auf Gegenkurs, und beide Einheiten liefen nach Narvik zurück.

Im Ofotfjord passierten sie den noch immer stark brennenden an der Südküste auf Strand liegenden eigenen Versorger "Rauenfels". Vor Elvegaardsmoen wurde geankert. Die Kriegswachen blieben aufgezogen.

In Narvik selbst waren im Verlaufe des 11. April fünf Zerstörer fahrbereit gemeldet. Es waren dies: "WZ", "EK", "HL", "HK" und "EG", von denen allerdings der letzte noch nicht wieder fahrbereit war. Seine Reparaturen, zu denen er an der "Jan Wellem" längsseits gegangen war, dauerten noch den ganzen 11. April über an.

Kurz nach Mittag des 11. April ließ FKpt. Bey einen FT-Spruch an das Marinegruppenkommando West tasten: "Ausbruchsabsicht Zerstörer heute abend ebenso unmöglich wie gestern. Halte Rückmarsch Küstennähe angesichts gemeinsamer Kontrolle durch Norweger und englische Streitkräfte für nachteilig."

Die Nacht zum 12. April aber war sehr unsichtig und daher möglicherweise für einen Ausbruch geeignet. Doch dieser fand nicht statt.

Gegen 18.45 Uhr gab es in Narvik Fliegeralarm. Neun feindliche Trägerflugzeuge tauchten über Stadt und Hafen auf. Das sofort einsetzende Feuer aller Flakwaffen war derart dicht, daß der Gegner durch diesen Feuervorhang am gezielten Bombenwurf gehindert wurde. Die Bomben fielen größtenteils ins Wasser, einige sogar an Land. Nur eine von ihnen war knapp 50 m querab von "EG" ins Wasser eingehauen. Durch die Splitterwirkung wurden einige Männer des Bootes verwundet. Ein Mann der Zerstörerwaffe fiel an Land diesem Bombenabwurf zum Opfer.

Das große Zerstörergefecht vor Narvik

Als der 13. April anbrach, der zum "Tag der Entscheidung" für die deutsche Zerstörerwaffe werden sollte, ging bereits um 1.44 Uhr eine Meldung bei dem F.d.Z. ein, die besagte, daß ein großes Kriegsschiff und 7 - 8 Zerstörer im Westfjord beobachtet worden seien.

Eine folgende Unterrichtung durch das Marinegruppenkommando West ließ dann die Echtheit dieser Meldung erkennen. Der F.d.Z. rief die Offiziere seines Stabes um 10.12 Uhr zusammen, las ihnen den zwei Minuten zuvor eingegangenen Funkspruch vor und sagte dann:

"Meine Herren, heute nachmittag ist eine feindliche Aktion im Narvikgebiet zu erwarten. Von der Feindseite werden daran wahrscheinlich zwei Schlachtschiffe, ein Flugzeugträger und neun Zerstörer teilnehmen. Wir müssen uns rüsten. Viel Zeit haben wir nicht mehr."

Der abschließend gegebene Einsatzbefehl dirigierte "Erich Koellner" in dem Raum Taarstad, wo er als "Sperrbatterie" liegenbleiben sollte. "Hermann Künne" wurde ihm beigegeben. Alle übrigen Boote wurden in die Seitenfjorde dirigiert.

Auf "EK" und "HK" wurden die Stellings eingenommen. Die Flagge "Anton" - jene weiße Manöverflagge mit dem roten Kreuz ging zur Rah. Die Maschinentelegraphen schnarrten. Die Leinen wurden losgemacht, und mit langsamer Fahrt zurück legte "Erich Koellner" als erster über den Achtersteven ab.

Als er das Flottillenboot passierte, grüßte FKpt. Bey den auslaufenden Zerstörer. Sein Kommandant, FKpt. Schulze-Hinrichs, griff zur Batteriepfeife. Ein langer und ein kurzer Pfiff erschallten. Er bedeutete: "Front nach Steuerbord".

Mit Front zum Führerboot standen die Seeleute an Deck von "EK" still. Als sie den Hafen verlassen hatten und draußen im Fjord standen, ließ FKpt. Schulze-Hinrichs die Besatzung auf dem Achterdeck antreten und gab ihr die Aufgabe des Bootes bekannt:

"Wir werden etwa 18 Meilen westlich von Narvik als äußerster Vorposten bei Taarstad als Sperr-Batterie stehen." Der Kommandant machte eine Pause und deutete auf den Zerstörer "HK", der mit hoher Fahrt an Backbord auflief und sich nun an die Spitze setzte. "Hermann Künne" fuhr er fort, "wird uns hinausgeleiten. Dann läuft er zurück, um seine eigene Position einzunehmen. Bei Taarstad sind wir auf uns allein gestellt".

Nun wußten die Männer auf "Erich Koellner", warum diese unübliche Abschiedszeremonie vor sich gegangen war: Es war der letzte Gruß an die Todgeweihten dieses Zerstörers, der als erster dem Ansturm eines übermächtigen Gegners ausgesetzt sein würde. Dies würde der letzte Angriff sein, den das Boot fuhr. Wahrscheinlich war es auch der letzte Angriff für alle übrigen Zerstörer der Gruppe Narvik, denn aus diesem Fjord gab es kein Entkommen mehr.

Die britischen Absichten, den Zerstörern von Captain Warburton-Lee doch noch den Leichten Kreuzer "Penelope" und vier Zerstörer zur Hilfeleistung zuzuführen, kamen zu spät.

Nun griff der C-in-C-Admiral Forbes ein und befahl, daß der Kreuzer "Penelope" und einige Zerstörer doch noch nach Narvik einlaufen und den noch dort befindlichen Feind zur See vernichten sollten. Admiral Whitworth wurde die Aufgabe zugewiesen, das Auslaufen der feindlichen Zerstörer aus Narvik zu verhindern. Da aber "Penelope" am Abend des 11. April gestrandet war, wurde dieser Angriff am folgenden Tage widerrufen.

Die Britische Admiralität beschloß jetzt, den Angriff gegen die in Narvik noch vermuteten zwei deutschen Kreuzer und sechs Zerstörer mit bedeutend stärkeren Streitkräften zu führen.

Zu diesem Zweck lief Admiral Forbes, der bis dahin mit seiner Flotte vor Drontheim gestanden hatte - unter ihnen der Flugzeugträger "Furious" - nach Norden. Er wollte die Flugzeuge des Trägers gemeinsam mit den Seestreitkräften ins Gefecht schicken.

Am Nachmittag erreichte der Verband von Admiral Forbes die Lofoten. Noch während er die Flugzeugangriffe durchführen ließ, erreichte ihn die Weisung seiner Admiralität mit folgendem Text:

"The final destrucition of the enemies remaining at Narvik should be compassed from the Sea - Die endgültige Vernichtung des in Narvik gebliebenen Feindes hat von See aus zu erfolgen."

Daraufhin führte Admiral Forbes den Streitkräften unter Admiral Whitworth noch das Schlachtschiff "Warspite" und neun große Zerstörer zu. Innerhalb des Westfjords sammelten diese Streitkräfte am frühen Morgen des 13. April und setzten sich kurz darauf in Bewegung. Ihr Ziel war der Hafen von Narvik und die restlose Vernichtung aller deutschen Zerstörer und der dort noch anzutreffenden weiteren Einheiten der Kriegsmarine.

Der Zerstörer "Icarus" führte diesen Angriffsverband an. Er gehörte zu den vier kleineren Zerstörern der Gruppe. Ihm folgten die drei weiteren kleinen Zerstörer "Hero", "Fouxhound", und "Forester". Die neuen Boote der Tribalklasse kamen hinzu. Es waren dies: "Bedouin", "Punjabi", "Eskimo" und "Cossack". Sie waren alle mit jeweils acht 12 cm-Geschützen und zwei Vierlings-Torpedorohrsätzen ausgestattet. Den Schluß machte einer der neuen großen Zerstörer der Jervis-Klasse: "Kimberley".

Danach folgte die "Warspite" mit der Flagge von Admiral Whitworth im Topp. Sie lief etwa zwei Seemeilen hinter den Zerstörern her. Während des Marsches ließ Admiral Whitworth ein langes Signal an alle Angriffsfahrzeuge senden:

"Wir stoßen vor, greifen die Verteidigungsanlagen von Narvik und sämtliche im Hafen befindlichen deutschen Kriegs- und Handelsschiffe an, die wir dort antreffen sollten. Jeder Widerstand wird, davon bin ich überzeugt, auf rücksichtslose Weise gebrochen. Ich wünsche euch allen vollen Erfolg!"

Um 12.15 Uhr erreichte die Alarmmeldung über das Herankommen dieses Verbandes, vom Zerstörer "HK" an den F.d.Z. übermittelt, den Adressaten: "Alarm! - Einbruch leichter Seestreitkräfte!"

Danach lief der meldende Zerstörer mit hoher Fahrt und Ostkurs an Steuerbord von "EK" vorbei. KKpt. Schulze-Hinrichs faßte in diesem Augenblick den Entschluß, der für ihn und sein Boot entscheidend war, und setzte ihn sofort in ein neues Kommando für sein Boot um: "Hart Backbord! - Kurs Djupvikbucht!"

Gleichzeitig damit ließ er Nebelbojen werfen, ungefähr 1 000 m vor Land ließ der Kommandant von "EK" den Steuerbordanker fallen. An dieser Stelle, hinter einer hohen Landzunge, war das Boot vor frühzeitigem Sichten durch den Gegner geschützt. Durch ein geschicktes Manäver ließ Schulze-Hinrichs die Schrauben mit kleinen Umdrehungen gegeneinander laufen. Dadurch brachte er den Zerstörer quer zum Wind und seine gesamte Breitseite in Richtung zum anmarschierenden Gegner. Da sicherte den sofortigen überfallartigen Einsatz aller Waffen.

Währenddessen hatte einer der Oberfähnriche im Krähennest über dem Scheinwerferstand den Gegner entdeckt und meldete ihn über Telefon:

"Etwa zwölf Zerstörer, ein Schlachtschiff und ein Kreuzer in Sicht!"

Wenig später passierte der erste Zerstörer die Huk und kam in Sicht. Es war "Icarus". Ihm folgten drei weitere Zerstörer. FKpt. Schulze-Hinrichs befahl: "Artillerie - Feuererlaubnis!" Sekunden später schrillte die Salvenglocke. Es war genau 13.08 Uhr, als diese erste Salve die Rohre verließ.

Der Gegner, der auf die ablaufende "HK" geschossen hatte, sah sich plötzlich einem zweiten deutschen Zerstörer gegenüber. Drei Salven hatten die Rohre von "EK" bereits verlassen, ehe "Icarus" völlig überrascht das Feuer erwiderte. Die ersten Treffer schlugen auf "EK" ein. Die Backbordbrücke wurde getroffen. Die ersten Toten und Verwundeten waren zu beklagen.

Plötzlich tauchte hier auch die "Warspite" auf. Der Veteran der Skagerrakschlacht des Ersten Weltkrieges eröffnete mit allen Geschützen das Feuer. Rings um "EK" stiegen die Einschlagfontänen empor. Das 2. Geschütz wurde getroffen. Ein Kartuschenbrand loderte auf. Auf der zerschossenen Brücke versuchte der Kommandant das Arilleriefeuer zu lenken. Der Funkraum wurde nur Sekunden, nachdem die Bedienung ihn befehlsgemäß verlassen hatte, durch Volltreffer vernichtet. Dann fiel auch das 3. Geschütz durch Treffer aus. Flammen loderten aus dem Vorschiff. "EK" war so gut wie vernichtet und der Kommandant befahl: "Alle Mann außenbords! - Zerstörer verlassen!"

Boote und Flöße wurden zu Wasser gelassen, die Verwundeten hineingeschoben. Als letzte verließen der Artillerieoffizier und der Kommandant das Boot. Nur Sekunden später traf ein feindlicher Torpedoschuß die Back des Zerstörers. Sie wurde förmlich in die Luft gejagt. Dann detonierten die zur Sprengung ins Boot geschafften Wasserbomben.

Die Gewalt dieser Detonation riß "Erich Koellner" auseinander. Das Boot legte sich weit über, es sank sehr schnell und verschwand rasch von der Oberfläche der

See. 31 Soldaten waren gefallen. Drei Offiziere und weitere 31 Seeleute verwundet. Der Rest geriet in norwegische Gefangenschaft.

Der Alarmruf von "HK" erreichte Narvik, und der F.d.Z. befahl das Auslaufen aller Boote. Als erstes ging "HL" ankerauf. Ihm folgten "WZ" und "BA". Sie verließen den Hafen und steuerten mit Höchstfahrt in den Ofotfjord hinein. "EG", der noch immer nicht wieder fahrbereit war, blieb zunächst an seinem Liegeplatz und versuchte, die Schäden so rasch wie möglich zu beheben, um auch noch auslaufen zu können.

Schon schlug den drei genannten Zerstörern das erste Geschützfeuer ihrer Gegner entgegen, als ihnen der zurücklaufende "HK" begegnete und - Zickzackkurse steuernd - mit seinen Heckgeschützen den verfolgenden Gegner beschoß.

Kurz darauf konnten die Soldaten auf den Brücken der drei Boote den Gegner selber wahrnehmen. Sie sichteten die ersten drei Feindzerstörer, die in Kiellinie vor dem Gros dieses Verbandes liefen. Dahinter jeweils drei in Linie laufende Einheiten mit den großen Gefechtsflaggen - den "white Ensign" - im Topp. Diese alte weiße Kriegsflagge der Engländer hatte ein schmales rotes Kreuz und den Union Jack am inneren Oberliek.

Sie sahen die ersten Mündungsfeuer. Ringsumher schlugen die Granaten in die See und wirbelten Wasserfontänen empor.

Die deutschen Zerstörer hatten den roten Doppelstander "Z" - das Angriffssignal der Zerstörer und Torpedoboote - an der Rah gesetzt. Es war 13.12 Uhr, als der F.d.Z. das Feuer eröffnen ließ. FKpt. Pönitz versuchte dem Gegner sofort einen Torpedofächer anzutragen. Der erste Viererfächer schnellte aus dem vorderen Rohrsatz und lief auf den Gegner zu. Sekunden nach dem Schuß drehte "WZ" mit Hartruderlage und ließ seine fünf 12,7 cm-Geschütze im Schnellsalventakt auf den Gegner das Feuer eröffnen. Die Feindzerstörer fielen in das Feuer ein, und Sekunden darauf dröhnten die Abschüsse der 38 cm-Geschütze der "Warspite".

Fehlgegangene Torpedos gingen an den Uferfelsen hoch. Alle drei deutschen Zerstörer liefen nun quer über den Ofotfjord, um Breitseiten schießen zu können. In Ufernähe drehten sie auf Gegenkurs und setzten ihr Feuer fort.

In dieser Lage griffen auch die Trägerflugzeuge der "Furious" in den Kampf ein. Zwei von ihnen wurden durch die Bordflak abgeschossen. Die Bomben der angreifenden Maschinen fielen unschädlich ins Wasser.

Drei Feindzerstörer und die "Warspite" feuerten nun auf "WZ". An Bord dieses deutschen Zerstörers wurde bereits die Munition knapp.

"Bernd von Arnim" unter KKpt. Rechel hatte aus einer Entfernung von 120 hm das Feuer gegen den aus Westen auftauchenden Gegner eröffnet. In schneller Folge die Backbord-, dann die Steuerbordseite ins Gefecht bringend, dampfte der Zerstörer von der Nord- zur Südseite des Fjords. Durch die schnellen Fahrtänderungen hoffte Rechel aus den deckenden Einschlägen der Gegner herauszukommen. Er ließ, aus Süden mit Backbordruder wieder nach Norden drehend, zwei Dreierfächer schießen und konnte nach Ablauf der Laufzeit bei einem feindlichen Zerstörer eine hohe Detonationssäule erkennen.

Durch dieses letzte Manöver war "BA" der zunächst am Gegner stehende Zerstörer geworden. Er wurde sofort von einer Fülle schwerer Einschläge eingedeckt. In dieser Lage erfolgte dann auch noch zusätzlich der Fliegeralarm.

Die Flugzeuge kamen aus Norden über die Berge heran. Aus Abwurfhöhen von nur etwa 400 - 500 Metern erfolgten die Bombenwürfe, die nahe bei "BA" niedergingen. Dann erschütterte eine schwere Unterwasserdetonation den Zerstörer.

"Ich selbst wurde gegen das Brückenkleid geworden", berichtete der Kommandant. Ich hatte den Eindruck, als würde der ganze Zerstörer etwas aus dem Wasser herausgehoben. Anfragen bei allen Stellen ergaben keine Beschädigungen. Eine Maschine, die wahrscheinlich von unserer Flak abgeschossen wurde, ging achtern von 'BA' nieder.

Ich warf nun den Zerstörer mit äußerster Kraft und Hartruder auf Gegenkurs herum und wurde dadurch schlagartig von dem starken Eingedecktsein frei. In dieser Situation erreichte uns der Befehl des F.d.Z.: "Ausweichen in dem Rombakenfjord!"

Ich führte nochmals ein Gefecht mit Südkurs, drehte dann nach Backbord auf Nordkurs und steuerte, meine letzte Munition verschießend, den Rombakenfjord an. Da wir noch immer beschossen wurden, das Feuer aber nicht mehr erwidern konnten, ließ ich Nebelbojen werfen und aus den Kannen nebeln. Es wurde die Südseite des Fjords angesteuert. Auf diese Weise, begünstigt durch den Eigennebel, kam der Gegner außer Sicht. Für meinen Zerstörer war das Gefecht beendet."

Dies aus dem Gefechtsbericht von KKpt. Rechel. Für diesen Seeoffizier kam nun nur noch die Selbstversenkung seines Zerstörers in Frage, um ihn nicht in die Hände des Gegners fallenzulassen.

KKpt. Rechel rief während des Einlaufens seine Offiziere auf die Brücke und teilte ihnen seinen Entschluß mit. Danach befahl er die Versenkung der Geheimsachen und ließ Handwaffen und MG an Deck bereitlegen, um sie an Land hinüberschaffen zu lassen. Kantine und Proviantträume wurden geöffnet, damit sich jeder Mann mit Verpflegung eindecken konnte, was sich im Nachhinein als sehr richtiger Entschluß erwies, weil dieser Proviant die einzige Verpflegung war, welche die Besatzung in den nächsten 12 Stunden erhielt.

Um 14.50 Uhr stand "Bernd von Arnim" im Rombaksbotten, wie das Ende des Rombakenfjordes genannt wurde. Auch "WZ" war bereits dort, und KKpt. Rechel konnte FKpt. Bey, der sich auf diesem Zerstörer befand, die Meldung machen, daß die Munition verschossen sei und er nunmehr den Zerstörer versenken wolle. Der F.d.Z. stimmte zu. Kutter, Flöße und Rettungsinseln wurden zu Wasser gebracht. Dann erfolgte der letzte Befehl:

"Alle Mann außenbords! - Und gleich danach: "An alle Stellen: Schiff versenken!"

Die Besatzung ruderte zur nun nur noch 80 Meter entfernt liegenden Küste hinüber. Ein Teil der Besatzung sprang ins Wasser und schwamm ans Ufer. Planmäßig ging die Versenkung vor sich. KKpt. Rechel schilderte dem Autor die letzte Phase dieses Vorganges:

"Während sich der Zerstörer nach den Detonationen der Sprengpatronen langsam nach Steuerbord überlegte, verließ ich die Brücke und begab mich auf die Back, um von dort aus nachzusehen, wie weit der Zerstörer auf Land aufgelaufen war. Bei diesem Außenbordlehnen verlor ich das Gleichgewicht und fiel in Höhe der Back an Steuerbord außenbords. Im Wasser blies ich meine Schwimmweste auf und schwamm an Land."

Der Zerstörer "Bernd von Arnim" kenterte nach Steuerbord und ragte etwa 25 m - mit seiner Back auf Land aufliegend - aus dem Wasser heraus. Folgen wir den übrigen Booten auf ihrem letzten Weg!

Der Zerstörer "Georg Thiele" lag seit dem Abend des 11. April an der Erzpier im Narviker Hafen, um mit allen Mitteln seine volle Kriegsbereitschaft wiederherzustellen. Als am Mittag des 13. April die Alarmmeldung einging, war der Zustand des Bootes so, daß die Maschinenanlage nur begrenzt einsatzklar war. Einige Pumpen, unter ihnen die wichtige Backbord-Hauptkühlwasserpumpe, waren ausgefallen. Die Steuerbordmaschine war klar für 27 Knoten, während die Bockbordmaschine erst ab 15 Knoten Fahrt durch Wasser klar wurde, da sie wegen Ausfalls der genannten Pumpe mit natürlicher Kühlung durch den Fahrstrom gefahren werden mußte. Dann allerdings war sie für 27 Knoten klar.

Die Artillerie war mit vier Geschützen einsatzbereit. Doch waren alle Feuerleitanlagen durch die am 10. April erlittenen Treffer ausgefallen. Ebenso ausgefallen war die gesamte Feuerleitanlage der Torpedowaffe, die demzufolge nur noch zum "Schuß vom Rohr" klar war. Nach der Übernahme von vier Torpedos von "EK" verfügte das Boot über sechs Torpedos.

Für KKpt. Wolff war klar, daß nunmehr der Endkampf bevorstand. Als über UK-Verbindung gehört wurde, daß "HK" und "EK" im Gefecht mit feindlichen Zerstörern standen, die in den Ofotfjord eingedrungen waren, ließ KKpt. Wolff sein Boot mit Leinen zwischen dem Dampfern "Jan Wellem" und "Frielinghaus" von der Erzpier frei verholen. Mit der Querleine ließ er das Boot von der Achterback aus zu dem querab im Hafen liegenden Dampfer "Planet" verholen. Erst dann konnte er mit der Steuerbordmaschine die notwendigen Manöver fahren, um die Hafenausfahrt zu erreichen.

Noch während dieser Maßnahmen lagen bereits die ersten Geschoßaufschläge des Gegners in der Hafeneinfahrt. Doch nun konnte 21 Knoten gelaufen werden, und wenig später war "GT" für 27 kn klar. Das Boot passierte die Hafenausfahrt, und die Artillerie erhielt Feuererlaubnis. Hier der gestraffte Gefechtsbericht von KKpt. Wolff, den dieser dem Autor seinerzeit zur Verfügung stellte:

"Im Westen von Narvik werden die zehn gemeldeten Feindzerstörer mit der 'Warspite' ausgemacht. Das Feuer wird auf den am weitesten nach Süden stehenden Zerstörer eröffnet. Anfangsentfernung 120 hm.

Mehrfach wird Zielwechsel vorgenommen und der jeweils am nächsten stehende Zerstörer unter Feuer genommen. Der eigene Kurs ist Nord bis Nordost. Die Flakwaffen bekämpfen mehrere feindliche Bomber und schießen einen von ihnen ab, der senkrecht ins Wasser stürzt.

Unser Boot liegt im konzentrierten Feuer des Feindes, ohne zunächst Treffer zu erhalten. Hohe, dicht am Boot liegende Aufschläge überschütten es mit Wasser. Sie deuten darauf hin, daß auch die "Warspite" mit ihrer schweren Artillerie am Gefecht beteiligt ist. Auf die feindlichen Zerstörer, die wild durcheinander liefen und sich oft überlappten, wurden vier einzelne Torpedos geschossen, ohne daß ein Treffererfolg beobachtet werden konnte.

Dem Befehl des Chefs der 4. Z.-Flot. "Ausweichen in den Rombakenfjord!" wird von den drei Zerstörern, die weiter ostwärts vom Fjord stehen, gefolgt. Durch starkes Qualmen und Werfen von Nebelbojen gelingt die Loslösung von den feindlichen Zerstörern.

Nach Passieren der Strömsnes-Enge laufe ich mit geringer Fahrt weiter, in der Erwartung, daß der Feind mit einzelnen Zerstörern in den Fjord nachfolgt. Um diese sofort zu erfassen,legt sich 'GT' quer zum Fjord, die Steuerbord-Breitseite in Richtung Strömsnes-Enge, und bleibt gestoppt liegen. Die kurze Gefechtspause wird zum Munitionstransport genutzt.

Bereits nach kurzer Zeit schiebt sich der erste Zerstörer durch die Enge. Die Batterie eröffnet das Feuer auf 50 hm. Unmittelbar nach dem ersten erscheint der zweite Zerstörer, dem in kurzen Abständen noch ein dritter und vierter folgen. Das Feuer der Engländer konzentriert sich auf 'GT', da die drei anderen eigenen Zerstörer im Fjordende für den Gegner nicht sichtbar und nicht erreichbar sind. Ein vom Rohr unbeabsichtigt losgemachter eigener Torpedo detoniert an den Felsen des Fjordes. Der letzte Torpedo, vom Torpedooffizier, Oblt. z.S. Sommer, losgemacht, läuft als Oberflächenläufer mit verminderter Geschwindigkeit auf die feindlichen Zerstörer zu und trifft einen Zerstörer der 'Afridi'-KLasse in Höhe der Brücke. Ihm wird das Vorschiff bis hin zur Brücke abgerissen. Die Besatzung der 'Eskimo' - dies ist der getroffene Zerstörer - wird von einem anderen Zerstörer übernommen. Das Achterschiff, von einem zweiten abgeschleppt, soll später gesunken sein.

Das Feuer der eigenen Batterie ist unregelmäßg und schwach. Es fallen meist nur Einzelschüsse außerhalb des Feuerbefehls. Zum 2. Geschütz besteht keine Telefonverbindung mehr. Es erhält den Aufsatz durch Zuruf von der Brücke. Das 3. und 4. Geschütz haben Munitionsmangel infolge Stockens der Förderung. Das 5. Geschütz wiederum verschießt seine letzte Munition.

Der vordere Stand erhält einen Treffer, der den BÜ des Feuersignalgebers und den Fla-Einsatzleiter verwundet und die Zielgeber Nr. 2 tötet. Der verwundete Feuersignalgeber befiehlt selbständig: 'Schnellfeuer!', als der Artillerieoffizier einen Augenblick ohne Besinnung an Deck liegt. Als hierauf keine Schüsse mehr fallen, meldet der AO: "Ich bekomme keine Munition mehr in die Batterie!"

Zu dieser Zeit schlagen weitere Treffer in den Funkraum, in die Brücke und in die achteren Aufbauten ein. Ich gebe nun den Befehl: 'Boot klar zum Versenken!', lege den Maschinentelegraphen auf AK voraus, weil der Posten Maschinentelegraph tot und der Gefechtsrudergänger schwer verwundet ist, und setze mein Boot gegen die steil ansteigenden Felsen, in denen sich der Vordersteven festbeißt. Dann gebe ich den letzten Befehl: 'Boot verlassen!'

Ein Teil der Besatzung springt von der Backbordseite ins Wasser, der andere geht auf direktem Wege über die Back an Land. Der Kommandant verläßt das Boot nach Vernichtung der letzten Geheimsachen. Die Verwundeten werden an Land geschafft und dort in Deckung gelegt.

Achter- und Vorschiff stehen in hellen Flammen. Die Fla-Munition auf der Hütte krepiert. Später kentert 'Georg Thiele', das Achterschiff bricht bis zum vorderen Schornstein ab und sinkt nach schweren Detonationen." Dies der Bericht von KKpt. Wolff.

Die Verluste auf "Georg Thiele" betrugen an Gefallenen 16 Soldaten, unter ihnen der Erste Offizier, Kptlt. Frhr. von Lepel. Verwundet wurden 28 Soldaten, davon 10 schwer.

Damit war der dritte Zerstörer gesunken oder aufgesetzt worden. Bliebe noch der Bericht über "Hans Lüdemann" unter KKpt. Friedrichs, der ja ebenso wie "BA" und "GT" das Gefecht aufgenommen hatte. Dieses Boot verfügte nach dem Rückzug in den Rombakenfjord noch über einige Granaten und versuchte damit "GT" zu helfen. Doch als es die letzten Granaten verschossen hatte, zog es sich tief in den Rombakenfjord zurück, und KKpt. Friedrichs befahl die Versenkung mit Sprengpatronen und Wasserbomben.

"Es war das einzige Boot, das nach den Sprengungen nicht sank. Es wurde gegen 17.00 Uhr von Männern des englischen Zerstörers "Hero" durchsucht und dann mit einem Torpedoschuß versenkt.

"Diether von Roeder" aber, der vom Gefecht des 10. April schwer beschädigt an der Postpier von Narvik lag, wurde ebenso wie die übrigen Boote von Alarm von "HK" über die Annäherung des Gegners informiert. KKpt. Holtorf ließ alles Personal mit Ausnahme der Artillerie-Besatzungen vom Boot herunterziehen und in einem Tunnel der Erzbahn-Abzweigung in Deckung gehen, der 20 Meter über dem Hafengelände verlief.

Nach Verschießen der letzten Munition gegen einen sich nähernden Gegner sollte "DR" versenkt werden. KKpt. Holtorf blieb an Land zurück, um in dem mit Sicherheit folgenden Einsatz zu Lande seine Besatzung führen zu können. Der Artillerie-Offizier und der IO blieben an Bord. Letzterer sollte die Versenkung leiten.

Die Männer von "DR" erlebten den letzten Kampf ihres Zerstörers aus der Höhe mit. Sie sahen, wie englische und deutsche Zerstörer einander beschossen, und dann erblickten sie die wuchtige Silhouette der "Warspite", die sich vor der Hafeneinfahrt befand und aus ihren Trümmern feuerte. Granaten hämmerten in die Postpier hinein, schlugen in die Uferfelsen und in die Häuser von Narvik.

Drei Zerstörer waren bei dem Schlachtschiff: Es waren die "Cossack" und die "Forester". Der dritte war noch nicht erkannt worden.

"Diether von Roeder" erwiderte das Feuer der "Warspite". Aus 80 hm geschossen, lagen die Einschläge der Granaten sehr gut. Auf einem der Zerstörer loderte ein Brand auf, er drehte ab. Dann traf es einen zweiten, der ebenfalls abdrehte. Nur noch "Cossack" setzte die Fahrt auf "DR" fort. Er erhielt mehrere

Treffer. Südlich des Hafenbeckens, vor Ankenes, geriet "Cossack" schließlich auf Grund. So hatte "DR" noch seinen Anteil an der Ausschaltung dieses Zerstörers.

Die "Warspite" war derweilen mitten in den Fjord hineingelaufen und dort liegengeblieben. Von hier aus schoß sie nach Narvik hinein, was erhebliche Verluste unter der Zivilbevölkerung verursachte. Die beiden Feindzerstörer, die abgedreht hatten, schossen jetzt ihre Torpedos. Zwei davon liefen sehr dicht an "DR" vorbei und trafen die Postpier, die in Stücke gerissen wurde. In den Lagerschuppen des Hafens brachen Brände aus. "DR" kam ins Schlingern, zwei ihrer Festmacherleinen brachen. Nur die Bergetrosse hielt dem Druck weiter stand. Ein dritter Torpedo detonierte am Fuß des Postkais. Dann schlugen die Granaten der "Warspite" dicht bei "DR" ins Wasser. Die auf Grund sitzende "Cossack" unter Führung von Captain Vian feuerte nun ebenfalls. Eine ihrer Granaten schlug unter dem Artillerie-Leitstand in die Brücke des deutschen Zerstörers ein.

Plötzlich versiegte das Feuer. "DR" hatte seine gesamte Munition verschossen. Der IO des Bootes winkte Obermaat Tiedke, den Sprengmaaten, heran. Alle übrigen Soldaten verließen den Zerstörer, und während sich "Forester" bis auf 300 m an "DR" heranschob, zündeten die beiden Männer die Sprengpatronen und rannten mit dem AO an Land.

"Forester" traf nun Anstalten, bei "DR" längsseits zu gehen. Wäre es erfolgt, dann hätte dies auch seinen Untergang bedeutet. Doch in dieser Lage hämmerte weiter oben in den Bergen das MG der Gebirgsjäger los, die dort postiert waren. "Forester" ging über den Achtersteven zurück. Er befand sich schon wieder 400 m von "DR" entfernt, als die Sprengladungen und die beiden angeschlagenen Wasserbomben hochgingen.

Die riesigen Detonationsflammen schlugen in einem Abstand von zwei Sekunden zueinander aus dem Vor- und Achterschiff von "DR" empor. Der Zerstörer sank sofort. "Forester" lief weiter zurück. Dann herrschte mit einem Male völlige Stille. Eineinhalb Minuten darauf war "Diether von Roeder" von der Wasseroberfläche verschwunden.

Bliebe noch das letzte Boot der zehn Zerstörer: "Erich Giese". KKpt. Smidt hatte als letztes Boot um 13.50 Uhr nach der Beölung von "Jan Wellem" abgelegt und verließ den Hafen. Das Gefecht hatte sich inzwischen bis hierher verlagert. KKpt. Smidt berichtete:

"'Giese' legte über den Achtersteven ab und mußte in der Hafeneinfahrt durch Backsen auf Auslaufkurs gelegt werden. Das Feuer wurde um 13.52 Uhr von der Hafenausfahrt aus einer Distanz von 40-50 hm eröffnet.

Die Masse der feindlichen Zerstörer stand im Ofotfjord vor der Hafeneinfahrt, ein Teil von ihnen im Eingang zum Rombakenfjord in der Verfolgung der dorthin abgelaufenen eigenen Boote. Die Artillerie schoß in schneller Salvenfolge. Das Ziel mußte häufig - der Gefechtslage entsprechend - gewechselt werden.

Bei Beginn des Drehens in der Hafeneinfahrt fiel die Backbordmaschine von 'Erich Giese' aus, und der Zerstörer mußte stoppen. Er lag nun bewegungsunfähig quer in der Hafeneinfahrt. Dabei erhielt er starkes Artilleriefeuer. Dieses lag glücklicherweise nicht sehr gut und brachte keinerlei Ausfälle.

Zur Entlastung entschloß ich mich zum Schuß eines Viererfächers aus dem vordersten Torpedorohrsatz. Durch ein Versehen wählte der TO jedoch einen Zerstörer als Ziel, der mit östlichem Kurs lief, so daß nur der am weitesten links laufende Torpedo frei von der Osthuk des Hafens lief. Die drei übrigen rannten gegen die Huk und detonierten dort. Eine Wirkung des vierten Torpedos wurde nicht beobachtet. Unsere Artillerie feuerte während des Gestopptliegens mit höchster Feuergeschwindigkeit.

Um 14.05 Uhr war die eigene Backbordmaschine wieder klar. Mit höchster Maschinenleistung wurde das Boot auf Auslaufkurs gebracht. Es war meine Absicht, dem Feind mit der vorhandenen Munition den höchsten Schaden zuzufügen. Dabei rechnete ich bei der Feindlage mit der sicheren Versenkung des Bootes. Deshalb befahl ich nach Verlassen des Hafens, alle Geheimsachen und Nachrichtenmittel zu vernichten.

Während des Auslaufens erfolgte der Angriff von Trägerflugzeugen, der im Feuer der Küstenflak und der eigenen FlaMW ohne Erfolg blieb. Eine Maschine erhielt durch eigene Flak Treffer. Sie ging 200 m vor 'Giese' auf dem Wasser nieder und zerschellte.

5-6 Zerstörer konzentrierten nun ihr Feuer auf mein Boot. Treffer setzten sehr bald die Torpedo-Bü-Anlage und alle Telefone außer Gefecht. Ich gab daher dem TO den Befehl, die achtere Rohrgruppe vom Rohr aus in einem günstigen Augenblick selbständig zu schießen.

Dann eilte ich zum vorderen Stand, um bei dem unübersichtlichen Gefechtsfeld einen besseren Überblick zu gewinnen. Das Boot wurde nun bis zum Schluß des Gefechtes vom vorderen Stand geführt.

Der Torpedomechanikersmaat machte in dieser Phase des Gefechtes die achtere Rohrgruppe auf einen in geringer Distanz mit westlicher Richtung laufenden Zerstörer los. Nach übereinstimmender Meldung mehrerer Soldaten auf den verschiedenen Gefechtsstationen traf ein Torpedo diesen englischen Zerstörer. Dieser sank kurz darauf."

(Es war der Zerstörer "Punjabi", der den Treffer zwar erhielt, aber später schwer beschädigt eingeschleppt werden konnte).

"Die Gefechtsentfernung wurde zum Schluß immer geringer. Die letzte gemessene Distanz war 18 hm. Besonders in diesem letzten Gefechtsabschnitt erhielt 'Giese' Treffer in schneller Folge. Fast gleichzeitig wurden Kesselanlagen, Maschinen- und Schiffsführungsmaschinen außer Gefecht gesetzt. Die Artillerie konnte jedoch trotz dieser Treffer ihre gesamte Munition verschießen.

Die letzte Munition wurde um 14.30 Uhr verschossen. Das Boot befand sich bereits mit starker Schlagseite im Sinken. Alle Kessel- und Maschinenanlagen waren ausgefallen. Deshalb befahl ich: 'Alle Mann außenbords!'

Während dieser Befehl ausgeführt wurde, gelang es dem Feuerwerker Piening, noch etwa drei Chargierungen Munition, die in der Nähe des 5. Geschützes verdeckt gelegen hatten, zu finden. Er und die Nr. 1 des 5. Geschützes, Oberbootsmannsmaat Gagelhoff, haben in einem besonders anerkennenswerten Einsatz diese Munition noch aus geringster Distanz abgeschossen und Treffer erzielt. Wenig später sank 'Giese' auf tiefem Wasser im Ofotfjord."

Soweit der Bericht des Kommandanten. Es muß - leider - noch ein Nachsatz angehängt werden, der einen tiefen Schatten auf das ansonsten ritterlich geführte Gefecht vor Narvik war.

Der Gegner - welcher Zerstörer dies war, ist nicht eruiert worden - eröffnete aus MG's das Feuer auf die im Wasser schwimmenden Männer von "Erich Giese". Ein Schiffbrüchiger, der im Wasser schwimmend einen Streifschuß am Kopf erhielt, erreichte dennoch das Ufer und konnte über dieses Massaker an seinen Kameraden berichten.

Eines jener Holzflöße, auf dem neun Männer saßen, entging dem Gemetzel. Es wurde vom Gegner gefischt. Damit wurde auch der TO des Bootes, der sich auf diesem Floß befand, gerettet.

Von der Besatzung des Zerstörers "Erich Giese" sind während des Gefechtes am 13. April 1940 92 Soldaten gefallen oder blieben für immer vermißt. Neun davon wurden später als in englische Gefangenschaft geraten, gemeldet.

Das größte Zerstörergefecht des Zweiten Weltkrieges zwischen englischen und deutschen Zerstörern war beendet. Die deutschen Zerstörer hatten ihren Auftrag erfüllt und die Gebirgsjäger nach Narvik geschafft. Aber sie hatten diesen Einsatz mit ihrem Untergang bezahlt. Die deutsche Zerstörerwaffe verlor dadurch die Hälfte ihres Bestandes. Aber ihr Einsatz hat - das steht einwandfrei fest - die Fortsetzung der Erzzufuhr aus Schweden über Norwegen nach Deutschland bedeutet.

Darüber hinaus schuf er mit der Gewinnung neuer Stützpunkte und des "Flugzeugträgers" Norwegen eine neue Flankenstellung gegen England.

Nach diesen Einsätzen, denen ein Teil der deutschen Flotte zum Opfer fiel, sollen hier abschließend die Einsätze der Heerestruppen und ihr verzweifeltes Ringen um Norwegen gewürdigt werden. Und dabei steht der Einsatz der 3. Gebirgsdivision unter Generalmajor Dietl an der Spitze. Lassen wir durch den Bericht dieser Division den Verlauf eines unbarmherzigen Kampfes im Hohen Norden und die verzweifelte Lage, die Hitler fast zur Aufgabe und damit zur Opferung aller im Hohen Norden eingesetzten Kräfte veranlaßt hätte, wieder aufleben.

DAS HEER IM HOHEN NORDEN

Die politische Lage: Proteste und Einsprüche

Trotz der eingangs April bereits erkannten Gefahr einer deutschen Landung in Norwegen, eines Durchmarsches durch Dänemark und einer möglichen Besetzung des schwedischen Erzgebietes taten die drei nordischen Regierungen nichts zur Unterbindung dieser drohenden Gefahr. Zwar hatte Norwegen gegen die britischen Minenunternehmungen vor der eigenen Küste protestiert, diese aber nicht zu verhindern gesucht. Jene alarmierenden Meldungen, die der norwegische Außenminister Halvdan Koht aus Berlin erhielt, schienen diesen und die Regierung seines Landes nicht zu rühren. Selbst als Dänemark anfragte, ob man nicht gemeinsam wegen der umlaufenden Gerüchte im deutschen Außenministerium vorstellig werden sollte, erklärte Koht, daß an der ganzen Sache "nichts dran" sei und: "Wenn etwas daran wäre, würde man es uns doch nicht auf die Nase binden." (Siehe: Stortinget: Instilling fra undersökelseskomisjonen av 1945, Oslo 1947).

Nach dem Fall von Narvik und den ersten Gefechten, die den Untergang der beiden norwegischen Küstenpanzerschiffe "Eidsvold" und "Norge" zur Folge hatten, und jenem Duell im Eingang des Oslofjordes, welches der "Blücher" das Leben kostete, und nicht zuletzt nach dem Handstreich gegen Kopenhagen und die verschiedenen Knotenpunkte und Brücken dieses Landes kam es zu einer Reihe von Protesten. Unter dem Vorsitz von König Christian X. von Dänemark fand auf Schloß Amalienborg eine Staatsratssitzung statt. Der Staatsrat beugte sich dem deutschen Ultimatum, und um 7.20 Uhr wurde der dänische Widerstand eingestellt.

Außenminister Munch erhob gegen dieses "Vorgehen des Deutschen Reiches ernsten Einspruch", aber keinen Protest. Dänemark brauchte auch nicht zu kapitulieren, und die Streitkräfte demobilisierten unter eigenem Oberkommando. Dies bedeutete rechtlich keine Überziehung Dänemarks mit Kampf, und Hitler ging sogar noch einen Schritt weiter, als er die "Grenzen des Königreiches Dänemark garantierte." Daß er außerdem noch Christian X. sowie den sozialdemokratischen Staatsminister Thorvald Stauning im Amt beließ und dessen Koalitionsregierung respektierte, zeigte an, daß Hitler mit Dänemark und Norwegen in "Frieden" leben wollte. Daß Norwegen den Kampf annahm bzw. die deutschen Übergriffe als Anlaß zur Eröffnung des Kampfes ansah, kostete das Land schwere Verluste an Menschen und Material und brachte die Besetzung des gesamten Landes.

In Dänemark hingegen wurde zwar der deutsche Gesandte Renthe-Fink zum Reichsbevollmächtigten ernannt, ohne jedoch irgendwelche Vollzugsgewalt zu erhalten. (Siehe dazu: Hinze, R.: Das Verhältnis Deutschland-Dänemark während des Zweiten Weltkrieges, Göttingen 1955).

Deutscherseits hoffte man, daß Norwegen diesem dänischen "Beispiel der Vernunft" folgen werde. Immerhin waren beide Staaten ja durch die verwandtschaftlichen Bande ihrer Herrscher, die Brüder waren, miteinander eng verbunden. (Daß Schweden nicht intervenieren würde, war unter der Hand schon signalisiert worden).

Der deutsche Gesandte Bräuer, der in Oslo residierte, versuchte Hitlers Memorandum - nachdem er es weisungsgemäß geöffnet und gelesen hatte - in Oslo vorzubringen und um Verständnis zu bitten, daß das Reich gewissermaßen Norwegen in Schutzhaft nehmen müsse. Doch König Haakon VII. und der Kabinettschef Nygaardvold sowie die meisten Minister des Landes lehnten dieses Ansinnen Hitlers, zu einem solchen Überfall stillzuhalten, rundweg ab. Die Regierung und der König zogen sich aus Oslo nach Hamar und Elverum zurück.

Als sich in den Städten des Landesinnern der Widerstand gegen die Deutschen verstärkte, wurde der König aufgefordert, diesem ein Ende zu bereiten. Doch lehnte er ein solches Ansinnen ab.

Nun mußte der Oberbefehlshaber der Heerestruppen in Norwegen, General von Falkenhorst, befürchten, daß norwegische Offiziere im Hinterland den Partisanenkrieg organisieren könnten, denn immerhin waren Zehntausende norwegischer Soldaten ins fast undurchdringliche Landesinnere ausgewichen. Bevor diese Entwicklung weiterverfolgt werden soll, bis hin zur Flucht des norwegischen Königs mitsamt dem Staatsschatz des Landes und einer gewissen Menge an schwerem Wasser auf dem Kreuzer "Glasgow" nach England, hier der Einsatz der 3. Gebirgsdivision.

Mit der 3. Gebirgsdivision in Norwegen: Die Gruppe Narvik

Unter der Führung von GenMaj Dietl, dessen Ia, Oberst Leutnant i.G. Bader, und dem Kommandeur des für Narvik vorgesehenen GebJägRgt. 139, Oberst Windisch, trat die 3. GD ihren Weg auf jenen genannten und im Einsatz vorgestellten zehn Zerstörern der Gruppe Narvik in den Hohen Norden an.

Unmittelbar nach ihrer Landung ging die Spitzen-Kp., die 7./GJR 139, von Südwesten gegen die Stadt Narvik vor, während die 8./GJR 139 von Nordwesten antrat und der Stab II./GR 139 mit dem Rest des Batl. das Stadtzentrum besetzte.

Etwa zur gleichen Zeit fuhr der Kommandeur, GenMaj. Dietl, in Begleitung seines Ia und des Adjutanten mit dem deutschen Konsul zur Wohnung von Oberst Sundlo. Dieser war Kommandeur des IR 15, dessen Standort Narvik war. GenMaj. Dietl versuchte den Oberst zur Übergabe der Stadt zu veranlassen, um unnötiges Blutvergießen zu vermeiden. Der deutsche Konsul leistete Übersetzerdienste und war ebenso von diesem deutschen Eingreifen in Norwegen überrascht wie der Oberst.

Oberst Sundlo erbat sich Bedenkzeit, doch GenMaj. Dietl mußte auf einem sofortigen Entschluß bestehen. Jede weitere Stunde gewonnener Zeit für die Norweger schmälerte die Durchschlagskraft, die der Überraschungsfaktor den deutschen Truppen gab. Dietl wies darauf hin, daß nicht nur Narvik, sondern alle wichtigen norwegischen Städte zur gleichen Zeit besetzt werden würden.

Nun übergab Oberst Sundlo die Stadt und ließ sein Regiment darauf hinweisen, daß es keinen Widerstand zu leisten habe. Ein Major dieses Regimentes aber verließ unbemerkt mit seiner Kompanie und einigen Männern anderer Einheiten Narvik in nordostwärtiger Richtung. Ihnen wurden Teile der Kp. Thalhammer auf norwegischen Lastkraftwagen hinterhergeschickt. Auf den tief verschneiten Wegen gelang es der Kompanie aber nicht, die Norweger noch einzuholen, zumal die norwegischen Nachhuten an Engpässen durch gezieltes Feuer den deutschen Nachstoß zum Stehen brachten, so daß schließlich die Fühlung verlorenging.

Die Truppen in Narvik und Elvegardsmoen wurden entwaffnet, Oberst Sundlo und seine Offiziere unter Bewachung gestellt.

Damit war Narvik in eigener Hand. Jene Kampfgruppe, die unter Führung des RgtKdrs. des GJR 139, Oberst Windisch, das norwegische Truppenlager Elvegardsmoen besetzten, fanden ebenfalls keinen Widerstand. Der Oberst ließ kampfkräftige Sicherungen bis nach Oijord am Rombaken - Narvik gegenüber- vorschieben.

Am Abend des 9. April herrschte in Narvik völlige Ruhe, und der Wehrmachtsbericht meldete:

"Um dem im Gang befindlichen britischen Angriff auf Neutralität Dänemarks und Norwegen entgegenzutreten, hat die Deutsche Wehrmacht den bewaffneten Schutz dieser Staaten übernommen.

Hierzu sind heute morgen in beiden Ländern starke deutsche Kräfte aller Wehrmachtsteile eingerückt bzw. gelandet.

Zum Schutz dieser Operationen sind umfangreiche Minensperren gelegt worden."

In vier weiteren Sondermeldungen wurden weiterhin bekanntgegeben; daß die deutsch-dänische Grenze bei Flensburg überschritten worden sei und der Vormarsch auch über Tondern nach Apenrade und Esbjerg nach Norden im Gange sei.

Eine der folgenden Meldungen berichtete vom schnellen "Fortschreiten der Besetzung der wichtigsten militärischen Stützpunkte in Norwegen" und daß an den meisten Punkten der geringe örtliche Widerstand aufgehört habe.

Die beiden letzten Sondermeldungen lauteten: "Die Operationen im Zuge der Besetzung Dänemarks und der norwegischen Küste sind am 9. April planmäßig verlaufen. Beim Einmarsch und bei den Landungen in Dänemark ist es nirgends zu Zwischenfällen gekommen.

An der Küste Norwegens wurde nennenswerter Widerstand nur bei Oslo geleistet. Er wurde in den Nachmittagsstunden gebrochen, Oslo selbst besetzt.

Am Ende des heutigen Tages befinden sich alle militärischen Stützpunkte Norwegens fest in deutscher Hand. Insbesondere sind unter anderem Narvik, Drontheim, Bergen, Stavanger, Kristiansand und Oslo von starken Kräften besetzt."

Hier die Kurzberichte über die Landungen in Oslo und Drontheim:

Die holländische Pak 4,7 cm Typ Böhler, bei Dordrecht erfolgreich eingesetzt.

Die Kradfahr-Husaren der Leichten Division bei De Peel und Dordrecht im Einsatz.

Schweres holländisches MG in Feuerstellung.

Das holländische 10-cm-Flachbahngeschütz stand gegen Waalhaven im Einsatz.

Die Ju52-Transporter erlitten beim Hollandeinsatz schwere Verluste.

Mit Lastenseglern des Typs DFS230 wurden die Fallschirmjäger auf der Festung Eben Emael abgesetzt und konnten sie erobern.

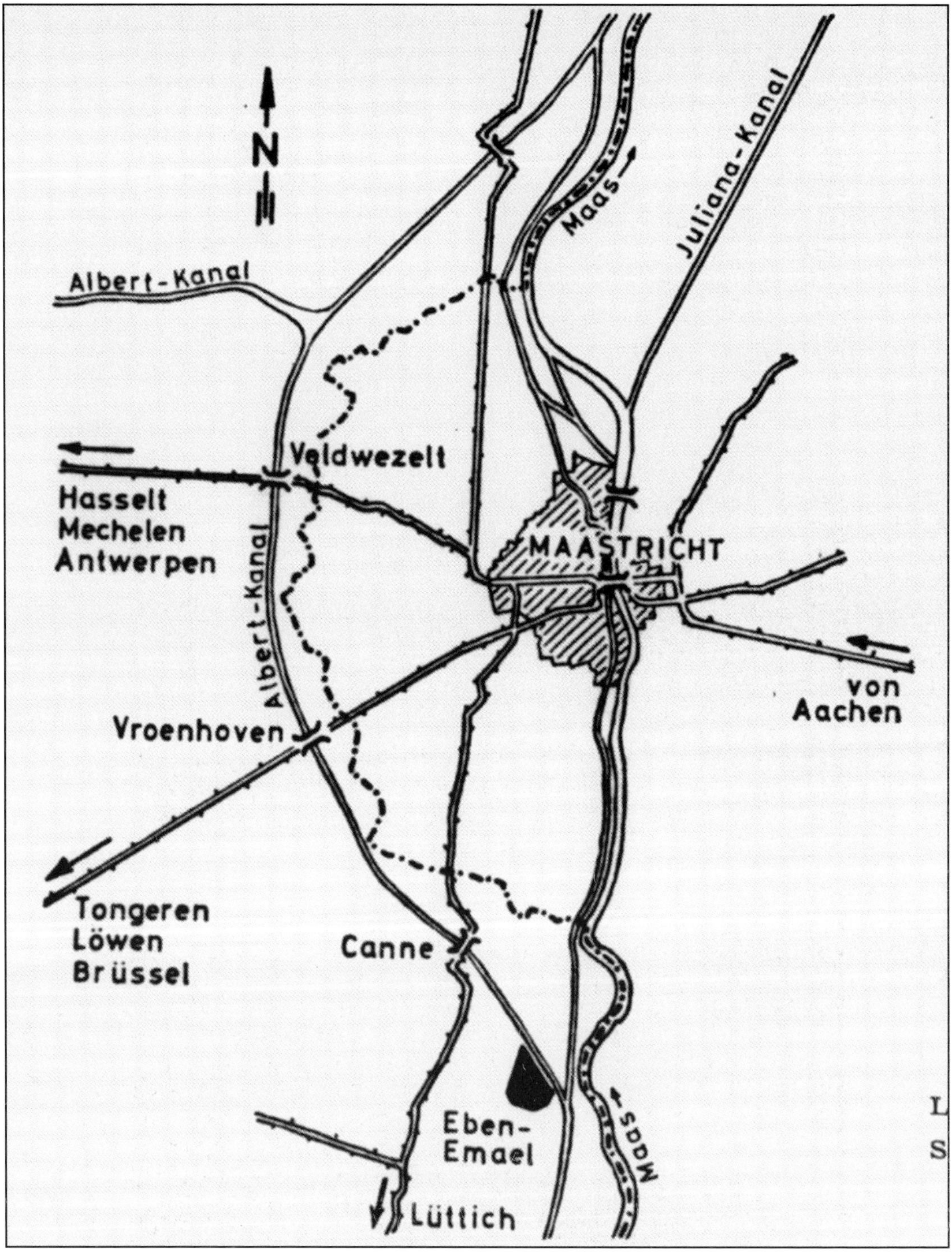

Die Lage der Brücken und des Sperrforts Eben Emael. Dieses unzugängliche Gebiet mit einer unüberwindlichen Festung galt es im Handstreich in Besitz zu nehmen.

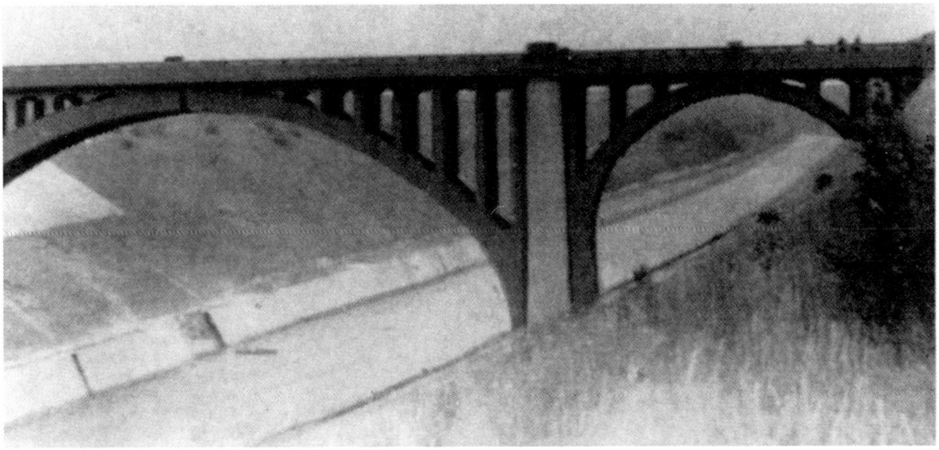

Diese Brücken galt es zu erobern und zu halten: Vroenhoven.

Veldwezelt wird gehalten.

Die Brücke von Canne wird vorzeitig vom Gegner gesprengt.

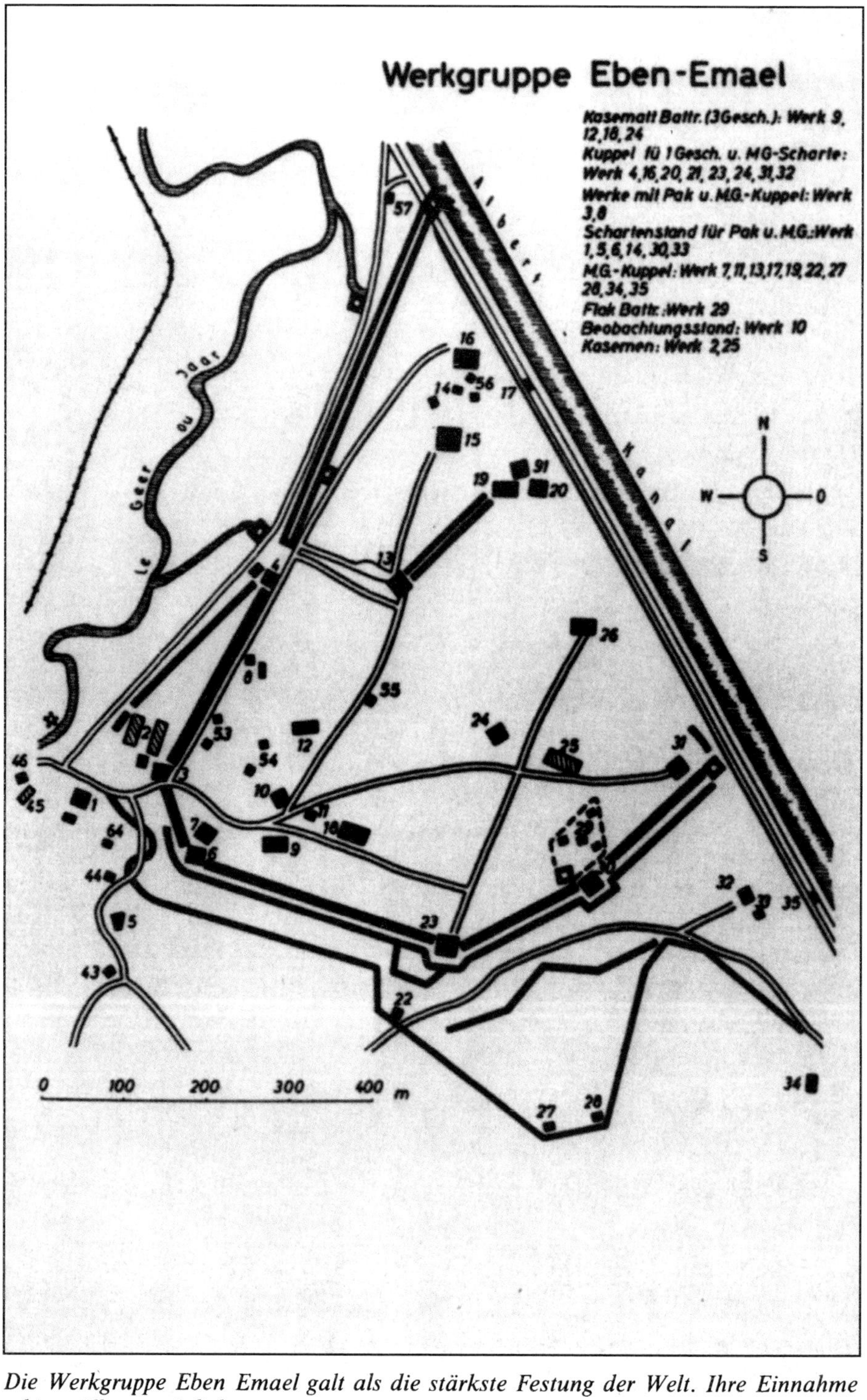

Die Werkgruppe Eben Emael galt als die stärkste Festung der Welt. Ihre Einnahme schien völlig unmöglich.

Die größte Kampfkuppel der Festung. Hier versagte die 50-kg-Ladung.

Der Albertkanal und das senkrecht ansteigende Ufer nach Eben Emael.

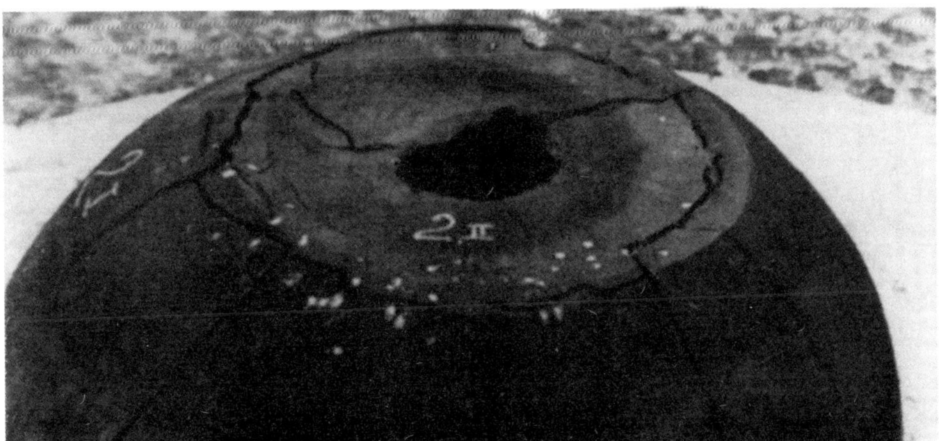

Die Beobachtungskuppel von Eben Emael mit einer 50-kg-Ladung geknackt.

Das Gelände der Werkgruppe Eben Emael.

Die Grabenstreiche. Im Hintergrund der Bunker.

Mit den Gebirgsjägern bei Drontheim

Die deutschen Heerestruppen, die im Unternehmen "Weserübung" eingesetzt waren, teilten sich entsprechend ihren Aufgaben in zwei Gruppen auf. Es waren dies:

Die Gruppe XXI unter General der Infanterie von Falkenhorst, der zugleich als Oberbefehlshaber Norwegen eingesetzt worden war, mit der 2. und 3. Gebirgsdivision, denen im weiteren Verlauf der Kämpfe die Infanterie-Divisionen 69, 163, 181, 196 und 214 im Luft- oder Schiffstransport und sogar im Fallschirmeinsatz nachfolgten.

Die Gruppe XXXI unter General der Flieger Kaupisch, die für Dänemark vorgesehen war, verfügte über die Infanterie-Divisionen 170 und 198. Die 11. Schützen-Brigade kam noch hinzu.

Folgen wir dem Einsatzweg der 3. Gebirgsdivision, die an den wichtigsten Punkten Norwegens als erste Division zum Einsatz kam. Sie hatte sich zum Teil auf jenen zehn Zerstörern eingeschifft, deren Weg nach Narvik bereits dargestellt wurde. Ein zweiter Teil der Division wurde der Kriegsschiffsgruppe 3 - Drontheim - zugeführt. Von den insgesamt 1900 Offizieren und Soldaten dieser Gruppe waren 1 500 Angehörige der 3. Gebirgsdivision. Auf der "Admiral Hipper", dem Führerschiff der Gruppe, waren auch Oberst Weiß, der Kommandeur des GJR 138, und seine Nachrichtenmänner, ferner die Dolmetscher eingeschifft. Hinzu kamen drei Gebirgsjäger-Kpn. und der Stab des I./GRJ 138. Ihre Aufgabe war es, den Flugplatz Vernes in Besitz zu nehmen, die Festung Hegra im Handstreich zu besetzen und die Bahnlinie nach Schweden zu sichern.

Den weiteren auf der "Hipper" eingeschifften Soldaten oblag die Besetzung von Stadt und Hafen Drontheim. Damit hatte der Schwere Kreuzer eine zusätzliche Belegung von 1100 Mann erhalten.

Auf dem Zerstörer "Paul Jakobi" waren 200 Soldaten eingeschifft, deren Aufgabe es war, bei Störsdalbogen zu landen und die Westbatterien von Drontheim wegzunehmen.

Auf "Bruno Heinemann" befanden sich 210 Soldten der KGr. Pany, die bei Arlotten 3 km südlich von Hysnes landen und die dortigen Ostbatterien handstreichartig in Besitz nehmen sollten.

Die KGr. Holzinger war auf dem Zerstörer "Theodor Riedel" eingeschifft. Auch sie zählte 210 Mann. Als taktische Reserve vorgesehen, mußte sie dann den Einsatz zur Wegnahme der Küstenbatterie "Ost 2-Hysnes" durchführen.

Auf "Friedrich Eckoldt" befanden sich der Stab des III./GJR 138 mit der 11./GJR 138 und einer kombinierten Kompanie. Sie hatten wie die Teile der auf "Hipper" eingeschifften Kameraden Stadt und Hafen von Drontheim in Besitz zu nehmen.

Vier U-Boote waren zur Unterstützung der gesamten Landungsgruppe Drontheim vorgesehen. Sie hatten einen Doppelauftrag. Einmal mußte die Fjordeinfahrt gesichert werden, zum anderen karrten sie Waffen und Geräte nach Drontheim, die am 18. April in Drontheim ausgeladen wurden.

Der "Frachtdampfer "Levante" hatte zwei 10 cm-Kanonen, Munition, Waffen, Brennstoff, Lkw und Verpflegung an Bord. Das Schiff traf weisungsgemäß bereits am 10. April in Drontheim ein. Damit war es eines jener Transportschiffe, die diese Fahrt erfolgreich durchführen konnten.

Mit Ju 52-Transportstaffeln wurden, am 16. April beginnend, Truppenteile der 181. ID, Generalmajor Woytasch, und des GAR 112 gelandet.

Als "Paul Jakobi" seine Truppen bei Stördalsbogen landen wollte, wurde er von Fort Hysnes aus beschossen. Die Ausbootung mußte gestoppt werden. Das Feuer erwidernd, zog sich der Zerstörer aus der Gröningenbucht zurück. Bis dahin hatten lediglich 65 Gebirgsjäger den Strand erreicht. Unter ihnen der Kdr. des II./GJR 138, Major v. Prankh, dessen Adjutant und die Chefs der 6. und 10. Kompanie. Durch brusthohen Schnee arbeitete sich diese schwache Gruppe über die Strandklippen vorwärts und erreichte das Fort neun Stunden später. Es war von seiner Besatzung bereits verlassen worden. Deren letzte Teile wurden am Ufer unmittelbar vor dem Einschiffen gestellt. In einem der dort liegenden startklaren Motorboote fanden die Gebirgsjäger eine Reihe Verschlüsse der Kanonen, die damit wieder schußbereit gemacht werden konnten.

Der KGr. Pany gelang es, auf der Ostseite unbeschossen auszubooten. Erst um 8.00 Uhr erhielt der Spitzenzug MG-Feuer aus Norden. Es wurde um Verstärkung gefunkt, die gegen Mittag in Arlotten eintraf. Dort setzte der Zerstörer "Theodor Riedel" die 1./GJR 138 an Land.

Eine Stunde darauf vereinigten sich diese beiden Kampfgruppen und marschierten unter dem Befehl von Hptm. Holzinger in Richtung der Batterie Hysnes.

Auf Einbruchsentfernung herangekommen, eröffneten MG und Granatwerfer das Feuer und brachen den feindlichen Widerstand. Hptm. Holzinger drang als erster in Hysnes ein. Am späten Nachmittag hißte "Hysnes" die weiße Fahne. Der norwegische Kommandant, Oberstleutnant Jacobsen, kapitulierte zugleich auch für Brettingen. 30 Offiziere und 320 norwegische Soldaten gingen in Gefangenschaft. 18 feuerbereite Geschütze wurden von den Gebirgsjägern besetzt.

Noch am selben Tage griffen englische Torpedoflugzeuge "Theodor Riedel" an. Der Zerstörer setzte sich hinter einem Felsriff in der Strömmenbucht auf Grund und entging so den feindlichen Torpedos.

Als englische Zerstörer (es waren "D 61", "Ilex" und "Wishart", wie sich später herausstellte) zu einem Aufklärungsvorstoß in Schußweite herankamen, wurden sie von den erbeuteten und bemannten Geschützen des Forts Brettingen beschossen und kehrten unverrichteter Dinge um.

Wenig später wurden die Küstenforts Selvenes, Hysnes und Brettingen an die Kameraden von der Marineartillerie übergeben.

Das II./GJR 138 unter Major Prankh übernahm den infanteristischen Schutz des gesamten Gebietes. Als es in der Nacht zum 19. April hier zu einem Landungsversuch britischer Kommandotruppen kam, wurde der Gegner durch gezieltes MG-Feuer vertrieben.

Um 5.00 Uhr bereits waren an diesem 9. April "Hipper" und der dazu vorgesehene Zerstörer "Friedrich Eckoldt" einige Seemeilen vor dem Kai von Drontheim vor Anker gegangen. Die Prisenkommandos übernahmen mehrere britische Handelsschiffe. Die Gruppen Weiß und Schratz setzten an Land und nahmen Drontheim völlig lautlos in Besitz. Kein Schuß war zu hören. Als die Stadt erwachte, waren alle strategisch wichtigen Punkte - darunter auch die im Stadtgebiet liegenden Brücken - in deutscher Hand.

Um 8.00 Uhr erschien Oberst Weiß im Geschäftszimmer der 5. norw. Division. Dort waren der Stellvertreter des geflüchteten Generals Laurantzon und die Vertreter der Behörden versammelt. Oberst Weiß erfuhr, daß außer einem Wachkommando von 40 Mann keine norwegischen Truppen in der Stadt seien. Die Führungsgremien der Stadt versprachen loyale Zusammenarbeit. Im Laufe dieses Tages ging auch auf der alten Festung Kristianstein die Reichskriegsflagge am Fahnenmast hoch. In den Arsenalen wurden 28 norwegische Feldgeschütze und große Bestände an Infanteriemunition sichergestellt.

Am 10. April wurde der Truppenübungsplatz Vernes mit den dazu gehörenden Flugplätzen und deren Anlagen im Handstreich in Besitz genommen. 296 Soldaten führten diesen Handstreich durch, nachdem sie von dem Zerstörer "Bruno Heinemann" ans Ziel geschafft worden waren. Ein mot.-Stoßtrupp unter Führung von Major Buchner, Kdr. des I./GJR 138, hatte mit zwei Gebirgsgeschützen von Land her die Ausgangsposition zum Sturmangriff gewonnen.

Hier wurden 1000 norwegische Soldaten gefangengenommen. Von Vernes aus erfolgte der Weiterstoß auf Hegra und dann entlang der Schwedenbahn bis zur schwedischen Grenze. Major Buchner, dabei Oblt. Schenek, führte diese Kampfgruppe, die am 14. April mit einem Panzerzug die Grenze erreichte. Die auf dem Berg liegende Festung "Hegra" wurde erst am 15. April angegriffen. Der Angriff schlug nicht durch, die Festung blieb eingekreist. Obgleich Stukas am 18. April Hegra mit schweren Bomben, darunter eine 2000-Kilo-Bombe belegten, kapitulierte Hegra erst am 2. Mai.

Die Aufklärung südlich Drontheim forderte von den aufklärenden Marinesoldaten am 11. April bei Lunddano neun Tote und sechs Schwerverwundete. Der Stoßtrupp war in einen Hinterhalt geraten und eingeschlossen worden. Er wurde von Teilen der 3. und 13./GJR 138 freigeschlagen. Die ersten Truppen-Nachlandungen erfolgten am 13. April durch Ju 52, die auf dem Eis des Jensvadnet-Sees landeten.

Am 20. April übernahm der Kommandeur der 181. ID, GenMaj. Woytasch, die Führung als Wehrmachtsbefehlshaber Drontheim. Bis dahin waren seine Regimenter 334 und 359 in Ju 52-Transportmaschinen gelandet worden.

Oberst Weiß konnte die Ausführung aller ihm übertragenen Aufgaben melden. Er hatte mit seinen Gebirgsjägern einen großen Brückenkopf gebildet, der von den Küstenbatterien um Drontheim bis an die schwedische Grenze reichte.

Drontheim war zum Dreh- und Angelpunkt der gesamten Norwegenfront geworden, denn weit voraus im Norden kämpften die dort eingesetzten Teile der 3. Gebirgsdivision, völlig allein auf sich gestellt, um das nackte Überleben. Die aus Süden heranmarschierenden Truppen hingen im Raume Gjövik-Lillehammer fest. Norwegische Verbände, darunter die gesamte 2. Division, verwehrten diesen Truppen den Durchbruch nach Drontheim. Zwischen Drontheim und Narvik aber hatten sich die Norweger mit starken Verbänden geschoben. Unter ihnen die kampfstarke 5. Brigade unter Oberst Getz. (Siehe: Getz, O.T.: Fra Krigen in Nord Tröndelang 1940, Oslo 1941).

Diese 5. Brigade setzte sich aus dem Trondelag-Dragoner-Regiment 3, zwei Bataillonen des IR 13 und einem Bataillon des IR 14 zusammen. Hinzu kamen die Feldersatz-Bataillone 13 und 14 und einige Spezialtruppen, alles in allem etwa 3800 Mann.

Dieser Verband stand am 20. April 1940 im Raum Snasa-Sunnan-Fölling-Harran-Fossland und Grong.

Zur gleichen Zeit erfolgten nördlich und südlich von Drontheim unter dem Befehl von General Massy Landungen von Briten bei Namsos und Andalsnes. Diese Landplätze waren von der britischen Admiralität ausgewählt worden, weil von ihnen aus Bahnlinien ins Landesinnere führten. Von Andalsnes aus das Rondal aufwärts nach Dombas, wo Anschluß an die Hauptstrecke Oslo-Drontheim bestand. Von Namsos aus über Grong nach Drontheim. Es war nicht schwer zu erraten, daß damit ein Großangriff gegen Drontheim geplant war, an dem sich auch die 5. Brigade der Norweger beteiligen sollte.

Diese Landungsoperationen begannen am 16. April, als in der "Operation Sickle" mit den britischen Sloops "Auckland", "Black Swan", "Flamingo" und "Bittern" 700 Mann Voraustruppen in Richtung Norwegen in See gingen und am 17. April in Andalsnes landeten. In der kommenden Nacht landeten VAdm. Edward-Collins mit den Kreuzern "Galatea", "Arethusa", "Carlisle" und "Curacao" und zwei Zerstörern ebenfalls in Andalsnes. An Bord der Schiffe befanden sich die Soldaten der 148. Brigade unter dem Kommando von GenMaj. Paget.

Bereits einige Nächte vorher - am 13. April - war der Truppenkonvoi NP 1 vom Clyde und von Scapa Flow ausgelaufen. Teile dieses Großkonvois waren für Harstad bestimmt, der Rest von VAdm. Laytons Verband steuerte Namsos an.

An Bord der Transporter "Chrobry" und "Empress of Australia" war die 146. Infanterie-Brigade eingeschifft. Gesichert wurden diese beiden großen Transporter von den Kreuzern "Manchester" (mit VADm. Layton an Bord), "Birmingham" und "Cairo". Drei Zerstörer liefen als U-Boot-Sicherung mit. Ziel des Verbandes war Namsos.

In Namsos war bereits in der Nacht des 14. April die Vorausabteilung gelandet. Diese war von den Kreuzern "Glasgow" und "Sheffield" und sechs Zerstörern ans Ziel gebracht worden. Ab dem 15. April folgten die wegen der Luftbedrohung nach Norden ausgewichenen Transporter nach.

Mit diesen beiden Operationen und jener dritten nach Harstad liefen auch die von den Kreuzern "Southampton" und "Aurora" (an Bord der Admiral of the Fleet, Lord Cork and Orrery) geleiteten Transporter "Batory", "Reina del Pacifico" und "Monarch of Bermuda". Durch diese Feindkräfte war Drontheim mit der gesamten Front in Norwegen auf das höchste bedroht.

Wo die deutschen U-Boote waren und warum diese keinen einzigen Erfolg gegen diese Riesengeleitzüge verbuchen konnten, wird im abschließenden Kapitel über "Weserübung" dargelegt werden.

Die Landungstruppen für Dombas und Romsdalen in Stärke von 10 000 Mann wurden von General Morgan geführt. Die Gruppe Namsos mit etwa 7 500 Mann stand unter dem Kommando von General Carton de Wiart.

Unmittelbar nach Bekanntwerden dieser Landungen ordnete der Oberbefehlshaber Norwegen, General von Falkenhorst an, Drontheim nach Norden und Süden abzustützen. Was an Einheiten bis hinunter zu einzelnen Kompanien zur Verfügung stand, wurde zur Sicherung Drontheims eingesetzt. Lediglich die Ost- und Westfront blieben in ihren Stellungen. Neben den diversen Sicherungsaufträgen hätte die Nordgruppe Befehl erhalten, zum Angriff anzutreten und Steinkjer und die Seen-Engen bei Fossen und Sunnan in Besitz zu nehmen.

Beide Kampfgruppen traten vom 21. April ab mit den gelandeten britischen Streitkräften in Gefechtsberührung. Das etwa 100 km nördlich Drontheim gelegene Steinkjer, mitten im Aufmarschraum des Gegners der Namsos-Gruppe gelegen, wurde verbissen vom Feind verteidigt. Aber dennoch wurde dieses Angriffsziel erreicht. Die Gebirgsjäger gruben sich hier ein und wiesen alle Angriffsversuche des Gegners ab. Dieser Ausgang des Kampfes gegen eine starke Übermacht verhinderte, daß sich die britische Namsos-Gruppe frei entfalten konnte. 750 Gebirgsjäger blockierten mit ihrem Brückenkopf bei Steinkjer den Vormarsch einer zehnmal stärkeren Feindmacht. Zu ihrer Entlastung wurden 400 Soldaten des IR 334 nach Verdalen geworfen. Über diese Kämpfe meldete der Wehrmachtsbericht:

"Nördlich von Drontheim haben deutsche Truppen an der Einnahme von Steinkjer gegen geringen feindlichen Widerstand alle wichtigen Übergänge und Engen besetzt. Damit ist der Raum Drontheim gegen Norden gesichert."

Am kritischsten aber wurde die Lage in Narvik. Am 17. April hatte Hitler General Dietl den Übertritt nach Schweden in die Internierung freigegeben. Wie war es zu diesem Entschluß gekommen?

Die Kämpfe im Großraum Narvik

Nachdem GenMaj. Dietl am Abend des 9. April melden konnte, daß Narvik fest in eigener Hand sei, hatte er bei einer gemeinsamen Lagebeurteilung mit Kommodore Bonte folgende Feststellung treffen müssen:

1.) Eine starke norwegische Kompanie unter Führung von Major Spjelder war auf der Erzbahn in Richtung schwedische Grenze entkommen. Sie stellte eine Bedrohung der einzigen rückwärtigen Verbindung der Nordgruppe dar.

2.) Die Besetzung des norwegischen Flugplatzes Bardufoss erwies sich als undurchführbar. Daher war die Landung eigener Flugzeuge in oder bei Narvik bis auf weiteres unmöglich.

3.) Die sogenannten Ramsund-Batterien am Eingang des Ofotfjords existierten nur auf der Karte des deutschen Nachrichtendienstes. Damit konnte der Zugang vom Atlantik nach Narvik für feindliche Schiffe nicht gestoppt werden.

4.) Eigene Artillerie war nicht vorhanden, da sämtliche schon vor Beginn von "Weserübung" in Marsch gesetzten Frachtschiffe versenkt oder vom Feind gekapert worden waren.

5.) Die gesamte Landungsgruppe war infolge dieser Verluste nur für wenige Tage bevorratet.

6.) Die zehn deutschen Zerstörer, die bei der Fahrt nach Narvik fast den gesamten Treibstoff verbraucht hatten, konnten nur von einem Treibölversorger - der 'Jan Wellem' - versorgt werden und sollten in der Nacht zum 10. April Treibstoff übernehmen."

Der nächste Morgen brachte dann das erste Zerstörergefecht in Gestalt eines feindlichen Zerstörerüberfalls auf Narvik. Daß das Gelingen dieses Überfalls von einer mißverständlichen Befehlsgebung ausging, nach welcher der Wache laufende Zerstörer über UK den Befehl erhalten hatte: "Von vier Uhr morgens bis Hellwerden" die Wache zu übernehmen und dann zur Ölübernahme einzulaufen, ist nachträglich geklärt worden. Als dann der Zerstörer um 5.00 Uhr einlief, war die Zufahrt zum Hafen unbewacht. Der Gegner konnte unbemerkt eindringen und seine Torpedos auf die im Hafen liegenden Zerstörer und die Handelsschiffe schießen.

Vier Zerstörer wurden schwer beschädigt oder versenkt. Mit dem Führerzerstörer sank auch Kommodore Bonte auf den Grund des Hafenbeckens. 13 weitere Offiziere und 68 Soldaten fielen mit ihm.

Der zum Westausgang des Ofotfjords vorgeschickte Spähtrupp unter Oblt. Obersteiner kam eine Stunde vor Mitternacht des 10. April von seiner Unternehmung zurück und meldete, daß im Ramsund bei Rambö ein norwegisches Marinedepot entdeckt worden sei. Oblt. Obersteiner berichtete von der durch ihn persönlich beobachteten Versenkung der beiden für Narvik bestimmten Tankdampfer durch feindliche Zerstörer. Befestigungen am Eingang des Ofotfjords aber hatte er nicht entdekken können. Es gab sie nicht.

Am 13. April fanden dann die restlichen Zerstörer im Kampf gegen eine große Übermacht, darunter das Schlachtschiff "Warspite", ihr Ende. Die Zerstörerbesatzungen wurden unter dem Befehl von FKpt. Bey mit der Sicherung der Erzbahn zwischen Forsneset und Hundalen beauftragt. Die in Harjangen zusammengekommenen Zerstörermänner unter KKpt. Nothe wurden den Truppen von Oberst Windisch unterstellt und zum Küstenschutz um den Nordteil des Harjangs-Fjords eingesetzt. Die in Narvik an Land gegangene Zerstörermänner traten unter das Kommando von KKpt. Erdmenger und gliederten sich in die Verteidigungslinie um Narvik ein.

Scherzhaft "Gebirgsmarine" genannt, erwiesen sich diese im Kampf an Land völlig ungewohnten Männer als eisenharte Kämpfer, die den Gebirgsjägern entscheidende Hilfe leisteten.

Am 13. April hatte GenMaj. Dietl die 1./GJR 139 unter Major von Schleebrügge an der Erzbahn eingesetzt, weil er dort feindliche Landungsoperationen erwartete. Diese Einheit stieß am 16. April auf die norwegische Kompanie unter Major Spjelder, die an der Norddalenbrücke der Erzbahn zum Kampf gestellt wurde.

Nach lebhaftem Gefecht in der Nähe von Spionkop nahe der schwedischen Grenze wurden der norwegische Major und ein Teil seiner Truppe gefangengenommen. Etwa 300 norwegische Soldaten entkamen über die schwedische Grenze. Durch diesen Einsatz war die mögliche rückwärtige Bedrohung durch Major Spjelders Truppe beseitigt.

Wegen der Schneeverwehungen blieb die Erzbahn allerdings einstweilen unbenutzbar. Außerdem waren alle auf dem Narviker Bahnhof stehenden Siemens-Lokomotiven bei der Beschießung durch den Gegner unbrauchbar geschossen worden.

Daß die Front zur See hin nach der Vernichtung der zehn deutschen Zerstörer jedem Feindangriff offenlag, irritierte GenMaj. Dietl besonders stark. Immerhin zeigte der Feind an anderen Stellen, daß er mit größeren Verbänden landen und sich der Landeplätze versichern konnte. Mit seinem Ia, Oberstleutnant Bader, versuchte GenMaj. Dietl diesen kurz bevorstehenden Landungsunternehmen Paroli zu bieten. Daß diese ausblieben - wo doch nach Meinung der britischen Admiralität um den 10. bis zum 15. April und noch darüber hinaus ein Landungsversuch mit etwa nur 500 Soldaten Erfolg haben würde -, war wider jeder Voraussicht. Allerdings hatte sich das II./GJR 139 unter Major Haussels rund um Narvik in den Felsen derart eingenistet, daß jeder Landungsversuch schwere Opfer gefordert hätte, zumal ja der Feind mit dem Flachfeuer der Schiffsgeschütze die deutschen Stellungen niemals erreicht hätte.

Inzwischen stieß Major Stautner mit dem I./GJR 139 (ohne dessen 1. Kp.) beiderseits der völlig zugeschneiten Straßen nach Elvenes am Gratangsbotn vor, ohne Feindberührung zu haben.

Als über den Feindsender Tromsö durchkam, daß die Engländer beiderseits von Drontheim gelandet waren, schienen die Befürchtungen sich auch für den Norden als Wahrheit herauszustellen, doch die Kräfte von GenMaj. Dietl am Gratangenfjord ebenso wie in Oalgge 35 km nördlich von Narvik, bei Elvegardsmoen und in Narvik selber waren nicht betroffen. Erst am 17. April versuchten die Engländer eine Landung im Gratangenfjord, die aber abgewiesen werden konnte.

Am Abend dieses Tages erhielt Dielt ein Glückwunschtelegramm des OB des Heeres, GenOberst von Brauchitsch, in dem dieser dem Gebirgsjägerführer von Narvik zur Beförderung zum Generalleutnant beglückwünschte.

Am 18. April erschien Generalleutnant Dietl bei der Gruppe unter Oberst Windisch. Gemeinsam kamen die beiden Offiziere zu der Überzeugung, daß ein rascher Angriff auf jene Feindgruppe am Oallge-Paß, die sich ständig verstärkte, die richtige Art sei, deren bevorstehenden Angriff durch einen eigenen Vorstoß noch vor der Versammlung zu zerschlagen.

Am 22. April traf per Kurier, der mit einem Schwimmerflugzeug auf dem Beijsfjord gelandet war, mit dem Ib der 3. GD, Hptm. Mittlacher, ein Führerbefehl ein, den Mittlacher sofort GenLt. Dietl überreichte. Der Wortlaut desselben lautete:

"Der Oberste Befehlshaber der Wehrmacht, Berlin den 18. 4. 40, an Generalleutnant Dietl:

1.) Alle Nachrichten deuten darauf hin, daß eine starke feindliche Aktion gegen Narvik vorbereitet wird. Auf die Dauer werden Sie in Anbetracht Ihrer Bewaffnung und Ausrüstung den durch den Feind über See herangeführten Kräften nicht standhalten können.

2.) Die Überführung und Versorgung weiterer eigener Kräfte mit Artillerie ist nicht möglich.

3.) Ihre wichtigste Aufgabe bleibt trotzdem, sich so lange als möglich zu halten und zu behaupten. Dadurch müssen Sie die Zeit gewinnen für alle Vorbereitungen, um die Benutzung der Erzbahn und die Erzverschiffung durch die gründlichste Zerstörung der Bahn und ihrer Kunstbauten auf lange Zeit hinaus für den Gegner unmöglich zu machen.

4.) Durch eine Kampfführung im Sinne des Funkspruches vom 15. April, 18.23 Uhr, und eine Vereinigung Ihrer Kräfte an der Erzbahn werden und können Sie starke feindliche See- und Landstreitkräfte auf lange Zeit fesseln und so die Kampfführung an anderen Stellen des nördlichen Kriegsschauplatzes in hohem Maße entlasten.

5.) Die Zuführung von Spreng- und Zündmitteln durch See-Langstreckenflugzeuge ist eingeleitet. Im Rückflug sollen diese Maschinen zunächst hochwertige Spezialisten der Kriegsmarine, die Ihnen wenig nützen können, zurückführen.

6.) Übermitteln Sie durch Kurier oder Funk, ob Sie nach Ausführung des Auftrages gemäß Ziffer 3 eine Möglichkeit sehen, sich mit ausgesuchten Kräften nach Süden durch die Gebirge durchzuschlagen, unterstützt durch zeitweisen Abwurf von Verpflegung aus Flugzeugen und nach dem Abschub Marschunfähiger über Schwedengrenze. Über die Möglichkeit eines Abtransportes mit Seeflugzeugen wird der Kurier mit Ihnen Rücksprache nahmen.

Wenn beide Möglichkeiten ausscheiden, handeln Sie so, daß die Ehre der deutschen Wehrmacht fleckenlos bleibt.

gez. Adolf Hitler."

(Siehe Klatt, Paul: 3. Gebirgs-Division; und: ders. Briefe und Dokumente an den Autor 1967).

Winston Churchill war der felsenfesten Überzeugung, Narvik noch im April erobern zu können. Um dieses Ziel zu erreichen, das ihm einen hohen Prestigegewinn gebracht hätte, veranlaßte er immer weitere Truppenzuführungen an mehreren Stellen des zerklüfteten Landes. Vom 21. bis 24. April liefen die englischen Nachschubtransporte für Andalsnes. Am 21. April gelang es dem auf einer Transportfahrt begriffenen U 26 unter Kptlt. Scheringer, den von zwei Zerstörern gesicherten britischen Transportdampfer "Cederbank" mit 5 159 BRT zu vernichten. Der Kreuzer "Arethusa" brachte am 22. April Material und Personal für einen RAF-Flugplatz nach Andalsnes. Am 23. dieses Monats landeten die Kreuzer "Galatea", mit VAdm. Edward-Collins. "Sheffield", "Glasgow" und sechs Zerstörer den ersten Teil der 15 InfBrig. Der Rest dieser Brigade folgte am 24. April auf den Kreuzern "Manchester", "Birmingham" und "York" sowie drei Zerstörern nach.

Die Luftsicherung dieser Verbände wurde durch die unter dem Kommando von VAdm. Wells stehenden Träger "Arc Royal" und "Glorious" gesichert, die außerdem Gloster-Gladiator-Jäger einflogen. Der Jagdschutz und Flakschutz vor Andalsnes und Molde wurde durch die Flakkreuzer "Carlisle", "Curacao" und durch die Sloops "Black Swan", "Bittern", "Flamingo" und "Fleetwood" besorgt.

Ein deutscher Luftangriff auf diese Sicherungsschiffe vor Andalsnes brachte nur einen Erfolg, als der Flakkreuzer "Curacao" getroffen wurde. Am nächsten Tage war die Luftwaffe erfolgreicher. Diesmal sanken die "Trawler", "Bradman", Hammond" und "Larwood".

Was aber war mit der deutschen U-Boot-Waffe? War ihr Schwert stumpf geworden? Hatte nicht Admiral Dönitz an allen neuralgischen Punkten seine U-Boot-Gruppen aufgestellt? Hatten sie nicht alles, was in die vorher bezeichneten Häfen einlaufen wollte, mit ihren Torpedos auf den Grund des Nordmeeres schicken müssen? Der Angriff von U 23 unter Kptlt. Beduhn gegen den wieder abmarschierenden Kreuzer "York" schlug jedoch fehl. Die geschossenen Torpedos versagten.

Mehr über diese "Torpedomisere" im folgenden abschließenden Abschnitt über "Weserübung".

Weiter mit den alliierten Truppenlandungen. Der französische Truppentransporter "Ville d'Algier", der 1100 Mann französische Truppen an Bord hatte, deren Bestimmungshafen Namsos war, wurde von dem britischen Kreuzer "Birmingham", dem Flakkreuzer "Calcutta" und den französischen Zerstörern "Bison" und "Foudroyant" geleitet. Der Zerstörer "Maori" und die Sloop "Auckland" kamen hinzu; sie nahmen den Truppentransporter auf und geleiteten ihn durch den dichten Schneesturm nach Namsos hinein, wo nur 750 französische Soldaten gelandet werden konnten.

Am 24. April beschossen britische Einheiten unter dem Kommando von Admiral of the Fleet Lord Cork Narvik mit der "Warspite", den Kreuzern "Effingham", "Aurora" und "Enterprise" sowie dem Zerstörer "Zulu". Sie sollten die nachfolgende

Landung einer Kampfgruppe von dem Schulkreuzer "Vindictive" vorbereiten. Doch die Landungen mißlangen infolge des schweren Abwehrfeuers, das auf die Bucht gelegt wurde. Auch bei diesem Schiffsbombardement gingen viele Häuser Narviks in Flammen auf.

Zwischen dem 24. und 27. April gelang es der Britischen Admiralität, mit dem Truppenkonvoi FP 2 und den Transportern "Djenné, "Flandre" und "Président Doumer" die mit Zerstörergeleit aus Scapa Flow ausliefen, Harstad zu erreichen und dort die französische Alpenjäger-Brigade unter BrigGen. Fleischer zur Hälfte zu landen. Am 28. traf auch der Materialtransport des Geleitzuges FS 2 mit drei großen Frachtern in Harstad ein.

Im Unternehmen "Königsball" gelang es der britischen Marine, am 29. April von Andalsnes/Molde aus mit dem Kreuzer "Glasgow" den norwegischen König und den Kronprinzen an Bord zu nehmen und sie nach Tromsö zu bringen.

In der Nacht zum 1. Mai wiederum nahmen die von VAdm. Edward-Collins geführten Kreuzer "Galatea", "Arethusa", "Sheffield" und "Southampton" mit den Zerstörern "Mashona", "Sikh", "Tartar", "Wanderer", "Walker" und "Westcott" in Andalsnes und Molde die großen Truppentransporter "Ulster Monarch" und "Ulster Prince" auf. An diesen Schiffen befanden sich 2000 Soldaten, die evakuiert wurden. In der folgenden Nacht wurde in Andalsnes und Molde die Evakuierung fortgesetzt. Unter Führung von VAdm. Layton brachten die Kreuzer "Manchester" und "Birmingham" 1500 Mann aus Andalsnes fort. Auf dem Flakkreuzer "Calcutta" und der Sloop "Auckland" wurden 1000 Mann eingeschifft. Aus dem Alesund brachte der Zerstörer "Somali" eine Kampfgruppe hinaus. Der norwegische Oberbefehlshaber, GenMaj. Runge, wurde von dem Zerstörer "Diana" aufgenommen und ebenfalls nach Tromsö gebracht.

Doch vorerst zurück zur 3. Gebirgs-Division bei Narvik.

Schwere Tage für die Gebirgsjäger

Der Ring um die im hohen Norden bei Narvik eingeschlossene 3. Gebirgs-Division schloß sich nach dem 20. April enger und enger. Genlt. Dietl mußte seinen Gefechtsstand in der Nacht zum 25. April vom Südufer des Rombaken nach Sildvik verlegen. Der Schwerpunkt der zu erwartenden Kämpfe würde mit Sicherheit beim GJR 139 im Norden der Front liegen.

An diesem Tage wurde die Sicherungstruppe am Oalgge-Paß, das Batl. Stautner, von norwegischen Kräften von Norden her umgangen. Mit nachfolgenden weiteren Kräften mußte gerechnet werden.

Dennoch griff das Batl. Stautner am 25. April an und rieb das eingesickerte norwegische Ski-Batl. völlig auf. Dieser Gegner verlor 200 Tote, unter ihnen auch der BatlKdr., viele Verwundete und 130 Gefangene.

Dieser Einsatz von Major Ludwig Stautner mit dem I./GJR 139 wurde am 20. Juni 1940 mit dem Ritterkreuz des Eisernen Kreuzes belohnt.

Durch schweres Artilleriefeuer britischer Kriegsschiffe am 28. April wurde der Stab des GJR 139 unter Oberst Windisch aus seinem GefStand im Lager Elvegardsmoen hinausgeschossen. Oberst Windisch bezog im Raume des Hartvig-Sees einen neuen Gefechtsstand.

Das I./GJR 139 mußte nun ständig stärker werdenden Druck melden. Es zog sich befehlsgemäß langsam auf die beherrschenden Höhen zwischen dem Storv-See und dem Grocsv-See zurück.

Die Südgruppe Narvik lag zu Anfang Mai noch in sicheren Stellungen und Unterkünften. Lediglich auf dem Ankenes-Fjell mußten die Gebirgsjäger im freien Gelände gegen einen hart angreifenden Gegner verteidigen. Die Schneeschmelze hatte eingesetzt, die Verpflegung war nahezu aufgebraucht, der Nachschub kam nur schwach nach. Dort tauchte immer wieder die hagere Gestalt von GenLt. Dietl auf, der sich um seine Jäger kümmerte und Hilfe leistete, wo immer er konnte.

Nebel, Regenschauer und schneidend kalter Wind setzten den Männern stark zu. Nichts war hier vorhanden, das ihnen einigermaßen Schutz gewährt hätte, außer den Zeltbahnen, von denen nicht alle Männer eine besaßen. Feldküchen gab es nicht. In dieser Steinwüste erlebten die Soldaten der 3. Gebirgs-Division harte Wochen. Die ihnen zugeteilten Zerstörersoldaten waren noch ärmer dran, weil sie sehr schlecht ausgerüstet waren. Der Großteil ihrer Sachen war mit ihren Zerstörern untergegangen.

Der Kampf des 13. Mai wurde zu einem Höhepunkt. Schnee, Regen und Sturm herrschten seit den frühen Morgenstunden. Gegen 6.00 Uhr erschienen 16 (!) feindliche Kriegsschiffe vor Narvik und belegten die Stadt und den Einsatzraum der Gruppe Windisch mit stärkstem Artilleriefeuer. Das letzte Verpflegungsdepot der Gebirgsjäger bei Bjerkvik, in dem sich noch 2000 Portionen eiserne Ration befanden, wurde in Brand geschossen.

Im Schutze dieser starken Feuerglocke landeten am Ostufer des Harjangen-Fjords starke feindliche Kampfgruppen. Sie durchstießen die dort liegende Marine-Einheit und stürmten bis zum Lager Elvegardsmoen vor. Gleichzeitig damit wurden Sildvik, Hundalen und die Norddalenbrücke von britischen Trägerflugzeugen bombardiert.

Die Gebirgsjäger zogen sich in der folgenden Nacht zum 14. Mai planmäßig in die vorbereitete zweite Linie zurück, die sich von Storebalak bis zur Höhe 548 erstreckte. Der Großteil der schweren Waffen und die beiden Geschütze der Gruppe Windisch mußten im hohen Schnee zurückgelassen werden.

Die in dem am weitesten vorgeschobenen Einsatzhorst Drontheim liegenden Luftwaffenverbände, dabei auch Bomber und Schlachtflieger, konnten wegen des schlechten Wetters zunächst nicht starten.

In den nächsten Tagen griff der Gegner hier, von Nordosten kommend, mit starken norwegischen Kräften vereinigt, weiter an.

Inzwischen war das gesamte Fallschirmjäger-Bataillon unter Major Walther in Drontheim versammelt worden und sprang in kleinen Gruppen, durch Ju 52 ans Ziel geflogen, bei Spionskop ab. Dorthin hatte der Divisionsstab Dietl seinen Gefechtsstab verlegt.

Von Drontheim aus hatten die Maschinen 650 km zurückzulegen. Sie mußten oftmals bei schlechtester Wetterlage starten. Dennoch gelang es den dafür auf Drontheim-Platz versammelten 80 Ju 52 und 40 Flugzeugen anderer Typen, seit dem 13. April bis zum 9. Juni nicht weniger als 25 Flüge nach Narvik durchzuführen. Hier die Auflistung dieser einmaligen Leistung der wenigen Maschinen des Transportchefs Land und See-Norwegen:

"13. 4. 40: 2./GAR 112 wird mit 10 Ju 52 auf dem Hartvig-See gelandet. Eine Do 24 bringt Munition für Zerstörer.

15. 4. 40: Landung einer Do 28 mit Granatwerfermunition.

19. 4. 40: Abwurf von Munition durch eine FW 200 "Condor" über Narvik.

21. 4. 40: Start derselben Maschine und Abwurf von Munition und dringend benötigtem Kartenmaterial.

22. 4. 40: Eintreffen des Führer-Kuriers, Hptm. Mittlacher, und des Pionier-Hptm. Oberndorfer.

23. 4. 40: Eintreffen eines Transportzuges auf der schwedischen Grenzstation mit San.-Personal, San.-Gerät, Verpflegung und Nachrichtenpersonal.

4. 5. 40: Ein Flugzeug mit Pak einschl. Munition und Post.

7. 5. 40: Flugzeug mit der Pak-Bedienung und Kurierpost.

8. 5. 40: Landung einer Do 26 im Rombaken-Fjord mit Teilen der 3./GJR 138. 22.00 Uhr Eintreffen einer weiteren Maschine mit 18 Jägern. Insges. 1 Offz., 35 Jäger.

10. 5. 40: Eintreffen eines Flugbootes mit Jägern in Rombaken.

12. 5. 40: Hptm. Schreiner mit 13 Jägern und einem 200-Watt-Sender eingetroffen.

14. 5. 40: Landung von 66 Fallschirmjägern unter Lt. Becker.

18. 5. 40: Landung von zwei Flugbooten mit Verpflegung und Waffen. Des weiteren Abwurf von Verpflegung bei der Gruppe Windisch; um 22.05 Uhr mit zwei Flugbooten Landung vor 15 Jägern unter Führung von Lt. Körber, 2./GJR 138.

20. 5. 40: 40 Spezialisten über Schweden im Bahntransport für MG, Granatwerfer, Nachrichtenpersonal; dazu Fliegerverbindungsoffizier - Fliegerhauptmann Kleß, Heerespfarrer und 17 Jägern der 3./GJR 138 mit Pak und ein Offz. und 15 Jäger der 6./GJR 138.

22. 5. 40: Hptm. Renner 2./GJR 138 mit 62 Jägern und einer Pak.

23. 5. 40: Absetzen von 65 Jägern der 2./GJR 137 mit Fallschirm.

24. 5. 40: Absetzen von 55 Jägern der 1./GJR 137 mit Fallschirm.

25. 5. 40: Absetzen eines Offiziers und 53 Jägern der 1./GJR 137.

Weiterhin: Absetzen von 44 Jägern, 2./GJR 137 alle mit Fallschirm, 14 Jäger der 6.(GJR 136 mit Flugboot.

40 Spezialisten (für MG und Granatwerfer) mit der Bahn über Schweden."

Damit war der 25. Mai jener Tag mit den meisten Zuführungen, die dennoch in keiner Weise an die Zuführungsoperationen der Alliierten in Großkonvois heranreichten, dennoch aber ausreichend waren, um GenLt. Dietl und seinen Männern das Gefühl zu geben, noch nicht aufgegeben zu sein.

Diese Transporte setzten sich wie folgt fort:

"26. 5. 40: Wehrmachtspfarrer Maurer, drei Offiziere und 78 Fallschirmjäger des I./FJR 1 unter Hptm. Walther im Fallschirmabsprung.

28. 5. 40: Absprung von 46 Fallschirmjägern des I./FJR 1. Ein Gebirgsgeschütz mit Ofw. Frick und Besatzung landet mit Flugboot.

29. 5. 40: Drei Offiziere und 63 Mann I./FJR 1 im Fallschirmabsprung; 61 Mann, Waffen und Batteriestab im Flugboot.

31. 5. 40: Stabsarzt Dr. Feuerle und 80 Spezialisten kommen im Bahntransport über Schweden. Abwurf von Munition durch zwei He 111.

2. 6. 40: Zwei Offiziere und 44 Jäger der I./FJR 1 im Sprungeinsatz.

7. 6. 40: Absprung von Oberst Meindl, Kommandeur des GAR 112, mit einer unbekannten Zahl an Fallschirmjägern, wahrscheinlich Lt. Minarik mit 40 Spezialisten.

9. 6. 40: Absprung von Hptm. Wisch mit 20 Fallschirmjägern des I./FJR 1.

(Alle Angaben siehe: Klatt, Paul: a.a.O.)

Immer öfter traf GenLt. Dietl auf Skiern bei seiner Nordgruppe ein, um sich vom Stand der Verteidigungsarbeiten zu überzeugen. Der Angriff des Gegners konnte jederzeit erfolgen. Die Versorgungsanlage wurde von Tag zu Tag besorgniserregender. Am 20. Mai entschloß sich Dietl dazu, die Nordgruppe bei weiterem Feind druck in die letzte, aber sehr starke Stellung hinter dem Jernsee und dem dort zum Rombaken führenden Flußtal zurückzunehmen.

Am 21. Mai tauchten unangefochten ein feindlicher Kreuzer und zwei Zerstörer bei Nygard und Troeldal im Rombakenfjord auf. Sie landeten schwächere Feindkräfte, die zunächst nach Norden vorstießen, dann aber in dem überaus schwierigen Gelände liegenblieben. Oberst Windisch führte seine Soldaten in die letzte Stellung zurück. Die am 26. Mai abgesprungenen Fallschirmjäger mit Hptm. Walther wurden als Divisionsreserve zum DivGefStand gezogen, um für Sonderaufgaben bereitzustehen.

Das Feuer von 14 feindlichen Kriegsschiffen setzte um Mitternacht des 28. Mai schlagartig ein. Narvik lag wieder einmal unter einer dichten Feuerglocke. Eine Stunde darauf setzten starke Feindkräfte vom Nordufer des Rombakenfjords nach Narvik über. Die Landungstruppen waren mit leichten Panzern ausgerüstet, die den Sturmgruppen vorausrollten und die Widerstandsnester zusammenschossen.

Zwischen dem Bahnhof Narvik und dem Tunnel Nr. 1 stieß dieser Verband durch. Major Haussels, der mit dem II./GJR 139 die Verteidigung von Narvik übernommen hatte, mußte die Stadt räumen, wenn er nicht sein ganzes Bataillon verlieren wollte. Am Hafen entlang zog er sich mit seinen Männern auf den Beisfjord zurück.

Vom Beisfjord aus gelang es Oberfeldarzt Dr. Lottner, zum DivGefStand durchzukommen und Meldung zu machen.

Die 8./GJR 139, die noch immer auf dem Ankenes-Fjell verteidigte, und die dort eingesetzte Kp. Rieger wurden von einem weit überlegenen Gegner angegriffen. Beide Kompanien mußten sich in Booten über den Beisfjord und dann durch das felsige Höhengelände, das immer noch hoch mit Schnee bedeckt war, zurückziehen. Obtl. Schwaiger, einer der Kp-Chefs, fiel bei einem Gegenstoß. Narvik war in feindlicher Hand!

Weder die Kriegsmarine noch die Luftwaffe hatte diese feindlichen Schiffsansammlungen angegriffen. Von der U-Bootwaffe ganz zu schweigen, die aus bestimmten Gründen (Torpedoversager in laufender Folge) zurückgezogen worden war.

Am 30. Mai griff der Gegner um 7.30 Uhr vom Beisfjord aus auf Sildvik an. Eine Stunde später erreichte GenLt. Dietl diese Meldung. Er setzte als letzte Reserve die Kampfgruppe Walther an. Diesem wurde der schwache Pionierzug von Brandt unterstellt.

Nach Beratung mit seinem Ia, Oberstleutnant Bader, beschloß GenLt. Dietl, die Verteidigung der Erzbahn in die Linie Strömen-Enge - Middagsfjord zurückzunehmen. Dort aber wollte er unter allen Umständen halten.

Bereits am 5. Mai hatte Gen. Dietl von Hitler persönlich freie Hand erhalten, mit den gebirgsgewohnten Teilen seiner Kampfgruppe den Durchbruch nach Süden zu versuchen. Von dort aus war die 2. Gebirgs-Division bereits seit geraumer Zeit zum Unternehmen "Büffel" angetreten.

Alle übrigen Teile der Gruppe Dietl einschließlich der Männer der Kriegsmarine, die zur Abschirmung der Südflanke mit dem Marine-Bataillon Kothe wichtige Hilfe waren, sollten über die schwedische Grenze in die Internierung gehen, die von der schwedischen Regierung bereits vorbereitet worden war.

Der Gruppe Narvik standen zu dieser Zeit sieben englische und kanadische Bataillone, zwei Bataillone französischer Alpenjäger, zwei Fremdenlegionärs-Bataillone und zwei Bataillone polnischer Freiwilliger gegenüber. Zu diesem kam die 6. norwegische Division in Stärke von 7000 Mann mit einer Gebirgsartillerie-Abteilung und dem Alta-Bataillon.

Doch GenLt. Dietl beschloß, es zum Endkampf kommen zu lassen, zumal die spärlich durchkommenden Nachrichten aus Drontheim anzeigten, daß die Operation "Büffel" an Boden gewann.

Hier jener Einsatz, der neben den erbitterten Kämpfen der Gruppe Narvik schließlich mit dazu beitrug, den endgültigen Sieg der deutschen Waffen zu erringen.

Mittelnorwegen: Auf des Messers Schneide

In seinem berühmt gewordenen Werk "Fra Krigen i Nord-Tröndelang 1940", der einzigen fundierten Darstellung des Kampfes in Mittelnorwegen aus alliierter Sicht, hatte der norwegische Brigadegeneral Gretz jenen Kampf geschildert, der sich im Großraum Drontheim abspielte. Über den Kampf um Vernes, bei dem 1000 norwegische Soldaten in die Gefangenschaft gingen, und dem Vorstoß auf die Festung Hegra und weiter bis zur schwedischen Grenze wurde in der ersten Übersicht bereits berichtet. Bis zum 20. April besetzte die KGr. Weiß, das GJR 138 unter Oberst Weiß, einen von Osten nach Westen sich über 120 km weit erstreckenden Raum. Danach übergab Oberst Weiß die Führung an den soeben eingetroffenen Wehrmachtsbefehlshaber Drontheim, General Woytasch, dessen 181. ID mit Teilen ab dem 16. April nachgelandet worden war. Die beiden ersten Bataillone seiner Regimenter 334 und 359 waren in Ju-52-Transportern herangeflogen worden.

Damit hatte das GJR 138 seinen ersten Auftrag erfüllt und jenen weiträumigen Brückenkopf errichtet, in den alle nachzuführenden Truppen des Heeres eingeschleust werden konnten.

Zwischen Drontheim und Narvik hatte sich die 5. norw.-InfBrig. unter Oberst Gretz eingeschoben, die in Vernes aufgestellt worden war. Diese Brigade nahm als Kerntruppe alle Truppenlandungen der Alliierten zwischen dem 17. und 20. April auf und stellte so das Landungskorps unter General Massy mit den bereits genannten Gruppen Dombas und Namsos dar.

Die Gefahr für Drontheim wurde durch die Gebirgsjäger und die ersten Verbände der 181. ID im Norden und Süden des Hafens beseitigt. Die britische Andalsnes-Gruppe wurde entscheidend geschlagen, und am 23. April wichen die Truppen unter General Morgan von Lillehammer in das Gudbrandsdal aus. Ihnen dichtauf folgten deutsche Verbände. Ulsberg wurde von der KGr. Fischer - einem Teil der 196. ID mit unterstelltem GebPiBatl. 83 - genommen. Im Weiterstoß auf Opdal im Süden und Sundalsöra im Westen reichte diese zweite KGr. der Division unter der Führung des Divisionskommandeurs, GenLt. Pellengahr bei Dombas die Hand. (GenLt. Pellengahr erhielt für die besondere Leistung seiner Division und für seine Führungsstärke am 9. Mai 1940 das Ritterkreuz).

Andalsnes, wo die Engländer wieder auf ihre Schiffe gegangen waren, wurde durch die eigene Luftwaffe bombardiert, bis die englische Flotte hier in See ging.

Die Reste von drei norwegischen Divisionen, die sich nun allein gelassen sahen, baten um Waffenruhe. Am 30. April war die Verbindung längs der Bahnlinie Oslo-Elverum-Drontheim durch diesen Stoß der 196. ID hergestellt. Der Krieg in Mittelnorwegen - nach den alliierten Landungen auf des Messers Schneide stehend - war entschieden.

Die britische Regierung rief auch die Gruppe unter General Carton de Wiart zurück. General Audet schrieb Oberst Getz einen Brief, in welchem er die Flucht zu begründen versuchte:

"Wegen der fortgesetzten Bombardierung von Namsos konnte das schwere Gerät nicht entladen werden; außerdem fehlten Flugzeuge und Landeplätze. Deutsche Sturzkampfflieger versenkten einen französischen Transporter von 10000 BRT, beschädigten drei weitere Schiffe und trugen auf diese Weise zur Beschleunigung der Truppeneinschiffung bei."

Am 3. Mai mittags wurde Namsos von dem I./IR 359 der 181. ID in Besitz genommen. Beiderseits des Snasen-Sees mußte sich die Masse der norwegischen 5. Infanterie-Brigade dem III./GJR 138 ergeben. In Asp führte Major Schratz die Kapitulationsverhandlungen. Wenig später war eine Vereinbarung erzielt, und 3000 Norweger dieser tapferen Brigade streckten die Waffen.

Zum ersten Male trafen sich auch die Kameraden des III./GJR 138 mit dem Bataillon Poncet. Dieses Batl. war als Vorhut der 163. ID unter Generalmajor Engelbrecht in die schweren Kämpfe am 16. April bei Fjeldhaug verwickelt worden. Es hatte mehrere Straßensperren überwunden und sah sich plötzlich eingeschlossen.

Lt. Körber, Zugführer in der 2./GJR 138, hatte die entscheidende Stellung des Gegners erstürmt und den entscheidenden Impuls zur Erstürmung von Fjeldhaug gegeben. Im Kampf gegen die norw. 2. Division unter GenMaj. Dahl bei Balke und Gjövik war ihm der Durchbruch gelungen. Er schnitt - immer wieder von den dichtauf folgenden Soldaten der 163. ID unterstützt und aus schwierigen Situationen herausgehauen - im Gaustal 3700 norwegischen Soldaten den Rückzugsweg ab und trug mit dazu bei, daß die 163. ID ihren Auftrag zeitgerecht erfüllen konnte. (Generalmajor Engelbrecht erhielt am 9. Mai das Ritterkreuz. Dazu erklärte er: "Es wurde durch meine Division und die tapferen Gebirgsjäger erkämpft, ich trage es für diese Männer.")

Generalleutnant Feurstein sammelte jetzt seine Truppen. Es ging nun darum, dem völlig auf sich gestellten Narvik zu helfen und die dort verzweifelt um das Überleben kämpfenden Gebirgsjäger unter GenLt. Dietl zu entsetzen.

Über Fjelle und Fjorde hinweg mußte eine Landbrücke nach Narvik geschlagen werden. Die Überführungsflüge der Gebirgsjäger nach Narvik, das Absetzen kleiner Gruppen Fallschirmjäger reichten nicht aus, um das Überleben der 3. Gebirgsdivision sicherzustellen.

Unter der Führung des Kommandeurs der 2. Gebirgs-Division stand von nun an auch das GBJ-Regiment 138 der 3. GD unter Oberst Weiß. Auch diese Männer brannten darauf, ihre Kameraden zu erlösen.

Es ging über 600 Kilometer nach Nordnorwegen. Mo, am Ende des Ran-Fjords gelegen, war das erste Ziel. Es lag 250 km vor den Angreifern, eine einzige Straße führte dorthin. Aber auch über See war Mo zu erreichen. Dazu wurde der gekaperte 1000-Tonnen-Dampfer "Nord-Norge" ausgerüstet, um die Operation "Wildente" durchzuführen.

An Bord dieses Dampfers waren 103 Gebirgsjäger eingeschifft. Ein schwerer Granatwerfer-Trupp, zwei Gebirgsgeschütze und zwei 2 cm-Marine-FlaMW kamen hinzu. Unter Führung von Major Holzinger sollte diese Kampfgruppe die mitten im Ran-Fjord gelegene Ortschaft Hemnesberget handstreichartig in Besitz nehmen und

Der Kampf ist zu Ende. Die Fallschirmjäger rücken ab.

Die Männer des Pionierzuges Witzig nach dem Sieg.

Oberleutnant Walter Kiess, Lastenseglerführer der „Sturmabteilung Koch".

Oberleutnant Rudolf Witzig: Chef der Pioniere auf Eben Emael.

Die Gruppe Arent auf Eben Emael. Peter Arent, 3. v. rechts.

Hitler mit Offizieren des Albertkanal-Unternehmens. Von links: Olt. Meissner, Olt. Witzig, Hptm. Koch.

Hitler bei den Siegern von Eben Emael und den Brücken.
Von links: Lt. Delica, Olt. Witzig, Hptm. Koch, Olt. Zierach, Hitler, Lt. Ringler, Lt. Meissner, Olt. Kiess, Olt. Altmann, Oberarzt. Dr. Jäger.

General der Artillerie von Küchler an seinem Wagen, der noch keine matte Tarnfarbe trägt.

Blick von der Kathedrale von Antwerpen zum Hafen wo ein Tanklager brennt.

Der Rathausplatz ist bereits von deutschen Fahrzeugen besetzt. Die ausgelegte Hakenkreuzfahne soll Flugzeugen anzeigen, dass hier eigene Truppe stehen!

Ein gegnerischer Panzerzug ist an einem bombardierten Streckenabschnitt entgleist.

Der Kanal De Vliet zwischen Rijskwijk und Delft bei Ypenburg. Die ersten Fallschirmjäger sind gelandet.

Fallschirmlandungen.

Die Maasbrücke bei Moerdijk: Das Brückenhaus wird erstürmt.

Landung deutscher Fallschirmjäger bei Den Haag

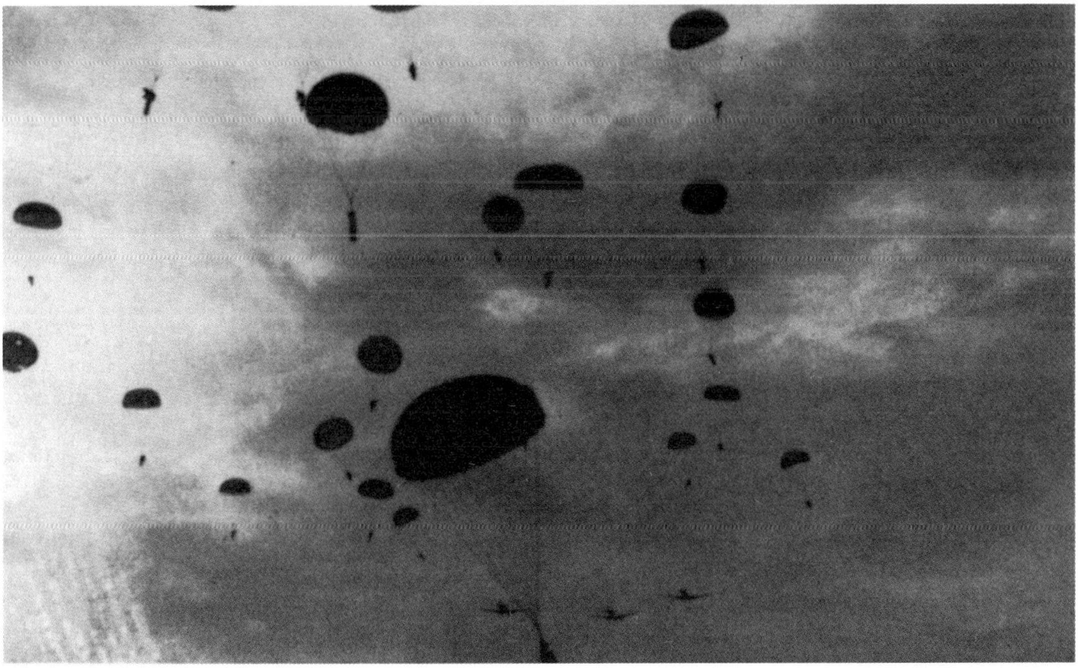

und bei Rotterdam.

Soldaten der Voraustruppen der 22. Luftlandedivision nach der Landung auf Waalhaven.

Das Desaster auf dem Flugplatz Ypenburg.

von dort aus gegen die Straßenenge bei Finneid vorstoßen und diese so lange halten und sichern, bis die auf dem Landwege vorstoßende Truppen sie erreicht hatten.

Als der Dampfer an der vorgesehenen Stelle anlegen wollte, erhielt er starkes MG-Feuer aus einem hinter der dortigen Pier ausgeworfenen Graben, der von englischen Truppen besetzt war. Dennoch gelang es einem Matrosen, die Leinen an den Pollern zu belegen. Alle Soldaten verließen das Schiff. Doch es wäre ihnen sicher schlecht ergangen, wenn nicht auf die Sekunde zeitgerecht drei Stukas angegriffen und den Graben mit Bomben und anschließend nach dem Hochziehen mit MG-Feuer belegt hätten.

Hemnesberget war in deutscher Hand. Der Feind floh unter Zurücklassung seiner Ausrüstung, Fahrzeuge und schweren Waffen.

Doch dann tauchten plötzlich der britische Kreuzer "Carlisle" und der Zerstörer "Zulu" in der Hafeneinfahrt auf. Im Feuer ihrer Breitseiten sank der norwegische Routendampfer "Nord-Norge". Doch der Handstreich war bereits gelungen. Allerdings waren alle Verwundeten, die zur "Nord-Norge" zurückgeschafft worden waren - Freund und Feind -, mit der "Nord-Norge" gesunken. Auch der Landungspier wurde durch diese Beschießung vernichtet. Die gesamte Ortschaft ging in Flammen auf. Zimperlich waren die britischen Beschießungsstreitkräfte nicht!

Die Gebirgsjäger aber befanden sich bereits im Vordringen auf Hemnes-Brucket. In einem Tannendickicht überstanden sie das Schneetreiben der folgenden Nacht.

In Hemnesberget brannten inzwischen die Munitionsbestände. Doch die Gebirgsjäger gaben nicht auf. Als dann am 11. Mai Teile der 7./GJR 138 auf Flugbooten landeten, wurde nach Abweisung eines norwegisch-englischen Angriffs die Ortschaft Sund erobert.

Nach zehnstündigem Kampf, bei dem der Gegner von der Schiffsartillerie der Briten unterstützt wurde, gelang es, auch Finneid am 14. Mai in Besitz zu nehmen. Der Gegner kam ins Laufen. Er ließ bei seiner Flucht seine gesamte Ausrüstung zurück. Willkommene Beute für die Gebirgsjäger.

In Flugzeugen konnten die 46 eigenen Verwundeten schließlich abtransportiert werden.

Als dann auch noch die ersten Teile des II./GJR 138 in Finneid eintrafen, war die Lage hier stabilisiert, und wenig später stellte ein Spähtrupp des im Landmarsch angekommenen III./GJR 138 den Anschluß der beiden Gruppen her.

Das II./GJR 137 hatte auf dem Landmarsch die Spitze gehalten und blieb dem Feind immer dicht auf den Fersen, gefolgt vom III./GJR 138. Der Gegner hatte die Straße zwischen Grong und Elsfjorden an 43 Stellen gesprengt, ohne die Gebirgsjäger aufhalten zu können. Bei Elsfjorden erhielten die Gebirgsjäger Feuer von französischen Zerstörern, die in der Bucht auf- und abstanden. Die beiden Infanteriegeschütze der 14./GJR 138 erwiderten das Feuer und erzielten Treffer auf einem der Zerstörer, die daraufhin abdrehten. Eines der Geschütze wurde zerschossen, der Richtschütze schwer verwundet.

Das Bataillon überwand anschließend die 12 km weite Fjordpassage und stand in Finneid. Nach einem Marsch, der unvergessen bleiben würde, erreichten die Gebirgsjäger am 19. Mai Mo und nahmen die Stadt nach kurzem, erbittertem Gefecht in Besitz.

Als der Gegner bei Saltelv-Tal hart nördlich des Polarkreises noch einmal stehenblieb, gelang es ihm, den Vorwärtsdrang der 2. GD zu stoppen. Erst nachdem die Jäger der 13./GJR 138 uner Hptm. Hackl durch die Berge zu einem Flankenstoß ansetzen und das übrige Bataillon frontal mit allen Waffen feuerte, konnte die Entscheidung erzwungen werden. Die letzte britische Sperre unmittelbar vor Bodö bei Tverlandet-Hopen, wo der Engländer mit Geschützen und Panzern halten wollte, ging nach mehrstündigem Kampf mit der Flucht der Engländer zu ihren Schiffen verloren. Zur gleichen Zeit wurde Bodö von der Luftwaffe gebombt, um die dort noch stehenden Briten zu werfen. Diese schifften sich am 31. Mai ein.

Der letzte Teil des Durchbruchs führte durch eine Urlandschaft. Alsten und Mosjöen fielen. Bei Landsbugden wurden die in Fischerbooten und Kuttern einfahrenden Gebirgsjäger von einem Geschoßhagel empfangen. Norweger unternahmen hier einen letzten Versuch, die Gebirgsjäger zu stoppen. Sie wurden überwunden und ergaben sich. Mit erbeuteten Fahrzeugen und Booten wurden die vor Mo und Mosjören liegenden Inseln erreicht und in Besitz genommen.

Die im "Fjordkriechen" erfahrene "Levante", die von Drontheim aus mit Flak und Pak, einem Feldlazarett, Benzin und Fliegerbomben sowie allerlei Infanteriemunition und Gerät nach Norden unterwegs war und 2000 Gebirgsjäger ans Ziel bringen wollte, wurde in der Saltströmen-Enge bei Fauske von einer deutschen Pak beschossen, die den deutschen Frachter im dichten Nebel für einen britischen Kreuzer hielt. Die Schiffsflak erwiderte dieses Feuer sofort und brachte die Pak zum Schweigen.

Während der Auslandungen in Fauske traf hier die Nachricht ein, daß die Alliierten sich aus Norwegen zurückzogen. Die bereits in der Nähe von Narvik auf dem Landmarsch befindlichen Truppen wurden zurückgerufen.

Die 2. GD hatte nun den norwegischen Flugplatz Bardufoss und Tromsö im Fallschirmabsprung zu besetzen. Das GebPiBatl. 83 fuhr auf einem requirierten und fahrbereit gemachten Dampfer von Lyngenfjord über Hammerfest zum Nordkap, um dort die Reichskriegsflagge zu hissen. Doch zurück zur Kampfgruppe unter GenLt. Dietl nach Narvik und zum dortigen Endkampf!

Narvik wieder in deutscher Hand

Wenn die Gruppe Narvik trotz der überwältigenden Übermacht des Gegners und seiner Waffen weiter in diesem Raum hielt, so war dies dem unbeugsamen Willen des GenLt. Dietl und dem Vertrauen der Gebirgsjäger zu ihrem Kommandeur zu verdanken.

Am 7. Juni wurde anläßlich einer Lagebesprechung im GefStand der Gruppe Narvik die unmittelbar bevorstehende feindliche Großoffensive besprochen; auch die Maßnahmen zu deren Bekämpfung wurden erörtert. Gen. Dietl konnte den versammelten Offizieren mitteilen, daß der OB des Heeres, GenOberst von Brauchitsch, noch zwei weitere Bataillone Fallschirmjäger und 1000 Gebirgsjäger zugesagt hatte. Mit diesen Kräften würde man halten können, erklärte Dietl den versammelten Offizieren.

Am 8. Juni meldeten die Spähtrupps, die bis nach Narvik hinein vorgedrungen waren, daß in der Stadt eine seltsame geisterhafte Stille herrsche. Der Feind gehe aller Wahrscheinlichkeit nach aus Narvik hinaus. Als der Sender Tromsö um 20.00 Uhr dieses Tages meldete, daß die Einberufung des norwegischen IR 15 vorläufig unterbleibe, deutete sich ein Ende an.

Gemeinsam mit Oberst Meindl fuhr GenLt. Dietl gegen Mittag des 8. Juni auf einer Draisine nach Straumnes. Dort befahl er, mit allen Kräften auf Narvik vorzugehen.

Oberst Meindl übernahm die Führung dieser Kampfgruppe, die direkt nach Narvik vorrückte. Kein Schuß empfing sie, als die Gebirgsjäger ein zweitesmal in Narvik einrückten. Um 21.30 Uhr wehte wieder die Reichskriegsflagge über der Stadt.

Bereits am 4. Juni beginnend hatten die Engländer und Franzosen in insgesamt fünf aufeinanderfolgenden Nächten bis in die Nacht zum 8. Juni mit allen verfügbaren Zerstörern die Truppen evakuiert. Unter dem Kommando von Captain Stevens auf dem Zerstörer "Havelock" wurden insgesamt 4700, 4900, 5100, 5200 und 4600 Mann aus Narvik abgefahren und auf die vor Harstad liegenden Truppentransporter eingeschifft. Der erste dieser Konvois mit dem Truppentransporter "Monarch of Bermuda", "Batory", "Sobieski", "Franconia", "Lancastria" und "Georgia" verließ bereits am 4. Juni Harstad. Auf ihm waren auch Kontingente aus anderen Teilen Norwegens eingeschifft worden. Der Schulkreuzer "Vindictive" schützte den Konvoi, der am 8. Juni Scapa Flow erreichte.

Der zweite Konvoi mit evakuierten Truppen lief am 7. Juni aus. Diesmal waren es die großen Truppentransporter "Arandora Star", die "Ulster Prince" und vier weitere Dampfer, die von zwei Kreuzern und fünf Zerstörern gesichert wurden. Chef dieser großen Geleitsicherung war VAdm. Layton. Ein langsamerer Konvoi, darunter auch Tankschiffe, lief unmittelbar danach aus Harstad aus.

Von Tromsö aber ging der Kreuzer "Devonshire" mit dem norwegischen König an Bord in See. Er wurde durch Flugzeuge des Trägers "Arc Royal" geschützt, während die "Glorious" von Bardufoss aus - im Geleit durch zwei Zerstörer - allein nach Westen marschierte.

Das deutsche Unternehmen "Juno"

Ein starker deutscher Flottenverband lief am 4. Juni 1940 unter Führung von VAdm. Marschall aus, um die im Nordmeer gesichteten starken feindlichen Seestreitkräfte zu bekämpfen, auch den alliierten Nachschubhafen Harstad zu beschießen, und so der noch immer hart kämpfenden Truppe in Norwegen Entlastung zu bringen. Dieser Einsatz hätte bereits früher einsetzen müssen, und zwar in jenen Apriltagen, als sowohl französische als auch britische Truppentransporter ihre Truppenlandungen ausführten. Doch zu jener Zeit standen keine Schiffe zur Verfügung. Es hatte sich gezeigt, daß die geheimen Befürchtungen der Seekriegsleitung zutrafen: für ein Unternehmen wie "Weserübung" war die deutsche Marine nicht annähernd stark genug.

Nun aber, als es um Sein oder Nichtsein der deutschen Truppen in Norwegen ging, sollte noch ein Versuch unternommen werden, das Blatt zu wenden.

Gemessen an der Zahl britischer Großkampfschiffe und Zerstörer, die in See standen, war die deutsche Streitmacht klein. Dennoch waren "Gneisenau" und "Scharnhorst", die "Hipper" und vier Zerstörer eine beachtliche Streitmacht, die es mit jeder der britischen Kampfgruppen aufnehmen konnte. Zwei Torpedoboote kamen hinzu.

Dieser Verband übernahm am 5. Juni wie vorgesehen aus dem Troßschiff "Dithmarschen" Treiböl, ehe er weiterlief.

Am frühen Morgen des 8. Juni sichtete die "Scharnhorst", immer noch unter dem Kommando von Kpt. z.S. Hoffmann, im Seegebiet westlich der Lofoten den leeren britischen Flottentanker "Oilpioneer" mit dem begleitenden U-Jäger "Juniper". Kurz darauf wurden diese beiden Einheiten auch von der "Gneisenau" gesichtet, dem Flaggschiff des Verbandes, das von Kpt. z.S. Netzband geführt wurde.

Die beiden deutschen Schlachtschiffe eröffneten das Feuer und "ersäuften" diese beiden kleinen Kolcher, wie dies von der Besatzung so gesehen wurde denn von einem Kampf konnte da nicht die Rede sein.

Um 8.25 Uhr wurden die beiden Arado 196 der Schlachtschiffe geschleudert. Der Aufklärer der "Scharnhorst" sichtete bald darauf ein großes Hilfskriegsschiff, was an den auf Deck stehenden Kanonen erkannt wurde. Die beiden deutschen Großkampfschiffe sichteten kurz darauf das britische Lazarettschiff "Atlantis", das unbehindert passieren durfte. Der leere Truppentransporter "Orama" aber - das gesichtete Hilfskriegsschiff -, der 19840 BRT groß war, wurde von der "Hipper" gestellt und mit einigen gutgezielten Salven versenkt.

Danach wurde die "Hipper" aus dem Verband nach Drontheim entlassen, weil nun die Anwesenheit deutscher Großkampfschiffe im norwegischen Küstenraum bekannt war. "Hipper" wurde auf diesem Wege von vier deutschen Zerstörern geleitet.

Die beiden Schlachtschiffe gingen auf Nordkurs, um zur "Dithmarschen" zu marschieren und dort ihre Vorräte zu ergänzen.

Auf dem Weg zu ihrem Versorger wurde am Nachmittag des 8. Juni von einem im Vormars der "Scharnhorst" als Beobachter sitzenden Oberfähnrich "Rauchwolken voraus!" gemeldet.

Minuten darauf kamen Masten über der Kimm empor. Dann hoben sich die Aufbauten eines Flugzeugträgers heraus.

"Höchstfahrt und Klar Schiff zum Gefecht!" befahl der Flottenchef, VAdm. Marschall.

Die Alarmglocken gellten und riefen die Besatzung auf "Gefechtsstationen".

Als der Flugzeugträger ganz zu sehen war, wurde er anhand des "Weyer" (Flottentaschenbuch) als "Glorious" erkannt, die ja allein den Marsch nach Westen angetreten hatten.

Der Träger machte 30,5 Knoten Fahrt, er konnte 50 Flugzeuge aufnehmen. Seine Bewaffnung bestand aus 16 12 cm-Geschützen, die hauptsächlich zur Luftabwehr bestimmt waren. Wenig später wurden zwei Zerstörer als Geleitsicherung erkannt. Es waren die "Acasta" und die "Ardent". Dieser Verband steuerte im Augenblick des Insichtkommens auf Südkurs und lief damit der deutschen Kampfgruppe direkt entgegen.

Aus der großen Distanz der Reichweite der Mittelartillerie eröffnete die "Gneisenau" das Feuer auf diesen Träger. Es galt, ihn daran zu hindern, auf die Luvseite (also gegen den Wind) zu drehen. Falls er dies vermochte, konnten seine Flugzeuge starten, und das würde sicherlich für die beiden deutschen Schlachtschiffe verhängnisvoll werden.

Der am weitesten zurückstehende britische Zerstörer "Ardent" wurde zuerst beschossen. Unmittelbar nach dieser ersten Salve fiel auch die "Scharnhorst" mit ihren 28 cm-Geschützen in das Feuer ein und bekämpfte die "Glorious". Die dritte Salve lag bereits unmittelbar am feindlichen Flugzeugträger. Nach dem ersten Schußwechsel meldete der Horchraum der "Gneisenau", daß der Flugzeugträger funkte und seinen Standort bekanntgab.

"Durch den vorbereiteten Funkspruch stören", befahl VAdm. Marschall. Mit größter Lautstärke funkte nun die "Gneisenau" dazwischen und verstümmelte den Funkspruch der "Glorious" derart, daß er nur noch von dem in der Nähe stehenden Schweren Kreuzer "Devonshire" - allerdings auch dort nur verstümmelt - verstanden werden konnte. Die "Devonshire" aber gab den FT-Spruch nicht an die Britische Admiralität weiter, um ihren eigenen Standort nicht preiszugeben. Allerdings hatte man auf dem Schweren Kreuzer auch den Eindruck, daß es sich um einen Spruch der eigenen Admiralität handeln müsse, da er ja in englischer Sprache und als "Führungsspruch" abgesetzt worden war.

Als die vierte Salve der "Scharnhorst" auf den Träger einschlug, verstummte dessen Funkanlage. Eine 28 cm-Granate hatte sie durch Volltreffer zerstört.

Die beiden Begleitzerstörer des Trägers versuchten bei dem sich nun entwickelnden laufenden Gefecht, den Träger durch Schwarzqualmen der Sicht der beiden Großkampfschiffe zu entziehen. Alle drei Gegner gingen mit der Fahrt auf äußerste Kraft herauf.

Die "Glorious" war mit ihren 12 cm-Geschützen nicht in der Lage, die beiden Schlachtschiffe zu erreichen. Durch sein Zeissglas erkannte der Flottenchef, daß man eifrig bemüht war, vier "Swordfishes" startklar zu machen. Dazu hätte der Träger allerdings kehrtmachen und den deutschen Schlachtschiffen entgegenlaufen müssen. Bei einer der nächsten Salven, an denen sich auch die "Gneisenau" mit den vorderen Türmen beteiligte, schlug eine schwere Granate in den Flugzeugfahrstuhl ein und ließ helle Brände aufflackern.

Damit war es dem Träger nun nicht mehr möglich, seine Flugzeuge - die einzige Rettungsmöglichkeit vor dem Untergang - zum Einsatz zu bringen. Der Träger versuchte mit Höchstfahrt zu entkommen. Die beiden Zerstörer boten alles auf, um das ihnen anvertraute Schiff zu decken. Sie griffen mit Torpedos an und zwangen die beiden Schlachtschiffe zu einigen harten Kursänderungen, um nicht von diesen Torpedos getroffen zu werden.

Immer dann, wenn die "Glorious" aus dem schützenden Tarnmantel des schwarzen Rauchs auftauchte, schossen die schweren Geschütze der beiden Schlachtschiffe, während deren Mittelartillerie sich auf die beiden Zerstörer einschoß.

Die deutschen Schlachtschiffe holten beständig weiter auf. Ihre Geschütze hatten sich inzwischen eingeschossen. Jede Salve lag deckend im Ziel. Der Flugzeugträger hatte eine Reihe schwerer Treffer erhalten und lief nun mit verminderter Geschwindigkeit und mit sich immer mehr zeigender Schlagseite weiter.

Durch ihre Ferngläser sahen die Offiziere auf der Brücke der "Gneisenau", daß "Ardent" erneut einen Torpedoschuß vorbereitete. In dem Augenblick, als dieser Zerstörer zwei schwere Treffer erhielt und sich weit überlegte, schoß er noch einen Torpedo. Dieser lief etwa 50 Meter vor dem Bug der "Scharnhorst" vorbei. Die Wirkung ihres Torpedoschusses konnte die Führung der "Ardent" nicht mehr wahrnehmen, denn nur Sekunden nach Abgabe des Schusses kenterte dieser Zerstörer. Er war eine Minute darauf von der Wasseroberfläche verschwunden.

Die südlich davon laufende "Acasta" kämpfte nun allein um das Überleben des Flugzeugträgers. Dieser Zerstörer flitzte mit AK durch die Schußbahnen der Großkampfschiffe, deren Granaten nun dicht bei dicht auf die "Glorious" einhieben. Gleichzeitig damit schoß die Mittelartillerie pausenlos auf den letzten Zerstörer. Mitten im Hagel der Granaten standen die Soldaten auf der "Acasta" an ihren Geschützen und versuchten den Gegner zu treffen. Ihre Torpedomaaten waren dabei, den letzten Viererfächerschuß fertigzumachen und diesen auf die "Scharnhorst" zu schießen.

Der Zerstörer drehte plötzlich schwarzqualmend von der "Glorious" fort und lief mit aller Kraft auf die "Scharnhorst" zu. Um 18.33 Uhr, als bereits alle Waffen dieses Schlachtschiffes auf den Zerstörer eingeschwenkt waren, fiel dort der Befehl zum Torpedoschuß. Alle vier Torpedos jagten durch die See auf die "Scharnhorst" zu, und der Zerstörer drehte mit Hartruder Backbord vor dem Bug des deutschen Schlachtschiffes zur Seite.

"Torpedolaufbahnen Steuerbord zehn!" meldete einer der Ausgucks.

"Hart Steuerbord!" befahl der Kommandant, um diesen Aalen nur den schmalen Bug zu zeigen. So konnte dreien der vier Torpedos ausgewichen werden. Der vierte aber, nur Sekunden nach dem ersten geschossen, traf die "Scharnhorst", deren Ruder bereits wieder mittschiffs gelegt worden war, an Steuerbord im spitzen Winkel in der Höhe des achteren Turmes.

Der detonierte Torpedo riß ein großes Loch in die Bordwand des Schlachtschiffes. Der Turm Cäsar und der IV. Turm der Mittelartillerie fielen aus. 49 Soldaten der "Scharnhorst" fanden durch diesen Treffer den Tod. Ein großer Wassereinbruch ließ die "Scharnhorst" Schlagseite bekommen. Durch sofortiges Gegentrimmen des Treiböls gelang es dem Kommandanten, diese Schlagseite auszugleichen. Steuerbord- und Mittelmaschine aber waren ebenfalls ausgefallen. Damit sank die Fahrtstufe der "Scharnhorst" auf nur noch 20 Knoten.

Während die übrige Artillerie des Schlachtschiffes weiter auf den Flugzeugträger feuerte, der nun in eine hoch auflodernde Flammenwand gehüllt war, gelang es der "Acasta", sich dem Feindfeuer für einige wenige Sekunden zu entziehen. Sie machte nur noch fünf Knoten Fahrt, und aus ihrem Achterschiff quollen Qualmwolken heraus. Sie schoß noch immer. Eine ihrer Granaten traf ein Rohr des Turmes "Berta" der "Scharnhorst", ohne ihn außer Gefecht setzen zu können.

Die "Acasta" fiel zurück und begann zu sinken. Auch der Träger stand kurz vor dem "Unterschneiden", als der deutsche Flottenchef "Feuer einstellen" befahl. Beide englischen Schiffe sanken fast gleichzeitig. Von den insgesamt 1500 Soldaten dieses tapferen Gegners konnten nur 45 gerettet werden.

Damit hatten die deutschen Schlachtschiffe einen beachtenswerten Erfolg errungen, dabei aber einen möglichen viel größeren Erfolg verpaßt. Während sie sich mit dem Träger und dessen Geleitsicherung herumschlugen, konnte ein weiter nördlich stehender Geleitzug des Gegners, voll mit britischen und englischen Truppen aus Narvik besetzt, zu dessen Schutz nur der Schwere Kreuzer "Southampton" zur Verfügung stand, ungehindert das Nordmeer durchlaufen und nach England zurückkehren.

Noch ein weiteres Ziel war dieser deutschen Kampfgruppe entgangen, denn nur 100 Seemeilen von ihnen entfernt lief der Kreuzer "Devonshire" auf Westkurs allein durch die See. An Bord der norwegische König und der gesamte norwegische Kronschatz in Gold.

Auch nach diesem Gefecht hätte es sich also für den Flottenchef gelohnt, weiter nach Norden zu dampfen, wenn die "Hipper" und die vier Zerstörer noch bei seiner Kampfgruppe geblieben wären.

Erst nach dem Krieg, als von deutscher Seite bekanntgegeben wurde, mit welcher Tapferkeit sich die beiden Zerstörer geschlagen hatten, wurden der Kommandant der "Ardent", LtCr. Barker, und der Kommandant der "Acasta", Commander Glasfurd, mit dem Victoriakreuz ausgezeichnet.

Admiral Marschall faßte nach diesem Gefacht den Entschluß, die Unternehmung abzubrechen und mit den Schlachtschiffen nach Drontheim zu marschieren. Am Nachmittag des 9. Juni erreichten beide Schlachtschiffe diesen norwegischen Hafen.

In der Meldung des Wehrmachtsberichtes vom 9. Juni 1940 hieß es zu diesem Seegefecht: "Deutsche Seestreitkräfte, darunter die beiden Schlachtschiffe 'Gneisenau' und 'Scharnhorst', operierten unter Führung des Armirals Marschall zur Entlastung der um Narvik kämpfenden Truppen im Nordmeer. Hierbei wurde am 8. Juni durch eine Kampfgruppe der englische Flugzeugträger 'Glorious' (22 500 t) und ein feindlicher Zerstörer in Grund geschossen. Eine zweite Kampfgruppe vernichtete den 21 000 BRT großen Truppentransporter 'Orama', den englischen Marinetanker 'Oilpioneer' und einen modernen Unterseeboot-Jäger. Sie brachte mehrere hundert Gefangene ein. Die eigenen Streitkräfte setzten ihre Operation fort."

Dies entsprach nicht genau den Tatsachen, war aber dennoch in Bezug auf die Versenkungserfolge um einen Zerstörer hinter den wirklichen Erfolgen zurückgeblieben.

Damit war dem Gegner bekanntgemacht worden, daß beide deutschen Schlachtschiffe sich im Nordmeer befanden. Daß auch das britische Lazarettschiff "Atlantis", das ungehindert hatte passieren dürfen, entgegen den Bestimmungen, daß Lazarettschiffe sich jeder Meldung über Feindschiffe zu enthalten hatten, den deutschen Verband per Blinkspruch an die "Valiant" meldete, sei am Rande vermerkt. Dies allein hätte die Versenkung des Lazarettschiffes gerechtfertigt.

Das Ende in Narvik

Zurück zu den Landereignissen um Narvik, wo noch immer die norwegischen Streitkräfte, alleingelassen und niedergeschlagen, im Kampf standen.

Vor der Kampfgruppe unter Oberst Windisch gingen die Norweger am 9. Juni langsam zurück und stellten auf Befehl von General Ruge den Kampf um 24.00 Uhr ein.

Die Gruppe XXI, General von Falkenhorst, meldete am 9. Juni um 1.15 Uhr, daß der norwegische König mit seiner Regierung Tromsö verlassen und General Ruge mit den Kapitulationsverhandlungen beauftragt habe.

Am 10. Juni um 4.45 Uhr trafen die norwegischen Parlamentäre auf dem Divisionsgefechtsstand Spionskop ein. Nach mehrstündigen Verhandlungen brachten sie auch den Wunsch vor, norwegische Truppen in Finnmarken zum Schutz gegen sowjetische Übergriffe stehenlassen zu dürfen.

Die Engländer hatten Norwegen aufgegeben. Narvik war frei, in ganz Norwegen schwiegen die Waffen.

Abschließend an dieser Stelle ein Bericht von GenLt. Dietl: "Meine Truppe waren Österreicher, Bayern und Seeleute! Und alle sollen wissen, daß sie sich zu schlagen wußten. Wie verzweifelt die Lage auch war, niemals hörte ich Worte der Verzweiflung, Unruhe oder Angst. Es war wunderbar, eine Truppe zu führen, die nicht nach Strapazen, Hunger oder dem überall lauernden Tod fragte. Während der Monate hier im Hohen Norden wurden wir wirklich zu einer Bruderschaft zusammengeschweißt, die man niemals mehr auflösen kann.

Denken Sie an die Seeleute unserer von den Briten versenkten Zerstörer! Sie verloren wohl ihre Schiffe, nie aber den Mut. Sie hatten keine Ahnung vom Landkrieg und kämpften doch wie die Löwen. Selten hat der Mannesmut solche Früchte getragen wie unter meinen Soldaten bei Narvik. Ich fühle mich demütig unter der Ehre, daß ich eine solche Truppe habe zum Sieg führen dürfen."

Aber General Dietl war auch ein ritterlicher Truppenführer, der einem tapfer kämpfenden, aber unterlegenen Gegner die notwendige Achtung nicht versagte. So schrieb ihm der norwegische Oberbefehlshaber, General Ruge, am 13. Juni 1940:

"Herr General Dietl!

Ich möchte Ihnen gern sagen, daß ich dankbar bin für den persönlichen Besuch, den Sie mir gestattet haben. In dieser für uns schweren Zeit ist das soldatische Feingefühl, das Sie durch diesen Besuch gezeigt haben, mir sehr zu Herzen gegangen. Ihr ergebener Otto Ruge."

Dem ist nichts hinzuzufügen, und für "unsere" Netzbeschmutzer in den eigenen Reihen sollten diese wenige Zeilen deutlich machen, wie der Gegner zu den deutschen Soldaten stand.

Das Oberkommando der Wehrmacht gibt bekannt!

Nach Abschluß der Kämpfe um Narvik und der Kapitulation der norwegischen Truppen unter General Ruge erließ das OKW noch am selben Tage einen zusammenfassenden Bericht über das Unternehmen "Weserübung". Darin heißt es:

"Die Pläne der Alliierten, auf dem Wege über Skandinavien dem Krieg eine für sie günstige Wendung zu geben, waren dem Oberkommando der Wehrmacht seit langem bekannt und zwangen dazu, einen blitzschnellen Gegenschlag vorzubereiten. Teile des Heeres und der Luftwaffe sowie die gesamte Flotte wurden daher zur Vorbereitung einer einheitlichen Aktion unter persönlicher Leitung des Führers zusammengefaßt.

Nach wiederholten flagranten Verletzungen der Neutralität Norwegens durch britische Seestreitkräfte löste ein unmittelbar drohender Handstreich der englischen Flotte die Operationen am 9. April bei Morgengrauen aus. Sie begannen mit dem Einmarsch über die deutsch-dänische Grenze sowie mit der Landung in zahlreichen Häfen und Flughäfen Dänemarks und Norwegens.

Ihr Ziel war, diese beiden Länder dem Zugriff unserer Feinde als Basis für eine strategische Umfassung vom Norden her und für die wirtschaftliche Erdrosselung Deutschlands ein für allemal zu entziehen.

Die Sicherung Dänemarks ließ sich noch am 9. April infolge der verständnisvollen Haltung des Königs und seiner Regierung nach kürzeren Gefechten an der Grenze reibungslos durchführen. In Norwegen landeten am 9. April, und zwar sowohl durch Schiffe als auch in Flugzeugen, - zum Teil an den englischen Streitkräften in nächster Nähe vorbeistoßend -, deutsche Truppen.

Narvik, Drontheim, Bergen, Stavanger, Egersund, Kristiansand, Arendal und Oslo wurden besetzt. In Narvik mußte der Widerstand norwegischer Seestreitkräfte, in Drontheim, Kristiansand und vor allem Oslo die Küstenverteidigung durch die Kriegsmarine, die Luftwaffe und gelandete Stoßtrupps des Heeres niedergekämpft werden. - - -

Am 21. April waren die gewonnenen Stützpunkte ausgebaut, gesichert und nach allen Seiten erweitert, der Raum um Oslo befriedet, die befestigte Zone Frederikstad-Askim in deutscher Hand, Kongsvinger genommen und die Landverbindung von Oslo über Kristiansand nach Stavanger hergestellt. Weiter nördlich befand sich die Bahn von Drontheim bis zur schwedischen Grenze und ostwärts Narvik der größte Teil der Erzbahn in deutscher Gewalt.

Nachdem es den Engländern gelungen war, die zum Schutz des Hafens von Narvik herangefahrenen Küstenbatterien zu versenken, konnte der Einbruch überlegener britischer Seestreitkräfte in den Ofoten-Fjord nicht verhindert werden.

Ihnen fielen unsere Zerstörer nach tapferem Widerstand, nachdem sie ihre letzte Granate verschossen und dem Gegner schwere Verluste zugefügt hatten, zum Opfer.

Die Besatzungen reihten sich als willkommene Verstärkung in die kleine Schar unserer Gebirgsjäger ein, die sich an der schneebedeckten Küste festkrallten und in den folgenden Wochen dem schweren Feuer feindlicher Schiffsgeschütze und allen Landungsversuchen trotzten. - - -

Unter schweren Verlusten scheiterten alle Anstrengungen des Gegners, der deutschen Luftwaffe die Herrschaft über den norwegischen Raum streitig zu machen. Dann warfen sich die jungen deutschen Regimenter - von der Luftwaffe hervorragend unterstützt - auf die norwegischen und englischen Kräfte, die versuchten, die Vereinigung der von Oslo nach Norden und von Drontheim nach Süden angreifenden deutschen Kampftruppen zu verhindern.

Unter schwierigsten Geländeverhältnissen, alle Sprengungen und Brückenzerstörungen überwindend, wurde der Feind in den Gebirgstälern von Enge zu Enge geworfen. Schon am 30. April reichten sich die in Oslo und in Drontheim gelandeten Truppen bei Stören 50 km südlich Drontheim die Hand.

Damit waren die britischen Operationspläne gescheitert. Fluchtartig zogen sich die Engländer auf Andalsnes zurück, um sich dort unter den verlustbringenden Angriffen unserer Luftwaffe, große Mengen an Waffen und Munition zurücklassend wieder einzuschiffen. Am 2. Mai hißten unsere Truppen in Andalsnes die Reichskriegsflagge.

Von Drontheim aus hatte schon am 25. April eine deutsche Kampfgruppe mit Unterstützung leichter Seestreitkräfte die Enge von Steinkjer genommen und dort den von Namsos ausgehenden feindlichen Vorstoß gestoppt. Mit den inzwischen eingetroffenen Verstärkungen wurde der Vormarsch nach Norden unverzüglich fortgesetzt. Aber die in Namsos gelandeten britischen und französischen Truppen nahmen den Kampf nicht mehr an. Unter schmählichen Umständen ließen sie die Norweger im Stich und schifften sich ein. Erst daraufhin streckten auch diese verbittert ihre Waffen.

Am 6. Mai wurden Grong, Namsos und Mosjöen von unseren Truppen genommen. Von dort aus bahnten sich nunmehr Gebirgstruppen im Kampf mit norwegischen und englischen Bataillonen auf schwierigem Gelände den Weg bis nach Fauske und Bodö, das, über 500 Kilometer von Drontheim entfernt, am 1. Juni erreicht wurde.

Damit war die nördlichste Basis gewonnen, von der aus über völlig wegloses und hochalpines Gelände der bedrängten Gruppe Narvik auch zu Lande die notwendige Hilfe gebracht werden sollte. Diese war inzwischen von einer sechsfachen Überlegenheit von See aus in den beiden Flanken und im Rücken angegriffen worden.

Engländer, französische Alpenjäger, polnische Gebirgsschützen und starke Teile der 6. norwegischen Division versuchten die schwachen deutschen Kräfte einzukesseln und zu vernichten. Wohl mußten die Küstenstellungen - und am 28. Mai auch die Stadt Narvik - aufgegeben werden, aber in den Bergen beiderseits des Rombaken-Fjords und an der Erzbahn konnte der Feind den Widerstand dieser stahlharten Truppe und den unbeugsamen Willen ihres vorbildlichen Führers (Generalleutnant Dietl, d. Verf.) nicht brechen.

Erst als sich die Verluste des Feindes an Kriegs- und Handelsschiffen durch die deutsche Luftwaffe ins Unerträgliche steigerten, gab der Feind auch dieses letzte Stück norwegischen Bodens auf.

In seinen Rückmarsch stießen am 8. Juni deutsche Seestreitkräfte und vernichteten den Flugzeugträger "Glorious" mit seinen beiden Begleitzerstörern und Transport- und Handelsschiffe mit einer Gesamttonnage von fast 30 000 BRT.

Zu Lande wurden Narvik und Elvegardsmoen wieder besetzt und am 10. Juni die Kapitulationsverhandlungen zwischen dem deutschen Oberkommando in Norwegen und dem norwegischen Oberkommando unterzeichnet. Die norwegischen Streitkräfte legten ihre Waffen nieder, der Feldzug in Norwegen war beendet."

Luftwaffe und Marine hatten sich neben den Gebirgsjägern in diesem Unternehmen als die ausschlaggebenden Faktoren erwiesen. Mit diesem Erfolg war die beabsichtigte englische Blockadefront mit dem Ziel der Abschnürung Deutschlands von seinen schwedischen Erzzufuhren zerbrochen.

Die Torpedokrise in norwegischen Gewässern
Die Vorgeschichte

Bereits am 17. Januar 1940 wurde im KTB des B.d.U. eine Notiz über ungeklärte Versager bei Torpedoschüssen niedergeschrieben, aufgrund derer eine Besprechung des B.d.U. mit Vertretern des Torpedo-Erprobungs-Kommandos - T.E.K. - anberaumt wurde. Schon auf dieser Besprechung gab der B.d.U. seiner Vermutung Ausdruck, daß trotz Unterschießens des Zieles eine Fülle von Nichtzündungen eingetreten sein müsse. Er betonte:

"Wiederholt sind Schüsse trotz nächster Entfernung und sicherer Schußunterlagen aus Gründen, die der Torpedo-Inspektion unerklärlich waren, ohne Erfolg geblieben. Diese Fälle haben sich in letzter Zeit gehäuft, wie die Meldungen von U 47, U 24, U 15, U 20, U 59 und U 60 erweisen."

Zu der Vermutung des T.E.K., daß infolge erheblicher Überschätzung der Dampfer durch die U-Boot-Kommandanten Pistolenversager aufgetreten seien, bemerkte Dönitz:

"Ich kann nicht glauben, daß bei einer so großen Reihe von Versagern derselben Art - kein Erfolg trotz sicheren Unterschießens - in jedem Falle andere Gründe für das Versagen oder aber Fehlschüsse vorliegen sollen. Ich bin vielmehr der Überzeugung, daß bei allen genannten ungeklärten Schüssen ein gewisser Zusammenhang besteht und ihnen eine bisher nicht erkannte gemeinsame Versagerursache zu Grunde liegt. (Siehe RM 87/14, KTB des B.d.U. vom 1.1. bis 31.3.1940).

Dönitz hatte bis dahin noch diese Version der T.I. geglaubt und die betreffenden Kommandanten zu erneuter Schießausbildung aus der Front herausgezogen und zunächst immer noch den Versicherungen der T.I. und des T.E.K. vertraut. Als dann aber bei den besten und erfahrensten Kommandanten mit zweijähriger Friedensausbildung solche Fehlschüsse sich häuften, ließ er diese überprüfen, und es stellte sich heraus, daß ihre Schießleistungen gut bis hervorragend waren. Dönitz erklärte nunmehr:

"Ich betrachte von nun an die Schüsse aus nächster Entfernung, nach denen nach genauer Prüfung der Umstände und der Schußunterlagen ein Vorbeischießen nicht möglich ist und die bisher als ungeklärt' bezeichnet wurden, als Versager durch Nichtzündung."

Damit war alles klar. Die Torpedo-Inspektion und das Torpedo-Erprobungs-Kommando mußten den Torpedo von Grund auf untersuchen, die Fehlerquellen abstellen. Die Meldungen des B.d.U. hätten beide Gremien zu einer intensiven Überprüfung veranlassen müssen, denn jeder aus sicherer Lage vorbeigeschossene Torpedo war ein Schlag ins Gesicht derjenigen Kommandanten, die ihn abschossen und dabei ihr Leben und das ihrer Besatzungen auf Spiel setzten.

Der Torpedoinspekteur teilte dann am 21. Januar mit, daß bei Versuchsschüssen gegen T 123 ebenfalls keine Zündung erfolgt sei. Nach den Messungen der noch lagernden Torpedos hielt der T.I. das Auftreten von Nichtzündern für erwiesen. Dazu wieder der B.d.U. Dönitz:

"Die größte Belastung, die der Angriffsgeist der U-Boot-Fahrer seit Kriegsbeginn gehabt hat, ist die Tatsache, daß ihre Hauptwaffe - der Torpedo - in starkem Maße nicht frontbrauchbar ist. Nach einer Statistik, welche alle Schüsse bis zum 1. Januar 1940 erfaßte, waren 40 Prozent der erfolglosen Schüsse Torpedoversager."

Seit dem 1. August 1939 waren ungeklärte Fehlschüsse und Versager vorgekommen und wurden bereits vor Kriegsausbruch von dem damaligen F.d.U. Dönitz in intensiven Besprechungen mit der Torpedoversuchsanstalt Eckernförde verhandelt. Der F.d.U. hatte damals bereits Zweifel hinsichtlich des sicheren Funktionierens der Pistole vorgebracht. Diese Zweifel wurden von dem Leiter der T.V.A., KAdm. Wehr, als "völlig grundlos" bezeichnet.

In den ersten Monaten des U-Boot-Kampfes hatten Dutzende Kommandanten dann Früh- und Nichtzünder gemeldet. Kleine Veränderungen brachten keinerlei Verbesserungen.

"Die Ausfälle an versenkter Tonnage durch solche Versager wurden allein bis zum 19. Januar 1940 auf 200000 BRT geschätzt. Der Schuß von U 47 unter Prien auf einen englischen Zerstörer war ebenfalls ein Frühzünder. Das Vertrauen der Kommandanten und Besatzungen zu ihren Torpedos ist erheblich erschüttert." (Siehe KTB des B.d.U. vom 1. 1. bis zum 31. 1. 1940).

Beispiele von Versagern
Die Versuche mit Zündpistolen

Daß weitere unbekannte Fehlerquellen für das Versagen der Torpedos maßgeblich waren, das wurde anhand der Einzelmeldungen der verschiedenen Kommandanten klar. Wenn beispielsweise ein Kommandant wie Herbert Schultze für einen Dampfer sieben Torpedos benötigte und das aus nächster Nähe, dann konnte dies nicht auf ein Versagen des Kommandanten oder seines Torpedooffiziers Suhren zurückzuführen sein, dann lagen die Fehler beim Torpedo und nicht bei demjenigen, der ihn abschoß. Und wenn Prien das Gleiche zustieß, dann gilt dies auch für ihn, der sein Können bereits dutzendfach unter Beweis gestellt hatte. Hier die Zusammenfassung der Meldungen einiger Kommandanten:

Als Kptlt. Prien in der Nacht zum 14. Oktober 1939 mit U 47 in den britischen Kriegshafen Scapa Flow eindrang und das Schlachtschiff "Royal Oak" versenkte, schien dieser große Erfolg eines deutschen U-Bootes bereits den Untergang der Seenation England anzudeuten.

So erschien es jedenfalls nach den Erfolgsberichten. Was diese Berichte jedoch verschwiegen, war die Tatsache, daß Prien gegen dieses riesige vor Anker liegende Schiff sieben Torpedos (!) schießen mußte, von denen fünf versagten.

Nur der Verwirrung des Augenblicks in der Höhle des Gegners verdankte Priens U 47 sein Entkommen.

Schlimmer war es bereits vorher für ein anderes U-Boot ausgegangen. Am 14. September 1939 hatte U 39 unter Kptlt. Glattes den britischen Flugzeugträger "Arc Royal" vor den Rohren und schoß zwei G 7a-Torpedos. Beide Torpedos explodierten etwa 80 m vor dem Träger und richteten bei diesem keinerlei Schaden an. Anders erging es dem U-Boot, das aus nur 800 m Distanz geschossen hatte. Es wurde von den Geleitzerstörern angegriffen und durch "Faulknor", "Foxhound" und "Firedrake" versenkt. Glattes vermochte U 39 noch nach oben zu bringen, so daß die Besatzung aussteigen konnte.

Von diesem Tage an wurden alle Meldungen über Torpedoversager unter die Lupe genommen. U 27 unter Kptlt. Franz schoß am 20. September 1939 drei Torpedos auf ein Schiff, die sämtlich Frühzünder waren. Die Detonationen vor dem angegriffenen Schiff ließen abermals Zerstörer herbeieilen. "Fortune" und "Forester" versenkten auch dieses Boot. Es gilt in U-Boot-Kreisen als sicher, daß durch solche Frühdetonierer eine große Zahl deutscher U-Boote vom Gegner rasch erkannt und versenkt wurde.

Ende September 1939 befahl Kpt. z.S. und Kommodore Dönitz, die bis dahin benutzte Magnetpistole durch die Aufschlagpistole zu ersetzen. Doch zu der Zeit gab es keine Umschaltmöglichkeit dafür. Erst nachdem im Oktober diese Möglichkeit eingebaut wurde, konnten die Kommandanten entsprechend wählen.

U 56 unter Kptlt. Zahn schoß am 30. Oktober 1939 aus günstiger Position einen Dreierfächer auf das britische Flaggschiff "Nelson". An Bord befand sich die Führungsspitze der britischen Navi und Sir Winston Churchill. Von den drei geschossenen Torpedos trafen zwei die "Nelson", detonierten aber nicht.

Danach war es "Vaddi" Schultze, Kommandant des legendären U 48, der, am 25. Oktober von erfolgreicher Feindfahrt heimgekehrt, Dönitz in Kiel melden mußte, daß er fünf Torpedoversager gehabt hatte. KKpt. Schütze meldete am 31. Oktober den Angriff auf einen Dampfer aus geringer Distanz mit vier Torpedos. Alle vier waren Fehlschüsse.

Dreimal stand U 46 unter Kptlt. Sohler im Oktober-November 1939 an einem Geleitzug. Einmal schoß er sieben (!) Torpedos auf überlappende Ziele; keiner dieser Aale traf. Sein Angriff gegen einen britischen Kreuzer wurde Frühdetonierer.

In sein KTB schrieb Konteradmiral Dönitz: "Kein Zweifel, daß die Torpedo-Inspektion die Lage nicht übersieht. Wenigstens 30 Prozent der Torpedos sind Versager."

Spätestens zu diesem Zeitpunkt hätten sofortige Maßnahmen zur Abstellung dieser gravierenden Mängel getroffen werden müssen. Aber es geschah nichts. Am 14. November 1939 erhielt KAdm. Dönitz lediglich den Besuch von Prof. Cornelius, dem anerkannten Torpedofachmann, der in Eckernförde die deutschen Nachkriegs-

Torpedos entwickelt hatte. Cornelius hatte eine neue Aufschlag-Zündpistole entwickelt, die von der TVA Eckernförde mit zwei (!) Schüssen erprobt und für einsatzbereit befunden wurde. Dem Einbau dieser komplizierten Zündpistole, bei der Versagen mit einprogrammiert worden war, in die Torpedos G 7a und G 7c stand nichts mehr im Wege.

Prof. Cornelius konnte die anstehenden bangen Fragen des BdU nicht klären.

Bliebe noch die zweite Zündart: die Magnet-Zündpistole. Diese ging auf eine Abstandspistole für Torpedos zurück, die Dr. Adolf Bestelmeyer 1915 entwickelt hatte. Nach Ende des Ersten Weltkriegs wurde sie von Dr. Ing. Paul Schreiber in der TVA Eckernförde weiterentwickelt.

Allerdings war vergessen worden, daß die Kraftlinien des erdmagnetischen Feldes, die ja zur Zündung der Torpedos mittels Magnetzündung unter Schiffen genützt wurde, sich beispielsweise im Hohen Norden besonders verstärkten und früher auf die Zündspule der Magnet-Zündpistole einwirkten. Auch in der Nähe von Magnetitlagern - beispielsweise jenen auf den Lofoten nahe Narvik - reagierten die Zündspulen vorzeitig und führten zu Frühdetonierungen.

Das Unternehmen Weserübung: Torpedoversager

Mit Beginn dieses Unternehmens - des deutschen Einsatzes in Norwegen - standen deutscherseits 42 deutsche U-Boote im Einsatz, um die erwarteten feindlichen Angriffe zur See abzuwehren. Der Vestfjord wurde zunächst von den Booten U 25, U 46, U 51 und U 64 abgeschirmt. Unbemerkt von diesen Booten drang die britische 2. Zerstörer-Flottille in den Fjord ein. Erst beim Auslaufen wurden einige dieser Zerstörer am Abend des 10. April erkannt und von U 25 und U 51 mit Torpedos beschossen. Diese Torpedos detonierten nicht.

Am 11. April wurden mit U 38, U 47, U 48 und U 49 vier weitere Boote durch Dönitz in diesen Raum befohlen. U 48 sichtete einen schweren Kreuzer und schoß am Mittag des 11. April einen Dreierfächer. Alle drei Torpedos waren Frühdetonierer. Am Abend dieses Tages kam Schultze mit U 48 abermals auf diesen Kreuzer zum Schuß. Auch diese drei Torpedos waren Frühdetonierer. Dadurch konnten die britischen Kreuzer "Berwick", "York" und "Devonshire" ihrem Untergang entgehen.

U 37 unter KorvK. Hartmann, einem der U-Boots-Asse, schoß die volle Chargierung gegen die Kreuzer "Glasgow" und "Sheffield" und mußte Torpedoversager melden.

Am 14. April kam U 38 auf das Schlachtschiff "Valiant" zum Schuß. Der erfahrene Kommandant mußte Torpedoversager melden. Die gleiche Meldung mußte er bei dem vorangegangenen Angriff auf den Kreuzer "Southampton" machen.

Eine Reihe Zerstörer entgingen dem Untergang durch die gleiche Misere der deutschen Torpedos. Diese Zerstörer waren es, die am 13. April nach Narvik vordrangen und den letzten der dort liegenden zehn deutschen Zerstörer den Garaus machten.

Beim Auslaufen aus den Vestfjord wurde die "Warspite" von U 46 und U 48 angegriffen. Alle Torpedos waren Versager. Alliierte Mannschaftstransportschiffe, so das Motorschiff "Batory", und jene drei riesigen Truppentransporter, die ebenfalls Truppen nach Norwegen geschafft hatten und von U 47 gesichtet und angegriffen worden waren, entgingen den ihnen angetragenen Torpedos.

Noch in der Nacht ließ Prien einen FT-Spruch absetzen und diese Versager melden. Am nächsten Tag mußte der Torpedo-Inspekteur, KAdm. Kummetz, bei Dönitz erscheinen und diesem Rede und Antwort stehen. Aber auch er wußte nicht, was da zu tun war, mußte aber eingestehen, einige Untersuchungen hätten ergeben, daß alle Torpedos bis zu 2,7 m tiefer als eingestellt steuern könnten. Dies zeigte, daß auch die Aufschlagpistole unbrauchbar war und daß die Tiefensteuerapparate ebenfalls nichts taugten.

Am 19. April bereits auf dem Rückmarsch, sichtete auch U 47 die "Warspite". Prien griff wieder an, schoß zwei Torpedos und entging nur mit größter Mühe der Vernichtung durch die ihn jagenden Zerstörer. Die beiden Torpedos waren - Versager.

Diese und eine große Anzahl weiterer Fehlmeldungen zeigten dem BdU neben einem weiteren Zugeständnis der TVA Eckernförde, daß "auch bei der neuen Zündpistole mit vierflügeligen Propellern die Gefahr des Nichtscharfwerdens" bestand, daß der Einsatz abgebrochen werden mußte. Alle Boote erhielten den Rückmarschbefehl.

31 U-Boot-Angriffe aus bestmöglichen Positionen waren daneben gegangen. Allein viermal stand die "Warspite" vor den Rohren deutscher U-Boots-Asse. Zwölf große Kreuzer hatten Angriffe erlebt, zehnmal waren es Zerstörer und fünfmal große Truppentransporter gewesen, deren Vernichtung durch Torpedoversager vereitelt wurde.

Als Günther Prien am 26. April in Kiel einlief, Admiral Dönitz das Boot begrüßte und bei der nächsten Feindfahrt wieder Erfolge voraussagte, lautete Priens Antwort:

"Wenn wir die richtigen Torpedos kriegen, Herr Admiral, und nicht mit hölzernen Schwertern kämpfen müssen!"

Kptlt. Schultze beschuldigte nach seiner Rückkehr mit U 48 die Verantwortlichen der offenen Sabotage und erklärte, daß er vor dem Kriegsgericht darüber seine Aussagen machen werde.

Großadmiral Raeder erklärte entsetzt: "Die Torpedokrise ist ein nationales Unglück!" Er sah sich gezwungen, am 20. April einen Sonderausschuß einzusetzen, der die Ursachen dieser Krise zu untersuchen hatte. Als dessen erste Ermittlungsergebnisse durchsickerten, nannte Dönitz das Verhalten der Torpedo-Sachverständigen "verbrecherisch". Nach den Ergebnissen des Sonderausschusses mußte GAdm. Raeder schließlich das Ergebnis bekanntgeben. Die Hauptpunkte lauteten:

"Die Untersuchungen haben festgestellt, daß Schwächen der Torpedos und Vorbereitungsmängel vor der Anbordgabe hierbei ausschlaggebend gewesen" seien.

"a) Tiefenhaltung und Tiefenlauf entsprachen weder beim G 7a noch beim G 7e den Anforderungen, die an eine frontbrauchbare Waffe gestellt werden müssen.

b) Die Zündpistole war in ihrem MZ-Teil (Magnetzündungsteil) technisch nicht voll brauchbar. Der A-Z-Teil (Aufschlagzündungsteil) erfüllte nicht die an ihn gestellten Forderungen.

c) Bei dem Torpedoressort der Kriegsmarinewerft in Kiel und im Einschießbetrieb der Torpedo-Versuchsanstalt der Kriegsmarine haben sich Mängel bezüglich der Vorbereitungen der Torpedos zur Anbordgabe herausgestellt. Dieser Punkt wird besonders verfolgt."

Aufgrund dieser Feststellungen ordnete der Oberbefehlshaber der Kriegsmarine ein Ermittlungsverfahren an, das zur kriegsgerichtlichen Verurteilung der verantwortlichen Mitglieder der Torpedo-Versuchsanstalt führte.

Das Kriegsgerichtsverfahren wurde nunmehr eröffnet. Es führte nach über 18-monatiger Verhandlung Ende Dezember 1941 zu einem Urteil. Und zwar wurden Konteradmiral Wehr und zwei seiner leitenden Beamten zu schweren Strafen verurteilt. Es wurde als sicher angesehen, daß ihr Verhalten zu den "schwerwiegenden Mängeln" an den Torpedos geführt hatte.

Die Kommandanten der Boote waren in bezug auf die Wertung des Kriegsgerichtes über "Mängel" an den Torpedos entgegengesetzter Ansicht.

"Die hatten keine Mängel", sagten sie übereinstimmend, "sie waren einfach untauglich und völlig katastrophal."

Wenn man die ganze Vorgeschichte dieser Misere in Betracht zieht, so waren die Vermutungen einiger Kommandanten, es habe sich hier um vorsätzliche Sabotage gehandelt, nicht von der Hand zu weisen. Rekapitulieren wir:

Die Torpedoversuchsanstalt in Eckernförde - das brachte die Kriegsgerichtsverhandlung ans Licht -, ahnte seit 1936 bereits und hatte im Sommer 1937 Gewißheit darüber, daß die deutschen Torpedos erheblich tiefer steuerten, als sie eingestellt wurden. Das Netzschießen im Juni 1937 hatte nämlich Differenzen von 3,7 m ergeben. Man beschloß eine Tiefenfeder einzubauen, mit deren Hilfe das Untersteuern auf nur 0,5 m begrenzt werde. Der mit dem neuerlichen Versuchsschießen beauftragte Oberingenieur Mohr hielt die dann stattfindende "Erprobung" für unzureichend. Der Leiter der TVA, damals noch Kpt. z.S. Wehr, beantragte dennoch den Einbau der Tiefenfeder.

Leider wurden diese Federn nicht hergestellt, so konnte ein Einsatz dieser Torpedos in Spanien unter Beweis stellen, daß die Aale Maschinenstörungen hatten, daß der Geradelauf versagte und der Tiefenlauf ebenfalls.

Noch 1937 wurde ein neues Torpedo-Erprobungskommando TEK eingesetzt und im August 1938 durch das T-Boot "Albatros" ein Torpedoschießen veranstaltet. Auch diesmal wurden gravierende Fehler und Mängel festgestellt. Wehr, inzwischen Konteradmiral, sah im TEK nur eine unliebsame Konkurrenz zu seiner TVA und erklärte das Erprobungsschießen mit "Albatros" als Manipulation. Er wisse wie alle übrigen Fachleute auch, bekundete er, "daß man mit entsprechenden Mitteln einen Torpedo zum Versagen bringen könne. Seine Schlußworte zu diesem Ergebnis der "Albatros": "Dieser Torpedo ist vollauf frontreif."

Im Oktober 1938 wurde ein weiteres Probeschießen von dem Zerstörer "Richard Beitzen" durchgeführt. Der Kommandant des Zerstörers meldete anschließend: "Schlechte Tiefensteuerung der Torpedos, Schwankungen von bis zu vier Metern, alles dies ist geeignet, das Vertrauen zur Torpedowaffe zu erschüttern."

Mit Ausbruch des Zweiten Weltkrieges sollte sich seine Kritik auf das schlimmste bewahrheiten.

Die Beschwerden des BdU

Am Sonntag, dem 8. Oktober 1939, wurde nach den Beanstandungen durch Dönitz vom Torpedo-Inspektor, VAdm. Götting, auf dem Gelände der TVA Eckernförde eine Besprechung angesetzt. Als Ergebnis mußte Götting den Schluß mit der Magnet-Zündpistole stoppen. Die U-Boote durften ihre Torpedos ab sofort nur noch mit der Aufschlagpistole schießen.

Wenn nunmehr ein Torpedo ein Schiff untersteuerte, ging er nicht mehr hoch. Damit wurde auch der vorhandene und noch immer nicht ausgemerzte Fehler am Tieflauf zu einer Gefahrenquelle erster Ordnung. Dieser gravierende Fehler aber wurde während dieser Besprechung weder von KAdm. Wehr noch von den anderen Experten, die darum wußten, gemeldet. Noch auf dem Weg zum Wagen fragte Kpt. z.S. Junker, Stabschef von VAdm. Götting, den Leiter der TVA, KAdm. Wehr, ob die Tiefensteuerung in Ordnung sei. Und dieser antwortete: "Was sollte daran nicht in Ordnung sein?"

Es war KKpt. Kattentidt, einer der jüngeren Offiziere der TVA Eckernförde, der sich am 20. Oktober 1939 unter Umgehung des Dienstweges an den Kommandeur des TEK Kpt. z.S. Scherf wandte und diesem seine Befürchtungen bezüglich des Tiefenlaufes meldete.

Scherf alarmierte VAdm. Götting, und dieser befahl KAdm. Wehr mit allen Unterlagen zu sich. Als Ergebnis mußte Götting dem BdU mitteilen, daß mit einem "Tiefersteuern der Torpedos gerechnet werden muß!"

Die Kommandanten sollten immer zwei Meter weniger einstellen, als der Tiefgang des Schiffes betrug.

Als Großadmiral Reader dies erfuhr, löste er die verantwortlichen Admirale des Torpedowesens ab. So trat KAdm. Kummetz an die Stelle von VAdm. Götting. Zur Einsetzung eines Untersuchungsausschusses konnte sich Raeder jedoch nicht durchringen. So kam es dann zur Torpedomisere vor Norwegen und damit zur Rettung vieler englischer Schiffe vor der Vernichtung. Hitler war sogar bereits entschlossen, Norwegen abzuschreiben und die dort eingesetzten Soldaten ihrem Schicksal zu überlassen.

Doch nach Norwegen kam es zum genannten Untersuchungsausschuß und schließlich zum Zusammentreten des Kriegsgerichtes, das sich seit dem 23. Juli 1940 mit diesem Fall befaßte.

Die TVA Eckernförde wurde als allein schuldig erkannt, obgleich auch die Oberste Führung ihren Teil an dieser Misere zu vertreten hatte, weil ihr diese Fehler und Mängel spätestens seit 1938 bekannt gewesen waren.

Als Hintergrundergebnis dieser deutschen Torpedomisere war bisher immer unbeachtet geblieben, daß England sehr wohl bei Erfolgen deutscher U-Boote im Großraum Norwegen und vorher auch im Einzelangriff gegen englische Großkampfschiffe dazu gebracht worden wäre, Hitlers Friedensangebot vom 19. Juli 1940 anzunehmen.

England wäre mit an Sicherheit grenzender Wahrscheinlichkeit zum Frieden bereit gewesen, wenn die als sicher geltenden, aber durch die Torpedomisere verwehrten Versenkungserfolge der deutschen U-Boote eingetreten wären.

Dies allein hätte Hitlers Friedensfühler für England als letzte Chance erscheinen lassen und dem Krieg ein rasches Ende bereitet.

Ob und in wieweit diese deutsche Torpedomisere gezielte Sabotage zum Schaden des Reiches war, suchte das Reichskriegsgericht nicht zu klären, eben nach dem Motto, daß nicht sein konnte, was nicht sein durfte.

DER FELDZUG GEGEN FRANKREICH

Der endgültige Aufmarsch der deutschen Kräfte

Nachdem Generalleutnant von Manstein seinen Angriffsplan im Westen bei Hitler persönlich durchgesetzt hatte, erklärte Hitler dem OB des Heeres und dessen Generalstabschef, daß anstelle der konzipierten Angriffsspitzen ein starker Sturmbock bei der HGr. A geschaffen werden müsse. Damit hatte sich die Idee des "Sichelschnitts" durchgesetzt, nach welcher schließlich nach drei Umänderungen der endgültige Plan in Gestalt der 4. Aufmarschanweisung erlassen wurde, in dem die Kräfte und ihr Ansatz festgelegt wurde.

Im Zentrum des Angriffs stand nun die HGr. A unter Generaloberst von Rundstedt zwischen Aachen und Trier. Nördlich davon, bis zum Dollart hinauf, hatte die HGr. B ihre Aufmarschräume bezogen, und die HGr. C wurde im Westwall eingesetzt. Sie verfügte nicht über schnelle Truppen, während die HGr. A im XV. PzK. unter General Hoth über die 5. und 7. PD und das IR (mot.) "Großdeutschland" und schließlich im XIV. PzK über die Infanterie-Divisionen (mot.) 2, 13 und 29 verfügen konnte. Alle drei Panzerkorps waren in der Panzergruppe Kleist zusammengefaßt, die den schnellen, kraftvollen Durchstoß vollziehen sollte, um im raschen Vorgehen in die Tiefe des feindlichen Raumes ihrem Ziel entgegenzustreben.

Generaloberst von Rundstedt hatte sich mit seinem Stab in Bitburg einquartiert.

Aus seinem Hauptquartier in Düsseldorf konnte Generaloberst von Bock über die 9. PD im Rahmen seiner 18. Armee verfügen. Hinzu kamen die 3. und 4. PD im Rahmen des XVI. Pzk. unter General Hoepner.

Die HGr. C, die unter dem Oberbefehls von Generaloberst von Leeb stand, verfügte mit der 1. und 7. Armee, im Westwall stehend, über 15 Infanterie-Divisionen.

Die Luftstreitkräfte mit den Luftflotten 2 und 3 waren auftragsgemäß auf enge Zusammenarbeit mit dem Heer angewiesen. Lediglich das V. FlK. unter General Ritter von Greim hatte operative Aufgaben, während die 9. FlDiv. unter General Coeler zum Luftmineneinsatz herangezogen wurde.

Aufgabe der Luftwaffe war es in erster Linie, feindliche Fliegerkräfte zu zerschlagen und das Heer zu unterstützen.

Das mit zwei Stukageschwadern ausgestattete VIII. Fliegerkorps unter Generalmajor von Richthofen sollte als "Nahkampfkorps" eingesetzt werden.

Den Heeresgruppen A und B wurde von der Luftwaffe ferner jeweils ein Flakkorps zugeteilt.

Für Sonderunternehmungen standen sechs Spezialverbände zur Verfügung. Es waren dies: das aus der 22. ID und der 7. FlDiv. zusammengesetzte Luftlandekorps unter Generalleutnant Student, die Sturmabteilung Koch (im Verband der 7. FlDiv.), Teile des IR "Großdeutschland" unter Oberstleutnant von Schwerin und zwei Bataillone Brandenburger der Abwehr II unter Lahousen.

Während das Luftlandekorps die "Festung Holland" aus der Luft nehmen sollte, war die Sturmabteilung Koch dazu ausersehen, die Maasbrücken und Albertkanalbrücken sowie die Festungsanlage Eben Emael mit Hilfe von Lastenseglern zu erobern und bis zum Eintreffen der nachstoßenden Panzertruppen zu halten.

Ein Bataillon des Regiments "Großdeutschland" wiederum hatte mit 15 Fieseler Störchen die Ardennenorte Nives und Witry zu sichern. Die "Brandenburger" sollten eine Reihe von Brücken in der Festung Holland noch vor Beginn des Feldzuges sichern und ihre Sprengung verhindern.

Die Gesamtstärke des an der Grenze aufmarschierten deutschen Heeres belief sich auf 141 Divisionen, denen auf der anderen Seite 144 Divisionen gegenüberstanden. Hinzu kamen drei Brigaden.

Den drei Millionen Mann deutscher Truppen standen exakt 3 369 000 Mann französischer, britischer, belgischer, niederländischer und in französischen Diensten stehender polnischer Truppen gegenüber.

Während die französischen und britischen Panzerverbände über insgesamt 3373 Panzer verfügten, konnte das deutsche Heer auf nur 2445 Panzer zurückgreifen. Das Märchen von der Überzahl der deutschen Panzer wird damit widerlegt. In bezug auf Geschütze war das Mißverhältnis zugunsten der westlichen Alliierten noch größer. Den 7373 Geschützen im deutschen Heer standen 13947 Geschütze der Westalliierten gegenüber.

Was die Luftwaffe anlangt, so standen den insgesamt aufgebotenen 4020 deutschen Flugzeugen aller Art 3 099 alliierte Maschinen gegenüber.

Dazu prägte Pierre Cot die Kennzeichnung von der "égalité numérique présque compléte". Wobei nicht zu vergessen ist, daß jeder Angreifer - will er erfolgreich sein - das Mehrfache der Stärke seines an den Grenzen in Sperrforts und festen Linien sitzenden Gegners aufbringen muß, um diesen Widerstand zu überwinden.

Was die Qualität der Waffen und ihren technischen Stand anlangte, so waren sich die westlichen Kriegsgeschichtler darüber einig, daß die deutschen Waffen "phantastisch gut" (Siehe William S. Shirer, in: Berlin Diary The Journal of a Foreign Correspondent 1934-1941) und laut Colonel Goethals "absolutement parfait" waren.

Die alliierten Streitkräfte gliederten sich in die 1. Armeegruppe unter General Billotte zwischen der Küste und Montmédy. In dieser Armeegruppe standen, von Norden gesehen, die 7. Armee unter General Giraud, die British Expeditionary Force unter General Gort, die 1. Armee unter General Blanchard, die 9. Armee unter General Corap und die 2. Armee unter General Huntzinger.

Die 2. Armeegruppe unter dem Kommando von General Prételat stand mit den Armeen 3, 4, und 5 zwischen Montmédy und Schlettstadt, während die 3. Armeegruppe, geführt von General Besson, den Raum von Schlettstadt bis Genf mit der 8. und 3. Armee sicherte.

Während der 2. und 3. Armeegruppe lediglich defensive Aufgaben gestellt worden waren, war der 1. Armeegruppe vom Oberkommando der Auftrag erteilt worden, gemäß dem Dyle-Breda-Plan ihren linken Flügel in die Niederlande marschieren zu lassen, mit der B.E.F. bis zur Linie Löwen-Wavre vorzudringen und die übrigen Armeen in Richtung auf die Maas zwischen Namur und Givet antreten zu lassen.

Schnelle Truppen, darunter zwei Kavalleriekorps, motorisierte Divisionen und gepanzerte Teilstreitkräfte, ferner einige Reiter-Brigaden sollten in die Ardennen vorstoßen, um den dort erwarteten Gegner zu stoppen.

Frankreich war trotz der Warnungen seiner aus Polen zurückgekehrten Generale Faury und Armengaud, daß der massierte Panzerangriff der Deutschen unwiderstehlich sein werde, zuversichtlich, hatte doch der französische Inspekteur der Panzertruppen, General Louis Keller, behauptet:

"Eine Wiederholung des Blitzfeldzuges wird im Westen wegen der zahlreichen Geländehindernisse unmöglich sein." (Siehe Brief von General Keller an Oberst de Gaulle).

Entfremdung der Westalliierten - Regierungswechsel in London

Am 27. März 1940 hatten England und Frankreich ein Abkommen geschlossen, in dem sie sich verpflichteten, keine eigenmächtigen Verhandlungen über einen Waffenstillstand oder einen Separatfrieden aufzunehmen.

Dennoch versuchte der britische Unterstaatssekretär Richard Butler, übrigens mit Wissen von Halifax und Cadogan, Ende April mit Deutschland ins Gespräch zu kommen. Dazu bediente er sich der Vermittlung des Prinzen Max Eugen zu Hohenlohe-Langenburg.

Diese separaten Bemühungen waren bereits ein offenkundiger Verstoß gegen den einander beschworenen Zusammenhalt. Doch für England kam - nach der vernichtenden Niederlage in Norwegen - jeder Weg und jeder Schritt in Frage, um Schaden von der Insel abzuwenden.

Dieser Schritt war jedoch nicht der einzige, der nach dem Scheitern der Norwegenpläne der Westalliierten gegangen wurde. In Frankreich verlangte Renaud abermals die Ablösung von General Gamelin mit der Feststellung, er habe bei Drontheim in der Führung versagt. Aber Daladier hielt den französischen Oberbefehlshaber. Renaud blieb nichts anderes übrig, als seinen Rücktritt als Président du conseil zu erklären. Er erklärte sich aber aufgrund der Beschwörungen Lebruns, Frankreich in dieser ernsten Stunde nicht im Stich zu lassen, zur provisorischen Weiterführung der Regierungsgeschäfte bereit.

Diese beiden Ereignisse, aus einer Reihe weiterer vorgestellt, zeigen auf, daß mit dem Sieg der deutschen Truppen in Norwegen nicht nur die Sicherung der Erzzufuhr und die Gewinnung eines "Flugzeugträgers" erreicht wurde, sondern viel mehr. Das norwegische "Fiasko" setzte Neville Chamberlain außerstande, dem Unterhaus eine plausible Erklärung zu geben. Es war sein eigenen Parteifreund Leopold S. Amery, der das Kabinett der Erfolgsglosen mit jenen Worten geißelte, die bereits Oliver Cromwell benutzt hatte:

"You have sat too long here for any good you have been doing. Depart, I say, and let us have done with you. In the name of God, go!" (Siehe House of Commons: debates).

Die Opposition im Unterhaus forderte eine Debatte über die Kriegslage. Am 7. Mai fand diese im Unterhaus statt. Chamberlain eröffnete sie mit einem Überblick, in dem er mehrfach durch Zwischenrufe gestört wurde. Er lehnte es ab, für Fehler im Norwegenfeldzug verantwortlich gemacht zu werden, weil sie "nicht die meinen gewesen sind".

Es war Sir Roger Keyes, der den Admiralstab angriff, weil dieser vor einem Generalangriff gegen Drontheim zurückgeschreckt sei. Er hatte für einen solchen Angriff die Führung verlangt, was ihm aber abgeschlagen worden war. Als Admiral der Flotte wußte er, wovon er sprach.

Die Schlußworte des Cromwell-Zitates schwang in allen wütenden Zwischenrufen mit: "In Gottes Namen, geht!"

Der zweite Tag dieser Debatte war noch dramatischer. Der Oppositionsführer Herbert Morrison verlangte im Namen seiner Freunde eine sofortige Abstimmung.

In einer zwanzigminütigen Rede führte dann Lloyd George den entscheidenden Schlag gegen die Regierung. Dabei versuchte er auch den Ersten Lord der britischen Admiralität, Winston Churchill, zu entschuldigen, er trage nicht die volle Verantwortung für das, was in Norwegen geschehen sei.

Aber Winston Churchill erwiderte sofort: "Ich übernehme die gesamte Verantwortung für das, was seitens der Admiralität getan worden ist, und trage meinen vollen Anteil an der Bürde." (Siehe Churchill, Winston: a.a.O.).

Chamberlain appellierte an den Opfermut aller Engländer, und Lloyd George antwortete ihm:

"Der Premierminister hat an den Opfermut appelliert. Die Nation ist zu jedem Opfer bereit, solange sie eine Führung hat, solange die Regierung ihr Ziel klar zu erkennen gibt und solange die Nation darauf vertraut, daß die führenden Männer ihr Möglichstes tun. - - -

Ich erkläre feierlich, daß der Premierminister mit dem Beispiel des Opfers vorangehen sollte, weil nichts wirksamer zum Siege beitragen kann als sein Verzicht auf das hohe Amt."

Damit waren eigentlich die Würfel bereits gefallen, auch wenn Churchill versuchte, die Autorität der Regierung wiederherzustellen. Als sich Churchill schließlich nach seiner Rede setzte, kam es zur Abstimmung. Zwar erhielt die Regierung eine Mehrheit von 81 Stimmen, aber nachdem sich über 30 Konvervative der Labour-Opposition angeschlossen und sich weitere 60 der Stimme enthalten hatten, war dieses Ergebnis dennoch eine schwere Belastung für die Regierung Chamberlain.

Chamberlain entschloß sich am 9. Mai zur Bildung einer nationalen Regierung und war bereit, für einen Mann seines Vertrauens an der Spitze zurückzutreten.

Am Nachmittag dieses 9. Mai wurde Churchill zum Premierminister gebeten. In Downing Street 10 traf er auch Lord Halifax an. Attlee und Greenwood kamen wenig später hinzu. Regierungsmitglieder und Vertreter der Opposition berieten nun darüber, wie eine nationale Regierung auszusehen hätte und ob die Labourpartei in einem von Chamberlain geleiteten Ministerium mitwirken würde. Diese aber wollten sich nicht festlegen, da ihre Partei gerade in Bournemouth tagte.

Am Morgen des 10. Mai kamen dann die Nachrichten von dem deutschen Angriff auf Frankreich in dutzenden Telegrammen über den Kanal. Damit war ein entschlossenes und sofortiges Handeln von nöten, um die Regierung wieder voll aktionsfähig zu machen. Sir Kingsley Wood traf sich um 10.00 Uhr mit Churchill und berichtete diesem, daß Chamberlain es nach Ausbruch der Schlacht um Frankreich als seine Pflicht ansehe, im Amt zu bleiben, daß er - Kingsley Wood - ihm aber geantwortet habe, daß die Bildung einer nationalen Regierung notwendiger als je sei.

Um 11.00 Uhr saßen Lord Halifax und Winston Churchill dem Premierminister gegenüber. Chamberlain erklärte ihnen, daß er nicht in der Lage sei, eine nationale Regierung zu bilden. Er fragte seine beiden Gegenüber, wen er dem König als seinen Nachfolger nennen solle, wenn dieser sein Rücktrittsgesuch angenommen habe.

Für 18.00 Uhr wurde dann Winston Churchill in den Palast bestellt und direkt zum König geleitet. Dieser erklärte nach einer kurzen Einleitung: "Ich möchte Sie ersuchen, eine Regierung zu bilden!" Churchill antwortete, er werde dies bestimmt tun, um fortzufahren: "Ich werde unverzüglich die Führer der Liberalen und der Labour Party herkommen lassen, und ich beabsichtige, ein Kriegskabinett von fünf oder sechs Mitgliedern zu bilden. Ich hoffe Ihnen diese fünf oder sechs Namen noch vor Mitternacht nennen zu können." (Siehe Churchill, Winston: a.a.O.).

Damit war in der Nacht dieses ersten Kampftages im Westen die Führung Großbritanniens an den neuen Kriegspremier Winston Churchill übergegangen.

Der Auftrag der Heeresgruppe B

"Das deutsche Westheer greift zwischen Nordsee und Mosel an. Auftrag der Heeresgruppe B ist es, unter Einsatz schneller Kräfte Holland rasch zu besetzen, um die Verbindung zwischen dem niederländischen Heer und belgisch/englischen Kräften zu verhindern. Die HGr. B durchbricht die belgische Grenzverteidigung und wirft den Feind auf und über die Linie Antwerpen-Namur zurück.

Die Festung Antwerpen ist zunächst im Norden und Osten, die Festung Lüttich von Nordosten und nördlich der Maas abzuschließen.

Die 18. Armee setzt sich, möglichst in einem Zuge durchstoßend, in den Besitz der Niederlande. Schwerpunkt südlich der Flüsse.

Die nördlich der Flüsse anzusetzenden Kräfte überwinden - schnelle Truppen voraus - so rasch wie möglich zunächst die Ijssel-Linie und gehen unverzüglich gegen die Ostfront der "Festung Holland" vor.

Gleichzeitig setzen sich südlich der Flüsse die Hauptkräfte der 18. Armee unter Vorwerfen schneller Verbände in den Besitz der Brücken über das Hollandsche Diep bei Moerdijk und über die Oude Maas bei Dordrecht, um im Zusammenwirken mit Sonderverbänden von Süden her in die Festung Holland einzubrechen.

Die von Antwerpen her zu erwartenden Feindkräfte sind in die Festung zurückzuwerfen. Die Scheldemündung ist unter Sicherung gegen die Nordfront von Antwerpen zu sperren.

Die Trennungslinie zwischen der 18. und 6. Armee verläuft vom Straßenkreuz 9 km südwestlich Wesel-Kevelaer-Welk-Wanssum-Venray-Baarle-Nassau-Wartel-St. Lenards.

Die Feindlage

1. Der Aufmarsch des niederländischen Heeres deutet auf defensive Absichten. Sicherungen stehen an der Grenze, schwache Kräfte an der Ijssel und Maas bereit, um den deutschen Einmarsch in hinhaltendem Kampf zu verzögern.

Die Hauptkräfte des holländischen Heeres sind voraussichtlich dazu bestimmt, an der Grebbelinie sowie in und am Westrand der Peelheide - Schwerpunkt nördlich der Flüsse - starken Widerstand zu leisten und die Festung Holland zu halten. Größere Angriffsunternehmungen sind nicht wahrscheinlich.

Die Niederländer werden die besondere Natur ihres Landes benutzen, um durch vorbereitete großangelegte Überflutungen den Abwehrkampf ihres Heeres zu unterstützen.

Mit dem Versuch der Engländer, den Niederländern von Antwerpen her oder auf dem Seewege Truppen zuzuführen und die Festung Holland für ihre Luftstreitkräfte auszunutzen, ist zu rechnen.

2. Das belgische Heer steht zur Abwehr des deutschen Einmarsches bereit. Die Hauptkräfte stehen in dem vorspringenden Bogen Antwerpen - Albert-Kanal - Lüttich mit vorgeschobenen Teilen am Antwerpen-Turnhout - und Maas/Schelde-Kanal. Mit starkem Widerstand schon in den Grenzbefestigungen, vor allem aber am Albert-Kanal, ist zu rechnen.

In den Ardennen stehen nur schwache Kräfte. Diese - die 1. Ardennen-Jäger-Division und die 1. mot. Kavallerie-Division - werden unter Ausnutzung ihrer Ortskenntnisse an Engen und Flüssen den deutschen Vormarsch zu verzögern haben.

3. Die Masse der englisch/französischen Streitkräfte in Frankreich - etwa 70 bis 80 Divisionen, darunter 30. mot.-Divisionen - steht an der belgisch-französischen Grenze und dahinter bereit und ist jederzeit bereit, nach Belgien hinein anzutreten.

Einsatzplanung der Luftlande-Korps

Am 23. Februar 1940 erging der Befehl an den Kommandierenden General des Luftlandekorps, Generalleutnant Student, für den "Einsatz des LL-Korps im Falle Festung". (Siehe Generalstab der Luftwaffe, 1. Abt. Nr. 5683/40 g K.) Darin war der Einsatz wie folgt festgelegt:

"1. Absicht:

'Festung Holland' soll handstreichartig - unter Umgehung der Grebbe-Linie - aus der Rückfront genommen werden.

2. Auftrag:

LL-Korps (7. FlDiv. und 22. ID) wird hierzu zunächst im Raume Moerdijk-Dordrecht-Rotterdam-Den Haag eingesetzt mit den Teilaufträgen:

a) Die Brücke bei Moerdijk (hier Schwerpunkt) und Rotterdam für die nachfolgenden Schnellen Truppen des Heeres, die über Tilburg-Breda nachgeführt werden, offenzuhalten (7. FlDiv.).

b) Die Residenz Den Haag zu besetzen und die dort befindliche Krone, Regierung und Wehrmachtsleitung sofort auszuschalten. (22. LL-Div.).

5.) Es werden eingesetzt:

a) 7. Fliegerdivision im Raume Moerdijk-Dordrecht-Rotterdam.

b) 22. Division bei Den Haag.

Aufträge hierzu:

Zu a) 7. FlDiv. besetzt mit Fallschirmtruppen handstreichartig die Brücken bei Moerdijk (Schwerpunkt) und Dordrecht und nimmt sie fest in die Hand. Ein weiterer Fallschirmverband setzt sich gleichzeitig in den Besitz der Brücken bei Rotterdam und des Flugplatzes Waalhaven und übernimmt dort die Sicherung für die Landung der nachfolgenden LL-Truppen. Masse der Division landet auf dem Flugplatz Waalhaven.

Kampfaufträge im einzelnen für die 7. FlDiv. zu b):

22. Division (mit unterstellten I./FJR 2 und 6./FJR 2) führt zunächst die Besetzung der Hauptstadt Den Haag durch. Hierbei werden sofort besondere Teile des FschBatl. zur überraschenden Besetzung des königlichen Schlosses, des Regierungsgebäudes und des Kriegsministeriums eingesetzt.

Weitere Fallschirmjäger-Einheiten nehmen die für die 22. ID zugewiesenen Landeplätze Flugplatz Valkenburg bei Katwijk, Flugplatz Ypenburg, Landeplatz Ockenburg bei Kijkduin. Die dazu abgestellten Fallschirmjäger-Verbände treten nach Durchführung ihrer Aufgabe zur 7. FlDiv. zurück und sind baldmöglichst nach Rotterdam in Marsch zu setzen.

Für die 22. Division kommt es besonders darauf an, die politische und militärische Führung der Niederlande so schnell wie möglich in die Hand zu bekommen und an jeder weiteren Tätigkeit zu hindern. Nach Durchführung der Besetzung von Den Haag ist die Stadt gegen etwaige Angriffe zu halten.

VI. Fliegerkorps ist auf Zusammenarbeit mit dem LL-Korps angewiesen. Es übernimmt mit ausreichenden Kräften

a) Den Schutz des Anmarsches, des Absetzens bzw. Landens und des Rückmarsches der Transportverbände gegen feindliche Jagdkräfte und Flak im Bewegungsstreifen und in den Landeräumen. Darüber hinaus werden schon vorher alle in Frage kommenden feindlichen Jagdkräfte in ihren Horsten angegriffen und vernichtet.

b) Rechtzeitige und vollständige Niederkämpfung der Belegung der feindlichen Flugplätze Waalhaven, Ypenburg und Valkenburg für die nachfolgenden Landungen.

c) Angriff auf die Bunkernester bei Moerdijk.

d) Sicherstellung und Sicherung des Nachschubs. Das Fliegerkorps z.b.V. übernimmt später die Überwachung der Straßen Utrecht-Leiden-Den Haag und Utrecht-Gouda-Rotterdam.

Am A-Tage (nachmittag) wird eine Jagdgruppe entsprechend der Entwicklung der Lage und der Lande- und Startmöglichkeiten nach Waalhaven verlegt und dem LL-Korps unterstellt.

Die Vorverlegung einer weiteren Jagdgruppe nach Ypenburg ist ins Auge gefaßt." Student; f.d.R. Trettner, Major i.G.

"Brandenburger" bei den Brückeneinsätzen

Die einzelnen Kommandos der Brandenburger für den Einsatz im Westen wurden im Verlaufe des April 1940 eingeteilt. Insgesamt waren von ihnen acht Brücken vor Beginn der Kampfhandlungen in Besitz zu nehmen. Davon lagen vier im Bereich des Zuges unter Lt. Grabert und die anderen im Bereich des Zuges Lt. Witzel.

In gezielten Einsatzspielen wurden diese Brücken anhand von Luftbildaufnahmen angegangen. Die einzelnen Gruppen in Stärken von 7-9 Mann und einem niederländischen Dolmetscher hatten drei Stunden vor Antreten des Heeres in Aktion zu treten.

Alle Männer erhielten niederländische Soldatenmäntel, die sie über die eigene Uniform zogen. Sie trugen verdeckt jeweils eine MPi. In den Taschen Eier- und Stielhandgranaten. Ihre Pistolen steckten in den Hosentaschen.

Anfangs Mai besuchte Admiral Canaris, der Leiter der deutschen Abwehr, das Waldlager des Zuges Witzel bei Asperden und wohnte einer gelungenen Einsatzübung teil.

Neben diesen beiden genannten Zügen kam noch das Bataillon z.b.V. unter Hptm. Fleck zum Einsatz, das aus der Abwehrstelle Breslau hervorgegangen war. Dieser Verband sollte die Brücken von Nijmegen und Westerpoort ostwärts Arnheim im Handstreich in Besitz nehmen. Dem Zuge Kürschner wurden die vier

Straßenbrücken über den Juliana-Kanal bei Stein, Urmond, Berg und Obbicht in Süd-Limburg zugewiesen.

Am späten Abend des 9. April rückten alle Kommandos der Brandenburger und das Bataillon z.b.V. 100 in die Sturmausgangsstellungen vor und machten sich einsatzbereit. Die in Volltarnung einzusetzenden Soldaten, die die Brücken über Maas und Maas-Waal-Kanal in Besitz nehmen sollten, zogen niederländische Uniformen an.

Um 0.30 Uhr des 10. Mai fuhr der Einsatztrupp "Berg" nach Millen und marschierte von dort zur Grenze, die um 1.30 Uhr überschritten wurde. An der Spitze fuhr Lt. Kürschner auf dem Fahrrad. Er berichtete über diesen ersten Einsatz im Westen:

"Mit umgehängten Waffen gehen wir schließlich durch einen Spalt zwischen zwei Betonröhren, die aufrecht stehend und mit Beton gefüllt als Hindernisse auf der Brückenauffahrt von Berg standen. Wir gehen direkt auf die holländischen Soldaten zu, die auf der Brücke stehen, plötzlich aber abdrehen und weglaufen. Ich rufe hinterher: `Halt! Waar is de Kommandant van de Wacht?'

Überraschend spring ein Holländer zur Zündstelle am Brückengeländer, nachdem wir die stehengebliebenen Soldaten entwaffnet haben. Unteroffizier Bergner schießt ihm ins Bein. Die übrigen Holländer werden entwaffnet und auf die Brücke getrieben. Unter ihnen entsetzte Rufe: 'Niet sneijen, niet sneijen!' schneide ich die Knallzündschnur durch, die als Doppelleitung verlegt ist. Es hat geklappt! Die Brücke von Berg ist in unserer Hand." (Siehe dazu Spaeter, Helmut: Die Brandenburger).

Vom Ostufer peitschten MG-Salven zu den Brandenburgern hinüber. Das MG-Nest am Widerlager der Brücke wurde ausgenommen. Danach baute Lt. Kürschner mit seinen Pionieren die Sprengladungen aus. Bei dieser Tätigkeit erhielt er einen Schuß durch beide Oberschenkel und einen in den rechten Fuß. Gefreiter Frey schleppte ihn auf dem Rücken aus dem Feuer und wurde ebenfalls verwundet.

Die Brücke bei Obbicht wurde ebenfalls im Handstreich genommen und vor der Sprengung bewahrt. Dort leistete der Gegner mit einem MG an der westlichen Brükkenauffahrt heftigen Widerstand. Als hier gegen 7.00 Uhr die Vorausabteilung der 7. ID eintraf, wurde der gegenüberliegende Bunker aus dem noch immer geschossen wurde, von einer eigenen Pak im Punktfeuer zusammengeschossen.

Ebenso gelang es, die Brücken von Stein und Urmond zu besetzen, sie zu sichern und die Sprengladungen aus den einzelnen Kammern zu entfernen.

Die Brücke von Born, die holländischerseits nicht zur Sprengung vorbereitet worden war, weil eine solche die dicht danebenliegende Schleuse beschädigt haben würde, war dementsprechend stark besetzt. Hier verteidigte Lt. Bakkering mit einem schweren Infanteriezug, dem zwei 4,7 cm-Pak, drei sMG und drei lMG zur Verfügung standen. Die drei leichten MG lagen auf dem Ostufer der Brücke und hatten freies Schußfeld nach vorn. Als der für diese Brücke vorgesehene Stoßtrupp sich um 4.00 Uhr dem Zielobjekt näherte, war die Brückenbesatzung bereits alarmiert worden und eröffnete das Feuer. Ein heftiges Feuergefecht entwickelte sich. Ein MG auf dem Ostufer wurde vernichtet. Die beiden anderen zogen sich auf das Westufer zurück, von woher aus den dortigen Kasematten heftiges Abwehrfeuer herausschlug.

Erst als die zweite Vorausabteilung der 7. ID angelangt war, konnten die Kasematten durch Geschützfeuer zum Schweigen gebracht werden.

Die gesamte 7. ID konnte über fünf eroberte Brücken im ersten Vorstürmen 30 km weit auf niederländisches Gebiet vorstoßen.

Daß der Einsatz gegen die Maasbrücken bei Maaseyk schwieriger als alle übrigen Aufgaben der Brandenburger war, ergab sich aus der Tatsache, daß dort noch vorher die Brücke über den Juliana-Kanal bei Oud Roosteren überwunden werden mußte. Darüber hinaus war Süd-Limburg stark infanteristisch besetzt. Die Truppen dort waren mit Pak, Geschützen und Panzerbüchsen ausgerüstet.

Dieser Teil des Handstreichs war dem Sonderverband Hocke übertragen worden, der sich aus den beiden Bataillonen z.b.V. 100 und 800 rekrutierte.

Am Morgen des 10. Mai erreichten 40 Mann dieser Kampfgruppe das Dorf Oud Rosteren ostwärts des Juliana-Kanals und überrumpelten die hier stehende Infanteriewache. Schnell vorstoßend erreichte sie sodann die Kanalbrücke bei Rosteren, wo sie nach der Parole gefragt wurden. Obgleich sie diese für den 10. Mai nicht wußten, ließ der wachhabende Leutnant sie durch, weil sie jene des Vortages sagen konnten.

Am Westende der Brücke wurde diese Gruppe noch einmal angehalten. Der dort auf der Wache stehende Gefreite erkannte eine Besonderheit an den "Stahlhelmen" der Männer und rief den Uffz. der Wache herbei, der kurz darauf mit seinem Kompanieführer, Oblt. Braun, erschien.

Der deutsche Führer, der sich hier Hptm. Willemse nannte, forderte die beiden auf, sich zu ergeben. Als sich Oblt. Braun weigerte und zur Waffe griff, wurde er von "Willemse" erschossen. Unmittelbar darauf wurde auch "Willemse" angeschossen.

In den nun beginnendem Feuergefecht gab es auf beiden Seiten Tote und Verwundete. Es gelang den Brandenburgern, diese Brücke freizukämpfen. Der niederländische Gefreite Velde, der die Sprengladung zünden wollte, wurde angeschossen und geriet in Gefangenschaft. Damit war die Brücke über den Juliana-Kanal in deutscher Hand.

Nunmehr war die Maasbrücke bei Maaseyk das entscheidende Ziel. Die Gruppe stürmte ihr im Eilmarsch entgegen, wurde erkannt und unter Feuer genommen. Dadurch kam sie nicht mehr rechtzeitig an die Maasbrücke heran. Kurze Zeit nach Feuereröffnung flog sie vor den Augen der in Deckung gezwungenen Brandenburger in die Luft.

Weitere Brückeneinsätze der Brandenburger

Ein V-Trupp unter Führung von Lt. Grabert in Stärke von 15 Soldaten marschierte um 2.00 Uhr nach Roermond. Alle trugen holländische Militärmäntel über den deutschen Uniformen, dazu holländische Stahlhelme.

Der Trupp stieß mitten durch die Stadt vor, erreichte einen Bahnübergang, dessen Schranke geschlossen war, und bog nach links ab, um den Bahnkörper außerhalb des Überganges zu überwinden. Sie sahen sich plötzlich vor einer niederländischen Militärstreife von sechs Mann. Der Streifenführer befahl ihnen stehenzubleiben. Er forderte Lt. Grabert auf, seine Papiere zu zeigen. Dieser präsentierte einen vorbereiteten Passierschein. Aber die Streife hatte bereits Verdacht geschöpft, und Lt. Grabert forderte sie auf, die Hände hochzunehmen und sich ihm zu ergeben.

Drei der Männer folgten dem Befehl. Einer aber griff zur Waffe und wurde niedergeschossen. Der Schuß alarmierte weitere niederländische Soldaten, die aus einer Nebenstraße angerannt kamen. Diese hielten die Gruppe Grabert so lange auf, wie der Gegner Zeit benötigte, um die Brücke zu sprengen.

Die nördlich Roermond bei Buggenum gelegene Brücke sollte von einem sechsköpfigen Stoßtrupp unter Führung von Uffz. Hillmers im Handstreich in Besitz genommen werden. Diese Männer waren als Streckenarbeiter getarnt. Als Brückenwache standen dort zwei Unteroffiziere und 20 Soldaten. Zur Zeit unmittelbar vor dem Handstreich standen drei dieser Soldaten auf dem Ostufer auf Wache. Ein Stahlgitterzaun sperrte den Bahnkörper ab, und im Wachhaus auf dem Ostufer befand sich die Telefonverbindung zum Bunker auf dem Westufer.

Der wachhabende Uffz. auf dem Westufer erhielt um 3.00 Uhr eine Durchsage vom Ostufer, daß eine Gruppe bisher unbekannter Personen sich von Roermond aus entlang der Bahnlinie auf die Brücke zu bewege. In Roermund sei es zu Schießereien gekommen, und er möge alles zur Sperrung der Brücke veranlassen.

Uffz. Wetering, der Wachhabende, ließ den Stahlgitterzaun schließen, und zehn Minuten darauf tauchte der deutsche Stoßtrupp dort auf dem Ostufer auf. Uffz. de Vries, der Wachhabende auf dem Ostufer, hatte "Unrat gewittert", weil der deutsche Stoßtruppenführer mit starkem deutschem Akzent sprach. Während Uffz. de Vries um Direktiven vom Westufer bat, hielten die drei Wachposten diese Männer auf, die offensichtlich unbewaffnet waren.

Plötzlich ließen die "Bahnarbeiter" ihre Hacken und Spaten fallen, zogen ihre Waffen hervor und eröffneten das Feuer. Einer der Wachsoldaten fiel, der Wachhabende wurde verwundet. Die beiden übrigen Wachmänner flohen über die Brücke, von den Deutschen verfolgt. Diese erhielten sehr bald Feuer aus dem Bunker am Westufer, das zwei der Stoßtruppmänner niederstreckte. Als der Trupp des Uffz. Hillmers die Brückenmitte erreichte, wurden vom Westufer aus die Sprengladungen gezündet. Vier wuchtige Explosionen rissen die Brücke auseinander. Ihre Teile stürzten mit den darauf befindlichen Angreifern in die Tiefe.

Uffz. Hillmers hatte noch unmittelbar vor der Verfolgung der fliehenden Brükkenwächter durch Leuchtpistolenzeichen einen dicht vor der Grenze wartenden deutschen Panzerzug herbeigerufen. Als er 20 Minuten darauf vor der Brücke erschien, war diese gesprengt und der Panzerzug somit gestoppt. Holländische Pak eröffnete das Feuer, die ersten Granaten trafen die Lok. Die Besatzung des Panzerzuges mußte diesen verlassen, weil Explosionsgefahr bestand. Dieser Handstreich war gescheitert.

Die Eisenbahnbrücke bei Gennep sollte von einem Stoßtrupp der 4./Baulehr-Batl. z.b.V. 800 unter Oblt. Walther im Handstreich in Besitz genommen werden.

An diesem Handstreich waren drei als Gendarmen verkleidete Holländer beteiligt, so daß sich die Stärke des Stoßtrupps damit auf 12 Mann erhöht. Diese drei Gendarmen sollten den Eindruck erwecken, als hätten sie die Männer im Grenzbereich festgenommen und wollten sie nun zurückbringen.

Als die Brücke vor ihnen auftauchte, wurden sie - dort angekommen - von vier Wachsolten gestoppt. Oblt. Walther und Fw. Stöhr zogen ihre Pistolen und hielten die vier Wachmänner in Schach. Sie stellten sich so, daß sie vom Westende der 150 m langen Brücke nicht gesehen werden konnten. Außerdem war es noch dunkel.

Fw. Stöhr ging zum Postenhaus hinüber und durchschnitt alle sichtbaren Kabelanschlüsse. Doch der im Postenhaus am Ostufer stehende Soldat hatte bereits vorher den Alarmknopf betätigt und die Soldaten in den beidenFluß-Kasematten alarmiert.

Oblt. Walther, ein Dolmetscher, ein Soldat des Stoßtrupps und Fw. Stöhr gingen nun über die Brücke. Der auf ihrer Mitte stehende Wasserposten ließ sie passieren. Am jenseitigen Ufer blickten die Deutschen in die Mündungen holländischer Waffen. Sie wurden in die Mitte genommen und gingen weiter. Ihre Untersuchung auf Waffen war so nachlässig gewesen, daß diese nicht gefunden wurden. Plötzlich schrie Obtl. Walther: "Fliegerdeckung!" Die drei übrigen Stoßtruppmänner brachen aus, rissen ihre Waffen heraus und entwaffneten die völlig verblüfften Holländer. Die Brücke von Gennep war in deutscher Hand. Der ebenfalls durch Leuchtzeichen herbeigerufene bereitstehende Panzerzug rollte heran. Er wurde aus den beiden genannten Kasematten beschossen, doch beim zweiten Schuß versagte die Hauptwaffe der Kasematten. Die Bunkerbesatzung ergab sich.

Wenige Minuten nach der vorgesehenen Angriffszeit rollten die Vorausgruppen der 255 ID. über diese Brücke in die Niederlande hinein. Oblt. Walther erhielt als erster Brandenburger das Ritterkreuz.

Die Brücken über den Maas-Waal-Kanal

Die Brücken über diesen Kanal wurden bedeutend stärker bewacht als jene, die bisher genommen worden waren. Bei Heumen stand eine Kompanie des IR 26 unter dem Befehl von Hptm. Postma. Mehrere Kasematten schützten diesen Übergang. Die Verteidiger verfügten hier über fünf schwere MG, eine Pak, ein 8 cm-Geschütz und einen Zug Granatwerfer.

Hier erschienen in der ersten Morgendämmerung des 10. Mai vier "holländische Polizisten" mit 30 deutschen "Deserteuren". Diese standen unter dem Kommando von Lt. Witzel. Nach Durchsicht der Papiere ließ der Wachgänger diese Gruppe passieren. Als sich die 34 deutschen Soldaten auf der Brückenmitte befanden, griffen sie die jenseits des Flusses liegenden Kasematten G 6, G 9 und S 10 auf der Schleuseninsel an und eroberten sie im Handstreich. Lediglich aus der Kasematte G 7, von wo aus man sie beobachtet hatte, schlug ihnen starkes Abwehrfeuer entgegen. Hptm. Postma, der soeben die Kasematten inspizierte, vernahm das Feuergefecht und wurde gleich darauf von seinen Soldaten gewarnt, die ihm einen deutschen Überfall meldeten. Er fuhr sofort zu der gefährdeten Stellung zurück. Dort wurde er von einer verirrten MG-Kugel getroffen.

Der Handstreich war geglückt, die vorgesehene Sprengung des Gegners verhindert. Dennoch gelang es der deutschen AA 4, die dem Stoßtrupp nachfolgte, zunächst nicht, die Brücke zu überwinden, da sie emporgehivt war. Erst nachdem sie den Schleusenmeister zwangen, sie im Handbetrieb niederzulassen, kamen die ersten Männer hinüber. Aus den Kasematten G 7 und G 11 feuerte der Gegner weiter auf die deutschen Stoßtruppler und streckten einen von ihnen, der auf der Brückenmitte ein MG in Stellung bringen wollte, mit einer MG-Salve nieder.

Der längere Schußwechsel verursachte auf beiden Seiten Verluste. Der Führer der AA 4, Untersturmführer Letz, wurde tödlich getroffen.

Ein niederländischer Gegenangriff mit dem Ziel, den Deutschen die Brücke wieder zu entreißen, scheiterte im Feuer der inzwischen vorgezogenen deutschen Geschütze. Erst am späten Nachmittag konnte die AA 4 die Brücke endgültig überschreiten.

Die Maldenbrücke wurde ebenfalls von einer Kompanie des IR 26 unter Hptm. Peeters gesichert. Auch hier standen schwere und mittlere Waffen zur Abwehr bereit. Als hier der Wachhabende Offizier um 4.00 Uhr die Wachen inspizierte, wurde ihm gemeldet, daß vier Zivilisten versucht hätten, die Brücke zu überschreiten, sie seien abgewiesen worden. Der Hptm. fuhr zu seinem BatlKdr., machte Meldung und erhielt den Befehl, die Brücke zu sprengen. Als er zu seiner Kp. zurückkehrte, hatte ein deutscher Stoßtrupp die Brücke bereits im Handstreich erobert.

Ebenso schnell wurde die Brücke bei Hatert in Besitz genommen. Hier konnte der Gegner noch eine Sprengladung zünden, die aber zu schwach war.

Der nächtliche Überfall gegen die Straßensperre bei Didam hingegen scheiterte. Die Gruppe wurde vorzeitig entlarvt und beschossen und mußte sich unter Verlusten zurückziehen.

Trotz einiger vergeblicher Handstreich-Versuche trugen die gelungenen Brückeneinsätze der Brandenburger, die bislang in der Geschichtsschreibung des Zweiten Weltkrieges fehlten, mit dazu bei, dem deutschen Heer den Weg in die "Festung Holland" hinein zu öffnen und eine schnelle Entscheidung im Norden der Westfront zu erzwingen. Weitere Einsätze der Brandenburger in Holland und Frankreich werden in einem der folgenden Abschnitte dargestellt werden.

Überall Wracks der Ju 52.

Am Strand zu Bruch gegangener Nahaufklärer Hs 126.

Die Fokker G-1, mit acht Front-MG und einem beweglichen MG, schossen am 10. Mai 13 deutsche Flugzeuge ab.

Die Fokker C-10 beschoß als leichter Bomber deutsche Stellungen bei der Moerdijkbrücke.

Prinz Bernhard auf dem Weg zur Truppe.

Deutsche Fallschirmjäger begrüßen die Stukas.

Truppen der 22. Luftlandedivision sammeln auf der Maasbrücke.

Oberst Kreysing, Kdr. des IR 16.

Generalleutnant Graf Sponeck, Kdr. der 22. LL-Div.

Oblt. Helmuth Schreiber, Chef der 9./IR 16 war bei Rotterdam dabei.

Olt. Schrader führte die 11./IR.16 in einem erbitterten und opfervollen Ringen.

Zugführer Ofw. August Grauting war bei Rotterdam einer der Besten.

Lt. Hans Teusen kämpfte mit seinen Fallschirmjägern gemeinsam mit den Luftlandesoldaten.

Ofw. Josef Portsteffen gelang mit seinem Pionierzug der 1./Pi.Btl.51 ein Handstreichunternehmen.

Lt. Gerhard Schacht, Führer der Sturmgruppe „Beton".

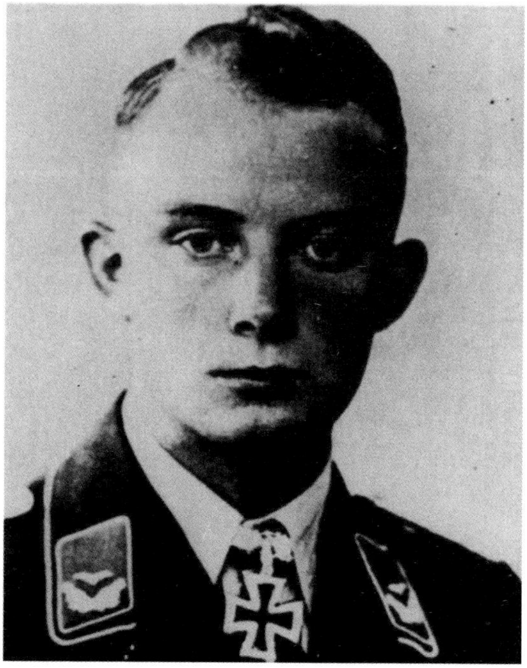

Lt. Martin Schächter, Führer der Sturmgruppe „Stahl".

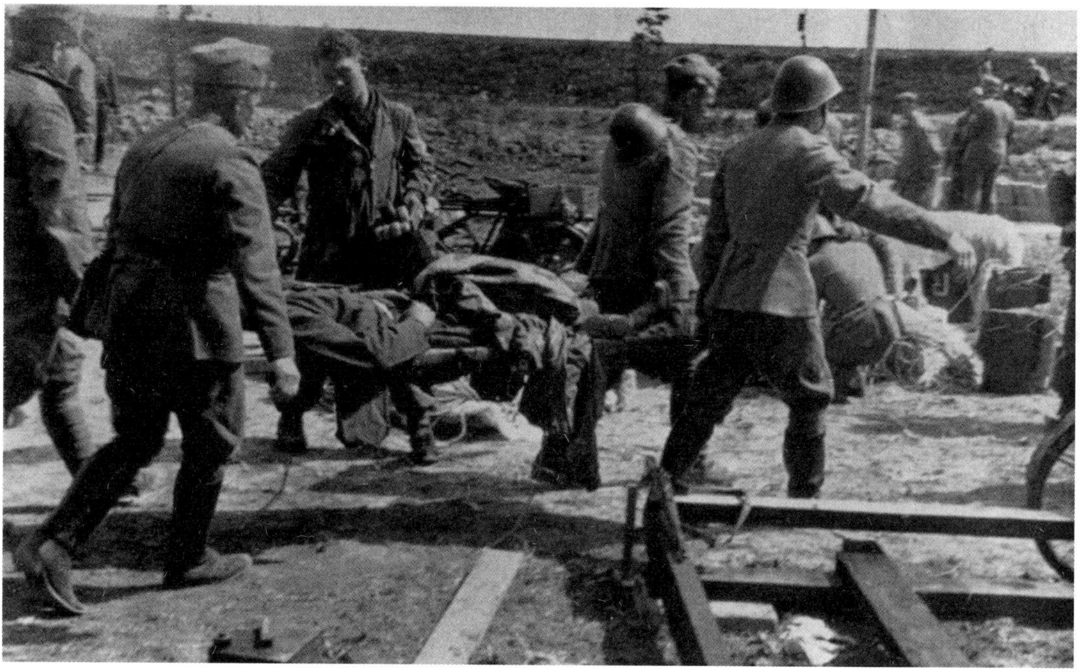

Holländische Kriegsgefangene in Tweede Tol beim Transport von Verwundeten.

Maastricht. Deutsche Panzer warten den Bau einer Behelfsbrücke ab.

Fallschirmjäger passieren Maastricht am 11. Mai.

Panzer an einer Straßensperre.

Deutsche Panzer bei Rotterdam.

Ein holländischer Gefangener hastet vorbei, er ist gezeichnet von den Strapazen der Kämpfe.

In Uden verhandeln holländische und deutsche Offiziere um eine örtliche Waffenruhe.

Uden 1940, der Fotograf als Zeitzeuge, ohne den es keine Bilder gäbe!

Die Deiche wurden geöffnet, um den deutschen Vormarsch zu verzögern. Und die Flut spülte grausiges Treibgut des Krieges an.

Die ersten "Tommies" gehen selbstbewusst in die Kriegsgefangenschaft.

In den Graben geschobene englische Morris-Fahrzeuge. Sie sollten später in der deutschen Wehrmacht als Beutefahrzeuge noch gute Dienste leisten.

Nach 15 Tagen Westfeldzug hat diese leichte Infanteriegeschützeinheit eine Feuerpause.

Nach dem Fall von Holland und Belgien besuchen die Parteiträger die Front, hier Rudolf Hess (Mitte), der Stellvertreter von Adolf Hitler.

Sturmangriff aus der Luft: Albertkanal und Eben Emael

Nachdem es Generalleutnant Student gelungen war, das I./FJR 1 rechtzeitig aus dem Norwegenfeldzug zu lösen und wieder nach dem Westen zu bringen, wurde dieses Bataillon - mit Ausnahme der 1. Kp. die zu hohe Verluste erlitten hatte und neu aufgestellt werden mußte - zur "Sturmabteilung Koch" aufgestockt.

Hptm. Koch gliederte zum Sturm gegen die Albertkanalbrücken und das Sperrfort Eben Emael seinen Verband in vier Kampfgruppen und einen Reservezug. Es waren dies:

Kampfgruppe I: "Beton": Führung Lt. Schacht. Angriffe gegen die Brücke von Vroenhoven. Über diese Brücke führt die Hauptvormarschstraße nach Brüssel. (Bei der KGr. auch der Stab der Sturmabteilung mit Hptm. Koch. Gesamtstärke 160 Mann.)

Kampfgruppe II: "Stahl", Führung Oblt. Altmann. Inbesitznahme der Brücke bei Veldwezelt. Über sie führt die in Aussicht genommene Vormarschstraße nach Antwerpen. Gesamtstärke 100 Mann.

Kampfgruppe III. "Eisen": Führung Lt. Schächter. Inbesitznahme der Brücke von Canne. Kampfstärke 80 Mann.

Kampfgruppe IV: "Granit": Führung Obtl. Witzig. Wegnahme der Werkgruppe Eben Emael, Halten des Sperrforts bis zum Eintreffen der Infanterie. Kampfstärke 2 Offz. und 84 Mann.

Der unter Lt. Ringler stehende Reservezug hielt sich zum Sprung zwischen Vroenhoven und Canne bereit, um die Verbindung zwischen den beiden südlichen Kampfgruppen herzustellen. Seine Kampfstärke war 80 Mann.

Zur Unterstützung der Fallschirmjäger-Unternehmungen erhielt GenMaj. Frhr. von Richthofen, Kommandierender General des VIII. FlK, durch die Luftflotte 2, General der Flieger Kesselring, Weisung, starke Entlastungsangriffe zu fliegen, wann und wo solche notwendig werden würden.

In der letzten Woche vor Beginn der Offensive im Westen wurden die für diese Operationen benötigten 50 Lastensegler DFS 230 in ihre Einzelteile zerlegt und per Möbelwagen zu den vorgesehenen Einsatzorten gefahren. Die besten deutschen Segelflieger hatten sich als Piloten freiwillig zur Verfügung gestellt.

In den Hallen der beiden Flugplätze Köln-Butzweilerhof und Köln-Ostheim wurden sie wieder zusammengesetzt. Die Hallen wurden streng bewacht, damit niemand hinter das Geheimnis kam. Die beiden zu diesem Einsatz notwendigen Transportverbände hatten ihre Aufträge erhalten. Das Transportgeschwader 1 unter Oberstleutnant Morzik übernahm den Transport der 7. Flieger-Division zu den Einsatzorten, während das von Oberst Conrad geführte Transportgeschwader 2 die Verbände der 22. Luftlande-Division zu den Landepunkten zu fliegen hatte. Ihr Hauptlandeziel sollte Waalhaven sein. Dieser Flugplatz bei Rotterdam mußte als Dreh- und Angelpunkt aller Luftlandeeinsätze so früh wie möglich in deutscher Hand sein.

Am 2. Mai bereits hatten die beiden Generale Student und Sponeck in der Reichskanzlei erfahren, daß der Angriff am 8. Mai starten werde. Für die Behandlung von Königin Wilhelmina der Niederlande hatte Hitler den beiden Generalen besondere Vorschriften gemacht:

"Die Königin wird entweder in ihrem Stadtschloß bleiben oder sich auf ihren Landsitz, dem `Huis ten Bosch', zurückgezogen haben. Dort kann sie wohnen bleiben.

Als Souverän ist Königin Wilhelmina mit größter Ehrerbietung zu behandeln. Hitler sagte: "Sie beide haften mir mit Ihren Köpfen dafür, daß bei den Kampfhandlungen weder dem König noch der Königin das geringste geschieht.

Ich kann alles auf mich nehmen, nur nicht, daß Königin Wilhelmina etwas passiert, die bei ihrem Volk und in der ganzen Welt beliebt ist." (Siehe Alman Karl: Sprung in die Hölle).

Der Angriff im Westen wurde noch einmal verschoben. Erst am 9. Mai nachmittags erhielt General Student einen Anruf aus dem FHQ. Hptm. Below, Hitlers Adjutant, teilte dem Fallschirmjägergeneral mit, "daß der Führer Sie sehen will, um mit Ihnen den Angriffsbeginn abzustimmen." (Siehe Kurowski, Franz: Deutsche Fallschirmjäger 1939 - 1945). In wenigen Minuten hatte Hitler Student gesagt, was zu sagen war: "X-Tag ist der 10. Mai 1940. Angriffsbeginn 5.30 Uhr!"

Die Gegner Hitlers

Am 3. Mai 1940 erhielt der niederländische Major Sas, Militärattaché seines Landes in Berlin, von seinem deutschen Freund, dem Oberst im OKW Amt Abwehr/Ausland Oster, die Nachricht, daß der Beginn der Westoffensive unmittelbar bevorstehe. Oster hatte seinem Freund bereits einige Male mitgeteilt, daß es soweit sei, doch die Westoffensive war aus den verschiedensten Gründen immer wieder verschoben worden. Diesmal aber stand nach den Miteilungen Osters der Angriffstermin unverrückbar fest. Neben Major Sas wurde auch einer der Vertrauensmänner Osters, Dr. Josef Müller, Abwehrstelle München, eingeweiht mit der Bitte, dies an den Vatikan weiterzuleiten.

Doch weder die Niederlande noch der Vatikan maßen dieser Meldung weitere Bedeutung bei.

Dennoch trafen sich Sas und Oster ab dem 3. Mai täglich. Als Hitler schließlich den 8. Mai als ersten Angriffstag erklärte, wurde Sas von Oster alarmiert. Doch auf Drängen Görings hin wurde der Termin noch einmal verschoben.

Am Nachmittag des 9. Mai wurde Hitlers Sonderzug zur Fahrt ins vorgeschobene Führerhauptquartier "Felsennest" bei Münstereifel bereitgestellt. Am selben Tage erhielten die beiden Divisionen des Luftlandekorps ihren Einsatzbefehl.

In Berlin hatte Major Sas den ganzen Tag über versucht, seinen Freund Oster zu erreichen. Erst am Abend traf er ihn in dessen Wohnung. Beide Männer warteten hier bis 21.00 Uhr, dann fuhren sie zu Osters Dienststelle am Tirpitzufer. Oster ging allein hinein, während Sas draußen wartete.

20 Minuten später trat Oster wieder ins Freie und sagte seinem Freund: "Nun ist es endgültig soweit. Es ist aus! Gegenbefehle sind nicht eingegangen. Hoffentlich sehen wir uns nach dem Krieg wieder."

Major Sas eilte in seine Gesandtschaft. Er warnte den erreichbaren belgischen Militärattaché und versuchte von dort aus Kontakt mit Den Haag aufzunehmen. Diese Verbindung kam schließlich zustande. Am anderen Ende der Leitung war Lt. z.S. Post Uitweer, der die Wache hatte.

"Post!" rief Major Sas, "Ich bin Sas aus Berlin und habe dir etwas zu sagen. Morgen früh bei Tagesanbruch!"

Lt. z.S. Uitweer hatte verstanden und antwortete mit dem dafür vorgesehenen Codewort: "Ja, Brief 210 erhalten!"

"Brief 210" bedeutete, daß der Westfeldzug beginnen würde. Die 10 in dieser dreistelligen Zahl zeigte, daß der Angriffsbeginn am 10. Mai sein werde.

Die Meldung wurde an den niederländischen Generalstab weitergegeben, der sofort zusammentrat und auch diesmal die Richtigkeit dieses Datums anzweifelte. Schließlich hatte Sas schon einige falsche Meldungen weitergegeben. Der Chef des Generalstabes rief Sas in Berlin an, um sich zu vergewissern. Sas bestätigte im vereinbarten Code: "Ich habe die größten Kapazitäten hinzugezogen."

Dennoch blieben Zweifel übrig. Erst die frühen Morgenstunden des kommenden Tages sollten den Wahrheitsgehalt der Meldung des Oberst Oster zeigen.

Bombenangriffe gegen die Flugplätze

Eine halbe Stunde vor den Fallschirmjägern starteten die Kampfgruppen der Luftwaffe zum Angriff gegen die Flugplätze, um sie zum Fallschirmeinsatz sturmreif zu bomben. Es galt, die Flugplätze De Kooy bei Den Helder, Bergen, Schiphol, Valkenburg, Ockenburg, Ypenburg und Waalhaven anzugreifen.

Die Maschinen starteten erst mit Zielrichtung England, um über der Nordsee einzudrehen und aus Norden und Westen anzugreifen. Es war 4.00 Uhr, als der am weitesten nach Norden gelegene Platz De Kooy angegriffen wurde. Es gelang dem dortigen Platzkommandanten noch, seine elf D-21 zu starten. Als sie gerade heraus waren, jagten deutsche Me 109 im Tiefflug darüber hinweg und schossen aus allen Bordwaffen auf Schuppen und Flugleitung.

Die D-21 griffen nun an. Der erste Einsatz endete mit dem Abschuß von vier Me 109. Unter ihnen auch der Kommandeur der I./JG 186, Hptm. Robitsch, der notlanden konnte und kurzzeitig in holländische Gefangenschaft geriet.

Auf dem Platz Bergen kam es nicht zum Start der dort stationierten zwölf Fokker G-1. Diese Maschinen standen dicht bei dicht auf der Betonplattform an der Flugleitung, als der Bombenangriff dreier He 111 - die als "Bristol-Blenheim-Bomber" angesprochen worden waren - von Norden über den Platz erfolgte. Ihnen folgten 20 weitere He 111. Einige Bomben fielen in die Flugzeughalle. Die Piloten liefen zu ihren Maschinen, von denen aber nur die ganz vorn stehende Nr. 321 freikam. Die hinter ihr stehende G-1 wurde so schwer getroffen, daß sie nicht weggerollt werden konnte und alle übrigen blockierte.

Als die deutsche Angriffsgruppe abdrehte, waren alle Maschinen ausgeschaltet bis auf die gestartete Nr. 321. Erst in den nächsten Tagen konnten sechs davon repariert werden. Die am Platzrand aufgestellten C-10-Aufklärer des Typs Fokker waren nicht angegriffen worden, konnten also in den nächsten Tagen starten.

Die Nr. 321 konnte bei Katwijk einige soeben gelandete Ju 52 erkennen und schoß drei davon in Brand.

Schiphol wurde von zwölf Ju 88 von Westen (!) her angeflogen. Die drei Spitzenmaschinen kamen im Tiefflug und warfen leichte Bomben. Die nachfolgenden Ju 88 warfen aus größerer Höhe schwere Bomben in die Halle. Dennoch konnte ein Großteil der hier stationierten neun T-5 und neun D-21-Fokker starten.

Den Ju 88 folgten Me 109 und setzten den insgesamt 80 Minuten dauernden Angriff auf Schiphol fort. In den Luftkämpfen über diesem Platz wurde im Luftduell eine Ju 88 abgeschossen, eine zweite von der Flak vernichtet.

Auf dem Flugfeld Valkenburg gab es weder Flak noch Flugzeuge. Die sechs hier angreifenden deutschen Flugzeuge bombten die Flugzeughallen und unterbrachen die Telefonverbindungen.

Auch der Platz Ockenburg wurde zunächst von Me 109 angegriffen, denen einige He 111 folgten. Hier landeten vier der in Ypenburg gestarteten Flugzeuge nach Verbrauch ihres Benzins. Da hier kein Sprit zur Verfügung stand, konnten die Flugzeuge nicht wieder starten und wurden von den angreifenden He 111 zerbombt.

Der nördlich von Rotterdam gelegene Flugplatz Ypenburg, der als Ausgangsbasis zum Sturm auf Den Haag dienen sollte, wurde von He 111-Maschinen angegriffen, die bereits von den bei Delft stehenden Flak-Batterien Feuer erhielten. Eine He 111 wurde getroffen. Die rechte Tragfläche brach ab, das Flugzeug stellte sich auf den Kopf, es stürzte auf eine Wiese und brannte aus.

Eine Halle war getroffen worden und brannte. Der Brand konnte von der Platzbesatzung gelöscht werden. Nun griffen Me 109 und Me 110-Zerstörer in den Kampf ein. Während des ersten Bombenangriffs waren acht D-21 und 11 Douglas-Maschinen gestartet, die zwei Angreifer abschossen. Die Me 109 warfen sich nun auf diesen Gegner. Alle 11 Douglas und eine Reihe D-21 wurden während dieser Kämpfe abgeschossen oder noch auf dem Platz vernichtet.

Die Alexanderkaserne in Den Haag wurde um 4.00 Uhr ebenfalls bombardiert. 58 Soldaten fanden den Tod, viele wurden verwundet oder erlitten Brandverletzungen. Königin Wilhelmina der Niederlande erließ am selben Morgen einen Aufruf über den niederländischen Rundfunk:

"Mein Volk!
Nachdem unser Land sich während all der Monate des Krieges peinlich neutral verhalten hat und nichts anderes beabsichtigte, als diese Haltung konsequent aufrechtzuerhalten, hat die Deutsche Wehrmacht in der vergangenen Nacht ohne jede Warnung einen Angriff auf unser Land verübt. Dies entgegen der feierlichen Zusage, daß die Neutralität unseres Landes respektiert werden würde, solange wir selber neutral blieben.
Ich erhebe hiermit energisch Protest gegen diese unerhörte Verletzung von Treu und Glauben und gegen den Angriff auf alles das, was sich zwischen zivilisierten Staaten gehört. Ich und meine Regierung werden jetzt unsere Pflicht tun. Tun Sie die Ihrige! Überall und unter allen Umständen!
Jeder an seinem Platz, mit äußerster Wachsamkeit und mit jener inneren Ruhe und Hingabe, zu der ein reines Gewissen befähigt."

Eine Festung wird erobert

Die Männer der Sturmabteilung Koch wurden am Abend des 9. April aus ihren Bereitstellungsräumen zwischen Hilden und Düsseldorf nach Köln-Butzweilerhof und Köln-Ostheim verlegt.

Von hier aus sollten am frühen Morgen des folgenden Tages jene 42 Schleppzüge - bestehend aus jeweils einer Ju 52 und einem Lastensegler DFS 230 - starten.

Noch in der Nacht wurden Waffen, Geräte, Sprengmittel und das Personal zu den Lastenseglern geschafft. Für die Kampfgruppe "Granit", die Eben Emael zum Ziel erhalten hatte, mußten nicht weniger als 2500 kg Sprengmittel aller Art in elf Segler verpackt werden. Hinzu kamen Handfeuerwaffen, Handgranaten, Nebelbüchseln und Funkgeräte. Alle übrigen Kampfgruppen waren leichter bepackt, weil bei ihnen die Hafthohlladungen mit Gewichten bis zu 50 kg, die zur Sprengung der Bunker der Werkgruppe Eben Emael dienten, in Wegfall kamen.

Um 3.30 Uhr traten die einzelnen Seglerbesatzungen in Köln-Ostheim an. Oblt. Witzig, Führer der Sturmgruppe "Granit", verabschiedete sich mit Händedruck von seinen Männern. Die Halteseile der Segler waren in die Halterungen der Schleppmaschinen eingehängt. Als die Startflagge hochging, rollten die Ju 52 in Dreierketten nebeneinander los, hoben ab und zogen die Segler hinter sich her.

Als alle elf Maschinen aufgeschlossen hatten und mit jenen Flugzeugen zusammentrafen, die in Köln-Butzweilerhof gestartet waren, kam es zu einem Zwischenfall, der die KGr. "Granit" ihres Führers beraubte. Der Segler des Trupps 11 mit Oblt. Witzig mußte eine scharfe Ausweichbewegung fliegen, um nicht mit einem Segler der anderen Gruppe zu kollidieren; hierbei riß das Seil, und der Segler 11 wurde von seinem Piloten über den Rhein zurückgeflogen und auf einer Wiese gelandet.

Oblt. Witzig traf sofort alle Maßnahmen, einmal zur Herbeischaffung einer neuen Ju 52 und ferner zum Start von dieser Wiese, wozu einige Zäune entfernt werden mußten.

Ein zweiter Segler, der den Trupp 2 ans Ziel bringen sollte, ging bei Düren nieder. Neun Schleppzüge aber näherten sich der belgischen Werkanlage Eben Emael, die für uneinnehmbar gehalten wurde. Nach dem Ausklinken segelten die DFS 230 dem Felsplateau zu, von wo aus ihnen starkes MG-Feuer entgegenschlug. Die einzelnen Trupps landeten dicht hintereinander genau an den angegebenen Stellen. Leutnant Delica übernahm die Führung jener 84 Fallschirmjäger, die in den neun übriggebliebenen Seglern auf der Werkgruppe gelandet waren. Allerdings waren davon zwei Seglergruppen im äußersten Norden der Anlagen niedergegangen, wo sich nur Scheinkuppeln befanden. Damit standen für die Kampfführung ganze 70 Männer zur Verfügung.

Hier begann ein Kampf, wie er in der gesamten Kriegsgeschichte einmalig sein und bleiben wird. Diese 70 Männer standen ungedeckt und im Freien einer Streitmacht von 1200 belgischen Soldaten gegenüber, die sich in Bunkern mit schweren Waffen verschanzt hatten.

Jeder Trupp griff sein Objekt an. Mit geballten Ladungen und Hafthohlladungen wurden die ersten Kuppeln vernichtet. Feldwebel "Teddy" Wenzel war einer der herausragenden Kuppelknacker.

Sieben Trupps der Sturmabteilung Koch gelang es binnen fünf Minuten, fünf Kuppeln außer Gefecht zu setzen. Neun besetzte Werke wurden in den folgenden zehn Minuten angegriffen und außer Gefecht gesetzt.

Da war Oberjäger Peter Arent, Führer des Stoßtrupps 3, der von dem bekannten Segelflieger Sapper ans Ziel gebracht wurde. Mit seinem Trupp landete er 50 Meter neben der Kasematte 12. Diese wurde mit 12,5-kg-Hafthohllandungen außer Gefecht gesetzt. Der Trupp 1 mit Lt. Delica an Bord kämpfte die Kasematte 18 nieder und setzte sich darin fest. Von hier aus ließ Delica einen FT-Spruch an Hptm. Koch absetzen. Um 5.42 Uhr tastete der Funker:

"Von der Sturmgruppe Granit an Sturmabteilung Koch: Objekt erreicht, alles in Ordnung."

Dies entsprach nicht ganz den Tatsachen, denn in den nächsten Stunden tobte der Kampf erbitterter als vorher. Die Werke 23 und das wichtige Werk 30 wurden zum Schweigen gebracht.

Die ersten Meldungen über Tote und Verluste liefen bei Lt. Delica ein. Besonders schwer hatte es den Trupp 8 getroffen. Der Trupp 5 erlitt Verluste bei der Vernichtung der Stellung 25, von wo aus vier Flakstände feuerten. Zwei Männer schleppten die Hafthohllandungen von 50 kg Gewicht, mit der die mächtige Kuppel dieser Anlage von 5 m Durchmesser vernichtet wurde.

Die vier MG-Stände des Werkes 29 wurden flankierend angegriffen. Das Werk wurde ausgeschaltet.

Inzwischen war es Oblt. Witzig gelungen, eine Schlepp-Ju-52 zu jener Wiese am Ostufer des Rheins zu dirigieren. Witzig brachte die Maschine in die Startposition.

Das Schleppseil wurde eingehängt, und dann kletterten alle wieder in ihren Segler. Die Ju 52 holperte über die Wiese, hob ab und zog den Segler mit sich.

Auf diesen einzeln einschwebenden Segler eröffnete die noch feuerbereite Flak von Eben Emael und Umgebung das Feuer. Der Lastensegler stieß steil auf die Werkgruppe herunter, drehte in enger und enger werdenden Spiralen, durchbrach das Sperrfeuer und landete auf dem befohlenen Landepunkt. Es war 8.30 Uhr, als Witzig die Meldung von Lt. Delica entgegennahm und die Führung wieder übernahm. Die Werke 10, 12, 13, 18, 19, 23, 24, 26, 30 und 31 waren in eigener Hand. Nun wurde auch das Werk 29 im Handstreich genommen und besetzt. Sieben Panzerkuppeln waren nach Delicas Meldung gesprengt, zehn 7,5 cm- und zwei 12 cm-Geschütze außer Gefecht gesetzt worden.

Oblt. Witzig ließ den zweiten FT-Spruch an Hptm. Koch absetzen: "Eben Emael: Feind wird weiter zurückgeschlagen. Höhen werden besetzt. Witzig."

Wenig später meldete ObJäg. Arent auch die Einnahme des Beobachtungsstandes 10 und den erfolgreichen Stoßtrupp auf das Werk 5. Doch von dort aus mußte sich der Trupp auf den Beobachtungsstand zurückziehen, als sie von der dortigen Pak und aus verschiedenen MG's Feuer erhielt und drei Mann fielen.

Gegenangriffe belgischer Truppen wurden bereits im Ansatz unterbunden. Noch immer hielten sich einige Werke. Der Feind schoß aus mehreren Maschinenwaffen durch die Grabenscharte des Werkes 30 an der Südostseite der Werkgruppe. Dann eröffnete auch die Pak aus Werk 23 wieder das Feuer.

Oblt. Witzig eilte von einer Gruppe zur anderen. Es war Nachmittag, und er hatte bereits erwogen, mit seinen Männern auszubrechen, doch dann mußte er befürchten, daß der Gegner die ganze Werkgruppe wieder in Besitz nahm.

In der beginnenden Nacht legte die belgische Führung starkes Artilleriefeuer auf die Höhe der Werkgruppe. Aber der erwartete Gegenangriff blieb aus. Oblt. Witzig durfte mit Sonnenaufgang aufatmen. Die größte Gefahr war gebannt.

Um 7.00 Uhr des 11. Mai näherten sich die ersten Stoßtrupps des PiBatl. 51 der 61. ID der Werkgruppe. Der erste Infanterist, den die Fallschirmjäger zu sehen bekamen, war Stoßtruppführer Ofw. Portsteffen, der sich im Alleingang durch den Feind geschlagen hatte und die erste Verbindung der Infanterie zu den Fallschirmjägern aufnahm. Gegen 12.00 Uhr erreichten weitere Pioniereinheiten die Werkgruppe. Sie wurden nicht mehr von der Werkgruppe aus beschossen. Kurz darauf erreichte die 6./IR 151 der 61. ID die Ortschaft Opcanne und standen damit an der Hintertür der Festung. Hier kam es noch einmal zu einem erbittert geführten Gefecht mit dem belgischen Grenadier-Regiment 2, das als Entsatz im Anmarsch war. Es war bereits am Vortage durch Stukaangriffe dezimiert worden. Nun geriet es ein weiteresmal in einen Stukaangriff.

Plötzlich erscholl aus der Werkgruppe Ebene Emael ein Trompetensignal. Aus Werk 3 wurde eine weiße Fahne hinausgeschoben.

Ein Parlamentär erschien bei Hptm. Hauboldt, dem Chef der 14./IR 151, und bot diesem die Kapitulation der gesamten Werkgruppe an. Kurz darauf verließen die belgischen Soldaten waffenlos die Kasematten. Über 1000 Soldaten kamen ins

Freie. Oberstleutnant Jottrand versicherte dem herbeigerufenen Kommandeur des IR 151, Oberstleutnant Mikosch, daß keine Sprengmittel in der Werkanlage angeschlagen seien.

Es war 16.00 Uhr, als die Werkgruppe Eben Emael von den Fallschirmjägern verlassen wurde. Von den insgesamt hier eingesetzten 85 Jägern waren fünf gefallen, 20 weitere wurden zum Teil schwer verwundet.

Oberleutnant Rudolf Witzig wurde zum Reichsmarschall befohlen und mußte Hermann Göring seinen Bericht über diesen Einsatz geben.

Nach dem Kriege erklärte Generaloberst a.D. Kurt Student dem Autor bei dessen Besuchen in seinem Heim:

"Eben Emael war in der Tat ein Einsatz von einzigartiger Kühnheit und entscheidender Bedeutung. Eine Handvoll vorausgeschickter Fallschirmjäger erzwang mit starker Unterstützung der Luftwaffe den Durchbruch für die Armee.

Ich habe die Geschichte des Zweiten Weltkrieges studiert, und zwar an allen Fronten. Unter den vielen glänzenden Waffentaten bei Freund und Feind habe ich kein Beispiel finden können, das dem großartigen Erfolg der Sturmabteilung Koch am 10. Mai 1940 gleichgekommen wäre."

Was aber war inzwischen an den genannten Brücken über den Albert-Kanal geschehen?

Der Kampf um die Brücken

Die Sturmgruppe "Stahl" unter Oblt. Altmann hatte die Brücke Veldwezelt als Angriffsziel erhalten. Diese sollte für die nachfolgenden Heeresverbände offen gehalten werden. Der Verband startete zeitgleich mit allen übrigen Einsatzgruppen. Als er Maastricht erreichte und nur noch 3000 m von der Brücke entfernt war, wurden die Lastensegler ausgeklingt.

Alle neun eingesetzten Lastensegler landeten im Abwehrfeuer der Feindflak dicht am Objekt. Der Segler mit dem Einsatzführer, Oblt. Altmann, ging hart an der Brükke nieder. Noch während die Besatzung den Segler verließ, erhielt sie von rechts Infanteriefeuer, das sie in Deckung zwang. Die beiden MG-Schützen der Gruppe erwiderten dieses Feuer, während Oblt. Altmann mit den übrigen Trupps Funkkontakt aufzunehmen versuchte.

Es zeigte sich, daß sie mitten in einer belgischen Stellung niedergegangen waren. Der Trupp Ellersiek landete dicht vor dem großen Brückenbunker.

Der Trupp, der mit dem Oblt. gelandet war, arbeitete sich sprungweise in Richtung Brücke vor. Der Trupp 9, der den südlichen Brückenabgang zum Ziel hatte, stand bereits mit dem dort liegenden Gegner im Gefecht. Der Großteil des Trupps war aber bereits bei der Bruchlandung verletzt worden. Nur der Truppenführer und zwei Jäger nahmen hier den Kampf auf. Sie wurden vom Trupp unter Oblt. Altmann aufgenommen und gingen mit diesem gemeinsam gegen die Brücke vor.

Trupp Ellersiek wurde auf dem Sturmlauf zum Brückenbunker von dort aus beschossen. Der Gegner feuerte auch aus einem daneben liegenden Gasthaus und sicherte solcherart den Bunker. Ellersiek und seine Männer arbeiteten sich über die Brücke vor. Sie durchschnitten die Hauptzündleitungen, hangelten an den Brückenstreben hinunter bis zu den Sprengkammern und entfernten die Ladungen. Zwei Männer fielen im Feindfeuer.

Die Brücke konnte nun nicht mehr gesprengt werden. Danach wurden alle Sperren entfernt, und Oblt. Altmann meldete Hptm. Koch: "Sturmgruppe Stahl: Objekt Veldwedzelt genommen."

Ebenfalls um 4.30 Uhr startete die Sturmgruppe "Beton". Ihr Ziel war die Brücke von Vroenhoven. In dieser Gruppe flog auch der Abteilungsstab unter Hptm. Koch mit. Sie bestand demzufolge aus 129 Soldaten und fünf Offizieren, die in elf Lastenseglern saßen. Bei Hottdorf riß das Schleppseil jenes Seglers, in dem sich der Pioniertrupp unter Oberjäger Kempa befand. Der Segler mußte notlanden.

Alle übrigen wurden zwischen der Reichsgrenze und Maastricht in 2000 m Höhe ausgeklinkt und steuerten im Spiralflug ihre Ziele bei der Brücke an.

Lt. Gerhard Schacht führte die Gruppe. Er vernahm die krachenden Detonationen der nahebei zerplatzenden Flakgranaten. Die Segler kurvten lautlos durch den Beschuß und stürzten sich auf die erkannten Ziele herunter. Nur der Segler mit der Besatzung unter Ofw. Stolzewski erhielt einen Flaktreffer und stürzte aus 15 m Höhe ab. Drei Männer wurden schwer verwundet. Die übrigen krochen aus den Trümmern hervor und nahmen nach der ersten Versorgung ihrer Kameraden den Kampf auf.

Der Segler mit dem Trupp Bading landete dicht bei der Brücke. Auch hier gab es bei der harten Landung drei Verletzte. Dennoch stieß Bading mit seinem Trupp zur Brücke durch. Gefr. Stenzel sah, wie sein Truppenführer verwundet zu Boden stürzte, und übernahm die Führung. In einer Grabenbiegung stieß er auf Ofw. Hoffmann, dem Lastenseglerführer, der mit seinem Kameraden eine Feindgruppe niederhielt. Gemeinsam rannten sie nun durch den Quergraben direkt auf den Bunker zu. Im Laufen warf Stenzel aus knapp 30 m eine Handgranate in die offene Bunkertür. Nach der Detonation stürmte er hinein und riß die Zündkabel aus ihren Kontakten in der Schalttafel. Die Bunkerbesatzung hatte damit um eine Nasenlänge das Nachsehen, und die Brücke blieb stehen.

Leutnant Schacht, der im Segler des Trupps Bergmann mitgeflogen war, landete dicht bei der holländischen Kaserne. Sie liefen darauf zu, erhielten Feuer und wichen hinter die Deckung einer Hecke zurück. Von dort aus erreichten sie unanfochten die Rückseite der Kaserne und landeten im - Pferdestall. Sie schossen sich den Weg hinaus frei, erreichten einen kleinen Schuppen und verteidigten sich hier. Hptm. Koch wurde verständigt, daß der Gegner hier viel zu stark war, um auf die Dauer niedergehalten zu werden. Hptm. Koch befahl den Einsatz des Halbzuges Sprengert auf Vroenhoven.

Dieser bereitstehende MG-Halbzug wurde um 6.15 Uhr nördlich und südlich der Hauptstraße im Fallschirmeinsatz abgesetzt. Einige Männer wurden noch in den Schirmen hängend getötet. Das Gros aber kam heil herunter und eröffnete zunächst mit zwei, dann mit vier MG's das Feuer auf den Gegner, der soeben zum Gegenstoß zwecks Rückgewinnung der Brücke angetreten war. Dieser Gegenangriff wurde abgewiesen und Vroenhoven blieb als zweiter Übergang in deutscher Hand. Es blieb nur noch Canne.

Der aus zehn Schleppgruppen bestehende Kampfverband zur Wegnahme der Brücke von Canne startete in Köln-Butzweilerhof. Er wurde von Lt. Schächter geführt. Die Tarnbezeichnung lautete Kampfgruppe "Eisen".

Die Segler wurden viel zu weit auf belgisches Gebiet geschleppt, so daß einer, der die Orientierung verloren hatte, den vorgesehenen Landeplatz nicht erreichte. Die übrigen neun gingen dicht beim Ziel herunter, ohne daß es zu irgendwelchen Verlusten gekommen wäre.

Da sie aber einige Zeit hinter dem Einsatzplan herhinkten, war der Überraschungsfaktor für Canne verlorengegangen. Als die ersten Lastensegler über der Brücke erschienen, ließ der Brückenkommandant diese Brücke in die Luft jagen. Vier gewaltige Feuersäulen stiegen gen Himmel, und dann brandeten die Detonationen gegen die Trommelfelle der Jäger an.

Damit war das vordringliche Ziel: "Wegnahme der Brücke und ihr Halten bis zum Eintreffen der Heerestruppen" nicht mehr gegeben. Dennoch mußten die Brükkenreste in Besitz genommen werden, um den Pionieren die Chance der Reparatur und der provisorischen Wiederherstellung zu geben.

Die Sturzlandung (infolge des zu dichten Heranbringens auch hier notwendig geworden) erfolgte. Der Segler des Trupps 3 erhielt 35 m über Grund einen Volltreffer. Die Detonation brachte die mitgenommenen Sprengmittel zur Explosion. Der Gleiter schlug in Flammen auf dem Boden auf. Es war ein Wunder, daß noch sechs Fallschirmjäger aus den Trümmern herauskrochen.

Einige der hier niedergehenden Lastensegler landeten mitten in den belgischen Stellungen. Die Gräben wurden mit Handgranaten und MPi gesäubert. Trupp 8 wurde auf drei MG-Stellungen angesetzt. Zwei davon wurden außer Gefecht gesetzt. Eine Minute darauf schwieg auch das dritte.

Lt. Schächter stürmte an der Spitze seiner Gruppe durch einen feindbesetzten Graben, als er mit einem Beinschuß niedergestreckt wurde. Er stand auf, führte weiter und wurde von einem Kopfschuß das zweitemal zu Boden geworden. Lt. Joachim Meissner übernahm für ihn die Führung der gesamten Kampfgruppe. Seine Männer konnten den feindlichen Widerstand brechen. Sie drangen in das Dorf Canne ein und sprengten die dortigen MG-Stellungen, um der nachfolgenden Infanterie den Weg freizumachen.

Der FT-Spruch, nach Ausfall des Funkers von Lt. Meissner selber getastet, lautete:

"An Sturmabteilung Koch: Objekt erreicht. Widerstand groß. Brücke Canne vom Feind vor unserer Landung gesprengt. Bei Pioniervorbereitung wieder begehbar."

Dennoch mußten einige Feindstellungen noch niedergekämpft werden. Vom Eingangsbunker Eben Emaels aus wurde auf einen der Trupps geschossen. Dieser vorgestaffelte Bunker wurde noch vor Hissen der weißen Fahne im Sturm genommen, so daß die weiße Fahne nur ein Schlußpunkt war. 25 Belgier gingen hier in Gefangenschaft. Wenig später war auch in Canne der restliche Widerstand erloschen. Allerdings lag die Brücke im Kanal.

Um 11.32 Uhr schickte Hptm. Koch den ersten Funkspruch an die Nachrichtenabteilung des VIII. FlK, von wo aus er nachrichtlich an Generalleutnant Student weitergegeben wurde:

"Vroenhoven an VIII. Fliegerkorps:

1. Sämtliche Objekte genommen.
2. Brücke Canne gesprengt. Beschreiten nach Pioniervorbereitung möglich.
3. Wann ist mit Entsatz zu rechnen?
4. Feind schießt auf Brücke Veldwezelt."

Nach einigen Beschießungsabschnitten, zuletzt gegen Abend des 10. Mai auf die Brücke Veldwezelt, hörte der Kampflärm hier auf. Der Beschuß des Abends war bereits zu spät gekommen, denn nur Minuten vorher waren schnelle Verbände des Schützen-Regiments 33 über die Brücke gerollt, hatten den Brückenkopf erweitert und dessen Verteidigung bis zum Herankommen des Gros übernommen.

Die Verluste an diesen drei Brücken waren hoch. Bei Veldwezelt verloren die Fallschirmjäger acht Mann durch Tod und hatten noch 14 Schwer- und 16 Leichtverwundete zu beklagen.

Die Gruppe Vroenhoven verlor sieben Tote und 24 Verwundete. Am schwersten aber hatte es die Kampfgruppe "Eisen" bei Canne getroffen. Hier starben 22 Fallschirmjäger in den wechselvollen Kämpfen, 26 weitere wurden verwundet. Dies bedeutete einen Ausfall von etwa 50 Prozent.

Was aber war es mit dem Sprungeinsatz und den nachfolgenden Luftlandungen der 22. LL-Division in der Festung Holland?

Waalhaven: das Zünglein an der Waage

Im Morgengrauen des 10. Mai 1940 standen die Einheiten des III./FJR 1 in Gütersloh zum Einsatz bereit. Hptm. Schulz meldete sein Bataillon bei GenLt. Student ab, der mit dem gesamten Führungsstab am Rande des Rollfeldes stand, weil dieser 30 Minuten nach dem Bataillon Schulz starten sollte.

Gen. Student wollte vorn bei seinen Fallschirmjägern sein, um Befehle direkt nach Lage der Dinge geben zu können. In Wiedenbrück blieb lediglich ein kleiner Teil der Stabsoffiziere als Verbindungsstab unter Oberst Fichte zurück. Dieser hatte den reibungslosen Ablauf des gesamten Transportplanes zu überwachen und die durch den Gefechtsverlauf notwendig werdenden Änderungen in der Transportfolge zu veranlassen.

Die Ju 52-Kampfgruppe Waalhaven sammelte in der Luft und flog nun mit direktem Kurs nach Rotterdam. Nun war keine Geheimhaltung mehr notwendig. Hptm. Schulz hatte von seinem Befehlshaber gehört, daß die Einnahme des Flugplatzes Waalhaven für die nachfolgenden Lufttransportverbände und für die Luftlandungen der Teile der 22. ID von entscheidender Bedeutung sein werde.

Noch während die Maschinen sammelten, hatten die He 111 der III./KG 4 unter Oberst Fiebig den Einsatzraum Waalhaven erreicht und bombten den Platz, noch ehe die dort stehenden Fokker G-1 angelassen waren und zum Start rollen konnten. Die Stellungen am Süd- und Ostrand des Flugplatzes wurden schwer gebombt. Drei G-1 wurden so stark beschädigt, daß sie nicht mehr starten konnten. Die übrigen acht hoben ab und nahmen den Kampf auf gegen die nunmehr in Staffelformation über dem Platz auftauchenden deutschen He 111, die ihre Bomben warfen. Eine He 111 wurde von Lt. Noomen abgeschossen. Der Heckschütze des niederländischen Zweisitzers schoß eine weitere deutsche Maschine ab. Dann mußte die holländische G-1 mit zerschossenem Treibstofftank landen.

Die G-1 Nr. 302 mit Lt. Kuiper und Uffz. Venema schoß ebenfalls zwei He 111 ab. Sie beschädigten eine dritte. Als ihnen der linke Motor zerschossen wurde, gingen sie zur Notlandung in Waalhaven nieder. Weitere Luftsieger waren die G-1 Nr. 311 und jene mit der Nr. 329, die beide auf jeweils zwei Abschüsse kamen.

In diesen Luftkämpfen wurden alle G-1 Flugzeuge bis auf eine Maschine abgeschossen.

Unmittelbar bevor die Ju 52 mit dem III./FJR 1 Waalhaven erreichte, eröffnete die niederländische Flak das Feuer auf diesen Verband. Die Piloten der führenden Ju erkannten bereits die brennenden Hallen am Flugfeldrand. Der Zeitpunkt des Sprunges stand unmittelbar bevor. GenMaj. a.D. Schulz hat dem Autor darüber eine persönliche Schilderung übergeben:

"Fertigmachen! - Abstände einhalten! Nach der Landung in den befohlenen Sektoren sammeln.!"

Ich ging zur Tür, die geöffnet war. Das Boschhorn brüllte zum Zeichen, daß gesprungen werden mußte. Mit einem weiten Sprung schnellte ich mich aus der Maschine. Alle Soldaten folgten dichtauf. Ebenso sprangen die Männer in den übrigen Ju 52.

Die schwere Gerätetasche und die Waffen schienen mich rasendschnell zu Boden bringen zu wollen. Im pfeifenden Fallwind fiel das Atmen schwer. Die Luft war hart wie ein Brett. Dann der harte Entfaltungsstoß, und schon blähte sich über mir die weiße Glocke des Fallschirms auf. Alle Nervosität war plötzlich verschwunden. Ein pfeifendes Geräusch ließ meinen Kopf zur Seite schnellen. MG-Salven und Karabinerschüsse peitschten uns entgegen.

Dann kam der Aufprall. Ich preßte die Lederhandschuhe vor das Gesicht, zog die Beine an und landete mit einer Rolle vorwärts. Der Fallschirm sackte rauschend zusammen. Mit einem Griff warf ich den Gurt ab.

Ich rannte mit den dicht hinter mir niedergegangenen Männern in die nächste Deckung. Wir waren außerhalb des Platzes gelandet, um nicht von allen Seiten beschossen zu werden. Fallschirme gingen aber auch mitten auf dem Flugplatz nieder. Daran hingen jedoch nur Puppen, die von den Holländern mit einem Schnellfeuer empfangen wurden."

Hptm. Schulz sammelte seinen Verband. Als sich Oblt. Becker bei ihm meldete, schickte er ihn mit seiner 10. Kp. zum Ostrand des Platzes. Die 9. erhielt Befehl zu den Stellungen am Südrand vorzugehen, während die 11. unter Oblt. Kerfin zur Maasinsel in Marsch gesetzt wurde, um die dort schießende Feindflak auszuschalten.

Mit seiner KGr. eilte Hptm. Schulz in Richtung Platz. Minuten später war überall dort, wo die Fallschirmjäger angriffen, das Feuer der Maschinenwaffen und Karabiner zu hören. Zum Glück für die Fallschirmjäger hatten sich die Flugplatzbewachungen zum Teil während des Bombardementes abgesetzt. Die Flughafenverteidigung war auf sich selbst gestellt, denn Major de Vos war mit seinem Jäger-Bataillon nach Rotterdam in der Annahme zurückgegangen, daß Waalhaven von den Deutschen bereits in Besitz genommen worden sei.

Durch einen Absetzfehler war eine kleine Gruppe der springenden Fallschirmjäger direkt in den brennenden Flughafengebäuden niedergegangen und verbrannt. Eine weitere kleine Gruppe war im Wasser gelandet. Jene, die sich nicht aus den Gurten befreien konnte, ertranken.

Hptm. Schulz wußte, daß in wenigen Minuten die ersten Ju 52 mit dem Vorauskommando des IR 16 (der 22. ID) landen würden. Bis dahin mußte das Feuer - vor allem der Flak - zum Schweigen gebracht werden. Es war 6.03 Uhr, als er die Motorengeräusche der ersten Ju 52-Kette hörte. Wenig später tauchten die Maschinen auf, in ihnen die beiden Züge der 9./IR 16 unter Lt. Schwiebert und Ofw. Grauting.

Kurz darauf tauchten auch die Gruppen des Gros auf, die das gesamte III./IR 16 heranbrachten.

Noch immer aber schossen MG's und Flak des Gegners. Eine Ju 52 geriet in Brand. Der Motor einer zweiten, die soeben zur Landung ansetzte, wurde in Brand geschossen. Sie zog eine dicke Rauchspur hinter sich her.

Hptm. Schulz stieß mit seinen Männern gegen die Kasematten des ostwärtigen Platzrandes vor, von wo aus heftig geschossen wurde. Die Bunker wurden im geschlossenen Sprung erreicht und durch Sprengmittel außer Gefecht gesetzt. Die große Betonkasematte aber hielt sich noch immer. Dort feuerte noch ein MG und ein LMG in schneller Schußfolge. Eine geballte Landung wurde angebracht und gezündet. Das Feindfeuer verstummte auch hier, und damit war das letzte auf dem Flugplatzgelände noch feuernde MG außer Gefecht gesetzt.

Der Gefechtsstand des Flugplatzkommandanten wurde nun mit Handgranaten angegangen. Major Simon Thomas und sein Stabspersonal ergaben sich. Der Flugplatzkommandant war damit einverstanden, mit Hptm. Schulz zu den noch schießenden Widerstandsnestern zu fahren und die dort kämpfenden Männer zur Aufgabe zu bewegen. Sie fuhren mit vier weiteren Fallschirmjägern in einem Geländewagen zu den beiden noch schießenden Flak-Batterien hinüber.

Es war die Batterie 77 auf dem Hafendamm, die bereits eine Ju 52 abgeschossen hatte. Sie leistete den Befehl ihres Kommandanten nicht Folge, sondern schoß weiter. Oblt. Hasewinkel, der Chef, geriet verwundet in deutsche Gefangenschaft, als die Batterie erstürmt wurde.

Die Flak-Batterie 4 mit drei 7,5 cm-Flak im Dort Smithhoek stand unter dem Befehl von Oblt. Backer. Auch sie leistete der Aufforderung zur Feuereinstellung keine Folge, sondern schoß weiter. Als Major Thomas und zwei Fallschirmjäger als Unterhändler auf die Batterie zugingen, wurden sie von dort erschossen.

Hptm. Schulz ließ die Batterie mit Handgranaten und MG-Feuer niederringen.

Es war genau 10.55 Uhr, als er Generalleutnant Student melden konnte, daß Waalhaven fest in deutscher Hand sei. Lediglich die dritte Flak-Batterie aus Vlaardingen schoß nach wie vor auf die landenden Ju 52. Sie erzielte an diesem 10. Mai zehn Flugzeugabschüsse und trug mit dazu bei, das Desaster, welches die Transportverbände erlitten, vollständig zu machen.

Generalleutnant Student war mit seiner Funkmaschine - einer Ju 52 - die zur fliegenden Funkstelle umgebaut worden war - mit Sonnenaufgang gestartet. Auch er gab dem Autor einen Bericht über seine ersten Eindrücke:

"Die aufgehende Sonne erhellte ein Bild von großer Eindringlichkeit. Wohin wir blickten, überall erkannten wir Flugzeuge. Trettner zeigte mit einen Jägerpulk, der hoch über uns nach vorn stieß, um dann nach links und rechts außer Sicht zu kommen. Sie flogen Sicherung für meinen Stab.

Ju 52 dröhnten durch den Luftraum. Dann tauchte eine Staffel He 111 von rückwärts auf. Eine andere kam aus Westen auf uns zu, sie hatte bereits im Einsatz gestanden.

Als wir den Rhein überflogen, kamen uns die ersten Transportstaffeln entgegen, die ihre Truppen bereits abgesetzt hatten.

Nicht weit von meinen Stab abgesetzt flogen die Maschinen mit dem Stabspersonal der 22. Luftlande-Division. Auch sie wurden von Jägern gesichert. Ab und zu erhielten wir schwaches Flakfeuer, aber der Verband blieb dicht geschlossen beieinander.

Waalhaven war unser Ziel."

Als das III./IR 16 noch vor Students Stab gelandet war, eilte aus der Führermaschine Oberstleutnant von Choltitz ins Freie und lief auf seinen Kriegsschulkameraden Schulz zu.

"Glückwunsch, Karl-Lothar, gut gemacht!" rief er und schüttelte dem Fallschirmjäger-Hauptmann die Hand.

Dann schwebten auch jene Maschinen auf Waalhaven ein, in denen der Stab der 7. FlDiv. saß. Auch GenLt. Student beglückwünschte Hptm. Schulz, und Major i.G. Trettner notierte die Meldung des Bataillonskommandeurs.

Ein erster Rundblick zeigte GenLt. Student die brennenden Gebäude und die verkohlten Stahlgerippe der Flugzeughallen. Er sah Gefangene, die zur Seite geführt wurden und am Flugfeldrand die angeschossenen und abgeschossenen Wracks der Ju 52, die als Zeugen dieses kurzen, aber harten Kampfes dort standen.

Die Nachlandungen auf Waalhaven gingen reibungslos vonstatten, und noch vor Mittag landeten hier die Ju 52 mit den Männern des I. Und II./IR 16, gefolgt von Artillerie-, Pionier- und Flakeinheiten sowie einem Teil der Sanitätskompanie.

Nun aber stellte sich heraus, daß die für das IR 65 vorgesehenen Landeplätze blockiert waren, so daß auch die 4., 7. und 13. Kp. dieses Regiments auf Waalhaven niedergehen mußten. An Fallschirmjägern wurden dort noch die FschArtBattr. 7 und die erste Hälfte der 14./FJR 1 (die PzJägKp.) gelandet.

Mit der Masse des IR 16 war auch der Kommandeur des Regiments, Oberst Kreysing, gelandet und fuhr unmittelbar danach nach Rotterdam-Süd, wo in einer Schule der Korpsgefechtsstand eingerichtet worden war.

Der Kampf um die Maasbrücken von Rotterdam

Um 5.00 Uhr des 10. Mai setzten zwölf He 59 zur Wasserung auf der Maas bei den Maasbrücken in Rotterdam an. Kurz darauf folgten drei weitere He 59 nach. In ihnen waren 120 Soldaten des II./IR 16 und einige Pioniere der 2./PiBatl. 22 gelandet. Sie wurden von Oblt. Schrader geführt.

Die Männer eilten an die befohlenen Stellen. Die Pioniere wurden von ihren He 59 an das Südufer geschafft und gingen bei Nassaukade an Land. Ein Zug der Infanterie legte an der Ostspitze der Noorderinsel an, ein anderer am Bompjes und Oserkade. Letztere wurden von Lt. Gottbehöde geführt. Dieser ließ verschiedene Gebäude entlang der Bompjes besetzen, darunter das leerstehende Maashotel, die Bank gegenüber der Willemsbrücke und das Bollwerk an der Ostseite der Brücke.

Eine MG-Gruppe wurde zur Kreuzung Rederijstraat und Bompjes geschickt, und eine größere KGr. besetzte die Vierleeuwenbrücke und den Maasbahnhof. Der Bahnhof an der Börse wurde ebenfalls besetzt, und die dort postierte niederländische Wache gefangengenommen. Auf der Eisenbahnbrücke zog ein deutscher MG-Posten auf. Auf der Noorderinsel wurden strategisch wichtige Positionen besetzt.

Die aus Waalhaven von Hptm. Schulz nach Rotterdam-Süd in Marsch gesetzte 11. Kp. unter Oblt. Kerfin stieß in Rotterdam-Süd auf einen Gegner, der von Oberst Scharroo, dem Stadtkommandanten, dorthin geschickt worden war. Es war Hptm. De Bats mit 70 Pionieren. Ein weiterer Pionierzug in Stärke von 80 Mann stieß in Richtung Maasbahnhof vor. Wenig später erhielt auch eine Kp. des III./IR 39 unter Hptm. van Rhijn Befehl, das Nordufer der Maas gegenüber der Noorderinsel freizukämpfen.

Im Verlauf der sich hier ausbreitenden Einzelgefechte mußten sich die kleinen deutschen KGr. zurückziehen. So auch Oblt. Schrader mit der 11./IR 16, der den

Maasbahnhof besetzt hatte und durch die Pioniere unter Hptm. Dohna hinausgedrängt wurde.

Oberstleutnant von Choltitz, der sich der Vorausabteilung angeschlossen hatte, wurde beschossen. Hierbei wurde Oblt. Grave schwer verwundet. Im Kampf um den Afrikaanderplatz, der erreicht wurde, erhielt Lt. Schwiebert eine schwere Verwundung.

Oblt. Kerfin versuchte nun den von ihm gebildeten kleinen Brückenkopf rechts der Eisenbahnbrücke zu erweitern. Im geballten Feindufer mußte er diesen Versuch einstellen. Er ließ drei KGr. bilden und die Objekte im Brückenkopf sichern.

Die niederländische Artillerie schoß das Bankgebäude zusammen, das die Fallschirmjäger verteidigten. Am nördlichen Brückenkopf hatten die deutschen Truppen schwere Verluste erlitten. Dennoch konnten die Brücken noch gehalten werden.

In der Nacht zum 11. Mai warf die niederländische Führung sechs Infanterie-Bataillone in die Stadt, englische Bomberverbände griffen Waalhaaven in der Nacht zum 11. an.

Falls Rotterdam nicht zu halten sein sollte, beschloß GenLt. Student, die 7. FlDiv. in das Gebiet zwischen Hordijk und Dordrecht zurückzuziehen. Die Brücken von Dordrecht aber würden unter allen Umständen gehalten werden. Es stand also in Rotterdam auf des Messers Schneide.

Kampf um die Brücken von Moerdijk

Die Maasbrücke bei Moerdijk war auf dem Südende und auch auf ihrem Nordende durch Bunkeranlagen gesichert. Auf dem Südende stand die 3./III./IR 28 mit vier Zügen in Feldstellungen und Unterständen einsatzbereit. Auf den beiden Flanken des von dieser Kp. gebildeten Halbkreises um das Brückenende lagen zwei Züge der MG-Kp. 12 des IR 28. Zwei weitere Züge hatten sich in der Mitte eingegraben. Sie sollten die Brücke gegen jeden Angriff aus Süden und Südosten sichern. An Fallschirmjäger dachte man nicht.

Zwei Feldgeschütze, eine Batterie 7,5 cm-Flak und acht FlaMW standen in diesem Sektor bis an das Südende der Eisenbahnbrücke herangezogen feuerbereit.

Am Nordende der Brücken lag das I./IR 28 zwischen der Dortse Kil und Kop van't Land. Eine Kp. hatte den Westteil der Brücke zu sichern. Diesem Verband standen Granatwerfer und MG's zur Verfügung.

An diesem Ende der Brücke befanden sich sowohl bei der Eisenbahn als auch an der Straßenbrücke jeweils ein schwerer Bunker mit einem 5 cm-Geschütz und einem sMG. Hart nördlich der Brücken lagen noch drei kleinere Kasematten.

Mehrere weitere Einheiten lagen auf der Insel Dorst. Um 4.00 Uhr eröffneten hier deutsche Kampfflugzeuge den Kampf. Sie griffen die Stellungen beiderseits der Brücken an. Eine Maschine wurde abgeschossen.

Noch während der Dauer des Luftangriffs sprangen hier die Jäger des II./FJR 1 unter Hptm. Prager. Zwei Kpn. gingen südlich der Brücke nieder, die beiden anderen wurden nördlich davon abgesetzt.

Am Südende sprangen die Fallschirmjäger mitten in das Abwehrfeuer des 4. Zuges der MGK 12 hinein. Zum Glück für sie hatten die Bedienungen beim vorausgehenden Bombardement ihre Waffen verlassen. Bevor sie ihre MG's wieder erreichten, hatten Prager Jäger sie bereits in Besitz genommen und damit das Feuer eröffnet.

Der Gegner wurde hier rasch überwunden. Lediglich bei Lage Zwaluwe hielt sich eine holländische Gruppe bis 10.30 Uhr, ehe auch ihre Überlebenden die Waffen streckten.

Der Kommandeur der Luftverteidigung der Festung Holland setzte vier Fokker C-10 auf den Südteil der Brücke an. Diese wafen 29 Bomben auf die nun von den Fallschirmjägern besetzten Stellungen.

Die am Nordende der Brücke gelandeten Fallschirmjäger waren ebenfalls noch während der Bombardierung gesprungen. Dadurch erhöhte sich der Überraschungsfaktor. Die Landung erfolgte genau nach Plan. Die Fallschirmjäger umstellten die Quartiere und die Barackenlager des Gegners, drei Züge Infanterie ergaben sich ohne einen Schuß. Die beiden an der Hauptverkehrsstraße postierten MG aber eröffneten das Feuer auf die in Sicht kommenden Fallschirmjäger. Auch diese wurden überwunden.

Die 5./FJR 1 unter Oblt. Straehler-Pohl erreichte als erste den großen Bunker an der Verkehrsstraße. Die Aufforderung zur Übergabe wurde von der Bunkerbesatzung abgelehnt. Mit geballten Ladungen wurde die Bunkertür aufgesprengt. Die Bunkerbesatzung gab den aussichtslos gewordenen Kampf auf. Auch die Besatzungen der MG-Stände, die durch diesen Bunker gedeckt wurden, streckten die Waffen. Das Nordende der Brücke war fest in deutscher Hand.

Der Raum um Dordrecht aber, an der Oude Maas gelegen, Schlüsselpunkt der Hauptstraße Moerdijk-Rotterdam mit den beiden genannten Brücken, wurde von 1200 niederländischen Soldaten verteidigt. Stadtkommandant Oberstleutnant Mussert war mit der Verteidigung der Stadt und der Brücken beauftragt.

Auch in Dordrecht begann um 4.00 Uhr das Bombardement. Als diese Kampfflugzeuge soeben in Richtung Moerdijk verschwanden, tauchten jene 18 Ju 52 hier auf, in denen die 3./FJR 1 unter Oblt. Frhr. von Brandis saßen. Sie hatten den Auftrag, die beiden Dordrechter Brücken in Besitz zu nehmen, auf beiden Ufern Brückenköpfe zu errichten und die Straße am Südrand von Dordrecht freizukämpfen.

Mit dem Signal des Boschhorns sprangen 36 Jäger bei Zwijndrecht hart nördlich der Brücke. Die Masse der Kp., unter ihnen auch Oblt. von Brandis, sprangen südlich des Bahnhofes in der Nähe des Wohnviertels von Krispijn in der Wiese de Polder.

Die am Nordufer gelandeten 36 Jäger erreichten sprungweise vorgehend bis 6.00 Uhr das Südufer der Maas und zwangen die dort in Stellung liegenden Gegner zur

Aufgabe. Nun mußte das Gros der Kp. kommen. Doch diese drei Züge erschienen nicht. Obtl. von Brandis wollte zunächst jenen Gegner, der ihn angriff, zum Schweigen bringen, um die damit verbundene Gefährdung seiner Flanken auszuschalten.

Der Kampf gegen holländische Pioniere begann; in dessen Verlauf wurde auch Obtl. von Brandis etwa 140 Meter südlich der Villa Weizicht durch den ObGefr. Grollee mit einem Gewehrschuß tödlich verwundet.

Unter Oblt. van Houwen konnten die Pioniere eine Gruppe Fallschirmjäger niederkämpfen, deren letzte in Stärke von 18 Mann sich ergaben.

Oblt. Schmidt, der nach dem Tode von Oblt. Brandis die Führung der 3. Kp. übernommen hatte, mußte ebenfalls gegenüber der feindlichen Übermacht die Waffen strecken. Mit ihm ergaben sich etwa 40 Fallschirmjäger. Insgesamt nahmen holländische Soldaten hier 82 Fallschirmjäger gefangen. 50 Fallschirmjäger fielen im Kampf oder wurden verwundet. Nur einigen wenigen gelang es, sich zum Zuge an der Brücke durchzuschlagen.

Die Versuche der Holländer, die Brücke zurückzugewinnen, schlug aber fehl. Dennoch war bei Dordrecht eine gefährliche Krisenlage entstanden, die sofort bereinigt werden mußte. Dazu setzte Oberst Bräuer, der mit seinem Regimentsstab und dem I.Batl. (außer der 3. Kp.) als Regimentsreserve bei Tweede Tol im Sprungeinsatz war, Major Walther mit allen verfügbaren Soldaten ein. Keine Stunde nach Eingang des Funkspruches aus Dordrecht marschierte Walther mit den Reserven los. Auf schnell requirierten Fahrzeugen rollte die Vorausabteilung des Batl. in Richtung Dordrecht. Bereits beim Landgut Amstelwijk wurden sie von sMG der MG-Kp. des I./IR 28 beschossen. Major van Hoek, Kdr. des I./IR 28, erbat Hilfe, um diesen Fallschirmjägerverband zu stoppen. Der Kommandeur der Kil-Gruppe schickte ihm 70 Mann unter zwei Offizieren. Diese stießen auf die Hauptkolonne unter Major Walther. Walther gelang es, diesen Verband beiderseitig zu umfassen und einzuschließen, worauf Major van Hoek die Waffen streckte.

Der Weg nach Dordrecht schien frei. Major Walther ließ weitermarschieren und stieß am Admiral de Ruyterweg auf die 14./IR 28, die sich in der dortigen Schule verschanzt hatte.

Hptm. Gericke, Chef, der 2./FJR 1, schickte einen Parlamentär in die Schule, doch Hptm. Mantel, der hier die Führung hatte, befahl zu halten. Erst nachdem deutsches Werferfeuer das Gebäude schwer getroffen und auch einige Häuser in Brand gesetzt hatte, ergab sich dieser Verband. Als schließlich der letzte Widerstand überwunden war, erreichte das I./FJR 1 die Südseite der Straßenbrücke von Dordrecht und nahm sie fest in die Hand.

Eine bedrohliche Lage für die Fallschirmjäger bestand am Abend, als das II./IR 28 unter Major Ravelli vom Stabschef der Gruppe De Kil, Oberst J.A.G. van Andel, bei Gravendeel über die Kil vorgeworden wurde, um ostwärts der Hauptstraße durchzustoßen. Um 19.00 Uhr antretend, ließ Major Ravelli sein Batl. nicht - wie befohlen - ostwärts der Hauptstraße, sondern westlich davon marschieren. Dadurch lief das Batl. um 2.30 Uhr des 11. Mai in einen Sperr-Riegel der Fallschirmjäger hinein und erhielt heftiges Feuer. Binnen weniger Minuten fielen drei Offiziere und

19 Soldaten. Eine noch größere Zahl der Männer wurde verwundet. Die Gruppe floh panikartig, nur ein kleiner Rest konnte von Major Ravelli gesammelt werden.

Nun war nur noch eine Gefahr vorhanden: daß von Osten her die in Noord Brabant stationierte Leichte Division der Holländer auf Dordrecht in Marsch gesetzt wurde. Und dies hätte unter allen Umständen geschehen müssen. Doch diese Division kam nicht.

Der Flugplatz Valkenburg
Kampf um Ypenburg und Ockenburg

Bereits um 3.00 Uhr hörten die dort stationierten niederländischen Soldaten Flugzeuggeräusche aus Norden und Nordwesten. Das konnten nur britische Flugzeuge sein, wurde geäußert. Diese Annahme erwies sich jedoch wenig später als unrichtig, als die ersten deutschen Kampfflugzeuge über dem Platz erschienen und ihre Bomben warfen. Flugzeughallen wurden getroffen. Die Telefonverbindung von Valkenburg zum Stab der Luftverteidigung war unterbrochen.

Die hier im Sprungeinsatz niedergehenden Fallschirmjäger standen unter dem Kommando von Oblt. Schirmer, dessen 6. Kp. für diesen Platz vorgesehen war. Die einzelnen Züge wurden von Leutnant von Plessen, Oblt. Gunkelmann und Lt. Teusen geführt.

Lt. Teusen hatte mit seinem Zug die Brücke von Haagse Schouw zu besetzen, während dem 1. Zug die Inbesitznahme des Platzes vorbehalten war. Der 2. Zug sollte als Reserve zur Verfügung des KpChefs springen. Doch er landete schließlich - völlig falsch abgesetzt - bei Delft, wo Obtl. Gunkelmann einen Sonderauftrag erhielt, in dessen Ausführung der Zug nahezu aufgerieben wurde. Oblt. Gunkelmann war bei der Sprunglandung mit seinem Fallschirm an einem Schornstein hängengeblieben und brach sich das Genick.

"Dieser Zug fehlte mit natürlich sehr", berichtete Schirmer nach dem Kriege.

Eine der zwölf Ju 52, welche die KGr. Schirmer ans Ziel bringen sollten, wurde südlich Katwijk abgeschossen und stürzte in die See. Die Jäger konnten rechtzeitig springen und gerieten in Gefangenschaft.

Der Kampf um diesen Platz gestaltete sich dramatisch, und noch waren die wenigen Fallschirmjäger dort nicht die Herren, als auch schon die ersten Ju 52 mit Teilen des IR 47 eintrafen und mitten in das Feuer der Verteidiger hinein landeten.

Es waren insgesamt 52 Maschinen, die Oberstleutnant Erdmann, Kommodore des KG. z.b.V. 1, ans Ziel führte. 50 davon landeten auf Valkenburg, neben der bei Katwijk abgeschossenen Ju 52 war eine weitere bereits bei Venendaal abgeschossen worden.

Von den 50 Ju 52 wiederum fanden zwei im Landeanflug keinen freien Platz, auf dem sie hätten niedergehen können. Sie überflogen Valkenburg mehrfach und drehten dann ab. Eine ging am Strand nieder, die zweite landete in Ockenburg.

Hptm. Buhse, Kdr. des III./IR 47, berichtete zur Landung seiner Soldaten: "Unter starkem MG-Feuer und Gewehrfeuer erfolgte die Landung. Wir bemerkten, daß sich die holländische Infanterie noch mit unserem Fallschirmjägern im Kampf befand. Aus den Maschinen heraus griffen wir in diesen Kampf ein, und gemeinsam mit den Fallschirmjägern gelang es uns in verlustreichem Gefecht, den Flugplatz freizukämpfen.

Zwei Maschinen waren landend in Brand geschossen worden.

Als die übrigen Maschinen wieder starten wollten, blieben sie in dem schlammigen Polderboden stecken. Lediglich zwei von ihnen kamen vom Boden fort und flogen zurück.

Als eine Stunde darauf noch weitere sieben Ju 52 mit Teilen der 6. und 8./IR 65 landeten, war der Platz völlig dicht. Die nachfolgend anfliegenden Maschinen mit dem II./IR 47 konnte nicht mehr landen. Sie flogen zum Teil zurück, während ein anderer Teil in den Dünen landete und eine Maschine bei Maaldrift niederging."

Dadurch war die gesamte Planung durcheinander geraten. Oberst Heyer, der mit dem Gros auf Valkenburg gelandet war, wurde während der Kämpfe verwundet. Er ließ zur Verteidigung übergehen und nahm mit einer schnell zusammengerafften KGr. den Ort Valkenburg in Besitz, wo er sich einigelte.

Lt. Teusens 3. Zug war zwischen dem Südende des Flugplatzes und der Straße Den Haag - Leiden niedergegangen. Jeweils eine Gruppe wurde von Teusen nach links und rechts der Straße in den Gräben in Deckung geschickt, um die Straße in Richtung Den Haag zu sichern. Die dritte Gruppe marschierte in Richtung zur Brükke über den Oude Rijn vor, erreichte sie ohne Feindberührung und besetzte sie. Herankommende niederländische Fahrzeuge wurden gestoppt und als Deckung sowie zur Sperrung der Brücke genutzt.

Die unter Oberjäger Blau stehende Brückengruppe wurde von überlegenen Kräften unter Major Mulder angegriffen. Es gelang ObJäg. Blau, zurückzukommen und Lt. Teusen Meldung zu machen.

Die Brücke wurde nun von den Fallschirmjägern unter Beschuß genommen, so oft sich dort Bewegung zeigte.

Bei Ypenburg kam es zu einem Todesorkan gegen die Ju 52, und von den 53 Maschinen, die hier landeten, ging eine Reihe verloren. Die Männer der 1., 2. und 4. Kp. des FJR 2 unter Hptm. Noster, die den Flugplatz Ypenburg in Besitz nehmen und für nachfolgende Truppenlandungen freihalten sollten, sahen im Anflug nach Westen fliegende Flugzeuggruppen und zwischen ihren Transportmaschinen rechts wie links abfliegende Kampfverbände, Stukas, Zerstörer und Jäger, die für alle Einsatzgruppen bereits ihre Vorarbeit geleistet hatten.

Bereits vor Utrecht hatten ihre Maschinen Flakfeuer erhalten. Danach "wurde im Heckenspringen" mit der Kleinorientierung Delft angeflogen, um fünf km vor der Stadt auf 150 m hochzuziehen, die Klappen auszufahren und damit die niedrigstmögliche Geschwindigkeit zu erreichen, um so die Fallschirmjäger so dicht wie möglich beisammen hinauszubringen.

"Das Absetzmanöver begann. Wildes Abwehrfeuer empfing uns aus 2 cm-FlaMW und anderen schweren Kalibern. Dann meldete die Kommandeurmaschine: `Noch zwei Kilometer bis zum Ziel!'

Das Ziel war der Flugplatz Ypenburg. Während der letzten Manöver wurden drei unserer Ju 52 getroffen, sie gerieten in Brand und stürzten ab. Alle übrigen, auch wir, erhielten zum Teil mehrere Einschüsse, und nur dank der Robustheit unserer 'Tanten Ju' konnten sie sich in der Luft halten und ein Debakel verhindern.

Trotz dieses wahnsinnigen Beschusses unternahmen mehrere Maschinen, die nicht in die richtige Absetzposition gelangt waren, einen zweiten und sogar dritten Anflug hinein in die Hölle der feuerspeienden Flak.

Unser Feldwebel Breitscheidel von der Stabskette, der die so entscheidenden Waffenbehälter absetzen sollte, unternahm ebenfalls einen dritten Anflug, als er feststellen mußte, daß er mindestens 400 m zu weit vom Absetzort der Fallschirmjäger werfen würde und daß dann diese ihre Waffenbehälter, von denen Sein oder Nichtsein abhing, nicht mehr erreichen konnten.

Seine Maschine wies drei Dutzend Einschüsse auf, aber er hatte die Waffenbehälter richtig runtergebracht." (Siehe Lt. Hermann Behrendes, i. Ms. an den Autor). Etwa 50 Fallschirmjäger landeten unter der Führung von Oblt. Eckleben entlang der Straße Delft - Overschie dicht an beiden Ufern des De Schie-Kanals. Eine weitere Gruppe ging westlich davon nieder, während die dritte Gruppe zwischen Delft und Ypenburg sprang. Sie besetzten die Hopaxfabrik und einen Bauernhof und hielten sich in diesen Gebäuden.

Auch nordostwärts von Ypenburg wurde ein Bauernhof besetzt. Von hier aus konnten die 25 Fallschirmjäger alle Fahrzeuge stoppen, die sich auf der Autobahn Hoornbrücke-Ypenburg näherten.

Nördlich des Flugplatzes sahen sich die dort landenden Fallschirmjäger, die den Platz nehmen und halten sollten, außerstande, ihn zu erobern, weil ihn 700 Mann eines holländischen Grenadier-Bataillons besetzt hatten, darunter auch eine MG-Kp. und sechs Panzer. Eine Schwadron Husaren war diesem Batl. unterstellt.

Zwar hatte das vorausgehende deutsche Bombardement einigen Schaden angerichtet und die an der Nordostflanke liegenden Soldaten zum Rückzug auf Rijswijk veranlaßt, dennoch konnten die unmittelbar nach der Bombardierung hier sprunglandenden Fallschirmjäger unter Hptm. Noster den Platz nicht in die Hand nehmen.

Als 30 Minuten darauf die nächste Transportgruppe mit einem Batl. des IR 65 hier eintraf, von der über Utrecht bereits drei Maschinen abgeschossen worden waren, wobei jeweils 15 Soldaten der 22. LLDiv. mit den Maschinen in den Tod stürzten, eröffneten die Verteidiger auf sie ein wahres Schnellfeuer. Die Panzer schossen mit ihren 3,7 cm-Kanonen in die ausrollenden Ju 52 hinein. Die acht Maschinen der ersten Staffel wurden sämtlich zusammengeschossen und standen wenig später in Flammen gehüllt auf dem Platz.

Eine zweite Staffel mit acht Ju 52 konnte noch landen, rollte aber auf die brennenden Maschinen der ersten Staffel zu, die mitten auf dem Platz zum Stehen gekommen waren. Auch sie erhielten starkes Feuer. Viele der hinausspringenden und in Deckung hastenden Infanteristen fielen diesem Feuer zum Opfer.

Die 3. Staffel konnte auf dem heillos verstellten Platz nicht mehr landen. Sie überflog das Trümmerfeld im Tiefflug, erhielt ebenfalls Feuer und drehte ab. Drei Maschinen waren getroffen worden. Ein Teil dieser Staffel landete in Delft.

Hptm. Noster versuchte indessen mit den zusammengerafften Jägern die Hoornbrücke zu erreichen, denn er wußte, daß kurze Zeit nach dieser ersten Welle auch die zweite Welle mit dem Kommandeur der 22. LL-Div., GenLt. von Sponeck, landen wollte. Der Platz mußte bis dahin fest in eigener Hand sein; um das Schlimmste zu verhüten, mußten auch die schweren holländischen Waffen zum Schweigen gebracht werden.

Von hier aus sollte Graf Sponeck mit seinen Männern direkt nach Den Haag durchstoßen und die dort sitzende Führung des Landes einkassieren, womit dieser Teil des Westfeldzuges schlagartig beendet sein würde.

Zunächst aber mußte die große Hoornbrücke über den Kanal De Vliet überwunden werden. Mit zwei Krädern und einem requirierten Auto versuchten FschJägergruppen dieses Ziel zu erreichen, doch sie wurden von den am jenseitigen Brückende eingerichteten Verteidigern mit heftigem MG-Feuer überschüttet. Dann stießen Me 109 auf diese Verteidiger herunter. Durch einen Panzer wurden zwei der Me 109 mit dessen 3,7 cm-Geschütz abgeschossen.

Die Brücke blieb gesperrt, weder konnte einer hinüber-, noch herübergelangen.

Der Kampf der Gruppe Noster dauerte an. Ypenburg blieb in den Händen der Holländer. Die Fallschirmjäger und die Luftlandetruppen hatten schwere Verluste erlitten. Unter den Toten auch Hptm. Hingler vom IR 65 und dessen RgtAdj. Oblt. Müller. Von der 6./IR 65 fielen neben vielen Soldaten auch Hptm. Dietz und Lt. Neumann.

Bei Ockenburg landete die noch sehr junge 3./FJR 2 unter Oblt. von Roon mit drei Zügen, die in der Reihenfolge von Lt. Genz, Lt. Hauber und Fw. Neubecker geführt wurden.

Im Anflug an das Ziel erhielt diese Gruppe starkes Flakfeuer. Bei den heftigen AuUsweichbewegungen wurde der in vier Ketten hintereinander fliegende Verband auseinandergerissen. Die beiden letzten Ketten gingen "verloren". Nur der 1. Zug unter Oblt. Genz erreichte Kijkduin nahe dem Platz Ockenburg. Alle übrigen gingen bei Hoek van Holland und bei Wassenaar nieder.

Die drei Gruppen des Zuges Genz mit zwei Jägergruppen und einer Gruppe, die sich aus einem Granatwerfer - und einem Panzerbüchsentrupp zusammensetzte, verfügten insgesamt auch über sechs LMG.

Die Zugführermaschine mit Lt. Genz und dem Einweiser, Oblt. Tschorn, erhielt beim Anflug einige Treffer. Als sie zum Absetzen drosselte und Einweiser Tschorn zur Tür trat, wurde er durch einen Kopfschuß getötet. Lt. Genz sprang unmittelbar nach Ertönen des Boschhorns. Einmal am Boden, bemerkte er, daß ihm niemand gefolgt war. Hier sein Bericht:

"Der Zug war nicht da. Ich stand am Boden, mit meiner Pistole bewaffnet und einige Handgranaten in den Taschen.

Plötzlich Motorenlärm der drei Ju 52 über mir. Sie hatten einen neuen Anflug gewagt. Die Männer sprangen, ich sah sie dicht bei mir in den Dünen hinter dem Flugplatz niedergehen. Dann vernahm ich die Stimme von Ofw. Meier: 'Wo ist der Oberleutnant?' 'Hier, vor den Dünen!" rief ich zurück."

Zwei der Jäger, die hier sprangen, wurden auf See abgetrieben und ertranken. Genz wußte wenig später, als sein Zug sich um ihn versammelt hatte, daß er allein bei Ockenburg niedergegangen war. Dennoch ging er die Aufgabe an: "Ockenburg muß im Handstreich genommen werden!"

Mit seinen 35 Fallschirmjägern war er sehr bald in heftige Kämpfe mit dem Gegner verwickelt. Bei der Landung der ersten Ju 52 mit dem BatlStab des II./IR 65 und der 5. Kp. dieses Batl. war der Gegner immer noch nicht überwunden. Kurz darauf landeten noch weitere neun Ju 52 mit Teilen der Radfahr-Schwadron 2 unter Rittmeister Pollay. Im Zusammenwirken mit den zuerst gelandeten Kameraden gelang es den Fallschirmjägern, bis 7.45 Uhr den letzten Widerstand auf Ockenburg zu brechen.

Trotz der schweren Verluste auf Ypenburg standen die Chancen gut, sich mit einem kühnen Handstreich der niederländischen Regierung zu versichern, doch die Maschine mit GenLt. Graf Sponeck an Bord hatte nicht in Ypenburg landen können und war abgedreht. Ein Teil der übrigen Maschinen waren ihm gefolgt. Einige davon gingen auf der Autobahn Rotterdam-Den Haag nieder. Graf Sponeck mußte seine Truppe auf freiem Felde sammeln. Mit dem einzigen noch intakten Funkgerät stellte der Funker der Gruppe die Verbindung mit der Luftflotte 2 her. Graf Sponeck versuchte nun über Funk die weiteren geplanten Landungen auf diesem völlig verstopften Platz zu verhindern.

General Kesselring befahl, alle übrigen im Großraum Den Haag geplanten Luftlandungen einzustellen, da auch aus Ockenburg die Nachricht eintraf, daß hier nichts mehr lief. Die bereits in der Luft befindlichen Teile der 22. LL-Div. mußten in Waalhaven landen. Die hier landende erste Welle war aber viel zu schwach, um den schnellen Durchstoß nach Den Haag schaffen zu können. Damit war der Handstreich auf die niederländische Regierung und die Hoffnung auf ein sofortiges Ende des Kampfes in Holland gescheitert. Die dritte Welle der 22. LL-Div. wurde von Oberst Fichte auf den Flugplätzen Loddenheide, Lippspringe und Lippstadt angehalten. Damit blieben über 5000 Soldaten der Division in der Heimat zurück. Sie fehlten den Fallschirmjägern, die nun oftmals auf sich allein gestellt einer vielfachen Übermacht gegenüberstanden.

Die Zahl der Toten war hoch. 1200 Soldaten waren gefangengenommen worden und wurden sogleich nach England geschafft. Das Schlimmste aber waren die Verluste der Ju 52-Gruppen. Von den 430 eingesetzten Flugzeugen dieses Typs kehrten zwei Drittel nicht mehr zurück. Das Transportgeschwader z.b.V. 2 verlor bei den Landungsversuchen im Raume Den Haag etwa 90 Prozent seines Bestandes.

Dennoch waren die Einsätze der Fallschirm- und Luftlandetruppen des Fallschirmkorps im ganzen erfolgreich verlaufen. Als am Nachmittag des 11. Mai Oberstleutnant Triebel von der Aufklärungsstaffel der 7. FlDiv. mit seiner Hs 126 in Rijsoord, dem neuen GefStand von GenLt. Student, eintraf, um "die allgemeine Lage zu erkunden und diese direkt an den OB der Luftflotte 2, General Kesselring, weiterzuleiten, gab ihm GenLt. Student eine schriftliche Lagemeldung mit. Zwar war eine solche bereits über Funk getastet worden, doch diese war im Verbindungsstab "hängengeblieben."

Der Schlußsatz dieser Lagemeldung war besonders bemerkenswert, denn darin hatte GenLt. Student erklärt:

"Man kann bereits jetzt sagen, daß die Luftlandeoperationen mit einem vollen Erfolg enden werden."

Oberstleutnant Triebel übergab diese Meldung General Kesselring persönlich. Dieser schickte ihn mit seinen Ergänzungen in der Nacht zum 12. Mai ins vorgeschobene FHQ "Felsennest" bei Münstereifel.

Der zweite Kampftag

Der zweite Tag in der Festung Holland sah eine Reihe von Gefechten und Scharmützeln. Die KGr. Schulz, die in Waalhaven frei geworden war, rollte an diesem Tage in Richtung Tweede Tol. Bei Amstelwijk erhielt die vorausrollende Kp. Feuer von der holländischen Artillerie, in dem die Hälfte dieser Kompanie verwundet oder getötet wurde. Die Überlebenden marschierten nach Dordrecht weiter. Dort mußten die noch immer in feindlicher Hand befindlichen Brücken freigekämpft werden, um dem Heer den Weg nach Süden freizuboxen.

Ähnlich wie bei Dordrecht war es auch bei Rotterdam, wo es den Soldaten der LL-Div. und den Männern unter Oblt. Kerfin gelungen war, ihre Positionen zu halten und die holländischen Angriffe darauf abzuwehren.

Zwei niederländische Bombenangriffe gingen fehl und vernichteten Häuser auf der Maasinsel.

Während in Moerdijk bereits die Panzerspitzen über die dortige Brücke rollten, fuhr GenLt. Student über Waalhaven nach Ablasserdam. Von dort aus ging es in schneller Fahrt zu den Brücken von Dordrecht weiter, wo der kritischste Punkt war.

Hier trafen gleichzeitig mit GenLt. Student auch die ersten Teile des III./FJR 1 ein, die von Oberst Bräuer in Tweede-Tol dorthin weitergeleitet worden waren.

Bei Dordrecht konnte jederzeit der Kampf mit einem Durchbruch der Holländer über die Brücke zur Sprengung dieses wichtigen Überganges führen. Das I./FJR 1 hatte sich zwar dicht an die Autobahnbrücke herangeschoben und hielt auch die Straßenbrücke unter Kontrolle. Es wurde aber aus Dordrecht heraus von feindlichen MG beschossen.

Wenn die Gefahr ausgeschaltet werden sollte, dann mußte Dordrecht erobert werden. Hier waren bis zum frühen Morgen des 12. Mai die holländische Leichte Division nahe herangekommen. Generalleutnant Student mußte aber erst das für diesen Einsatz mit ausersehene und dazu nachzulandende I./IR 72 abwarten, ehe angegriffen werden konnte. Als sie am frühen Nachmittag des 12. Mai in Waalhaven eintrafen, begann der Angriff.

Das I. und III./FJR 1 griff geschlossen an. Die holländischen Widerstandsnester wurden überwunden. Der Einbruch der beiden parallel zueinander vorgehenden Kampfgruppen drang rasch vor. Erst nach dem Schwenk zum Hafen nach Westen, blieb er vor starken Widerstandsnestern liegen. Der Südostteil der Stadt aber war in deutscher Hand. Damit war der Gegner daran gehindert, die Brücke im Handstreich zu gewinnen und sie in die Luft zu jagen.

Als GenLt. Student am Nachmittag wieder in Dordrecht weilte und soeben von Hptm. Walther Meldung erhielt, näherte sich ein schweres Fahrzeug und hielt vor dem Haus, in dem die Besprechung stattfand. Ein junger Panzerleutnant sprang heraus. Er meldete, daß der zur Aufklärungsspitze der 18. Armee gehöre und Auftrag habe, die Lage bei Moerdijk zu klären. Am Morgen des kommenden Tages würden die Panzerverbände der vorn fahrenden 9. PD hier eintreffen.

Diese Meldung, die Student um 17.30 Uhr gemacht wurde, "war mein schönstes Geburtstagsgeschenk", sagte GenOberst Student dem Autor anläßlich eines seiner Besuche.

Am Vormittag des 13. Mai wurde GenLt. Student von Major Krüger, Kdr. des I./IR 72, und vom KGrFhr., Oberstleutnant de Boer, Kdr. des AR 22, Meldung erstattet. Mit seinem OrdOffz., Oblt. Herrmann, und einer Gefechtsordonnanz erkundete Student persönlich die Lage. Auf dem Rückweg zum GefSt. in Rijsoord stieß Student auf eine Gruppe von Heeresoffizieren: Kommandeure der Regimenter der 9. PD, der Spitzendivision der 18. Armee.

Ein Teil der Panzer hatte die Brücke bei Moerdijk bereits überschritten, der Rest folgte soeben nach.

Der Angriff gegen den Hafen von Dordrecht wurde mit Panzerunterstützung durchgeschlagen, und am Morgen des 13. Mai wehte bald auf dem Turm der Kathedrale von Dordrecht die weiße Fahne. Der gefährlichste Widerstandsherd der Festung Holland war überwunden. Nun hielt sich der Gegner nur noch in Rotterdam.

Mit den Verbänden der 9. PD hatte GenLt. Student nun jene schweren Waffen zur Verfügung, mit denen er an den Rotterdamer Brücken die Initiative ergreifen konnte.

Dies war die letzte Aufgabe für die 7. FlDiv.: den jenseits der Brücken stehenden starken Brückenkopf des Gegners auszuräumen und der 18. Armee auch in Rotterdam den Weg zu öffnen.

Die Katastrophe von Rotterdam

In Rotterdam hatte inzwischen Oberstleutnant von Choltitz den Stadtkommandanten, Oberst Scharroo, mehrfach zur Übergabe aufgefordert und ihm alle militärischen Ehren zugesichert.

Die Stadt brannte an einigen Stellen bereits durch die Beschießungen der niederländischen Artillerie und die vereinzelten Bombenangriffe. Es galt, die Vernichtung von Rotterdam abzuwenden. GenLt. Student wollte unter allen Umständen eine Bombardierung der Stadt durch Kampfflugzeuge verhindern, die durch deren Verteidigung ja völkerrechtlich und nach dem Haager Abkommen vertretbar war, weil sie sich selbst zum Kampfgebiet gemacht hatte, und verteidigt wurde.

Immer noch kämpften ja nördlich von Rotterdam und in den nördlichen Stadtteilen jene Kräfte des Luftlandekorps, die dort eingesetzt waren, um ihr Überleben. Ihnen mußte so schnell wie möglich geholfen werden.

Am Abend des 13. Mai entschloß sich GenLt. Student zu einem Bombenangriff auf den niederländischen Brückenkopf. Der Beginn des Angriffs wurde auf 12.00 Uhr des 14. Mai angesetzt. Rotterdam war seit vier Tagen Schauplatz verbissener Kämpfe; die niederländische Regierung hatte zusätzlich neun Bataillone in die Stadt geworfen und sie zum Kampfplatz gemacht, weil sie damit ein verteidigter fester Platz geworden war.

Durch diese Einbeziehung in dem Kampf war der Einsatz sämtlicher Kampfmittel erlaubt, wofür die niederländische Führung die Verantwortung trug, die es außerdem verabsäumt hatte, die Zivilbevölkerung aus dem Kampfgebiet zu evakuieren. Damit traf allein sie die volle Verantwortung.

Die schweren Panzerverluste bei Dordrecht hatten gezeigt, daß ein Luftangriff geboten war, wenn die holländische Führung nicht in letzter Stunde der erneuten Aufforderung zur Übergabe der Stadt nachkommen würde.

GenLt. Hubicki, Kdr. der 9. PD, erhielt Weisung, seine Division zum Durchbruch durch Rotterdam auf Utrecht in der Nacht zum 14. Mai bereitzustellen. Teile des IR "Leibstandarte Adolf Hitler" und der 7. FlDiv. wurden ihm dazu unterstellt. Am frühen Morgen des 14. Mai traf GenMaj. Hubicki in Rijsoord ein. Wenig später erschien auch GenLt. Schmidt, Kommandierender General des in diesem Raume führenden XXXIX. PzKorps, der nun die Führung aller weiteren Operationen übernahm.

GenLt. Schmidt stellte Oberst Scharroo noch ein weiteres Ultimatum bis zum Mittag. Mit Ablauf der gestellten Frist erschien ein niederländischer Hauptmann an der Rotterdamer Straßenbrücke und erklärte, daß Ultimatum trage keine Unterschrift. GenLt. Schmidt unterschrieb es und gewährte eine weitere Frist bis 16.20 Uhr niederländischer Zeit.

Gleichzeitig wurde ein FT-Spruch abgesetzt, der die deutschen Kampfflugzeuge auf ihren Horsten im Westen festhalten sollte.

Dieser wichtige FT-Spruch kam bei der Luftflotte 2 nicht an. Aufgrund einer Forderung von Gen.Feldmarschall Göring hatte GenLt. Schmidt von der 18. Armee folgenden Befehl erhalten:

"Widerstand in Rotterdam ist mit allen Mitteln zu brechen. Nötigenfalls ist die Vernichtung der Stadt anzudrohen und - bei Weigerung zur Übergabe - durchzuführen." (Siehe: KTB der 18. Armee).

Am frühen Nachmittag des 14. Mai standen die GenLte. Student und Schmidt auf dem runden Platz südlich der Brücken. Sie warteten hier auf eine Entscheidung des Stadtkommandanten von Rotterdam. Plötzlich hörten sie Motorengeräusche, obgleich die angegebene Zeit des Waffenstillstandes noch nicht vorüber war.

Es handelte sich um die ersten Teile des KG 54 unter Oberst Lackner, das den Befehl erhalten hatte, um 15.00 Uhr mit dem Angriff zu beginnen.

Mit allen Mitteln versuchten Student und Schmidt, die anfliegenden Kampfflugzeuge zu stoppen und zum Abdrehen zu bewegen. Um 15.05 Uhr überquerten die Bomber die Maas. Generalleutnant Schmidt ließ Leuchtkugeln schießen. Aber die erste Angriffsgruppe warf bereits.

Sekunden darauf erreichte auch die zweite Angriffsgruppe auf der linken Flanke das Abwurfgebiet. Oberstleutnant Höhne hatte ebenfalls schon den Angriffsbefehl gegeben, als er die roten Leuchtkugeln sah.

"Abdrehen! - Nicht werfen!" befahl er über die Funksprechverbindung Bord-Bord. Doch seine Maschine und die beiden anderen seiner Kette hatten die Bomben bereits ausgelöst. Alle übrigen Maschinen aber warfen nicht. So kam es, daß von den 100 eingesetzten He 111 nur 57 ihre Bomben direkt in die Ziele warfen. Diese Sprengbomben (es war keine einzige Brandbombe dabei) ließen Brände aufflackern, die sich binnen kürzester Zeit durch die ganze Altstadt Rotterdam durchgefressen hatten. Nach niederländischen Angaben betrug die Zahl der hier zu Tode gekommenen Menschen 814. Dies zu einer Zeit, als jeder Widerstand in Rotterdam sinnlos geworden war.

Der Angriff wurde zum Terrorangriff erklärt, doch die 1947 angestellte Untersuchung darüber ergab keinen Anhaltspunkt dafür, daß es sich um einen solchen gehandelt hatte. -

Nach diesem Angriff kapitulierte Rotterdam.

GenLt. Student fuhr zur Kapitulation mit Hptm. Hübner, einem der Offiziere seines Stabes, zum GefStand von Oberst Scharroo, der in einem Mietshaus an der breiten Ausfallstraße aus Rotterdam eingerichtet war. Im dritten Stock dieses Hauses fanden die Verhandlungen statt. Vor Beginn der Besprechungen kam noch Oberstleutnant von Choltitz hinzu, der die Durchführung der vereinbarten Entwaffnung überwachen sollte.

GenLt. Student führte als erster aus: "In jedem Kampf muß es Sieger und Besiegte geben. In diesem Fall sind Sie, meine Herren, unterlegen. Die holländischen Truppen haben tapfer gekämpft. Die Waffenehre der holländischen Armee ist unbefleckt."

Mitten in den Verhandlungen krachten von der Straße her Gewehrschüsse, GenLt. Student trat an das fast bis zur Erde hinabreichende Fenster. Geben wir ihm zu den folgenden Sekunden das Wort:

"Plötzlich erhielt ich einen ungeheuren Schlag gegen die Stirn. Es war, als sei ich von einem schweren Vorschlaghammer getroffen worden. Dann spürte ich in meinem Schädel ein seltsames, widerwärtiges Geräusch. Es war ein Reiben, Knirschen und Splittern von Knochen, das in ein Vibrieren des ganzen Kopfes überging. Ich hatte einen Tangentialschuß erhalten, der mir die obere Schädeldecke handtellerweit aufspaltete. - - -

Mit letzter Kraft versuchte ich mich an der Tischkante festzuhalten. Aber meine Knie wurden weich, und ich sank unter dem Tisch zusammen. Dann umfing mich tiefe Nacht." (Siehe Kurowski, Franz: Interviews mit Generaloberst Kurt Student und: Alman Karl. Sprung in die Hölle).

GenLt. Student wurde noch am Abend in einem Rotterdamer Krankenhaus von einem holländischen Chirurgen in vorbildlicher Weise operiert. Diese schnelle Operation rettete das Leben dieses ersten Fallschirmjäger-Generals. Wenige Tage später traf der aus der Heimat herbeigerufene Gehirnchirurg Prof. Wilhelm Tönnis ein. Der Kunst dieses Neurochirurgen war es zu verdanken, daß General Student nach mehrmonatiger Behandlung wieder völlig hergestellt wurde. (Siehe auch: Franz Kurowski: Gespräche mit Prof. Dr. Tönnis).

Die 18. Armee im Sturmlauf durch Holland

Um 21.50 Uhr des 9. Mai 1940 rief Oberstleutnant Winter von der OpAbt. des OKH bei der HGr. B an und teilte dem Chef des Generalstabes das Stichwort "Danzig" mit. Damit war der Angriff am folgenden Morgen befohlen. Das AOK 6 und das AOK 18 wurden um 22.00 Uhr davon unterrichtet. Der "Angriff zum Durchbruch durch die Grenzbefestigungen" (KTB. HGr. B) würde zeitgerecht erfolgen. Die Gesamtstärke des holländischen Heeres wurde mit 9 Infanterie-Divisionen sowie 2-3 Brigaden angenommen.

Um 5.40 Uhr des 10. Mai gingen die ersten Meldungen bei der HGr. B ein, die vom VO der Luftflotte 2 kamen: "Alles gestartet einschließlich Sponeck und Student."

Die 18. Armee marschierte. Die Panzerzüge des X. AK rollten und die Brückenunternehmen des XXVI. AK ebenfalls. Das IX. AK der 6. Armee stieß bei Blerik gegenüber Venlo bereits auf heftigen Feindwiderstand, während die Vorausabteilung des XI. AK trotz der gesprengten Brücken bei Roermond und Maaseyck in Maaseyck eindrang und einen Brückenkopf bildete.

Dem IV. AK fielen die Brücken von Berg und Urmond über den Julianakanal unzerstört in die Hand. Ebenso konnte das XXVII. AK den Gemmenicher Tunnel unversehrt in Besitz nehmen.

Während die 4. PD in diesem Abschnitt mit Teilen bei Valkenburg und Gulpen stand, schlug das AOK 6 der HGr. B vor, die 3. PD in Richtung Maastricht heranzuziehen, weil dort die Lage günstig schien.

Die Divisionen der genannten Armeekorps kamen zumeist gut voran. Lediglich die 35. ID lag am Juliana-Kanal fest, während die 4. PD über die Maas setzte.

Mit der 207. und 227. ID trat das X. AK am frühen Morgen an. Das Übersetzen der Pioniergruppe Hintze über die Ijssel klappte erst im dritten Versuch. Unmittelbar danach erschien General Hansen, der KommGen., an der Ijssel, um sich vom Fortgang der Operation zu überzeugen.

Die 227. ID unter GenMaj. Zickwolf überschritt am 10. Mai um 6.00 Uhr die niederländische Grenze in Richtung Buurse-Haaksbergen. Die schnellen Gruppen an der Spitze erreichten die Ijssel an den vorgesehenen Stellen. Sämtliche Brücken auf diesem Vorstoßweg waren gesprengt. Der Div Kdr. erreichte Zutphen um 9.45 Uhr. Die beiden Panzerzüge der Division kamen nach Zutphen und Deventer durch. Der Durchstoß des Panzerzuges bei Zutphen war durch die Sprengung der dortigen Brükke unmöglich, der Weiterstoß in Richtung Amersfort somit mißlungen. Nach einem erbittert geführten Bunkerkampf wurde um 14.00 Uhr der Flußübergang mit Sturmbooten und Floßsäcken befohlen. Der erste Übergangsversuch kostete über 200 Tote. Der zweite Angriff 65 Minuten später führte zum Erfolg, nachdem die Divisionsartillerie im direkten Richten die jenseits liegenden Kasematten zerschlagen hatte. Das feindliche Stellungssystem wurde durchstoßen.

Nun stieß das Rgt. "Leistandarte" unter Führung von Sepp Dietrich in Richtung Brückenübergang Deventer vor. Als sie hier gegen Mittag eintrafen, wurde ihnen berichtet, daß die Brücke um 7.15 Uhr bereits gesprengt worden war. Trotz eines stundenlangen Feuergefechtes gelang es nicht, überzusetzen. Erst um 21.00 Uhr konnte das IR 328, das in Truppentransportzügen nachgeführt worden war, den Übergang erzwingen. Der erste Tag brachte hier keine nennenswerten Geländegewinne.

Beim XXVI. AK mit der 254. und 256. ID war die Bereitstellung zum Angriff am frühen Morgen des 10. Mai beendet. Der Handstreich bei Nimwegen, von Hptm. Pauly, Chef der 4./MGBatl. 9, mißlang. Der Grenzübergang wurde nicht geschafft. Das als Initialzündung gedachte Unternehmen der Gruppe Grave unter Major Einstmann sollte vier Kanalübergänge und die Maasübergänge bei Grave und Ravenstein im Handstreich in Besitz bringen. Die Waalbrücken bei Nimwegen wurden vom Gegner vorzeitig gesprengt. Die Brücke bei Heumen konnte schließlich (wie vorher dargestellt) benutzt werden. Die Gravebrücke flog dagegen in die Luft, ebenso jene von Neerbosch und Malden.

Die 256. ID kämpfte am Ufer der Maas und konnte den Flußübergang mit der Masse über die unversehrt in deutschen Besitz gelangte Eisenbahnbrücke bei Gennep vollziehen. Der Panzerzug und ein Transportzug passierten die Brücke ebenfalls. GendArt. Küchler, Ob der 18. Armee, der nach vorn gefahren war, erhielt die Meldung, daß der Panzerzug bereits auf die holländische Peelstellung zurollte. Bei Mill durchfuhr er diese und blieb einen Kilometer westlich Mill vor dem Bahnhof Zeeland mit zerschossener Luftleitung liegen. Der nachfolgende Transportzug war damit ebenfalls blockiert. Die darin nach vorn geschafften Soldaten des IR 481 verließen den Zug und stießen nach Norden vor. Sie erstürmten die Kasematten, aus denen auf sie gefeuert wurde, während der Panzerzug, dessen Luftleitung geflickt war, zurücksetzte, wobei er schließlich auf die inzwischen von holländischen Pionieren, die im Rücken herangekommen waren und die Gleisanlagen vermint hatten, erneut gestoppt wurde.

Der Auftrag des XXVI. AK: "Durchbruch durch die Peelstellung" wurde nach vorbereiteter Bombardierung um 21.15 Uhr ausgeführt. Damit war der Weg für die dahinter wartende 9. PD, die in Richtung Dordrecht-Rotterdam vorpreschen sollte, freigeworden. Der Kommandeur des IR 481, der Entschluß und Durchführung dieses Nachtangriffes selbständig getroffen hatte, erhielt dafür am 8. Juni 1940 das Ritterkreuz.

Die 9. PD, die der Führung des XXVI. AK zur Verfügung gestellt worden war, rollte nun durch die gebahnte Bresche.

Die Spitzengruppe unter Oberstleutnant von Apell setzte ihren Vorstoß am 12. Mai zum Wilhelmina-Kanal bei Oosterhout und Dongen fort. Die verstärkte AA von Lüttwitz rollte noch weiter vor und erreichte um 18.00 Uhr Moerdijk, wo die Verbindung zu den wartenden Fallschirmjägern aufgenommen wurde.

Von Moerdijk stießen die Panzer weiter vor. Die 9. PD wurde am 13. Mai dem XXXIX. PzK unterstellt und erhielt für den folgenden Tag den Befehl: "Durchstoß durch Rotterdam, weiteres Vorgehen mit Schwerpunkt auf Utrecht und mit Teilen auf Delft und s'Gravenhage." Der Division wurde das Rgt. "Leibstandarte" und die 7. FlDiv. unterstellt.

Am Nachmittag des 13. Mai erreichte die 9. PD Dordrecht. Sie erlitt dort einige Verluste, als sie an den errichteten Barrikaden vorbei vorrollte. Bis zum Abend hatten vier Panzer die Barendrechter Brücke am Nordufer erreicht. Sie wurden ebenfalls durch Pakfeuer aufgehalten. Erst in der Nacht ließ der niederländische Befehlshaber an dieser Brücke die Stellungen räumen und zog sich mit seinen Truppen über die Spui westlich der Dordse Kil zurück.

Die HGr. B, die diesen "kleinen Feldzug in Holland" bisher mit größter Beschleunigung durchgeführt hatte, um die Fallschirm- und Luftlandetruppen rechtzeitig zu entsetzen, hatte nicht verhindern können, daß in den vergangenen drei Tagen des Feldzuges 1600 Soldaten der beiden Divisionen des Luftlandekorps in Gefangenschaft geraten und 900 von ihnen nach England transportiert worden waren. Der erste Transport wurde mit dem Motorschiff "Phrontis" und ein zweiter mit 300 Gefangenen am Morgen des 14. Mai mit dem Frachtschiff "Texelstroom" durchgeführt.

Dennoch war der Einsatz der Luftlandetruppen erfolgreich gewesen, und wenn nun noch die Panzertruppe rasch genug nachzog, konnte auch dieses Unternehmen als Blitzfeldzug gewertet werden, auch wenn es sich nur um einen Teil des Frankreich-Feldzuges handelte.

Ein Sondereinsatz sei in diesem Zusammenhang noch erwähnt, der in aller Stille, aber recht dramatisch vor sich ging. Im Kampfplan gegen Holland war auch der Damm über das Ijsselmeer einbezogen. Es sollte von der 1. Kavallerie-Division unter GenMaj. Feldt überwunden werden. Dazu wurden dieser Division Pioniereinheiten und Sonderverbände unterstellt.

Am 10. Mai waren an dieser Stelle im Norden alle Brücken an der Grenze gesprengt worden. Nur mittels Schnellbrücken, Floßsackbrücken und anderem Hilfsmaterial gelang es dieser Division, nach Überwinden der Flußhindernisse, binnen 20 Minuten bis zu fünf Kilometer tief auf holländisches Gebiet einzudringen. Kurz vor dem Erreichen der Nieuwe Schans flog die dort stehende Eisenbahnbrücke vor den Reitern in die Luft. Die Eisenbahnbrücke bei Winschoten war geöffnet worden, so daß der Panzerzug auch hier nicht weiterkam.

Schließlich erreichte ein Teil des ReiterRgt. 1 den Kanal Hoogense Vaart westlich Dalen. Hier wurden einige Soldaten des Regimentes verwundet. Rittmeister Schulz, Chef der 6. Schwadron, fiel.

Zum Abend des ersten Kampftages hatte die Division die allgemeine Linie Groningen-Assen-Beilen-Meppel erreicht.

Unter Oberstleutnant von Edelsheim begann am frühen Morgen des 11. Mai die gewaltsame Aufklärung. Vier seiner sieben leicht gepanzerten Wagen wurden zerschossen. Erst nach erbitterten Kleingefechten setzten sich die überlebenden Holländer in Richtung Ijsselmeerdamm ab. Nur bei Wons wurde noch heftiger Widerstand geleistet.

Am Abend dieses zweiten Angriffstages erreichten die Spitzenverbände der 1. KavDiv. den Damm vor der Festung Kornwederzand. Der Versuch, diese Festung auf dem hier 35 Meter breiten Damm im Handstreich zu nehmen, scheiterte. Die neun Bunker hinter den Drahthindernissen waren gut bewaffnet.

Aus MG und 5 cm-Kanonen peitschte den Angreifern dichtes Abwehrfeuer entgegen.

Hinter dieser ersten Verteidigungslinie lagen sechs Bunker der zweiten Linie, die sowohl nach vorn als auch nach rückwärts schießen konnte, so daß jeder durchgebrochene Feind auch im Rücken angegriffen werden konnte, falls er diese Bunker nicht vorher ausschaltete.

Die dritte Verteidigungsanlage befand sich an der Westseite des Ijsselmeer-Dammes bei Den Oever in Gestalt einer starken Bunkerlinie. Stromversorgung und Wasserzufuhr dorthin waren unterirdisch verlegt.

In diesen Anlagen befanden sich am 10. Mai 1940 225 Soldaten des IR 21 unter Hptm. C.F.J. Boers. Drei Kanonenboote waren zur Überwachung des Ijsselmeeres eingesetzt, die südlich des Dammes operierten. Zwei Minenräumboote kamen hinzu.

Als Teile der 1. KavDiv. am Morgen des 12. Mai mit dem Fährschiff "Bosman" aus dem eroberten Hafen Stavoren nach Noord-Holland eindringen wollten, wurde das Schiff von dem Kanonenboot "Frisco" unter Feuer genommen und erhielt einen 7,5 cm-Volltreffer.

Durch Stukas wurde dieses Kanonenboot am Nachmittag so schwer beschädigt, daß es sich selbst versenkte.

Auch gegen Kornwerderzand stießen Stukas herunter. Ihre Bomben konnten jedoch keinen Bunker vernichten.

Am Morgen des 13. Mai ließ GenMaj. Feldt zum Sturmangriff antreten, nachdem eine 8,8 cm-Flak-Batterie herangezogen worden war. Deutsche Jabos wurden ebenfalls vorher angesetzt. In drei Wellen griffen sie mit 12 bis 18 Maschinen an. Danach eröffnete die in Stellung gegangene "Achtacht" das Feuer auf die Bunker. Am Nachmittag griffen dann 600 Mann der Radfahr-Abt. 1 unter Oberstleutnant von Edelsheim an. Als sich die Stoßtruppen bis auf 800 m den Bunkern genähert hatten, eröffneten die Verteidiger das Feuer und schlugen diesen Angriff ab. Etwa die Hälfte der Angreifer waren in dem dichten Feuer gefallen, oder wurden verwundet.

Am Morgen des 14. Mai rollten die ersten Panzer heran. Sie wurden von dem Kanonenboot "Johan Maurits" beschossen. Nach 60-minütiger Beschießung lief das Kanonenboot ab. Die Angriffsgruppen konnten die Verteidigungsstellung Kornwederzand nicht durchstoßen. Die 1. KavDiv. erlitt schwere Verluste, ohne daß sie in das Kampfgeschehen in Holland hatte wesentlich eingreifen können.

Kampf um den Grebbeberg

Die Idee der "Festung Holland" mit der Wasser- und der Grebbelinie stammt aus dem 17. Jahrhundert. Doch erst mit Beginn des Zweiten Weltkrieges wurden in diesem Raum starke Verteidigungsstellungen und Vorpostenstände errichtet.

Die Belegung dieser Verteidigungslinien wurde ab Woudenberg bis zum Ijsselmeer dem IV. niederländischen AK übertragen, das über die 8. und 7. ID verfügte. GenMaj. van Bent übernahm dieses Korps, während das Verteidigungssystem an Ijssel, Betuwe und die Grebbelinie von GenLt. Baron van Voorst tot Voorst geführt wurde, der zugleich auch Befehlshaber des Feldheeres war.

Große Teile des vor dem IV. AK liegenden Geländes war am 10. Mai unter Wasser gesetzt worden.

Erst am 11. Mai erhielten die hier liegenden Verteidiger um 11.00 Uhr den ersten Kontakt mit einem deutschen Spähtrupp auf Rädern, der durch Infanteriefeuer abgewehrt wurde. Am frühen Morgen des 12. Mai wurden einige niederländische Vorposten von deutschen Spähtrupps beschossen, während in Asschat die Stellungen von Hptm. van Zalingen von einem Verband in BatlStärke angegriffen wurde.

Es waren Teile der 207. und 227. ID des X. AK, die hier vorgingen. Die 207. ID erhielt nunmehr den Befehl, mit dem verstärkten Waffen-SS-Rgt. "Der Führer" über

Fallschirmjäger in einer eroberten Grabenstellung.

Eine „skelettierte" He 59 bei der Maasinsel.

Blick vom Flugplatz Waalhaven auf das brennende Rotterdam.

Ein MG geht in einer Straße in Rotterdam in Stellung. Der Gegner verteidigt sich erbittert.

Ein sMG in Stellung.

Belgische Truppen ergeben sich nach der Kapitulation.

Rotterdamer Lagerhäuser an der Maas in Flammen.

Die Altstadt brennt.

Trümmer, wohin man blickt.

Ein Bürgerhaus in Flammen. Oberst Scharroo ließ bis „fünf nach zwölf" kämpfen.

Gefallener deutscher Fallschirmjäger.

Rotterdam kapituliert.

Das niederländische Hauptquartier.

General Winkelman (2. von rechts) trifft zur Unterzeichnung der Kapitulationsurkunde ein.

General von Küchler (Mitte) bei der Übergabeverhandlung.

Deutsche und holländische Offiziere nach dem Kampf in Rotterdam.

Eine Beobachtungsstelle vor Püttlingen im Vorfeld der Maginot-Linie.

Soldaten ziehen an einem gewaltigen Bombentrichter vorbei.

Ein gefallener Franzose an einer Straßensperre. Sein Gewehr wurde zerstört und eine Bewohnerin wird befragt, ob noch weitere franz. Soldaten in der Nähe sind.

Die Maginot-Linie wurde durchstoßen. Gefangene franz. Offiziere bei Le Petit Revon, leiten die örtlichen Übergabeverhandlungen ein.

Leichtere Fahrzeuge der 1. Geb.Jäg.Div. überqueren die Marne, auf einer, aus Schlauchbooten, gefertigten Behelfsbrücke

Die Marne, der Schicksalsfluss an dem 1914 die deutsche Offensive endete, wurde im Zweiten Weltkrieg rasch überwunden, hier Gespanne der 88. ID beim Übersetzen.

Bespannte Artillerie eilt nach vorne. Ein Reklameschild für Aperitiv grüßt von der Hauswand.

Gebirgsjäger der 1. Geb.Jäg.Div. besichtigen Bunker der Maginot-Linie.

Eine provisorische franz. Paksperre bei Pernant sollte den deutschen Vormarsch aufhalten.

Wageningen gegen den Grebbeberg vorzugehen. Dieser Angriff begann am 12. Mai. Wageningen wurde erstürmt, und gegen 20.00 Uhr dieses Tages war das X. AK der Überzeugung, daß auch der Grebbeberg von Truppen der 207. ID genommen worden sei. Darauf deuteten jedenfalls FT-Sprüche hin. Die herangekommene 227. ID erhielt aus der Grebbelinie kein Feuer, was diese Annahme erhärtete. Doch um 22.00 Uhr meldete die 207. ID, daß die Wegnahme des Grebbeberges auf einem Irrtum beruhe und das SS-Rgt. "DF" mit dem I. Batl. rechts und dem III. Batl. links diesseits der Grebbe liege und aus den nördlichen Bunkern sowie aus dem Raum Kesteren flankierendes MG-Feuer erhalte. Den beiden in Frage kommenden Divisionen wurde der Sturmangriff für den 12. Mai befohlen.

Zwei Funksprüche der 207. ID zeigten der Korpsführung, daß der Gegner am und auf dem Grebbeberg "zum festen Widerstand entschlossen" sei. (Siehe: Beekman Frans S.A. und Kurowski Franz: "Kampf um die Festung Holland).

Die erbetene Artillerie wurde nach vorn gebracht. Das Rgt. "DF" hatte sich am frühen Nachmittag ebenfalls zum Angriff gegen den Grebbeberg gegliedert und stand in den Ausgangsstellungen bereit. Erstes Ziel des I./"DF" waren die am Fuße des Grebbeberges liegende Befestigungsanlage und die beiderseits daran anschließenden Bunker und Gräben, wozu auch das Hoornwerk ostwärts der Grebbeschleuse gehörte. Das III. Batl. sollte dann nachfolgen und die nächsten Bunker freikämpfen.

Der Angriff begann, und die geplanten Ziele wurden genommen. Die erste holländische Verteidigungslinie an der Grebbe war damit durchbrochen. Nun stieß das II./"DF", das hinter dem III. Batl. vorgezogen worden war, an diesem Batl. vorbei und drang in die Befestigungen der Ostflanke des Grebbeberges ein. Bis 19.00 Uhr - so meldete die 207. ID - war "der Grebbeberg fest in deutscher Hand".

In Wirklichkeit war jedoch nur der Ostteil dieses Berges gewonnen. Als gegen 20.00 Uhr der RgtKdr., Oberführer Keppler, bei dem von ihm eingesetzten I. Batl. eintraf, gab er nach der Meldung Sturmbannführer Wäckerle Befehl, entlang der Straße Grebbe-Rhenen durchzustoßen und hart ostwärts Rhenen am Bahndamm einen Brückenkopf zu bilden.

In die dadurch entstandene Lücke zwischen den beiden übrigen Bataillonen wurde nun das I./IR 322 eingeschoben. Der Angriff des I./"DF" begann um 23.00 Uhr und drang bis zur Bahnlinie vor, wo es sich der Gegenstöße der Holländer erwehren mußte.

Das gesamte IR 322 erhielt nun Befehl, am 13. Mai von der Höhe des Grebbeberges nach Westen über Rhenen anzugreifen.

Am 13. Mai traten die beiden Batl. des Rgt. "DF" an und entrissen den Verteidigern Bunker nach Bunker. Danach aber mußte dieser Angriff gestoppt werden, weil das IR 322 noch nicht über den Grebbeberg hinausgekommen war und die 1,5 km lange Flanke des angreifenden Rgt. "DF" ungeschützt war.

Hptm. Gelderman hatte mit 14 Soldaten den Viadukt an der Bahnlinie eben erreicht, als hier die Angreifer auftauchten. Mit sMG-Feuer stoppte er die KGr. Wäckerle. Als sich dann auch noch die durchstoßenden niederländischen Stellungen wieder festigten, stand diese deutsche KGr. in der Falle.

Ein Stukaangriff am frühen Nachmittag und das Antreten des IR 322 änderte diese Sachlage schnell, und der Angriff wurde mit dem Ziel, die Grebbelinie aufzurollen, fortgesetzt. Bis 19.00 Uhr war der letzte Bunker bis zur Überschwemmungslinie in deutscher Hand.

Die Grebbelinie war am frühen Morgen des 14. Mai in ihren drei Hauptstellungssystemen durchbrochen. Aber die holländischen Verteidiger hatten den Soldaten des X. AK schwere Verluste beigebracht.

Vom OB der HGr. B kam der Befehl zur "rücksichtslosen Verfolgung" des Gegners. Das KTB der HGr. B hatte am späten Abend des 13. Mai vermerkt:

"Durch die Fortnahme des Grebbeberges ist ein entscheidender Punkt der hartnäckig verteidigten Grebbelinie gefallen. Die pommersche Landwehr-Division" (gemeint war die 207. ID) "hat hier einen schweren Angriff gegen einen sich zäh verteidigenden Feind in befestigten Stellungen führen müssen.

Durch die Übernahme des Befehls über alle in der 'Festung Holland' von Süden angreifenden Kräfte einschließlich der Luftlandetruppen ist hier endlich eine einheitliche Befehlsführung sichergestellt und einer alten Forderung der HGr. B Rechnung getragen worden."

Die Morgenmeldungen an die Armee zeigten bereits, daß alle weiteren Bewegungen planmäßig weiterliefen. In einer Rücksprache des GenStabsChefs der HGr. B mit dem Chef des GenSt. des Heeres betonte letzterer, das OKH sei der Auffassung, daß auf dem Südflügel der HGr. B starke Kräfte zusammenzufassen seien, um die nach Westen gehenden Bewegungen der 4. Armee südlich Namur zu begleiten.

Der Chef des GenStabes der HGr. B wies darauf hin, daß Holland möglichst rasch bereinigt werden müsse, um Kräfte für den Südflügel der Operation freizumachen. Er erklärte, daß die 18. Armee ausdrücklichen Befehl erhalten habe, auf Amsterdam vorzustoßen." (Siehe KTB der HGr. B).

Im Laufe dieses 14. Mai, der die Truppen des X. AK wirklich in "rücksichtsloser Verfolgung" sah, wurde bei den Soldaten der 227. ID bekannt, daß die Königin der Niederlande mit ihrem Stab nach England übergesetzt sei. Gegen Abend wurde der Vormarsch der Division durch das X. AK angehalten. Im Verlaufe der Nacht wurde bekannt, daß die niederländische Wehrmacht nur drei Stunden nach der Bombardierung Rotterdams den Widerstand aufgegeben und kapituliert habe.

Die Kapitulation

In einer Rundfunkansprache an das niederländische Volk begründete der niederländische Oberbefehlshaber, General Winkelman, diesen Beschluß mit folgenden Worten:

"Wir haben die Waffen strecken müssen, weil nichts anderes mehr möglich war. Alle waren fest entschlossen, unser Vaterland auf das äußerste zu verteidigen.

Nun, da ich als Oberbefehlshaber der Land- und Luftstreitkräfte heute alle Meldungen erhielt, wußte ich mit absoluter Gewißheit, daß dieses Äußerste erreicht sei. Unsere Soldaten haben mit einem Mut gekämpft, der unvergessen bleiben wird. Aber der Kampf war ungleich: Unseren Truppen standen technische Mittel gegenüber, denen der größte menschliche Mut nicht gewachsen ist. Zu Tausenden sind unsere Soldaten für die Freiheit der Niederlande gefallen.

Die Luftstreitkräfte, über die wir noch verfügen, sind so minimal, daß sie unsere Truppen zu Lande nicht mehr unterstützen können.

Gegenüber der deutschen Luftüberlegenheit hatten auch unsere Abwehrmittel nur geringe Wirkungsmöglichkeiten, wie tapfer und opfervoll sie auch ihre Aufgaben erfüllten.

Rotterdam, das heute nachmittag von der deutschen Luftwaffe bombardiert wurde, hat das traurige Schicksal eines totalen Krieges erfahren. Utrecht und anderen wichtigen Bevölkerungszentren würden innerhalb kürzester Zeit das gleiche Schicksal widerfahren.

Nahzu ganz auf einige Kraft angewiesen, waren wir nicht imstande, unsere Zivilbevölkerung vor dieser Gewalt zu bewahren. Es waren diese harten Tatsachen, die mich zwangen, meinen ernsten Beschluß zu fassen.

Wir haben dem Kampf eingestellt!

Wer meine Verantwortlichkeit einschätzen kann, der wird verstehen, wie schwer mir diese Entscheidung gefallen ist. Sie konnte jedoch nicht anders lauten."

Nach Bekanntwerden der niederländischen Kapitulation traf die 18. Armee aufgrund der Weisungen der HGr. B dennoch alle Vorbereitungen zur Fortsetzung des Angriffs gegen den Nordteil der "Festung Holland". Doch um 21.50 Uhr dieses 14. Mai wurde gemeldet, daß der OB der niederländischen Streitkräfte die Einstellung allen Widerstandes befohlen habe.

Um 22.00 Uhr gab GenOberst von Bock dem OB der 18. Armee, Gen.d.Art. von Küchler, den Auftrag, die Übergabeverhandlungen mit General Winkelman zu führen. Damit war der geplante weitere Angriff durch die "Festung Holland" gegenstandslos geworden.

Am Morgen des 15. Mai traf General Winkelman an der Nordbrücke von Rotterdam ein. Die Verhandlungen wurden zu einem beiderseitig akzeptierten Ende geführt, und der OB der HGr. B - der sich ebenfalls zum GefStand der 18. Armee begeben hatte - meldete dem OB des Heeres, GenOberst von Brauchitsch, um 13.40

Uhr, daß die Kapitulationsurkunde um 11.45 Uhr von General Winkelman und General von Küchler unterzeichnet worden sei.

"Neuer Gegner der Heeresgruppe B ist nunmehr die französische-englische Truppe." Der Armeebefehl von Küchlers lautete:

"Damit ist der Krieg gegen die Niederlande zu Ende. Nur gegen die Wehrmacht Hollands haben wir gekämpft, niemals gegen dessen Bevölkerung. Ich erwarte daher strengste Disziplin eines jeden einzelnen. Mit allen mir zu Gebote stehenden Mitteln werde ich Plünderungen und Übergriffe ahnden. Jeder Soldat der deutschen Wehrmacht bezeugt durch sein Auftreten und Handeln, daß er würdig ist, Angehöriger der ruhmreichen deutschen Wehrmacht zu sein. Von Küchler, Gen.d.Art."

DER KAMPF IN FRANKREICH

Blitzfeldzug zum Kanal - Übersicht

Die Heeresgruppe A im mittleren Frontabschnitt hatte die schwierigste Aufgabe erhalten. Dazu war sie mit den stärksten Panzerkräften ausgestattet worden. Auf ihrem rechten Flügel stand die 4. Armee unter Generaloberst von Kluge mit 12 Infanterie- und zwei Panzerdivisionen. Ihr Ziel war - nach Überwindung der belgischen Grenzbefestigungen - der Vorstoß in Richtung Lüttich zur Maas und das Erreichen des Raumes Dinant-Givet. Dort sollte das XV. AK (mot.) unter General Hoth mit der 5. und 7. PD über die Maas setzen.

Südlich daran anschließend hatte die 12. Armee unter GeneralOberst List mit 11 Infanterie-Divisionen und der Panzergruppe Kleist mit fünf Panzerdivisionen und drei Divisionen mot. den Vorstoß zur Maas in den Raum Givet-Sedan zum Ziel erhalten. Der Südflügel der 12. Armee war zugunsten dieser Bewegung stark geschwächt worden.

Am Südflügel der HGr. A stand die 16. Armee unter Gen.d.Inf. Busch mit 15 Infanteriedivisionen einsatzbereit. Diese Verbände hatten die Aufgabe, die HGr. A bis zur Südgrenze Luxemburgs zu sichern.

Bei ihrem Vormarsch sollte die HGr. A von der Luftflotte 3 unter Gen.d.Fl. Sperrle unterstützt werden.

Die HGr. C unter GenOberst Ritter von Leeb stand im Südabschnitt, der französischen Maginot-Linie gegenüber, mit der von GenOberst von Witzleben geführten 1. Armee und der 7. Armee unter dem Kommando von Gen.d.Art. Dollmann. Diese HGr. sollte durch eine Reihe von Täuschungsoperationen möglichst starke Feindkräfte binden. In ihr befand sich keine einzige Panzerdivision.

Die französische Armee war der Überzeugung, daß der deutsche Angriff eine Variante des Schlieffen-Planes sein werde, wonach der Hauptstoß mit dem rechten Flügel durch Belgien geführt werden würde, um so die französische Armee von Norden und Westen einzukreisen.

Der Plan der französischen Führung sah lediglich eine Verteidigung an allen Frontabschnitten vor. Eigene Angriffsoperationen waren nicht beabsichtigt.

Allerdings war geplant, die französische Armee solle gemeinsam mit dem britischen Expeditionskorps nach einem deutschen Einmarsch in Holland und Belgien diesen Ländern zu Hilfe eilen.

Ein Bewegungskrieg mit Panzern und deren Unterstützung durch Luftstreitkräfte wurde nicht in das Verteidigungskonzept einbezogen.

Die Hauptstreitkräfte Frankreichs wurden auf dem linken Flügel- dem Nordostabschnitt - konzentriert.

Es war die HGr. 1 (General Billotte), die im Falle eines deutschen Einmarsches nach Holland und Belgien in Richtung Nordosten vorgehen, die beglische Grenze überschreiten und die Dylestellung an der Maas beziehen sollte. Nur die 2. Armee der HGr. 1 unter General Huntzinger sollte mit ihren fünf Infanterie- und zweieinhalb Kavallerie-Divisionen in der alten Linie der HGr. 1 (auf deren rechten Flügel) verbleiben und dort die Verlängerung der Maginotlinie zwischen Mosel und Sedan halten.

Die HGr. 2 unter dem Kommando von General Prételat stand in der Maginotlinie mit der 8. Armee (General Garchery) und der 5. Armee (General Bourret), sowie der 3. Armee (General Condé). Damit waren in der Maginotlinie 20 Divisionen dieser Armeen und etwas mehr als zwei Kavalleriedivisionen zusätzlich zu den 13 Festungsdivisionen angebunden.

Die 9. Armee der HGr. 1 unter General Corap wiederum hatte Auftrag erhalten, mit fünf Infanteriedivisionen und zweieinhalb Kavalleriedivisionen an der Maas entlang vorzugehen und die Sicherung der Linie Sedan-Namur zu übernehmen, während die 1. Armee, geführt von General Blanchard, mit vier Infanterie- und zwei leichten Divisionen sich bis in den Raum nördlich der Sambre vorschieben sollte, um die Linie entlang der Lys zwischen Namur und Wavre zu halten.

Das britische Expeditionskorps schließlich sollte den Dyle-Flußlauf im Abschnitt Wavre-Lounvain besetzen, während die 7. Armee (General Giraud) die Schelde im Raume Antwerpen überschreiten und bis zur Linie Tilburg-Breda vorstoßen würde, um solcherart die Verbindung mit der niederländischen Armee herzustellen.

Im Raume Cholons-sur-Marne und St. Quentin lagen 14 Reservedivisionen des französischen Oberbefehlshabers in Bereitschaft.

Der Angriff beginnt!
Vorstoß der Panzer

Am 10. Mai um 5.35 Uhr traten die deutschen Armeen entsprechend dem Operationsplan zum Angriff an. Von der Nordsee bis zur Maginotlinie rollten die deutschen Panzerverbände aus ihren Bereitstellungen nach vorn. Folgen wir ihnen in die Gefechte und Schlachten der nächsten Tage!

Die 7. PD unter Führung von GenMaj. Rommel durchbrach westlich von Maspelt und im Raume Espeler-Dürler und Geiling die zum Teil tiefgestaffelten Grenzsperren. Das KradschützenBatl. 7 erreichte als Vorausabteilung bis zum Abend Chabrehz, 20 km weit im belgischen Raum gelegen. Am nächsten Morgen durchstießen die Panzer die nächsten tiefgestaffelten Sperren. Als gegen Mittag dieses 11. Mai die ersten französischen Spähwagen auftauchten, wurde dieser Gegner zersprengt. GenMaj. Rommel hatte Auftrag erhalten, die rechte Flanke der HGr. A zu decken und zu schützen. Aber er legte diesen Befehl großzügig aus und riß mit seinem Vorstoß die gegnerische Front zwischen Lüttich und Sedan auf. Im Verband der 4. Armee und hier unter dem Kommando des XV. PzKorps (offiziell noch XV. AK (mot.) genannt), sollte die 7. PD neben der 5. PD schnellstens vordringen.

Am frühen Morgen des 12. Mai stieß die sehr früh angetretene 7. PD auf einen in Stellung liegenden stärkeren Gegner, der über Panzer, Pak und Artillerie verfügte. Als dessen Schwerpunkt erkannt wurde, ließ Oberst Rothenburg, Kdr. des PR. 25, seinen Verband zum Durchbruch bei Haversin antreten. Feuernd und gruppenweise vorrollend stieß das PR 25 (ohne seine II. Abt.) bis auf die Höhe westlich von Leignon vor und erreichte am Nachmittag den Raum Fréche-Try; nun waren es noch vier km bis zur Maas.

Im Morgengrauen des 13. Mai rollten die Panzer Rothenburgs auf Weisung des DivKdrs am Ostufer der Maas hin und her und schossen auf die am gegenüberliegenden Ufer eingerichteten Kampfstellungen des Gegners. Die 4./PR 25 hatte in der Nacht vorher bereits eine Senke ostwärts der Maas erreicht und stieß am frühen Morgen des 13. über die bewaldete Böschung nördlich Dinant zum Maas-Ufer hinunter, um den übersetzenden Schützen und den Pionieren des PzPiBatl. 58 der Division Feuerunterstützung zu geben. Nur die Hälfte der Panzer erreichte das Maasufer; die übrigen blieben mit Kettenschäden und anderen Defekten liegen.

Die Pioniere begannen mit dem Übersetzen. Bis Mittag war der erste Brückenkopf auf dem Westufer errichtet. Bis dahin waren 50 Pioniere und ihr Kdr., Major Bunkau, gefallen.

Am Nachmittag ließ GenMaj. Rommel drei Leutnants des PR 25 mit ihren Leichten Zügen zu seiner persönlichen Verwendung zusammenfassen. Er eröffnete den Männern:

"Der Gegner befindet sich in vollem Rückzug. Wir setzen sofort nach und erreichen noch heute den Raum 18 km westlich Dinant. Meine Herren, ich muß zum Divisionsstab. Vergleichen Sie die Uhren! Es ist jetzt 17.25 Uhr. Morgen um 3.00 Uhr bin ich wieder bei Ihnen."

Am frühen Morgen des 14. Mai befanden sich Oberst Rothenburg und der Chef der 1./PR 25, Hptm. Schulz, an der Übergangsstelle und rollten in den Brückenkopf auf dem Westufer. Hier wurde Hptm. Schulz eingewiesen, unter dessen Befehl alle inzwischen übergesetzten Panzer zum Angriff auf die erkannte Bereitstellung des Gegners angesetzt wurden.

Mit Angriffsbeginn rollten die Panzer vor, zerschossen die Feindgeschütze und trieben die französischen Truppen zurück. Bis Mitternacht wurde Morville, 12 km westlich der Maas, erreicht.

Bis dahin hatten bereits sieben der zwölf eingesetzten deutschen Panzerdivisionen die Maas überschritten. Fünf Divisionen (mot.) rollten heran, und zwei weitere Panzerdivisionen mußten, hinter der 4. Armee vorgehend, bald an der Maas eintreffen.

Am 15. Mai kam es dann bei Flavion zum ersten Panzerkampf gegen einen starken französischen Panzerverband, der mit zum Teil schweren Panzern der 7. PD in die Flanke fallen wollte.

In dieses Panzergefecht fiel auch die Divisionsartillerie ein. 19 schwere und 14 leichte französische Tanks wurden abgeschossen. Nun gingen Teile der 7. PD gegen Philippeville vor. Noch aus dem Angriff heraus rollten die Panzer auf ihr Ziel zu und zwangen den Gegner zur Flucht. Die verstärkte PzKp. Schulz verfolgte den weichenden Feind zu den Höhen von Cerfontaine.

Die nördlich der 7. PD angreifende 5. PD stieß bei Flavion am Nachmittag auf starken Panzerfeind und zerschlug diesen. Alle französischen Versuche, diese Durchstöße der Panzerdivision zum Stehen zu bringen, scheiterten an dem von den Deutschen eingelegten rasanten Tempo.

Der weitere Vorstoß auf Avesnes brachte die 7. PD, an der Spitze das PR 25, vorbei an zerschossenen feindlichen Panzern und Artilleriestellungen in den Bereich einer französischen Leichten Division, die seitlich der Straße zu einer Rast angehalten worden war.

In schneller Fahrt rollten die Panzer mitten hindurch. Die schräg voraus auftauchenden Feindpanzer wurden zerschossen, und hinter dem PR 25 blieb eine Straße zurück, die vollendetes Chaos bot.

Im offenen Luk seines Panzers stehend, dirigierte Hptm. Schulz die Panzer und wies sie in die Ziele ein, die noch Widerstand leisteten. Je näher sie Avesnes kamen, desto dichter waren die Straßen von weichenden Feindtruppen belegt.

"Rommel an Schulz: Mit Vollgas durch die Stadt!" befahl der Divisionskommandeur, der in seinem Befehlswagen an der Spitze aufgetaucht war. "Nicht anhalten, ehe Sie die entscheidenden Höhen westlich Avesnes erreicht haben! Dort einigeln und den erreichten Raum gemeinsam mit der Vorausabteilung halten."

Die PzKp. Schulz erreichte den Stadtkern und rollte unaufhaltsam weiter. Französische Truppen stoben zur Seite. Unangefochten wurde Avesnes passiert, und auf den angegebenen Höhen stieß Schulz auf einen Zug der eigenen Vorausabteilung, der dieses Ziel unmittelbar vor ihm erreicht hatte.

Dicht hinter dem PR rollte auch die II./AR 78 unter Major Crasemann durch Avesnes und sicherte die Panzer. Dabei gelang es Crasemann, in der Stadt 48 (!) Feindpanzer zu erbeuten, die von ihren Besatzungen verlassen worden waren. Im Nachtmarsch wurde die Masse der 7. PD, die noch 30 km weit zurückhing, von Rommel persönlich nach vorn geführt. Dieses entschlossene Vorprellen sicherte die Grundlage für den weiteren Vorstoß des XV. PzK an der Spitze der 4. Armee. Generaloberst von Kluge, deren Oberbefehlshaber, sagte dazu:

"Bei der Erzwingung des Maasübergangs und dem Durchstoß durch Südbelgien und die französischen Grenzbefestigungen bildete die 7. PD im Rahmen ihres Korps bald den Stoßkeil der 4. Armee, um ihr dann in den Vorstößen auf Avesnes, Le Cateau, Cambrai und Arras weiter voranzustürmen." (Siehe KTB der 4. Armee).

Am frühen Morgen des 17. Mai hatten sich einige schwere französische Panzer zwischen die Lücken des teilweise bereits weit voraus rollenden PR 25 eingeschoben und schossen auf die deutschen Kradschützen. Erst Leutnant Henke gelang es mit seinem Pz IV, diese Gegner im Rücken zu fassen und alle abzuschießen.

Zur gleichen Zeit war die nördlich der 7. PD vorgehende 5. PD ebenfalls in den Raum Avesnes vorgedrungen.

Rommel fuhr mit einem Pz IV zur Spitze und trat mit dem PR 25 um 5.15 Uhr zum Angriff auf Landrecies 18 km westlich Avesnes an. Binnen 75 Minuten bahnten sich die Panzer an den fliehenden französischen Fahrzeugen vorbei den Weg dorthin. Die Brücke über die Sambre wurde kampflos in Besitz genommen. "Weiter ausnützen!" lautete Rommels Befehl.

Das PR 25 stieß auf Pommereuil vor, durchfuhr diese Ortschaft und rollte durch dichtes Waldgelände in Richtung der Höhen ostwärts von Le Cateau, wo eingeigelt wurde.

Diese Vorsichtsmaßnahme erwies sich als notwendig, als hier starke Panzerverbände des Gegners angriffen. Ihre Angriffe brachen im Abwehrfeuer des PR 25 zusammen. Rommel erließ noch am selben Tag einen jener von nun an erfolgenden charakteristischen Befehle:

"Weiterer Marschweg: Le Cateau-Arras-Amiens-Rouen-Le Havre!" Doch die Panzer blieben zunächst liegen, weil sie keinen Treibstoff mehr hatten. An diesem Tage, dem 17. Mai, verdiente Rommel das Ritterkreuz, das er am 27. Mai 1940 erhielt.

Am Abend des 17. Mai hatte auch die 5. PD die Sambre bei Berlaimont erreicht. Der folgende Tag sah die 7. PD immer noch ohne Betriebsstoff. Darüber hinaus leistete der Gegner in dem von ihm tapfer verteidigten Pommereuil harten Widerstand, der erst am Nachmittag gebrochen werden konnte.

Bis zum späten Nachmittag wurde aufmunitioniert und aufgetankt. Nunmehr griff die 7. PD in Richtung Cambrai an, erreichte diese Stadt mit Einfall der Dunkelheit und stieß hier auf starke Panzersperren, aus denen ihr heftiges Pakfeuer entgegenschlug. Die Meldung darüber, die von Oberstleutnant Sieckenius kam, veranlaßte Rommel zu dem Befehl, die Panzer aus Cambrai nach Südosten herauszuziehen.

Aus Cambrai griffen die Franzosen plötzlich mit Panzerunterstützung an. Darüber hinaus stießen von Norden und Süden Feindkolonnen in Richtung Cambrai vor. Dennoch konnte sich die 7. PD behaupten und zwei Brückenköpfe beiderseits Cambrai an der Straße nach Arras über den Canal du Nord errichten.

Aus diesen Stellungen trat die Division um 1.40 Uhr des 20. Mai zum Angriff auf Arras an. Der Widerstand des Gegners auf der Nordflanke wurde durch das PR 25 gebrochen, das die Höhen nördlich Cambrai erreichte. Da die Brücke bei Marquion gesprengt war, wich das PR 25 hinter das Schützen-Regiment 7 zurück und schloß sich diesem an, um den Kanal hinter den Schützen zu überschreiten und die Höhen drei km südoswärts von Arras zu erreichen. Hier warteten die Panzer auf das Herankommen der übrigen Division.

Der Divisionskommandeur hatte versucht, die abgerissene Verbindung wieder herzustellen. Dabei geriet er in Vis-en-Artois in einen französischen Panzerverband, der den einzigen Panzer IV, der Rommel begleitete, und den Spähwagen abschoß. Rommel und sein Gefechtsstab waren eingeschlossen. Sehr schnell wurde er befreit.

Beim Korps Guderian

Der französische Druck in diesem Raum verstärkte sich mehr und mehr. Die französische 1. Armee versuchte ihre Verzögerungsgefechte fortzusetzen und den Vorwärtsschwung der 5. und 7. PD zu bremsen. Doch dieser Vortstoß nach Arras hatte die französischen Streitkräfte gespalten. Die befehlsgemäß nach Belgien einmarschierten britisch-französischen Divisionen waren von den noch in Frankreich befindlichen Verbänden abgeschnitten.

Durch Umstellung des XVI. und XXXIX. PzK wurde die PzGr. Hoth gebildet. Diese erhielt Weisung, das Vorgehen der Gruppe Kleist zur Somme im Norden abzuschirmen und den Gegner, der nach Südwesten auswich, weiter abzudrängen.

Auch das XIX. Pzk unter General Guderian war am 10. Mai mit der 1., 2. und 10. PD angetreten. Sie hatten den Befehl des Kommandierenden Generals erhalten: "Vorstoß bis zum Ärmelkanal!"

Mit der 1. PD voraus überschritt das Korps bei Martelange die luxemburgische Grenze. Doch die dortigen Wiesen waren vermint. Schnell herangefahrene Pioniere entminten das Vorstoßgebiet, und mit sechsstündiger Verspätung rollte auch hier der Angriff.

Am Morgen des 11. Mai stießen die 2. und 1. PD in Richtung Bouillon vor, durchbrachen hier und bei Neufchâteau die zweite Widerstandslinie und drehten auf Sedan ein. Die 10. PD unter GenLt. Schaal, die 1. unter GenLt. Kirchner und die 2. unter GenLt. Veihel waren zur Eroberung von Sedan bestimmt worden.

Die 3./PR 1 unter Hptm. von der Schulenburg erreichte am 11. Mai Bouillon und das Ufer des Semois. Oberst Keltsch setzte auch noch die 4. Kp seines PR 1 auf eine unzerstörte Steinbrücke an. Diese Kp. wurde von Oblt. Philipp geführt. Sein Panzer erhielt mehrere Paktreffer. Die Besatzung bootete aus und stürmte zu Fuß in Richtung Brücke, die unmittelbar vor ihnen in die Luft flog.

Oberstleutnant Koppenburg, Kdr. der I./PR 1, wurde die II. Abteilung des Rgt. nachgeführt. Sie erreichte das jenseitige Ufer. Der so entstandene Brückenkopf wurde noch in der Nacht erweitert, bis der letzte Panzer der II./PR 1 unter Major Sauvant nachgezogen war.

Am nächsten Tag rollten die drei Divisionen des PzKorps Guderian als erste durch Nordfrankreich. Die Maas wurde erreicht und am frühen Morgen des 13. Mai in einem gefährlichen Sturmlauf überschritten, nachdem die eigenen Luftwaffenverbände die französischen Artillerie-Stellungen mit Bomben zerstört hatten. Andere Kampfverbände bombardierten bereits Sedan.

General Guderian fuhr am frühen Morgen des 12. Mai mit seiner Befehlsstaffel nach Bouillon und erlebte den Angriff des Schützen-Regimentes 1 unter Oberstleutnant Balck, das die Stadt in kurzem Handgemenge eroberte. Danach fuhr der Kommandierende General zur 10. PD weiter, während sein Chef des Generalstabes, Oberst i.G. Nehring, im Hotel Panorama in Bouillon den Korpsgefechtsstand einrichtete.

Am Nachmittag des 13. Mai eröffnete die Korpsartillerie unter GenMaj. Berlin das Feuer auf Sedan. Um 16.00 Uhr setzte die 1. PD über die Maas, während zur gleichen Zeit Stuka-Gruppen angriffen und die Feindartillerie ausschalteten.

Bis 23.00 Uhr war das SR 1 der 1. PD mit Teilen der 10. und 2. PD über die Maas gelangt. Guderian erschien vorn im vorgeschobenen GefStand von GenLt. Kirchner und beglückwünschte ihn zu diesem Erfolg.

Zwar hatte General Huntzinger, OB der 2. Armee, noch vor Mitternacht zum 14. Mai den Verteidigern von Sedan starke Kräfte zugeführt, darunter beispielsweise eine PzAbt. der 71. Division und zwei Heeres-Panzerabteilungen, doch diese kamen nicht mehr rechtzeitig heran. General Guderian hatte den Sturmangriff auf den Morgen des 14. Mai angesetzt.

Gegen die französischen Angriffe anrollend, standen alle drei Divisionen des XIX. PzK. im Gefecht. Am Nachmittag des 14. Mai versuchte der Gegner sogar, den Kanalübergang bei Malmy mit starken Kräften zurückzugewinnen. Wenig später meldete die 1. Pz-Brig., daß sie sich fast verschossen habe. In dieser kritischen Lage drang die 4./PR 1 unter Oblt. Philipp auf die Höhen von Vendrese vor, eine beherrschende Stellung der Maginotlinie. Trotz des heftigen Abwehrfeuers aus Bunkern und Pakstellungen rollten Philipps Panzer mitten durch die französischen Stellungen und nahmen die Höhe in Besitz. Die dicht dahinter vorstoßende 4./PR 2 unter Oblt. Krajewski konnte die Höhe ebenfalls erreichen und den Feindwiderstand in seinem Einbruchsraum brechen. Beide Kompanien hielten die Höhe so lange, bis das II./SR 1 nachgekommen war.

Immer wieder griffen hier französische Panzer an. Als der Kampf um die Höhe zu Ende war, lagen 30 zerschossene Feindpanzer auf dem Gefechtsfeld, darunter fünf 35-Tonner. Hinzu kamen mehrere Pak.

Oberst Keltsch, der Kommandeur der 1. PzBrig., war verwundet worden. Für ihn übernahm Oberst Nedtwig die Führung.

Bis zum Abend des 14. Mai hatte die französische 2. Armee alle eintreffenden Verbände einzeln in diese Schlacht geworfen. Dadurch waren ihre starken Kräfte zersplittert worden und konnten abgewiesen werden. Der Einbruchsraum wurde behauptet, obgleich fünf französische Divisionen gegen die Front der 1. PD und die des ihr unterstellten IR "Großdeutschland" anrannten. Der Plan von General Huntzinger, diesen deutschen Stoßkeil zu stoppen, war gescheitert. Der Durchbruch der PzGr. Kleist in den Rücken der französischen Nordfront war eingeleitet. In der Abendlagemeldung des XIX. PzK stellte Oberst i.G. Nehring fest:

"Da in den Morgenstunden des 14. Mai der Maasbrückenkopf noch verhältnismäßig schwach war, führte der französische Panzerangriff zu einer Krise, die nur durch schnellstes Vorwerfen der 1. PzBrig. und der PzJägAbt. 37 abgewehrt wurde. In schweren Kämpfen mit heraneilenden französischen Kräften konnten alle Gegenangriffe abgewiesen werden. Der Brückenkopf wurde bis auf die Höhen nördlich Stonne erweitert. Trotz Bedrohung durch den immer wieder von Süden angreifenden gepanzerten Feind entschloß sich der Kommandierende General - das große Ziel vor Augen - bereits in diesem Augenblick zum Abdrehen des Korps nach Westen; klar bewußt, daß damit die zurückbleibenden schwachen Kräfte vor eine ungeheure Aufgabe gestellt wurden." (Siehe Nehring, Walther, K.: Die Geschichte der deutschen Panzerwaffe.).

Die Masse der 1. PD stellte sich zum Durchbruch bereit. Lediglich ihre Reste und das IR "GD" blieben nördlich Stonne stehen, um den Gegner zu binden.

Am 15. Mai war der Widerstand vor der Westfront des XIX. PzK gebrochen. Während die 1. und 2. PD nun vorwärtsstießen, hatten die 10. PD und das IR "GD" den ganzen Tag über starke Feindangriffe abzuweisen. General Guderian fiel ein französischer Befehl in die Hände. Darin verkündete General Gamelin:

"Der Flut der deutschen Panzer muß endlich Einhalt geboten werden!"

"Dieser Befehl bestärkte mich in der Überzeugung, den Angriff mit aller Kraft fortzusetzen, da offenbar der Widerstand der Franzosen und ihre Widerstandskraft ihrem Oberkommando ernste Sorgen bereitete. Nur jetzt kein Zögern, kein Halten." (Siehe: Guderian Heinz: Erinnerungen eines Soldaten).

Am 16. Mai traf General Guderian auf dem Marktplatz von Montcornet mit GenLt. Kempf, dem Kdr. der 6. PD, zusammen. Diese Division gehörte zum Korps Reinhardt. Sie hatte gleichzeitig mit der 1. und 2. PD diese Ortschaft erreicht. Aus der Feder von General Kempf hat der Autor die folgenen knappen Einsatzschilderungen dieser Division erhalten:

"Meine 6. PD war am Abend des 12. Mai in langen Kolonnen in Richtung Maas unterwegs gewesen. Um 16.40 Uhr hatte ein Melder der Divisionsfunkstelle einen Funkspruch zu meinem Befehlswagen gebracht, wonach die Spitzen der 7. PD, Generalmajor Rommel, die dem XV. PzK., General Hoth, veranstürmte, das Maas-Ufer bei Yvoir erreicht hatten. Ich fuhr sofort zur Divisionsspitze vor und befahl dort den schnellen Vorstoß der 6. PD zur Maas, weil ich ebenfalls die Entscheidung suchte." (Siehe Alman Karl, 'Panzer vor' und Berichte von General Kempf an den Autor).

Ein Melder kam zum Generalswagen nach vorn: "Herr General, der Vorstoß stockt, weil die Wege nicht mehr zu erkennen sind."

"Befehl an die Vorhut", erwiderte Kempf. "Mit vollem Licht und so schnell wie möglich fahren!"

Am anderen Maasufer sahen nun die französischen Verteidiger von Monthermé plötzlich eine leuchtende "Panzerschlange", die sich durch die Nacht bewegte und sich sehr schnell der Front am Einfluß des Semois in die Maas näherte.

"Das ist ja der reinste Fackelzug!" rief General Potzert, Kommandeur der 102. französischen Festungsdivision. "Wenn wir jetzt Bomber zur Verfügung hätten, könnten wir diesen Feindverband vernichten."

Immer vorn fahrend, über Funk die zurückhängenden Schützen anspornend, das etwas breite Gesicht verschlossen und ernst, lenkte der Ostpreuße Kempf, einer der Schöpfer der deutschen Panzertruppe, die Bewegungen seines Verbandes getreu jenen Richtlinien, die er gemeinsam mit den Generalen Lutz und Guderian verfochten hatte.

"Herr General, Sie sollten jetzt eine Ruhepause einlegen!", mahnte gegen 2.00 Uhr der OrdOffz. Doch Kempf winkte ab.

"Unsere Männer haben auch keine Pause", sagte er, "darum fahren wir mit ihnen gemeinsam voran!"

Sie kamen unangefochten weiter. Es fielen keine Bomben, niemand stellte sich diesem Nachtvorstoß in den Weg. Der Achtrad-Panzerspähtrupp, der wenig später vorgeschickt wurde, kam im ersten Frühlicht zurück und meldete: "Vor uns die Maas!"

"Nun vorwärts! Panzer nach vorn! - Pionier-Bataillon mit den Schlauchbooten vorziehen!" befahl Kempf.

Im Befehlswagen, dicht gefolgt vom Funkwagen, brauste der Divisionskommandeur wieder nach vorn. Er wurde von einem Pulk Panzer II begleitet.

Die Sonne des 13. Mai war eben aufgegangen, als sie die Maas erreichten. Vom jenseitigen Ufer schossen französische Batterien. Die eigenen Pioniere kamen heran. Sie wurden durch MG-Salven in Deckung gezwungen. Der Div.Kdr. befahl:

"Panzer IV und Sturmgeschütze zum Ausschalten der MG-Nester und Artilleriestellungen auf das Ufer ziehen. Auf dem Damm auffahren und den Pionieren und Schützen Feuerschutz geben."

Das III. Schützen-Bataillon traf soeben ein. Es begann auf Floßsäcken im toten Winkel überzusetzen und sammelte drüben, um den Angriff auf Monthermé durchzuziehen.

Die Panzer rollten auf den Damm und eröffneten das Feuer. Die wenigen Sturmgeschütze, die der 6. PD mitgegeben worden waren, zogen nach. Granaten heulten zum Gegner hinüber und brachten die MG-Stände zum Schweigen. Gleichzeitig damit gingen die Pioniere und Schützen zum Ufer hinunter. Die Schlauchflöße patschten ins Wasser, wurden bemannt und hinübergerudert. Die Pionier-Sturmboote flitzen mit ihren Außenbordmotoren an den Rudernden vorbei und setzten die ersten Schützen ab.

Der Stoß der hier angesetzten Schützen traf die 42. Halb-Brigade-Kolonialschützen der 102. ID, die hier die Stellung halten sollten. Aus Monthermé schossen noch einige MG. Ein paar Panzer schwenkten ihre Waffen dorthin und brachten diesen Gegner ebenfalls zum Schweigen. Danach stürmten die Schützen in diese Ortschaft hinein.

Die Panzer rollten nun hinter den furtenden Pionieren her. Lediglich einer kam aus der Spur und mußte später mit einer Zugmaschine herausgezogen werden. Alle übrigen kamen hinüber.

Generalleutnant Kempf formierte den Panzerkeil, setzte sich hinter die Vorausabteilung und befahl: "Panzer marsch!"

Der weitere Durchstoß wurde fortgesetzt, ließ GenLt. Kempf die in Bereitschaft gehaltenen Sturmpanzer ansetzen, die diesen Widerstand brachen. Am Abend des 13. Mai hielten die Panzerspitzen der 6. PD 65 km westlich der Maas an. Generalleutnant Kempf erhielt für diesen Sturmlauf seiner Division am 3. Juni 1940 das Ritterkreuz.

Mit der 1. Panzerdivision vorwärts Das Zerwürfnis

Auf dem Wege zur Küste stieß das SR 1 der 1. PD unter Oberstleutnant Balck in der Abenddämmerung des 15. Mai auf das Dorf Bouvellemont mit der letzten französischen Stellung, die es auf dem Wege in die Champagne noch zu überwinden galt. Danach konnte die Division unaufhaltsam zum Meer weiterfahren.

Aus dieser Stellung schlug den Schützen dichtes Abwehrfeuer entgegen. Sie begannen sich einzugraben. Oberstleutnant Balck aber, "der Mann mit dem Knotenstock" genannt, entschied, es müsse weiter angegriffen werden. Er ließ Artillerie nach vorn holen und den Dorfrand beschießen. Danach gab er mit seinem Knotenstock das Zeichen zum Angriff und rannte mit seinen Schützen los.

Im Häuserkampf mußte jedes einzelne Gebäude genommen werden. Das Dorf brannte an mehreren Stellen. Feindpanzer fuhren auf und schossen auf die Angreifer. Sie wurden mit Tellerminen außer Gefecht gesetzt. Acht dieser Panzer wurden erbeutet.

Bouvellemont fiel, damit war auch die 1. PzBrig. unter Oberst Nedtwig, die bei Chagny durch starke Panzerabwehr aufgehalten worden war, wieder entlastet. Oberst Nedtwig rollte mit seinen Panzern nach Chagny hinein; der Durchbruch durch die Stellungen bei Sedan war vollendet.

In zwei riesigen Marschsäulen, rechts die 2. PD, links die 1. PD, daneben und voraus die zurückflutenden französischen Kräfte, ging es am 16. Mai weiter vorwärts. Rethel sollte umgangen werden. Im Korpsbefehl hieß es eindeutig: "Geländegewinn nach Westen!"

Der Angriff ging trotz starker feindlicher Gegenwehr weiter. Fünf französische Pak wurden abgeschossen, ein eigener Panzer II blieb vernichtet liegen. Schneller und schneller wurde die Sturmfahrt in den freien Raum hinein, während im eigenen Rücken noch immer französische Verbände mit Panzern die rückwärtigen deutschen Verbindungen zu unterbrechen suchten.

Nachdem Fraillicourt gefallen war, fuhr der Kommandierende General zur Spitze vor und gab persönlich die Weisungen für die Fortführung der Kämpfe. Hinter sich wußte General Guderian die 10. PD und das IR "GD" im Raume Stonne. Er verließ sich darauf, daß sie ihm den Rücken freihielten.

Als der 17. Mai heraufdämmerte, befanden sich die beiden Panzerdivisionen etwa 50 Kilometer vor der Front. Es sah ganz so aus, als sollte dieser Sturmlauf Guderians erst an der Küste zum Stehen kommen. Doch alles sollte sich von nun an anders entwickeln, als es sich General Guderian gedacht hatte.

Am Vormittag des 17. Mai wurde der Vorstoß seines Panzerkorps südlich an St. Quentin vorbei auf Péronne an der Somme angehalten. Der Ia der 1. PD, Major i.G. Wenck, fuhr sofort zum Korps-HQ nach Soize zurück. Dort erfuhr er, daß das Korps durch die Panzergruppe Kleist angehalten worden sei. General Guderian habe bereits heftig protestiert und General von Kleist um seine Enthebung vom Kommando gebeten.

General von Kleist war am Morgen des 17. Mai bei Guderian eingetroffen und hatte ihm wegen seines eigenmächtigen Vorgehens schwere Vorwürfe gemacht. Von Kleist hatte bereits Guderians Abberufung erwogen und General Veihel zu dessen Nachfolger vorgeschlagen, als Generaloberst von Rundstedt, der OB der HGr. A, eingriff und den OB der 12. Armee, Generaloberst List, damit beauftragte, diesen unnötigen Streit zu beenden.

Guderian wurde zum Vortrag befohlen. Er erklärte seine Maßnahmen, und der Generaloberst wies darauf hin, daß der Haltebefehl von der obersten Führung gekommen war. Diese habe in der Nacht zum 16. Mai bereits General von Kleist befohlen, die erreichten Linien nicht zu überschreiten.

Generaloberst List teilte jedoch die Überzeugung Guderians, daß der Angriff richtiger sei. Er genehmigte "im Auftrage der OB der HGr. A weitere kampfkräftige Aufklärung" zu treiben. Dies bedeutete, daß Guderian in der alten Manier fortfahren konnte. Und das tat er auch.

Noch am selben Abend überschritten die Divisionen seines Korps die Oise zwischen Moy und Ribbémont. Damit aber rollten zwischen der Aisne bei Rethel und den Quellen der Oise nicht weniger als sieben deutsche Panzerdivisionen in Richtung Westen.

Dem Korps Guderian folgte das XIV, AK (mot.) dichtauf in Richtung zur Somme. Auf dem linken Sambreufer rollten die 3. und 4. PD des XVI. PzK unter General Hoepner vor und versuchten Verbindung mit der PzGr. Kleist aufzunehmen. Diese beiden Divisionen waren zunächst nicht in der ersten Welle eingesetzt worden, sondern standen im Rahmen ihres Korps bereit. Vorn die 4. PD, dahinter die 3. PD. Mit dem ersten Angriffstag rollte die 4. PD schließlich in Richtung Maastricht vor, während sich die 3. PD erst am 11. Mai in Bewegung setzte. Grandeville wurde von der 4. PD erreicht, während sich die Masse der 3. PD noch immer ostwärts der Maas befand. Doch an diesem Tage wurde der Albert-Kanal erreicht und auf den von den Fallschirmjägern genommenen und von diesen gehaltenen Brücken überschritten.

Die 4. PD trat am 12. Mai aus den Bereitstellungen um Grandeville an. Mit der 5. PzBrig. voraus wurde Hannut erreicht. Bei Lens-St. Remy wurde auftretender Feindwiderstand gebrochen. Unmittelbar darauf rollten von Nordwesten französische Panzerverbände heran. Die 5. PzBrig. kämpfte diesen Gegner im Duell Panzer gegen Panzer bis zum Mittag nieder. Mit Ju 52 mußte Betriebsstoff für die Panzer nach vorn geflogen werden.

Bei Thisnes kam es erneut zu einem Panzerduell. Hier gelang es den schweren Somua-Panzern des Gegners, den deutschen Vorstoß zum Stehen zu bringen.

Auf dem GefStand der 3. PD im Kampf in Wallonien traf an diesem Tage kurz nach Mittag der OB der 6. Armee, Generaloberst von Reichenau, ein. In seiner Begleitung sein Chef des Stabes, Generalmajor Paulus. Minuten darauf erschien auch der OB der HGr. B, Generaloberst von Bock. Beide drängten darauf, daß die 3. PD baldmöglichst mit allen Teilen zum Einsatz gebracht werde.

Die 3. PD stellte um 12.30 Uhr des 12. Mai ihre PzBrig. zum Vorstoß auf Gembloux bereit. Das PR 5 stand bei Trognée, das PR 6 bei Montenaeken. Dahinter waren die Schützenverbände aufmarschiert, gefolgt von den Artillerie-Abteilungen.

Der Stukaangriff auf die feindlichen Stellungen erfolgte um 12.30 Uhr. Die Panzerkommandanten sahen die haushoch emporstiebenden Einschlagsäulen und Detonationswolken. Dann erfolgte der Befehl zum Angriff, und die 3. PD rollte ebenfalls in den Kampf. An ihrer Spitze das PR 6 unter Oberstleutnant von Lewinski. Die I. Abt. hatte Orp-le-Grand, die II. Abt. Grenville zum Ziel erhalten.

Beide Abteilungen rollten feuernd in diese Ortschaften hinein, zerschossen die dort stehende Pak und bereiteten den dichtauf folgenden Schützen den Weg. Im Häuserkampf wurde der Gegner geworfen.

Zur gleichen Zeit stieß das PR 5 unter Oberst Frhr. von Funck zur Gette vor und wurde auf dem Wege dorthin unaufhörlich von der französischen 4,7 cm-Pak beschossen. Pioniere errichteten eine Notbrücke, über welche die Panzer weiterfuhren.

Auch das PR 6 war bis 15.15 Uhr über die Gette gelangt und griff weiter an. Die ersten Panzer fielen aus. Aus südlicher Richtung griffen französische Panzer an und stießen in die offene Flanke des PR 6 hinein. Die PzJägAbt. 39, geführt von Major von Bernuth, kam noch rechtzeitig heran und eröffnete aus 800 m Distanz das Feuer auf die anrollenden 25 Panzer der Typen Somua und Hotchkiss. Drei blieben brennend liegen, die übrigen drehten ab.

Der nächste, diesmal von 40 Panzern geführte französische Angriff trat auf die I./PR 6. In einem erbittert geführten Gefecht wurde auch dieser Gegner geworfen. Die 2./PR 6 unter Hptm. Schneider-Kostalski schoß einige Pak und einen Hotchkiss ab und machte 120 Gefangene. Dann wurde Schneider-Kostalski selber abgeschossen.

Bei der II./PR 6 gelang es Oblt. Baron Nolde, mit seinem schweren Panzer IV der 8. Kp. fünf Feindpanzer abzuschießen. Dies war der erste große Erfolg eines einzelnen Panzerkommandanten der Division.

Beim PR 5 griff der Feind im Raume Orp-le-Grand an. Seine Panzer wurden auch hier nach Kampf geworfen.

Aus den gewonnenen Räumen stießen kurz danach beide Regimenter weiter nach Westen vor, wurden noch einmal von französischen Gegenangriffen gestoppt, um nach kurzem Halt durchzustoßen. Hier stand die französische 3. mech. Division. Sie verlor an diesem Tage insgesamt 30 schwere Somua und etwa 70 Hotchkiss-Panzer; damit war die Division nahezu aufgerieben.

Dieser 13. Mai 1940 hatte der 3. PD die erste Panzerschlacht gebracht. Die Weisung der führenden 6. Armee für den 14. Mai, "den Angriff auf der gesamten Front unter Beibehaltung der allgemeinen Richtung Nivelles fortzusetzen", wurde von der 3. PD dahingehend erfüllt, als sie am 14. Mai um 9.00 Uhr mit der PzBrig. vorn antrat, um den noch vor ihrer Front befindlichen motorisierten Feind zu werfen und über Perwez in allgemeiner Richtung nördlich Gembloux vorzustoßen.

Wieder war es Obtl. Baron Nolde mit seinem Zug der 8./PR 6, der den ersten Somua abschoß und in dem sich entwickelnden Gefecht weitere sieben Feindpanzer mit seinem Zug vernichtete. Im OKW-Bericht über diesen Einsatz heißt es am 20. Mai:

"In Belgien wird die Verfolgung im Kampf gegen feindliche Nachhuten fortgesetzt. Die Dendre ist überschritten und in der Verfolgung die Obere Schelde erreicht.

Englische Truppen streben in Eilmärschen den Kanalhäfen zu, während bei Maubeuge und südlich Valenciennes Angriffe einer nach Süden einen Ausweg suchenden französisch-belgischen Armee abgewiesen wurden. Der Feind hatte dabei schwerste Verluste, besonders auch an Panzern, und geht nach diesem vergeblichen Durchbruchsversuch nunmehr stark erschüttert nach Westen zurück.

Südwestlich davon gewannen unsere Panzer- und motorisierten Verbände das Schlachtfeld der Somme-Schlacht von 1916 an der Straße Cambrai-Péronne.

Stuka-Kampf- und Zerstörerverbände zerschlugen eine von Laon nach Norden marschierende Panzerkolonne und zwangen sie zur Umkehr.

Der gesamte innere Festungsgürtel von Lüttich sowie alle Forts von Namur sind bis auf eines in unserer Hand.

In den Panzerkämpfen der letzten Tage in Belgien zeichnete sich der Oberleutnant in einem Panzerregiment, Baron Nolde, durch besondere Kaltblütigkeit aus.

Am 19. Mai verstärkte die deutsche Luftwaffe ihre Angriffe auf rückwärtige Verbindungen und Rückzugswege des Gegners in Nordfrankreich und Belgien. Die Angriffe gegen feindliche Flugplätze wurden mit Erfolg fortgesetzt.

Die Gesamtverluste des Gegners betrugen am gestrigen Tage 143 Flugzeuge. Davon wurden im Luftkampf 95, durch Flak 15 Flugzeuge abgeschossen, der Rest am Boden zerstört. 31 deutsche Flugzeuge werden vermißt.

In der Nacht vom 19. zum 20. Mai wiederholten britische Flugzeuge ihren planlosen Bombenwurf in Westdeutschland, wobei eine Reihe Zivilpersonen getötet wurde. Das einzige militärische Ziel, das getroffen wurde, ist ein Kriegsgefangenenlager. Darin wurde eine Anzahl Kriegsgefangener getötet."

In der Sondermeldung dieses Tages wurde verkündet: "Deutsche Truppen haben heute Laon gestürmt. Auf der Zitadelle von Laon weht die deutsche Kriegsflagge. Im Vorgehen von Laon nach Südwesten wurde der Aisne-Oise-Kanal erreicht."

Doch zurück zum XVI. PzK., das vor der Dylestellung von starker Feindabwehr empfangen worde. Die 3. PD verlor hier fünf Panzer. Hier zeichnete sich der Schwerpunkt der Offensive der HGr. B ab. Da sowohl der HGr.-OB, Generaloberst von Bock, als auch der OB der 6. Armee, GenOberst von Reichenau, am Abend des 14. Mai der Überzeugung waren, daß der Durchbruch durch die Dyle-Stellungen möglich sei, befahl General Hoepner seinem Korps:

"XVI. Panzerkorps greift am 15. Mai 9.00 Uhr mit der 3. und 4. PD in vorderster Linie unter Einsatz der gesamten Korpsartillerie an, um die Dyle-Stellung beiderseits Ernage zu durchstoßen."

Hier standen fünf französische Divisionen abwehrbereit, die es zu durchstoßen galt. Als der Angriff begann, eröffnete der Gegner mit erkannten elf Batterien das Artilleriefeuer auf die angreifenden Schützen des II./SR 3. Danach setzte MG-Feuer ein, das den Angriff zum Erliegen brachte. Ebenso erging es dem I. Bataillon dieses Regiments. Schließlich befand sich das ganze Regiment im Angriff. Es gelang ihm unter schweren eigenen Verlusten mit Hilfe der I./PR 6 den Durchbruch zu erzwingen.

Am 16. wurden alle Kräfte neu geordnet und ergänzt, ehe am 17. Mai mit Tagesanbruch der Vorstoß der 3. PD fortgesetzt wurde. Vor Grenfaux stieß die Vorausabteilung auf Feindpanzer. Ein drittesmal war es Oblt. Baron Nolde, der allein fünf Feindpanzer abschoß. Es ging bis zum 18. Mai weiter, bevor das XVI. PzK durch das XXII. AK das herangekommen war, abgelöst wurde.

Das Oberkommando des Heeres hatte an diesem Tage die Umgruppierung seiner schnellen Verbände in zwei Panzergruppen vorgenommen, welche die weichenden französisch-britischen Truppen von der Kanalküste abschneiden sollten. Die PzGr. Hoth wurde aus den Panzer-Divisionen 3, 4, 5 und 7 und der 20. ID (mot.) sowie der SS-Totenkopf-Division und der 11. Schützen-Brigade gebildet.

Die Panzergruppe Kleist setzte sich aus den Panzer-Divisionen 1, 2, 6, 8 und 10 der 1., 13 und 29. ID (mot.) zusammen. Während die PzGr. Hoth Auftrag erhielt, die 4. Armee zu verstärken, wurden der PzGr. Kleist der Befehl erteilt, direkt zur Küste vorzustoßen.

Die 3. PD überschritt am 20. Mai 1940 bei Cousolre die belgisch-französische Grenze, um dort erneut eingesetzt zu werden.

Damit war ein wichtiger erster Abschnitt des Feldzuges im Westen erreicht, der zweite sollte die Entscheidung bringen.

Was aber war nach dem Debakel der französischen Armeen in der französischen militärischen Führung und in den beiden Regierungen Frankreichs und Englands bis zu diesem 20. Mai 1940 geschehen?

AUF DER POLITISCHEN BÜHNE

"Nichts als Blut, Schweiß und Tränen!"

Am Montag, dem 13. Mai, sah der Frankreich-Feldzug die deutschen Panzertruppen in einem offenbar unaufhaltsamen Vorstoß nach Westen. Gleichzeitig hielt der neue Kriegspremier, Winston Churchill, vor dem Unterhaus seine berühmte oder berüchtigte Rede, in welcher er den versammelten Abgeordneten zurief: "Ich habe Ihnen nichts anzubieten als Blut, Mühsal, Tränen und Schweiß."

Er schloß sein Kriegsprogramm mit den Worten: "Sie fragen mich, worin unsere Politik besteht? Ich antworte: Sie besteht darin, Krieg zu führen, zur See, zu Land und in der Luft, mit unserer ganzen Macht und mit aller Kraft, die Gott uns verleihen mag. Krieg zu führen gegen eine ungeheure Tyrannei, die in der dunklen, beklagenswerten Liste menschlicher Verbrechen niemals ihresgleichen gefunden hat. Das ist unsere Politik.

Sie fragen: Was ist euer Ziel? Ich kann mit einigen Worten erwidern: der Sieg - der Sieg um jeden Preis, der Sieg trotz allem Schrecken; der Sieg, wie lang und hart die Straße auch sein mag; denn ohne den Sieg gibt es kein Weiterleben. Das muß klar begriffen werden. Kein Weiterleben für das britische Reich, kein Weiterleben für all das, was das Britische Reich bedeutet hat, kein Weiterleben für das unermüdliche Streben der Menschheit, ihrem Ziel entgegenzuschreiten.

Aber ich nehme meine Aufgabe mit frohem Mut und mit Hoffnung auf mich. Ich habe die feste Überzeugung, daß unsere Sache unter den Menschen nicht zugrunde gehen darf. Heute fühle ich mich berechtigt, die Hilfe aller zu beanspruchen, und ich sage: 'Kommt, denn wir wollen zusammen vorwärts schreiten mit vereinten Kräften!'"

Dieser Erklärung stimmte das Unterhaus voll zu und vertagte sich auf den 21. Mai 1940. Winston Churchill aber wandte sich jener Aufgabe zu, Frankreich den Rücken zu stärken, ohne aus der Substanz der Heimatverteidigung auch nur einen einzigen Jäger zur Verteidigung seines Verbündeten abzuzweigen.

Am 14. Mai liefen in England jene Nachrichten ein, daß die Deutschen bei Sedan durchgebrochen seien. Um 19.00 Uhr las Churchill dem versammelten Kabinett eine Nachricht von Paul Reynaud vor, daß die Franzosen nicht imstande sein würden, dem kombinierten deutschen Angriff von Flugzeugen und Panzern länger Widerstand zu leisten. Er bat Churchill, zehn Jägerstaffeln nach Frankreich zu verlegen, um damit die deutschen Kampfflugzeuge zu vernichten und gegen die Panzer halten zu können.

Die Generale Gamelin und Georges hielten die Lage für sehr ernst. An fast allen Abschnitten der Front in Frankreich und Belgien war die Wucht der angreifenden deutschen Panzerverbände unaufhaltbar. Die in Frankreich eingesetzten englischen Luftstreitkräfte standen im Dauereinsatz.

An dem Tage, an dem die britischen Luftstreitkräfte in Frankreich versuchten, im Gebiet von Sedan die von deutschen Pionieren errichteten Pontonbrücken zu zerstören, verloren sie 67 Maschinen. Die deutschen Verluste betrugen an diesem Tage 52 Flugzeuge. Von den in Frankreich eingesetzten 474 Flugzeugen der RAF standen am Abend des 14. Mai noch 206 zur Verfügung.

Diese Meldungen veranlaßten Churchill dazu, die französische Bitte um 10 Jägerstaffeln abzulehnen.

Am Morgen des 15. Mai sprach dann Paul Reynaud mit Churchill fernmündlich und erklärte dem aus dem Bett geholten Kriegspremier:

"Wir sind besiegt, wir haben die Schlacht verloren!"

Als Churchill um Einzelheiten bat, fuhr Ministerpräsident Reynaud fort: "Die Front bei Sedan ist durchgebrochen worden. Die deutschen Truppen strömen in großen Massen mit gepanzerten Kräften durch!"

Wie bereits dargestellt, hatten die Panzerdivisionen eine Lücke von 75 km geschlagen. Die 9. Armee Frankreichs löste sich in ihre Bestandteile auf, und bereits am Abend des 15., wenige Stunden nach diesem Telefonat, waren deutsche Panzer 90 km tief durchgestoßen. Zudem hatte die Schlacht in Holland ihr Ende gefunden und war damit zu einem weiteren Blitzsieg geworden. Dazu Churchill:

"Ich hatte im Ersten Weltkrieg oft dergleichen gesehen, und die Vorstellung einer durchbrochenen Front, selbst auf einem so breiten Abschnitt, erweckte in mir nicht den Gedanken an die entsetzlichen Folgen, die sich daraus ergaben.

Da ich seit vielen Jahren keinen Zugang zu den offiziellen Informationen gehabt hatte, erfaßte ich die Gewalt jener Umwälzung nicht, die sich seit dem letzten Krieg durch das Auftauchen einer Masse schnellbeweglicher schwerer Panzerfahrzeuge vollzogen hatte. - - -

Ich rief General Georges an, der ganz kühl zu sein schien und mir berichtete, die Bresche bei Sedan werde wieder zugestopft. In einem Telegramm von General Gamelin wurde festgestellt, daß die Lage zwischen Namur und Sedan zwar ernst sei, er aber die Gesamtlage mit Ruhe betrachte. (Siehe: Gamelin Maurice Gustave: Servir, Bd. 1-3, Paris 1946/47).

Doch am 16. Mai bestätigte sich, daß ein Einbruch von mehr als 90 km Tiefe an der Front bei Sedan erfolgt sei. Der Ernst der Lage war offenbar. Für mich war es ein unabweisbares Gebot, noch an diesem Nachmittag nach Paris zu fliegen." (Siehe Churchill, Winston: a.a.O.).

Um 15.00 Uhr startete Churchill mit einem der Regierungsflugzeuge, einer "Flamingo". Er wurde von seinem stellvertretenden Chef des Reichsgeneralstabes, General Dill, begleitet. Hinzu kam General Ysmay. Eine Stunde darauf landete der "Flamingo" in Le Bourget. Bereits auf dem Flugplatz, wo sie von Generalstabsoffizieren der Armee empfangen wurden, vernahmen sie, daß Paris die Deutschen bereits in den nächsten Tagen erwarte.

Von der britischen Botschaft fuhren Churchill und seine Begleiter zum Quai d'Orsay, sie wurden dort von Premierminister Reynaud empfangen. Kriegsminister Daladier und der OB der französischen Armee, General Gamelin, waren zugegen.

Der französische Oberbefehlshaber gab eine kurze Übersicht über die Lage und berichtete, daß die Deutschen "mit gewaltiger Wucht und unerhörter Geschwindigkeit auf Amiens und Arras vorrollten." (Siehe Gamelin: a.a.O.).

Als Gamelin seinen Bericht beendet hatte, fragte Churchill, wo die Reserve sei, um dieser Flut Einhalt zu gebieten, und wie viele vorhanden seien. Gamelin erwiderte nur ein Wort: "Aucune - keine!"

"Wir standen vor zwei neuen Faktoren, auf die ich nie gefaßt gewesen war. Einmal der unwiderstehliche Angriff von gepanzerten Fahrzeugen und zweitens keine strategische Reserve.

Ich war wie betäubt. Was sollten wir von der großen französischen Armee und ihren Führern denken? Nie war es mir in den Sinn gekommen, daß ein Befehlshaber, der eine Front von 75 km zu verteidigen hatte, nicht für Reserven sorgen würde. - - -

Was war der Zweck der Maginotlinie? Sie hätte doch den Franzosen ermöglichen sollen, starke Kräfte in Reserve zu halten. Doch jetzt waren keine vorhanden. Ich gestehe, daß dies die größte Überraschung meines Lebens war." (Siehe Churchill, Winston: a.a.O.).

Sowohl General Gamelin als auch alle übrigen Führer der französischen Truppen wiesen immer wieder darauf hin, daß sie gegenüber Deutschland in der Luft hoffnungslos unterlegen seien. Sie ersuchten dringend um einen Einsatz weiterer britischer Jägerverbände und Bomberstaffeln. Jäger waren allerdings zuallererst vonnöten, um die deutschen Stukas und Kampfflieger-Verbände zu stoppen, welche den Panzern den Weg bahnten.

Insbesondere General Gamelin wies auf diese Tatsache mehrfach hin, und Churchill entgegnete, daß dies die Sache der Artillerie und der Pak sei. Für ihn kam es darauf an, die britischen Jäger unter allen Umständen auf der Insel bereitzuhalten. Allerdings brachte er die Genehmigung des Kabinetts mit, vier weitere Jägerstaffeln der RAF nach Frankreich zu entsenden. Darüber hinaus versuchte er nun, sechs weitere Staffeln lozueisen. Dazu telefonierte General Ismay nach London. Das Kabinett trat zusammen und genehmigte auch diese sechs Staffeln.

Nach deren Abzug standen noch 25 Jägerstaffeln für die Insel zur Verfügung. Reynaud, dem Churchill diese gute Nachricht eine halbe Stunde vor Mitternacht mitteilte, und Daladier, der hinzugezogen worden war, bedankten sich herzlich.

Die französischen Luftstreitkräfte hatten bereits drei Viertel ihrer Flugzeuge verloren und auch die zehn Jägerstaffeln aus England konnten den Untergang nicht mehr verhindern, ihn höchstens hinauszögern. Hier war "Klotzen" angebracht. Stattdessen wurde nur "gekleckert".

Am 18. Mai ernannte Präsident Reynaud den Marschall von Frankreich, Philippe Pétain, zum Vizepräsidenten des Ministeriums. Daladier wurde neuer Außenminister, und Reynaud übernahm noch das Amt des Kriegsministers. Am Abend des

19. Mai setzte Reynaud General Weygand an die Stelle von General Gamelin als Oberbefehlshaber der Streitkräfte Frankreichs ein.

General Gamelin erlließ am 19. Mai vormittags seinen letzten Befehl an die Truppe und befahl den Nordarmeen, sich den Weg nach Süden zur Somme freizukämpfen und sich unter keinen Umständen einschließen zu lassen. Doch dieser Befehl kam um mehrere Tage zu spät.

Am selben Tage wurde das britische Kriegskabinett darüber verständigt, daß Lord Gort "die Möglichkeit eines Rückzuges auf Dünkirchen in Erwägung ziehe". Der Chef des Generalstabes, General Ironside, verwarf diesen Vorschlag. Er war dafür, daß sich das Britische Expeditionskorps nach Süden durchschlagen solle. Er flog nach Frankreich, um General Lord Gort die Instruktion des Kabinetts zu übermitteln, daß die englische Armee in südwestlicher Richtung zurückzugehen habe, um sich im Süden mit den ebenfalls zurückgehenden französischen Truppen zu vereinigen. Die belgischen Truppen sollten sich nach Möglichkeit diesen Bewegungen anschließen.

Die Sitzung des britischen Kriegskabinetts am Morgen des 20. Mai veranlaßte bereits die Bereitstellung einer großen Anzahl kleiner Fahrzeuge durch die Admiralität, die sehr schnell in die französischen Buchten auslaufen konnten. Am Nachmittag dieses Tages fand in Dover eine Besprechung statt. Hier wurden alle Fakten besprochen, die notwendig waren, um "im Notfall die Evakuierung großer Kräfte über den Kanal" zu koordinieren. Es wurde geplant, aus den Häfen Calais, Boulogne und Dünkirchen alle 24 Stunden 10.000 Mann zu evakuieren. Damit waren die Pläne für das Unternehmen "Dynamo" in Gang gebracht worden.

Am Montag, dem 20. Mai, verließ auch General Gamelin sein HQ in Vincennes, um General Weygand Platz zu machen, der durch das Telegramm von Paul Reynaud aus dem östlichen Mittelmeer abberufen worden war. Weygand schwankte, denn immerhin zählte er bereits 74 Jahre, ob er diese verantwortungsvolle Tätigkeit aufgrund seines Alters ablehnen sollte.

Er entschied: "Ablehnen wäre eine Niedertracht gewesen". (Siehe: Weygand, Maxime: Le général Frére. Un chef, un héros, un martyr. Paris 1949).

Im ersten Frühlicht des 21. Mai flog General Weygand von Béthune aus nach Ypern. Dort traf er König Leopold von Belgien und General Billotte. Er gab ihnen die von ihm beschlossenen Weisungen. Demnach sollten die Truppen der HGr. 1, insgesamt acht Divisionen, ab dem 23. Mai auf der Front Arras-Cambrai in allgemeiner Linie Bapaume angreifen. Die 7. Armee mit vier noch immer kampfstarken Divisionen sollte beim Überschreiten der Somme vier weitere Divisionen erhalten, um so mit geballter Kraft das gleiche Angriffsziel anpeilen. So würde der Zusammenhang der Westfront wiederhergestellt und gleichzeitig würden die deutschen Panzerverbände, die weit vorausgeeilt waren, damit von ihrem rückwärtigen Verbindungen abgeschnitten und müßten schließlich kapitulieren.

Dies bedeutete für die belgische Armee, daß ihre Schelde-Stellung, die sich bisher gegen die deutsche 6. Armee hatte behaupten können, kampflos geräumt werden sollte. König Leopold stimmte nach langem Überlegen zu.

Dieser Plan wurde von Churchill und dem Chef des Empire-Generalstabes, General Dill, gutgeheißen.

Der erneute Bitte, diesmal von General Weygand, die Briten möchten mit allen Maschinen des Fighter Command nach Frankreich übersiedeln, um der deutschen Luftwaffe den Garaus zu machen, wurde abgeschlagen. So blieben die 600 britischen Jäger auf der Insel zurück. Hier in Vincennes erwies sich die Haltung der Briten als nicht ihren Möglichkeiten entsprechend. Sowohl Churchill als auch Sir John Dill waren der Überzeugung, daß Hitler auch dann gesiegt hätte, wenn die gesamte britische Luftmacht in Frankreich gestanden hätte. Geben wir zu diesem entscheidenden Aspekt Professor Eddy Bauer das Wort:

"Von unserem Standpunkt aus gesehen, ist diese Auffassung nicht begründet. Zunächst betrachtete Churchill die Widerstandskraft der Armeen General Weygands nicht mit dem radikalen Pessimismus, den diese Begründung vermuten läßt, als er seinen französischen Verbündeten zum ersten Mal die totale und bedingungslose Unterstützung durch das Fighter Command verweigerte. Tatsächlich hätte den deutschen Panzerverbänden, wenn die 600 in England verfügbaren Hurricanes und Spitfires ein Blutbad unter den Stukas angerichtet hätten, die Unterstützung aus der Luft gefehlt, um ihren Anfangserfolg auszunützen.

Heute weiß man, welche furchtbare Wirkung dies gehabt hätte. Außerdem wäre die Heftigkeit des deutschen "Blitzes" vom Herbst und Winter 1940/41 um alle jene Maschinen vermindert worden, die von den englischen und französischen Jägern über Frankreich vorher abgeschossen worden waren.

Niemals kann ein Operationsplan gebilligt werden, bei dem einer unbestimmten Möglichkeit gegenüber ein so wirksames Kampfmittel wie die RAF inaktiv und weit vom entscheidenden Kampfgeschehen zurückgehalten wird. In Wirklichkeit duldet das alte Prinzip der französischen Marine trotz aller intellektuellen Akrobatentricks keinerlei Abweichung: 'Alles, was nicht im Feuer steht, ist nicht auf seinem Posten.'" (Siehe Bauer, Eddy: Der Panzerkrieg).

Als Winston Churchill am 22. Mai 1940 abermals nach Paris kam, hatte sich der deutsche Vorstoß in Richtung zur Küste gedreht, und die französische Hauptstadt war nicht mehr unmittelbar bedroht. Das französische Große Hauptquartier befand sich noch in Vincennes. Dorthin fuhr Churchill gegen Mittag. Er erhielt einen Bericht über General Weygands neuen Plan, der sich nach Churchills Meinung nur "durch seine energischere Formulierung von dem widerrufenen Befehl Nr. 12 General Gamelins unterschied." (Siehe Churchill Winston: a.a.O.)

Damit zurück zu den Geschehnissen auf dem Schlachtfeld im Westen, zurück zu den deutschen Panzerverbänden, die Arras erreicht hatten und sich anschickten, in einem unaufhaltsamen Vorstoß die französische Küste zu erreichen und den Gegner ins Meer zu werfen.

DÜNKIRCHEN

Der Weg zur Küste

Am frühen Morgen des 21. Mai setzte die 7. PD ihren Angriff südwestlich von Arras über den Scarpe-Abschnitt beiderseits Acq fort. Im Vorstoß auf Agnez wurden starke französische Panzerkräfte angegriffen. Der Flankenstoß der Feindpanzer traf das I./SR 6 und die PzJägAbt. 42 der Division, die schwere Verluste erlitten.

Das PR 25 erreichte die Höhen südlich Acq. Hier erhielt es Befehl, kehrtzumachen, über Segnez anzugreifen und einen aus Arras vorgestoßenen Feind im Rücken zu fassen. Hierbei stieß auch das PR 25 auf starken Panzerfeind, durch den sich das Regiment schießend den Weg bahnte.

Der Gegner hatte in diesem Raum über 100 Panzer eingesetzt. Als das Duell Panzer gegen Panzer zu Ende war, lagen 43 zerschossene Feindpanzer auf der Plaine. In seinem Werk "The History of the Royal Tank Regiment" schrieb der Kriegshistoriker Liddel Hart: "Ein Matilda-Panzer hatte 14 Einschüsse von 3,7 cm-Pak, die alle ohne Wirkung blieben. Gefährlich aber war die Wirkung der deutschen Artillerie, die teilweise in offener Feuerstellung aufgefahren war."

Der Gegner hatte die ungedeckte rechte Flanke der 7. PD bemerkt und war mit allem, was er hatte, hineingestoßen. Dies war möglich geworden, weil die 4. und 5. PD nicht mehr rechtzeitig ostwärts von Arras hatten antreten können, da auch sie von starken Feindverbänden angegangen wurden.

Im Morgengrauen des 22. Mai griffen ein weiteresmal starke Feindpanzerkräfte an. Dieser Stoß traf das SR 7 in Berneville. Der Gegner wurde abgewiesen, und am 23. Mai gelang der 7. PD die frühzeitige Besetzung des Tageszieles südlich Béthune, wo sich die Truppe zur Verteidigung eingrub. Als hier am Mittag ein starker Panzerangriff erfolgte, der auf die Stellungen des SR 7 zielte, rollten Teile des PR 25 unter Führung von Hptm. Schulz vor und schlugen diesen Angriff ab. Danach fuhren diese Panzer in die offene Lücke zwischen der eigenen und der 5. PD. Gemeinsam wehrten sie bei Hersin einen aus Lens heraus vorgetragenen französischen Panzerangriff im Zusammenwirken mit der PzAA 37 ab.

Am 24. Mai erhielt GenMaj. Rommel vom Korps den Befehl, in Richtung Béthune bis an den La Bassée-Kanal vorzustoßen. Dieser Vorstoß gelang ohne wesentliche Behinderung durch den Gegner. Lediglich englische Scharfschützen wurden entdeckt und bekämpft. Der Übergang über den Kanal wurde am 26. Mai durch den Bau einer 16-Tonnen-Brücke bei Guinchy im flankierenden Feindfeuer aus MG und Pak begonnen. Kurz darauf wurden die ersten Brückenköpfe auf dem jenseitigen Kanalufer errichtet. Durch einen feindlichen Panzerangriff wurden die übergesetzten Teile zum Zurückgehen über den Kanal gezwungen.

Am folgenden Tage wurde der 7. PD die PzBrig der 5. PD unterstellt. Generalmajor Harde gab diesen Verband, der das Kernstück seiner Division darstellte, nur ungern her, mußte sich aber der Erkenntnis beugen, daß zwei Panzerverbände unter einheitlicher Führung den Angriff auf die Höhen westlich von Lille erfolgreich führen würden.

Das PR 25 wurde am 27. Mai gegen einen aus dem Raume Lorgies angreifenden Feind angesetzt. Es ging gegen Feindpanzer, Pak und Artillerie. Der Gegner wurde ausgeschaltet und damit die Bedrohung der Nordflanke abgewendet.

Ein aus La Bassée geführter englischer Angriff mit schweren Panzern brach am Nachmittag im Feuer der eigenen Panzer zusammen.

90 Minuten später trat die Truppe zum eigenen Angriff auf Fournes an. Gleichzeitig damit griff der Gegner diesmal die linke Divisionsflanke an.

Major Schmidt, Kdr. der I./PR 25, führte den eigenen Angriff. In seiner Abteilung auch die Kp. Schulz. Diesem gelang es, den Gegner vor seinem Abschnitt zu werfen. Als er gemeldet hatte, befahl Rommel: "Feind flieht! - Hinterhersetzen!"

Alle Panzer rollten in schnellem Tempo hinter dem weichenden Gegner her, dessen zunächst geordnetes Absetzen zu zügelloser Flucht ausartete. Dicht hinter diesem Gegner rollte die I./PR 25 nach Fournes hinein. Nach einem letzten Duell einzelner Panzer gegeneinander war Fournes in deutscher Hand.

Rommel setzte nun seine eigenen Panzer und jene der 5. PD, wenn es auch Nacht geworden war, zum weiteren Angriff auf die Höhen von Lommé und Englos an. 90 Minuten nach Mitternacht schossen sich die Panzer den Weg nach Lommé hinein frei.

Der gesamte Raum westlich und südlich von Lille war fest in der Hand der 7. PD und der Panzerverbände der Korps Hoepner und Hoth. Die französische 9. Armee und jene Verbände, die sie unterstützen sollten, zogen sich zurück. Die britischen Panzerkräfte wurden zur Einschiffung nach Dünkirchen zurückbeordert. Bei Quesnoy wurde am 28. Mai von der 7. PD die Verbindung zu der aus Belgien vorstoßenden 6. Armee aufgenommen. Damit war für die 7. PD der erste Teil des Frankreich-Feldzuges beendet.

Hitlers Anhaltebefehl
Das große Rätsel des Frankreich-Feldzuges

König Leopold von Belgien schilderte am 27. Mai um 12.30 Uhr in seiner letzten Botschaft an Lord Gort die Lage und führte aus: "Der Augenblick naht, in dem meine Truppen nicht mehr zu kämpfen in der Lage sein werden. Der König sieht sich daher gezwungen, die Waffen zu strecken, um einen Zusammenbruch zu verhüten." Der Chef der französischen Militärmission im belgischen Hauptquartier drückte dies um 14.40 Uhr in seinem Lagebericht an das Oberkommando noch drastischer aus:

"Die belgische Widerstandskraft ist bis zum äußersten erschöpft. Unsere Front ist wie eine Schnur, die nach völliger Abnützung brüchig wird, im Begriff, zu reißen."

König Leopold III. entschloß sich um 17.00 Uhr dieses Tages zur Entsendung eines Parlamentärs zum Gegner. Vorher hatte er noch die Befehle gegeben, erstens die Yser-Brücke zu sprengen und zum zweiten die Häfen Ostende und Brügge zu sperren. Der Unterhändler kam nach Brügge zurück und berichtete, daß der Führer nur eine bedingungslose Kapitulation entgegennehmen werde.

Um 4.00 Uhr des 28. Mai stellte die belgische Armee das Feuer ein und wurde mit ihrem König zu Kriegsgefangenen erklärt. König Leopold III. hatte sich geweigert, seine Truppe zu verlassen, wie er dies seinen Soldaten versprochen hatte.

General Guderian, der weiter "kampfkräftige Aufklärung" getrieben hatte, indem er mit seinen Panzern weitergestürmt und über St. Quentin nach Péronne gelangt war, stieß am 19. Mai auf die ersten Panzer der franz. 4. PD unter Brigadegeneral de Gaulle, die bis auf wenige hundert Meter an seinen Gefechtsstand im Holnon-Wald herankamen, der nur durch einige 2 cm-FlaMW gesichert war. Bis zum Abend dieses Tages hatte das XIX. AK die Linie Cambrai-Péronne-Ham erreicht. Die 10. PD übernahm den Schutz der immer länger werdenden linken Flanke und löste in der Nacht zum 20. Mai die bis dahin damit betraute 1. PD ab.

Guderian ließ den KorpsGefStand nach Marleville vorverlegen. Er erhielt am 20. Mai auch die volle Bewegungsfreiheit zurück, wieder in Richtung Amiens anzutreten.

Dazu setzte er die 1. PD auf Amiens an mit dem Befehl, unverzüglich einen Brückenkopf über die Somme zu bilden und das Gelände bis zur Küste vom Feind zu säubern. Die Trennungslinie zwischen der 1. und 2. PD verlief über Combles und Varrennes bis nach Flixécourt an der Somme.

General Guderian beschloß, zum Zeitpunkt des Angriffs der 1. PD dort zu sein, wo die Panzer anrollen würden. Um 8.45 Uhr traf er im Bereitstellungsraum dieser Division in der Vorstadt von Amiens ein.

Der Angriff der 1. PD wurde durch einen Tagesbefehl von GenLt. Kirchner eingeleitet, der folgendermaßen lautete:

"Der Tag der Entscheidung ist gekommen. Deutsche Panzerkräfte treten am Morgen des 20. Mai den Vormarsch zur Küste des Altantischen Ozeans an. Korps Guderian gewinnt hierzu am 20. Mai die Linie Abbéville-Amiens."

Die 1. PzBrig. unter Oberstleutnant Balck stieß sehr rasch an St. Albert vorbei und stand um 8.40 Uhr am Nordosteingang vom Amiens. Die Vorausabteilung, das verstärkte K 1 unter Major von Wietersheim, stand nur wenige Minuten darauf bereits im Gefecht um Amiens, während das Gros der Panzerbrigade von einem feindlichen Panzervorstoß aufgehalten wurde, der aus Richtung Dernancourt kam. Der Angriff wurde abgewiesen.

Das Kradschützen-Batl. 1 kämpfte sich durch die Stadt vorwärts. Oblt. Wätjen, Chef der 1. Kp., nahm die Sommebrücke unbeschädigt in Besitz. Er erhielt nur Minuten später von General Guderian das EK I.

Um 10.00 Uhr wurde das PR 1 unter Oberstleutnant Dittmann herangeführt. Als es an General Guderian vorbeirollte, rief dieser: "Nun, Panzer, zeigt, was ihr könnt!"

Die II./PR 1 schloß zu den Kradschützen an der Somme auf.

Gemeinsam stießen sie zum Südrand der Stadt durch und erweiterten den Somme-Brückenkopf. Hier fiel neben vielen anderen Panzer- und Kradschützenmännern auch der Adjutant des PR 1, Hptm. Kauffmann.

Das Angriffsziel Südrand Amiens wurde zehn Minuten nach dem Mittag erreicht. Um 13.30 Uhr konnte das Tagesziel Dury genommen werde. Die Masse der Division gewann bis 15.30 Uhr Anschluß an diesen Verband. Der britische Gegenangriff mit Panzern wurde abgewiesen. Erst am späten Abend gelang es, den letzten Widerstand in St. Gratien zu brechen. Hier fiel Oblt. von Minkwitz, der Begleitoffizier des Divisionkommandeurs.

Um 9.00 Uhr des 21. Mai wurde die 1. PD wieder das IR "GD" unterstellt. Dieser Tag wurde zum ersten Ruhetag der Division in Frankreich.

Von Amiens aus war General Guderian zur 2. PD nach Albert gefahren. Im Gespräch mit General Veihel erfuhr er, daß die 2. PD eine englische Batterie auf dem Exerzierplatz (!) gefangengenommen habe, die nur mit Manöverkartuschen ausgestattet war, also das Feuer nicht erwidern konnte, weil man mit dem Auftauchen deutscher Panzerverbände niemals gerechnet hatte.

Beim Kommandeur der 2. PzBrigade, Oberst von Prittwitz, vergewisserte sich Guderian darüber, daß diese sich zum Angriff auf Abbéville noch am selben Tage bereitmachte. Sie erreichte dieses Ziel auch gegen 19.00 Uhr.

Die Panzergruppe Kleist, der das XIX. AK angehörte, trat erst am 22. Mai zur Fortsetzung ihres Angriffs an. Dieser sollte entlang der Kanalküste nach Norden führen. Mit XXXXI. AK rechts und XIX. AK links sollte dieser "Abmarsch nach Norden!" erfolgen. Damit hatte das Korps Guderian den Auftrag erhalten, gegen die Kanalfestungen Boulogne mit der 2. PD und gegen Calais mit der 1. PD vorzustoßen.

Um Mitternacht des 22. Mai erhielt die bis dicht vor Calais gelangte 1. PD über Funk den Befehl: "Aufschließen bis 23. Mai, 07.00 Uhr, nördlich Canche B., weil 10. PD hinter Division folgt. 2. PD in Boulogne eingedrungen. Teile dieser über Marquise am 23. Mai bis Calais.

1. PD erreicht zunächst Linie Audruique-Ardre-Calais und schwenkt sodann ostwärts ein, um in ostwärtiger Richtung über Bourbourgville-Gravelines auf Bergues-Dünkirchen vorzugehen. Südlich geht 10. PD vor. Ausführung auf Stichwort 'Abmarsch Ost'. Antreten sodann um 10.00 Uhr."

Damit hatte General Guderian seinen ursprünglichen Plan wieder aufgegriffen und setzte die 1. PD an Calais vorbei auf Dünkirchen an.

Bis zum späten Abend des 23. Mai stand die 1. PD, mit allen Kräften nach Norden eingeschwenkt, mit ihrer Vorausabteilung, der 1. PzBrig. und dem IR "GD", südlich von Gravelines an der dort kanalisierten Aa und hatte bis nach Dünkirchen nur noch 16 Kilometer zurückzulegen.

Das XXXXI. AK unter General Reinhardt hatte als rechter Nachbar im Vorgehen über St. Omer ebenfalls den Aa-Abschnitt erreicht. Hier, am "einzigen Panzerhindernis auf dieser Flanke des britischen Expeditionskorps" (General Lord Gort an das

War Office) standen Briten und Franzosen Schulter an Schulter und kämpften darum, daß das britische Expeditionskorps in Dünkirchen einschiffen konnte.

Der 1. PzBrig. unter Oberstleutnant Balck gelang es am Morgen des 24. Mai nicht, südlich Gravelines den AA-Kanal zu überwinden. Hier kämpfte der Gegner mit aller Verbissenheit, wirkunsvoll von britischen Fliegerkräften unterstützt.

In dieser Lage kam von "ganz oben" der Befehl, nicht weiter vorzugehen und nur die Brückenköpfe auf dem Nordufer der Aa zu halten. Was war los?

Dünkirchen, wo sich die Masse der britischen Expeditionsstreitkräfte soeben einzuschiffen begann, lag nur 15 Kilometer entfernt. Ein zusammengefaßter Vorstoß aller Panzer hätte zum Einsturz der Verteidigung geführt und das Einschiffen von weit über 350.000 Mann Feindstreitkräften verhindert. Die Panzer der beiden Generale Reinhardt und Guderian blieben befehlsgemäß stehen. Dies war ein Befehl, den kein einziger Soldat der Panzergruppe Kleist verstanden hat. Alle waren bereit, nach fünfzehn-tägigem Siegeslauf zur Kanalbrücke auch noch Dünkirchen zu nehmen und das britische Expeditionskorps gefangenzunehmen.

Hitlers Haltebefehl gab dem britischen Oberkommando die Chance, jene Truppen, die zur Verteidigung der Insel von entscheidender Bedeutung waren, dem Zugriff des deutschen Heeres zu entziehen. Dies erlaubte Großbritannien, binnen kurzer Zeit jenes zurückgelassene Kriegsmaterial zu ersetzen, das die geflohenen Soldaten benötigten, um Englands Verteidigung gegen eine deutsche Invasion sicherzustellen.

Am 25. Mai erschien General der Kavallerie von Kleist auf dem GefStand der 1. PD im Offekerque, um GenLt. Kirchner zur Verleihung des Ritterkreuzes zu beglückwünschen, das diesem für den Sieg bei Sedan verliehen worden war.

In seinen Erinnerungen berichtete Winston Churchill im Band II, daß nach seiner Meinung Hitler die Panzerverbände vor Dünkirchen angehalten habe, um England bessere Friedenschancen zu geben und gleichzeitig auch die englische Friedensbereitschaft durch seine Nachsicht zu erwirken. Das Gegenteil war die Folge von Hitlers Hoffnung.

Generaloberst Guderian wiederum war der festen Überzeugung, daß Hitler den Versprechungen Görings Glauben schenkte, "daß die Luftwaffe den Abtransport der Expeditionsstreitkräfte der Briten über See verhindern könne und werde." (Siehe Guderian, Heinz: Erinnerungen eines Soldaten).

Erst am Mittag des 26. Mai gab Hitler das Vorgehen auf Dünkirchen wieder frei. Doch da war es für einen durchschlagenden Erfolg zu spät. Am Nachmittag eroberte die 10. PD Calais. GenMaj. Schaal erhielt dafür am 3. Juli 1940, inzwischen zum GenLt. befördert, das Ritterkreuz.

Hier hatten Teile des Britischen Expeditionskorps unter General Nicholson kapituliert. 20.000 Engländer, die dem Expeditionskorps mit ihrem Bleiben entscheidende Zeit gerettet hatten, gingen in die Gefangenschaft, die sie einer vielfachen Zahl ihrer Kameraden damit erspart hatten.

Bis zum 28. Mai erreichte das XIX. AK unter General Guderian Wormhoudt und Bourbourgville. Dünkirchen zu erobern blieb diesem Korps versagt, weil in der

Nacht zum 29. Mai der Befehl einging, die Divisionen herauszuziehen. Die 9. PD sollte die Stellungen der 1. PD übernehmen. Dennoch gelang es der 1. PzPiBatl. 37 in den Vormittagsstunden des 29. Mai noch, über den Kanal zu stoßen und Fort Philippe zu nehmen. Auch Gravelines und les Huttes wurden genommen.

Der Panzersturm der 1. PD zum Atlantik war beendet. Nun wurde die Division herausgezogen, um beim zweiten Teil des Frankreich-Feldzuges eingesetzt zu werden.

Hitler hatte die Bildung einer neuen Panzergruppe unter dem Kommando von General Guderian befohlen. Die Zusammenstellung dieser Panzergruppe erfolgte vom 1. Juni ab südwestlich von Charleville. Chef des Generalstabes wurde Oberst Nehring, Ia Major Bayerlein, Adjutant Oberstleutnant Riebel.

Zum Haltebefehl Hitlers

Generaloberst von Kluge wurde durch den unerwarteten Befehl zum Halten überrascht. Er war ebenso wie von Kleist der festen Überzeugung, daß weiter vorzugehen sei, weil nur so eine vollständige Vernichtung der Feindstreitkräfte im "Kessel von Flandern" zu erreichen sei und dem "Sichelschnitt" Genüge getan werden könne. Im Gespräch über Draht mit dem Chef des Generalstabes der HGr. A, GenLt. von Sodenstern, erklärte von Kluge, daß er jenen Stoß nach Osten, den das OKH offenbar nicht wünsche, "gern geführt hätte", zumal ja vorher noch das OKH die Ansicht vertreten habe, daß für dieses Antreten der 4. Armee nach Osten alles vorbereitet worden sei. Doch dies sei vor dem Führerbefehl gesagt worden. Kluge führte in einem Ferngespräch gegen 23.30 Uhr aus, daß "die ganze Panzerwaffe mit diesem Befehl lahmgelegt worden sei. Was nun weiter geschieht, sind Nadelstiche", erklärte er. (Siehe: KTB der 4. Armee).

GenLt. von Sodenstern erklärte ihm, daß der Angriff über den Kanal nicht freigegeben werden könne, weil dort die Luftflotten eingesetzt werden sollten. Doch sei es möglich, daß das Vorgehen einer Panzerbrigade auf Lille gestattet werde. Zum Schluß erklärte GenLt. von Sodenstern: "Die Panzerkräfte müssen geschont werden, weil wir sie bald nötig brauchen." die Antwort von Kluge darauf lautete:

"Wenn ich heute Freiheit gehabt hätte, stünden die Panzer bereits auf dem Höhengelände von Cassel!"

Auch General der Panzertruppe Reinhardt, KommGen. des XXXXI. AK, das südostwärts von Omar stand, hatte bereits am Vormittag des 24. Mai die PzGr. Kleist gefragt, ob er nicht den Angriff mit begrenztem Ziel beginnen dürfe, um das Höhengelände von Cassel zu gewinnen. "Mein Korps wird durch sein Halten am Kanal d'Aire und mit schwächeren Kräften in den Brückenköpfen auf dem Ostufer weder der Eigenart der Panzerwaffe noch dem derzeitigen Verhalten des Feindes gerecht.

Ich bin sicher, daß der Gegner die ihm noch verbliebene Brücke zwischen Gent und Dünkirchen dazu benutzen wird, stärkere Kräfte von Norden aus dem Ring hinauszuführen, um sie dort zu verladen. Dies kann nur durch energischen Angriff unterbunden werden." (Siehe Jacobsen, Hans-Adolf: Dünkirchen).

General der Kavallerie von Kleist schloß sich dieser Ansicht an, genehmigte das Vorgehen des Korps und befahl gleichzeitig, bis zur Linie Merville - Hazebrock - Cassel vorzugehen, um den Aufbau einer neuen feindlichen Abwehrfront von vornherein zu durchkreuzen." (Siehe KTB der PzGr. von Kleist vom 24. 5. 1940).

Auch der OB der HGr. B, Generaloberst von Bock, erklärte, daß es notwendig sei, "in zügigem Angriff der Panzertruppen nach Osten anzutreten. Allein schon zur Entlastung seiner in schweren Kämpfen befindlichen HGr. B." (Siehe Tagebuch des GF vom Bock vom 24. - 26. Mai 1940).

Alle Heerführer im Westen waren der einhelligen Überzeugung, daß dieser Anhaltebefehl Hitlers - denn nur von ihm konnte ein so weitreichender Befehl kommen - falsch war.

Der Einsatz der Luftwaffe

Nach dem KTB des VIII. FlK griffen dessen Verbände vom 26. Mai 1940 an die Einschiffungsaktionen der britischen Truppen bei Dünkirchen an, wobei schlechtes Wetter den Einsatz am 28. Mai unmöglich machte. Am 29. Mai wurde GenMaj. von Richthofen mehrfach von den Höheren Kommandostellen bestürmt, gegen die britischen Flottenansammlungen vor Dünkirchen und den Verkehr von Dünkirchen nach Südengland anzugreifen. Von Richthofen vertrat jedoch die Ansicht, daß bei 100 m Wolkenhöhe und starker Flakabwehr "unsere eigenen Verluste größer sein werden als jene des Gegners". Erst als am Nachmittag das Wetter freundlicher wurde, flog das VIII. FlK. wieder laufend Angriffe gegen Dünkirchen. Das KTB des VIII. FlK. berichtet unter dem 31. Mai, daß "die Lage unbefriedigend ist. Es ist dem Korps nicht möglich, infolge der großen Entfernungen und der Nachschubschwierigkeiten einen Schwerpunkt zu bilden. Ein schnelles Zufassen des Heeres hätte den Kessel bedeutend schneller bereinigt. Es ist mir unverständlich, warum in dieser Richtung hin nichts unternommen wird. So geschieht an der Küste gar nichts, außer daß Zeit verloren wird."

Im KTB wird auch über die Zuführung von Waffen und Munition wenig Schmeichelhaftes bekundet: "Die Anflüge der Stukas sind zu weit, daher können nur wenige Einsätze geflogen werden. Auf den frontnahen Flugplätzen fehlt es an Bomben und Betriebsstoff, was auf Nachschubschwierigkeiten zurückzuführen ist.

Darüber hinaus macht sich der Einsatz der englischen Spitfires nachteilig bemerkbar. Die eigenen Jäger müssen scharf 'rangehen', um die unterlegenen langsameren Ju 87 zu schützen."

Gen. Frhr. von Richthofen abschließend zu diesem Thema: "Die Luftwaffe kann den Abtransport der Engländer von Dünkirchen im letzten Moment auch nicht mehr verhindern, nachdem das Heer vorher nicht richtig angegriffen hat. Es ist schwer zu glauben: Ein Sieg über England ist verschenkt worden." (Siehe KTB des VIII. Fliegerkorps).

Die Luftflotten 2 und 3, die seit dem 10. Mai 1940 pausenlos im Einsatz gewesen waren, hatten in den zwei Wochen langen Kämpfen an Substanz verloren. Unter diesem Gesichtspunkt gewinnt eine Bekundung von GFM Kesselring an Gewicht, die dieser auch den Ob.d.L. wissen ließ.

Nachdem der Oberbefehlshaber der Luftwaffe, Göring, aus seinem vorgeschobenen Eisenbahn-HQ in der Nähe von Polch in der Eifel bis zum 24. Mai Zurückhaltung geübt hatte, wandte er sich nun direkt an Hitler. Er rief dessen Hauptquartier bei Münstereifel an und ließ Hitler an den Apparat rufen. Diesem erklärte er: "Nunmehr ist die Aufgabe der Luftwaffe gekommen, nämlich: Die endgültige Vernichtung der in Nordfrankreich versammelten britischen Streitkräfte meiner Luftwaffe zu überlassen."

General Jodls Stellungsnahme dazu lautete: "Der Göring nimmt den Mund wieder reichlich voll."

Hitler hingegen war von Görings Vorschlag angetan und stimmte ihm zu. Wichtig war für Hitler die Tatsache, daß er dann die Panzerwaffe, die bereits erhebliche Ausfälle erlitten hatte, für den zweiten Teil des Frankreich Feldzuges schonen und auffrischen lassen konnte.

Als General Kesselring von diesem Vorschlag erfuhr, erhob er dagegen energischen Einspruch und erklärte, daß diese Aufgabe für seine ausgepumpten Kräfte nicht möglich und nicht durchführbar sei. Er erklärte Göring des weiteren, daß diese Aufgabe nicht einmal mit der Unterstellung des VIII. FlK unter seinem Befehl lösbar sei. Generalmajor Jeschonnek war mit Kesselring einer Meinung, sagte diesem aber, daß Hitler auf Göring vertraue, und daß damit die Würfel gefallen seien.

Nun mußten also die angeschlagenen Kampfverbände, die seit dem 10. Mai ununterbrochen im Einsatz gestanden hatten, auf Hitlers ausdrücklichen Wunsch hin auch Feindflüge zur Küste nach Dünkirchen übernehmen.

Als am 27. Mai die ersten Überführungen des britischen Unternehmens "Dynamo" begannen, hätten spätestens jetzt alle Kräfte der Luftwaffe ausschließlich Dünkirchen angreifen müssen, wenn sie Erfolg haben wollten.

Die Kampfgeschwader 1 und 4 begannen mit dem Bombardement. Das KG 54 schloß sich an, Dünkirchen und die Hafenmolen lagen unter einem dichten Bombenhagel. An der Ostmole brach der 8000 BRT große Dampfer "Aden" nach Bombentreffern auseinander.

Nach dem Kampffliegern kamen die Stukas. Sie trafen den französischen Truppentransporter "Côte d' Azur" tödlich. Die Do 17 der Kampfgeschwader 2 und 3 griffen ebenfalls in diese Kämpfe ein.

Admiral Ramsey, der die britischen Rückführungsoperationen leitete, ließ den Hafen von Dünkirchen räumen und die weiteren Evakuierungen am offenen Strand zwischen Dünkirchen und Panne mit einer Vielzahl kleiner und kleinster Fahrzeuge durchführen.

Den ganzen 27. Mai hindurch befanden sich Flugzeuge der Luftflotte 2 über dem Ziel. Sie wurden von den Jägern der Royal Air Force angegriffen und verloren eine Reihe Maschinen.

Am 28. Mai ließ General Kesselring mit dem ersten Büchsenlicht Ostende angreifen. Hier wurden mehrere Transporter und Kriegsschiffe getroffen.

Dieser Einsatz wurde mit aller Verbissenheit am 29. Mai fortgesetzt, allerdings erst am Nachmittag, nachdem der strömende Regen aufgehört hatte.

Aus Holland flogen die Maschinen des KG 30. Aus Düsseldorf kamen die Ju 88 des Kampf-Lehr-Geschwaders 1. Die Royal Navy verlor an diesem Tag drei Zerstörer moderner Bauart, sieben weitere wurden beschädigt.

Danach zog die britische Admiralität diese neuen Zerstörer aus dem Kampfraum zurück. Hintereinander wurden fünf große Fährschiffe vernichtet. Dennoch konnte die Royal Navy an diesem Tag 47 310 Soldaten nach England zurückbringen.

Am Rande der totalen Erschöpfung angelangt, flogen die Verbände der Luftflotte 2 und jene der Luftflotte 3 ihre Angriffe, ohne daß es ihnen möglich war, die Evakuierung eines großen Teiles der britischen Expeditionsarmee zu verhindern.

Bis zum 2. Juni, dem letzten Angriffstag gegen die Operation "Dynamo", hatte der Gegner bereits das Gros einer Truppen auf die Insel gerettet. Am 3. Juni flog die deutsche Luftwaffe dann nicht mehr nach Dünkirchen, sondern nahm einen Zielwechsel nach Paris vor als Vorbereitung der zweiten Phase des Frankreich-Feldzuges, womit klar geworden war, daß man deutscherseits die Versuche aufgegeben hatte, so viele Gegner wie möglich am Strand von Dünkirchen festzuhalten.

Durch diesen Zielwechsel konnten am 3. und 4. Juni immerhin noch 50 000 Mann britischer Truppen von Dünkirchen nach England entkommen.

Die britische Führung der Operation "Dynamo" hatte es geschafft, 338 226 britische Soldaten nach England zurückzubringen. Auf dem Dünkirchener Strand blieben lediglich 40 000 französische Soldaten zurück, die von hier aus in die Gefangenschaft gingen. Diese fast 340 000 Mann stellten den Kern der britischen Streitkräfte dar, die sowohl als Gegner der geplanten Landung "Seelöwe" ausgefallen wären als auch für die Landung in der Normandie am 6. Juni 1944. Es besteht kein Zweifel daran, daß England ohne diese zurückgebrachten Soldaten schutzlos der deutschen Landung ausgesetzt gewesen wäre. So gewinnen die Worte von GenMaj. von Richthofen ihre besondere Bedeutung: "Der Sieg über England wurde verschenkt!"

In seinen "Erinnerungen" schreibt GFM Kesselring: "Der Oberbefehlshaber der Luftwaffe mußte die Auswirkungen der fast dreiwöchigen Kampfeinsätze meiner Flieger gut genug kennen, um nicht Einsätze zu befehlen, die kaum mit frischen Kräften zu leisten waren.

Der Entschluß Hitlers war ein schicksalhafter Fehler, der England die Reorganisation seiner Wehrmacht ermöglichte." (Siehe: Kesselring, Albert: Soldat bis zum letzten Tag, und Kurowski, Franz: Generalfeldmarschall Albert Kesselring).

Hptm Witzig berichtet Reichsmarschall Göring von den Kämpfen um Eben Emael.

Das waren die Männer, die durch kühnen Einsatz große Leistungen vollbracht haben.

Deutscher Panzerverband formiert sich zum Angriff nach Frankreich hinein.

Bei Dinant wird die Maas erreicht.

Französische Pakstellung bei Arras.

Abgeschossener B-1-Panzer auf einer Landstraße in Nordfrankreich.

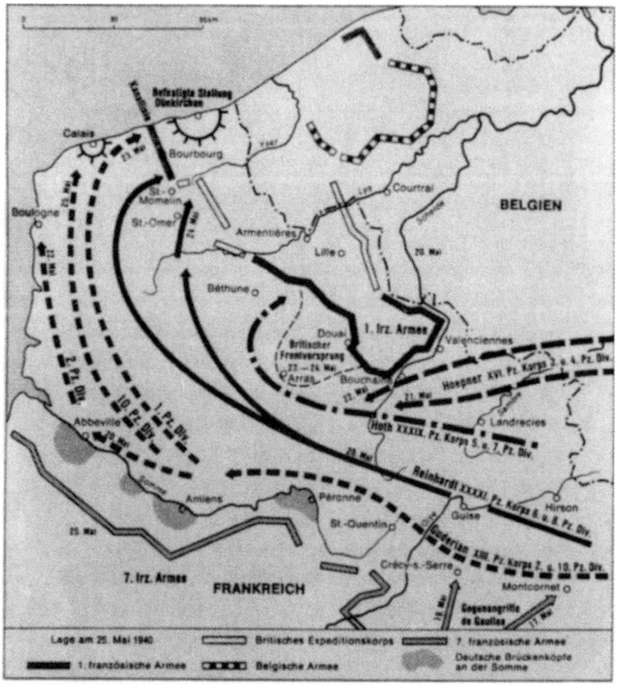

Der Sturmlauf der deutschen Panzer zur Küste zwischen Calais und Dünkirchen.

28. Mai 1940 in Brügge: Belgische Offiziere ergeben sich.

Bei Boulogne: Die Verteidiger dieses wichtigen Kanalhafens gehen in die Gefangenschaft.

Bei Chalons-sur-Marne abgeschossener französischer Panzer.

Bei Bruay: Reste einer französischen Panzerdivision ergeben sich.

Ein schwerer französischer Panzer B-1 rollt zum letzten Einsatz.

Fort Boucelles wird erobert.

General Weygand, der OB der alliierten Truppen in Frankreich.

Sein Vorgänger bis zum 19.Mai 1940, General Gamelin.

Marschall Pétain, ab dem 18.Mai 1940 Vizepräsident im Kabinett Reynaud.

Admiral Darlan, Oberbefehlshaber der französischen Flotte.

Zu ergänzen ist, daß England seit dem 17. Jahrhundert sich nie mit der Kontinentalmacht verbündete die auf dem Festland die Hosen anhatte. Das gilt nacheinander für Spanien, Frankreich und das Deutsche Reich. Hitlers Gedanken galten Frankreich und später der UdSSR. England erschien ihm als Freund, der zu gewinnen war.

Auf der Straße des Sieges: Fall "Rot"

Der deutsche Angriffsplan, wie er im Fall "Rot" festgelegt worden war, sah drei Operationen vor. Zunächst sollte die HGr. B unter Generaloberst von Bock die Weygandlinie durchbrechen. Danach sollte die HGr. A unter GenOberst von Rundstedt das französische Gros in der Champagne vernichten; sodann waren die Truppen der HGr. C unter Generaloberst Ritter von Leeb gehalten, den französischen Festungswall zum Zusammenbruch zu bringen und seine Verteidiger gefangenzunehmen.

Für den Hauptangriff waren der HGr. B und A jeweils drei Armeen zugeführt worden. Eine siebte Armee stand als Reserve dahinter bereit.

Am Morgen des 5. Juni griff die HGr. B unter GenOberst von Bock aus dem Raum zwischen dem Mündungsgebiet der Somme bis nach Leon mit der 4. und 6. Armee an. In der 4. Armee stand auch das XV. PzK unter General der Panzertruppe Hoth mit der 5. und 7. PD, der 2. ID (mot.), der 1. KavDiv. und der 11. Brigade (mot.).

Die 6. Armee verfügte über die Panzergruppe Kleist mit dem XIV. AK (mot.) - darin zusammengefaßt die 9. und 10. PD sowie die 13. ID (mot.) - und dem XVI. PzK unter General der Panzertruppe Hoepner mit der 3. und 4. PD und einer InfDiv. (mot.) Die 9. Armee wiederum unter General Strauss war noch nicht voll aufgestellt.

Im Nordabschnitt der Westfront kam es zunächst zu erbitterten Kämpfen, zu denen General Weygand am 6. Juni bemerkte:

"Im Laufe des 5. und 6. Juni haben die 6., 7. und 10. Armee die Schlacht gegen beträchtliche deutsche Kräfte auf bemerkenswerte Weise geführt. Sie haben alle Befehle vollkommen verstanden und ausgeführt und glänzende Erfolge erzielt." (Siehe Weygand Maxime: a.a.O.).

Den Truppen dieser Heeresgruppe gelang es jedoch, mit dem XXXVIII. AK unter GenLt. von Manstein bei Abbeville eine Bresche in die Verteidigung zu schlagen. Durch diese Bresche stürmte das XV. AK unter General Hoth über eine stehengebliebene Doppelbrücke gegen die Mitte der 10. franz. Armee unter General Altmeyer an, durchstieß diese und rollte mit 45 km-Marschgeschwindigkeit weiter. Am dritten Tag erreichten die Spitzenverbände dieses Korps die Seine-Brücken von Rouen, Elbeuf und Les Andelys. Die Franzosen wichen vor Armiens aus.

Die Gruppe Kleist konnte nun das XIV. AK ansetzen. Bei St. Just kam es zum Panzerkampf, der dennoch die Bildung neuer Brückenköpfe nicht verhindern konnte.

GenOberst von Brauchitsch ließ nun die in Holland frei gewordene 18. Armee der HGr. B zuführen, die sich bis zum 8. Juni zwischen dem linken Flügel von Kluges und dem rechten von Reichenaus eingliederte.

Zur gleichen Zeit gab der OB des Heeres den Befehl zur Auslösung des Hauptangriffs mit der HGr. A unter GenOberst von Rundstedt.

Die drei Armeen dieser HGr. traten am frühen Morgen des 9. Juni an. Die 12. Armee unter GenOberst List wurde von der Luftflotte 3 unterstützt. Dadurch gelang es ihr - wenn auch mühsam - über den Aisne-Fluß zu kommen. Die PzGr. Guderian, die an sich hinter der Infanterie die insgesamt acht Flußübergänge überwinden sollte, war von Generaloberst List zurückgehalten worden, weil er die Panzerverbände für den entscheidenden Durchbruch schonen wollte.

So mußte denn General Guderian, der darum gebeten hatte, den Übergang über die Aisne selbst zu erkämpfen, sich mit vier PzDiv. auf die acht Übergänge verteilen, während die beiden motorisierten Infanterie-Divisionen den Panzer-Divisionen ihrer Korps folgen sollten.

General Guderian fuhr am frühen Morgen des 9. Juni zu seiner vorgeschobenen Beobachtungsstelle nordostwärts Rethel. Bis 10.00 Uhr wartete er vergebens, daß sich an den Übergängen etwas rührte. Doch der Angriff an der Front von Rethel war gescheitert. Nur bei Chateau-Porcien war es gelungen, einen Brückenkopf über die Aisne zu bilden.

Guderian setzte sich mit General von Mackensen, dem Chef des Stabes der 12. Armee, in Verbindung und bat diesen, seinem OB zu melden, daß er - Guderian - unter diesen Umständen erst nach Einbruch der Dunkelheit in den einzigen Brückenkopf vorziehen wolle, um am nächsten Morgen an dieser Stelle zum Durchbruch anzutreten. Danach fuhr Guderian zum HQ des III. AK, das den Brückenkopf bei Chateau-Porcien errichtet hatte. Dort traf Guderian sich mit dem KommGen. des XXXIX. PzK, General Schmidt, und mit dem Kdr. der 1. PD, GenLt. Kirchner, um das Einrücken der 1. PD in den Brückenkopf zu besprechen.

Als General Guderian wenig später auf den OB der 12. Armee GenOberst List, stieß, kam es zu einem Zwischenfall besonderer Art. Dazu Heinz Guderian:

"Generaloberst List war, von Norden kommend, an Teilen der 1. PD vorbeigefahren und hatte dabei mit Unwillen festgestellt, daß die Panzermänner ihre Röcke auszogen, einzelne sogar in dem nahen Bach ein Bad genommen hatten. Ich wurde heftig zur Rede gestellt, weshalb die Truppe nicht schon in die Brückenköpfe im Vorgehen sei. Ich konnte nur erwidern, daß es nicht möglich sei vorzugehen, bevor die Brückenköpfe auch gewonnen und groß genug seien und daß übrigens das Nichtvorhandensein der Brückenköpfe nicht zu Lasten der Panzertruppe ginge. Es war kennzeichnend für die ritterliche Art von GenOberst List, daß er mir sofort die Hand hinstreckte und sich in ruhiger Weise über die Fortführung des Angriffs mit mir unterhielt." (Siehe Guderian, Heinz: a.a.O.).

Erst nachdem im Laufe des Nachmittags westlich und ostwärts von Chateau-Porcien zwei flache Brückenköpfe gewonnen wurden, erhielten auch die 2. PD und weitere Teile der 1. PD die Möglichkeit zum Flußübergang. Nunmehr konnte also auch der Sturmlauf der HGr. A beginnen.

Die 1. PD erstürmt Belfort

Nachdem die 17. und 21. ID im Großraum Rethel die ersten Brückenköpfe gewonnen hatten, rollten die Panzer der 1. PD am 10. Juni darüber hinaus nach vorn. Zwei Panzerregimenter mit insgesamt über 250 Kampfwagen fuhren als stählerner Keil auf die Feindstellungen bei Tagnon zu, die zu einer waffenstarrenden Festung ausgebaut worden waren.

Die Panzerbrigade umfuhr diese Stellungen und rollte in den 15 km südlich der Aisne liegenden Bachabschnitt der Retourne, wo sich einige Gruppen im Sumpf festfuhren.

Die II./PR 1 klärte in Richtung Neuflize auf. Sie fand einen Übergang über die Retourne, der allerdings vermint war. Mit aufgesessenen Pionieren rollte sie darauf zu. Eine Reihe Feindpanzer, die sich ihnen in den Weg stellten, wurden abgeschossen. Oberstleutnant Dittmann, der das PR 1 führte, befahl, den gewonnenen Brükkenkopf nach Süden auszuweiten. Unter dem Schutz der hier aufgefahrenen Divisionsartillerie gelang es dem Rest des Regiments überzusetzen. Der Angriff ging weiter.

Der Kampf um Juneville, von der Gruppe Balck geführt, forderte schwere Opfer. Als hier französische Panzer zur Entlastung heranrollten, wurde die Lage kritisch. Teile des PR 2 hatten jedoch die Ortschaft bereits erreicht und rollten nun diesen Feindpanzern entgegen, die bereits durch die Panzerjäger der Division erste Verluste erlitten hatten. Erst nachdem das letzte Haus von Juneville in Flammen aufgegangen war, erlosch hier um 22.00 Uhr der Widerstand.

Die 1. PD war den übrigen Truppen des Korps weit vorausgeeilt. Die rechts von ihr angreifende 2. PD stand noch etwa 15 km weiter rückwärts in heftigen Kämpfen gegen die 3. franz. PD.

Dennoch ging der Angriff am Morgen des 11. Juni weiter. La Neuville wurde von den Schützen erobert. Die Panzer rollten Béthéville an der Suippe entgegen. Am Südrand dieser Ortschaft stießen sie auf französische Panzer- und Schützenverbände. Die 1. PD lag bei Béthéville fest. Erst nach dem Brückenschlag an dieser Stelle und bei St. Hilarie konnte die Suippe im ersten Büchsenlicht des 12. Juni überwunden werden. Der Gegner wurde weich, und die 1. PD stieß so schnell wie möglich hinterher. Doch zunächst galt es noch, einen französischen Panzerangriff zu stoppen, und die anrollenden Stahlkolosse durch die Batterien des AR 73 zusammenzuschießen.

Danach rollte der Angriff weiter und in der Nacht zum 13. Juni wurde das Tagesziel durch das Korps geändert. Ziele waren nunlmehr die im Süden gelegenen Städte Etrépy und St. Dizier. Der frontal auf letztere geführte Angriff blieb im Abwehrfeuer des Gegners liegen. Noch in der Nacht setzte GenLt. Kirchner Major von Wietersheim mit seinen Kradschützen auf die Marnebrücke von Hoerincourt an.

Als am Mittag dieses Tages General Guderian auf dem DivGefStand erschien, brachte er die Nachricht mit, daß zu dieser Stunde soeben deutsche Truppen in Paris einmarschierten. Er befahl das Antreten der 1. PD über das Hochplateau von Chaumont-Langres mit dem Ziel Besancon.

Um 15.00 Uhr trat die 1. PD an. Bis nach Besancon waren es noch 250 Kilometer. Villers-sur-Marne wurde um 20.45 Uhr erreicht, und der Weiterstoß nach Chaumont mit den verstärkten II./SRgt. 1 begann.

An der Spitze seines Bataillons fuhr Hptm. Dr. Eckinger mit voll aufgeblendetem Licht durch die Nacht. Direkt hinter ihm der Kommandeur, Oberstleutnant Balck. Chaumont wurde im Handstreich bei Nacht genommen. Damit war das Tagesziel Joinville bereits um 45 km überschritten.

Am nächsten Morgen erreichten die Spitzengruppen der Division Langres. Hier wurde kurz gehalten, um die nachfolgenden Verbände aufschließen zu lassen. Dann ging der Sturmlauf weiter.

Auf dem GefStand in Chaumont traf am Mittag wieder einmal General Guderian ein und gab die neue Lage bekannt: "Das XXXIX. AK gewinnt mit der 1. PD Besançon. Mit der 29. ID (mot.) erstürmt es das Höhengelände bei Til-Chatel." Er gab darüber hinaus der 1. PD Weisung, mit den Divisionsspitzen noch an diesem Tage die schweizerische Grenze zu erreichen.

Die Sturmjagd der 1. PD ging weiter. Sie rollte nun bereits etwa 100 km vor allen übrigen Verbänden. Am Nachmittag des 16. Juni rollten die Panzer, die II./PR 1 an der Spitze der Vorausabteilung Balck über die Saônebrücke bei Besançon, fuhren durch Marnay und stießen am Nordrand von Besançon auf den Feind.

Im Kampf bis zum Abend fiel diese Stadt. Das französische Oberkommando wurde durch die Schnelligkeit dieser Panzeroperation überrumpelt. Als bereits Besançon zu Dreivierteln in deutscher Hand war, lief noch ein Eisenbahnzug in den Bahnhof der Stadt ein. 30 Feindpanzer wurden fahrbereit in der Stadt erbeutet. Damit war die endgültige Einschließung aller in der Maginotlinie stehenden Feindkräfte vollzogen.

Am 17. Juni gab Major i.G. Wenck kurz vor 19.00 Uhr als Ia der Division über Funk aus eigenem Entschluß den Befehl an die Kampfgruppen Krüger und Nedtwig, den Handstreich auf Belfort zu führen.

Dies geschah, ohne daß ein Korpsbefehl vorlag und entgegen den Weisungen der Panzergruppe, die befohlen hatte, nicht über Montbéliard vorzustoßen. Die Division wollte lediglich die Gunst der Stunde nutzen und zum Handstreich gegen Belfort antreten. Um seinen Kommandeur zu entlasten, verschwieg Maj. Wenck GenLt. Kirchner diesen Entschluß zunächst. Als der Kommandeur aber zum zweitenmal fragte, ob das Tagesziel Montbéliard erreicht sei, mußte Wenck bekennen: "Herr General, ich habe den Handstreich auf Belfort befohlen. Die Truppe ist bereits weit über Montbéliard im Vorstoß auf Belfort." (Walther Wenck, in einem Bericht an den Autor).

Zunächst war der Divisionskommandeur sauer auf seinen Ia, dann aber reichte er Maj. Wenck die Hand und meinte: "Wenck, wir haben bisher alles gemeinsam ausgefressen, so wollen wir auch den jetzigen Entschluß, den ich für richtig halte, gemeinsam durchführen.

Mit seinem Ia fuhr GenLt. Kirchner sofort nach vorn. Als sie in Montbéliard ankamen, war es bereits stockfinstere Nacht. Sie rollten mitten durch das noch feindbesetzte Städtchen, vorbei an bespannter französischer Artillerie. Dann vernahmen sie Kettengeräusche. Es waren französische Panzer, an denen sie nun vorbeifuhren. Der erste deutsche Soldat, den sie danach trafen, war ein Kradmelder, der eine Reifenpanne behob.

"Wo marschiert die Division?" fragte Wenck den Obergefreiten. "Die ist gerade durch, bevor ich die Panne bekam!" meldete dieser. Wenig später erreichte der Divisionskommandeur mit seinem Ia die ersten SPW und erfuhren hier, daß Oberst Krüger und Oberstleutnant Balck noch weiter vorn seien. In schneller Fahrt fuhren sie weiter und besprachen den weiteren Verlauf des Handstreiches.

Mit Tagesanbruch wurde Oblt. von Kleist, Adjutant des PR 2 von Oberst Nedtwig als Parlamentär nach Belfort geschickt, um die Festung zur Übergabe aufzufordern. Als von ihm keinerlei Nachrichten eintrafen und er selber ebenfalls nicht zurückkehrte, wurde um 4.00 Uhr dieses 18. Juni der Befehl zum Angriff an die KGr. Krüger gegeben. Die Gefechtsgruppe Nedtwig sollte gleichzeitig damit antreten.

Um 6.00 Uhr erreichte die 2./PR 1 unter Hptm. Gittermann die Stadt und drang ein. Eine zweite Gruppe unter Oblt. Falckenberg stürmte zur Stadtmitte durch und überrumpelte eine Batterie Pak, noch ehe diese den ersten Schuß hatte abgeben können.

Bis 7.30 Uhr war Belfort in deutscher Hand. Es gab hier kaum Widerstand, weil niemand mit dem Eintreffen deutscher Truppen zu diesem Zeitpunkt gerechnet hatte. Im Hotel de Paris wurden französische Offiziere aus ihren Betten geholt. GenLt. Kirchner richtete den Divisionsgefechtsstab in diesem Hotel ein.

Lediglich die Außenforts und die Zitadelle hielten sich noch und leisteten Widerstand. Das Fort ging gegen Mittag in deutsche Hände über. Zwölf Offiziere und 1300 Soldaten marschierten hier in Gefangenschaft. Insgesamt betrug die Zahl der Gefangenen über 50 000. Die 1. PD hatte den richtigen Entschluß gefaßt, und damit ging diese selbständige Haltung von Maj. Wenck in dem allgemeinen Jubel unter. Der Kampf war an dieser Stelle der Front zu Ende.

General Weygand, der neue französische Oberbefehlshaber, hatte bereits am 4. Juni dem OB der 7. Armee den bindenden Befehl gegeben: "Die Somme! - Die Somme! Sie müssen dort bis zum 15. Juni halten! Bis dahin habe ich meine Kräfte gegliedert und werde auch über genügend Reserven verfügen."

General Altmeyer, mit seinen Truppen in der Mitte der drei Armeen liegend, aus denen sich die HGr. 3 des Generals Besson zusammensetzte, sagte dies zu. Auch die 10. und 6. Armee versprachen, den Gesamtabschnitt zwischen dem Mündungsraum der Somme und Neufchatel-sur-Aisne zu halten. Hier standen auf einer Frontbreite von 250 km 27 Divisionen. Die HGr. 4 zwischen Rethel und Longuyon wurde von General Huntzinger geführt. Ihm standen auf 120 km Frontbreite zwölf Divisionen zur Verfügung.

Die HGr. 2 wiederum verteidigte den Abschnitt zwischen Basel und Longuyon hinter dem Rheingraben und der Maginotlinie auf 350 km Breite. Sie verfügte über zwölf französische und zwei polnische Divisionen sowie drei Festungs-Divisionen. In der Maginotlinie selbst befanden sich weitere Truppen in Stärke von insgesamt acht Divisionen.

Hier die Kämpfe der Panzerkeile und deren Erfolge in den folgenden Tagen bis zur Kapitulation.

Mit der 3. und 4. PD im Angriff

Am Morgen des 5. Juni um 5.00 Uhr eröffneten 384 Geschütze an der Durchbruchsfront der 3. PD das Feuer. GenMaj. Stumpff sah, wie die ersten Stuka- und Kampfverbände über ihn und seine Männer hinwegflogen und die vorderste Linie des Gegners bombten.

Danach trat die 3. PD zum Angriff an. Die PzBrig. mit den Regimentern 5 (rechts) und 6 (links) erhielt bereits bei Démécourt Feuer der französischen Artillerie, konnte aber diesen Feuervorhang durchstoßen. Als dann aber mehr und mehr feindliche Batterien in das Feuer eingriffen, rollten die Panzer gegen sie vor. Die 2./PR 6 schickte einen Zug unter Fw. Kannenberg gegen eine Schweigebatterie nordwestlich Berny, die soeben das Feuer eröffnet hatte. Kannenbergs Panzer vernichteten drei Geschütze, womit die Batterie schwieg.

Oberst Frhr. von Funk im Führungspanzer des PR 5 ließ weiterfahren. Das Regiment durchbrach die tiefgestaffelten feindlichen Stellungen.

Auch die II./PR 6 kam westlich an Ablaincourt vorbei, nachdem sie drei Feind-Batterien ausgeschaltet hatte. Die Schützeneinheiten folgten den Panzern dichtauf. Als ihnen aus den feindbesetzten Ortschaften dichtes MG- und Gewehrfeuer entgegenschlug, blieb der Angriff liegen. In den Straßenkämpfen erlitten alle beteiligten Einheiten schwere Verluste.

Die beiden Panzer-Regimenter aber erreichten bis 11.00 Uhr die befohlenen Tagesziele und stießen darüber hinaus vor.

Die französische Front war aufgerissen und durchbrochen worden. GenMaj. Kühn erhielt am 4. 7. 40 das Ritterkreuz. Mit seiner Panzer Brigade hatte er bei diesem Durchbruch durch die Weygandlinie 14 französische Batterien vernichtet.

General Hoepner, KommGen. des XVI. PzK, befand sich auf dem GefStand der 3. PD und erklärte, daß er nun die 4. PD links von der 3. PD einschieben werde und deren PzBrigade auf Etalon vorstoßen solle.

Der erzwungene Durchbruch sollte durch entschlossenes Nachstoßen ausgenützt werden. Dazu traten alle kampfkräftigen Divisionsteile am Nachmittag des 6. Juni zur Verfolgung des Gegners an. Bis 20.00 Uhr wurde das Avre-Ufer erreicht. Bei Villers-les-Roys und bei St. Mard setzten keine halbe Stunde später die ersten Panzer des PR 5 über den Fluß.

Der für den 7. Juni geplante weitere Angriff wurde angehalten. Generaloberst von Reichenau erschiehn gegen 13.00 Uhr auf dem DivGefStand und erklärte, daß die 3. PD herausgezogen werde und einen neuen Auftrag erhalte. Sie solle im Rahmen des XVI. PzK auf dem rechten Flügel der 9. Armee die Marne an dem bereits vom XVII. AK gewonnenen Brückenkopf bei Chateau-Thierry überschreiten und auf Montmirail vorstoßen.

Dazu sollte auch die 4. PD unter GenMaj. Stever umgruppieren. Der Vorstoß nach Süden gelang. Die Panzer folgten dem geschlagenen Gegner, und der Befehl der 3. PD lautete: "Erreichen der Seine und Bildung von Brückenköpfen auf dem Südufer."

Der Vorstoß zur Seine ging trotz des Feuers, das die Panzer bei St. Genet erhielten, planmäßig weiter. Die PzKp. unter Oblt. Buchterkirch rollte in schneller Fahrt auf die Seinebrücke zu. Aufgesessen war Lt. Busse mit seinen Pionieren, die bei Erreichen der Sperren absaßen und die Hindernisse beseitigten. Als Spitzenwagen rollte der Panzer Buchterkirchs über den Fluß. Am jenseitigen Ufer sprang Buchterkirch aus dem Panzer, rannte zu der vermuteten Sprengstelle, fand diese und riß die Zündleitungen heraus. (Bereits am 29. 6. 1940 erhielt Oblt. Buchterkirch das Ritterkreuz).

Danach ging die Fahrt zur zweiten Seinebrücke weiter. Beim Angriff auf die dritte Brücke konnte Fw. Thiele ein feindliches 7,5 cm-Geschütz mit Volltreffer außer Gefecht setzen, das gerade einen Kameradenpanzer anvisiert hatte. Er zerschoß zwei weitere Pak und hatte besonderen Anteil am Erfolg der Kp. Buchterkirch.

Die Schützen schafften schließlich auch noch unter dem Schutz des Panzerfeuers den Sprung über die vierte Seinebrücke. Bei Pont-sur-Seine bildeten diese Einheiten einen Brückenkopf.

Der links von der 3. PD vorrollende Panzerkeil der 4. PD gelangte zur gleichen Zeit bei Marcille an die Seine und bildete ebenfalls einen Brückenkopf. Für den 14. Juni erhielten diese beiden Divisionen den Befehl: "Schärfste Verfolgung und Verhinderung jedes feindlichen Durchbruchs von Osten!"

Die französische Armee, das zeigte sich bei dieser Verfolgungsfahrt, befand sich hier bereits im Zustand der Auflösung. Es waren keine Einheiten mehr im geschlossenen Regimentsverband zu sehen. Der Ic der 3. PD notierte im KTB: "Bei Vorverlegung des Divisionsgefechtsstandes nach St. Mard ziehen lange Gefangenenkolonnen ohne deutsche Bewachung auf und neben der Vormarschstraße nach Norden. Ihre Zahl wird an diesem Tage allein auf 10 000 beziffert.

Bis zum Nachmittag des 17. Juni waren die Spitzenverbände der 3. und 4. PD bis kurz vor Dijon vorgestoßen. Am selben Tage bot ein franz. Oberstleutnant die Übergabe der Festung an. Bis 17.00 Uhr hatte die 4. PD Dijon besetzt.

Beaune wurde von der I./PR 6 am selben Nachmittag genommen. Am späten Abend erfuhren die Soldaten der beiden Divisionen, daß Marschall Pêtain um Waffenstillstand gebeten habe, aber die Truppen weiterkämpfen ließ, wo sie sich gerade befanden.

Erst mit der Einnahme von Lyon kamen die Verbände der 3. und 4. PD zur Ruhe. Für sie war an diesem 20. Juni der Feldzug in Frankreich beendet.

Folgen wir - vor der Darstellung der Ereignisse in den gegnerischen Hauptquartieren - noch jener Division, die sich im Frankreichfeldzug den legendären Namen "Gespensterdivision" erkämpfte.

Die "Gespenster-Division" auf der "Rommelbahn"

Am frühen Morgen des 6. Juni griff das XV. PzK unter General Hoth im Flächenmarsch tiefgegliedert an, überwand die Somme-Linie des Gegners und stieß 25 km tief vor. Die nachfolgende 4. Armee nutzte diesen Vorstoß sofort dazu aus, die geschlagene Lücke zu verbreitern und ihre Infanterieverbände nachzuschieben.

Der 7. Juni sah die 7. PD unter GenMaj. Rommel in zwei Angriffsgruppen im weiteren Vorstoß. Sie erreichte bis 16.00 Uhr das Tagesziel: die Straße Dieppe-Paris. Spitze fuhr die 1./PR 25 unter Hptm. Schulz. (Ritterkreuz am 29. September 1940.)

Die 5. PD stieß am Abend dieses Tages bei Forges-les-Eaux auf die Kp. Schulz und stellte unter Beweis, daß auf sie zu rechnen war.

Am Nachmittag dieses Tages traf General Weygand den britischen Befehlshaber und sagte diesem, daß in seinem Raum die entscheidende Phase des Krieges ausgefochten werde.

Als ihn der britische General auf die zahlenmäßig geringe Stärke seines Verbandes hinwies, meinte Weygand: "Wenn Sie die Panzer nicht mit Panzern aufhalten können, dann müssen Sie dies mit bloßen Händen tun und beißen wie ein Hund." (Siehe Lidell Hart: The Tanks - The History of Royal Tank Regiment, London, 1947).

Doch auch die Briten konnten mit bloßen Händen und Hundebissen keine Panzerlawine aufhalten, und Liddell Hart betonte denn auch: "Der britische Panzerverband wurde vom Strom der 7. Panzerdivision weggeschwemmt und kam überhaupt nicht zur Durchführung seines Kampfauftrages."

Am 8. Juni setzte die 7. PD ihren Vorstoß auf Rouen fort. Bei Normanville nahm Oblt. Sauer eine unzerstörte Brücke in Besitz. Rommel ließ die gesamte Division dorthin umleiten und gegen die Höhen von La Chapelle antreten. Die Höhen wurden genommen, der Vorstoß auf Rouen von dort aus um 18.00 Uhr fortgesetzt.

Das PR 25, das an der Spitze der linken KGr. fuhr, war schneller als die rechte; deren Spitze bildete die 1./PR 25 unter Hptm. Schulz, dem die AA 37 dichtauf folgte.

Es "rommelte", wie die Angehörigen der 7. PD diesen Vorstoß beschrieben. Am 9. Juni ließ Rommel eine Lagemeldung an das XV. PzK tasten: "Vorne alles ruhig, Feind zerplatzt!"

GenMaj. Rommel bestimmte mit seinen Funksprüchen das Tempo der Spitzenverbände seiner Division. So hieß es nacheinander:

"Schnellste Fahrt voraus!" Und 30 Minuten später:

"Schnellste, höchste Fahrt voraus!"

Die Entfernung der Division zum Korps betrug in dieser Phase des Vorwärtsstürmens bis zu 200 Kilometer. Der weitere Vorstoß nach Nordwesten zum Meer begann am Morgen des 10. Juni, nachdem die 4. Armee bereits am Abend vorher zwei Brückenköpfe bei Rouen über die Seine gebildet hatte.

Das was der französische OB, General Weygand, befürchtet hatte, war eingetreten: Zwar hielt die Pariser Schutzstellung noch, aber weiter im Westen war die Seine überschritten, und im Osten konnte der große Panzerkeil beiderseits Reims nicht mehr zum Stehen gebracht werden.

"Die französische Regierung und die Führung der Armee hatten in den letzten Tagen alle ihre Reserven in den Kampf geworfen. Sie standen nun mit leeren Händen da. Seit Tagen kämpften die französischen Truppen tagsüber, um nachts in neue Stellungen auszuweichen; sie waren auf das äußerste erschöpft." (Siehe: Tippelskirch, Kurt von: Geschichte des Zweiten Weltkrieges).

Der Vorstoß zum Meer begann, und nach einigen Gefechten des 10. Juni wurde am späten Abend Fécamp an der Küste erreicht. Am frühen Morgen des nächsten Tages war auch diese Stadt in der Hand der 7. PD.

Entlang der Küste weiterstoßend, kam es für die 7. PD darauf an, St. Valeryen Caux - wo der Gegner starken Widerstand leistete - in Besitz zu nehmen. Rommel setzte sich an die Spitze seiner Division und rollte mit dem PR 25 auf der linken Angriffsflanke vorwärts. Hier stand der Feind stark massiert. Rommel zwang ihn nach einer Reihe schneller Schußwechsel und Rochaden dazu, die Waffen zu strecken.

Die Einschiffung der britischen Truppen wurde durch die sofort nachgezogene Divisionsartillerie bekämpft. Die britischen Kriegsschiffe wiederum schossen im Verein mit den letzten noch feuernden Batterien immer noch aus dem Hafen in Richtung 7. PD, so daß Rommel über Funk befahl:

"Schwere Frölichs in den Hafen! Die Kerle kapitulieren immer noch nicht!"

"Schwere Frölichs", das waren die Granaten der schweren Divisionsartillerie, die von Oberst Frölich geführt wurde. Zwei eigene Geschütze gingen durch Volltreffer der Schiffsartillerie der Gegner verloren. Rommel befahl abermals: "Noch mehr Feuer in das Nest!"

Nach 15 Minuten des Trommelns ging Rommels Befehl an das PR 25: "Vorstoß bis zum Meer! Wünsche erstes gutes Bad!"

Er fuhr in schnellstem Tempo zum PR 25 und setzte sich an die Spitze. Um 10.30 Uhr wurde St. Valery au Caux erreicht. Der Gegner streckte die Waffen, die Zahl der Gefangenen ging auch hier wieder in die Tausende.

Während der Übergabe fragte einer der französischen Generale, welche Division sie denn überwältigt habe. Als Rommel erklärte, daß es die 7. PD gewesen sei, entfuhr es dem Franzosen:

"Verdammt! - Die Gespenster-Division!" Und nach einer kleinen Pause fuhr er fort: "Ich bin Ihnen und Ihrer Truppe bereits in Belgien, bei Arras, an der Somme und nun wieder hier begegnet. Immer wieder gerieten wir an Ihre kreuz und quer durch Frankreich rollende Division."

Damit war der Kriegsname der 7. PD als "Gespensterdivision" geboren.

Als die Höhen ostwärts von St. Valery in deutschem Besitz waren, wurde die Verbindung mit der von Osten aus angreifenden 5. PD aufgenommen. Die gemeinsame Fortsetzung des Angriffs und die verteilten Ziele wurden festgelegt.

Am 13. Juni setzte die 7. PD ihren Panzervorstoß in Richtung Le Havre fort. Um 12.15 Uhr begann der Angriff. In schnellem Tempo wurde das Gelände durchfahren. Der Nordteil von Le Havre fiel der Division kampflos zu. Die Küstenbatterien und die Flakstellungen waren verlassen.

Die Verfolgungsfahrt des 17. Juni in Richtung Cherbourg wurde zu einem der ersten Panzerstürme in die Tiefe des gegnerischen Raumes. Auf dieser Verfolgungsfahrt legte die 7. PD 310 Kilometer zurück.

"Dieser Raid war ein Rekord in den Annalen des Kriegswesens." (Siehe Basil Liddell Hart: a.a.O.).

Durch Schußwechsel links und rechts des Vormarschweges ließen sich die Verbände der 7. PD nicht aufhalten. Erst bei Les Fosses erhielten die Spitzenpanzer starkes Geschützfeuer. Die vorn fahrenden Spähwagen der PzAA 37 wurden zerschossen. Rommel ließ den Kampf abbrechen. Er beschloß, erst im Morgengrauen des 18. Juni wieder anzugreifen.

In der Nacht zum 18. Juni gelang es starken britischen Panzerkräften mit einigen französischen Verbänden - die beide den Befehl hatten, sich zur Einschiffung nach Cherbourg durchzuschlagen - aus dem Raume Caen vorstoßend bis St. Sauveur zu kommen. Wenig später erreichten sie von hier aus St. Lô, von dort aus brachen sie über Les Pieux zur Seefestung Cherbourg durch. Doch vor Erreichen der Stadt kam es an der starken Straßensperre bei Le Pont, nur vier Kilometer südlich der Hafenstadt, zum Kampf. Aus den Forts der Hafenfestung wurde die 7. PD stark eingedeckt.

Der Kampf um Cherbourg begann und brachte erste Teilerfolge. Erst nachdem die in der Nacht zum 19. Juni vorgezogene Artillerie in den Kampf eingriff und die Forts von Cherbourg eindeckte und einige davon ausschaltete, ging es wieder vorwärts. Einige Vororte wurden genommen, und am frühen Nachmittag dieses 19. Juni erschien auf dem DivGefStand eine französische Abordnung von Marine- und Heeresoffizieren, um die Kapitulation von Cherbourg anzubieten.

Der 20. Juni diente der Säuberung der Halbinsel Cotentin bis hinunter nach Coutances. Auch für die 7. PD war der Frankreich-Feldzug zu Ende. Das XV. PzKorps unter General Hoth hatte seinen Auftrag vorbildlich erfüllt.

Die französische Armee war gegen eine solche Panzerwaffe, der sie nichts Ähnliches entgegensetzen konnte, einfach machtlos gewesen. Sie hatte sich tapfer geschlagen und war - von ihren Verbündeten England im Stich gelassen - im Operationswirbel der schnellen deutschen Truppen untergegangen.

Der Bruderzwist

Am 13. Juni erschien Winston Churchill das letzte Mal in Frankreich. Als er in Tours, dem neuen Sitz der französischen Regierung, eintraf, befanden sich in seiner Begleitung Edward Halifax und General Ismay, ferner Max Beaverbrook, Besitzer eines Zeitungsimperiums und Minister für Flugzeugherstellung.

Auf der Préfecture der Stadt fanden die Briten keinen der leitenden Franzosen vor. Reynaud sollte mit dem Auto hier eintreffen, wurde ihnen gemeldet. Als sie nach dem Essen in die Präfektur zurückkehrten, wurden sie vom Innenminister George Mandel empfangen. Er erklärte Churchill, daß es immer noch möglich sei, bis zuletzt in Frankreich zu kämpfen, um möglichst großen Streitkräften den Rückzug nach Nordwestafrika zu ermöglichen und von dort aus weiterzukämpfen.

Als dann auch der Premierminister Reynaud erschien, brachte er die Neuigkeit mit, daß sein Oberbefehlshaber General Weygand ihm gemeldet habe, die französischen Armeen seien erschöpft, die Front an mehreren Stellen durchstoßen, ein großer Teil der eigenen Truppen befinde sich bereits in der Auflösung. General Weygand halte es für notwendig, um einen Waffenstillstand nachzusuchen.

Am Vortage war Reynaud vom Ministerrat beauftragt worden, die Haltung Englands zu klären, falls das Schlimmste eintreten sollte und Frankreich kapitulieren müsse. Der französische Ministerpräsident war sich der Tatsache bewußt, daß Frankreich die Verpflichtung auf sich genommen hatte, keinen Separatfrieden mit Deutschland zu schließen. Aber General Weygand erklärte, daß Frankreich bereits alles für die gemeinsame Sache geopfert habe. Daher werde sich die britische Regierung der Tatsache nicht verschließen, daß Frankreich in dieser Situation unfähig sei, rein materiell durchzuhalten. Man könne keine Weiterführung des Kampfes in einer Situation erwarten, da alles in Trümmer zu fallen beginne.

"Eine Weiterführung des Kampfes bedeutet, die französische Bevölkerung dem sicheren Verderben preiszugeben und sie den ruchlosen Eroberern auszuliefern. Die Frage, die sich uns heute stellt, lautet: Ist Großbritannien bereit, diese unerbittliche Tatsache anzuerkennen, der sich unser Land gegenübersieht?" (Siehe Weygand Maxime: a.a.O.).

Churchill bat darum, sich mit seinen Begleitern zu einer internen Beratung zurückziehen zu dürfen. Als sie in den Sitzungsraum zurückkehrten, erklärte der britische Kriegspremier:

"Wir können einem Separatfrieden nicht zustimmen, unter welchen Umständen er auch immer geschlossen wird. Unser Kriegsziel bleibt die völlige Niederwerfung Hitlers, und wir fühlen uns noch stark genug, es zu erreichen. Darum sind wir nicht in der Lage, Frankreich seiner Verpflichtung zu entbinden."

Als diese dramatische Aussprache zu Ende ging, wurden die britischen Gäste in den angrenzenden Raum geführt, wo Jules Jeanney, Präsident des französischen Senats, und Edouard Herriot, der Präsident der Deputiertenkammer, warteten. Beide traten leidenschaftlich für die Fortsetzung des Kampfes ein. Daß dies jedoch nicht an den darauffolgenden Ereignissen ändern konnte, war auch ihnen bewußt.

Ministerpräsident Reynaud hatte bereits am 10. Juni an den US-Präsidenten Roosevelt geschrieben. Die Antwort traf ein, als die britischen Besucher bereits wieder daheim waren. Sie wurde durch Botschafter Kennedy auch an Winston Churchill gegeben.

Einer der Kernsätze dieser Antwort lautete in der Übersetzung: "Ich selbst bin besonders beeindruckt von Ihrer Erklärung, daß Frankreich den Kampf im Namen der Demokratie fortsetzen will, selbst wenn die französische Armee zu einem langsamen Rückzug - sei es auch nach Nordafrika und an den Atlantischen Ozean - gezwungen wird. - - -

Unsere Regierung tut alles, was in ihren Kräften steht, um den verbündeten Regierungen das Kriegsmaterial zugänglich zu machen, das sie so dringend brauchen, und wir verdoppeln unsere Bemühungen, noch mehr zu tun."

Diese Mitteilung kam in England nicht an, denn daraus hätte abgeleitet werden können, daß sich die USA an einer Weiterführung des Krieges beteiligen würden.

Doch auch Roosevelt hatte die Brisanz dieses Schriftstückes erkannt und verbot per Telegramm am nächsten Tag dessen Veröffentlichung. Roosevelt verkündete den Franzosen, daß er den Mut ihrer Streitkräfte bewundere und weiterhin Material und Kriegsgerät liefern werde, daß sich die USA aber nicht damit zur Kriegsteilnahme verpflichtet hätten.

"Der Kongress", so lautete sein Schlußsatz, "hat sich verpflichtet, 50 Millionen Dollar zur Beschaffung von Lebensmitteln und Kleidung für Zivilflüchtlinge in Frankreich zur Verfügung zu stellen."

In der Sitzung des britischen Kabinetts am 16. Juni kam dann zur Sprache, daß es unabdingbar sei, die französische Flotte nicht in deutsche Hände fallenzulassen.

Die Proklamation einer britisch-französischen Union, die in den Vortagen entworfen worden war, wurde zur Sprache gebracht. Sie sollte für alle Bürger Frankreichs und Englands das gleiche Bürgerrecht bringen und eine einheitliche Verteidigungsführung sicherstellen.

Mit der Zustimmung zu einer solchen Union sollte Ministerpräsident Reynaud und die Mehrheit seines Kabinetts dazu gebracht werden, nach Nordafrika überzusiedeln und dort den Krieg gegen Deutschland fortzusetzen.

Am 17. Juni war die britische Delegation unter Führung von Churchill bereit, mit dem Sonderzug von der Waterloo-Station aus nach Southampton zu fahren und von dort an Bord eines Kreuzers nach Frankreich weiterzureisen. Als der Zug bereits anrollen sollte, trat eine Störung ein, welche die Abfahrt verzögerte. Dies gab dem Privatsekretär Churchills die Chance, ihn noch zu erreichen und dem Kriegspremier eine Botschaft Campbells aus Bordeaux zu übermitteln:

"Ministerkrise ausgebrochen. Hoffe bis Mitternacht Nachricht zu erhalten. Unterdessen ist die für morgen angesetzte Begegnung unmöglich."

Der britische Vorschlag, eine britisch-französische Union ins Leben zu rufen, hatte in Frankreich zu diesen Tumulten geführt. Marschall Pétain hatte sich rundheraus geweigert, diesen Vorschlag auch nur einer ersten Prüfung zu unterziehen. "Dies ist ein Mittel, Frankreich unter britische Vormundschaft zu bringen und ihm sein Kolonialreich zu rauben. Durch diese Union wird Frankreich zu einem Dominion erniedrigt." So und ähnlich lauteten die Kommentare der führenden Politiker.

Hinzu kam, daß sowohl der französische Oberbefehlshaber, General Weygand, als auch andere Politiker und Generale übereinstimmend die Überzeugung vertraten, daß "Deutschland binnen dreier Wochen England den Hals umdrehen wird". Marschall Philippe Pétain erklärte freimütig:

"Wenn wir diese Union eingehen, verschmelzen wir uns mit einem Kadaver." (Siehe Suarez, G.: Le maréchal Pétain 1914-40; Paris 1940 und: Farve-Luce, A.: Le mystére Pétain, Paris 1946).

Der Senator Reibel, persönlicher Freund von General Weygand, erklärte unmißverständlich: "Dieser Plan bedeutet für Frankreich die völlige Vernichtung und jedenfalls die gänzliche Unterwerfung unter England."

Dagegen nutze es auch nichts, daß Innenminister Mandel ausrief: "Wollt ihr lieber ein deutscher Gau sein als ein englischer Dominion?"

Danach kamen die Männer der französischen Führung zu der Diskussion über die Einleitung von Waffenstillstandsverhandlungen mit dem Deutschen Reich.

Die britische Forderung, die französische Flotte vor der Eröffnung von Verhandlungen mit Deutschland nach englischen Häfen auslaufen zu lassen, wurde vom Kabinett Reynaud, das sich in der Auflösung befand, nicht behandelt.

Marschall Pétain bildete eine neue Regierung, deren erste Aufgabe es sein sollte, den Waffenstillstand zu unterzeichnen und die Friedensverhandlungen aufzunehmen. In dieser neuen Regierung wurde General Weygand Verteidigungsminister. Vizepräsident des Ministerrates wurde Camille Chautemps. Das Amt des Marineministers übernahm Admiral Darlan, während das Amt des Außenministers von Baudouin übernommen wurde. Letzterer aber wurde sehr rasch abgelöst und durch Pierre Laval ersetzt.

Am 17. Juni flog Generalmajor de Gaulle von Bordeaux aus nach England, um von dort aus den Widerstand nicht nur gegen Hitler, sondern auch gegen Staatspräsident Pétain fortzusetzen.

Winston Churchill erklärte an diesem Tage vor dem Unterhaus in London: "Die Schlacht um Frankreich ist vorbei. Ich erwarte, daß jetzt die Schlacht um England beginnt. Von ihrem Ausgang hängt der Fortbestand der christlichen Kultur ab. Von ihr hängt unsere eigene nationale Existenz, die lange währende Stetigkeit unserer Einrichtungen und unseres Weltreiches ab. - -

Hitler weiß sehr wohl, daß er entweder uns auf unserer Insel zerschmettern oder den Krieg verlieren muß. Vermögen wir ihm standzuhalten, so kann ganz Europa befreit werden. - - - Versagen wir aber, dann wird die ganze Welt samt den Vereinigten Staaten und samt all dem, was wir gekannt und geliebt haben, in den Abgrund eines neuen dunklen Zeitalters versinken. - Rüsten wir uns daher zur Erfüllung unserer Pflicht. Handeln wir so, daß dann wenn das Britische Reich und seine Völkergemeinschaft noch tausend Jahre bestehen, die Menschen immer noch sagen werden: 'Das war ihre größte Stunde.'"

Das Fazit des Frankreich-Feldzuges

In jenen 45 Tagen des Frankreich-Feldzuges, deren Ablauf hier nur schlaglichtartig widergegeben werden konnte, beliefen sich die Verluste Frankreichs auf 92 000 Tote und mehr als 200 000 Verwundete. Die niederländische Armee hatte 2890 Gefallene und 6889 Verwundete zu beklagen, die Belgier 7500 Gefallene und 15850 Verwundete und das Britische Expeditionskorps 3457 Gefallene, 13602 nach England evakuierte Verwundete und 3267 Gefangene. Das Oberkommando der Wehrmacht meldete am 25. Juni die deutschen Verlustzahlen:

"Wenn irgend etwas geeignet ist, die Leistungen der deutschen Wehrmacht in noch höherem Licht erscheinen zu lassen, so sind es diese, für den einzelnen bitter und schmerzlich empfundenen, für das ganze deutsche Volk aber fast unglaubwürdig geringen Verluste, mit denen der Sieg über Frankreich errungen wurde.

Sie betragen vom 10. Mai bis zum Waffenstillstand nach den bisherigen Feststellungen: Gefallene 27 074, Vermißte 18 384, Verwundete 111 034 Mann. Insgesamt 156 492 Offiziere, Unteroffiziere und Mannschaften."

Die Zahl der gemachten Gefangenen wurde mit 1900 000 Mann angegeben. "Darunter fünf Oberbefehlshaber französischer Armeen und rund 29000 Offiziere."

Bereits am 22. Juni war der Abschluß des deutsch-französischen Waffenstillstandes in Compiègne getroffen worden. Der Kern dieses Dokumentes lautete:

"Besetzung Frankreichs bis zur Linie westlich und nördlich von Genf-Dôle-Tours-Mont de Marsan-spanische Grenze. Damit ist die gesamte Kanal- und Atlantikküste in deutscher Hand. Abrüstung der französischen Wehrmacht bis auf 100 000 Mann Freiwillige, eine kleine Luftwaffe und Marine.

Abrüstung eines großen Teiles der Flotte, aber keine Auslieferung der ausgemusterten Schiffe an Deutschland.

Seit dem 10. Juni war auch Italien am Frankreich-Feldzug beteiligt; deshalb kam es zwei Tage nach dem Ereignis in Compiègne zum Abschluß des italienisch-französischen Waffenstillstandes in Rom. An der französisch-italienischen Grenze sollten entmilitarisierte Zonen geschaffen werden, ebenso an der libysch-tunesischen Grenze, jeweils auf französischem Gebiet. Keine italienischen Besetzungen, außer in dem eroberten Grenzstreifen. Teilnahme der Italiener an den Kontrollkommissionen, die die Abrüstung in Nordafrika und Syrien überwachen sollten.

Die Verluste der italienischen Heeresgruppe Umberto im Kampf gegen die französische Alpenarmee betrugen 1246 Tote und Vermißte, ferner 2631 Verwundete.

Bereits am 28. Juni wurde das von Generalmajor de Gaulle in London gegründete "Nationalkomitee der Freien Franzosen" von der britischen Regierung als alleinige Vertretung Frankreichs anerkannt.

Am 30. Juni wurden die britischen Kanalinseln Jersey und Guernsey sowie Alderney durch deutsche Truppen besetzt. Von diesen Inseln waren rechtzeitig vorher 22 656 Menschen nach England evakuiert worden.

BRITISCH-FRANZÖSISCHER BRUDERKRIEG

Es geht um die französische Flotte

Am Morgen des 17. Juni 1940 betrat General de Gaulle wie immer seinen Amtsraum in Bordeaux. Er traf eine Verabredung zum Nachmittag dieses Tages, obgleich er wußte, daß er binnen kürzester Zeit Frankreich verlassen würde. Als er General Spears zum Flugplatz begleitete, um dort von ihm Abschied zu nehmen, da dieser nach London zurückkehren sollte, kletterte General de Gaulle in letzter Sekunde mit in diese Maschine hinein und ließ Frankreich hinter sich, um in England und von England aus mit den "Freien Franzosen" den Kampf gegen Deutschland und die französische Regierung in Vichy fortzusetzen.

Inzwischen hatte die britische Regierung Frankreich zwei Telegramme geschickt, welche die französische Flotte betrafen. Noch wußte man nicht, was in bezug auf diese in dem bevorstehenden Waffenstillstand geschehen würde. Die Forderung der britischen Regierung ging dahin, die gesamte französische Flotte noch vor Eröffnung der Verhandlungen nach englischen Häfen in Europa und Übersee zu überführen; damit sollte sie dem Zugriff der Deutschen entzogen werden.

Die französische Regierung - es war noch das Kabinett Reynaud - antwortete nicht einmal darauf.

Am Abend dieses 17. Juni erklärte Winston Churchill in einer Radioansprache: "Die Nachrichten aus Frankreich sind sehr schlecht, ich traure um das tapfere französische Volk. - - -

Die Geschehnisse in Frankreich ändern nichts an unseren Handlungen und Zielen. Wir sind jetzt die einzigen Vorkämpfer geworden, die in Waffen die Sache der Welt verteidigen."

Churchill schloß diese Ansprache an das englische Volk mit den Worten: "Die Schlacht, die General Weygand die Schlacht um Frankreich nannte, ist vorbei. Ich erwarte, daß jetzt die Schlacht um England beginnen wird. Von ihrem Ausgang hängt der Fortbestand der christlichen Kultur ab. - - -

Die ganze Wut des Feindes muß sich jetzt bald gegen uns wenden. Hitler weiß sehr wohl, daß er entweder uns auf der Insel zerschmettern oder den Krieg verlieren muß. - - -

Rüsten wir uns daher zur Erfüllung unserer Pflichten; handeln wir so, daß die Menschen, wenn das britische Reich und seine Völkergemeinschaft noch tausend Jahre bestehen, immer noch sagen werden: 'Das war ihre größte Stunde.'"

(Siehe Churchill, Winston: a.a.O.)

Derjenige Mann in Frankreich, der eine beinahe unbeschränkte Macht über die große französische Flotte besaß, war Admiral Darlan. Er war von 1939 bis 1940 Oberbefehlshaber der Flotte, wurde in der Vichyregierung Marineminister, führte auch das Handelsministerium und wurde im Februar 1941 - dies sei vorgetragen - Vizepräsident des Ministerrates und designierter Nachfolger von General Pétain.

Darlan versicherte Churchill vor Abschluß des Waffenstillstandsvertrages, daß er die französische Flotte nicht in deutsche Hände fallenlassen werde. Doch als am Morgen des 17. Juni das Kabinett Reynaud gestürzt und Darlan Marineminister wurde, erklärte er General Georges, daß er sich eines Besseren besonnen habe, weil er als Marineminister einen anderen Standpunkt einnehmen müsse als vorher. Damit war es nichts mit der rechtzeitigen Überführung und Flucht der französischen Flotte in britische Häfen. Nunmehr war eine Lage entstanden, die eine "tödliche Gefahr für Großbritannien" werden konnte. (Siehe Churchill, Winston: a.a.O.)

Daß dies nicht zutraf, änderte nichts an dem Entschluß der britischen Regierung, sich der Flotte ihres Freundes und Verbündeten Frankreich mit allen - auch verbrecherischen - Mitteln zu versichen.

Der deutsch-französische Waffenstillstandsvertrag sah unter Artikel 8 folgendes vor:

"Die französische Flotte wird - von jenem Teil abgesehen, der zur Wahrung französischer Kolonialinteressen frei bleibt - in noch zu bezeichnenden Häfen konzentriert und dort unter deutscher oder italienischer Kontrolle demobilisiert und entwaffnet.

Deutschland hat nicht die Absicht, sie während des Verlaufes des Krieges für eigene Zwecke einzusetzen. Ausgenommen jene zur Küstenüberwachung und Minenräumung notwendigen Einheiten."

Dazu erklärte Churchill: "Die Nazis konnten das Waffenstillstandsabkommen jederzeit unter irgendeinem Vorwand brechen. Wir hatten überhaupt keine Sicherung. Um jeden Preis, auf jede Gefahr, so oder so, mußten wir uns vergewissern, daß die französische Flotte nicht in unrechte Hände fiel und dann vielleicht uns und andere vernichtete." (Siehe Churchill, Winston. a.a.O.).

Das britische Kriegskabinett beschloß, daß "alle notwendigen Maßnahmen getroffen werden müssen".

Das Dasein Großbritanniens stand nach Churchills Worten auf dem Spiel, und wenn es um Großbritannien ging, hatten die britischen Führer noch jeden Verbündeten im Stich gelassen. Es galt, die in englischen Häfen liegenden französischen Kriegsschiffe im Handstreich zu erobern und zugleich auch jene in Oran, Mers el Kebir, Dakar und anderswo - vor allem auch in Alexandria - stationierten Einheiten - um jeden Preis in die eigene Hand zu bekommen.

Auch in Casablanca und Algier lagen französische Kriegsschiffe, und in Toulon befand sich ein weiterer Teil, doch dieser lag nicht in Reichweite des britischen Zugriffs.

Das britische Kabinett gab die Weisung für das Unternehmen "Catapult" heraus. Am 1. Juli 1940 erhielt Vizeadmiral Somerville, Führer des britischen Flottenverbandes "H", den Befehl, sich für den 3. Juli bereitzuhalten. Unter seinem Kommando standen der Schlachtkreuzer "Hood", die Schlachtschiffe "Resolution" und "Valiant", der Flugzeugträger "Arc Royal", zwei Kreuzer und elf Zerstörer.

Vizeadmiral Somerville beriet sich sofort mit seinen Kommandanten, unter ihnen auch Kpt.z.S. Holland, der ein besonderer Frankreichfreund war. Dieser beeindruckte mit seiner Rede, in der er zum Ausdruck brachte, daß jede Gewaltanwendung gegen den Waffenbruder alle Franzosen England entfremden würde.

Somerville meldete nach London, daß er nicht bereit sei, Gewalt anzuwenden. Er erhielt am Nachmittag dieses denkwürdigen Tages die Antwort seiner Admiralität: "Fester Entschluß der Regierung, daß die Franzosen vernichtet werden müssen, falls sie keinen Ihrer Vorschläge annehmen."

Vizeadmiral Somerville erhielt am frühen Morgen des nächsten Tages die Vorschläge der britischen Regierung für den französischen Admiral Gensoul, der als Befehlshaber in Oran residierte.

Das Ultimatum von Mers el Kébir

Das Dokument, das später als "Ultimatum von Mers el Kébir" in die Seekriegsgeschichte einging, und an den "Führer der französischen Altantikflotte gerichtet war, hatte folgenden Wortlaut:

"Die Regierung seiner Majestät kann unmöglich glauben, daß sich Deutschland und Italien nicht im geeigneten Augenblick der französischen Schiffe bemächtigen werden, um sie gegen die britische Regierung und ihre Verbündeten einzusetzen.

Es ist nicht möglich, daß wir, die wir bisher Ihre Kameraden waren Ihre stolzen Schiffe den Deutschen oder den Italienern in die Hände fallen lassen. Wir sind entschlossen, bis zum Ende zu kämpfen, und erklären feierlich, daß wir, sind wir erst Sieger, Frankreich in seiner Größe und Unabhängigkeit wiederherstellen werden. Dabei aber müssen wir sicher sein, daß in derselben Zeit nicht die besten Schiffe der französischen Flotte von dem gemeinsamen Feind gegen uns eingesetzt werden.

Unter diesen Umständen hat mir die Regierung Seiner Majestät befohlen, von der gegenwärtigen Mers el Kébir und Oran liegenden französischen Flotte zu fordern, daß sie sich nach einer der folgenden Verhaltensweisen richtet:

1.) Gehen Sie mit uns in See und führen Sie den Kampf gegen die Deutschen und Italiener fort.

2.) Begeben Sie sich mit verringerten Mannschaften unter unserer Kontrolle in einen britischen Hafen; die verringerte Mannschaft wird so bald wie möglich repatriiert werden.

Wenn Sie eine dieser beiden Möglichkeiten annehmen, werden wir Ihre Schiffe bei Kriegsende Frankreich zurückgeben, oder, sollten sie inzwischen beschädigt worden sein, vollen Ersatz leisten.

3.) Sollten Sie sich daran gebunden fühlen, daß Ihre Schiffe nicht gegen Deutschland oder Italien eingesetzt werden dürfen, dann bringen Sie sie mit verringerter Mannschaft in einen französischen Hafen Westindiens, zum Beispiel nach Martinique, wo sie zu unserer Zufriedenheit desarmiert oder vielleicht den Vereinigten Staaten anvertraut werden können.

Lehnen Sie die obigen Angebote ab, muß ich Sie zu meinem größten Bedauern ersuchen, Ihre Schiffe innerhalb von sechs Stunden zu versenken. Für den Fall endlich, daß von dem, was oben angeführt ist, nichts geschieht, habe ich von der Regierung Seiner Majestät den Befehl, die Gewalt anzuwenden, die notwendig ist, um zu verhindern, daß Ihre Schiffe in deutsche oder italienische Hände fallen".

Das war eine deutliche Sprache, die anzeigte, daß man Gewalt anwenden werde. Daß der Waffenstillstand, der die Unversehrtheit der französischen Flotte zusicherte, französischerseits nicht gebrochen werden konnte, ohne Frankreich in ein noch tieferes Chaos zu stürzen, war auch in London klar.

Um 9.30 Uhr des 2. Juli stand die "Force H" vor Oran. Vizeadmiral Somerville entsandte Kpt.z.S. Holland auf einem Zerstörer zum Befehlshaber der französischen Atlantikstreitkräfte. Doch Admiral Gensoul verweigerte eine Unterredung mit dem neuen Feind. Durch Boten ließ Kpt.z.S. Holland das Dokument zustellen. Admiral Gensouls Antwort darauf lautete:

"Die französische Flotte wird von Deutschland nicht übernommen werden. Für den Fall, daß französische Schiffe von deutscher oder italienischer Seite angegriffen werden sollten, werden wir auch in diesem Falle Gewalt mit Gewalt beantworten."

Dies bedeutete, Admiral Gensoul fühlte sich an die Vereinbarungen des Waffenstillstandsvertrages gebunden, er war davon überzeugt, daß sich auch Deutschland daran halten werde und daß er im Falle des Bruches durch Deutschland auch gegen Deutschland und Italien kämpfen werde.

Doch dies alles genügte England nicht. Zwar versuchte Kpt.z.S. Holland doch noch eine Übergabe zu erreichen, als er schließlich um 16.15 Uhr an Bord der "Dunkerque" gehen konnte. Aber Admiral Gensoul ließ ihn kalt abfahren.

Vizeadmiral Somerville meldete nach London und erhielt am Nachmittag des 3. Juli um 18.26 Uhr einen Funkspruch der Admiralität: "Französische Schiffe müssen sich vor Dunkelheit unseren Bedingungen fügen sich selbst versenken oder von Ihnen versenkt werden."

Dazu brauchte kein Befehl mehr gegeben werden, denn um 17.54 Uhr hatte Vizeadmiral Somerville das Feuer eröffnen lassen und meldete um 18.00 Uhr, daß er in "schwerem Kampf" stehe.

Die Operation "Catapult"

Im Hafen von Mers el Kébir lagen an diesem 3. Juli 1940 die französischen Schlachtschiffe "Dunkerque", Kpt.z.S. Borrois, "Strasbourg", Kpt.z.S. Collinet, und "Provence" mit dem Befehlshaber der 2. Schlachtschiff-Division, KAdm. Bouxin, an Bord. Hinzu kam die "Bretagne" unter dem Kommando von Kpt.z.S. S. Pivain.

Die Zerstörer-Flottille unter dem Kommando von KAdm. Lacroix bestand aus dem Großzerstörer "Mogador" und den Zerstörern "Lynx", "Kersaint", "Terrible", "Tigre" und "Volta". Hinzu kamen: das Flugzeugmutterschiff "Commandant Teste" unter Kpt.z.S. Lemaire.

Die beiden britischen Schlachtschiffe, der Flugzeugträger, die Leichten Kreuzer "Arethusa" und "Enterprise" sowie die Zerstörer "Active", "Excort", "Fearless", "Faulknor", "Forester", "Foxhound", "Foresight", "Keppel", "Vidette", "Wrestler" und "Vortigern" schossen etwa zehn Minuten im Salventakt auf die französischen Schiffe, die auf der Reede vor Anker lagen und nicht einmal kampfbereit waren.

Das Schlachtschiff "Bretagne" sank nach schweren Treffern. Mit ihm gingen 977 französische Seeleute unter. Dem Zerstörer "Mogador" wurde das Heck weggeschossen. Auf ihm waren 42 Tote und zahlreiche Verwundete zu beklagen. Auf der "Dunkerque" forderte dieser Überfall 210 Tote. Sie geriet auf Grund. Die "Provence" wurde schwer beschädigt und mußte auf Strand gesetzt werden. Der "Strasbourg" und fünf Großzerstörern gelang es auszulaufen und trotz der Angriffe britischer Torpedoflugzeuge von der "Arc Royal" mit hoher Fahrt zu entkommen und bis zum Abend des 4. Juli Toulon zu erreichen. Außer dem Schlachtschiff entkamen die Zerstörer "Volta", "Tigre" und "Terrible" dem britischen Piratenakt.

Die französischen Gesamtverluste betrugen 1 147 Mann, die Zahl der Verwundeten lag etwa gleich hoch.

Bereits am selben Morgen besetzten britische Verbände handstreichartig die in englischen Häfen liegenden französischen Kriegsschiffe. Das Schlachtschiff "Courbet", der Torpedokreuzer "Léopard", die Torpedoboote "Branlebas", "La Cordeliè", "La Flore", L' Incomprise", "La Melmomène", sechs Avisos und das Troßschiff "Pollux" fielen den Engländern in Portsmouth in die Hände.

In Plymouth waren es das Schlachtschiff "Paris", die Zerstörer "Mistral", "Ouragan", das Torpedoboot "Bouclier" und drei Avisos.

In Coucy befand sich der französische U-Kreuzer "Surcouf" und die U-Boote "Junon" und "Minerve".

In Falmoth gelang es dem "Freund und Verbündeten", die U-Boote "Ondine" und "Orion", drei Avisos und das Zielschiff "L'Impassible" im Handstreich zu erobern. In Dundee war es das U-Boot "Rubis".

Auf dem Zerstörer "Mistral" und der "Sourcouf" leisteten die Besatzungen Widerstand. Dabei traten auf beiden Seiten Verluste ein.

Außerdem wurden drei Minenleger, 16 U-Jäger, sieben U-Boote, 98 Minensuchboote und Bewacher, 42 Schlepper und Hafenfahrzeuge sowie 20 Trawler gekapert.

Noch am Abend des 3. Juli hatten die beiden vor Algier liegenden britischen U-Boote "Pandora" und "Proteus" Befehl erhalten, "alle französischen Kriegsschiffe warnungslos anzugreifen und zu versenken."

Dem U-Boot "Proteus" gelang es nicht, auf das gesichtete Flugzeugmutterschiff "Commandant Teste" zum Schuß zu kommen. Die "Pandora" war erfolgreicher. Sie versenkte aus einem von Oran nach Algier laufenden französischen Verband den Kolonial-Aviso "Rigault de Genouilly". Erst am 5. Juli wurde dieser britische Befehl wieder aufgehoben.

Die französische Regierung unter Marschall Pétain hatte am 4. Juli bereits die diplomatischen Beziehungen mit England abgebrochen. Winston Churchill berichtete an diesem 4. Juli dem Unterhaus: "Es war uns gelungen, die deutschen Pläne zu durchkreuzen, welche die französische Marine als einen größeren Machtfaktor in Rechnung gestellt hatten."

Dies war reine Spekulation, denn das Reich hat während der gesamten Kriegszeit nicht einmal versucht, sich irgendeines französischen Kriegsschiffes zu bemächtigen.

Churchill bemerkte ferner dazu: "Die Welt konnte nicht mehr daran zweifeln, daß das englische Kriegskabinett vor nichts zurückschrak und vor nichts haltmachen würde. Und sie täuschte sich nicht."

Das sind wahre Worte, wie die Bombardierungen der deutschen Städte noch vor Kriegsschluß unter Beweis stellten. Man scheute nicht davor zurück, die Stadt Dresden in Schutt und Asche zu legen und über 200 000 Menschen - Frauen und Greise und Kinder - dem Feuertod zu überantworten.

Das war also die Honorierung der französischen Marine für ihre Einsätze im Dienste Englands. Die Zerstörerverbände der französischen Atlantikflotte hatten noch unmittelbar zuvor die Operationen an der französisch-britischen Küste durchgeführt. Sie hatten in engster Zusammenarbeit mit den Engländern Flüchtlings- und Truppentransporte zu geleiten und selbst Truppen und Material zu transportieren, die Handelsschiffahrt umzuleiten, Minensucharbeiten zu decken, in den Endkampf einzugreifen und weitere Aufgaben zu erfüllen, die sich aus den verschiedensten britischen Seeoperationen ergaben. Von Cherbourg und Dover auslaufend, hatten sie durch vieler Art von Feindeinwirkungen erhebliche Verluste und Beschädigungen erlitten. Nun erhielten sie einen weiteren schweren Schlag durch den bisherigen Kampfgefährten England.

Deutsche Lagebeurteilung in bezug auf die Flotte Frankreichs

"Bis etwa zum 25. Juni war die Neigung einzelner französischer Streitkräfte zur Fortsetzung der Kriegsführung in enger Zusammenarbeit mit England unverkennbar gewesen. In Auswirkung der für die französische Flotte relativ günstigen Waffenstillstandsbedingungen, der franzosenfeindlichen Rede Churchills und der Maßnahmen der Pétain-Regierung, die bestrebt war, die nationale Einheit des Kolonialreiches zu erhalten, trat vom 26. Juni ein fühlbarer Stimmungsumschwung ein. Die Waffenstillstandsbedingungen wurden etwa seit dem 27. Juni auch von den außerheimischen Stationen der französischen Flotte beachtet, und Maßnahmen zur Demobilisierung der Flotte waren eingeleitet.

Sicher würden in der Durchführung der Demobilisierung noch zahlreiche Schwierigkeiten eintreten, vor allem beim Versuch, die Schiffe in europäische Häfen zu überführen. Als Gegner waren die französischen Einheiten bis auf die in englischer Hand befindlichen jedoch schon jetzt nicht mehr anzusehen.

Das Gros der Streitkräfte lag noch in den afrikanischen Mittelmeerhäfen. In Casablanca befanden sich drei Schwere Kreuzer, sieben Zerstörer und zwölf U-Boote. In Dakar lagen: Die "Richelieu", Béarn", zwei Flottillenführer und vier U-Boote, in Saigon die "Lamotte Piquet". "Emile Bertin" war vermutlich noch auf der Kanada-Route.

Nach England verbracht sind, soweit zu übersehen: "Jean Bart", "Paris", "Courbet", vier Flottillenführer, zwölf Zerstörer, ein Minenleger, zwei Transporter und zwei U-Boot-Mutterschiffe. Hinzu kamen: Die "Sourcouf" und etwa 24 weitere U-Boote.

Aufgrund des Ausfalles der meisten Nachrichtenmittel und vieler Befehlsstellen herrschte bei der französischen Waffenstillstands-Kommission selber keine völlige Klarheit darüber, wie die Dislokation der Streitkräfte lautete. Die Überführung der abzurüstenden Einheiten und ihre Abrüstung in Frankreich sollte in den nächsten Tagen erfolgen." (Siehe: Überblick über die Lage im Atlantik 21. - 28. 5. 1940; RM 7 84).

Der Bruderkrieg geht weiter

Am 6. Juli wurden englischerseits die Angriffe gegen Mers el Kébir fortgesetzt. Diesmal gelang es den Trägerflugzeugen der "Arc Royal", das Schlachtschiff "Dunkerque" zu treffen. Ein am Schlachtschiff längsseits liegendes Hilfsschiff, das Wasserbomben geladen hatte, wurde durch Volltreffer versenkt. Durch die Explosion der Wasserbomben erlitt auch die "Dunkerque" schwere Schäden. 150 Mann der Besatzung starben. Von der Besatzung des Hilfsschiffes kam keiner mit dem Leben davon.

Um den Bruderkrieg nicht auch noch im Mittelmeer ausufern zu lassen, traf am 7. Juli der französische Oberbefehlshaber der Force X, Admiral Godfroy, mit dem OB der britischen Mittelmeerflotte, Admiral Cunningham, Vereinbarungen über die Internierung und Demobilisierung dieses in Alexandria liegenden französischen Geschwaders. Es bestand aus dem Schlachtschiff "Lorraine", den Schweren Kreuzern "Duquesne", "Tourville" und "Suffren", einem leichten Kreuzer, drei Zerstörern und einem U-Boot.

Die britische Admiralität hatte inzwischen die Kreuzer "Australia", "Dorsetshire" und "Cornwall" mit dem Flugzeugträger "Hermes" und einer Reihe von Kanonenbooten im Gebiet Freetown - Dakar zusammengezogen. Am 8. Juli wurde auch dem dort kommandierenden französischen Admiral ein Ultimatum gestellt. Als er dieses ablehnte, erfolgte auch hier am 8. Juli der britische Angriff. Die Flugzeuge des Trägers "Hermes" starteten als erste. Sie trafen das Schlachtschiff "Richelieu" mit mehreren Lufttorpedos schwer. Ein britisches Motorboot drang in den Hafen von Dakar ein und warf noch zusätzlich Wasserbomben unter das Heck des nicht einmal gefechtsbereiten Schlachtschiffes.

Die Regierung Pétain bat nunmehr die deutsche Reichsregierung, ihre Kriegsschiffe und einen Teil der französischen Luftwaffe kampfbereit halten zu dürfen, um den heimtückischen Angriffen des ehemaligen Waffengefährten antworten zu können. Hitler stimmte dieser Bitte zu und verlangte am 15. Juli als Gegenleistung, die Errichtung einer Anzahl von Luftbasen in Marokko zuzugestehen. Pétain lehnte dies ab, ohne daß dies weitere negative Folgen gehabt hätte.

Marschall Pétain war am 11. Juli 1940 nach dem Rücktritt von Staatspräsident Lebrun "Chef des französischen Staates" geworden. Dies bedeutete, daß er von der Nationalversammlung mit allen Vollmachten ausgestattet worden war. Laval wurde stellvertretender Ministerpräsident. Der Regierungssitz war nach Vichy verlegt worden.

Bereits im Juli hatten die Westindien-Streitkräfte Großbritanniens mit "Fiji", "Dunedin", "Diomede" und "Dispatch" die im Hafen von Martinique liegenden französischen Seestreitkräfte blockiert.

Marschall Pétain befahl der französischen Flotte, die Verteidigung ihrer Küsten und Häfen mit Unterstützung von Flugzeugen und U-Booten zu organisieren. Die in Nordafrika stationierten Luftstreitkräfte erhielten Weisung, das Gebiet nördlich von Casablanca zu überwachen. Vor den Häfen von Dakar und Casablanca wurden U-Boote aufgestellt, um gegen einen weiteren Überfall gewappnet zu sein.

Die französische Waffenstillstands-Delegation in Koblenz bat um die Aufhebung des § 8 der Waffenstillstandsbedingungen für die Marine und die Luftwaffe. Alle bereits eingeleiteten Demobilisierungsmaßnahmen wurden rückgängig gemacht. Die französische Flotte erhielt schon am 5. Juli den Befehl, den Waffengebrauch nur bei Angriffen innerhalb der 20 sm-Zone und nicht als Vergeltungsmaßnahme zu befehlen.

Nach dem soeben skizzierten Angriff gegen Dakar am 8. Juli erfolge die Blockierung der in Westindien befindlichen französischen Seestreitkräfte. Die Besatzungen der Schiffe wurden überwiegend in die schwache Küstenverteidigung eingegliedert.

Mit einem Ultimatum Großbritanniens wurde auch hier gerechnet, zumal bereits Stimmen aus London bekannt geworden waren, die in Martinique in Sicherheit gebrachte eine Milliarde Dollar in Gold der französischen Regierung an sich zu bringen und damit de Gaulles "Freie Franzosen" zu bewaffnen. "Béarn", der französische Flugzeugträger, der ebenfalls im Hafen von Martinique lag, hatte außerdem 100 amerikanische Flugzeuge an Bord, die man kapern wollte.

Die in Ostasien stationierten französischen Streitkräfte erhielten Weisung (durch Befehl vom 7. Juli 1940), sich defensiv zu verhalten, bis es zum Abschluß eines Übereinkommens über die absolute Neutralität im Fernen Osten gekommen sei.

Bereits am 5. Juli sprach Admiral Darlan der französischen Flotte in einem Tagesbefehl den Dank und die Anerkennung Frankreichs für den heldenhaften Einsatz gegen den verräterischen ehemaligen Bundesgenossen aus.

Inzwischen hatte sich auch ein amerikanischer Zerstörerverband in Stärke von fünf Einheiten vor Martinique eingefunden. Unter der Hand wurde davon gemunkelt, daß sich die USA an der "goldenen Dollarmilliarde" gütlich tun wollte, um die französischen Kriegsschulden solcherart im "Zwangseinzugsverfahren" zu begleichen.

Die französische Waffenstillstandskommission bat die deutsche Reichsregierung um die Erlaubnis, den amerikanischen Rote-Kreuz-Dampfer "Mc Keespert", der in Bilbao lag, in einen französischen Hafen einlaufen zu lassen.

Hitler und die französische Kriegsführung

Aufgrund des Überfalles auf Dakar hatte die französische Admiralität den Befehl erlassen, die englischen Streitkräfte, wo sie angetroffen wurden, anzugreifen und zu vernichten. Die Waffenstillstandsdelegation Frankreichs spezifizierte diesen Befehl dahingehend, daß nur an Defensivmaßnahmen gedacht sei, mit einer Ausnahme: den Luftangriffen auf die Gibraltar-Streitkräfte des ehemaligen Verbündeten.

Hitler entschied hinsichtlich der beabsichtigten und erbetenen französischen Kriegsführung, daß dieselbe im Mittelmeer zu dulden sei, wenn auch Italien - als Hauptinteressent - dies zulasse. Außerhalb des Mittelmeers stimmte er jedoch nur Abwehrmaßnahmen gegen angreifende britische Verbände zu.

Winston Churchill beeilte sich, vor dem Unterhaus zu verkünden, daß die britischen Aktionen gegen die französische Flotte nun abgeschlossen seien.

Die Lage der französischen Westindienstreitkräfte gestaltete sich in diesen Tagen und Wochen kritisch. Durch die amerikanische und britische Presse geisterten Berichte, nach denen die USA interveniert habe und eine Internierung aller französischen Streitkräfte Westindiens in den USA wolle.

Doch die Behörden der westindischen Besitzungen Frankreichs standen auf der Seite des Mutterlandes, während der Kommandant des Trägers "Béarn" bereit gewesen sein sollte, die englischen Forderungen zu erfüllen und sich zu ergeben.

England gelang es noch im Juli 1940, die "Ile de France" mit 43 450 BRT in Singapore und die 30 000 BRT große "Pasteur" in Halifax zu beschlagnahmen.

Die USA ließen die abgelösten Einheiten ihres Europageschwaders, den Kreuzer "Trenton" und den Zerstörer "Dickerson" nach Bilbao zurückmarschieren. Dort stiegen am 15. Juli die Großherzogin von Luxemburg und Prinzgemahl Felix auf den Kreuzer über und reisten nach Amerika.

Von den in Casablanca liegenden fünf Kühlschiffen, deren Überführung nach Frankreich deutscherseits genehmigt worden war, traf das erste am 28. August 1940 in Bordeaux ein. Das zweite sollte am 5. September Casablanca verlassen und durch den Flottillenführer "Milan" geleitet werden.

Dazu hieß es im KTB über die Atlantik-Kriegsführung:

II. Frankreich:

"Das erste der für die Überführung genehmigten Kühlschiffe ist am 28. 8. in Bordeaux eingetroffen, das zweite soll am 5. 9. Casablanca verlassen und zunächst durch den Fl.F. "Milan" geleitet werden.

Aus den verschiedensten französischen Besitzungen mehren sich die Meldungen, die auf einen beginnenden Stimmungsumschwung weiter Kreise zu Gunsten der Richtung de Gaulle hindeuten. - So sollen wiederholt französische Flugzeuge, von Nord-Afrika kommend, in Gibraltar gelandet sein und sich den Engländern zur Verfügung gestellt haben. - Die Tschad-Provinz hat sich für de Gaulle erklärt, und der dort beginnende Aufstand ist im Begriff, auf gesamt Äquatorial-Afrika überzugreifen.

6 große Dampfer, die beschleunigt von Point Noir nach Dakar gehen sollten, haben nicht auslaufen können, da sich die Stadt und der Hafen etwa seit dem 31. 8. in Händen der Aufständischen befinden. Die Französische Regierung und auch die führenden Männer in den meisten Besitzungen sehen in dieser Entwicklung offenbar eine ernste Gefährdung des französischen Kolonialreiches und sind bestrebt, energische Gegenmaßnahmen zu ergreifen.

Das U-Boot "Sidi-Ferruch" hat zunächst Befehl erhalten, solange sein Brennstoffvorrat reicht, in Kamerun zu bleiben, so bald als möglich Kribi anzulaufen, Bericht zu erstatten und zu melden, welche Unterstützung erforderlich ist. Da die in Dakar verfügbaren Kräfte sehr schwach sind, sind "Alsacien", "Bougainville" und "Persée", die sich bei der Reparatur des Kabels Dakar-Casablance in See befanden, zurückgerufen worden.

Am 2. 9. sollten "Boungainville", "Poncelet" und ein Dampfer mit Truppen, Waffen und Verpflegung von Dakar nach Libreville gehen, um dort einen Aufstand zu verhindern. Diese Maßnahme, die nach den Ausführungen des Generals Huntzinger besonders dringend ist, um einem Übergreifen des Aufstandes im Tschad-Gebiet zu begegnen, wird von den Franzosen als nicht voll ausreichend angesehen, so daß sie die Verlegung von 3 leichten Kreuzern aus dem Mittelmeer nach West- bzw. Äquatorial-Afrika bei der Waffenstillstandskommission beantragt haben. Die Genehmigung ist zunächst durch Deutschland, danach auch durch Italien erteilt worden. Voraussichtlich werden "Georges Leygues", "Gloire" und "Montcalm" (z.Zt. in Toulon) nach Westafrika gehen. Es bleibt abzuwarten, ob England die Schiffe am Passieren der Gibraltarstraße hindern wird.

Ähnliche Verhältnisse wie in Äquatorialafrika liegen in Neu-Kaledonien vor. Dort bemüht sich der Kommandant des Avisos "Dumont d'Urville", die Ordnung wiederherzustellen und die Position des neu ernannten Gouverneurs zu sichern. Bemerkenswert sind die durch den Kommandanten gemeldeten Vorschläge zur Besserung der Lage: Entsendung eines energischen Generals, Einsetzung der Zensur, Ermächtigung für den Gouverneur, notfalls den Belagerungszustand zu verhängen, Entsendung eines Kreuzers oder eines Bataillons treuer Truppen und vor allem baldmöglichste Befreiung von der ökonomischen Vormundschaft Englands durch Aufnahme eines Handelsaustausches mit Japan und Amerika.

Ob diese Bemühungen in den weit abgesetzten, dem englischen Druck besonders ausgesetzten Kolonien auf die Dauer Erfolg haben werden, muß bezweifelt werden. Während sich der Aviso in Noumea befindet, sind vermutlich in Papeete Unruhen im Gange, die bis zur Rückkehr des Kriegsschiffes mit den am Ort verfügbaren Mitteln niedergehalten werden sollen.

Die Operation "Menace"

Entgegen den Versicherungen Churchills, daß alle britischen Kampfhandlungen gegen französische Seestreitkräfte beendet seien, begann am 23. September 1940 die Operation "Menace", der Großangriff britischer Seestreitkräfte gegen Dakar. Dieser Angriff diente der Vorbereitung einer Landungsoperation frei-französischer Truppen unter General de Gaulle. Diesem standen dafür 2400 Mann zur Verfügung, die sich überwiegend aus Angehörigen französischer Fremdenlegionsverbände zusammensetzten.

4 000 britische Soldaten waren ebenfalls eingeschifft. Sie sollten im Notfall zur Unterstützung der (angeblich) Freien Franzosen gelandet werden.

Der britische Verband stand unter dem Kommando von Vizeadmiral J.H. D. Cunningham. Er bestand aus den Schlachtschiffen "Barham" und "Resolution", dem Flugzeugträger "Arc Royal", den Schwerenz Kreuzern "Cumberland" und "Devonshire", sechs Zerstörern und den freifranzösischen Avisos "Savorgnan de Brazza", "Commandant Duboc", "Commandant Dominé" und vier Frachtschiffen als Materialtransportern. Ein Tanker und die britischen Truppentransporter "Pennland" (16 381 BRT) und "Westernoland" mit 16 479 BRT kamen hinzu.

Zunächst versuchte General de Gaulle, den Stützpunkt zur Übergabe aufzufordern und entsandte einen Parlamentär zum Kommandeur der französischen Streitkräfte, Admiral Landriaux. Als dies nichts fruchtete, ließ er den Stützpunkt durch eine Rundfunkbotschaft zur kampflosen Übergabe auffordern. Diese wurde jedoch vom Gouverneur Boisson zurückgewiesen.

Unmittelbar danach eröffneten alle Feindstreitkräfte das Feuer auf die Stadt, den Hafen, die Küstenbatterien und auf das Schlachtschiff "Richelieu". Dieses wurde von den französischen Küstenbatterien erwidert, denen es gelang, den Kreuzer "Cumberland" und die Zerstörer "Foresight" und "Inglefield" schwer zu treffen.

Das französische U-Boot "Persée" griff einen der Kreuzer im Überwasservorstoß an. Es wurde gesichtet und zusammengeschossen, so daß es sehr schnell sank und seine Besatzung mit in die Tiefe nahm. Der Torpedokreuzer "L'Audacieux" wurde von dem Kreuzer "Australia" so schwer getroffen, daß er von seinem Kommandanten auf Strand gesetzt werden mußte. 80 französische Seeleute verloren dennoch auf diesem Schiff ihr Leben.

Der Landungsversuch in der Bucht von Rufisque, der unter der Führung von General de Gaulle stand, wurde unter schweren Verlusten für die Landenden abgewiesen.

Um 1.00 Uhr des 24. September stellten die Engländer selber dem Gouverneur Boisson ein bis 6.00 Uhr befristetes Ultimatum; Gouverneur Boisson antwortete darauf mit den Worten:

"Frankreich hat mir die Stadt und den Hafen von Dakar anvertraut. Ich werde sie bis zum Äußersten verteidigen."

Marschall Pétain sprach unmittelbar nach Bekanntwerden des ersten Abwehrsieges Gouverneur Boisson seinen Glückwunsch aus.

Die Beschießungen und Angriffe der Freien Franzosen gingen weiter. "Barham" und "Resolution" beteiligten sich ebenso wie "Australia" und "Devonshire" am Feuer auf die Küstenbatterien. Diese erwiderten das Feuer aus allen Rohren. Unterstützt wurden sie durch die französischen Leichten Kreuzer "Georges Leygues" und "Montcalm", sowie die Torpedokreuzer "Le Fantasque", "Le Malin" und "Le Hardi".

Das britische Schlachtschiff "Resolution" wurde von vier Volltreffern erschüttert.

Die drei weiteren Landungsversuche der Freien Franzosen wurden ebenfalls abgewiesen.

Die in einem solchen Falle versprochene Schützenhilfe durch die britischen Truppen fand - wie hätte es anders sein können nach den vielen Beispielen gleicher Art - nicht statt.

Der 25. September sah zwar noch einmal die Beschießung des Hafens von Dakar durch die britischen Schlachtschiffe und Schweren Kreuzer. Als die "Richelieu" einen Volltreffer auf der "Barham" erzielte, wurde der britische Flottenbefehlshaber nervös. Und als sodann das U-Boot "Béveziers" unter Kptlt. Lancelot die "Resolution" mit einem Torpedo traf, befahl Winston Churchill - nach der Meldung von VAdm. Cunningham - den Abbruch des Unternehmens, um nicht noch eines der

Großkampfschiffe zu verlieren. Der ehemalige Freund und Waffenbruder Frankreich hatte sich hier abwehrbereit gezeigt und den Freien Franzosen ebenso wie der britischen Flottenstreitmacht eine empfindliche Schlappe beigebracht. Dennoch hatte Vichy-Frankreich abermals durch den ehemaligen Verbündeten 84 Tote und 182 Verwundete zu beklagen. Die Verluste unter der Zivilbevölkerung durch die britischen Verbände betrugen 84 Tote und 197 Verletzte.

Zum ersten Male waren auch Zivilisten bei diesem Duell ums Leben gekommen, und es sollte sich in der Zukunft zeigen, daß Frankreich in keiner Weise geschont wurde, wenn es darum ging, irgendeine deutsche Stellung oder eine Schiffsansammlung anzugreifen. In den folgenden Bänden wird der Kampf Englands und später auch der US-Bomber-Streitkräfte gegen die französische Zivilbevölkerung detailliert dargestellt werden.

Diesem Bruderduell vor und bei Dakar vorausgegangen war ein Einsatz der Vichy-Marine, der am 9. September 1940 begann. Ein französischer Flottenverband unter dem Kommando von KAdm. Bourragué mit den leichten Kreuzern "Gloire", "Georges Leygues" und "Montcalm", den Torpedokreuzern "La Fantasque", "Le Malin" und "L' Audacieux" lief vor die Küste von Gabun, um dieses französische Übersee-Territorium, das von Frankreich abgefallen und zu den sog. Freien Franzosen übergelaufen war, zurückzugewinnen.

Am 9. September verließ das Kampfgeschwader den Hafen von Toulon. Zwei Tage darauf wurde Gibraltar passiert und am 12. Casablanca erreicht, wo der Verband Treiböl übernahm. Der Weitermarsch in Richtung Dakar begann am 13. September.

Unmittelbar nach Bekanntwerden des Zieles wurde das britische Gibraltar-Geschwader alarmiert. Es erhielt den Befehl, die französischen Kriegsschiffe mit allen Mitteln zu stoppen, sie notfalls zu versenken.

Doch dieser Befehl erfolgte zu spät. Am 18. September liefen die drei französischen Kreuzer aus Dakar aus. Der ihnen vorausgeschickte Leichte Kreuzer "Primauguet" als Bewacher des Tankers "Tarn", welcher wiederum als Treibstoffbasis eingesetzt war, sollte Libreville anlaufen und sich dort bereithalten.

Diese beiden Einheiten konnten jedoch von den britischen Kreuzern "Cornwall" und "Delhi" abgefangen werden. Sie wurden nach Casablanca geleitet.

Der französische Hauptverband wurde während seines Marsches von den britischen schweren Kreuzern "Cumberland" und "Australia" beschattet. Als die "Gloire" wegen eines Maschinenschadens zurückfiel, wurde sie aufgebracht und ebenfalls nach Casablanca geführt.

Die französische Regierung brach nunmehr den Einsatz gegen Gabun ab. Die restlichen Einheiten erhielten Weisung, nach Dakar zurückzukehren.

Damit waren die Freien Franzosen Herren in Gabun geworden. Sie stießen bis zum 10. November bis nach Libreville vor und nahmen die Hauptstadt von Gabun in Besitz. Damit war die gesamte französische Kolonie Äquatorialafrika vom Atlantik bis zum Tschadsee einschließlich Kameruns in den Händen der Freifranzösischen Truppen des Generals de Gaulle.

Die von Vichy-Frankreich bereits im September beabsichtigte Verlegung von sechs Bataillonen senegalischer Truppen von Casablanca nach Dakar wurde verschoben. Die in See befindlichen Dampfer und leichten Streitkräfte erhielten am 23. September Befehl, die Zufluchtshäfen Conakry, Agadir und Casablanca anzulaufen.

In Noumea (Neukaledonien) hatte Dumont d'Urville die Absicht, durch den Einsatz eines Landungskorps und treu gebliebener Truppen die Ordnung wiederherzustellen. Am 18. September wurde zu diesem Zweck der Belagerungszustand verhängt.

Dieses Vorhaben, das die Vichy-Regierung in Übersee hätte stärken können, wurde durch das Einlaufen des Kreuzers "Adelaide" am 19. September in Noumea vereitelt. An Bord dieses Kreuzers befand sich ein von General de Gaulle ernannter Gouverneur, der eingesetzt wurde, nachdem der Pétain-Gouverneur von den eingeschifften Geleittruppen festgenommen worden war.

Der Kommandant der "Adelaide" erklärte an Land, daß er die Kolonien, die sich unter de Gaulle stehend erklärten, unter seinen Schutz stellen werde.

Ein im Hafen liegender französischer Aviso wurde nach Saigon zurückgeschickt. Der zweite Aviso, "Admiral Charner", der sich mit 100 Mann-Vichytruppen Noumea bis auf 52 sm genähert hatte, wurde ebenfalls nach Indochina zurückgeschickt.

Deutsche Betrachtungen zu Dakar

Der englische Angriff auf Dakar und die Abwehr französischer Landungsversuche, die mit der Beschädigung der beiden daran teilnehmenden britischen Schlachtschiffe geendet hatte und abgebrochen worden war und sowohl Tote unter den Seeleuten als auch unter den Zivilisten verursacht hatte, diente der Vichy Regierung als besondere Aufmunterung. Diese moralische Stärkung bedeutete zugleich die erste gravierende Niederlage der Freien Franzosen de Gaulles. Die Engländer erlitten einen Prestigeverlust. Dennoch war den Franzosen unter Marschall Pétain klar, daß sie vor bedeutenden Schwierigkeiten standen. Die weitere Erhaltung der Abwehrbereitschaft gegen die Freien Franzosen und gegen England erforderte Nachschub an Munition für die "Richelieu", Bomben für die Luftstreitkräfte und die baldmögliche Wiederaufnahme des Seeverkehrs.

Vizeadmiral Lacroix hatte bereits die sofortige Auslegung sämtlicher in Dakar lagernder Minen befohlen. An Streitkräften befanden sich zur Zeit in Dakar:

"Richelieu", "G. Leygues", "Montcalm", "Fantasque", "Malin", "Hardy"; ferner: fünf Avisos und zwei oder drei U-Boote.

In Casablanca und anderen Häfen Marokkos waren folgende Einheiten stationiert: "Gloire", "Primauguet", vier Zerstörer und vier U-Boote.

Die "Bougainville" und das U-Boot "Poncelet" lagen im Hafen von Libreville und wurden nach dem Abwehrsieg von Dakar aufgefordert, ebenfalls auszuhalten und jeden Angreifer abzuwehren.

Für den Fall der Freigabe durch die Achsenmächte (Deutschland war dazu bereit, die Entscheidung Italiens stand noch aus) waren die "Strasbourg", drei Schwere, zwei Leichte Kreuzer und einige Zerstörer in Toulon in einen gewissen Bereitschaftszustand versetzt und Admiral De Labarde als "Admiral Strasbourg" unterstellt worden.

Französische Dampfer hatten bereits am 28. und 29. September, von Casablanca aus kommend, Gibraltar passiert. Am 29. September waren "Frondeur" und "Epée" von Oran nach Casablanca verlegt worden. "Fougueux" sollte am 1. Oktober folgen.

Die Wiederaufnahme des Transportes senegalsischer Truppen von Casablanca nach Dakar stand bevor. Weitere Dampfer liefen nach Bordeaux, von Fort de France nach Casablanca sowie von Madagaskar nach Dakar und Djibouti.

Da der letztere Dampfer unterwegs von englischen Streitkräften angehalten wurde, hielt Vichy die in See stehenden beiden anderen zurück und befahl deren Rükkreise nach Madagaskar.

England war bereit, so lauteten britische Pressemeldungen, den Transport einer Division freier französischer Senegaltruppen auf dem Dampfer "Ile de France" nach Indochina zu erlauben.

Als Admiral Muselier versuchte, durch einen Bluff - indem er den Ersten Offizier zum Kommandanten ernannte - den Aviso "Dumont d`Urville" auf de Gaulles Seite zu ziehen, erntete er einen Mißerfolg. Der Kommandant des Avisos ließ den I.O. in Fesseln legen und erklärte, daß er regierungstreu sei und bleiben werde und daß die Einstellung des größten Teiles der französischen Kolonialsoldaten ebenfalls regierungstreu sei.

Französische Schiffsbewegungen

Da jeweils vier im Atlantik auf Patrouillenfahrt befindliche Zerstörer und U-Boote Frankreichs dringend einer Maschinenüberholung bedurften, wurde Ende Oktober 1940 ihr Austausch vorgenommen. Vier U-Boote, die für den Einsatz in Indochina und vor Madagaskar bestimmt waren, trafen am 28. Oktober, aus Casablanca kommend, in Dakar ein. Ein Tanker war bereits am 19. Oktober in den Hafen von Dakar eingelaufen, um alle Einheiten zu versorgen.

Die Schiffsbewegungen Frankreichs zwischen Casablanca und dem Mittelmeer, zwischen Casablanca und Dakar sowie zu den Antillen liefen bisher planmäßig. Von St. Pierre et Miquelon waren am 24. Oktober mit deutscher Genehmigung Fischerboote und Segelschiffe nach Casablanca zurückgezogen. Die Dampfer "Winnipeg" und "St. Francisco" waren ebenfalls mit deutscher Genehmigung zur Abholung internierter Franzosen aus England, aus New Orleans und New York ausgelaufen.

Der englische Druck auf die regierungstreuen französischen Besitzungen in Zentralafrika machte sich bis Ende Oktober unangenehm bemerkbar. Libreville erbat deshalb von Vichy am 24. Oktober die Entsendung von mindestens einem Aviso und einem U-Boot zur Stationierung in Libreville und Port Gentil.

Die Avisos "D'Iberville" und das U-Boot "Bevéziers" erhielten Weisung, am 30. Oktober Dakar zu verlassen und am 8. November in Gabun einzutreffen. Der Versorgungsdampfer "Tours" mit 4 158 BRT sollte am selben Tage aus Dakar auslaufen und vor Gabun auf einem Treffpunkt von einem U-Boot aufgenommen werden.

Der Dampfer "Albi" mit 4191 BRT, der ebenfalls der Versorgung der französischen Streitkräfte diente, wurde von unbekannten Gegnern im Golf von Guinea angegriffen. Über das weitere Schicksal des Dampfers wurde nichts bekannt.

Besonders schwierig war die Lage in den mittelamerikanischen Besitzungen Frankreichs. Es kam in bezug darauf zu einer Besprechung einer deutsch-französischen Delegation, die das Ziel verfolgte, diese Besitzungen für Frankreich zu sichern.

Am 25. Oktober ließ die französische Admiralität auf den massiven Druck der USA hin eine Weisung an den Admiral Antillen senden:

"Aufgabe ist es, zu versuchen, die Antillen für Frankreich zu erhalten. Die Verhandlungen darüber sind in die Länge zu ziehen, und der erhaltene Befehl, Gewalt mit Gewalt zu beantworten ist geltend zu machen.

Bei anwachsendem Druck sollen alle in Fort de France liegenden Handelsschiffe auslaufen und auf verschiedenen Routen Dakar oder Casablanca ansteuern. Die Kriegsschiffe sind bei Erfolgsaussichten einzusetzen, bei Angriff durch weit überlegene Feindkräfte aber ebenfalls nach Dakar oder Casablanca zu entlassen. In letzterem Falle sollen sie von sich aus einen Kampf vermeiden; wenn dies jedoch notwendig wird, ist bis zum Äußersten Widerstand zu leisten und schließlich Selbstversenkung vorzunehmen.

Alle Bordkampfmittel sind gefechtsklar zu halten und die Inseln nicht ohne Kampf auszuliefern. Einstellung der Kampfhandlungen gegenüber andauernden überlegenen Angriffen wird dem seestrategischen Urteil des Admirals überlassen.

Ein Schiff ist zur Einschiffung des anvertrauten Goldes bereitzuhalten.

Die Flugzeuge des Trägers "Bearn" die nicht für die Operation benötigt werden, sind zu zerstören."

Am 5. Dezember kam es zu einem ersten Abschluß dieses Bruderkampfes, als Großbritannien und die Vichyregierung ein Geheimabkommen unterzeichneten, nach dem sich England bereit erklärte, den status quo in den französischen Kolonien nicht zu verändern.

Am 13. Dezember entließ Marschall Pétain seinen Stellvertreter Pierre Laval, aus allen Ämtern und ernannte Pierre-Etienne Flandin zum Außenminister. Dieser sollte zu einer der einflußreichsten Persönlichkeiten in Vichy-Frankreich werden. Er wurde Vizepräsident und galt als designierter Nachfolger Pétains, ehe er im Februar

1941 durch Admiral F. Darlan ersetzt wurde. (Flandin wurde nach dem Kriege wegen Kollaboration mit dem Feind Deutschland zu "fünf Jahren nationaler Unwürdigkeit" verurteilt, aber bald begnadigt).

Am 25. Dezember fand jenes Gespräch zwischen Admiral Darlan und Hitler in Beauvais statt, in welchem Darlan Hitler ein Handschreiben von Marschall Pétain überbrachte. Darin wurde in vorsichtiger Formulierung ein Zusammengehen mit Deutschland angeboten, vorausgesetzt, Deutschland erfüllte jene Bedingungen, die der Marschall von Frankreich als unerläßlich ansah.

Hitler lehnte jedes Entgegenkommen gegenüber Vichy ab. Damit war endgültig die Tür zu einer breiten Zusammenarbeit Deutschland-Frankreich zugeschlagen. Die Zeit des Attentisme - des Abwartens - begann.

Eine Pak-Einheit rollt an zwei Landser-Gräbern vorbei, auch Deutschland hat Verluste zu tragen.

An einer typischen Landstraße müssen viele franz. Gefallene schnell begraben werden. Dem Gegner wird hohe Achtung entgegengebracht und die gefallenen Gegner möglichst würdig bestattet.

Eine Krupp-Protze der 56. ID fährt die Strand-Promenade von Dünkirchen entlang.

Verlassene englische 8,5 cm-Flak-Geschütze in Dünkirchen.

„Die letzte Viertelstunde – Haltet Euch gut!"

TAGESBEFEHL

VON GENERAL WEYGAND AN DIE TRUPPEN

General Weygand hat am Sonntag um 10.00 Uhr einen Tagesbefehl an die Truppen erlassen. Er lautet wie folgt:

Vom Meer bis Montmédy ist jetzt die deutsche Offensive auf breiter Front losgebrochen. Morgen wird sie sich bis zur Schweiz erstrecken. Für jeden ergeht der Befehl, sich ohne jeden Gedanken an ein Zurückweichen zu schlagen, sondern vorwärts zu blicken und dort zu kämpfen, wo ihn das Oberkommando hingestellt hat.
Der Oberbefehlshaber verkennt nicht die Anstrengungen und die Tapferkeit der Heeresverbände und der Luftwaffe, welche diese ohne Mutlosigkeit durch glänzende Beispiele bezeugen. Er dankt ihnen dafür.
Frankreich verlangt noch mehr von ihnen. Offiziere, Unteroffiziere und Soldaten, das Heil des Vaterlandes verlangt von Euch nicht nur Mut, sondern alle Hartnäckigkeit, alle Initiative und allen Kampfgeist, deren Ihr, wie ich weiß, fähig seid. Der Feind hat beträchtliche Verluste erlitten. Er ist bald am Ende seiner Kräfte. Die letzte Viertelstunde hat geschlagen. Haltet euch gut.

Aus: Le Temps (Paris) vom 10. 6. 1940

Tagesbefehl vom franz. General Weygand an seine Truppe vom 10. Juni 1940.

Ein verzweifelter franz. Gefangener in Dünkirchen.

Die letzten „Tommies", die der Hölle von Dünkirchen entkamen.

Vom Strand bei Dünkirchen auf die Schiffe: Die Flucht nach England.

Fischerboote bringen französische Soldaten nach England.

Britische Truppen auf engstem Raum auf der Flucht.

General John Gort, Oberbefehlshaber der britischen Expeditionsarmee in Frankreich.

So stellten sich die Briten den Krieg 1940 vor. Nach Berlin schafften sie es erst 1945

Erst einmal mussten sich die britischen Truppen schleunigst über den Kanal retten. Sorgenvolle Blicke in Richtung Rettungsschiffe. Englische Soldaten in den Dünen von Malo-les-Bains.

Dünkirchen zum Ende der Operation Dynamo am 4. 6. 1940.

Und das ist der Hafen von Dünkirchen mit den Wracks gesunkener Schiffe.

Churchills Bemühungen um Frankreich: Hier im französischen HQ Nordost mit dem dortigen Befehlshaber General Georges.

31. Mai 1940: Churchills letzter Besuch in Paris mit General John Dill, Clement Attlee und General Lord Ismay (ganz rechts).

Der französische Staatspräsident mit Oberst De Gaulle, Kommandeur der franz. 4. Panzerdivision.

Ferdinand Buisson und Pierre Laval wurden Mitglieder der späteren deutschfreundlichen Vichy-Regierung Juli 1940 bis August 1944.

Auch die deutschen Panzerverluste waren hoch, hier ein total ausgebrannter Panzer IV.

Diese französische Pak hat sich bis zum Schluss gewehrt.

Ein deutscher Panzerangriff mit begleitender Infanterie entwickelt sich.

Die Küste bei Bologne wurde erreicht. Hier ein Panzer 38 (t) aus ehemalig tschechischer Produktion.

Eine 8-tonner Zugmaschine mit angehängter 8,8cm-Flak durchfährt eine Furt. Die „88" wurde schon in Frankreich legendär und war oft die letzte Rettung gegen schwere feindliche Panzer.

Unaufhaltsam wälzen sich die deutschen Marschkolonnen in Richtung Paris.

LUFTKRIEG ÜBER DEUTSCHLAND UND ENGLAND

Bilanz und Überblick

Die deutsche Luftwaffe hatte vom 10. Mai bis zum 22. Juni 1940 über Frankreich im Einsatz gestanden. Die Luftflotte 2 war unter dem Kommando von General der Flieger Kesselring und die Luftflotte 3 unter General der Flieger Sperrle angetreten.

Es war ihr nicht gelungen, das britische Expeditionskorps an der Flucht aus Frankreich auf die Britischen Inseln zu hindern, wie Hermann Göring dies versprochen hatte.

Die einzelnen Verbände hatten sich während des Frankreich-Feldzuges aufgeopfert, sie waren völlig erschöpft. Dazu Kesselring in seinen Erinnerungen:

"Der Entschluß Hitlers, die Luftwaffe gegen Dünkirchen einzusetzen und die Panzertruppe stehenzulassen, war ein schicksalhafter Fehler, der England die Reorganisation seiner Truppen ermöglichte." (Siehe Kesselring, Albert: a.a.O.)

Am 29. Mai unterrichtete Hitler alle Oberbefehlshaber der Westfront in Cambrai über seine weiteren Absichten und über die Fortsetzung des Kampfes in Frankreich.

Die Luftflotte 2 mußte demzufolge unmittelbar nach ihren schweren Einsätzen über Dünkirchen noch während ihrer Umgruppierung ihre Angriffe nach Süden fortsetzen. An ein Auffrischen der abgekämpften Kräfte war nicht zu denken. Dies hatte zur Folge, daß die Einsatzstärken weiter abfielen.

Dennoch gelang es General der Flieger Kesselring, der seinen Gefechtsstand so weit wie möglich nach vorn an die untere Somme verlegt hatte, die französischen Truppenbewegungen auf der Schiene und auf der Straße wirkungsvoll zu bombardieren.

Die Fernfliegerkräfte der Luftflotte 2 hingegen kämpften vor allem über See und konnten bis zum Ende des Frankreichfeldzuges insgesamt 300 000 BRT feindlichen Handelsschiffsraumes vernichten. Vier große Kriegsschiffe und 25 weitere Handelsschiffe wurden beschädigt.

Während der Bombardierung der französischen Luftbasen im Großraum Paris am 3. Juni gelang es den deutschen Begleitjägern, über 100 französische Flugzeuge abzuschießen.

Hier kämpften sie, die großen Asse der Jagdfliegerei, so Mölders und Wick, die am 29. Mai und am 27. August das Ritterkreuz erhielten, die Oesau und Priller, die ebenfalls mit dieser hohen Auszeichnung dekoriert wurden, die Galland, Joppien und Müncheberg. Alle sollten sie später zu weiteren großen Erfolgen kommen.

Am 22. Juni 1940 flog Oberst Osterkamp, Kommodore des JG 51, das über Frankreich etwa 150 Feindflugzeuge abgeschossen hatte, ins HQ der Luftflotte 2, um den weiteren Einsatz seines Geschwaders zu erörtern. Osterkamp, Alter Adler, Träger des Ordens Pour le mérite des Ersten Weltkrieges, bat um den Einsatz seines Geschwaders am Kanal, und Gen. Kesselring sagte dies zu. Kesselring verabschiedete sich von ihm mit den Worten:

"Auf Wiedersehen am Kanal gegen England!" (Siehe Kurowski, Franz: Generalfeldmarschall Albert Kesselring).

Der Gefechtsstand des JG 51 wurde in Le Touquet eingerichtet, und Oberst Osterkamp ließ sein Geschwader am nächsten Tage zum erstenmal über den Kanal nach England fliegen. Die Jäger gelangten bis zum Außenring um London. Zum erstenmal hörten die Flieger die Warnmeldungen der englischen Bodenstellen: "Achtung - bandits!"

Am 1. Juli 1940 kam es zur Aufstellung des Nachtjagdgeschwaders 1 unter Major Falck. Von Gütersloh aus flogen die Staffeln dieses Geschwaders ihre Einsätze, zunächst lediglich mit der I./NJG 1, später dann mit der neu hinzukommenden III./ NJG 1 und der II./NJG 1, die aus Verbänden der Zerstörergeschwader 1 und 76 aufgestellt wurden.

Die drei Gruppen starteten unter der Führung ihrer erfahrenen Gruppenkommandeure Hptm. Radusch (I. Gruppe), Hptm. Heise (II. Gruppe) und Hptm. Bothmer (III. Gruppe) zur hellen Nachtjagd und zur Fernnachtjagd. Hier errangen die Leutnante Streib und Ehle und einige andere ihre ersten Nachtjagdsiege.

Auch die deutschen Kampfflieger starteten nach kurzer Pause und Auffrischung am 10. Juli wieder zu ihren Angriffen gegen englische Küstengeleitzüge.

Oberst Fink, soeben als Kanalkampfführer damit beauftragt, den gesamten Kanalbereich für englische Küstengeleitzüge zu sperren, setzte von Kap Gris Nez westlich von Calais aus alles an, was er zur Verfügung hatte. Der am 10. Juli in der Höhe von Folkestone gesichtete Küstengeleitzug wurde von mehreren Verbänden des JG 51 und des ZG 26 angegriffen.

Hier kam es über See zu einem weiteren großen Luftduell mit dem Gegner. Das Fighter Command hatte durch die englische Radarwarnkette die entsprechenden Meldungen erhalten und warf alle einsatzbereiten Flugzeuge der 54., 64., 74. und 111. Staffel in den Kampf. Es waren 32 Hurricanes und Spitfires. Die zwei deutschen Me 109 E und die 30 Me 110-Zerstörer des ZG 26 formierten sich zu einem Abwehrkreis. In dem nun beginnenden Luftkampf kam es zu dramatischen Duellen. Oblt. Oesau schoß nacheinander drei englische Jäger ab. Einer der Spitefires rammte eine Me 110. Beide Maschinen stürzten brennend in die See. Sechs Feindjäger wurden in diesem "Luftkarussell über dem Kanal" abgeschossen.

Am 19. Juli stieß die III./JG 51 unter Hptm. Trautloft auf sieben Defiant-Zweisitzer der 141. Squadron der Royal Air Force. Alle sieben Gegner wurden abgeschossen. Am Abend dieses Tages hatte das JG 51, das allein als Jägerverband am Kanal stand, 14 Gegner aus der Luft geholt.

Am 24. Juli wurde "Freie Jagd über Südengland" befohlen. Deutsche Jagd- und Zerstörerverbände flogen nun ständige Einsätze, um den Gegner aus seiner Reserve herauszulocken und ihn zu einer großen, entscheidenden Luftschlacht herauszufordern.

Air Marschall Dowding, Oberbefehlshaber des britischen Fighter Command, aber hielt seine Waffe zurück, damit er sie neu formieren konnte, um gegen den erwarteten Großangriff der deutschen Luftwaffe so stark wie nur eben möglich zu sein.

Immer wieder drehten die englischen Jäger ab, wenn ihre deutschen Gegner in größeren Massierungen über Südengland auftauchten.

Ende Juli aber ging jene Vorbereitungszeit zu Ende, die darauf hindeutete, daß sich die Deutsche Wehrmacht anschickte, den Sprung auf die Britischen Inseln zu wagen. Doch dazu mußte zuerst die Luftherrschaft über dem Landungsgebiet erreicht sein.

Hitler hatte den Plan der Eroberung Großbritanniens bereits mehrfach erwogen, doch dazu sollte es aus mehreren Gründen nicht kommen, die im folgenden Abschnitt kurz gestreift seien.

Zu dem Unternehmen "Seelöwe" erklärte GFM Kesselring: "Die Vorgeschichte der Operation "Seelöwe", welche die Invasion Englands zum Ziel hat, läßt die Planlosigkeit der deutschen Kriegsführung erkennen. In einer Studie aus dem Jahre 1946 habe ich diese Gedanken in nachstehenden Sätzen niedergelegt:

'Der Hauptfehler lag im Fehlen eines wohldurchdachten Kriegsplanes bei Beginn des Krieges. Daß letzten Endes die Erfolge oder Mißerfolge für die Art der Weiterführung des Krieges bestimmend geworden sind, muß als der Fehler der Kriegsführung auf deutscher Seite angesehen werden. Diese Schuld trifft Adolf Hitler." (Siehe Kurowski, Franz: a.a.O.).

Bereits im Juni war der Jagdfliegerführer 2 (JAFÜ 2) der Luftflotte 2, Generalmajor von Döring, als einer der ersten an den Kanal gezogen und hatte sein HQ in Wissant aufgeschlagen. Von hier aus konnte er durch das Fenster seines Arbeitsraumes die weiße Kreideküste von Dover sehen.

Nach Ende des Frankreichfeldzuges mußte er zuerst die Flugplätze an der Kanalküste auf ihre Brauchbarkeit daraufhin überprüfen, ob sie zu Fliegerhorsten oder zu Operationsbasen der Luftwaffe geegnet waren.

Seine nächste Aufgabe war die Errichtung einer Funkhorch-Station bei Wissant, über welche der gesamte Funkverkehr des britischen Jägerkommandos überwacht werden konnte.

Am 7. Juli 1940 wurde eine Funkhorch-Sondergruppe der III./Luftnachrichten-Regiment 2 hier eingesetzt.

Oberst Fink, der als Kommodore des erfolgreichen KG 2 am 20. Juni das Ritterkreuz erhalten hatte, wurde nach seiner Beförderung zum Generalmajor Kampfführer. Seine Sache waren die Angriffe gegen die britische Kanalschiffahrt. Der Angriff seiner Kampfflieger am 4. Juni auf den Geleitzug OA 178 brachte die Vernichtung von vier englischen Schiffen durch deutsche Stukas. Neun weitere Schiffe wurden in Brand geworfen.

Eine weitere Stukagruppe griff unterdessen den Hafen von Portland an und warf zwei dort liegende Schiffe in Brand.

Am 7. Juli 1940 griffen die Stukas unter GenMaj. von Richthofen Portsmouth an.

Die Ziele dieser Angriffe waren: Die Säuberung des Kanals von britischen Schiffen, die Ausschaltung der britischen Jägerwaffe über England als erste und wichtigste Voraussetzung zum Gelingen der Operation "Seelöwe".

In Verfolg dieser Absichten wurden - wie bereits angedeutet - bei günstigem Flugwetter ab Anfang Juli deutscherseits täglich mindestens zwei Angriffe über den Kanal hinweg geflogen.

Diese Zeit wurde in England die erste Phase der Luftschlacht um England genannt.

Göring hatte Anfang Juli anläßlich seines Besuches in s'Gravenhage beim Militärbefehlshaber Holland, General Christiansen, allen herbeigerufenen Befehlshabern und Kommodores erklärt:

"Der Führer hat mich beauftragt, mit meiner Luftwaffe England zu zerschlagen. Mit harten Schlägen gedenke ich, diesen Gegner, der bereits moralisch entscheidend getroffen ist, in kürzester Zeit in die Knie zu zwingen, so daß eine Besetzung der Insel durch unsere Truppen ohne Risiko erfolgen kann."

Der Stab Görings erklärte dazu, daß man deutscherseits nur mit einer Jägerstreitmacht des Gegners in Höhe von 400 bis 500 Maschinen zu rechnen brauche. Diese seien in einer Dreiphasen-Operation von Angriffen folgendermaßen zu vernichten:

"Erste Phase: Innerhalb von vier Tagen Beherrschung des Luftraumes und Vernichtung der feindlichen Jägerplätze im Halbkreis von 100 bis 150 km vor London.

Zweite Phase: In den folgenden drei Tagen Beherrschung des Luftraumes auf 50 bis 100 km vor London.

Dritte Phase: Binnen fünf Tagen Vernichtung aller Feindflugplätze und der darauf stationierten Jäger im Umkreis von 50 km um London.

Als Oberst Osterkamp bei diesem Vortrag den Kopf schüttelte, wurde er anschließend aufgefordert, sich dazu zu äußern. Er führte aus: "Nach der Feinderkundung durch die Funkerüberwachung und das Abhören des feindlichen Sprechfunks während der Luftkämpfe wurden die einzelnen Staffelbezeichnungen im Operationsraum gesammelt. Danach sind im Großraum um London insgesamt 500 bis 700 Flugzeuge stationiert."

"Das ist Unsinn!" brauste Hermann Göring auf. "Wir haben ganz ausgezeichnete Nachrichten über den Bestand der britischen Jägerwaffe, und ich weiß genau darüber Bescheid." (Siehe: Osterkamp Theo: Durch Höhen und Tiefen jagt ein Herz.).

Anschließend erklärte der OB der Luftwaffe, daß sämtliche deutschen Jagdgeschwader am Kanal eingesetzt werden würden. Wie viele Jäger dies sein würden, wußte niemand in dieser Runde, und als sie schließlich alle am Kanal eingetroffen waren, mußte Oberst Osterkamp feststellen, "daß es zu wenige waren."

General Sperrle und General Kesselring meldeten sich für die beiden Luftflotten 2 und 3 zu Wort. Sie machten den Vorschlag, vor dem Masseneinsatz der Kampfflugzeuge zuerst die gesamte feindliche Bodenorganisation, die Flugplätze und die

Jagdflugzeuge ebenso wie die Flugzeugfrabriken in pausenlosen Nachtangriffen zu bekämpfen. Erst wenn die englische Jägerwaffe durch deutsche Jagdflieger und Zerstörerverbände entscheidend geschwächt war, sollten die massierten Angriffe der Kampfflugzeuge gegen die Jägerplätze um London erfolgen.

Göring wischte diese Einwände vom Tisch. Er sagte:

"Das Jagdgeschwader 51, das allein bisher am Kanal steht, hat bereits über 150 Abschüsse erzielt. Das genügt zur Schwächung der britischen Jagdwaffe vollauf. Im übrigen werden die paar englischen Jäger bei der Anzahl der Bomber der beiden Luftflotten überhaupt nicht ins Gewicht fallen." (Siehe Kurowski, Franz: a.a.O.).

Die folgenden Fragen nach den Stärkeverhältnissen der deutschen Bomber und Kampfflugzeuge war immer noch ein Rätsel. Zwar hatte Göring 4500 Maschinen versprochen, aber Oberst Osterkamp und alle anderen Fliegerexperten rechneten mit 1500 bis 2000, und das würde noch hoch gegriffen sein. Als schließlich die beiden Stabschefs der Luftflotten 2 und 3 die wirkliche Zahl der Kampfverbände und jene ihrer Flugzeuge nannten, waren die anwesenden Offiziere wie vor den Kopf geschlagen, denn diese Zahl betrug 700 Maschinen und keine einzige mehr.

Selbst Hermann Göring, der es doch hätte wissen müssen, war konsterniert. Offenbar hatte er selber an die Zahl geglaubt, die er genannt hatte. Als er die Zahl 700 vernahm, ließ er sich in seinen Sessel zurücksinken und blickte sich hilflos suchend um, ehe er jene Worte über die Lippen brachte, die seine Ahnungslosigkeit offenlegten: "Ist das meine Luftwaffe?"

Entscheidungen und Geschehnisse in der Heimat

Mit dem Treffen zwischen Hitler und Mussolini am 18. Juni 1940 begann ein Halbjahr intensiver politischer Aktionen, die in Stichworten dargelegt werden sollen, weil sie das Geschehen in den folgenden Kriegsjahren entscheidend bestimmten.

Zunächst ging es zwischen Hitler und Mussolini um den französischen Antrag eines Waffenstillstandes, zu dem die beiden Regierungen ihre Stellungnahmen austauschten. Italien, zwar seit dem 10. Juni im Krieg auf deutscher Seite, war jedoch für eine kriegerische Auseinandersetzung in keiner Weise gerüstet. Im Mutterland selber einschließlich der Inseln Sardinien und Sizilien standen lediglich 59 zweigliedrige Divisionen. Von ihnen waren 20 zu etwa 70 Prozent ihrer Kriegsstärke aufgefüllt. 20 weitere waren nur zu 50 Prozent einsatzbereit.

In Libyen standen insgesamt 250 000 Mann und in Italienisch-Ostafrika mit Eritrea, Äthiopien und Somaliland noch einmal etwa 350 000 Mann. Die Gesamtstärke der italienischen Luftwaffe betrug 3296 Maschinen, von denen 1796 einsatzbereit waren.

Lediglich die Marine befand sich auf dem Höchststand, wenn auch von den sechs italienischen Schlachtschiffen zunächst nur zwei einsatzbereit waren. Die sieben Schweren Kreuzer, die zwölf Leichten Kreuzer, 59 Zerstörer und 67 Torpedoboote waren sehr schnelle und teilweise modernste Bauten.

Von den 116 U-Booten war ein Großteil nicht mit den deutschen U-Booten zu vergleichen. Dennoch stellten auch sie eine beachtliche Streitmacht dar, von der der deutsche Befehlshaber der U-Boote nur zu träumen wagte.

Für diese Morgangabe wollte sich Mussolini nun im Gespräch mit Hitler einen Happen aus Frankreich und dessen Kolonien erbitten. Hitler aber blieb hart und sprach Italien zunächst keinen Anteil an der Beute zu.

Nachdem sich die italienische Offensive am 23. Juni vor der französischen Hauptstellung in den Alpen festgefahren hatte, kam es auch hier am 24. Juni zum Abschluß eines italienisch-französischen Waffenstillstandes in Rom.

Rumänien kommt ins Spiel

Am 28. Juni 1940 überschritten sowjetische Truppen die rumänische Grenze, nachdem das sowjetische Ultimatum vom 26. Juni über die Abtretung Bessarabiens und der Nordbukowina am 27. Juni von der rumänischen Regierung angenommen worden war. Vom 28. Juni bis zum 1. Juli war dieses Gebiet von sowjetischen Gruppen besetzt.

Da nicht auszuschließen war und im Untergrund bereits über weitere sowjetische Annexionen in Rumänien gesprochen wurde, wandte sich König Carol von Rumänien am 2. Juli 1940 an das Reich und bat Hitler um eine Garantieerklärung für die jetzigen rumänischen Grenzen. Dafür war er zu Zugeständnissen bereit. So bat er um die Entsendung einer deutschen Militärmission nach Rumänien. Damit wollte König Carol die endgültige Einverleibung Rumäniens in den sowjetischen Staatenverband verhindern.

Zwei Tage darauf wurde - gewissermaßen als Gegenleistung - das deutschfreundliche Kabinett Giurtu gebildet.

Während der ungarisch-rumänischen Verhandlungen über eine Lösung der Siebenbürgenfrage in Turnu Severin an der Donau am 23. August 1940 kam es zu keiner Einigung. Sie wurden nach einwöchigem Gerede abgebrochen. Besser verliefen die rumänisch-bulgarischen Verhandlungen über die Abtretung der Süd-Dobrutscha an Bulgarien, die erfolgreich beendet wurden.

Am 26. August bereits erbat Rumänien von der deutschen Reichsregierung einen Schiedsspruch in der Siebenbürgen-Frage.

Am 28. August fanden schließlich in Wien die Konferenz der deutschen, italienischen, ungarischen und rumänischen Außenminister statt. Am 30. August wurde der Schiedspruch gefällt. Außenminister Graf Ciano und Reichsaußenminister von Ribbentrop verkündeten, daß Rumänien Nordsiebenbürgen an Ungarn abzutreten habe. Den deutschen Volksgruppen in Ungarn und Rumänien wurden Sonderstellungen eingeräumt. Die Ratifizierung des Abkommens erfolgte nach seiner beiderseitigen Annahme sofort.

Hitler aber hatte beschlossen, sich noch stärker einzuschalten. Sein Befehl an das OKH lautete, Vorbereitungen zu treffen, um das rumänische Erdölgebiet, das für die deutsche Kriegswirtschaft von entscheidender Bedeutung war, mit einem Handstreich in Besitz zu nehmen, falls die Verhandlungen gescheitert wären. Dazu wurden zehn Divisionen ins Generalgouvernement verlegt. Auch die Rote Armee stellte sich übrigens zu einer Intervention an der sowjetisch-rumänischen Grenze bereit.

Nachdem aber der Schiedsspruch durchgekommen war, entschloß sich Hitler am 2. September zur Entsendung einer rumänischerseits bereits erbetenen Sondermission. Zwei Tage darauf, es war der 4. September 1940, trat das rumänische Kabinett Giurtu zurück. König Carol ernannte General Antonescu zum neuen Ministerpräsidenten und stattete ihn mit Vollmachten zum Conducatorul - Staatsführer - aus. Die rumänische Verfassung wurde aufgehoben.

Die britisch-französische Garantieerklärung für Rumänien vom April 1939 war bereits durch das deutsch-sowjetische Abkommen vom 23. August und die Niederlage Frankreichs wertlos geworden. Nach der Abtretung der Nord-Bukowina an die UdSSR und eines großen Teiles von Siebenbürgen an Ungarn hätte Großbritannien eingreifen müssen. Aber wie im Falle Polens blieb es bei den Worten auf dem Papier.

Am 7. September mußte Rumänien im Vertrag von Craiova auch die Süd-Dobrutscha zurückgeben. Sie fiel an Bulgarien.

Dies war der Tag, an dem General Antonescu den Rücktritt Carols II. erzwang und die Ausrufung von Michael I. zum neuen König durchsetzte. Der junge König war jedoch nur eine Galionsfigur. Antonescu bildete mit den Hauptvertretern der Eisernen Garde eine Regierung und trat am 23. November dem Dreimächtepakt bei. Der Führer der Eisernen Garde, Horia Sima, wurde stellvertretender Ministerpräsident des Landes.

Inzwischen war bereits im September General von Tippelskirch, Oberquartiermeister IV im Generalstab des Heeres, nach Rumänien gereist, um den Einsatz einer Sondermission zu erkunden. Er kehrte am 19. September nach Berlin zurück und erstattete Hitler und dem OKH Meldung. Danach entschied sich Hitler endgültig zur Entsendung einer Heeres- und Luftwaffenmission nach Rumänien. Dazu wurden Lehrtruppen ausgewählt, die einmal das rumänische Erdölgebiet schützen, zum anderen als Kader für die Modernisierung der rumänischen Armee dienen sollten.

Am 12. Oktober traf die deutsche Wehrmachtsmission in Bukarest ein. Ihr Chef war General der Kavallerie Eric Hansen. Die Luftwaffenmission führte Generalleutnant W. Speidel.

Im letzten Monatsdrittel folgten die Lehrtruppen in Gestalt der 13. ID (mot.), des Lehrstabes R I und einiger Instrukteure zur Ausbildung von drei rumänischen Musterdivisionen nach.

Im Falle eines deutsch-sowjetischen Krieges - über den ja inzwischen bereits gesprochen worden war, wie der folgene Abschnitt ausweist - sollten hier deutsch-rumänische Kräfte zum Einsatz gelangen.

Diese deutsche Entscheidung wurde noch am Abend des 19. September durch Reichsaußenminister von Ribbentrop seinem italienischen Amtskollegen Graf Ciano mitgeteilt.

Die Abwehr im Einsatz

Bereits Ende Juni 1940 hatte Admiral Canaris, der Chef der deutschen Abwehr, die Errichtung von Abwehrstellen und Abwehr-Nebenstellen in Den Haag, Brüssel, St. Germain, Dijon, Angers, Brest und Bordeaux befohlen.

Die Abwehrstelle Brest nahm unverzüglich ihre Arbeit auf, die darin bestand, das Spionagenetz im unbesetzten Teil Frankreichs, in Nordafrika, auf der Iberischen Halbinsel und in England auszubauen.

Am 18. Juni waren bereits alle in Luxemburg, den Niederlanden und Frankreich in Haft befindlichen deutschen Agenten befreit worden. In Abbeville, Guise, Saint Quentin, Cambrai, Arras, Doulens, Lille, Boulogne, Calais, Dünkirchen und Verdun waren von den Fronteinsatzkommandos wichtige Unterlagen und Dokumente erbeutet worden, die der französische Geheimdienst dort in seinen Nebenbüros gelagert hatte. Genug jedenfalls, um die Auswerter des OKW-Amtes Abwehr/Ausland auf Jahre hinaus zu beschäftigen.

Daß nach der Errichtung der deutschen Militärmission in Rumänien das Amt Ausland/Abwehr des OKW auch dort tätig werden würde und müsse, lag auf der Hand; zumal es ja darum ging, die rumänischen Erdölfelder von Ploesti zu sichern.

Unmittelbar nach der Meldung des Generals von Tippelskirch wurden die Maßnahmen des "Objektschutzes" festgelegt.

Dazu war das Baulehr-Bataillon z.b.V. 800 Brandenburg vorgesehen. Die bereits bestehenden Einheiten wurden aufgestockt und neue aufgestellt, bis der Regimentsverband stand. Das war die Geburtsstunde des Regimentes "Brandenburg", das der Abwehr unterstand.

Nach einigen Wechseln in der Regimentsführung übernahm Oberstleutnant von Hähling im November das Regiment. Er ließ sein II. Batl. für den Einsatz im Südosten ausbilden. Der BatlStab bezog in Baden bei Wien Quartier.

Daß sich auf dem Balkan etwas zusammenbraute, war der Abwehr bereits seit 1939 bekannt. Aus Beutematerial des Intelligence Service und der französischen Abwehr der Jahre 1939-1940 war ersichtlich, daß Sabotageunternehmungen verschiedenster Art gegen die rumänische Erdölindustrie geplant waren. Gelang es, Deutschland von diesen Erdölzufuhren abzuschneiden oder gar die Erdölförderanlagen zu vernichten - wie dies bereits einmal im Ersten Weltkrieg geschehen war - dann war Deutschland verloren.

Der geheime Erdölkrieg

Bereits Mitte September 1939 trafen zwei Franzosen in Bukarest ein, die den Auftrag hatten, einen Generalplan zur vorsorglichen Zerstörung aller Bohranlagen, der Raffinerien, der Transportwege und der lagernden Vorräte auszuarbeiten.

Es waren die Ingenieure Léon Wenger und der Hauptmann des Bureau Deuxieme, Pierre Angot. Ersterer wurde am 18. September durch den in Bukarest amtierenden französischen Botschafter Thiery dem britischen Gesandten Sir Richard Hoare vorgestellt. Ingenieur Wenger war den Beteiligten kein Unbekannter. Er hatte bereits 1916 an den Plänen der Zerstörung der rumänischen Erdölfelder mitgewirkt.

Am 1. Oktober schickte Ingenieur Wenger seinen Bericht an die französische Regierung. Er schlug darin vor, alle Einrichtungen der rumänischen Erdölindustrie zu vernichten. Sowohl die Produktionsstätten als auch die Transportwege, die Erdölvorräte und die Raffinerien.

Gleichlaufend damit forderte der französische Botschafter in einem Telegramm an seinen Außenminister, "ohne Verzug die Sperrung der Donau an den neuralgischen Stellen durchzuführen und auf diese Weise den wichtigen Binnenwasserweg zwischen Rumänien und Deutschland, über den ein Großteil des Erdöls verschifft wurde, lahmzulegen." (Siehe Wenger, P.: Meine Mission in Rumänien).

Am 27. Oktober 1939 bereits hatte der französische Außenminister an den französischen Botschafter in London folgenden Beschluß geschickt.

"Unsere Sonderdienststellen sind mit den entsprechenden britischen Dienststellen übereingekommen, die Handelsschiffahrt auf der Donau durch geeignete Zerstörungen zu blockieren."

Dazu gaben die französischen Führungsspitzen bereits ihr Einverständnis. Der Oberbefehlshaber des französischen Heeres, General Gamelin, hatte sich in einem Schreiben an Kriegsminister Daladier mit der Zerstörung der rumänischen Ölquellen einverstanden erklärt und dem Ingenieur Wenger den Rang eines Obersten verliehen. (Siehe Kurowski, Franz: Globale Mission; hier: Beuteunterlagen des französischen Kriegsministeriums).

Daß auch die Zerstörung der Erdölförderanlagen in Baku auf der Liste der westlichen Alliierten stand, wurde bereits im Band I der Geschichte des Zweiten Weltkrieges dargelegt.

Bereits 1939 hatte sich Admiral Canaris - nach vorhergehender Besprechung mit General Keitel - mit dem Chef des rumänischen Geheimdienstes Moruzow getroffen. In der Geheimbesprechung kamen beide zu der Überzeugung, daß man den Ölschutz sofort und getarnt durchführen müsse. Dies sollte bei Erdölfirmen und Verkauskontoren geschehen, die von deutschen Kapitalgebern eingerichtet worden waren. Die Siguranza - der rumänische Sicherheitsdienst - würde sich um den Schutz dieser Männer kümmern, die wiederum die Erdölanlagen schützen würden.

König Carol war zunächst nicht einverstanden. Als ihm aber klargemacht worden war, daß sich die britisch-französischen Maßnahmen gegen ihn und gegen sein Reich richteten, war er mit diesem Abkommen einverstanden.

Die Ölschutz-Organisation richtete sich in Rumänien ein. Die Abwehr II entsandte zunächst 60 Soldaten der Deutschen Kompanie in Sliac unter Fw. Süß nach Wien. Dort wurden die serbo-kroatisch und rumänisch sprechenden Soldaten eingewiesen. Kapitän Schwarz von der Abwehr wurde die Führung des Ölschutz-Verbandes übertragen.

Jeder Erdöltanker auf der Donau war von nun an mit Wachen in Zivil ausgerüstet. Auch die Eisenbahntransporte wurden von solchen Zivilwachen geschützt. An sämtlichen Donau-Anlegestellen standen Brandenburger als "Angestellte" der berühmten Donau-Dampfschiffahrts-Gesellschaft im Dauereinsatz.

Im Dezember 1939 reisten die drei Abwehr-Unterführer Süß, Betöhr und Kriegisch nach Rumänien, um den Einsatz deutscher Schutzmannschaften vorzubereiten. Anfang 1940 folgten die Brandenburger in kleinen Gruppen nach.

Da dieser Schutz nicht ausreichte und noch immer Sabotageakte vorkamen, wurden Anfang August 1940 sprachkundige Soldaten der 5./Rgt. Brandenburg unter Oblt. Pinkert ausgesucht und von Oblt. Dr. Kniesche auf ihren Einsatz in Rumänien und auf der Donau ausgebildet. Ab dem 10. September - nachdem politisch alles klargemacht worden war - erfolgte die Eileinschleusung in den Schutzverband.

Als Montagetrupps getarnt gingen die Brandenburger nach Ploesti und arbeiteten dort in der rumänischen Erdölindustrie und in der Erdöl-Raffinerie "Standard", die von der deutschen Reichsregierung erworben worden war. Wenige Wochen darauf folgte eine ganze Kompanie Brandenburger nach, die als Sportverein "Wiking" getarnt wurde.

Am Stadtrand von Ploesti lagen jene zwölf Raffinerien, die das geförderte Rohöl verarbeiteten. Zu jeder gehörte ein großes Tanklager, dazu kamen Pumpstationen und Verladeeinrichtungen sowie Ölleitungen.

In Campina, etwa 30 km nördlich Ploesti, lag eine weitere Großraffinerie mit mehreren Tanklagern.

Das eigentliche Bohrgebiet mit seinen Bohrtürmen aber verlief in etwa 60 km Länge auf einer Breite von 20 Kilometern nordwestlich von Ploesti. Hauptort der Förderung war Moreni.

Die Tatsache, daß in keinem der großen Werke über den Zweiten Weltkrieg die entscheidende Bedeutung dieser Erdölfelder für Deutschland aufgegriffen und deren Schutz umfassend dargestellt wurde, zeigt bereits auf, daß wesentliche Punkte dieses titanenhaften Ringens bis heute noch nicht erkannt worden sind.

In Giurgiu an der Donau gab es neben einigen weiteren kleinen Raffinerien eine große Verladestation für Erdöl, die es besonders zu schützen galt. Weitere schutzwürdige Objekte der Erdölindustrie befanden sich in Konstanza und Bukarest.

Der britisch-amerikanische Versuch, die Jahresproduktion des rumänischen Erdöls von neun auf sechs Millionen Tonnen Jahresförderung zu drosseln, schien zunächst aufzugehen. König Carol und seine Geliebte, Madame Lupescu, die beide am Erdölgeschäft partizipierten, stimmten (durch in Aussicht gestellte riesige Entschädigungen) dieser Drosselung zu. Erst dem Verhandlungsgeschick des Wiener Oberbürgermeisters Dr. Neubacher gelang es, die Preise auf 50 Prozent der rumänischen Forderungen herabzudrücken.

Das gesamte Erdölgebiet um Ploesti wimmelte von alliierten Spionen und Agenten, die zumeist Offiziere der diversen Geheimdienste in Zivil waren. Gegen sie richtete sich der Einsatz der Schutzdienste.

Mit Lt. Dr.Dr. Drögler, einem bekannten Chemiker, der sich in Ploesti Dr. Liptar nannte, hatte die Abwehr einen Führungsoffizier installiert, der die Mentalität des Landes genau kannte. Oberst Moruzow stellte ihm jüngere Beamte der Siguranza zur Verfügung, die mit den Brandenburgern im Sicherheitsdienst arbeiteten.

Die vorkommenden Sabotagefälle wurden von diesen sofort untersucht. Bis Ende 1940 gelang es der deutschen Abwehr in Rumänien, die Sabotageakte auf ein Minimum herabzudrücken. Darüber hinaus wurde eine Personalkartei erstellt, in die einige tausend Namen zuverlässiger Agenten, aber auch solche von Feinden und möglichen Saboteuren gespeichert wurden.

Alliierte Sabotagetrupps versuchten im Sommer 1940 riesige Mengen an Sand und Stahlkugeln in die Zentren des Erdölgebietes zu schmuggeln. Damit wollten sie die Erdölbohrungen dicht machen. Die Stahlkugeln paßten genau in die Bohrrohre. Wenn man sie in genügend großer Zahl hineinpraktizierte, war es mit den Erdölbohrungen vorbei.

Durch einen "getürkten" Überfall "englischer Agenten" auf "Dr. Luptar" gelang es, die beiden als Chefs der britischen Geheimabteilung in Rumänien bekannt gewordenen Hauptgegner eines "Mordversuchs" zu überführen. Die beiden Verdächtigen wurden sofort aus Rumänien ausgewiesen. Es waren Brandenburger, die, wortwörtlich "in den Schuhen der beiden Engländer steckend, die Spuren gelegt" hatten.

Die Durchsuchungen englischer Lastschiffe förderten Waffen und Sprengstoffladungen zum Vorschein. Insgesamt wurden im Sommer und Herbst 1940 1 300 Englander und Franzosen des Landes verwiesen.

Damit hatten die Brandenburger den Untergrundkampf um das rumänische Erdöl und damit um die Weiterführung des Kampfes von deutscher Seite gewonnen.

Ende Oktober erlaubte Marschall Antonescu die Anwesenheit deutscher Lehrtruppen in Rumänien. Deutsche Fliegerkräfte übernahmen den Schutz des Landes, insbesondere natürlich des Raumes Ploesti und der rumänischen Küsten des Schwarzen Meeres. Die in Zivil eingesetzten Brandenburger zogen ihre Uniformen wieder an.

Von Canaris nach Bukarest entsandt, organisierte der Oberst der Abwehr/Ausland, Brinckmann, die Militärmission. Oberst Gerstenberg, deutscher Militärattaché in Bukarest, gelang es, den rumänischen Staatschef völlig antisowjetisch zu orientieren. Zurück zu den politischen Ereignissen in Deutschland.

Zwölf neue Feldmarschälle; Eine Friedensrede und ihre Antwort

Am 19. Juli 1940 hatte Hitler zu 19.00 Uhr eine Reichstagsrede angesetzt. Alle hohen Führer der Wehrmacht waren befohlen worden.

In der Krolloper, in der dieses Ereignis stattfand, herrschten die Uniformen vor. Bunt gemischt: in Grün, Blau und Marineblau.

Als Hitler mit seinem Stabe eintraf, empfing ihn lauter Jubel. Göring eröffnete die Sitzung mit einer Gefallenenehrung, zu der sich alle Anwesenden von ihren Plätzen erhoben.

Danach begann Hitler seine Rede. Sie war so gemäßigt wie noch niemals zuvor. Hitler wollte offensichtlich England die Friedenshand reichen, als er ausrief:

"In dieser Stunde fühle ich mich verpflichtet vor meinem Gewissen noch einmal den Appell an die Vernunft auch in England zu richten. Ich glaube dies tun zu können, weil ich ja nicht als Besiegter um etwas bitte, sondern als Sieger nur für die Vernunft spreche. Ich sehe keinen Grund, der zur Fortsetzung dieses Krieges führen könnte.

Ich bedauere die Opfer, die er fordern wird. Auch meinem eigenen Volk möchte ich sie ersparen.

Herr Churchill mag nun diese meine Erklärung wieder abtun mit dem Geschrei, daß dies nur die Ausgeburt meiner Angst und meines Zweifels am Endsieg sei. Ich habe dann jedenfalls mein Gewissen gegenüber den kommenden Dingen erleichtert."

Die versammelten Generale und Admirale atmeten auf. Auch das deutsche Volk, das diese Rede durch das Radio hörte, glaubte, daß England nun die ihm dargebotene Friedenshand ergreifen werde.

Im Verlauf dieser Rede stellte Hitler auch den Sieg über die französisch-englischen Streitkräfte im zweiten Blitzfeldzug heraus und schilderte den Einsatz und die Erfolge der eingesetzten Streitkräfte. Danach ernannte er Hermann Göring zum Reichsmarschall. Gleichzeitig damit wurde dem Oberbefehlshaber der Luftwaffe als einzigem deutschen Soldaten das Großkreuz des Eisernen Kreuzes verliehen.

Der Oberbefehlshaber des Heeres, die drei Heeresgruppen-Oberbefehlshaber: von Rundstedt, Ritter von Leeb und von Bock, sowie die Armeeoberbefehlshaber von Kluge, List, von Reichenau und von Witzleben wurden zu Generalfeldmarschällen ernannt. Von der Luftwaffe wurden die Generale der Flieger Kesselring und Sperrle Generalfeldmarschälle. Als dann auch noch Milch zum Generalfeldmarschall ernannt wurde, weil Göring darum gebeten hatte, erforderte es die Notwendigkeit, auch den Chef des Oberkommandos der Wehrmacht, Generaloberst Keitel, zum Feldmarschall zu ernennen.

Dazu Kesselring nach dem Kriege: "Ich bin noch heute der Überzeugung, daß Hitler uns nach dem Westfeldzug nicht zu Generalfeldmarschällen ernannt hätte, wenn er nicht an die Wahrscheinlichkeit des baldigen Kriegsendes gedacht hätte." (Siehe Kurowski, Franz: a.a.O.).

General Halder, der Chef des Generalstabes des Heeres wurde zum Generaloberst befördert, Generalmajor Jodl erhielt seine Beförderung zum General der Artillerie und Generalmajor Jeschonnek, der Chef des Generalstabes der Luftwaffe, wurde General der Flieger.

Am 20. Juli feierten die Beförderten der Luftwaffe in Karinhall mit dem Reichsmarschall diese Beförderungen und waren sich darüber einig, daß England die ihm gebotene Chance des Friedensschlusses ergreifen werde. Zwei Tage darauf wurde diese Hoffnung durch die offizielle Rundfunkrede des Lord Halifax zurückgewiesen.

Der Haupttenor seiner Antwort lautete: "Wir werden nicht aufhören zu kämpfen, bis die Freiheit gesichert ist." (Siehe Churchill, Winston: a.a.O.).

Vom 3. bis 6. August 1940 wurden Estland, Lettland und Litauen Gliedstaaten der UdSSR. Nachdem in Deutschland durchgesickert war, daß Mussolini beabsichtigte, militärische Aktionen gegen Jugoslawien und Griechenland einzuleiten, ließ von Ribbentrop den italienischen Botschafter am 17. August in Berlin zu sich rufen und riet diesem dringend von einer solchen Operation ab, die der Führer nicht gutheißen könne.

Am selben Tage wurden die deutsch-finnischen Militärverhandlungen über ein Transitabkommen für den Nachschub der deutschen Truppen in Norwegen eröffnet.

Hitlers Gedanken zur Weiterführung des Krieges

Daß Hitler das Unternehmen "Seelöwe" in Wirklichkeit überhaupt nicht wagen wollte, geht aus der Tatsache hervor, daß er bereits Ende Juli 1940, nachdem Englands Durchhaltewillen klar erkannt worden war, einen Angriff gegen die Sowjetunion ins Auge faßte. England, so argumentierte Hitler, werde verloren sein, wenn es keinen großen Verbündeten mehr fand. Die USA schienen in dieser Phase des Krieges nicht kriegsbereit. Einzig die Sowjetunion war als möglicher Partner Englands übriggeblieben.

Hitlers Forderungen daraus waren, daß England nur deshalb sein Friedensangebot abgelehnt habe, weil er bereits fest mit der Hilfe der UdSSR rechnete und es sicher schien, sie auch zu erhalten. Daraus ergab sich für ihn die einzige Schlußanwendung: Sowjetrußland mußte ausgeschaltet werden. Damit würde Englands letzte Hoffnung zunichte gemacht sein.

Ende Juli 1940 fragte Hitler den Chef des Oberkommandos der Wehrmacht, GFM Keitel in Berchtesgaden, wohin er nach seiner großen Reichstagsrede gefahren war, ob es möglich sei, die Sowjetunion noch im Herbst 1940 niederzuringen, wenn Deutschland sofort angreife.

GFM Keitel wies darauf hin, daß der größte Teil des deutschen Heeres im Westen liege und es mindestens sechs Wochen dauere, die Wehrmacht nach Osten in die Ausgangsposition für einen Angriff auf die Sowjetunion zu bringen. Außerdem bedürfe das Heer ebenso wie die Luftwaffe dringend einer starken Auffrischung. Auch dies würde weitere Wochen in Anspruch nehmen. Damit war der Termin 1940 nicht mehr zu halten.

Diese Besprechung hatte am 29. Juli im Berghof stattgefunden. Zwei Tage darauf, am 31. Juli, rief Hitler die Oberbefehlshaber der drei Wehrmachtsteile zu sich.

Als erster trug Großadmiral Raeder vor, daß die Landungen in England, die für den 13. September vorgesehen waren, nicht möglich seien. Stattdessen schlug er als günstigsten Termin den Mai oder Juni des nächsten Jahres vor.

Dies kam Hitlers Überlegungen entgegen, denn er erwiderte sofort darauf, daß England ohnehin in 1-2 Jahren durch den Luftkrieg im Zusammenwirken mit dem U-Boot-Krieg besiegt sein werde. Eine verlustreiche Landungsoperation könne er sich sparen.

Er beendete seine Rede mit den Worten: "Die wahre Lösung, der Schlüssel von allem, liegt in der Niederwerfung Rußlands. Je eher dies erfolgt, desto günstiger ist es. Wir hätten bereits in diesem Jahr damit beginnen müssen. Jetzt ist die Zeit dazu zu weit fortgeschritten. Der Angriff wird nunmehr im Frühjahr 1941 erfolgen." Hier nur eine kurze Bemerkung. Damals sprach weder Hitler noch ein einziger General von der Roten Armee, Roten Flotte und Roten Luftwaffe. Man sprach von Rußland statt von der UdSSR. Falsche Namen - falsche Bilder.

Nachdem sich Hitler für einen Feldzug gegen Sowjetrußland entschieden hatte, befahl er die Ausarbeitung eines "Operationsentwurfes OST". Generaloberst Halder, der Generalstabschef des Heeres, berichtete über Hitlers Beurteilung der Lage:

"Je schneller wir Rußland zerschlagen, um so besser. Diese Operation hat nur dann Sinn, wenn wir diesen Staat in einem Zuge schwer zerschlagen. Gewisser Raumgewinn allein genügt nicht. Stillstehen im Winter ist bedenklich. Daher besser warten; aber mein Entschluß steht fest: Rußland zu erledigen." (Siehe Halder, Franz: Kriegstagebuch).

Das Ziel, das Hitler folgendermaßen umriß, sollte binnen weniger Wochen erreicht werden:

1. Vernichtung der Lebenskraft Rußlands. Zerlegen in: 1. Stoß Kiew, Anlehnung an Dnjepr;

2. Stoß Randstaaten mit Richtung Moskau.

3. Schließlich Zusammenfassung aus Norden und Süden. Später Teiloperation auf das Ölgebiet von Baku."

Am 5. August konnte Generalmajor Marcks dem OKH den Operationsentwurf OST vorlegen. Seine Kernsätze lauteten:

"Moskau bildet einen wirtschaftlichen, politischen und geistigen Mittelpunkt der UdSSR. Seine Eroberung zerreißt den Zusammenhang des russischen Reiches."

Über das Kriegsgebiet stand zu lesen: "Die großen Straßen verlaufen von Warschau und Ostpreußen nach Moskau, über Sluzk, Minsk und Witebsk. Für die Bewegung ist das Land nördlich der Pripjet-Sümpfe wegen seiner größeren Anzahl guter Straßen günstiger."

Diese Beurteilung sollte sich nach den Erkenntnissen des seinerzeitigen Generalmajors Nehring als unrichtig herausstellen, als er mit seiner 18. PD den Vorstoß in die UdSSR an vorderster Stelle miterlebte. (General der Panzertruppen Nehring an den Autor).

Die sowjetische Kräfteverteilung war nach den Erkenntnissen der 12. Abt. des Deutschen Generalstabes so, daß gegen Deutschland 96 Infanterie-Divisionen, 23 Kavallerie-Divisionen und 28 mech. Brigaden (mot.) stehen würden. Aus den vermuteten 51 schnellen Verbänden der UdSSR einschließlich der Heeresartillerie ließ sich eine bewegliche Heeresreserve schaffen, die starke Einwirkungen erzielen konnte. Dies, obgleich GenMaj. Marcks mit einer zahlenmäßigen Überlegenheit rechnete, die sich aus den derzeit verfügbaren 24 Panzerdivisionen, 110 Infanteriedivisionen, zwölf Divisionen (mot.) und einer Kavalleriedivision ergaben.

Die leitende Idee dieses Operationsplanes sah einen geraden Stoß in Richtung Moskau vor. Dabei galt es, die Masse der Weststreitkräfte der Roten Armee vor Moskau zu vernichten und sich nach der Inbesitznahme von Moskau und von Nordrußland nach Süden zu wenden, um im Zusammenwirken mit der Südgruppe die Ukraine zu erobern und als Endziel dieses Planes die Linie Astrachan-Gorki-Archangelsk zu gewinnen.

Dieser Operationsentwurf wurde in seinen Grundsätzen vom OKH gebilligt.

Am 18. Dezember 1940 erließ Hitler schließlich die Führerweisung Nr. 21 "Fall Barbarossa", damit die notwendigen Vorarbeiten anlaufen konnten. Es wurde angeordnet:

"Die deutsche Wehrmacht muß darauf vorbereitet sein, auch vor Beendigung des Krieges gegen England Sowjetrußland in einem schnellen Feldzug niederzuwerfen.

Allgemeine Absicht: Die im westlichen Rußland stehende Masse des russischen Heeres soll in tollkühnen Operationen unter weitem Vortreiben von Panzerkeilen vernichtet werden.

In rascher Verfolgung ist dann eine Linie zu erreichen, aus der die russische Luftwaffe reichsdeutsches Gebiet nicht mehr angreifen kann. Das Endziel der Operation ist die Abschirmung gegen das asiatische Rußland aus der Linie Wolga-Archangelsk."

Durch die Fortführung der Vorbereitungen zur Operation "Seelöwe" versprach sich Hitler eine gute Tarnung der Vorbereitungen zum Rußlandfeldzug.

Die deutsche Luftwaffe mußte also ohne jede Erholungspause die Luftschlacht um England "nur als Tarnung eines anderen Vorhabens, nämlich des Rußlandfeldzuges, fortführen und erlitt fürchterliche Verluste." (Siehe Kurowski, Franz: a.a.O.).

Abschließend zu den politischen Ereignissen des Jahres 1940 sei der am 27. September 1940 erfolgende Abschluß des Dreimächtepaktes zwischen Deutschland, Italien und Japan in Berlin erwähnt. Sinn und Zweck dieses Vertrages war vor allem, ein Eingreifen der USA in den Krieg zu verhindern. Den USA sollte damit klar gemacht werden, daß sie im Falle ihres Kriegseintritts mit einem Zweiozeankrieg im Atlantik und im Pazifik zu rechnen habe.

Die Beziehungen dieser drei Paktländer zur UdSSR sollten völlig unberücksichtigt bleiben, denn noch immer bestand die Möglichkeit, die Sowjetunion ebenfalls an die Achse zu binden und als vierten großen Verbündeten zu gewinnen.

Um nun die Sowjetunion fester an Deutschland zu binden und sie womöglich als Bundesgenossen zu gewinnen - was einen Feldzug, wie er bereits erwogen war, vermeiden würde - lud Reichsaußenminister von Ribbentrop in einem Brief von 13. Oktober 1940 an Stalin den sowjetischen Außenminister Molotow im Auftrage Hitlers zu einem Besuch nach Berlin ein.

Acht Tage darauf nahm Stalin die Einladung seines Außenministers an und teilte mit, daß Molotow zwischen dem 10. und 12. November in Berlin sein werde.

In der Tat traf Molotow am 12. November in Berlin ein. Seine Unterredungen mit von Ribbentrop und Hitler über den Beitritt Sowjetrußlands zum Dreimächtepakt und die Aufteilung der Welt in Interessensphären nach der Niederlage Englands und der Auflösung des britischen Imperiums waren Hauptpunkte der Unterredungen.

Molotow nannte die sowjetischen Forderungen gegenüber Finnland, Rumänien und Bulgarien und erklärte, daß bei einer Zustimmung Hitlers nichts mehr gegen einen sowjetischen Beitritt spreche. Darüber hinaus aber seien noch Stützpunkte an den türkischen Meerengen zwingende Voraussetzung dazu.

Es wurde beschlossen, den Gedankenaustausch darüber in schriftlicher Form festzusetzen.

Weitere Beitritte zum Dreimächtepakt erfolgten in den folgenden Wochen durch Rumänien und die Slowakei. Am 25. November wurden schriftlich die endgültigen Bedingungen in einer Note an die Reichsregierung für den Beitritt der UdSSR genannt. Hitler befahl, diese Note nicht mehr zu beantworten. Er hatte sich - als größter Feind der Sowjetunion - für einen Ost-Krieg entschieden. Womit die Verhandlungen zwischen Berlin und Moskau über dieses Thema - dessen günstiger Abschluß das endgültige Aus für Großbritannien bedeutet hätte - versiegten.

Doch nun zum Einsatz der Luftwaffe.

Scharen gefangener Franzosen auf den Straßen Nordfrankreichs. Die Bänder, die über die Straße gespannt sind, dienen der Tarnung gegen Fliegersicht.

Diese beiden gehen frohen Mutes in Gefangenschaft, als Pferdehüter führen sie eine ganze Kolonne Pferde mit sich.

Soldats de France!

La situation est désespérée. Vos chefs militaires le savent et réclament la paix immédiate. Mais le gouvernement fuyard veut continuer la lutte pour l'Angleterre.

Mettez fin à cette folie sanglante! Sauvez votre vie, la France en aura besoin.

A bas les armes!

Montrez les drapeaux blancs!

Flugblatt-Aufruf General Weygands an die Soldaten Frankreichs.

General Weygands letzter Besuch in Dünkirchen bei Admiral Abrial, Befehlshaber der Seestreitkräfte Nord.

Sie haben es ebenfalls noch in letzter Sekunde geschafft.

Werner Mölders errang im Frankreichfeldzug das Ritterkreuz.

General der Infanterie von Manstein ebenfalls.

Generalleutnant Kirchner, Kdr. der 1. PD, wird mit dem Ritterkreuz ausgezeichnet. Sein Ia, Major i.G. Walther Wenck, legt es ihm um.

Erfolgreiche Flieger werden ausgezeichnet. Unter ihnen Mölders und Baumbach.

Der zweite Teil des Frankreichfeldzuges. Panzerkampf bei Le Mans.

Am 8. Juni versucht die Artillerie, den französischen Widerstand zu brechen.

11. Juni bei Chateau Thierry. Stoßtrupp geht über die Marne.

17. 6. 1940: Orléans: Der Straßenkampf ist entbrannt.

Der Seineübergang am 14. Juni 1940.

Der Tod schlug zu.

14. Juni 1940: Einmarsch in das nicht verteidigte Paris.

Deutsche Soldaten bei einer Rast auf der Rue de Rivoli.

Rückzugschaos in einer französischen Kleinstadt.

Die Pferdeverluste waren hoch. Ein französisches Versorgungsgespann wurde getroffen.

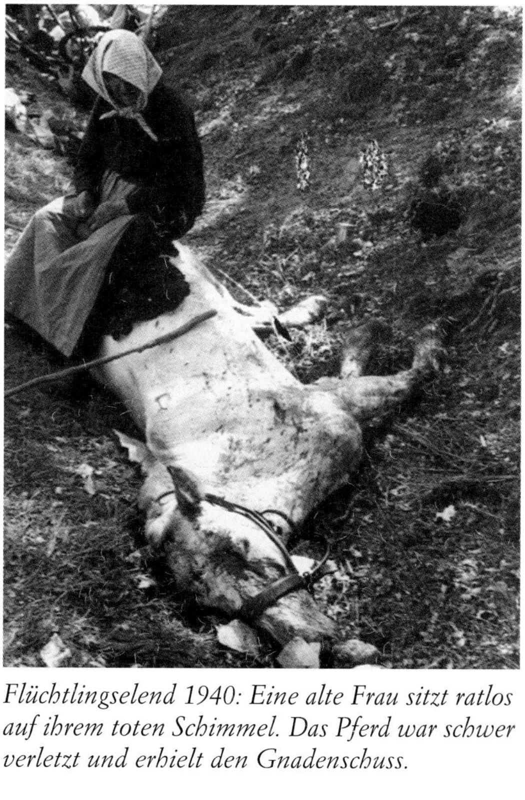

Flüchtlingselend 1940: Eine alte Frau sitzt ratlos auf ihrem toten Schimmel. Das Pferd war schwer verletzt und erhielt den Gnadenschuss.

Ein Hotchkiss H-35-Panzer blieb unversehrt liegen und wurde so zur leichten Beute der deutschen Wehrmacht, die solche Beutepanzer gerne wieder einsetzte.

Ebenso dieser Somua S-35-Panzer, einer der besten franz. Panzer, die später in Beute-Panzereinheiten weiter Dienst taten.

Auch dieses schwere franz. Eisenbahngeschütz (aus dem I. Weltkrieg) fiel der Wehrmacht in die Hände.

Eine französische 15,5-cm-Kanone, später als Beutegeschützkanone 418 (f) wiederverwendet, wartet auf den Abtransport.

Deutsche Truppen haben Dijon erreicht, eine 8,8-cm-Flak rasselt am Theater vorbei. Kradschützen im Vordergrund warten ab, bis die schweren Brocken vorbei sind.

Erste Einheiten kehren in die Heimat zurück. Hier die 88. ID bei der Abschlussparade in Toul.

Für die Waffenstillstandsverhandlungen am 20. Juni 1940 im Walde von Compiègne, wurde aus dem Denkmal von 1918 der geschlagene Preußenadler entfernt.

Der Salonwagen, in dem der Waffenstillstand 1918 unterzeichnet wurde, wird aus der Gedächtnishalle herausgerollt, um dort in gleicher Weise, den französischen Waffenstillstand entgegenzunehmen.

Adolf Hitler und sein Gefolge am historischen Platz im Wald von Compiègne. Es war sein größter Triumph, die Waffenstillstandsschmach von 1918 getilgt zu haben.

DIE LUFTWAFFENKRIEGSFÜHRUNG

Die Eskalation des Bombenkrieges

Das Bomber Command der Royal Air Force bestand im Frühjahr 1940 aus 43 Bomberstaffeln. Sechs weitere standen in Frankreich, und einige zusätzliche gehörten zum Coastal Command. Bei jeweils geschätzten zehn Bombern je Staffel verfügte England damit über 600 Bomber. Die Nennung von 16 Maschinen in anderen Quellen je Staffel würde das Bomber Command auf 960 Bomber gebracht haben.

Als Winston Churchill am 10. Mai 1940 neuer britischer Premierminister und zugleich auch Verteidigungsminister wurde, wollte er kein Mittel ungenutzt lassen, mit dem der Gegner bekämpft werden konnte. Der britische Historiker Fuller schrieb dazu:

"Seit Churchill Premierminister war, setzte er die Douhet-Theorie des strategischen Bombens in Kraft, weil sie zu seiner Vernichtungspolitik paßte." (Siehe Fuller: Der Zweite Weltkrieg 1939 - 1945, S. 472).

Veale ging sogar noch einen Schritt weiter, als er formulierte: "Als Churchill an die Macht kam, gehörte es zu seinen ersten Entscheidungen, den Bombenkrieg auf das Nichtkampfgebiet auszudehnen." (Siehe Veale. F.J.P.: Der Barbarei entgegen, S. 151).

Damit ging England als erster Beteiligter zu einem Luftkrieg über, der nicht in Beziehung zum Erdkrieg stand. "Diese neue Luftkriegsführung setzte den Schlußpunkt hinter die Epoche der zivilisierten Kriegsführung." (Siehe Veale, F.J.P. a.a.O.).

In der Nacht zum 11. Mai begannen die Angriffe britischer Einzelflugzeuge und erster schwacher Verbände mit dem Ziel auch militärische Objekte in deutschen Großstädten zu bombardieren. Da diese Angriffe bei Nacht geflogen wurden, war ein Zielwurf unmöglich, und die Bomben trafen "wo sie eben hinfielen".

Dieser Übergang vom Sicht- zum Blindbombenwerfen führte in letzter Konsequenz zum unterschiedlosen Luftkrieg.

Von nun an wurden Brand- und Sprengbomben, Phosphorkanister und schließlich Atombomben zur Vernichtung der Zivilbevölkerung und ihrer Wohnstätten eingesetzt.

Zu dieser Zeit war es den deutschen Fliegerkräften immer noch streng verboten, Bomben über englischem Gebiet abzuwerfen. Die ersten Toten durch Bombenangriffe unter der Zivilbevölkerung waren in Mönchengladbach zu beklagen, als 36 Whitley- und Hampden-Bomber, denen sich vier französische Bomber angeschlossen hatten, Nachrichtenanlagen und Bahnstrecken bombardieren sollten.

Am 15. Mai beschloß das britische Kriegskabinett, daß das Bomber Command nun verstärkt zu Angriffen ostwärts des Rheins übergehen müsse, obwohl dieses

Gebiet nicht Kampfgebiet war und nach der Haager Konvention geschützt sein sollte.

Damit hatte der strategische Bombenkrieg auch offiziell begonnen. Hamburg, Bremen und Kiel waren die nächsten Ziele. Hamm, Scholven und andere kamen hinzu. Dann erst befahl Hitler in seiner Weisung Nr. 17 vom 1. August 1940 "den verschärften See- und Luftkrieg gegen England".

Die deutschen Kräfte und ihre Gegner

Die Gliederung der Luftflotte 2 zum Unternehmen "Seelöwe" hatte folgendes Aussehen:

Luftflottenkommando 2 - Generalfeldmarschall Kesselring mit einem Gefechtsstab.

Fernaufklärergruppe 122 IX. Fliegerkorps -

II. Fliegerkorps - General der Flieger Loerzer

I. Fliegerkorps - Generaloberst Grauert

Jagdfliegerführer 1 - Oberst Fink (später Oberst Jungk)

Jagdfliegerführer 2 - Generalmajor Osterkamp

Luftgaukommando X - Hamburg

Luftgaukommando VI - Münster

Luftgaukommando Holland - Amsterdam

Luftgaukommando Belgien - Brüssel

Die Flak-Divisionen der Luftwaffe waren den Luftgaukommandos unterstellt, ebenso die Bodendienste und die Nachschubverbände.

Mitte Juli waren der Luftflotte 2 bereits die Befehle für die Vorbereitungen der Luftschlacht über England zugegangen. Für Gen.d.Fl. (kurz darauf GFM) Kesselring war die große Überraschung, daß man die Erfahrungen der deutschen Luftlande-Unternehmungen in Holland in keiner Weise nutzte. Man wollte - so wurde ihm auf seine diesbezügliche Anfrage gesagt - auf die Unterstützung durch die Fallschirmjägerwaffe verzichten.

Dazu GFM Kesselring: "Bei entsprechender Planung wären genügend Fallschirmjäger und Lastenseglergruppen verfügbar gewesen, um die feindliche Abwehr in ihren Schwerpunkten, und vor allem die Radarbasen an der feindlichen Küstenfront, auszuheben und Flugplätze zu gewinnen, die die Landung von einer bis zwei Luftlande-Divisionen ermöglicht hätte." (Siehe Kesselring, Albert: a.a.O.).

Hier machte sich das Fehlen von General Student bemerkbar, dessen Kopfschuß in Holland ihn für Monate außer Gefecht gesetzt hatte. In seinen Unterlagen befand sich bereits ein Plan, der GFM Kesselrings Absichten entsprach.

Diese Auffassung des OB der Luftflotte 2, die Kesselring noch weiter spezifizierte, wurde durch ihn selber auch Reichsmarschall Göring und später Generaloberst

Busch, dem OB der 9. Armee, sowie den Marinebefehlshabern vorgetragen und begründet. Es schien GFM Kesselring, als ob Hitler mit "dem Gedanken einer Invasion Englands nur gespielt" habe. Es fanden keine Besprechungen über die Vorbereitungen statt. Zum anderen erfuhr Kesselring in Gesprächen mit anderen für "Seelöwe" bestimmten Befehlshabern und Kommandeuren, daß es sich auch bei ihren Treffen mit Hitler nur um lockere Gespräche gehandelt hatte, hinter denen nichts als Worte standen.

Dennoch erhielt GFM Kesselring am 6. August von Reichsmarschall Göring mündliche Anweisungen, daß seine Luftoffensive ab dem 8. August als erste Phase der Vorbereitungsangriffe für das Unternehmen "Seelöwe" gelten solle.

Auch an dieser Stelle ist die strategische und taktische Konzeption von Bedeutung, die GFM Kesselring für "Seelöwe" angewandt haben würde und die er auch Reichsmarschall Göring vortrug:

"Wenn man die Invasion durchführen wollte, so müßte man in kurzen, wuchtigen Schlägen die Insel-Luftverteidigung betäuben, um danach überraschend mit einer kaum geschwächten deutschen Luftwaffe in die Invasion einzutreten."

Diese Konzeption zeigte wiederum, daß Kesselring mit dem Kampfauftrag, den er vom Reichsmarschall erhalten hatte, nicht einverstanden war. In einer Reihe von Besprechungen mit dem OB der Luftwaffe ließ er sich jedoch schließlich von Göring überzeugen, daß die Sache "doch klappen" würde. Es war für ihn einfach unvorstellbar, daß die Luftwaffenkräfte, der stärkste Schlagarm der deutschen Wehrmacht, in eine solche Schlacht geschickt wurde, einfach nur, um etwas zu tun.

Damit wurde doch lediglich die Wiederherstellung der alten Kampfkräfte verhindert. Bis es schließlich auch für GFM Kesselring Gewißheit wurde, "daß Hitler die Operation Seelöwe oft ins Auge gefaßt, aber niemals ernstlich geplant" hatte. (Siehe Fuller, J.F.C.: Der Zweite Weltkrieg 1939 - 1945).

Unter dem Oberbefehl von Luftmarschall Dowding waren inzwischen in den Abwehrsektoren im südlichen England vier Fighter Groups versammelt, um die deutsche Invasion zu zerschlagen, noch ehe die deutschen Truppen englischen Boden betreten konnten. Es waren dies:

10. Jagdgruppe - Air Vice Marshal Sir Quentin Brand.
11. Jagdgruppe - Air Vice Marshal Keith Park.
12. Jagdgruppe - Air Vice Marshal T.L. Leigh-Mallory.
13. Jagdgruppe - Air Vice Marshal R.E. Saul.

Insgesamt standen Luftmarschall Dowding 27 Jäger-Staffeln mit 400 Hurricanes, 200 Spitefires und einigen Staffeln Defiants zur Verfügung.

Im Südwesten Englands, auf der rechten Flanke des Abwehrsektors, lag die 10. Jagdgruppe. Die linke Flanke wurde von der 12. Jagdgruppe gedeckt, die damit den Schutz der Ostküste übernommen hatte, während sich die 13. Jagdgruppe an der Nordküste befand.

Die 11. Jagdgruppe wiederum hatte den Schutz des wichtigen Industriesektors Middle Wallop übernommen. Da sie nicht voll einsatzbereit war, übernahm die 10. Jagdgruppe in der zweiten Augustwoche den Schutz dieses Sektors.

Daß der englischen Jägerwaffe eine so große Anzahl an Flugzeugen zur Verfügung stand und daß sich diese Zahlen trotz der Verluste im Kampf ständig steigerten, war dem im Mai von Winston Churchill eingesetzten Lord Beaverbrook zu verdanken, dem die Kriegsproduktion der Jägerwaffe übertragen worden war.

Diesem gelang es beispielsweise, die Produktion der modernen und schnellen Spitfire von 93 Maschinen Monatserzeugung zu Kriegsbeginn auf 325 Maschinen im Sommer 1940 zu steigern. In den großen Flugzeugfabriken bei Vickers und Hawker schaffte man das Unmögliche und stellte im Juni 1940 nicht weniger als 450 Jäger her, die direkt aus der Fabrik zu den Frontflug-Staffeln in Marsch gesetzt wurden. Damit standen in jedem Monat mehr neue Jagdflugzeuge zur Verfügung, als von der deutschen Luftwaffe abgeschossen wurden.

In einer geschickten Taktik des Hinhaltens und sich Zurückziehens gelang es dem Luftmarschall, die schwierigsten Wochen zu überstehen, bis beinahe alle Staffeln mit den neuen Spitfires ausgestattet waren.

Der Jägerverband im Herzen der britischen Luftverteidigung, die 11. Fighter Group unter Vice Marshal Park, ließ sich auf keinen Schlagabtausch ein, der die eigenen Abwehrkräfte entscheidend geschwächt haben würde.

Verbände von 100 und mehr deutscher Jäger tauchten über dem Kanal auf, ohne daß sich die Briten zu dem Versuch hätten mitreißen lassen, "es ihnen zu zeigen".

Aber am 8. August und von diesem Datum an jeden weiteren Tag kam auch für die britische Jägerwaffe die Stunde der Wahrheit.

Die Luftschlacht über England – "Adlertag"

Am 2. August 1940 ließ GFM Kesselring den Kanalkampfführer Oberst Fink (wenig später zum Generalmajor befördert) in sein HQ bitten. Oberst Fink, der der Überzeugung war, daß dies sein letzter Besuch als Fliegerführer gewesen sei, und daß er ausgeschaltet werden sollte, wurde von GFM Kesselring völlig überrascht.

Es ging nämlich bei dieser Besprechung, mit der Kesselring "der ganzen Sache eine andere und bessere Grundlage geben" wollte, nur um den Ablauf der Luftschlacht über England. Von nun an durften Ziele auf der Insel, die bis dahin noch tabu gewesen waren, angegriffen werden. Hitler hatte den Versuch, mit England eine friedliche Lösung zu erreichen, aufgegeben.

Neben Oberst Fink waren auch Oberst Osterkamp und alle Kommodore der am Kanal liegenden Geschwader der Luftwaffe zugegen, als die Ziele in England verteilt wurden. Es kam darauf an, zuallererst die Jägerstützpunkte auf der Insel auszuschalten. GFM Kesselring erklärte ihnen, daß sich drei Luftflotten am Luftkrieg über England beteiligen würden. Es waren dies:

1.) Die Luftflotte 5 unter Generaloberst Stumpff, die in Norwegen und Dänemark stationiert war.

2.) Die Luftflotte 3 unter GFM Sperrle im besetzten Frankreich und

3.) Die Luftflotte 2 in Holland und Belgien.

Die Stärke der dazu einsatzbereiten Maschinen - insgesamt Zweidrittel aller Flugzeuge der Luftwaffe - betrug:

860 Bomber, 250 Stukas, 650 einmotorige Jäger, 200 zweimotorige Jäger und Zerstörer sowie 80 Aufklärer.

Die Aufgaben dieser drei Luftflotten waren wie folgt eingeteilt worden:

Luftflotte 5: Angriffsflüge auf die englischen Flugplätze im Raum Newcastle und deren Ausschaltung.

Luftflotten 2 und 3: Erringung der absoluten Luftherrschaft über England in Operationen gegen feindliche Flugzeuge: gegen Jäger am Boden und in der Luft.

Binnen vier Tagen sollte die britische Jagdabwehr in Südengland ausgeschaltet sein. Danach sollte die Luftoffensive durch Tagesangriffe über die Linie Kings Lynn - Leicester hinaus abschnittsweise nach Norden ausgedehnt werden, bis ganz England unangefochten überflogen werden konnte.

Vier Wochen nach Beginn dieser Angriffe - das erfuhren die zuhörenden Geschwader-Kommodore - sollte dann die Invasion stattfinden. Bis spätestens zum 20. September mußten alle Vorbereitungen abgeschlossen sein. Danach würden die 6. und 9. Armee an verschiedenen Stellen der Süd- und Südwestküste Englands landen. Dabei würde das Schwergewicht im Raume zwischen Dover und der Insel Wight liegen. Als Codename für diese Großlandung sei "Seelöwe" gewählt worden.

Die Auswahl der anzugreifenden Ziele sollte vom OB der Luftwaffe vorgenommen werden. Dieser würde sie täglich an die Oberbefehlshaber der drei Luftflotten weiterleiten, damit sie am nächsten Tag ausgeführt werden konnten. "Adlertag" sollte der 10. August sein.

Dieser "Adlertag" mußte verschoben werden, weil das schlechte Wetter dieses Tages keine Starts in größerem Umfang zuließ.

Der Kampf beginnt

Am Morgen des 13. August startete das KG 2 unter Oberst Fink zum Angriff gegen den Flugplatz Eastchurch. Als die Maschinen bereits in der Luft waren, wurden sie plötzlich von eigenen Me 110 in engen Kreisen umflogen, so, als wollten diese den Flug des KG 2 nach England verhindern.

Oberst Fink ließ weiterfliegen, weil er keinen gegenteiligen Befehl erhalten hatte.

Sein Geschwader griff ohne Jagdschutz mit insgesamt 55 einsatzbereiten Do 17 den Platz von Eastchurch an und bombte ihn schwer. Auf dem Rückflug wurde das KG 2 von mehreren Staffeln feindlicher Jäger angegriffen, denen es gelang, vier Do 17 abzuschießen und zwei weitere so schwer zu beschädigen, daß sie nur noch eine Bruchlandung machen konnten.

Was war geschehen, daß das KG 2 ohne Jagdschutz hatte fliegen müssen? Die Luftflotte 2 hatte - von Göring veranlaßt - den Abbruch des Angriffs in letzter Sekunde befohlen.

Als Oberst Fink den eigenen Platz wieder erreichte, stürzte er als erstes zum Fernsprecher und verlangte GFM Kesselring zu sprechen. Als dieser schließlich den Hörer übernahm, brüllte Oberst Fink seinen Vorgesetzten wütend an:

“Das ist eine ausgemachte Schweinerei, uns ungeschützt nach England fliegen zu lassen.”

Endlich kam Kesselring zu Wort und sagte nur: “Schon gut, Fink, ich komme gleich zu Ihnen herüber.”

Der OB der Luftflotte 2 flog zum KG 2 und klärte die Sache auf. Als sich Oberst Fink bei GFM Kesselring entschuldigen wollte, winkte dieser ab: “Schon gut, Fink! Ich weiß, daß die Sorge um Ihr Geschwader Sie hat entgleisen lassen. Betrachten Sie diese Sache als vergessen!” (Siehe Kurowski, Franz: a.a.O.).

Erst am Nachmittag dieses verunglückten Auftaktes starteten auch die übrigen Verbände. Die IV./KG 1 kam mit 23 Maschinen aus Caen als erste. Diese Me 110 erhielten “freie Jagd”. Nach Erreichen der Insel wurden sie sofort in einen turbulenten Luftkampf hineingezogen und verloren fünf Flugzeuge, als sie von 40 Feindjägern angegriffen wurden.

Am Abend dieses “Adlertages” hatten es insgesamt 485 Stuka-Bomber geschafft und ihre Bomben auf England geworfen. Die Luftwaffe verlor 34 Maschinen. Dennoch waren die Feldmarschälle Sperrle und Kesselring zuversichtlich, denn nach den Meldungen der zum Einsatz gekommenen Geschwader waren neun britische Flugplätze angegriffen und fünf davon völlig zerstört worden.

Von den 13 abgeschossenen englischen Flugzeugen konnten sich sechs Piloten durch Fallschirmabsprung retten.

Am 13. und 14. August griff die Luftflotte 3 in beinahe pausenlosem Einsatz die Ziele in Middle Wallop an. Die Luftflotte 2 wiederum startete mit Kampfflugzeugen nach Manston und schickte Jägerverbände als “Lockvögel” und als Begleitschutz für die Stukas nach Folkestone und Dover.

Am Morgen des 15. August wurden die beiden Luftflottenchefs, die Kommandierenden Generale und die Geschwader-Kommodore nach Karinhall befohlen. Noch während sie dort Göring Vortrag hielten, besserte sich das Wetter überraschend, und Oberst Deichmann, Chef des Stabes des II. Fliegerkorps, ließ die Einsatzbefehle für das Korps hinausgehen. Danach fuhr er nach Kap Blanc Nez zum GefStand des OB der Luftflotte 2, wo er lediglich Oberst Rieckhoff, den Ia der Luftflotte 2, antraf. Dieser hatte von seinem Stabschef, der GFM Kesselring nach Karinhall begleitete, Befehl erhalten, wegen des schlechten Wetters nicht zu starten.

Oberst Deichmann aber mußte Rieckhoff sagen, daß die Verbände des II. Fliegerkorps bereits in der Luft und auf dem Wege nach England seien. Rieckhoff mußte nach Karinhall melden, daß doch angegriffen werde.

Die Verbände des Stukageschwaders 1 und des Lehrgeschwaders 1 erhielten bei Calais ihren Jagdschutz, sie griffen die britischen Flugplätze Lympne und Hawkinge an und bombten beide schwer.

Von Mittag dieses 15. August bis Mitternacht zum 16. August starteten insgesamt 1786 Flugzeuge gegen die Insel. Davon eine große Anzahl mehrfach, was bedeutete, daß nicht etwa 1786 verschiedene Flugzeuge eingesetzt gewesen wären.

Die 8. (kriegswissenschaftliche) Abteilung der Luftwaffe schlüsselte diese Angriffe wie folgt auf:

801 Bomber- und Stukaeinsätze, 1149 Jäger- und Zerstörereinsätze, 169 Einsätze der Luftflotte 5.

Damit waren exakt 2119 Starts an diesem Tag geflogen worden. Von der Luftflotte 5 waren die beiden Kampfgeschwader 26 und 30 aus Stavanger und Aalborg gestartet. An den Kämpfen beteiligt waren vor allem auch die Jagdgeschwader 26, 51, 52 und 54.

Der Flugplatz Eastchurch wurde ein weiteresmal gebombt. Diesmal vom KG 3, dessen II. Gruppe mit 30 Do 17 unter dem Geschwaderkommodore, Oberst von Chamier, Rochester bombte und das dortige Flugzeugwerk in Brand warf.

Die Luftflotte 3 griff die englische Südküste an. Und zwar startete das Lehrgeschwader 1 von Orléans, das Stukageschwader 1 und das Stukageschwader 2 von Lannion aus. Das Zerstörergeschwader 2 unter Oberstleutnant Vollbracht, das JG 27 unter Oberstleutnant Ibel sowie das Jagdgeschwader 53 unter dem Kommando von Major von Cramon-Taubadel flogen Jagdschutz.

Die beiden britischen Jägergruppen 10 und 11 warfen sich diesen Angriffen entgegen und erzielten eine Reihe von Abschüssen. Einer jener Verbände, der an diesem Tage bis auf zwei Maschinen vernichtet wurde, war die 4./LG 1 unter Hptm. Jochen Helbig.

Als diese Staffel soeben die englische Küste erreichte, meldete die am Schluß fliegende Ju 88: "Jäger von hinten!"

Es waren Spitfires, die sich auf diese Staffel stürzten und aus überhöhter Position - aus allen Waffen feuernd - in den deutschen Pulk hineinstießen. Die Jäger des Geleitschutzes waren von anderen britischen Jägern bereits einige 1000 m höher in Luftkämpfe verwickelt worden und konnten nicht helfen.

"Dicht beisammen bleiben. Heckschützen Feuer eröffnen!" befahl Helbig.

Im zweiten Angriff der Spitfires wurde der Staffelverband auseinandergesprengt. Die ersten Ju 88 drehten getroffen ab, eine Maschine stürzte brennend zur Erde hinunter und zerschellte im Aufschlagbrand.

Oberfeldwebel Schlund, Heckschütze der Maschine des Staffelkapitäns, konnte einen der Angreifer in Brand schießen. Helbigs Maschine drehte ab; er ließ Kurs auf den Heimathorst nehmen. Sein Befehl an alle lautete ebenso. Verfolgt von den um etwa 200 km schnelleren Spitfires wurde eine Maschine nach der anderen eingeholt und abgeschossen. Von seinen sieben Ju 88 konnte Helbig nur zwei zurückbringen.

Die I. Gruppe des LG 1, zu der Helbigs 4. Staffel gehörte, erreichte nur mit drei (!) Flugzeugen das Zielgebiet. Alle anderen mußten ihre Bomben im Notwurf abladen.

Die englische Erfolgsmeldung dieses Tages lautete: 182 Feindflugzeuge abgeschossen, 53 wahrscheinlich abgeschossen. Dagegen gestellt lauteten die Verlustmeldungen dieses 15. August 1940 aus deutscher Sicht: "55 Maschinen sind über England verlorengegangen. Überwiegend Kampfflugzeuge und Zerstörer."

Deutscherseits wiederum wurde der sichere Abschuß von 111 Feindflugzeugen und der wahrscheinliche Abschuß von 14 weiteren gemeldet. Das amtliche britische Ergebnis meldete jedoch nur 34 Jäger als abgeschossen; allerdings gelang es einer großen Zahl von Jägern, noch angeschossen zu landen, so daß sie nicht in den Verlustlisten der Staffeln auftauchten.

In den nächsten Tagen wurden die deutschen Angriffe fortgesetzt. Am 16. August gaben die Briten den Verlust von 50 Flugzeugen zu und nannten eine Zahl von 75 abgeschossenen deutschen Maschinen.

Am Sonntag, dem 18. August, flogen Kampf- und Sturzkampfflugzeuge weitere Großangriffe. Generalmajor Fröhlich startete mit seinem KG 76 nach Kenley und Biggin Hill und zerstörte die Jägerplätze und in Kenley auch den Operationsraum der Jägerleitoffiziere. An diesem Tage kamen alle verfügbaren deutschen Stukas zum Einsatz. GenMaj. von Richthofen setzte die vier startklaren Stukagruppen seines VIII. Fliegerkorps ein. Es ging gegen die Flugplätze Ford, Gosport und Thorney Island und gegen die Radarstation Poling.

Die Spitefire-Staffeln 43 und 152 fingen die Stukas nach dem Bombenwurf ab. Dabei wurde die I./StG 77 von allen Seiten angegriffen. Nicht weniger als 16 der 28 Maschinen der Gruppe stürzten brennend vom Himmel. Der Gruppenkommandeur, Hptm. Meisel, fiel im Luftkampf. Insgesamt gingen 30 Ju 87 durch Abschuß und Bruchlandungen verloren. Die Stukas wurden aus dem Kampf genommen, weil sie gegenüber den britischen Jägern völlig wehrlos waren.

Am 19. August versammelte Reichsmarschall Göring wieder einmal alle Oberbefehlshaber und die Kommandierenden Generale mit den Geschwader-Kommodores in Karinhall. Göring zeigte sich enttäuscht vom bisherigen Verlauf der Luftschlacht über England und verkündete:

"Wir müssen unsere Kampfkraft erhalten, wir müssen unsere Verbände schonen."

Wie diese beiden miteinander unvereinbaren Forderungen zu Fakten werden konnten, wußte allerdings niemand. Wenig später wurden die Kommodore der Jagdgeschwader abgelöst und durch jüngere erfolgreiche Fliegeroffiziere ersetzt.

Major Mölders sollte Oberst Osterkamp als Kommodore des JG 51 ablösen. Das JG 26, von Oberst Handrick geführt, übernahm Major Galland. Oberstleutnant von Merhart mußte sein JG 52 an Major Trübenbach abgeben und Hptm. Trautloft übernahm das JG 54 von Major Trübenbach. Später wurden auch die Kommodore der JG 2 und JG 53 abgelöst und durch jüngere Offiziere ersetzt.

Nun wurden im Westen alle vorhandenen Jägerkräfte unter dem Kommando der Luftflotte 2 im Raume des Pas de Calais zusammengezogen. Bis zum 24. August war diese Umgruppierung vollzogen. Bei der Luftflotte 3 blieben lediglich die Me 110-Zerstörerverbände zurück. Damit lag die Hauptverantwortung für die Luftschlacht über England bei GFM Kesselring.

Am 22. August verlieh GFM Kesselring Oberst Osterkamp im Auftrage des Führers das Ritterkreuz und teilte ihm darüber hinaus mit, daß Hitler ihn zum Generalmajor befördert habe.

In den folgenden Tagen des August erhielten alle nach England einfliegenden Kampfverbände starken Jäger-Geleitschutz. So begann am 24. August die zweite Phase der deutschen Angriffe aus der Luft gegen England. An diesem Tage wurden über 1000 Einsätze geflogen. In der Nacht zum 25. August griffen 170 deutsche Bomber Ziele in Kent an. Einige Maschinen warfen dabei versehentlich Bomen am Stadtrand von London ab, das bis dahin streng verbotenes Ziel gewesen war.

Daraufhin griffen britische Bomber unter Captain Oxley in der Nacht zum 26. August Berlin an. Die Bomben wurden wahllos über Großberlin ausgelöst, und damit gab es auch für Berlin die ersten Luftkriegstoten.

In der Nacht zum 29. August erfolgte dann der zweite britische Angriff auf Berlin. Das Wohnviertel am Görlitzer Bahnhof wurde getroffen. Zehn Tote und 28 Verletzte waren zu beklagen. Dieser Angriff sollte schwerwiegende Folgen haben, wie im nachfolgenden Abschnitt über die "Eskalation des Bombenkrieges" dargelegt werden wird.

Der 31. August war deutscher Großkampftag mit 1301 Zerstörer- und Jägerangriffen, die den Angriff jener 150 Bomber zu schützen hatten, welche englische Flugplätze zum Angriffsziel erhalten hatten. Im Luftkampf wurden 39 englische Flugzeuge abgeschossen.

Damit hatte die britische Jägerwaffe nach eigenen Angaben der Jägerführung allein im August 390 Spitfires und Hurricanes verloren. Weitere 197 Jäger wurden schwer beschädigt, galten aber nicht als Totalverluste.

Die Gesamtzahl der deutschen Jägerverluste belief sich im selben Zeitraum auf 231 vernichtete und 80 beschädigte Jäger. Die Gesamtbilanz, die von der Luftflotte 2 für den August vorgelegt wurde, las sich folgendermaßen:

Insgesamt eingesetzte Flugzeuge (Starts): 4 479.

Abgeworfene Sprengbomben: 4 447 Tonnen.

Abgeworfene Brandbomben: 191 Tonnen.

Jäger-Verluste: 252 Maschinen.

Kampfflieger-Verluste: 215 Maschinen.

Britische Gesamtverluste: 359 Maschinen.

Am 4. September holte Hitler die Verleihung der Marschallstäbe an die Luftwaffen-Feldmarschälle Milch, Sperrle und Kesselring nach. Er empfing die Feldmarschälle in seinem Arbeitszimmer in der neuen Reichskanzlei, wo bereits die Feldmarschälle des Heeres am 14. August ihre Marschallstäbe erhalten hatten.

Am Morgen des 6. September traf Reichsmarschall Göring auf dem GefStand der Luftflotte 2 am Kanal ein und übernahm persönlich die Führung des Luftkrieges. Gemeinsam mit GFM Kesselring beobachtete er von Cap Blanc Nez aus den Start der deutschen Jäger. Er erklärte Kesselring, daß der Führer die englischen Angriffe auf Berlin als Schande empfinde und mit ihm, Göring, Gegenmaßnahmen beschlossen habe. Noch in der kommenden Nacht werde der Gegenschlag gegen London starten. Dazu seien die Verbände der Luftflotte 3 ausersehen.

Vergeltungsschläge beider Seiten

Am Abend des 7. September, nur wenige Stunden nach Ende des britischen Luftangriffs auf Berlin, starteten 300 deutsche Kampfflugzeuge zum Vergeltungsangriff auf London und zum Schlag gegen die britischen Flugfelder. Damit hatte die Zeit der Vergeltungsangriffe begonnen. Sie sollten 65 Tage lang andauern und sich überwiegend gegen die britische Hauptstadt richten.

Vom 7. bis 30. September - dies sei vorausgeschickt - wurden über London und Umgebung von 4405 deutschen Kampfflugzeugen insgesamt 5361 Tonnen Sprengbomben und 7499 Branschüttkästen abgeworfen. (In jedem Kasten befanden sich 36 Brandbomben zu jeweils 1 kg).

Am 11. September verkündete Winston Churchill, daß der deutsche Angriff gegen das Mutterland des Empire jeden Tag losbrechen könne. Doch da war er Hitlers Verschleierungstaktik aufgesessen. "Seelöwe" würde nicht im Jahre 1940 stattfinden. "Seelöwe" würde überhaupt nicht stattfinden.

Deutscherseits wurden die Bombardierungen Englands forgesetzt, doch Langstreckenbomber fehlten, um in die Tiefe des englischen Raumes eindringen zu können; ebenso fehlten Langstreckenjäger, die diese Bomber hätten begleiten können.

Die Angriffe blieben auf Südengland begrenzt, so daß alle Flugplätze in der Mitte des Landes oder gar im Norden und alle Rüstungswerke dort unbehelligt blieben.

Der 15. September 1940

Die große Luftschlacht über England fand am 15. September statt. Es war ein Sonntag, und die 11. Fighter Group unter Vizemarshal Park startete mit 24 Jägerstaffeln gegen die einfliegenden deutschen Verbände.

Das KG 3 wurde als erstes bekämpft. Die 12. Fighter Group warf ebenfalls fünf Staffeln in diese entscheidende Schlacht. Bis zum Mittag befanden sich bereits 300 Jäger im Einsatz. 56 deutsche Jagdflugzeuge kehrten von diesem Feindlug des

15. September nicht mehr nach Deutschland zurück. Die englischen Stellen hatten jedoch 185 deutsche Flugzeuge als abgeschossen gemeldet. Eine weitere große Zahl an Flugzeugen war beschädigt worden. Unter diesen abgeschossenen Maschinen befanden sich auch 24 Do 17 und 10 He 111-Kampfflugzeuge.

Am 16. September flogen GFM Kesselring und sein Chef des Generalstabes abermals nach Karinhall. Dort schleuderte Göring den eintreffenden Fliegeroffizieren seine Anklage entgegen: "Die Jagdflieger haben versagt!"

Es war wieder einmal mehr Generalmajor Osterkamp, der als JAFÜ 2 seine Jagdflieger energisch verteidigte. Er legte den Finger an die Wunde, als er erklärte: "Die bisher in meinem Bereich ausgefallenen Jagdflieger sind bisher nur zur Hälfte ersetzt worden. Und so ist es bei allen übrigen Jagdgeschwadern auch." (Siehe Osterkamp, Theo: a.a.O.).

Der erste deutsche Jägerangriff gegen London fand am 20. September statt. Das Unternehmen "Seelöwe" war längst auch offiziell für immer ad acta gelegt worden. Die britische Abwehr wurde durch diesen überraschenden Angriff lahmgelegt, denn wenn deutsche Jäger die Kampfflugzeuge geleiteten, starteten sie nicht. Diesmal aber waren sie auch nicht gestartet, obgleich die Jäger allein kamen. Darüber hinaus waren sie mit Bomben bestückt und warfen unangefochten. Danach kehrten sie ohne Verluste in die eigenen Horste zurück.

GFM Kesselring ließ sofort einen zweiten Jägerangriff - bei dem die Me 109 als Jagdbomber eingesetzt wurden - starten. Die Schlachtgruppe, die II./KG 2 unter Hptm. Weiß, war mit Me 109 E ausgerüstet, die bis zu 250 kg Bomben mitnehmen konnten.

Auch dieser Einsatz schlug voll durch. Dies aber führte zum zweckentfremdeten Einsatz der Jäger als "Bombenschlepper".

Die Angriffe gegen London verstärkten sich von Tag zu Tag mehr. Als am 30. September Bilanz gezogen wurde, lauteten die Zahlen für diesen Monat:

741 Luftangriffe gegen England. Davon 269 gegen London. 6224 Tonnen Sprengbomben und 8546 Brandschüttkästen geworfen.

Einsatzbereit waren an diesem Tage:

899 Kampfflugzeuge, 375 Sturzkampfflugzeuge, 730 Jäger, 174 Zerstörer, Gesamtzahl: 2178 Flugzeuge.

Am 13. August, zu Beginn der Luftschlacht über England, hatte die Gesamtzahl der verfügbaren Flugzeuge 2287 betragen.

Am 12. Oktober brach Hitler auch offiziell das Unternehmen "Seelöwe", das immer noch in der Vorbereitungsphase steckte, ab.

Die militärischen Beweggründe für die Drosselung der deutschen Luftangriffe gegen England wurden selbst Generalfeldmarschall Kesselring gegenüber zunächst geheimgehalten. Als er schließlich davon erfuhr und ihm mitgeteilt wurde, daß er im Ostfeldzug mit seiner Luftflotte 2 im Zentrum des Angriffs bei der HGr. Mitte eingesetzt würde, war er überrascht.

"Es geht gegen Sowjetrußland"

Am 31. Juli 1940 gab Hitler auf dem Obersalzberg während einer Besprechung mit den Oberbefehlshabern der Kriegsmarine und des Heeres, Großadmiral Raeder und GFM von Brauchitsch, der seinen Chef des Generalstabes, Generaloberst Halder, dabeihatte, seinen Entschluß bekannt, im Frühjahr 1941 einen fünfmonatigen Feldzug gegen Rußland zu führen und in dieser Zeit die Sowjetunion zu zerschlagen.

Bereits am 9. August erging die Weisung des OKW über den "Aufbau Ost". Hierbei handelte es sich um den Ausbau des Generalgouvernements als Operationsbasis für den geplanten Feldzug gegen die UdSSR.

Einen Monat später begann die Umgruppierung des deutschen Feldheeres und bis zum Jahresende wurden 34 deutsche Divisionen in Ostpreußen und im Generalgouvernement stationiert.

In der Führerweisung Nr. 21 "Fall Barbarossa" erklärte Hitler am 18. Dezember 1940: "Die deutsche Wehrmacht muß darauf vorbereitet sein, auch vor Beendigung des Krieges gegen England Sowjetrußland in einem schnellen Feldzug niederzuwerfen.

Hierzu setzt das Heer alle verfügbaren Verbände ein, mit der Einschränkung, daß die besetzten Gebiete gegen Überraschungen gesichert werden müssen.

Für die Luftwaffe wird es darauf ankommen, für den Ostfeldzug so starke Kräfte zur Unterstützung des Heeres freizumachen, daß mit einem schnellen Ablauf der Erdoperationen gerechnet werden kann und die Schädigung des ostdeutschen Raumes durch feindliche Luftangriffe so gering wie möglich bleibt.

Der Schwerpunkt des Einsatzes der Kriegsmarine bleibt auch während des Ostfeldzuges eindeutig gegen England gerichtet.

Den Aufmarsch gegen die Sowjetunion werde ich gegebenenfalls acht Wochen vor dem geplanten Operationsbeginn befehlen. Vorbereitungen, die eine längere Anlaufzeit benötigen, sind - soweit noch nicht geschehen - schon jetzt in Angriff zu nehmen und bis zum 15. Mai 1941 abzuschließen.

Die Vorbereitungen des Oberkommandos sind auf folgender Grundlage zu treffen:

Die im westlichen Rußland stehende Masse des russischen Heeres soll in kühnen Operationen unter weitem Vortreiben von Panzerkeilen vernichtet, der Abzug kampffähiger Teile in die Weite des russischen Raumes verhindert werden.

In rascher Verfolgung ist dann eine Linie zu erreichen, aus der die russische Luftwaffe reichsdeutsches Gebiet nicht mehr angreifen kann.

Das Endziel der Operation ist die Abschirmung gegen das asiatische Rußland aus der allgemeinen Linie Wolga-Archangelsk. so kann erforderlichenfalls das letzte Rußland noch verbleibende Industriegebiet im Ural durch die Luftwaffe ausgeschaltet werden." Der Kenner der UdSSR von damals kann über diesen Kenntnisstand, der aus der Zeit um den Ersten Weltkrieg stammte, nur kopfschüttelnd staunen.

Nacht- und Tagjäger im Einsatz bis Dezember 1940

In den Monaten August und September 1940 erzielten auch die Fernnachtjäger der 4. und 5./NJG 1 über England Erfolge. Oblt. Streib, Staffelkapitän der 2./NJG 1, schoß am 30. und 31. August je einen britischen Bomber ab. Am 30. September war er der erfolgreichste Nachtjäger, als es ihm gelang, aus einem Pulk britischer Bomber, der den Raum Bersenbrück-Menslage angriff, drei herauszuschießen.

Auch die Nachtjagd verlor in diesem Duell zwei Maschinen.

Major Falck, Kommodore des NJG 1, bat seinen Kameraden Hptm. Streib (soeben zu diesem Dienstgrad befördert), die I./NJG 1 zu übernehmen und sie zur Keimzelle der deutschen Nachtjagd aus- und aufzubauen.

Am 16. Oktober wurde Oberst Kammhuber zum Generalmajor befördert und gleichzeitig damit zum "General der Nachtjagd" ernannt.

Er ging an die Arbeit, um die "nahe Nachtjagd" aufzubauen.

Voerst jedoch errang die "Ferne Nachtjagd" weitere Erfolge. Von Oktober bis Dezember 1940 erzielte sie von 21 Nachtjagdabschüssen allein 13.

Bei den Jägern waren bereits zu dieser Zeit einige Piloten zu Luftkampfassen herangewachsen.

Da war Major Mölders, Kommodore des JG 51, der als zweiter deutscher Soldat am 21. September 1939 das Eichenlaub zum Ritterkreuz erhielt und bereits 40 Luftsiege errungen hatte. Vier Tage darauf wurde auch Major Adolf Galland nach 40 Luftsiegen mit dem Eichenlaub zum Ritterkreuz ausgezeichnet. Ihnen folgte der unvergessene Helmut Wick. Am 6. Oktober erhielt er als 4. das Eichenlaub. Bei einem Einsatz gegen England am 28. November 1940 wurde er südlich der Insel Wight im Luftkampf abgeschossen. Es gelang ihm noch, mit dem Fallschirm abzuspringen. Aber trotz eifriger, sogar besessener Suche beider Seiten konnte er nicht geborgen werden. Nach insgesamt 56 Luftsiegen hatte er seinen Bezwinger gefunden.

Hptm. Oesau, Staffelkapitän der 7./JG 51, konnte am 20. August das Ritterkreuz in Empfang nehmen. Er sollte einer der ganz Großen im Ostkrieg werden. Ebenso Hptm. Ihlefeld, der als Kommandeur der I./JG 77 das Eichenlaub erhielt. Den Hptm. Balthasar als Staffelkapitän der 7./JG 27 zierte das Ritterkreuz schon am 14. Juni, um in der UdSSR zwei Wochen nach Beginn des Ostfeldzuges auch mit dem Eichenlaub dekoriert zu werden.

Wenn RM Göring vom Versagen seiner Jagdflieger sprach, war er über deren wirkliche Leistungen nicht im Bilde. Immerhin waren von den ersten 50 Trägern des Eichenlaubes zum Ritterkreuz nicht weniger als 18 Angehörige der deutschen Jägerwaffe.

Ausuferung des Bombenkrieges

Am späten Abend des 15. Oktober 1940 starteten 410 deutsche Kampfflugzeuge zu einem Großangriff gegen London. Nach Abwurf von 538 Tonnen Sprengbomben und 177 Brandschüttkästen hatte die englische Hauptstadt über 400 Tote und 900 Schwerverletzte zu beklagen.

Am 20. Oktober wurden die Tagesangriffe auf London eingestellt und nur noch Nachtangriffe geflogen, weil diese ungleich weniger Verluste kosteten. Nach wie vor flogen auch die Jagdbomber weiterhin ihre Einsätze. Dadurch steigerte sich die Zahl der Gesamteinsätze gegen England im Monat Oktober auf 9911. Von diesen waren allein 5173 auf London gerichtet. Die englische Hauptstadt wurde dabei mit 7160 Tonnen Sprengbomben und 4735 Brandschüttkästen belegt. Dennoch: die deutsche Luftwaffe hatte in der Luftschlacht über England einen großen Teil ihrer Substanz verloren. Die Zwischenbilanz Ende Oktober 1940 zeigte, daß in der Luftschlacht über England bisher 1733 deutsche Flugzeuge abgeschossen worden waren. Dieser Zahl standen 915 abgeschossene britische Flugzeuge gegenüber. Bei den 783 Luftangriffen auf England wurde London 333-mal angegriffen.

In dieser Zeit erfolgten 601 britische Angriffe auf das deutsche Reichsgebiet und die besetzten Gebiete des Westens.

Unter der Zivilbevölkerung Englands - größtenteils im Großraum London - waren seit Beginn der Luftschlacht 15 000 Tote und 21 000 Verletzte zu beklagen.

Kein anderer als der spätere General der Jagdflieger, Generalleutnant Galland, der am 31. Oktober seinen 50. Jagdsieg erkämpft hatte, legte dar, warum England aus der Luft nicht besiegt werden konnte:

"Die Schlacht, die uns die britischen Jäger geliefert haben, verdient höchste Bewunderung! Sie waren es, die zahlenmäßig oft unterlegen, unermüdlich und tapfer kämpfend, in diesem höchst kritischen Abschnitt des Krieges zweifellos zu Rettern ihres Vaterlandes wurden." (Aus einem Brief von GenLt. Adolf Galland an Franz Kurowski).

Beginnend mit dem 1. November 1940 nahm die deutsche Luftwaffe ihren letzten Zielwechsel vor. Von nun an sollten sämtliche größeren und wichtigeren Industrie- und Hafenstädte bis zur Eindringtiefe der Bomber zum Schwerpunkt der Nachtangriffe werden. Dies bedeutete für die Kampfflugzeuge, oftmals zwei oder sogar drei Angriffe in einer Nacht zu fliegen. Damit wurden an die Besatzungen ebenso wie an die Maschinen und an das Bodenpersonal die bisher höchsten Anforderungen gestellt.

Am 1. und 7. November flogen die Stukas der III./StG 1 zur Themsemündung und griffen dort laufende Geleitzüge an. Sie wurden von starken Jägerverbänden geschützt. Ein dritter Angriff auf ein Großgeleit wurde am 11. November ausgeführt. Diesmal flogen zwei Jagdgeschwader den Geleitzug an und sicherten die Stukas.

Durch die Erfolge der ersten drei Angriffe unvorsichtig geworden, flog die III./StG 1 auch am 14. November einen weiteren Angriff, diesmal ohne den eigenen Jagdschutz.

Da in dieser Zeit der Vollmondperiode das Wetter klar war, gelang es den startenden Spitfires, den Verband zu erreichen und auseinanderzusprengen. Drei Stukas wurden abgeschossen, einige weitere erlitten Beschußschäden.

Am Abend dieses Tages starteten in Vannes zwei Staffeln der KGr. 100, die mit Geräten für neue Funkführungsverfahren ausgerüstet waren. Ihr Ziel war die Stadt Coventry mit ihren wichtigen Rüstungs- und Flugzeugwerken, in denen hauptsächlich Flugmotoren hergestellt wurden.

Die He 111 H-3-Flugzeuge flogen direkt das Ziel an. Als sie sich über Coventry befanden, wurden automatisch die Bomben ausgeklinkt. Die ersten aufflackernden Brände markierten nunmehr das Ziel für die nachfolgenden 449 Bomber der Luftflotte 2 und 3, die insgesamt 500 Tonnen Sprengbomben und 30 Tonnen Brandbomben über der Stadt warfen.

Coventry ging in Flammen auf. Die Stadt hatte 554 Tote und 865 Schwerverwundete zu beklagen.

Dieser deutsche Luftangriff ging in die Annalen der Luftkriegsgeschichte als jener Zeitpunkt ein, da die Luftwaffe zum ersten Male die gebotene Rücksicht außer acht ließ, was allerdings die Royal Air Force mit ihren nächtlichen Bombenwürfen wahllos auf deutsche Städte bereits seit einem halben Jahr tat.

Mit dem ausdrücklichen Hinweis darauf, daß dieser Angriff als Repressalie erfolgt sei, brachte Deutschland gleichzeitig auch zum Ausdruck, daß es die Feindangriffe auf deutsches Reichsgebiet als kriegsrechtswidrigen Akt verurteilte und die eigenen Gegenangriffe "nur als Repressalie" sah und sie auch nur als solche für zulässig hielt.

In England wurde dies selbstverständlich bestritten. Man führte dort aus, daß erst die deutschen Angriffe auf London seit dem 7. September 1940 England zur Aufgabe der bisher geübten Rücksichtsnahme gezwungen hätten.

Aber am 25. August bereits hatten Bomber des RAF Bomber Command mit 81 Flugzeugen Berlin gebomt, und sie hatten dieses Angriffsziel nur wenige Tage darauf in der Nacht zum 29. August abermals angeflogen. Erst danach hatte Hitler am 4. September Nachtangriffe auf Ziele in England freigegeben.

Noch vor dem Angriff gegen Coventry hatten die Briten am 23. September Berlin ein weiteresmal angegriffen. In der Nacht zum 8. Oktober war der nächste Luftangriff gegen Berlin erfolgt. Bremen, Cuxhaven, Hamburg und Kiel waren die Ziele des Bomber Command in der Nacht zum 17. Oktober.

Am 16. November erfolgte der nächste Nachtangriff von 358 deutschen Kampfflugzeugen auf London. Birmingham wurde am 20. November mit 357 Flugzeugen angegriffen, und am 28. November starteten über 300 Bomber zum Angriff auf Liverpool-Birkenhead.

In den Luftkämpfen dieser Nacht, bei denen sich deutsche Jäger mit englischen Nachtjägern herumschlugen, wurde über der Insel Wight Major Wick, Kommodore des Geleitschutz fliegenden JG 2, abgeschossen.

Am letzten Tage des November 1940 griffen 335 Kampfflugzeuge London abermals an, und schließlich wurde in der Nacht zum 1. Dezember Southampton von

251 deutschen Kampfflugzeugen gebombt. Die Stadt wurde mit 299 Tonnen Bomben und 1 184 Brandschüttkästen belegt.

Trotz des schlechten Wetters flog die Luftwaffe im Monat November über 5 500 Einsätze gegen England.

Hier die Darstellung solcher Londonflüge aus der Sicht einer He 111-Besatzung, die aufzeigen soll, wie sich ein Angriff über feindlichem Gebiet abspielte.

Mit dem Kampfgeschwader 26 über London

Am Vormittag des 5. September 1940 erhielten die Kommodore der Kampfgeschwader 2, 3, 26 und 53 den Befehl, zum ersten Feindflug gegen London zu starten. Trotz der Tatsache, daß der Gegner bewußt Wohngebiete Berlins mit Bomben belegt hatte, ordnete Hitler an, daß in London nur Dock- und Hafenanlagen bekämpft werden dürften.

Als die Besatzung Greeven der III./KG 26 die Besprechungsbaracke betrat, sahen die Männer die große Karte an der Stirnwand. Darüber stand in nicht zu übersehenden Lettern: "London - Hafen - Docks."

Jetzt war es also soweit. Am Radioapparat hatten die Besatzungen des KG 26 die Rede des Führers anläßlich der Verleihung der Marschallstäbe an die von ihm am 19. Juli zu Generalfeldmarschällen ernannten Soldaten gehört und auch jenen Satz mitbekommen, daß nunmehr gegen London zurückgeschlagen werde.

Das ewig gleiche Ritual der Besprechung nahm seinen Verlauf. Die Daten wurden verglichen. Die Funker nahmen die für sie wichtigen Dinge auf, und dann wurde der Kurs der Maschinen bestimmt, der von der III. Gruppe des KG 26 geflogen werden sollte. Es galt, die Einflugschneisen genau zu beachten, um nicht mit Maschinen anderer Staffeln zu kollidieren.

Als sie zum Platz gingen und Beobachter Havighorst seinen Fallschirm in der Maschine aufgehängt hatte, kontrollierte er die Bombenwurfrichtung. Dann legte er sich die Karte zurecht und überprüfte die Bordwaffe. Alles war in Ordnung. Er nickte seinem Flugzeugführer zu. Die Motoren mußten "abgebremst" werden, um ihre Leistungsfähigkeit zu prüfen. Dann zeigte der 1. Wart klar, und die Maschine rollte zum Start. In der Drehung sah Havighorst, daß drei weitere Maschinen fertiggemacht wurden.

Sie sollten zu jenen Staffeln gehören, die am Angriff gegen die Londoner Docks beteiligt sein würden.

Auf der Zielkarte waren die besonderen Merkmale eingetragen. Insbesondere die große Themseschleife würde ihnen das Ziel zeigen. Die davor stehende britische Ballonsperre stand 2 200 m hoch. Diese galt es zuvor zu überfliegen.

Diesmal ging alles viel schneller. Noch bevor die Maschinen der III./KG 26 die englische Küste erreichten, wurden sie von den ersten Flaksalven empfangen.

Hitler schreitet raschen Schrittes zur Vorbesprechung der Waffenstillstandsverhandlungen.

Selten war der „Führer" Adolf Hitler inmitten seiner Soldaten so ungezwungen.

Diese Landser gedenken ihrer gefallenen Kameraden. Über 10.000 deutsche Soldaten sind im Kampf um Holland, Belgien und Frankreich gefallen.

Auf dem Grande Place in Lille. Deutsche Truppen erweisen dem vorbeiziehenden geschlagenen Gegner die Ehrenbezeigung.

Hitler an der Esplanade von Sacré-Cœur, 3. von links ist Albert Speer, 3. von vorn links: Arno Breker.

Ploesti: Leichte Flak wird zum Schutz der Erdölfelder aufgestellt.

Die Unterzeichnung des Dreimächtepaktes. Vorn von rechts: Reichsaußenminister von Ribbentrop, Hitler, Graf Ciano und der japanische Außenminister Kurusu.

Martin Bormann (links) und Rudolf Heß.

Hitlers Treffen mit Staatspräsident Franco in Hendaye.

An der Kanalküste: GefStand des Generals der Flieger Grauert. Der General mit dem OB der Luftflotte 2, General Kesselring.

Reichsmarschall Göring mit seinem Adjutanten, General der Flieger Bodenschatz und GFM Kesselring an der Kanalküste.

Ein Meßgerät der Küstenartillerie an der Kanalküste.

Die Marineartillerie eröffnet das Feuer auf Dover.

Alarmstart nach England.

Der Heimflug von England fällt ins Wasser.

He 111 mit Jagdschutz unterwegs nach London.

London nach dem Angriff.

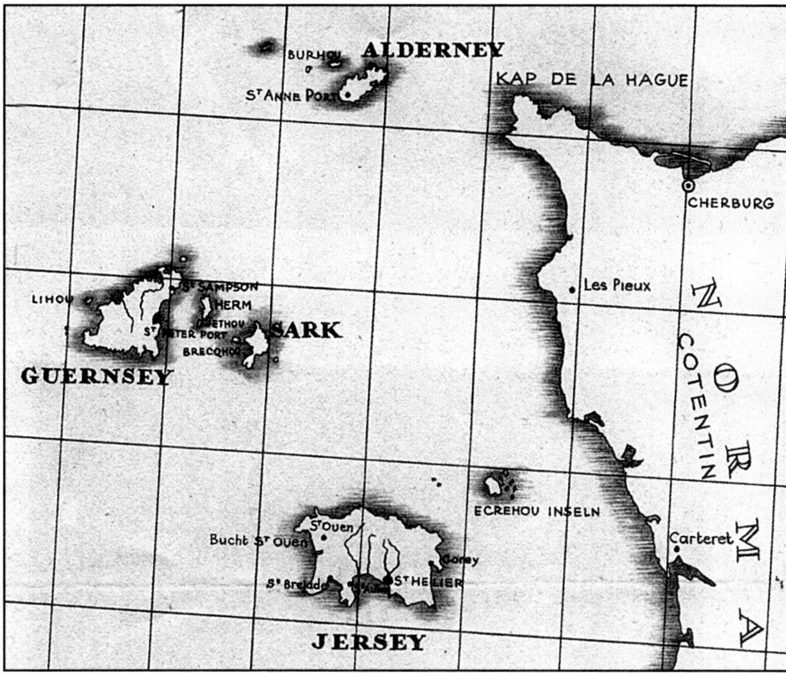

Die Kanalinseln, an der Normannischen Halbinsel gelegen waren britisches Territorium. Am 30. Juni 1940 landeten deutsche Flugzeuge der 2.(F)/123 auf Jersey und der 3.(F)/123 auf Guernsey und forderten die Kapitulation. Die deutsche Besatzung dauerte bis zum 9. Mai 1945.

Parade der 2.(F)/123 in der Hauptstadt St. Helier auf Jersey unter Aufsicht eines „Bobby". Die Kanalinseln blieben das Einzige von Deutschen besetzte, britische Territorium während des Krieges.

Nach Abschluss der Frankreich-Feldzuges ernannte Hitler eine ganze Reihe führender Generäle zu Generalfeldmarschällen und verlieh ihnen den „Marschallstab“.

Anlässlich des gewonnenen Feldzuges gegen Frankreich, fand in Berlin eine große Siegesparade statt.

Bei der Luftschlacht um England, hatten die deutschen Jägereinheiten den Auftrag, die britischen Jäger zu dezimieren und die Lufthoheit über Südengland zu erkämpfen. Im Bild startende Me109-Jäger.

Die Me 110, als „schwerer Jäger" konzipiert, sollte die Me 109 unterstützen. Weil die Me 110 zu langsam und schwerfällig war, gingen viele Me 110 im Kampf um England verloren.

Neben der Heinkel He-111 war die Dornier Do-17 das meistverwendete Kampfflugzeug 1939/40. Über England zeigten sich jedoch die Schwächen der beiden Maschinen in Bezug auf die Geschwindigkeit und die Abwehrbewaffnung.

Ein Do-17 Verband überfliegt eine südenglische Landschaft, um einen RAF-Fliegerhorst anzugreifen. Doch die deutschen Verluste gegen britische Jäger wurden immer größer.

Dann gelangten sie in den Scheinwerferriegel und wurden von Scheinwerfer zu Scheinwerfer weitergereicht. Die englische Flak schoß sehr gut. Die Detonationen der schweren Flakgranaten waren in nächster Nähe zu hören. Zum Glück für sie folgten dichtauf weitere Maschinen nach, so daß sie der Flak nicht das alleinige Ziel boten.

Sobald die Flakstellungen überflogen waren, hörte das Feindfeuer auf, weil die Flak Zielwechsel auf die noch herannahenden Flugzeuge machte.

Sie überflogen die Ballonsperren-Kette um mindestens 1 000 Meter. Unter sich erkannte Havighorst die ersten markanten Punkte, die er in die Zielkarte als Orientierungshilfe eingetragen hatte. Dann tauchte unter ihnen der Themsebogen auf. Die Maschinen drehten nach rechts ein und folgten dem Flußverlauf.

"Der Wasserturm, Hugo!" rief Havighorst seinem Flugzeugführer zu. Sie waren auf der richtigen Route und hatten das Ziel in direktem Anflug erreicht.

Da sie als Spitze flogen, machte Havighorst Meldung: "Achtung, an Staffel: ich bin über Kopf und werfe!"

Havighorst lag vorn in der Kanzel und hatte die Bomben bereits vorgewählt. Diese konnte nun der Flugzeugführer durch einen Knopfdruck auslösen.

Havighorst visierte das Ziel an. Dann rief er dem Flugzeugführer sein "Jetzt" zu. Dieser löste die Bomben aus und zog die He 111 in einer weiten Linkskurve herum. Unter sich sah Havighorst die Trefferflammen der einschlagenden acht 250-Kilo-Bomben. Flammen stoben aus den Dockanlagen heraus und stiegen in den Nachthimmel empor. Immer mehr aufblitzende Einschlagfontänen stiegen empor und zeigten, daß die gesamte Staffel zum Wurf gekommen war.

Hinter Havighorst tastete der Bordfunker bereits jene Q-Gruppe, die der Bodenstelle des Heimathorstes zeigte, daß der Auftrag ausgeführt worden war.

Sie kamen unangefochten zurück und landeten sicher. Der 1. Wart sah bei der Überprüfung der Maschine, daß sie einige Löcher aufwies, die von Flaksplittern herrührten.

Der erste "Vergeltungsangriff auf London", wie er in die Flugbücher eingetragen wurde, war erfolgreich verlaufen. Alle Einheiten hatten die befohlenen Ziele erreicht. Die letzten zurückfliegenden He 111 meldeten fünf große Flächenbrände in den Docks und eine Reihe kleinerer Brände. Insgesamt waren allerdings nur 60 Tonnen Bomben geworfen worden.

Am Mittag des übernächsten Tages erfuhr Havighorst, daß es am Abend wieder gen London gehen werde. Diesmal war die gesamte Gruppe aufgeboten.

Als am Nachmittag alles zum Angriff bereit war, standen zur gleichen Zeit an der Kanalküste bei Kap Blanc Nez der Reichsmarschall mit GFM Kesselring und General der Flieger Loerzer auf dem vorgeschobenen Luftflottengefechtsstand. Sie wollten den Start der Jäger beobachten, die zum ersten Male an diesem Tag zur Insel hinüberflogen.

Neben den 300 Kampfflugzeugen der Luftflotte 3 war auch die Luftflotte 2 mit weiteren 325 Flugzeugen an diesem Schlag beteiligt. Die Verbände mußten in Höhenstaffelungen von 4000 bis 6500 Metern fliegen und dicht aufgeschlossen bleiben.

Es war noch nicht dunkel, als das KG 26 aus Wittmundhafen startete. Die zuerst gestarteten Pulks kreisten so lange in der Luft, bis die einzelnen Staffeln sich formiert hatten. Der Gruppenkommandeur der III./KG 26 übernahm die Spitze und rief den folgenden Staffeln zu, dicht aufgeschlossen zu bleiben.

Der Verband wurde geschlossen dem Ziel entgegengeführt. Wieder trug jede He 111 acht 250-Kilo-Bomben. Ein anderer Verband hatte - zum ersten Male im Luftkrieg gegen England - je Maschine eine 1 800 Kilo-Bombe an Bord.

Über den Wolken flogen sie an. Greeven saß hinter dem Knüppel und flog jenen Auspuff-Flammen nach, die sich vor ihm zeigten.

Noch bevor die große Themseschleife erreicht war, erhielten sie starkes Abwehrfeuer. Vorn stürzten sich einige britische Nachtjäger auf die vorausfliegenden He 111 der 1. Staffel. Dann aber huschten aus großer Überhöhung die schnellen Schatten der deutschen Geleitjäger auf diesen Gegner herunter. Leuchtspurfäden zischten durch die Nacht. Eine der angreifenden Hurricanes stürzte brennend ab. "Staffelkapitän an alle: Wir sind über dem Ziel!"

Diese Nachricht ließ alle nacheinander ihre Bomben auslösen. Auch Greeven warf, und Havighorst schoß mit dem MG auf einen sich nur für Sekunden zeigenden Feindjäger. Dann drehten sie auch schon und sahen die hinter ihnen aufzuckenden Brände.

Havighorst beobachtete den Luftraum. Er sah rechts und links Maschinen der eigenen Gruppe: die erste Staffel bereits im Abflug nach dem Wurf und die dritte noch im Anflug auf das Ziel, das nun nicht mehr zu verfehlen war, weil bereits die ersten Großbrände aufloderten.

Hoch über ihnen kurvten eigenc und Feindjäger herum. Dort fanden die Luftduelle statt, die nach kurzen Feuerabtausch von den deutschen Geleitjägern abgebrochen werden mußten, weil sonst der Sprit nicht mehr für den Rückflug reichte.

Plötzlich prasselte von rechts MG-Feuer. Aus dem Dunkel der Nacht tauchte ein Feindjäger auf. Der Bordfunker rief eine Warnung. Als schneller Schatten stürzte sich der Feindjäger auf die langsamere He 111. Havighorst sah die Flammenlanzen der feindlichen MG-Feuerstöße. Dann wurde der Gegner plötzlich von mehreren Feuerstößen einer Me 109 erfaßt. Eine heftige Explosion, Flammen und Einzelteile, die an der He 111 vorbeitrudelten und den Absturz dieses Jägers anzeigten.

Etwas schlug dumpf gegen die rechte Fläche der eigenen Maschine. Wenn die jetzt abmontierte, dann waren sie erledigt. Doch der Vogel hielt. Er wurde zwar aus dem Kurs geworfen, doch Greeven kurvte wieder ein, und wenig später hatten sie den Gefahrenbereich verlassen.

Sie flogen nun bereits über See heimwärts, als noch eine Welle deutscher Bomber ihnen entgegenkam, um das schwere Zerstörungswerk zu vollenden.

Dies war der große Auftakt der "Schlacht um London", die als der "Große Blitz" in die Luftkriegsgeschichte einging.

Der Dezember 1940

Am 5. Dezember flogen die Jäger der I./JG 26 für die II./LG 1 Begleitschutz. Es war ihr letzter Einsatz in diesem Jahr. Die II./JG 26 versuchte sich in der gleichen Zeit noch einmal in der Freien Jagd zwischen Dungeness und Ramsgate. Von Spitfires angegriffen, verlor die Gruppe zwei Flugzeuge.

Die dauernden Regenfälle dieser Tage verwandelten die Feldflugplätze an der Kanalküste in Moraste. Dies zwang dazu, die Jägerverbände nach und nach weiter landeinwärts zu verlegen.

Das JG 27 war bereits im Herbst abgezogen worden, um mit dem Geschwaderstab, der II. und III. Gruppe nach Rumänien zu verlegen. Gegen Ende des Jahres 1940 wurde auch das JG 51, das die ganzen Monate hindurch in schweren Kämpfen am Kanal gestanden hatte, zur Auffrischung und Erholung nach Deutschland geschickt, um erst im Februar 1941 zur Kanalküste zurückzukehren. Auch das JG 52 war teilweise bereits vom Kanal abgezogen worden.

Ende Dezember wurde noch das "Pik-As-Geschwader - das JG 53 - nach Deutschland verlegt.

Die weiteren Kampffliegerangriffe waren: der schwere Nachtangriff am 8. Dezember auf London, der von 413 Maschinen geflogen wurde, und der Nachtangriff jener 278 Kampfflugzeuge auf Birmingham am 12. Dezember. Sheffield wurde in der folgenden Nacht von 336 deutschen Bombern gebombt.

Einer der schwersten Angriffe dieses Jahres aber war zweifellos jener auf Liverpool am 21. Dezember, der von 504 Kampfflugzeugen ausgeführt wurde; eine Zahl, wie sie bis dahin noch nicht für einen Angriff aufgeboten worden war. Diese Flugzeuge warfen in zwei aufeinander folgenden Nächten insgesamt 485 Tonnen Sprengbomben und 1 701 Brandschüttkästen auf Liverpool-Birkenhead. Im Hafen wurden 20 Schiffe mit insgesamt 122 971 BRT zum Teil tödlich getroffen.

Ein Angriff auf Manchester am Abend des 22. Dezember mit 331 Bombern und zwei Nächte später mit 171 Bombern sah auch diese Stadt im Bombenhagel.

Der 28. Dezember brachte dann noch einmal 244 Bomber im Anflug auf die Hauptstadt Englands, und den letzten Einsatz des Jahres 1940 flogen 251 Kampfflugzeuge am späten Abend des 30. Dezember gegen Southampton. Sie warfen 299 Tonnen Bomben und 1184 Brandschüttkästen.

Britische Bomber wiederum griffen im Dezember nacheinander Berlin (am 15./16. Dezember), Mannheim (am 16. und 17. Dezember) und in der Nacht zum 21. Dezember ein weiteresmal Berlin an.

Die Eskalation des Bombenkrieges war vollzogen, und im kommenden Jahr würde es Tod und Verderben auf die deutschen Städte herunterregnen, während die deutsche Luftwaffe im Osten im Einsatz stand und der Westen zu einem "Haus ohne Dach" wurde.

Trotz der imponierenden Massierungen wurden im Dezember 1940 dennoch “nur” 3 850 Einsätze geflogen. Das Jahr 1940 ging zu Ende. Der größte Teil der Jägerwaffe war vom Kanal abgezogen worden, und der Himmel schien für Englands Flieger frei.

ITALIEN IM KRIEG

Hitler und Franco in Hendaye

Am 23. Oktober 1940 fand zwischen den spanischem Staatschef General Franco und Hitler ein Treffen statt. In Hendaye an der spanisch-französischen Grenze reichten sich die beiden Führer die Hand. Hitler war in seinem Sonderzug dorthin gefahren. Um 15.00 Uhr traf der spanische Staatschef dort ein.

Bei dieser Besprechung wollte Hitler General Franco dahin bringen, im Frühjahr 1941 in den Krieg gegen England einzutreten, mit deutscher Hilfe Gibraltar zu erobern und damit England den Weg ins Mittelmeer zu verwehren.

In geschickten Winkelzügen parierte Franco diese Bitten und hielt sich an unverbindliche Floskeln, die Hitlers Temperament fast zum Überschäumen gebracht hätte.

Als Ergebnis dieser Besprechung konnte nur die "Weiterführung desselben" vereinbart werden. Damit war Spanien für Hitler außen vor.

Zu seinem Freund Benito Mussolini sagte Hitler später einmal: "Ich würde mir lieber drei oder vier Zähne ziehen lassen, als so etwas noch einmal mitzumachen."

Am 24. Oktober kam es dann in Montoire zwischen Hitler und Marschall Pétain zu einer Besprechung. Hierbei waren auch Laval und von Ribbentrop anwesend. Hitler forderte Frankreich auf, in eine "europäische Koalition gegen England" einzutreten, nachdem England seinen ehemaligen Verbündeten so schmählich verraten habe. "Frankreich", so formulierte Hitler, "kann in seinem Rahmen militärische Beiträge in Afrika leisten".

Zwar gab es auch bei dieser Besprechung keine konkreten Ergebnisse, dennoch schien sich eine deutsch-französische Zusammenarbeit anzubahnen, als deren Exponent Laval auftrat. Da Laval ab dem 28. Oktober auch französischer Außenminister war, deutete alles auf eine gute Entwicklung hin.

Am 25. Oktober erhielt Hitler in seinem Sonderzug auf der Rückreise die Nachricht, daß der italienische Angriff auf Griechenland unmittelbar bevorstehe.

Der Angriff Italiens auf Griechenland

Griechenland hatte bereits kurz nach Kriegsausbruch 1939 den geheimen Bemühungen der Errichtung einer zweiten "Salonikifront der Alliierten" in aller Heimlichkeit zugestimmt.

Nach der Niederlage Frankreichs wurden die griechischen Beziehungen zu England enger. Großbritannien beabsichtigte ernsthaft, mit Griechenland und Jugoslawien eine neue Balkanfront zu errichten. Griechenland begann im Herbst 1940 mit Vorbereitung und Ausbau von Luftstützpunkten für die Royal Air Force.

Mussolini, der Italien am 10. Juni 1940 in den Krieg geführt hatte, weil er "als Kriegsführender ein paar tausend Tote brauchte, um sich an den Tisch der Friedenkonferenz setzen zu können", hatte also nur "gepokert" und nicht ernsthaft erwogen, daß der Krieg nach der Niederlage Frankreichs noch lange währen würde.

Bereits seit dem Sommer suchte Mussolini nun einen Gegner, gegen den die italienische Wehrmacht mit Erfolg antreten könne.

Es ging ihm dabei darum, aus der untergeordneten Rolle des untätigen Achsenpartners herauszukommen. So befahl er seinem Generalstab im Sommer, einen Operationsplan gegen Griechenland auszuarbeiten und die Masse des italienischen Heeres in Albanien gegen die griechische Grenze aufmarschieren zu lassen.

Da Italien bereits am 7. April 1939 Albanien besetzt hatte und König Zogu geflohen war, war der Aufmarsch leicht. König Viktor Emanuel III., seit dem 16. April 1939 in Personalunion auch König von Albanien, stimmte der militärischen Führung zu, daß die italienischen Truppen an der südalbanischen Grenze - von Telepina im Westen bis nach Ochrid am Ochridsee im Südosten - aufmarschierten.

Bereits in der zweiten Septemberhälfte 1940 waren 37 Divisionen, in zwei Armeen zusammengefaßt, in vorderster Linie in eine Wartestellung gegangen. Eine Armee stand als Reserve, von der Grenze leicht abgesetzt, in Bereitschaft. Alle Divisionskommandeure waren in ihre Angriffsziele eingewiesen worden.

Am 14. Oktober trat der italienische Kriegsrat zusammen. Mussolini eröffnete den versammelten Kommandeuren, daß politische Notwendigkeiten die militärische Besetzung Griechenlands erforderten. Dies, nachdem Ende September der Aufmarsch gegen Griechenland zum größten Teil wieder rückgängig gemacht worden war, weil die deutsche Warnung vor jeder weiteren italienischen Aktivität ernst genommen worden war.

Doch nun standen nur noch acht Divisionen in Albanien bereit, alle übrigen waren zurückgezogen worden.

Die Kommandeure erklärten dem Duce, daß noch mindestens zwölf Divisionen notwendig seien und daß dann auch Bulgarien in den Krieg eingreifen müsse. Für die Überführung der Divisionen und Korpstruppen sowie der Nachschubeinrichtungen seien drei Monate zu veranschlagen.

Damit schien der Plan Mussolinis, so schnell wie möglich loszuschlagen, hinfällig. So erschien es wenigstens den versammelten Generalen.

Um so überraschter waren sie, als sie am 15. Oktober ein weiteresmal zum Duce befohlen wurden. In seiner Residenz, dem Palazzo Venezia, gab Mussolini ihnen bekannt, daß er entschlossen sei, die Ionischen Inseln, vor allem Korfu, am Eingang der Adria gelegen, und dazu noch Saloniki in Besitz zu nehmen, um Italiens Stellung im Mittelmeer zu festigen - das als "mare nostrum" bezeichnet wurde - und zu gewährleisten, daß Griechenland im italienischen Machtbereich verbliebe.

Marschall Badoglio, Chef des Generalstabes der italienischen Wehrmacht, fragte den Duce, ob er Deutschland von seiner Absicht unterrichtet habe. Immerhin sei es der Verbündete überhaupt."

Benito Mussolini erwiderte darauf: "Hat man uns vom Norwegen-Unternehmen unterrichtet? Hat man uns gefragt, bevor man im Westen angriff? Man tat doch genau so, als seien wir überhaupt nicht vorhanden. Nun zahle ich es ihnen mit der gleichen Münze heim." (Siehe Ciano, Graf Galeazzo: Tagebücher 1939 - 1943).

Daß er die Stellungnahme seiner engsten Berater in den Wind schlug und auch die Hinweise seiner Generale vom Vortage außer acht ließ, hatte Graf Ciano bewirkt, der Schwiegersohn Mussolinis, der zugleich auch mit seiner Dienststelle die Versicherung gab, daß Griechenland keinen starken Widerstand leisten werde. Die Regierung Metaxas sei im Volke verhaßt, und nur die schwache Oberschicht der Reichen sei England zugeneigt. Graf Ciano erklärte auch in einem Vier-Augen-Gespräch, daß man bereits geheime Verbindungen mit der griechischen Epirus-Armee angeknüpft habe, die nicht kämpfen werde. Im Rahmen der italienischen Armee würden auch albanische Einheiten und Banden den Aufruhr in die stammesverwandte Bevölkerung des Epirus tragen.

Mussolini ließ sich überzeugen. Er bestimmte am 15. Oktober, daß am 26. Oktober angegriffen werde. Dieser Termin wurde wegen der einsetzenden Wetterverschlechterung auf den 28. Oktober verschoben.

Da Mussolini inzwischen doch einigermaßen kalte Füße bekommen hatte, schrieb er einen Brief an Hitler, in dem er verklausuliert darauf hinwies, daß er sich die griechischen Provokationen nicht länger werde bieten lassen.

Hitler, mit einem feinen Gespür für die Worte zwischen den Zeilen ausgestattet, eilte nach Rückkehr von der spanischen Grenze direkt nach Florenz, wo er am 28. Oktober eintraf, um aus dem Munde seines Freundes Mussolini zu hören, daß der italienische Feldzug gegen Griechenland am frühen Morgen dieses Tages begonnen habe.

Nachdem Mussolini einen Monat vorher von Ribbentrop versichert hatte, daß er im Augenblick den Krieg gegen England für die Hauptsache halte, sich gegenüber Jugoslawien und Griechenland ruhig verhalten werde und zunächst "nur" die Eroberung Ägyptens ins Auge gefaßt habe, mußte er nun Farbe bekennen.

Hitler machte gute Mine zum unguten Spiel, das seine Pläne durchkreuzte.

Der Feldzug beginnt

Am frühen Morgen des 28. Oktober 1940 überreichte der italienische Gesandte in Athen der griechischen Regierung eine Note, die jedes Verhandeln über deren Inhalt ausschloß. Zwar stimmte es, daß Griechenland sich nicht neutral gegenüber England verhalten hatte. So waren britische Schiffe in griechische Territorialgewässer eingedrungen. Englische Flugzeuge waren auf griechischen Flugplätzen versorgt worden. Englische Nachrichtendienste und Instrukteure waren in Massen nach Griechenland gekommen. Es gab noch eine Reihe mehr oder minder wichtiger Gründe für das italienische Ultimatum, in dem sich Italien "gezwungen" sah, "als Garantie für eine bessere Wahrung der griechischen Nationalität die Auslieferung strategischer Stützpunkte zu fordern, die ständig durch italienische Truppen besetzt werden würden".

Für den Fall, daß Griechenland dies verweigere, müsse die italienische Wehrmacht eingreifen. Sie werde ab 6.00 Uhr marschieren, wenn diese Forderungen nicht akzeptiert würden.

Ministerpräsident Metaxas erklärte daraufhin, daß sich Italien offenbar solche unannehmbaren Bedingungen ausgedacht habe, um losschlagen zu können.

"Griechenland befindet sich ab sofort als mit Italien in Kriegszustand stehend." So lautete die griechische Antwort, die auch Italien einiges Kopfzerbrechen bringen sollte.

Die Forderung Griechenlands an England, zur Hilfe zu eilen, war zu dieser Zeit nicht eben leicht zu erfüllen, denn noch kämpfte England in jener Luftschlacht, deren letzte Phase soeben angebrochen war. Außerdem war es dabei, seine Truppen in Ägypten so zu verstärken, daß sie dem italienischen Vordringen standhalten konnten.

Dennoch: wenn es Griechenland gelang, dem italienischen Ansturm standzuhalten, böten sich für England neue Stützpunkte im Mittelmeer dar, von denen aus der bereits eingeleitete See- und Luftkrieg verstärkt werden konnte.

Wenn sich gar aus diesem Kriegsschauplatz eine zweite Front entwickelte, indem auch Deutschland hineingezogen wurde, lag dies genau in der britischen Strategie.

Deshalb besetzten Landtruppen nun auch die Insel Kreta, während Luftstreitkräfte der Royal Air Force kretische Flugplätze einsatzbereit machten.

Der italienische Oberbefehlshaber Albanien, General Visconti Prasta, begann den Angriff mit völlig unzureichenden Kräften. Er ließ acht Divisionen antreten, die durch örtliche Miliztruppen verstärkt wurden. Unter den Divisionen eine mit Gebirgstruppen und eine weitere mit Panzern von drei Tonnen Gewicht, jenen "Konservendosen", die auch in der Anfangszeit des italienisch-britischen Kampfes in Afrika zum Einsatz kamen und keinerlei Wirksamkeit hatten.

Von den genannten Divisionen übernahm eine den Grenzschutz gegenüber Jugoslawien, obwohl man ein jugoslawisches Eingreifen nicht erwartete.

General Visconti Prasta befahl den Angriff zweier Divisionen auf Saloniki. Ihr weiterer Vorstoß sollte bis nach Florina führen. Zweck dieses Vorstoßes war es, griechische Kräfte zu binden und Bulgarien zum Eingreifen zu animieren.

Die fünf verbleibenden Divisionen erhielten - verstärkt durch albanische Einheiten und Freischärler - Weisung, die im Nordepirus lebenden Albaner zu "befreien" und anschließend das gesamte Epirusgebiet zu besetzen.

Sobald dieses Ziel erreicht war, würden drei weitere Divisionen im Golf von Arta landen und den Vormarsch auf Athen antreten.

Daß sich die politischen Erwartungen des italienischen Außenministers nicht erfüllten, war bald offenbar. Die griechische Volksstimmung sah ganz Griechenland hinter Metaxas; und Griechenland kämpfte. So blieb der italienische Fesselungsangriff in Richtung Saloniki-Florina nach einigen Tagen liegen. Eine Woche nach Kriegsbeginn mußten italienische Truppen vor den griechischen Angriffen hinter die Grenze zurückweichen. Ein griechischer Angriff entriß den Italienern am 21. November 1940 Morina Planina und den Straßenknotenpunkt Koritz. Den italienischen Truppen drohte die Einschließung. Daher wichen sie nach Nordosten zurück.

Die zur Eroberung des Epirus angetretenen fünf Divisionen wiederum stießen auf nur schwache Grenzsicherungen, die dem italienischen Ansturm auswichen. Doch die albanischen Verbände rebellierten nach dem Grenzübertritt, sie trieben Sabotage und liefen zu den Griechen über. Der Rest wurde entwaffnet und zurückgenommen.

Die griechische Abwehr stand eisern. Von dem erwarteten "Scheinwiderstand" konnte nicht die Rede sein. Der Kampf im Vojussatal war verlustreich, vor Janina am Kalamas stand die griechische Abwehr und ging, nachdem sich der italienische Angriff totgelaufen hatte, zum Gegenangriff über. Auch an dieser Front mußten die italienischen Truppen auf ihre Ausgangsstellung zurückgenommen werden.

Nach Ablauf von vier Wochen war dieser Feldzug gescheitert. Alle italienischen Bemühungen, die eigenen Truppen in Albanien rasch wieder zu verstärken, scheiterten an der begrenzten Aufnahmefähigkeit der beiden Häfen Valona und Durazzo. Hinzu kam, daß man in Italien nicht über genügenden Schiffsraum zum Transport der schweren Waffen und des schweren Geräts verfügte.

In dem unwirtlichen Gebirgsland, in der Schnee- und Eiswüste des Gebirges lagen die italienischen Truppen, nur ungenügend verpflegt und ausgerüstet, in behelfsmäßigen Unterkünften.

Hitler wandte sich am 20. November 1940 in einem Brief an Mussolini und wies darauf hin, daß dieser italienische Alleingang gegen Griechenland schwere psychologische und militärische Auswirkungen auf die Achse habe und daß es nun besonders wichtig sei, nicht etwa auch noch Jugoslawien und die Türkei zu vergrätzen. England habe sich nun in Griechenland etabliert und sich damit dem Erdölgebiet von Ploesti bis auf 500 Kilometer genähert. England habe auf weiteren Inseln Luftbasen eingerichtet, außerdem auch bei Saloniki und in Thrakien. Beinahe ganz Süditalien könne nunmehr von britischen Bomberkräften erfaßt werden. Hitler beendete diese militärische Übersicht für den Duce mit den Worten:

"Diese Lage ist, militärisch gesehen, drohend, wirtschaftlich gesehen, so weit es sich um das rumänische Erdölgebiet handelt, geradezu unheimlich."

Um das Mittelmeer "verriegeln" zu könnnen, werde er, Hitler, versuchen, "Spanien zu einem schleunigen Kriegseintritt zu bewegen".

Hitler hoffte, daß Italien wenigstens in Afrika auf sich selbst gestellt bleiben und bis nach Marsa Matruk vorgehen könne. Von dort aus sei es dann möglich, "die britische Flotte mit Sturzbombern aus Alexandria zu vertreiben. Darüber hinaus könnten italienische Langstreckenbomber von dort aus den Suezkanal verminen und so den dort stattfindenden Verkehr lahmlegen."

Hitler erklärte sich dazu bereit, einige deutsche Fliegerkräfte nach Italien und Nordafrika zu verlegen, um gemeinsam mit den italienischen Waffenbrüdern das östliche Mittelmeer freizuschlagen und die englische Flotte auszuräuchern.

Er schloß mit der Bemerkung, daß er Anfang Mai 1941 diese Luftwaffenkräfte wieder zurückhaben müsse. Wozu er sie benötigte, teilte er Mussolini nicht mit.

Als das Jahr 1940 zu Ende ging, hatte General Papagos, der griechische Oberbefehlshaber, bereits den Verteidigungsring so eng gezogen, daß kein Durchkommen mehr war.

KRIEGSSCHAUPLATZ MITTELMEER UND AFRIKA

Der erste Schlagabtausch

Am Abend des 6. Juli 1940 lief ein italienischer Großkonvoi aus Neapel aus, um 2 200 italienische Soldaten, 300 Panzer und sonstige Fahrzeuge sowie 16 000 Tonnen Material nach Nordafrika zu schaffen.

Die italienische Führung hatte sich entschlossen, in Afrika anzutreten. Ihr Ziel war es, ganz Ägypten zu erobern, und dazu sollten Soldaten, Material und weitere Waffen dorthin geschafft werden.

Etwa gleichzeitig damit war ein britischer Kreuzerverband in Malta eingelaufen. Damit war die italienische Kriegsmarine gefordert, um die Konvoisicherung, die aus sechs Torpedobooten bestand, zu verstärken. Supermarine - das italienische Oberkommando der Marine - verstärkte die Konvoisicherung durch die 2. Division unter Divisionsadmiral Cattaneo. Als Fernsicherung gegen Malta erfolgte zum anderen der Ansatz der 1. und 3. Division mit sieben schweren Kreuzern und zwölf Zerstörern.

Die nach Osten ausgelaufene Deckungsgruppe der 7. Division bestand aus vier Leichten Kreuzern und vier Zerstörern.

Der Hauptteil der Flotte jedoch unter der Führung von Geschwaderadmiral Campioni mit der 4., 5. und 8. Division, darunter auch die Schlachtschiffe "Giulio Cesare" und "Conte di Cavour", sechs Kreuzern und 13 Zerstörern, bildeten die Rückhaltegruppe. Eine Reihe von U-Booten wurde ostwärts Gibraltar, nordwestlich von Sardinien, südlich Sardienien in der Sizilienstraße, im Ionischen Meer und zwischen Derna und Gaudo aufgestellt.

Der Großkonvoi bestand aus fünf Schiffen und rechtfertigte diese gewaltige Sicherung.

Kurz vor Mitternacht zum 7. Juli sichtete das U-Boot "Beilul" die britische Mittelmeerflotte, die zur Deckung zweier von Malta nach Alexandria laufender Konvois eingesetzt worden war.

In der Force B, einer jener drei von Admiral Cunningham geführten Kampfgruppen lief auch das Schlachtschiff "Warspite" mit, während die Force C auf die beiden Schlachtschiffe "Malaya" und "Royal Sovereign" zurückgreifen konnte. In der Force A befand sich kein Schlachtschiff.

Zu diesen Seestreitkräften kam am Morgen des 8. Juli die aus Gibraltar auslaufende Force H unter Vizeadmiral Somerville hinzu. In ihr waren die Schlachtschiffe "Valiant" und "Resolution", der Schlachtkreuzer "Hood" und der Flugzeugträger "Arc Royal" mit einer Reihe von Kreuzern und Zerstörern zusammengefaßt.

Am selben Tage erreichte der italienische Konvoi unbeschossen Bengasi. Nun sammelte sich die italienische Flotte - ihre Aufgabe der Konvoisicherung war erfüllt - zum Einsatz gegen die britische Mittelmeerflotte.

Nachdem am Vormittag des 9. Juli die britische Luftaufklärung an der italienischen Flotte Fühlung aufgenommen hatte, erfolgten kurz darauf die ersten englischen Angriffe mit Swordfish-Trägermaschinen der "Eagle", die in der Force C stand.

Am Nachmittag sichteten die Ausgucks beider Flotten einander. Die Kreuzer traten ins Gefecht. Bald darauf eröffnete auch die "Warspite" das Feuer auf die "Giulio Cesare" unter Kpt.z.S. Angelo Varoli. Ein Treffer aus einem der 38-cm-Geschütze der "Warspite" schlug in das italienische Schlachtschiff ein. Brände brachen aus. Es gab Verluste, und die Geschwindigkeit des Schlachtschiffes wurde durch diesen Treffer auf 18 Knoten herabgesetzt.

Als dann der Kreuzer "Bolzano" im Gefecht mit englischen Kreuzern getroffen wurde, befahl Admiral Campioni der 9. Zerstörer-Flottille, um beide getroffenen Einheiten einen Rauchschleier zu legen, unter dessen Deckung sich die beiden Schiffe absetzen konnten.

Die Fühlung der beiden Verbände zueinander riß ab. Die britische Flotte drehte auf Westkurs. Luftangriffe der Italiener richteten nur wenige leichte Schäden an. Das U-Boot "Marconi" versenkte den ostwärts von Gibraltar stehenden Zerstörer "Escort". Torpedoflugzeugen der "Eagle" gelang es, den italienischen Zerstörer "Pancaldo" zu versenken, der später wieder gehoben wurde.

Damit endete diese Seeschlacht mit einem kurzen Schlagabtausch. Sie ging als "Seeschlacht bei Punta Stilio" in die Seekriegsgeschichte des Mittelmeeres ein.

Fortsetzung des Seekrieges im Mittelmeer

Am 18. August 1940 lief ein britischer Flottenverband mit den drei Schlachtschiffen "Warspite", "Malaya" und "Ramillies", dem Schweren Kreuzer "Kent" und zwölf Zerstörern vor die nordafrikanische Küste und beschoß Bardia und das italienische Fort Capuzzo. Es entstanden nur geringe Schäden. Die Versuche, diesen Verband mit den U-Booten zu packen, schlug fehl.

Am 29. August standen das Schlachtschiff "Valiant" mit dem Flugzeugträger "Illustrious" und den Flakkreuzern "Calcutta" und "Coventry" im Einsatz. Ihre Aufgabe war es, als Verstärkung des britischen Flottenverbandes nach Alexandria zu marschieren.

Als der Verband das Westmittelmeer erreichte, wurde er von der Force H mit dem Schlachtkreuzer "Renown" und dem Träger "Arc Royal" übernommen, die wiederum von zwölf Zerstörern und eien leichten Kreuzer gedeckt wurden.

Die Mittelmeerflotte nahm diesen vereinigten Verband südlich von Sizilien auf, womit sich die Flottenzusammenballung um die beiden Schlachtschiffe "Warspite" und "Malaya", dem Träger "Eagle", fünf Kreuzern und 13 Zerstörern verstärkte.

Das waren lohnende Ziele. Die italienische Luftwaffenführung setzte starke Kampffliegerverbände dagegen an. Währenddessen liefen die fünf einsatzbereiten Schlachtschiffe der Flotte aus, unter ihnen die modernen Giganten "Littorio" und "Vittorio Veneto". Aus Tarent und Messina auslaufend, forderten sie ständig die Zielangaben durch die Aufklärer an, doch diese hatten den Verband inzwischen verloren. So mußten die fünf Schlachtschiffe mit ihren Geleitkräften 13 Kreuzern und 39 Zerstörern, den Rückweg antreten.

Der britische Verband erreichte unangefochten Alexandria. Von dort aus liefen am 15. September die "Valiant" mit Kreuzern und Zerstörern unter dem Kommando von KAdm. Lyster aus, um einen Angriff gegen Bengasi zu unternehmen und die dort liegenden Truppenmassierungen und Anlagen der Italiener zu beschießen.

Die beiden Angriffe des italienischen U-Boots "Corallo" gegen die "Illustrious" und die "Valiant" gingen vorbei.

Am 16. September erfolgte die Vereinigung dieses Verbandes mit dem 3. Kreuzergeschwader südlich von Kreta. Die beiden Flakkreuzer "Calcutta" und "Coventry" übernahmen nun den Schutz des Gesamtverbandes gegen italienische Luftangriffe.

Der Träger "Illustrious" startete in der Nacht zum 17. September seine Maschinen, die z.T. Minen abwarfen, um den Hafen von Bengasi zu verseuchen, und darüber hinaus Schiffe mit Torpedos angriffen. Der Zerstörer "Borea" wurde durch einen Lufttorpedo vernichtet und sank. "Aquilone", ebenfalls ein Zerstörer, lief auf eine der geworfenen Minen und sank.

Darüber hinaus wurden noch die beiden Frachter "Gloria Stella" und "Maria Eugenia" durch Torpedotreffer versenkt.

Auf dem Rückmarsch wurde der Kreuzer "Kent" mit zwei Zerstörern zur Beschießung von Bardia abkommandiert. Diese kleine Gruppe wurde von italienischen Torpedoflugzeugen angegriffen. "Kent" erhielt einen schweren Treffer ins Achterschiff und konnte nur unter größter Anstrengung der beiden Zerstörer nach Alexandria eingeschleppt werden.

Die vor Tobruk aufgestellten italienischen U-Boote blieben ebenfalls erfolglos. Nur die "Settimo" kam zum Torpedoschuß auf zwei Zerstörer, die es verfehlte.

Das Desaster der italienischen Torpedoboote

Als am 8. Oktober 1940 ein britischer Versorgungskonvoi von Alexandria nach Malta in See ging, wurden die vier wichtigen Dampfer von den beiden Flakkreuzern "Calcutta" und "Coventry" und vier Zerstörern als Nahsicherung eskortiert. Die Deckungsstreitkräfte standen unter dem Kommando von Admiral Cunningham. Dies unterstreicht die Wichtigkeit des Konvois, der die Versorgung Maltas sicherstellen sollte. Admiral Cunningham verfügte über die Schlachtschiffe "Warspite", "Ramillies", "Malaya" und "Valiant". Die beiden Träger "Eagle" und "Illustrious" kamen ebenso hinzu wie die Kreuzer "York", "Gloucester" und "Liverpool" des 3. Kreuzer-Geschwaders. Vom 7. Kreuzergeschwader stießen "Ajax", "Orion", "Sydney" hinzu; 16 Zerstörer bildeten jene "Windhundkette", die überall zu sein hatte, um U-Boote zu vertreiben und mit Wasserbomben zu versenken.

Malta wurde bei grober See in einem schweren Gewittersturm unangefochten erreicht. Erst einem italienischen Zivilflugzeug gelang es, den Verband zu sichten und zu melden, als sich dieser bereits auf dem Rückmarsch nach Alexandria befand.

Supermarina versuchte nunmehr mit schnellen Einheiten im Ionischen Meer einen Hinterhalt zu legen und die britische Flotte mit massierten Torpedoangriffen seiner T-Boote zu dezimieren. Dazu wurde die 1. Torpedoboot-Flottille unter Korvettenkapitän Banfi eingesetzt. Die Boote "Airone", "Alcione" und "Ariel" griffen in der Nacht zum 12. Oktober den Kreuzer "Ajax" an. Der Torpedoangriff wurde vorzeitig entdeckt, und Captain Mc Carthy gelang es, die Torpedos auszumanövrieren. Er ließ sofort das Feuer eröffnen. Die Granaten der "Ajax" schmetterten auf die beiden T-Boote "Airone" und "Ariel" herunter.

Beide Boote wurden nach einem Dutzend und mehr Volltreffern völlig zersiebt und sanken. Lediglich "Alcione" konnte sich diesem mörderischen Abwehrfeuer entziehen und lief auf die Untergangsstelle zu, um die im Wasser schwimmenden Kameraden zu rretten. Es gelang dem Boot, fast alle Schiffbrüchigen der "Airone" aufzunehmen und abzulaufen.

Die ebenfalls eingesetzten Boote der 11. Zerstörer-Flottille unter Kpt.z.S. Margottini, die etwas zu spät auf dem Gefechtsfeld eintrafen, wurden ebenfalls von der "Ajax" mit Breitseiten empfangen. Der Zerstörer "Artigliere" erhielt schwere Treffer. Die "Aviere" wurde leicht getroffen. Der Zerstörer "Camicia Nera" nahm die "Artigliere" in Schlepp und wurde am Morgen des 13. Oktober von einer Sunderland erfaßt. Diese meldete die beiden Zerstörer, so daß von der "Illustrious" drei Swordfishes starten konnten. Diese warfen, ohne zu treffen, und drehten wieder ab.

Als der britische Kreuzer "York" herankam, mußte "Camicia Nera" die Trossen loswerfen, um nicht vernichtet zu werden. Captain Portal von der "York" ließ die Besatzung des fahruntüchtigen Zerstörers aussteigen, ehe er die "Artigliere" mit der Artillerie versenken ließ.

Dem Lazarettschiff "Aquileja" gelang es, noch 225 Überlebende aus der See zu bergen.

Auf dem Rückmarsch nach Alexandria griffen Swordfishes der Träger "Eagle" und "Illustrious" noch Leros an. Ebenfalls auf dem Rückmarsch gelang es einem italienischen Torpedobomber noch, die "Liverpool" im Vorschiff zu treffen, ohne daß der Leichte Kreuzer sank.

Operation "Judgement" *Das Seegefecht von Kap Teulada*

Die nächste britische Flottenoperation mit einem eingebundenen Trägerangriff gegen den italienischen Kriegshafen Tarent begann am 6. November mit dem Auslaufen eines Versorgungskonvois für Malta in Stärke von vier Dampfern, die wiederum von den beiden Flakkreuzern und vier Zerstörern als Nahsicherung geleitet wurde. Die gesamte Mittelmeerflotte unter Admiral Cuningham mit ihren vier Schlachtschiffen, dem Träger "Illustrious", sechs Kreuzern und 13 Zerstörern sollte einen Konvoi zur Sudabucht geleiten.

Von der italienischen Luftaufklärung am 9. November erfaßt, setzte Supermarina Kreuzer und U-Boote dagegen an. Die 14. Zerstörer-Flottille wurde in der Sizilienstraße bereitgehalten. Im Gebiet ostwärts von Malta gelang es dem U-Boot "Capponi", in der Nacht zum 10. November an die "Ramillies" heranzukommen. Die Torpedoschüsse gingen vorbei.

Der zurückmarschierende Konvoi wurde von dem U-Boot "Topazio" erfaßt; doch auch dieses Boot verzeichnete nur Fehlschüsse.

Die während dieser Zeit ebenfalls erfolgende Operation "Judgement", die sich gegen die im Hafen von Tarent liegenden italienischen Kriegsschiffe richtete, wurde von Teilen der Trägerstaffeln 813, 815, 819 und 824 geflogen, die auf der "Illustrious" in Richtung Tarent geschafft wurden. Es waren insgesamt 10 Torpedobomber und vier Bomber, die in zwei Wellen unter LtCdr. Willamson und LtCdr. Hale angriffen.

Trotz schweren Abwehrfeuers gelang es ihnen, drei Treffer auf dem modernen Schlachtschiff "Littorio" zu erzielen. Die "Caio Duilio" und die "Conte di Cavour" erhielten jeweils einen schweren Treffer. Die "Conte di Cavour" sank. Sie wurde später wieder gehoben, doch nicht mehr in Dienst gestellt.

Brände und Explosionen durchgrellten die Nacht. Die italienische Flak schoß aus allen Rohren. Der Schwere Kreuzer "Trento" erhielt einen Bombentreffer. Ebenso erging es dem Zerstörer "Libeccio". Zum Glück waren beide Bomben Blindgänger, so daß es zu keinem Totalverlust mehr kam.

Zwei der angreifenden Swordfishes wurden abgeschossen. Dennoch war es ein vernichtender Schlag, der die italienische Marine in dieser Nacht traf.

Unter dem Codenamen "Collar - Halsband" lief die Force D der britischen Mittelmeerflotte am 24. November 1940 aus Alexandria aus, um einen aus Gibraltar kommenden Konvoi südlich Sardinien aufzunehmen. Bis südlich von Malta wurde der Verband von einer Deckungsgruppe (der Force C) begleitet. Am 25. November schließlich lief auch die Force A unter dem OB der Mittelmeerflotte, Admiral Cunningham, aus, um einen Konvoi in Richtung Sudabucht zu decken.

Die mit der Force A laufende "Illustrious" sollte am 26. November einen Angriff gegen Rhodes führen, während der in der Force C mitlaufende Träger "Eagle" einen Luftangriff starten würde.

Ein weiterer Versorgungskonvoi für Malta wurde von der Force E geleitet.

Am 25. November wurde dann der nach Osten laufende Konvoi mit den Kreuzern "Manchester" und "Southampton", die jeweils 700 Soldaten an Bord hatten und im Verband mit drei vollbeladenen Transportern liefen, von der Deckungsgruppe der Force B vor Gibraltar aufgenommen. In dieser Deckungsgruppe lief der Schlachtkreuzer "Renown" mit. An Bord VAdm. Somerville, der Befehlshaber der Force B.

Supermarina erhielt am 25. November vom Auslaufen des Gibraltargeleitzuges und dem Inseestehen der Force D südlich von Malta Meldung.

Abermals wurden U-Boote auf den Zwangswechseln aufgestellt. Am frühen Morgen des 26. November lief Geschwaderadmiral Campioni mit den Schlachtschiffen "Vittorio Veneto" und "Giulio Cesare", gedeckt durch zwei Zerstörer-Flottillen, aus. Gleichzeitig waren auch die 1. Kreuzer-Division unter Geschwaderadmiral Iachino und die 3. Kreuzer-Division, geführt von Divisionsadmiral Sansonetti, aus Messina ausgelaufen, um die von Westen kommenden Feindverbände abzufangen.

Am Morgen des 27. November sichteten Aufklärer der "Arc Royal" den Gegner. Admiral Somerville vereinigte sich zwei Stunden nach dieser Sichtmeldung mit der Force D, die aus Osten näherkam. Er ließ die leichten Seestreitkräfte mit dem Flakkreuzer "Coventry" und die Transportschiffe ausweichen und marschierte mit "Renown", "Ramillies" und fünf Kreuzern, zu denen noch einige Zerstörer kamen, der italienischen Flotte entgegen.

Von der "Arc Royal" starteten zehn Torpedoflugzeuge gegen die beiden italienischen Schlachtschiffe. Diesen gelang es, den auf sie geworfenen Torpedos zu entkommen.

In dem folgenden einstündigen Gefecht der Schlachtschiffe und Kreuzer gegeneinander konnte "Vittorio Veneto" den Kreuzer "Berwik" schwer treffen. Auf der Gegenseite wurde der Zerstörer "Lanciere" voll getroffen, konnte aber mit eigener Kraft den Schauplatz des Seegefechtes verlassen.

Ein weiterer Angriff von neun Swordfishes gegen die "Vittorio Veneto" blieb ergebnislos. Am 30. November liefen die Einheiten der britischen Mittelmeerflotte wieder in Alexandria ein.

Nachdem die italienische Marina aus den Seegefechten mit nur mageren Erfolgen heimgekehrt war, gab es bei Supermarina eine Umbesetzung. Der bisherige Chef von Supermarina, Admiral Cavagnari, wurde durch Admiral Riccardi abgelöst. Flottenchef Campioni erhielt in Geschwaderadmiral Iachino seinen Nachfolger. Die italienischen Großkampfgeschwader wurden neu geordnet. Flaggschiff der italienischen Marine blieb die "Vittorio Veneto".

Valona in Flammen

Zum Durchbringen der britischen Konvois M.C. 2 und M.C. 3 nach Malta lief Admiral Cunningham am 16. Dezember 1940 mit allen verfügbaren Kriegsschiffen aus. Die "Warspite", "Valiant" und "Malaya" waren ebenso dabei wie zwei Kreuzer und 14 Zerstörer.

Während am 17. Dezember Trägerflugzeuge der "Illustrious" italienische Flugplätze auf Rhodos und Stampalia bombardierten, näherten sich in der Nacht zum 19. Dezember die beiden Schlachtschiffe "Warspite" und "Valiant" dem albanischen Hafen Valona, der als Landehafen der italienischen Versorgungstransporte für die Griechenlandarmee galt, und nahmen diesen unter Feuer.

Die Breitseiten der Großkampfschiffe ließen wenige Minuten nach Beginn der Beschießung himmelhohe Flammenfanale aufsteigen. Explosionen grollten im Hafen. Ölbehälter barsten auseinander und liefen aus. Dabei fing das Öl Feuer und verbreitete sich als kilometerlanger Flammenteppich. Die Breitseiten der beiden Schlachtschiffe wirkten wie ein Titanengewitter.

Die Hafenanlagen und ein Teil der Stadt wurden eingeäschert. Dann liefen beide Schlachtschiffe ab und nahmen Kurs auf Alexandria.

Zur Abwehr eines ankerauf gehenden Gegners lief das 7. Kreuzgeschwader in die Straße von Otranto ein, während "Malaya" und "Illustrious" die beiden Malta-Konvois deckte, die unangefochten durchkamen und die Inselfestung für einen weiteren Monat versorgten.

Als das Jahr 1940 zu Ende ging, war die italienische Flotte in ihrem Bestand merklich getroffen, während englischerseits nur einige wenige Verluste zu beklagen waren. Wie aber sah es in Afrika aus?

Der italienische Feldzug in Afrika

Am 31. Juli 1940 hatte GFM von Brauchitsch in der täglichen Lagebesprechung vorgeschlagen, eine deutsche Expeditionstruppe nach Afrika zu entsenden. Damit sollte eine bevorstehende italienische Offensive gegen Ägypten unterstützt werden.

Nach einigem Hin und Her bat General Jodl in seiner Eigenschaft als Chef des Wehrmachtsführungsamtes die Vertreter von Heer und Luftwaffe zu einer Besprechung in die Reichskanzlei. Er unterrichtete die Erschienenen darüber, daß Hitler die Absicht habe, starke Kräfte in Afrika einzusetzen.

Vorher aber wollte er eine genaue Analyse der italienischen Kräfte und ihren Wert haben. Generaloberst Halder entsandte daraufhin in seiner Eigenschaft als Generalstabschef des Heeres, den Kommandeur der 3. PD, Generalmajor Ritter von Thoma, nach Nordafrika. Er sollte untersuchen, wie die deutschen Verbände bestmöglich nach Afrika entsandt und wie sie in die Lage versetzt werden konnten, den italienischen Feldzug am besten zu unterstützen..

Am 13. September 1940 begann die italienische Offensive in Libyen. Oberbefehlshaber dieser Streitkräfte war Marschall Graziani. Die dazu eingesetzte 10. Armee, verfügte über sechs Infanterie-Divisionen und acht Panzer-Bataillone. Sie wurde von General Berti geführt.

Der italienische Angriff schlug zunächst durch. Es gelang den Verbänden, die schwachen britischen Grenzsicherungen zu durchstoßen und mit den Spitzentruppen bis nach Sidi Barani durchzustoßen.

Binnen dreier Tage also war es den italienischen Truppen gelungen, 80 Kilometer Geländegewinn zu erzielen. Dann aber blieben die Verbände liegen, um das zugesicherte Heranschaffen von weiteren Panzern und Truppen abzuwarten, und solcherart verstärkt bis nach Alexandria vorzurollen.

Daß sie mit diesem Angriff die britischen Streitkräfte aufgeweckt, aber nicht vernichtet hatten und daß die Briten nun alle Anstrengungen unternehmen würden, so rasch wie möglich frische Truppen heranzubringen und sich ebenfalls, soweit dies nur eben möglich war, zu verstärken, wurde einfach nicht beachtet.

Deutsche Überlegungen zu Afrika

Als sich Hitler am 3. Oktober 1940 mit Mussolini am Brenner traf, versprach ihm der Duce, die Offensive in Nordafrika bis spätestens zum 15. Oktober wieder aufzunehmen. Hitler sicherte dazu die Zuführung von 100 deutschen Panzern und einer Masse von Fahrzeugen zu.

Am 14. Oktober waren die Verlegungsbefehle für die 3. PD fertig, die nach Afrika gehen sollte. Drei Tage darauf erhielt Generaloberst Halder den Bericht des Divisionskommandeurs, der ja zur Beobachtung nach Afrika entsandt worden war.

Zunächst wurde daraufhin der Abtransport der 3. PD nach Afrika angehalten und das Unternehmen auf Eis gelegt, bis GenMaj. von Thoma persönlich befragt werden konnte.

Als dieser am 24. Oktober GenOberst Halder persönlich Meldung machte, schloß er seinen mündlichen Bericht, der noch um vieles drastischer ausfiel als die schriftliche Meldung, mit den Worten:

"Falls deutsche Verbände nach Afrika geschickt werden sollen, muß es eine Panzertruppe von mindestens vier (!) Divisionen sein. Weniger sind sinnlos, weil kleinere Kontingente keinen Erfolg haben werden. Mehr wiederum sind ebenso verfehlt, weil mehr als vier Divisionen bei einer Fahrt quer durch die Wüste bis hinein ins Nildelta nicht versorgt werden können." (Siehe KTB des OB des Heeres Nr. II. 1940).

Die gleiche Lagebeurteilung machte von Thoma wenig später auch Hitler. Als er bei dem Punkt angelangt war, daß mindestens vier deutsche Panzerdivisionen benötigt würden, wurde er von Hitler unterbrochen: "Deutschland kann nicht mehr als eine Division entbehren."

"Eine Panzerdivision ist nicht genug, mein Führer", entgegnete Ritter von Thoma. "Der Transport einer Division nach Afrika lohne allein die Zeit und Energie nicht, die darauf verwendet wird, sie dorthin zu schaffen."

Hitler antwortete sinngemäß darauf, daß die Entsendung der einen Division ja auch nur getätigt werde, um Mussolini treu bei der Sache der Achsenmächte zu halten. "Außerdem", schloß er den für ihn unerquicklichen Disput, "können die Italiener auch allein gegen die vorhandenen englischen Truppen aufkommen."

Daß dies ein Trugschluß war, erzeugt durch den ersten Drei-Tage-Vorstoß von 80 Kilometern, war GenMaj. von Thoma klar, doch seine Versuche, Hitler davon zu überzeugen, waren vergebens. "Hitler weigerte sich, überhaupt darüber nachzudenken." (Siehe KTB des Heeres Nr. II. 1940).

Major Meyer-Ricks von der Nachrichtenabteilung im Generalstab des Heeres, der ebenfalls am 25. Oktober von einer "privaten" Reise nach Libyen zurückgekehrt war, bekundete, daß die Italiener erst ihre Nachschubstraße von Tripolis zur Front ausbauen wollten, bevor sie in Richtung Suezkanal aufbrechen würden. Allerdings war er der Annahme, daß Großbritannien in Afrika sehr bald etwa 200000 Mann Verstärkung erhalten werde. Seine Empfehlung an Generaloberst Halder ging dahin, daß die Achsenmächte zunächst Alexandria besetzen müßten, um den britischen Nachschub und die britische Flottenbasis in die Hand zu bekommen. Von einer dauernden Besetzung Alexandrias könne aber erst gesprochen werden, wenn die Achsenstreitkräfte nicht nur das östliche Mittelmeer, sondern auch die Insel Kreta beherrschten. Für Kreta aber sei eine neue Fallschirmjäger-Operation notwendig, weil diese Insel bereits stark von griechischen und in zunehmender Stärke auch von britischen Truppen besetzt sei oder noch besetzt werden würde. (Siehe KTB des Heeres, Bd. II.).

Generaloberst Halder meldete seinem Oberbefehlshaber am nächsten Tage, daß man weitere deutsche Truppen benötige, um die Italiener so stark zu machen, daß sie nicht nur Ägypten, sondenr gleichzeitig auch Kreta angreifen und in Besitz nehmen könnten, wobei bei Kreta wohl ein deutscher Fallschirmjäger-Einsatz notwendig sein würde.

Wenig später erfolgte eine Unterredung zwischen GenMaj. Paulus und GenOberst Halder. Paulus war der Überzeugung, daß eine deutsche Division genügen werde, um die Briten nicht nur über den Suezkanal zurückzuwerfen, sondern auch noch Haifa in Besitz zu nehmen.

Das nächste Gespräch, das GFM von Brauchitsch mit den beiden Genannten führte, brachte keinerlei Entscheidung; alles blieb in der Schwebe.

Hitler aber war nach dem italienischen Einfall in Griechenland, der nicht nur die Ölversorgung Deutschlands durch Rumänien in Frage stellte, sondern auch noch "das Ansehen der Achsenmächte auf Spiel setzte" (Hitler), erzürnt; er sah seine Vormachtstellung im Bündnis in Frage gestellt, und am 31. Oktober entschied Hitler dahingehend, daß das Unternehmen Libyen verschoben werden müsse. GFM von Brauchitsch erfuhr aus Hitlers Umgebung, daß der Führer auf die Italiener wütend sei und keinerlei Unterstützung nach Libyen entsenden werde.

Halder schrieb in das KTB des Heeres: "Hitler will die Italiener alles allein machen lassen. Sie hätten die Situation geschaffen und könnten nun sehen, wie sie damit fertig würden." (Siehe KTB des Heeres, Bd. II.).

Nach der Unterredung Hitlers mit GenMaj. von Thoma am 3. November meldete letzterer dem Generalstabschef des Heeres, Halder, daß Hitler den ganzen Plan Libyen fallengelassen habe.

Die Führerbesprechung des folgenden Tages sah neben den Oberbefehlshabern des Heeres und der Kriegsmarine eine Reihe weiterer Offiziere als Teilnehmer. Hitler erklärte hier, daß er alle Unternehmungen für Libyen aufschieben wolle. Gleichzeitig damit lehnte er auch jenen bereits ventilierten Plan ab, über Bulgarien und die Türkei nach Syrien und von dort aus zum Suezkanal vorzustoßen, weil damit zunächst die Zustimmungen der beiden Länder notwendig seien. Daß im Mittelmeerraum deutsche Luftwaffenverbände notwendig seien, erkannte er an und stimmte zu, dafür einige Gruppen zur Verfügung zu stellen.

Alle Vorbereitungen für den Afrika-Einsatz wurden eingestellt und die 3. PD für andere Pläne vorgesehen. Der Bericht von GenMaj. Warlimont vom Wehrmachtführungsamt an den deutschen Vertreter im Range eines Militärattachés in Italien, von Rintelen, vom 8. November 1940 klärte diesen darüber auf, daß Italien nur mit einem Luftwaffeneinsatz in Ägypten würde rechnen können und der erfolge erst dann, wenn die Italiener Marsa Matruk erobert hätten.

Das Heer erhielt Weisungen, eine Panzerdivision für Nordafrika in Bereitschaft zu halten. Die Marinestellen wurden angehalten, die passenden Transportschiffe dazu auszurüsten und bereitzustellen, mit denen diese Truppen und Nachschubgüter nach Afrika geschafft werden konnten. Die Luftwaffe sollte indessen ihre Vorbereitungen zum Einsatz gegen Alexandria und den Suezkanal treffen.

Am 10. Dezember erhielten die betroffenen Luftwaffenkommandos die Pläne für den Sondereinsatz gegen Alexandria und den Suezkanal. Darin hieß es:

"Das wichtigste Ziel ist die britische Flotte, insbesondere im Haupthafen von Alexandria. Ferner der Seeverkehr im Suezkanal und in der Straße von Sizilien."

Die britische Offensive Vorausbetrachtung

Bis zum 6. Dezember aber hatte Großbritannien die Streitkräfte für eine Gegenoffensive zusammengezogen. Es waren dies: Die 7. Panzerdivision unter GenMaj. O'More Creagh und die 4. Indische Division unter GenMaj. Beresford-Peirse.

Diese griffen für die Italiener überraschend mit dem ersten Büchsenlicht des 9. Dezember an.

Die italienischen Stellungen am 9. 12. 1940

Von Sofafi im Süden bis nach Sidi Barani an der Küste hatten die italienischen Verbände Aufstellung genommen. In diesem sich über eine Entfernung von 70 Kilometern erstreckenden Raum waren die italienischen Truppen nicht etwa in einer festen Stellung oder wenigstens einer untereinander verbundenen Kette von Stützpunkten eingesetzt; vielmehr hatten sie sich mit fünf großen Gruppen verschanzt, die keinerlei taktische Verbindung mehr untereinander hatten. Es waren dies, von Norden aus gesehen:

1. Lager: rund um Maktila
2. Lager: Tummer-West
3. Lager: Tummer-Ost
4. Lager: Nibeiewa
5. Lager: Sofafi-Ost und West.

Zwischen Nibeiewa und Sofafi lag ein freies Wüstengebiet von 30 Kilometer Ausdehnung, wo eine ganze Division hätte unbemerkt durchziehen können. Falls der Gegner dort durchstieß, hatte er keinerlei Widerstand zu erwarten und konnte anschließend nach Norden zur Küste einschwenken, um die gesamten italienischen Streitkräfte gefangenzunehmen. Vorausgesetzt: sein Stoß war stark genug und wurde von schnellen gepanzerten Truppenverbänden geführt.

Allerdings standen sich die beiden hier gegeneinander stehenden Verbände nicht direkt gegenüber, sondern zwischen ihnen lag ein 100 Kilometer breiter Wüstenstreifen, in dem beide Seiten mit Spähtrupps umherfuhren, oftmals ohne einander überhaupt zu Gesicht zu bekommen.

Den Engländern hätte bei einem solchen Überraschungsschlag schon das Glück günstig gesonnen sein müssen, wenn sie unbemerkt in zwei Tagen, besser noch Nachtmärschen durch die Wüste in die Ausgangsstellungen zum Angriff gekommen wären, von wo aus sie dann antreten mußten. Immerhin war die italienische Luftwaffe in Afrika vertreten und flog Wüstenaufklärung.

Auf britischer Seite standen hierzu die 4. Indische Division und die 7. Panzerdivision zur Verfügung. Hinzu kamen ein verstärktes Panzer-Regiment und ein Regiment Infanterie-Panzer. Diesen Verbänden waren weder die italienische Pak noch die italienischen Panzer gewachsen.

Die britische Offensive: Bis nach Bardia

Durch eine Lücke im Süden der Front stießen britische Panzerverbände und motorisierte Infanterie hindurch und stürmten in einem weit ausholenden Umklammerungsmanöver nach Westen. Als sie den bewegungslos in den Wüstenstützpunkten liegenden Gegner weit genug hinter sich gelassen hatten, drehten diese Verbände nach Norden ein, um den Sack zuzubinden. Sidi Barani, Nibeiewa und Buq-Buq fielen in britische Hand; am 12. Dezember meldete der britische Heeresbericht aus Kairo:

"Wir haben 20000 Gefangene gemacht mit Tanks, Geschützen und Ausrüstungsgegenständen."

Sollum fiel am 16. Dezember, und mit dieser Stadt war auch der legendär werdende Halfayapaß in britischer Hand, der noch oftmals Schauplatz wütender und verlustreicher Kämpfe werden sollte.

Die nächsten Ziele der britischen Truppen waren Capuzzo, Sidi Omar, Musaid und Bardia.

Die Desert Force der Engländer unter dem Kommando von GenMaj. O'Connor jagte die italienischen Verbände bis Bardia und schloß diese Stadt ein.

Alle italienischen Eroberungen waren wieder gefallen, die italienische 10. Armee zerschlagen, ihr Ende abzusehen. Nun schickte die italienische Regierung einen Hilferuf an Hitler.

Während dieser Periode des drohenden Untergangs standen in Bardia vier italienische Divisionen zur Abwehr des Gegners bereit. In Tobruk hielt sich noch eine Division der Italiener. Vier weitere Divisonen warteten in Tripolis auf ihren Einsatz, und auch in Agedabia stand noch eine intakte Division.

Während am 4. Januar 1941 noch ein Bericht von General Guzzoni an das OKW einging, in dem die Verteidigung Bardias mit allen Mitteln versprochen wurde, hatte die australische Division Bardia bereits im Sturmangriff erobert. Am 5. Januar erreichte die britische 7. PD El Adem und stand damit südlich von Tobruk, dem Haupthafen Libyens.

Am 20. Januar 1941 eröffneten Flugzeuge der Royal Air Force den Angriff auf die Festung Tobruk. Von See her fiel die britische Mittelmeerflotte in diesen Kampf ein. Erst nachdem die Festung ein mehrstündiges Bombardement hatte über sich ergehen lassen müssen, traten die britischen Wüstenstreitkräfte zum Angriff an. Bis zum frühen Morgen des 22. Januar 1941 war Tobruk in britischer Hand. Hier allein gingen 27000 italienische Soldaten in die Gefangenschaft.

In schnellen Panzerstößen stießen britische Verbände nach Westen. Derna, bereits 150 Kilometer westlich von Tobruk, war ihr Ziel. Diese Stadt fiel am 30. Januar. Der 3. Februar sah die weiße Fahne über Cirene. Barce und Bengasi waren die nächsten britischen Ziele. Die italienischen Verbände gingen zerschlagen zurück. Es war nur noch eine Frage der Zeit, bis die gesamte Cyrenaika in britischer Hand sein würde.

Bereits am 28. Dezember 1940 war der italienische Militärattaché in Deutschland, General Marras, bei GFM Keitel vorstellig geworden und hatte die verzweifelte Lage Italiens mit folgenden dramatischen Worten dargestellt:

"Die Cyrenaika ist nicht zu halten. Ohne deutsche Hilfe geht ganz Italienisch-Nordafrika verloren. Daß dies ein großer Nachteil für die gesamte Achse sein wird, braucht nicht betont zu werden. Schon das Erscheinen eines kleinen Verbandes deutscher Truppen würde genügen, eine sofortige Wende der Lage herbeizuführen."

Zu dieser Zeit waren die ersten deutschen Luftwaffenverbände bereits nach dem Süden unterwegs, um in den Kampf um Afrika einzugreifen. Diesem Einsatz waren folgende Überlegungen vorausgegangen:

Das X. Fliegerkorps als erster Verband in Afrika

Unter dem Kommando von Generalleutnant Geisler hatte das X.FlK. Befehl erhalten, mit 200 Maschinen Norwegen zu verlassen und nach Süden zu verlegen. Dem Korps standen 100 Kampfflugzeuge der Typen Ju 88 und He 111 sowie eine Gruppe Stukas und etwa 20 Jagdflugzeuge zur Verfügung. Sie alle sollten sich auf den vorbereiteten Horsten der Insel Sizilien einnisten und den Kampf aufnehmen.

Die gestellten Aufgaben lauteten: "Bekämpfung der englischen Geleitzüge im Mittelmeer, der englischen Zuführungskonvois durch den Suezkanal und Behinderung des Vormarsches der britischen Armee in Libyen."

Später kam dann noch hinzu: "Schutz der Seetransporte für das Deutsche Afrika-Korps von Italien nach Tripolis."

Eine Gruppe von 30 Ju 52-Transportern wurde für die "Reise" wichtiger Truppenteile nach Afrika bereitgestellt.

Von seinem Stabsquartier im Hotel "Domenico" in Taormina aus setzte Geisler, nunmehr General der Flieger, seine Verbände ein. Da Angriffe gegen den Suezkanal besonders wichtig waren, schlug Major Harlinghausen vor, eine Gruppe des KG 26 nach Bengasi zu verlegen. Nachdem General Geisler zugestimmt hatte, flog die II./KG 26 unter ihrem Kommandeur, Major Bertram, mit 14 Maschinen vom Flugplatz Comiso nach Libyen. Auch Major Harlinghausen flog mit, er war Chef des Stabes des X. Fliegerkorps geworden, nachdem er vorher im Spanienkrieg die berühmte A 88-Staffel der Legion Condor geführt, und die höchste spanische Tapferkeitsauszeichnung, das Spanienkreuz in Gold mit Schwertern und Brillanten, erhalten hatte und am 4. Mai 1940 mit dem Ritterkreuz ausgezeichnet worden war.

So oft es sein Dienst als Stabschef gestattete, war er vom Juli bis Dezember 1940 als Kommandant der Stabskette mit dabei, wenn Einsätze geflogen wurden. Nach dem 20. von ihm versenkten englischen Schiff erhielt er aus der Hand seines Oberbefehlshabers, Reichsmarschall Göring, das Goldene Fliegerabzeichen mit Brillanten.

Mit den ersten drei als Kampfaufklärer nach Suez fliegenden Maschinen hielt Harlinghausen engen Funkkontakt. Als dann am Nachmittag des 17. Januar 1941 eine Aufklärermeldung in Bengasi eintraf, daß ein Geleitzug südlich des Kanals gesichtet worden sei, der Nordkurs laufe, ließ Harlinghausen die Besatzungen der acht einsatzbereiten He 111 zusammenrufen und erklärte ihnen:

"Meine Herren, wir starten mit den ersten vier Maschinen in jeweils halbstündigem Abstand. Diese fliegen den Suezkanal von Norden nach Süden ab und melden den Konvoi.

Um die 1100 Kilometer von Bengasi zum Suezkanal und wieder zurück auch zu schaffen, mußte äußerst sparsam geflogen werden. Nur bei günstigster Motorendrehzahl und bester Propellereinstellung sowie der Einhaltung jener Höhe mit den besten Flugbedingungen konnte das Wagnis glücken, bei dem Maj. Harlinghausen persönlich die Führung übernahm.

Der Angriff gegen den Suezkanal

Hinter dem Knüppel der ersten Maschine - dem Führerflugzeug - saß wie immer Hptm. Robert Kowalewski, der ebenfalls seit dem 24. November 1940 das Ritterkreuz trug. Die Maschine startete und flog zunächst vier Stunden lang nach Osten, ehe der Kurs auf Südost gelegt wurde. Wenig später flogen sie genau über dem Suezkanal und erreichten schließlich den Großen Bittersee.

Harlinghausen ließ ihn umkurven und wieder auf Nordkurs gehen. Sie fanden kein einziges Schiff. Wie leergefegt lag unter ihnen die blinkende Nabelschnur des Suezkanals.

"Ausweichziele angreifen!" befahl Harlinghausen den anderen Maschinen, die inzwischen ebenfalls gestartet waren und nach und nach eintrafen. Er wies seinen Kameraden Kowalewski an, bis nach Port Said zu fliegen. Aber auch dort war kein Ziel zu entdecken.

Der Flugzeugführer mahnte, den Rückflug anzutreten, aber Harlinghausen entschied, noch einmal nach Süden zur Fährstelle von Ismailia zurückzukehren. Diese wurde gebombt, und schon tauchte der Große Bittersee ein zweitesmal vor ihnen auf, und hier entdeckten sie endlich den Kanal-Konvoi, der am Ufer angelegt hatte, weil der Kanal bei Nacht nicht durchfahren werden durfte.

Ein großer Dampfer wurde angegriffen. Die Bomben fielen und gingen vorbei. "Zurück nach Bengasi", befahl Harlinghausen.

Der Rückflug wurde zu einer Zerreißprobe für die Besatzungen aller eingesetzten He 111-Flugzeuge. In 4000 m Höhe angelangt, (diese Höhe wurde vom Meteorologen der Kampfgruppe als günstigste angesprochen), herrschte dort ein Sturm, der mit 120 Stundenkilometern gegen die Flugzeuge anblies. Doch dies konnten die Männer in der Maschine nicht feststellen. So rechnete Major Harlinghausen mit einer Flugdauer von höchstens viereinhalb Stunden.

Als sie bereits fünf Stunden auf dem Rückflug waren und auch nach fünfeinhalb Stunden noch nichts von Bengasi zu sehen war, mußten sie hinuntergehen und eine Bauchlandung versuchen. Harlinghausen entschied sich dafür, "die Beine (das Lauf- und Fahrwerk) darin zu lassen, weil wir nicht wissen, wie holprig der Boden unten ist."

Hptm. Robert Kowalewski, eines der großen Asse der Luft, setzte seine He 111 mit einer glatten Bauchlandung sicher auf dem ebenen Wüstenboden auf.

Der Heinkel-Bomber wurde in Brand gesteckt, nachdem die wichtigsten Teile ausgebaut und auf die vier Männer der Besatzung verteilt worden waren. Die Soldaten machten sich auf den Weg. Aber - was sie nicht wußten - Bengasi war 280 Kilometer entfernt.

Das glosende Wrack der He 111 wurde am nächsten Tag von einem Beobachter gefunden. Weitere Suchflugzeuge stiegen auf. Aber erst nach drei Tagesmärschen wurden die vier Flieger gefunden. Oblt. Kaupisch setzte in der vierten Nacht neben den vier Männern zur Landung an. Der junge Offizier hatte buchstäblich die "Stecknadel im Heuhaufen" gefunden.

Übrigens war Kaupisch auch am Suezkanal dabei. Er hatte seine Maschine als einzige heil nach Bengasi zurückgeflogen, weil er, dicht über Grund fliegend und immer der Küstenlinie entlangfliegend, nicht gegen den Sturm anzukämpfen brauchte.

Alle übrigen Maschinen mußten in der Wüste notlanden. Drei Besatzungen gerieten in britische Gefangenschaft. So endete der erste Einsatz in Afrika für Maj. Harlinghausen, dessen Name mit dem Afrikakorps und Afrika verbunden bleiben sollte. Er flog zur Auszeichnung mit dem 8. Eichenlaub am 30. Januar 1941 nach Berlin, wo er auch seine Beförderung zum Oberstleutnant erfuhr.

Doch noch einmal zurück zum Führerhauptquartier und zum Dezember 1940.

Die dringende Bitte um Hilfe in Afrika vom 19. Dezember 1940 kam über von Rintelen direkt vom Stabschef der italienischen Wehrmacht, General Graf Cavallero. Dieser handelte direkt auf Anweisung Mussolinis. Die italienischen Bitten lauteten:

"Entsendung einer Panzerdivision zum sofortigen Einsatz nach Tripolis."

Übereignung von genügendem deutschem Kriegsmaterial, um damit zehn Divisionen ausrüsten zu können und:

Lieferung deutscher Rohstoffe zur Unterstützung der italienischen Kriegsindustrie." (Siehe dazu: KTB des OKW Nr. I. S. 229-30).

Am 21. Dezember schickte General Roatta eine Übersicht über die italienischen Divisionen in Afrika mit ihren ungefähren Standorten.

Am 28. Dezember 1940 besuchte General Marras den Chef des OKW, GFM Keitel, und erklärte, daß schon die Entsendung eines kleinen Verbandes (wie bereits dargelegt) genügen würde, um eine Wende in Afrika herbeizuführen.

Erst nachdem Großadmiral Raeder Hitler am 27. Dezember versichert hatte, daß auch die Marine ein besonderes Interesse am Mittelmeer habe und daß die Marine unglücklicherweise mit ihrer Voraussage über die Geschehnisse im Ostmittelmeer recht behalten habe und die Engländer mit einem starken Schlag jede Bedrohung von Ägypten augeräumt hätten, wurde Hitler wieder hellhörig. Er wachte gänzlich auf, als GA Raeder erklärte, daß nunmehr Churchill in die Lage versetzt sei, Truppenverschiebungen großen Stils nach Griechenland vorzunehmen und, daß diese bereits im Gange seien.

Hitler legte sich zwar noch nicht fest, aber nachdem von Rintelen den Bericht des Generals Guzzoni aus Libyen nach Berlin übermittelt hatte, in dem der stellvertretende Chef des italienischen Generalstabes verkündet hatte, daß man Bardia halten und dem Feind "auf lange Zeit Widerstand leisten" werde, war Hitler bereits fest entschlossen, die deutsche Unterstützung entgegen allen vorherigen Erklärungen doch noch beschleunigt in Gang zu setzen, weil er das ganze Ausmaß der italienischen Schwierigkeiten erkannte und wußte, daß diese sehr bald auch zu den deutschen Schwierigkeiten werden konnten.

Am 8. Januar mußte General Guzzoni zugeben, daß die "lange Zeit des Widerstandes in Bardia" bereits vorüber sei und der Gegner die Stadt erobert habe. Im selben Bericht stand zu lesen, daß die italienischen Kräfte auf etwa fünf Divisionen zusammengeschrumpft seien. Allerdings seien die PD "Ariete" und die Division (mot.) "Trento" nach Afrika unterwegs, um das Schlimmste zu verhindern. "Dennoch kann ich den Ernst der Lage nicht verhehlen." (Siehe KTB des OKW S. 251-52).

Am 9. Janaur gab Hitler vor den versammelten Offizieren des Generalstabes die Erklärung ab, es sei wichtig, daß Italien Libyen nicht verliere.

"Aus diesen Gründen ist es wichtig, einen deutschen Panzersperrverband nach Libyen zu entsenden; dieser Verband könne den stetigen englischen Vormarsch behindern und örtliche Gegenstöße unternehmen."

Hitler umriß dann die Zahl und die Art der einzusetzenden Verbände mit Panzern, Panzerabwehrwaffen, Pioniereinheiten und Flak. Der Verband sollte sich nach den Schätzungen des OB des Heeres, GFM von Brauchitsch, auf 8000 Mann mit 1350 Fahrzeugen summieren. Es werde sieben Wochen dauern diese nach Libyen zu überführen.

Am 11. Januar 1941 erließ Hitler dann die Führerweisung Nr. 22, "Mithilfe deutscher Kräfte bei den Kämpfen im Mittelmeerraum."

Die Operationsabteilung des OKH gab am selben Tage eine Anweisung heraus, welche die Zusammenstellung der Kräfte für Libyen umriß, und am 13. Januar erschien Hitlers Befehl für die Zusammenstellung der deutschen Kräfte für Afrika.

Am 15. Janur flog ein Erkundungsstab unter Führung von Generalmajor Freiherr von Funck, dem Kommandeur dieser Expedition, zur persönlichen Beurteilung der Lage in die Wüste.

Der Afrikafeldzug war beschlossene Sache. Er sollte im Februar 1941 beginnen. Sein erster Teil wird im Band III dieser Geschichte des Zweiten Weltkrieges dargestellt werden.

DER SEEKRIEG IM JAHRE 1940

Handelsstörkreuzer im Einsatz

Am 11. März 1940 lief Schiff 16 "Atlantis" unter dem Kommando von Kpt.z.S. Rogge aus. Dieser Hilfskreuzer war aus dem 7 862 BRT großen Frach-Motorschiff "Goldenfels" der Deutschen Dampfschiffahrt-Gesellschaft Hansa in Bremen entstanden.

Der im KTB der Skl, Teil A, Heft V, festgelegte Auslaufbefehl und der daran gekoppelte Operationsbefehl sah für diesen ersten Hilfskreuzer - der offizielle Name war "Handelsstörkreuzer" - das Operationsgebiet Indischer Ozean vor, und zwar bis 80 Grad Ost. Nur als Ausweichgebiet war auch der östliche Indische Ozean vorgesehen oder die australischen Gewässer und der Südatlantik.

Beim Auslaufen wurde Schiff 16 von den beiden Torpedobooten "Leopard" und "Wolf" und einigen Räumbooten gesichert. (Siehe dazu auch den folgenden Abschnitt: Torpedoboote und Zerstörer im Einsatz 1940).

Am 1. April erfolgte die Umtarnung dieses Schiffes in das sowjetische Hilfsschiff "Kim", das offiziell 5 114 BRT groß war. Dies sollte den Marsch durch den Nordatlantik erleichtern.

Schiff 16 gelangte am 3. April an den nördlichen Polarkreis und erreichte am 4. April das auf Position stehende U 37. Dieses Boot erhielt von dem Hilfskreuzer 40 Tonnen Treiböl. Kurz vor Erreichen der Eisgrenze mußte das U-Boot entlassen werden und im Nordweststurm beidrehen.

Am 7. April meldete Schiff 16 das unbemerkte Durchstoßen der Enge zwischen Island und Grönland, und am 25. April ließ Kpt.z.S. Rogge das Schiff in den Japaner "Kashii Maru" mit 8 408 BRT umtarnen, um nicht im Süden als Schiff der UdSSR Aufmerksamkeit zu erregen.

Der zweite Hilfskreuzer, der auslaufbereit war, erhielt die Kennzeichnung "Schiff 36 - Orion", Kommandant war KKpt. Weyher. Die "Orion" sollte in den östlichen Indischen Ozean vorstoßen und erhielt den westlichen Indischen Ozean, die australischen Gewässer und den südlichen Stillen Ozean als Ausweichgebiete.

Für besondere Minenaufgaben hatte das Schiff 228 Minen an Bord, die im Hauraki-Golf (Auckland), bei Kap Otway, Adelaide und Freemantle vor der australischen Küste geworfen werden sollten.

Beim Ausmarsch ins Operationsgebiet geriet dieses Schiff, das als niederländischer Turbinenfrachter "Beemsterdijk" (6 869 BRT) getarnt war, in den Aufmarsch der britischen Flotte vor Norwegen und konnte nur dank der geschickten Führung durch KKpt. Weyher einigen Schiffsbegegnungen ausweichen. Da das Schiff von vier Feindzerstörern gesichtet worden war, ließ Weyher es am Abend des 9. April auf "Sowjet" umtaufen, den Namen eines alten russischen Werkstattschiffes aus Wladiwostok.

Der Marsch durch die Dänemarkstraße verlief glatt, nur steigerte sich der Sturm am 12. April auf Orkanstärke. Die "Orion" mußte beidrehen und warten.

Am 16. April ging auf beiden Schiffen ein FT-Spruch der Skl ein: "Zur Entlastung Lage Nordsee baldiges Auftreten erwünscht. Schiff 36 vorübergehend im Nordatlantik operieren. Dazu Verzögerung bis zu 14 Tagen in Kauf nehmen. Wahl des Operationsgebietes nach eigenem Ermessen. Wenn es die Lage gestattet, durch Täuschungsfunk nach Handelsschiffsart mit verstümmelter Standortangabe die Anwesenheit eines Panzerschiffes vortäuschen, möglichst mit Namen versenkten Dampfers.

Schiff 16 beschleunigt nach Südatlantik marschieren. Bald möglichst Kap-Freetown-Route auftreten.

Nach erstem Erfolg, oder sobald Gegner bekannt geworden, beide Schiffe weiter nach Operationsbefehl."

Mit dieser Weisung für die ersten beiden Hilfskreuzer wollte der OB der Kriegsmarine die Leere im Atlantik wenigstens für den Gegner erkennbar auffüllen, die durch die Entsendung aller einsatzbereiten U-Boote in den Nordraum und den Ausfall der "Lützow" entstanden war. Im gesamten Monat April hatten die wenigen U-Boote, die nicht auf den Positionen um Norwegen standen, nur sieben feindliche Handelsschiffe mit 32 567 BRT versenkt.

Seit dem 15. April als griechischer Trampdampfer "Rokos" getarnt, gelang es Schiff 36 am 17. April, einen bewaffneten Handelsdampfer zu stellen. Der Dampfer versuchte im raschen Abdrehen zu entkommen. Dabei funkte er einen Notruf. "Orion" eröffnete das Feuer aus seinen 15 cm-Geschützen und schoß diesen Dampfer in Brand, so daß er stoppte und den Funkverkehr einstellte. Es war der britische Frachter "Haxby" mit 5 207 BRT, der von Glasgow nach Corpus Christi in Texas unterwegs war.

Inzwischen war auch der HK "Atlantis" über den Äquator weit in den Südatlantik vorgestoßen. Am 3. Mai kam das Schiff auf einen Frachter zum Schuß, der bewaffnet war und auf Anruf zu funken begann. Es war die 6 199 BRT große "Scientist", die nach Liverpool unterwegs war und Getreide, Mais, Chromerz und Kupfer geladen hatte. Nachdem das Schiff gestoppt hatte, wurden 77 Mann der Besatzung und der Kapitän übernommen und die "Scientist" durch Torpedofangschuß versenkt.

Nach Ausführung der Minenaufgabe vor Kap Agulhas lief das Schiff in das Operationsgebiet Indischer Ozean.

Am 14. Mai übernahm "Orion" auf dem Treffpunkt "Max" aus dem Tankdampfer "Winnetou", Kpt. Steinkrauss, 1720 Tonnen Treiböl. Es lief in der Folgezeit um Kap Hoorn und stand wenig später im Pazifik.

Im Mai kam als dritter Hilfskreuzer Schiff 21 "Widder" unter Korv.Kpt.d.Res. v. Ruckteschell zum Einsatz im Nordatlantik. Als schwedischer Frachtdampfer "Narvik" getarnt, gelangte das Schiff unangefochten zur Vindnesbucht. Beim Auslaufen von dort am 13. Mai erhielt Schiff 21 aus 120 hm Feuer eines unbekannten Fahrzeuges. Es handelte sich um ein englisches U-Boot der Clyde-Klasse.

"Widder" lief in den Sandsfjord ein, es war als sicher angzunehmen, daß das U-Boot dieses Gefecht gemeldet hatte. Nach der Meldung erhielt "Widder" aber den FT-Spruch der Marinegrupe West, sofort wieder auszulaufen. Am folgenden Tage kam Kpt. Ruckteschell diesem Befehl nach und übernahm am Abend dieses Tages von der "Nordmark" 400 Tonnen Treiböl.

Bei Schneesturm und starkem Nebel gelang es dem Hilfskreuzer, ungesehen die Dänemarkstraße zu passieren. Er lief ins Operationsgebiet hinein und übernahm auf einem vereinbarten Treffpunkt abermals Treiböl. Diesmal war es das Motorschiff "Königsberg", das 675 Tonnen Öl übergab, womit Schiff 21 für weitere vier Monate mit Treibstoff versorgt war.

Am 6. Juni hatte indessen auch Schiff 10 "Thor" unter dem Kommando von Kpt.z.S. Kähler Kiel verlassen und erreichte, von zwei T-Booten geleitet, zum Mittag des 8. Juni bei Skudenes die Schären, wo die T-Boote entlassen wurden und "Thor" mit zwei M-Booten nach Bergen weiterlief.

Nach einer Tarnung in das sowjetische Schiff "Orsk" marschierte der Hilfskreuzer durch das Nordmeer, passierte die Grönland-Island-Enge und hatte damit sein Operationsgebiet ebenfalls erreicht.

Als fünftes Schiff wurde Hilfskreuzer "Pinguin" - Schiff 33 - unter Kpt.z.S. Krüder zum Mineneinsatz und zur Führung des Kreuzerkrieges am 15. Juni 1940 in Gotenhafen verabschiedet.

Bis zum 20. Juni erreichte "Pinguin" unter verschiedenen Geleiten den Sörgulenfjord nahe Bergen, wo er in den sowjetischen Frachter "Pechora" umgetarnt wurde.

Einem U-Boot ausweichend und diesen Verfolger schließlich abschüttelnd, erreichte das Schiff am 24. Juni das Seegebiet südlich Jan Mayen. Nach einigen Tagen Wartezeit durchbrach es ungesehen die Dänemarkstraße und meldete am 30. Juni um 24.00 Uhr, daß der Durchbruch gelungen sei. Damit befanden sich - vom Engländer unbemerkt - fünf deutsche Hilfskreuzer im Operationsgebiet; zumindest - was "Pinguin" anlangte -waren sie auf dem Marsch dorthin.

Als letztes dieser Schiffe wurde Schiff 45 "Komet" unter Kpt.z.S. Eyssen am 3. Juli 1940 aus Gotenhafen auf die lange Reise geschickt. Es erhielt den Befehl, nach Kristiansand einzulaufen, weil U 56 unter Kptlt. Hermas auf dem Auslaufweg einen britischen Leichten Kreuzer mit drei Zerstörern als Begleitung gesichtet hatte.

Schiff 45 war für den Einsatz in Ostasien ausgerüstet worden. Kpt.z.S. Eyssen sollte den Weg nördlich um Sibirien herum nehmen. Mit der Sowjetunion war die Vereinbarung getroffen worden, daß sie dieses deutsche "Handelsschiff" mit militärischer Besatzung nach Ostasien durchbringen würde. "Komet" war in Sonderheit gegen den ostasiatischen Raum und gegen den Indischen Ozean eingesetzt, sollte aber auch während der Walfangperiode im Dezember bis März die Antarktis als Operationsgebiet betrachten.

Als Moskau meldete, daß die Durchfahrt ab Warneck-Bucht wegen zu starken Eisgangs erst ab dem 1. August möglich sei, mußte Schiff 45 in der Barentsee warten. Diese Zeit wurde zur weiteren Ausbildung an den Geschützen genutzt. Erst am 13. August erreichte ein FT-Spruch der Seekriegsleitung das Schiff, daß die Sowjets darum bäten, sofort nach der Matotschkin-Straße zu laufen, wo der Eisbrecher "Lenin" warte.

Da "Komet" zur Zeit des Einganges des FT-Spruches noch 330 m von der Matotschkin-Straße entfernt stand, mußte das Schiff große Fahrt laufen, aber nur, um am Morgen des 14. August am Eingang der bewußten Meeresenge zu erfahren, daß der Eisbrecher "Lenin" nicht zur Stelle war. Zwei Lotsen warteten auf Schiff 45 und erklärten, daß die "Lenin" bereits vor einer Woche losgedampft sei.

Der Weg durch die Matotschkin-Straße in die Kara-See gelang dank der Lotsenhilfen der beiden Sowjetbürger. Doch kurz darauf saß die "Komet" auf einer dicken Eisdecke fest. Kpt.z.S. Eyssen entschloß sich schließlich am 18. August zur langsamen Weiterfahrt und erhielt über Funk einige Hinweise, wie er am besten manövrieren könne. So gelangte "Komet" am 22. August bis zur Insel Tyrtow, wo sie vor Anker ging, um das Herankommen des Eisbrechers "Stalin" abzuwarten, der am Mittag des dritten Tages auftauchte und die Führung übernahm. Solcherart gestört, aber dennoch durchkommend, wurde die Ostsibirische See erreicht. Bei den Medweschkij-Inseln wurden sie von dem Eisbrecher "Lazar Kaganovich" empfangen und weitergeleitet. Am 1. September erlebte Kpt.z.S. Eyssen eine Überraschung, als ihm Kpt. Papanin, Kommandant des Eisbrechers, eröffnete, er habe soeben Weisung über Funk erhalten, das deutsche Schiff zurückzugeleiten, da amerikanische und japanische Schiffe und außerdem U-Boote gemeldet worden seien.

Kpt.z.S. Eyssen ließ weiterlaufen, weil er aufgrund von Vollmachten aus Berlin dazu berechtigt war, nach eigenem Ermessen zu handeln. Das Schiff setzte seine Fahrt fort und lief in der Nacht zum 5. September durch die Beringstraße und dort nach Beseitigung einer Ruderhavarie weiter nach Süden. Es hieß nunmehr "Dejnev" und kam aus Murmansk.

Ein schwerer Taifun mußte abgeritten werden, dann ging auch noch das Bordflugzeug zu Bruch, aber am 14. Oktober ankerte "Komet" neben dem Versorger "Kulmerland" unter Kpt. Pschunder und übernahm aus diesem am nächsten Morgen 700 Tonnen Öl. Damit war das Schiff bis zum Juni 1941 ausgerüstet.

Hier eine Übersicht über diese Hilfskreuzer und über den Einsatz der U-Boote aus der Sicht der Kriegstagebücher der Seekriegsleitung in knappster Diktion:

Übersicht über den Einsatz der Marineeinheiten im Atlantik und Pazifik und über die Feindlage Juni - September 1940

Eigene Lage vom 16. - 30. Juni 1940

Am 25. Juni haben alle Seestreitkräfte neue Weisungen hinsichtlich der Behandlung französischer Kriegs- und Handelsschiffe nach Abschluß des Waffenstillstandes erhalten.

a) U-Boote:

Eingelaufen:

U 101 am 25.6. 41454 BRT versenkt.

U 25 " 29.6. Hilfskrz. "Scotstown" und einen Tanker versenkt.

U 48 " 29.6. 42686 BRT versenkt.

U 32 " 30.6. 23500 BRT versenkt.

U 46 " 1.7. Einschließlich Hilfskrz. "Carinthia" 52777 BRT versenkt.

U 61 am 1.7. in Bergen. 4.7. wieder auslaufklar.

Alle Boote haben wertvolle Aufklärungsergebnisse, darunter starken feindlichen Kriegs- und Handelsschiffsverkehr vor dem Nordkanal und geringe Abwehr durch leichte Geleitstreitkräfte westlich der Biskaya, gemeldet.

Ausgelaufen:

U 99 am 27.6.

Den Rückmarsch haben angetreten:

U 38 am 26.6. 35000 BRT versenkt.

U 28 " 28.6. 11000 BRT versenkt.

U 51 " 28.6. 32000 BRT versenkt, weitere 6000 BRT wahrscheinlich.

U 47 " 30.6. 9 Dampfer = 51086 BRT versenkt.

U 65 " 1.7. Bis 30.6. 23000 BRT versenkt, einen etwa 20000 BRT großen Passagierdampfer Typ "Orion" torpediert. Sinken nicht beoabachtet. Am 1.7. einen weiteren Dampfer versenkt

U 29 " 2.7. wegen Ausfall des Angriffssehrohres. 15000 BRT versenkt. Einen Tanker von 8999 BRT torpediert. Sinken nicht beobachtet.

Aufgrund der Meldungen des einglaufenen U 101 am 27.6. haben U 29 und 43 des Großquadrat B E 90 (westl. Nordwestecke Spaniens auf 12° - 15° West) als Operationsgebiet zugewiesen bekommen.

Am 30.6. und 1.7. haben U 26, 43, 30 und 102 westlich der Biskaya Fühlung an zwei Geleitzügen gehabt. Die Erfolge haben sich im Funkbild deutlich abgezeichnet.

U 52 hat in der Nacht vom 1. zum 2.7. Ergänzung von Versorgungsgütern in Vigo durchgeführt.

U.A. hat westl. St. Vincent einen Dampfer versenkt und steht im Gebiet Madeira.

Am 30.6. sind die Operationsgebiete neu festgesetzt worden. Danach stehen am 2.7.: Südlich Island bis Mitte Biskaya (ohne Begrenzung nach Ost und West): U 34, 102, 30, 26, 52.

Vereinzelt wurden auch schon Ju-88 Verbände in der Luftschlacht um England eingesetzt.

Das „typische" deutsche Kampfflugzeug dieser Zeit war jedoch die Heinkel He111. Die charakteristische Ellipsenform der Flügel ist bei vielen Briten noch in Erinnerung.

Stukas vor dem Start im Morgennebel am Kanal.

Die Bomben fallen auf England.

Hermann Göring wurde für die Verdienste „seiner“ Luftwaffe im Kampf um Frankreich und der Luftschlacht um England zum Reichsmarschall ernannt und erhielt als einziger während des ganzen Krieges das „Großkreuz“ des Ritterkreuzes verliehen.

Oberst Herbert Rieckhoff, Kommodore des KG 2.

Adolf Galland erhielt als Kommodore des JG 26 „Schlageter“ als 3. deutscher Soldat das Eichenlaub zum RK.

Oberfeldwebel Ludwig Havighorst kämpfte 50mal über England.

Eine He 111 über England.

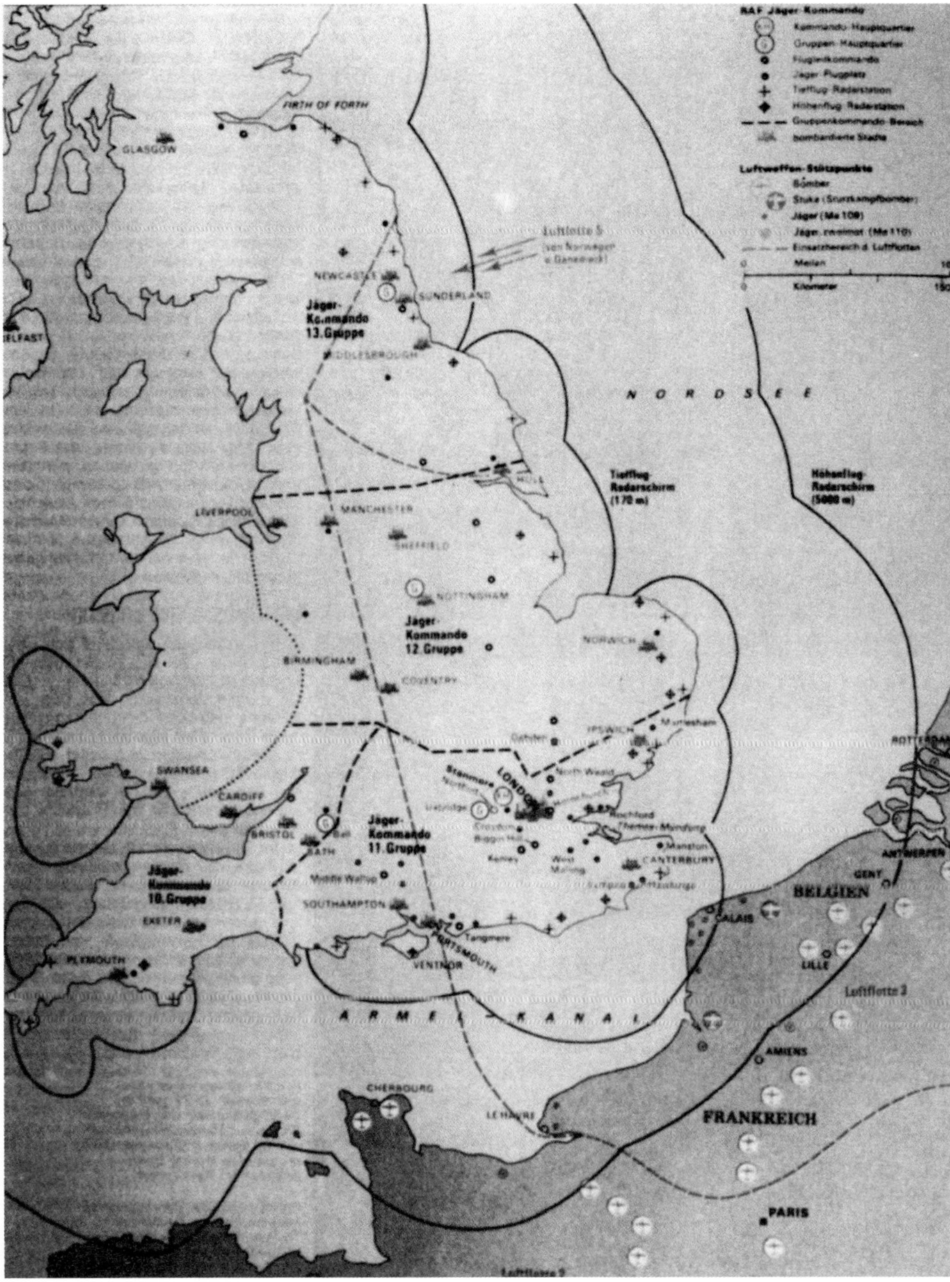

Die RAF-Jägerkommandos in der Luftschlacht über England. Ihre Gruppen 10, 11, 12 und 13 hielten in der Luftschlacht stand und retteten England.

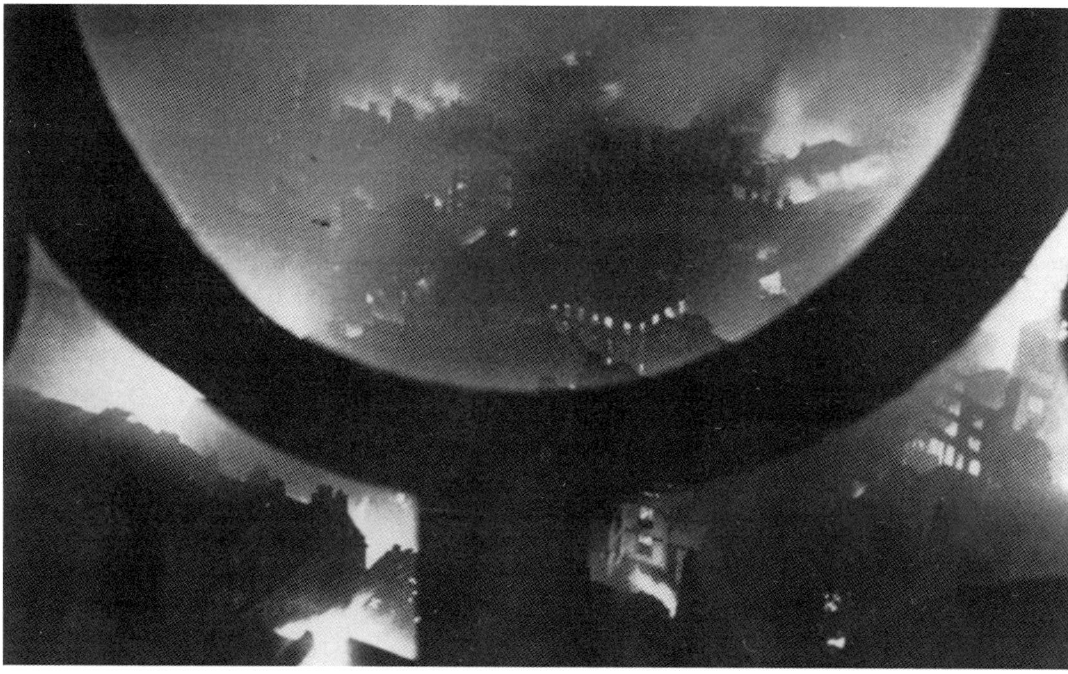

Die City von London am 29. Dezember 1940 vom Turm der St.-Pauls-Kathedrale gesehen.

Birkenhead: Soldaten in den Trümmern der vernichteten Häuser.

Air Chief Marshall Sir Hugh C. T. Dowding verteidigte England.

Air Vice Marshall D. C. T. Bennett stand an sein Seite.

Squadron Leader Tuck nach 23 Luftsiegen über England.

Die Spitfire

und die Hurricane bildeten die Abwehr über England.

Eine Kette von Messerschmitt-Jägern des Typs Bf-109-E, meist nur „Me 109“ genannt.

Franz von Werras Me 109 musste in England notlanden. Er wurde gefangengenommen und kam nach seiner abenteuerlichen Flucht wieder nach Deutschland zurück.

Eine Me 110 des ZG. 26 (Haifischmaul) stößt furchterregend in die Tiefe. In der Tat war die Waffenwirkung einer Me 110 ernorm, jedoch war sie nicht schnell und wendig genug.

Auch die Junkers Ju-87 Sturzkampfflugzeuge, kurz „Stukas" genannt, wurden eine leichte Beute der RAF-Jäger und mussten aus der Luftschlacht um England herausgenommen werden.

So mancher deutsche Pilot erlag seinen schweren Verletzungen, die er sich beim Luftkampf über England zugezogen hatte, erst nach seiner Rückkehr auf französischen Boden.

Diese Heinkel He-111 hat es gerade noch bis zur französischen Küste zurückgeschafft. Badende Landser der deutschen Besatzungstruppen inspizieren das Wrack.

Fernaufklärer leisteten wichtige Dienste für die deutsche operative Führung bei der Überwachung des südengli -schen Raumes, des Kanals und der Nordsee. Eine Seeaufklärerbesatzung ist angetreten vor einem Dornier Do-18-Flugboot.

Die Briten begannen bereits 1940 mit Bombenangriffen auf den europäischen Kontinent. Diese „Wellington“ hat es nicht mehr nach Britannien zurückgeschafft.

Nordwestlich Kap Villano: U 43.
300 sm westlich Vigo: U 122.
Gebiet Madeira: U.A.
Auf dem Rückmarsch:
U 28, 47, 51 westlich Hebriden.
U 65 " Irland.
U 38 südliche Nordsee.
U 29 westlich Biskaya.
U 62 nordwestlich Hebriden.
Auf dem Anmarsch:
U 99 westlich Hebriden.

Mit Rücksicht auf heimkehrende Prisen, aus Spanien zurückkehrende eigene Schiffe und rückkehrende französische Schiffe ist das Gebiet, in dem sofortiger voller Waffeneinsatz freigegeben ist, am 1.7. im Süden durch folgende neue Begrenzungslinie eingeschränkt worden: Von 45° Nord 20° West nach 45° Nord 5° West zur franz. Küste bei Belle Isle.

b) Hilfskreuzer:

Schiff 16: Im Operationsgebiet, keine Meldungen. Mit Rücksicht auf die relativ starke Besetzung des nordwestlichen Indischen Ozeans und des Kapgebietes, und um dem Schiff bessere Möglichkeiten zum weiträumigen Operieren zu geben, ist das Operationsgebiet am 27.6. auf den östlichen Indischen Ozean nördlich 10° Süd und westlich 100° Ost (Golf von Bengalen und Seeraum südlich desselben) erweitert worden.

Schiff 36: Im Operationsgebiet Australien, keine Meldungen.

Schiff 21: Im Operationsgebiet Nordatlantik. Am 28.6. in Großquadrat D R (etwa 23° Nord 40° West) eine Prise nach der französischen Biskayaküste entlassen.

Schiff 10: Auf dem Anmarsch in den Südatlantik, Standort am 1.7. in Großquadrat E H (westlich der Kapverden). Etwa am 25.6. im Großquadrat C E (Azorengebiet) einen mittleren holländischen Handelsdampfer (5 10 000 BRT) als Prise nach der französischen Biskayaküste entlassen.

Beide Prisen haben Anweisungen für die zu wählende Marschroute (auf etwa 35° West westlich der Azoren nach Norden bis etwa 42° Nord, danach Ostkurs) und für die Einsteuerung in die Biskaya erhalten. Als Einlaufhafen ist Lorient, notfalls Bayonne, bestimmt worden. 24 Stunden vor dem Einlaufen sollen die Prisen ein Kurzsignal abgeben.

Schiff 33: Der Durchbruch durch die Dänemarkstraße hat sich wahrscheinlich aufgrund des bis etwa zum 28.6. sehr sichtigen Wetters im dortigen Gebiet verzögert und ist vermutlich erst etwa am 29./30.6. erfolgt. Die Befehlsführung ist am 27.6. durch die Seekriegsleitung übernommen worden. Das Schiff hat Anweisung, vor Überschreiten von 40° Nord seinen Standort durch Kurzsignal zu melden.

Schiff 45: Der für Schiff 45 während des Marsches auf dem Sibirischen Seeweg als Versorgungsschiff vorgesehene Tanker "Esso" ist am 1.7. aus Kiel ausgelaufen.

Eigene Lage vom 1. - 15. Juli

a) U-Boote:

Eingelaufen:

U 38 am 2.7. 34400 BRT versenkt.

U 51 " 4.7. 40311 " "

U 47 " 5.7. 66600 " "

U 28 " 6.7. 18860 " "

U 65 am 7.7. 56560 BRT versenkt (unsicher).

U 62 " 5.7. in Bergen. 8 Tage im Operationsgebiet, einen Tanker torpediert.

U 30 " 7.7. in Lorient. 31000 BRT versenkt.

In Lorient ist zur Zeit Ergänzung von Torpedos und Proviant für zwei Boote möglich. Weitere Ergänzungsmöglichkeiten sind in Vorbereitung. Schwierigkeiten bestehen noch hinsichtlich der Brennstoff-Frage wegen des fehlenden Tankraumes.

Ausgelaufen:

U 56 am 2.7. aus Bergen ins Operationsgebiet Kinnaird Head.

U 61 " 6.7. Minch, Nordkanal.

Am 8.7. werden die Boote über das bevorstehende Auslaufen englischer Erzdampfer aus Bilbao unterrichtet. Dieser Erzverschiffung, die verstärkt werden soll, kommt nach Ausfall der übrigen europäischen Lieferanten besondere Bedeutung zu.

U 52 meldet am 3.7. 21000 BRT versenkt.

U 34 " " 8.7. Zerstörer "Whirlwind", einen Esten und einen Marinetanker der War-Klasse (11600 BRT) versenkt.

Am 9.7. stehen:

U A Gebiet Kap Verden.

U 122 nordwestspanische Küste.

U 34, 99, 102, 43, 26, 52 südlich Irland bis Mitte Biskaya.

U 56 und 61 vor dem Minch.

U 29 auf dem Rückmarsch im Gebiet Shetlands.

b) Hilfskreuzer.

Schiff 16: Im Operationsgebiet Indischer Ozean.

Schiff 36: " " Australischer Raum.

Schiff 21: " " Nordatlantik.

Prise I, norwegischer Tanker "Krossform" (9323), am 7.7. in Lorient eingelaufen.

Schiff 10: Eintreffen im Südatlantik etwa ab 10.7. zu rechnen.

Mit Eintreffen der Prise wird bereits seit dem 3.7. gerechnet.

Schiff 33: Die angeforderte Standortmeldung durch Kurzsignal ist noch nicht eingegangen. Das Schiff wird planmäßig auf dem Anmarsch im Nordatlantik vermutet.

Schiff 45: Tanker "Esso" hat infolge Stromversetzung in Norwegen Grundberührung gehabt. Der größte Teil der Tanks ist undicht, dadurch Weiterreise unmöglich. Da in der erforderlich kurzen Zeit ein anderes geeignetes Schiff nicht bereitzustellen ist und Schiff 45 auch ohne den Tanker über einen ausreichend großen Aktionsradius verfügt, ist von einer Ersatzgestellung abgesehen worden. "Esso" ist zunächst nach der Gravdal-Bucht bei Bergen gegangen, um dort die Polarausrüstung an Schiff 45 abzugeben und anschließend in die Heimat zurückzukehren.

Schiff 45 hat am 5.7. 04.00 Uhr bei Kjels Nor den Marsch durch den Belt angetreten, ist am 7.7. 23.00 Uhr in die Gravdal-Bucht zur Übernahme der Sonderausrüstung ein- und am 9.7. 03.00 Uhr wieder ausgelaufen und verläßt am 9.7. 18.00 Uhr die norwegischen Küstengewässer bei Stadlandet.

b) Hilfskreuzer: Lage vom 16. - 31. Juli

Schiff 16: Im Operationsgebiet Indischer Ozean. Am 23.7. hat der Chef der Ostindienstation unterstellte Streitkräfte davon unterrichtet, daß am 20.7. früh ein feindlicher Handelsstörer nach Funkpeilung in 05° 30' Süd unbekannt Ost gestanden hat. Diese Ortung ist entweder durch einen Funkspruch des Hilfskreuzers, der in der Heimat nicht aufgenommen worden ist, oder durch das Notsignal eines aufgebrachten Dampfers ausgelöst worden. Die Mitte Juli durch die Seekriegsleitung angeforderte Funkparole ist am 14.7. durch Schiff 16 abgegeben und ebenfalls in der Heimat nicht aufgenommen worden. Schiff 33 hat die Parole gehört und über U A weitergegeben. Danach hatt Schiff 16 am 14.7. in 6° S 77° Ost gestanden. Die Seeausdauer beträgt noch über 85 Tage. Das Schiff hat bis zu 30 000 BRT versenkt. Zu den versenkten gehört offensichtlich der britische Dampfer "Kemmendine" (7769 t), der nach Reuter vom 8.8. auf dem Wege nach Rangoon seit 3 Wochen überfällig ist.

Schiff 36. Im Operationsgebiet australischer Raum. Am 25.7. hat eine neuseeländische Funkstelle an die Admiralität Singapore und Melbourne gemeldet, daß eine deutsche Funkstelle (D S P U) eine italienische (I.O.R.) auf 8030 khz = 37,36 m gerufen hat. Vermutlich hat es sich um Funkverkehr zwischen Schiff 36 und Tankschiff "Winnetou" gehandelt.

Am 7.8. ist vom Attaché Tokio eine über Lima eingegangene Meldung (auf Etappenfunk) von Schiff 36 eingegangen, daß eine Prise am 8.8. Fernando Noronha passiert, Tankschiff "Winnetou" voraussichtlich am 28.8. mit NW Kurs in Kobe eintrifft und daß das Schiff keine Verbindung mit der Heimat bekommen kann. Aus der Meldung kann entnommen werden, daß der Hilfskreuzer den Heimatfunkverkehr hört. Um die Funkverbindung mit den Schiffen im Indischen und Stillen Ozean sicherzustellen, wird eine ständig besetzte Funkstelle bei der Botschaft in Tokio eingerichtet. Über die bisherigen Erfahrungen, Seeausdauer und Nachschubanforderungen des Hilfskreuzers wird "Winnetou" Näheres melden. Die Prise hat Anweisungen für die zu steuernden Kurse nach Bordeaux erhalten.

Schiff 21. Im Operationsgebiet Nordatlantik (Azorengebiet). Aus den Veröffentlichungen der Aussagen der "Davisian"-Besatzung geht hervor, daß Schiff 21 den Dampfer am 10.7. aufgebracht hat und die Besatzung vier Tage auf dem als Schwede "Narvik" getarnten Hilfskreuzer gewesen ist. Die Versenkung der beiden Dampfer ("Davisian" und "King John") ist außerhalb der amerikanischen Neutralitätszone erfolgt.

Das für den 27.7. auf 26° Nord 47° West vorgesehene Zusammentreffen zwischen Schiff 21 und dem V-Schiff "Rekum" ist planmäßig erfolgt. Am 29.7. hat der Hilfskreuzer die beendigte Übernahme gemeldet und die Absicht, sein Operationsgebiet nach dem Azorengebiet zu verlegen. Das Kurzsignal ist vermutlich ungenau eingepeilt worden, denn am 30.7. hat die Admiralität die englische Handelsschiffahrt vor einer unbekannten Einheit, wahrscheinlich Handelsstörer, in etwa 35° Nord 45° West gewarnt.

Tankschiff "Rekum" ist zur Versorgung Schiff 10 nach dem Südatlantik entlassen worden.

Schiff 10. Im Operationsgebiet Südatlantik. Am 28.7. Uhr M.G.Z. hat die Admiralität die Handelsschiffahrt vor einem deutschen Kaperschiff in 2410 Süd 3150 West (770 sm östlich Brasilien, in der Nähe der Insel Trinidada) mit 180° 15 sm gewarnt. Da Schiff 10 sich zunächst gegen den aus Südamerika kommenden Verkehr wenden wollte, kann es sich nur um diesen Hilfskreuzer handeln. Das der Sichtmeldung vorangegangene Gefecht mit "Alcantara" hat Schiff 10 offenbar ohne ernstere Beschädigungen erfolgreich bestanden. Wenn auch keine Meldung von dem Funkstille haltenden Hilfskreuzer vorliegt, so kann doch den englischen Veröffentlichungen entnommen werden, daß das Gefecht nur kurze Zeit gedauert hat und Schiff 10 mit Erfolg das Überraschungsmoment ausgenutzt hat. Die Tatsache, daß der Hilfskreuzer sich der schnelleren "Alcantara" hat entziehen können und beim Ablaufen seine Fahrt mit 15 sm gemeldet worden ist, sprechen dafür, daß er in seiner Aktionsfähigkeit nicht wesentlich beeinträchtigt worden ist.

Ab 18.8. ist mit Zusammentreffen des Schiffes mit dem Tankschiff "Rekum" im Großquadrat Gustav Emil zu rechnen.

Schiff 33: Auf dem Marsch in den Indischen Ozean, etwa im Kapgebiet.

Das Zusammentreffen mit U A auf 10° Nord 35° West ist am 18.7. planmäßig erfolgt. Die Übernahme hat bis zum 25.7. gedauert.

Es ist möglich, jedoch unwahrscheinlich, daß der rege englische Funkverkehr im Südatlantik zwischen dem 5. und 7.8. auf Auftreten Schiff 33 zurückzuführen ist.

Schiff 45: In der Barents See. Entsprechend Bitte der Russen hat Schiff 45 am 12.8. Befehl erhalten, nach der Matotschkin Schar zu gehen, um dort mit dem Eisbrecher "Lenin", der Instruktionen und nautisches Material für den Hilfskreuzer an Bord hat, zusammenzutreffen. Auf Anfrage haben die Russen erklärt, daß die Lage nicht ungünstig sei. Die Tatsache, daß offenbar die Passage durch die Matotschkin Schar gewählt wird, läßt auf schwere Eislage südlich Nowaja-Semlja schließen.

Allgemein: Nach dem Aufreten von Schiff 16, 36, 21 und 10 muß angenommen werden, daß dem Gegner das Vorhandensein von je einem Hilfskreuzer im Nordatlantik, Südatlantik, Indischen Ozean und Australischen Raum bekannt ist. Ebenfalls bekannt geworden sind ihm das Aussehen von Schiff 10 und 21 sowie die von Schiff 21 gewählten Angriffsmethoden.

Um der durch die Hilfskreuzer eingesetzten Bedrohung seines Handels Herr zu werden, hat er in erster Linie defensive Maßnahmen, Geleitschutz wichtiger Transporte und umfangreiche Anweisungen für das Verhalten der Schiffahrt, ergriffen.

Besondere Beachtung hat die Abgabe und Weitergabe von Notmeldungen, der Schutz der Funkanlage und die Regelung der Funkwache gefunden. Alles Verdächtige soll mit Standort bzw. Peilung sowie Beschreibung von Einzelheiten gemeldet werden. Damit ist zwar die Ausnutzung der Überraschung für die Handelsstörer erschwert, andererseits mit der erzielten Beunruhigung der Feindschiffahrt aber auch schon ein erheblicher Erfolg zu verbuchen. Die Gefährdung durch Gegenaktionen durch die feindlichen Handelsschutzstreitkräfte ist bei planmäßigem und rechtzeitigem Wechsel der Operationsgebiete bis auf unglückliche, nie auszuschaltende Zufälle für unsere Hilfskreuzer als gering anzusehen.

Eigene Lage vom 1. - 15. September

a) U-Boote:

Ausgelaufen:

28.8. U 61 aus Kiel durch den Belt, 2./3.8. zur Ergänzung in Bergen.

U 65 aus Brest.

2.9. U 29 aus Wilhelmshaven.

U 58 aus Lorient.

Eingelaufen:

30.8. U 57 Bergen. 4 Dampfer = 28600 BRT. Das Boot ist am 3.9. vor Brunsbüttel durch einen norwegischen Dampfer gerammt worden und gesunken. Der größte Teil der Besatzung gerettet.

29.8. U 48 Lorient. 7 Dampfer = 46170 BRT.

30.8. U 37 Lorient. 6 Dampfer = 27250 " und Kbt. "Penzance" (nicht Zerst. der "Viscount"-Kl.).

1.9. U 100 Lorient. 7 Dampfer = 43000 BRT., davon 5 aus einem Geleitzug.

3.9. U 50 Lorient. "Valendam" (15434 BRT) + 2 weiteren Dampfern = 29000 BRT.

3.9. U 38 Lorient. 19100 BRT.

U 32 hat bis zum 1.9. 3 Dampfer = 21000 BRT. + einen Passagierdampfer von "Scythia"-Typ (Hilfskrz) versenkt und am 3.9. den Rückmarsch nach Lorient angetreten.

3.9. U 46 ebenfalls den Rückmarsch nach Lorient angetreten. 6 Schiffe, darunter einen Hilfskreuzer, vermutlich "Dunegan Castle" (15507) = 51507 BRT. versenkt.

U 28 hat die nördlichste Position. Bis auf einen ausgehenden Geleitzug keinen Verkehr beobachtet, anhaltend schlechtes Wetter angetroffen und bisher zwei Dampfer versenkt. Das Boot erhält am 3.9. Erlaubnis zum hinhaltenden Marsch nach Lorient.

Am 3.9. stehen somit:

Im Op. Gebiet: U 56, 60, 65, 101, 124, 47.

Auf dem Anmarsch: U 58 westl. Irland

U 61 Gebiet Shetlands.

U 29 mittl. Nordsee.

Auf dem Rückmarsch: U 28, 32, 46 nach Lorient.

Mit Rücksicht auf den durch Funkaufklärung erfaßten Geleitzug haben U 65, 47, 101 Angriffsaufstellungen für den 6.9. westlich des Einholpunktes erhalten.

Für das Einlaufen in Lorient sind aufgrund des wiederholten Auftretens von feindlichen U-Booten und Minengefahr verschiedene Einlaufwege festgelegt worden.

Die am 27.8. abgeschlossene Unternehmung von U.A. kann in ihrem Gesamtverlauf trotz des nicht ungünstigen Tonnageergebnisses von 41000 BRT nicht befriedigen. Die Unternehmung ist durch unzuverlässige Maschinenanlage und Taucheinrichtung beeinträchtigt worden, so daß es vor allem zu dem Hauptziel, einem überraschenden Auftreten vor Freetown, praktisch nicht gekommen ist. Das Boot hat nur zwei Tage vor Freetown gestanden. Unerwartete Schwierigkeiten durch Tropeneinfluß sind weder bei Personal noch Material aufgetreten.

b) Hilfskreuzer:

Schiff 16: Im Operationsgebiet Indischer Ozean.

Schiff 36: Vermutlich auf dem Marsch nach einem U-Platz in der Südsee.

Tankschiff "Winnetou" ist am 1.9. in Kobe eingelaufen.

Aus den ersten Meldungen geht hervor:

1.) "Winnetou" hat seit dem Auslaufen aus Las Palmas keinen Funkspruch aus der Heimat aufgefangen.

2.) Schiff 36 hat alle Weisungen der Seekriegsleitung erfaßt.

3.) Von den durch Schiff 36 abgegebenen Kurzsignalen bzw. Funksprüchen sind nur 50% in der Heimat aufgefangen worden.

4.) Das Kriegstagebuch Schiff 36, abgeschlossen mit dem 8.8., ist beim Attaché eingegangen und wird der Skl. durch Kurier zugesandt.

5.) Die durch Schiff 36 aufgebrachte Prise ist der Norweger "Tropic Sea" (5781 BRT). Das Schiff sollte Ende August in einem westfranzösischen Hafen eintreffen.

6.) Schiff 36 hat noch Brennstoff bis Anfang Oktober.

Zusatz: Zuführung von Nachschub ist eingeleitet. Der Attaché hat am 3.9. entsprechende Weisungen erhalten.

Schiff 21: Im Operationsgebiet Nordatlantik.

Schiff 16: Im Operationsgebiet Süd-Atlantik.

Eine Meldung über Durchführung der Versorgung aus "Rekum" liegt noch nicht vor. Hilfskreuzer und Versorgungsschiff haben für den Fall, daß das Zusammentreffen noch nicht erfolgt ist, für den 4.-10.9. einen neuen Treffpunkt erhalten.

Schiff 33: Auf dem Marsch im südlichen Indischen Ozean, am 3.9. vermutlich auf etwa 70 Gr.Ost. Mit dem Eintreffen in den australischen Gewässern ist etwa am 20.9. zu rechnen.

Schiff 45: Auf dem Ausmarsch auf dem Sibirischen Seeweg. Das Schiff hat am 29.8. die Sannikowzystraße passiert, ist am 30.8. in 70,18 Nord 162,44 Ost mit dem Eisbrecher "Kaganowitsch" zusammengetroffen und hat am 2.9. in der Peweka-Bucht auf 170 Gr. Ost gelegen.

Eigene Lage: 16. - 30. September

U-Boote:

Ausgelaufen

U 32 18.9. Lorient.

U 103, 123 21.9. Kiel, durch Kattegat.

U 46 23.9. St. Nazaire.

U 37, 61 24.9. Lorient.

U 137 hat vom 17. bis 21.9. in Stavanger gelegen.

Am 20./21.9. sind U 137, 48, 99 und 100 zu besonders wirkungsvollem Ansatz auf zwei große einkommende Geleitzüge gekommen. Aus einem dieser beiden Geleitzüge sind etwa zwölf Dampfer versenkt worden.

U 29 hat am 19.9. wegen Störung den Rückmarsch antreten müssen.

Es sind eingelaufen bzw. laufen ein (alle in Lorient):

U 58 20.9.) Beide Boote wegen anhaltenden schlechten Wetters im Op.Gebiet kein Erfolg.

U 59 21.9.)

U 48 25.9. 9 Dampfer = 53000 BRT.

U 65 25.9. 2 " = 12000 BRT.

U 99 25.9. 7 " = 25498 BRT.

U 100 25.9. 8 " = 61300 BRT.

U 138 26.9. 4 " = 29000 BRT.

U 47 26.9. 6 " = 40250 BRT, 1 Dampfer = 4000 BRT beschädigt.

Außerdem stehen am 24.9. im Op.Gebiet: U 29, 43, 137, 31, 60, 32;

auf dem Anmarsch:

U 103, 123 nördliche Nordsee,

U 46 südlich Irland,

U 37, 61 Biscaya.

Hilfskreuzer: Im Op.Gebiet Indischer Ozean.

Prise I, das norwegische Motorschiff "Tirrana", ist am 21.9. bei Kap Ferret eingetroffen. Da die Prise auf einer falschen Welle stand, hat sie die durch F.T. gegebenen Anweisungen der Seekriegsleitung nicht erhalten. Drei durch "Tirrana" abgegebene F.T.'s sind ebenfalls nicht aufgenommen worden. Der Prisenoffizier hat dem ausländischen Rundfunk entnommen, daß die französischen Häfen vermint seien, und daher beschlossen, sich in einem möglichst kleinen französischen Hafen (Arcachon) Anweisungen für die Ansteuerung von Bordeaux oder St. Nazaire zu holen. Bei der Verlegung nach Bordeaux am 22.9. ist das Schiff vor der Gironde durch ein englisches U-Boot torpediert worden und sofort gesunken. Das Prisenkommando ist bis auf einen Unteroffizier gerettet. Auf der Prise haben sich Besatzungsangehörige der bis zur Entlassung der Prise am 4.8. durch Schiff 16 versenkten Dampfer "Scientist" (6199), "Tirrana" (7230), "City of Bagdad" (7506), "Keniendine" (7769) und

"Talleyrand" (6732) befunden. Der größte Teil der englischen Gefangenen befindet sich noch auf Schiff 16.

Aus dem Bericht des Prisenoffiziers geht hervor, daß sich Schiff 16 in fast allen seinen Einrichtungen, besonders hinsichtlich der Maschinenanlage (Motorenantrieb), sehr gut bewährt hat. Der Gesundheitszustand der Besatzung ist gut. Mit einer Seeausdauer bis etwa Februar 1941 kann gerechnet werden. Falls es dem Schiff gelingt, seine Maschinenanlage instandzuhalten und Nachschub zu erbeuten, erscheint eine weitere Steigerung der Seeausdauer durchaus möglich.

Schiff 36: Im Op.Gebiet Südsee.

Kriegstagebuch und Erfahrungsbericht (abgeschlossen mit dem 7.8.), die "Winnetou" nach Japan gebracht hat, sind eingegangen. Den Berichten wird entnommen, daß auch dieser Hilfskreuzer sich für seine Aufgabe durchaus bewährt hat und daß Gesundheitszustand und Geist der Besatzung gut sind. Als starke Bindung hat sich die Abhängigkeit des Schiffes mit Dampfantrieb von der Brennstoffversorgung erwiesen, die den Hilfskreuzer operativ von dem recht langsamen Begleittanker und der Etappe abhängig machen.

Beim Operieren auf den verschiedensten Routen östlich und nordöstlich Australiens im Juli hat Schiff 36 kein Schiff gesichtet. Offensichtlich läßt der Gegner auch in diesem abgelegenen Seegebiet seine Schiffahrt auf wechselnden, von den Friedensrouten stark abweichenden Wahlrouten laufen, so daß der Erfolg allzu stark vom Zufall abhängig ist, wenn nicht besonders gute Ergebnisse des Nachrichtenbeschaffungsdienstes vorliegen. Eine Verlegung des Op. Gebietes in den Indischen und Atlantischen Ozean ist für Schiff 36 nach Auffüllung des Schiffes aus der Etappe Japan im Oktober vorgesehen.

Die Minenverseuchung von Auckland ist planmäßig durchgeführt worden und hat gute direkte und indirekte Erfolge gehabt.

Schiff 21: Im Op.Gebiet Nordatlantik.

Mit dem Zusammentreffen mit "Rekum" ist etwa am 20.9., mit "Eurofeld" bereits am 16.9. zu rechnen.

Da italienische U-Boote nur nördlich 30° Nord operieren, ist die Ostgrenze des Op.Gebietes am 19.9. südlich 30° Nord nach Osten auf 20° West verlegt worden. Dem Schiff wird dadurch die Möglichkeit gegeben, auf den Routen nördlich und südlich der Kapverden zu operieren.

Schiff 10: Im Op.Gebiet Südatlantik.

Hat am 19.9. die Verluste (3 Tote) im Gefecht mit "Alcantara" gemeldet und für Mitte November einige Nachschubgüter angefordert. Die Güter werden dem Schiff mit dem nächsten Brennstoffnachschub über Südamerika zugeführt.

Schiff 33: Auf dem Marsch ins Op.Gebiet Australien, im südlichen Indischen Ozean.

Am 19.9. auf 29° Süd 71° Ost Prise I (7 sm) nach der Heimat in Marsch gesetzt.

Am 20.9. hat Bombay ein Notsignal des französischen Dampfers "Commissaire Ramel" (10065 BRT) auf 28° 25'Süd, 74° 23' Ost verbreitet. Es kann angenommen werden, daß dieses Notsignal durch Schiff 33 ausgelöst worden ist. (Es war Schiff 16).

Schiff 45: Etwa seit dem 22.9. im Op.Gebiet Ostasien.

Ostmark: Am 19.9. in Le Verdon (Gironde) eingetroffen.

Beurteilung der Einsätze der Hilfskreuzer bis Ende 1940

Als erster der inzwischen sechs ausgelaufenen Hilfskreuzer kehrte Schiff 21 unter Ruckteschell am 31. Oktober 1940 nach Brest zurück, wo um 11.35 Uhr als letzter Befehl dieses Unternehmens "Fallen Anker!" gegeben wurde. In den wenigen Monaten seines Einsatzes hatte dieses Schiff neun Schiffe mit insgesamt 49321 BRT versenkt und den Tanker "Krossfonn" mit 9323 BRT mit einem Prisenkommando versehen und sicher eingebracht. KKpt. von Ruckteschell erhielt dafür als erster Hilfskreuzerkommandant noch am Tage seines Einlaufens das Ritterkreuz. Er sollte zwei Jahre später noch mit dem Eichenlaub zum Ritterkreuz ausgezeichnet werden.

Die fünf noch im Einsatz stehenden Hilfskreuzer hatten mit "HK Widder" zusammen bis zu diesem Tage 40 feindliche Handelsschiffe mit zusammen 265717 BRT versenkt oder aufgebracht. In dieser Zahl sind die Minenerfolge noch nicht enthalten. Darüber hinaus hatten sie eine Vielzahl von alliierten Hilfs- und Kriegsschiffen in Atem gehalten und gefesselt.

Nun steuerten sie dem absoluten Höhepunkt des Hilfskreuzerkrieges entgegen. Im Golf von Bengalen kaperte Schiff 16 in der Nacht zum 9. November 1940 den norwegischen Motortanker "Teddy" mit 6748 BRT, die in Abadan 10 000 Tonnen Heizöl gebunkert hatte. Der Tanker wurde als Prise auf den Heimweg geschickt. Lt. Breuers übernahm als Prisenoffizier die Führung des Tankers.

Der norwegische Motortanker "Ole Jacob", der mit 10 000 Tonnen Flugbenzin von Singapore nach Suez unterwegs war, wurde im Handstreich gekapert. Diese Prise wurde vom Nachrichtenoffizier des Hilfskreuzers, Kptlt. (S.) Kamenz, in Richtung Heimat geführt.

Der britische Turbinenfrachter "Automedon" fiel Schiff 16 am Nachmittag des 11. November zum Opfer. Nach Übernahme der Besatzung wurde er mittels Sprengung versenkt.

Als Beute wurden wertvolle Unterlagen sichergestellt. So neue Codetafeln für die Flotte in Fernost und der "War Cabinet Report" über die Lage im Fernen Osten, ferner die geplante Verteidigung in diesem Gebiet.

Am 8. Dezember wurde Schiff 16 und gleichzeitig damit auch Schiff 33 und dessen Prise "Storstad" zusammengeführt. Von dem Tanker wurden 1 670 Tonnen Treiböl übernommen und 124 Gefangene an ihn angegeben.

In einem FT-Spruch vom späten Abend des 6. November, dessen Abgabe sich bis in den frühen Morgen des 7. November fortsetzte, befahl die Seekriegsleitung den fünf noch im Einsatz stehenden Hilfskreuzern, in die neuen Operationsgebiete zu gehen.

Schiff 16 erreichte am 14. Dezember die Kerguelen-Inseln und lief in die Gazellenbucht ein, wo es auflief und erst nach 38 Stunden wieder flottgemacht werden konnte. Von einem Wasserfall wurde Frischwasser in die Tanks gepumpt.

Danach begannen die Überholungsarbeiten, die erst Ende Dezember beendet werden konnten. Als "Norweger" mit dem Namen "Tamesis" sollte Schiff 16 im Januar seinen Auftrag ausführen.

Schiff 36 konnte am 3. November ein US-Motorschiff stoppen, mußte es aber laufen lassen.

Da die Kapitäne Eyssen und Weyher beschlossen hatten, ihren Marsch mit der "Kulmerland" als Aufklärer gemeinsam fortzusetzen, lief dieser Verband aus drei Einheiten in ein Sturmgebiet hinein. Erst am 25. November brachte Schiff 45 den "Winzling Holmwood" mit 546 BRT auf, der anschließend durch Beschuß versenkt wurde. Besatzung und zwölf Passagiere wurden an Bord genommen. Das Schiff hatte unter anderem auch 1370 lebende Hammel an Bord, von denen beide Hilfskreuzer 192 und 186 Stück übernahmen.

In dieser Situation erhielt Schiff 36 die Order, die Rückreise anzutreten. Aber KKpt. Weyher war nicht von der Richtigkeit dieses Befehls überzeugt. Er gab Gegenvorschläge über Funk durch und konnte am frühen Morgen des 27. November an Steuerbord voraus ein großes Schiff sichten. Beide Hilfskreuzer gingen zum Angriff über, während die "Kulmerland" aus dem Kurs ausschor und nach Backbord wegdrehte.

Schiff 45 eröffnete als erstes das Feuer und erzielte mit der ersten Salve Treffer. Der Gegner funkte "RRR - Raider" und gab auch seine Position durch. Er stoppte erst, als Heck und Bug in Flammen gehüllt waren. Es war der Passagierdampfer "Rangitane" mit 16712 BRT, der auf der Fahrt von Auckland nach Liverpool war. Das Schiff hatte zwei Kanonen auf Deck aufgebaut. In seinen Kühlräumen lagerten 3122 Tonnen Butter, 1698 Tonnen Fleisch, 1 433 Tonnen Öl; ferner Wolle, Käse, Talg und 54 Tonnen Kakau. Außerdem hatte es 45 Silberbarren mit einem Gewicht von mehreren Tonnen, und 92 verschiedener Güter geladen.

Das war ein fetter Bissen. Und da die "Rangitane" nicht zu funken aufhörte, wurde sie torpediert. Von den 304 Menschen an Bord - Passagiere und Besatzungsmitglieder - wurden fünf bei der Beschießung getötet und mehrere verwundet. Alle anderen wurden an Bord genommen.

Nun beschlossen beide Kommandanten eine Landungsoperation gegen die Insel Nauru zu starten, von der im Jahr etwa 800 000 Tonnen Phosphat verschifft wurden. Die Aktion sollte am 8. Dezember starten. Zwei Tage vorher wurde die "Triona" gestellt, die mit Zickzackkursen zu entkommen trachte, wie ihr dies bereits vorher gegen Schiff 36 gelungen war. Doch nun mußte der Kapitän einsehen, daß er nicht mehr entkommen konnte. Er drehte bei. Die Besatzung und die sieben Passagiere wurden übernommen und das Schiff versenkt.

Währenddessen war Schiff 45 weitergelaufen und hatte am 7. Dezember das norwegische Motorschiff "Vinni" aufgebracht und es nach Übernahme der 32 Mann Besatzung versenkt.

In der Nacht zum 8. Dezember liefen beide Hilfskreuzer näher an Nauru heran. Schiff 36 stieß noch auf das Motorschiff "Triadic" und konnte am Morgen den bereits in der Nacht in Brand geschossenen Dampfer "Triaster" versenken. Es waren beides Phosphatschiffe, die voll beladen nach London unterwegs waren.

Zur gleichen Zeit hatte auch Schiff 45 einen weiteren Erfolg zu verzeichnen, als es den Dampfer "Komata" versenkte.

Die Landungsoperation mußte jedoch abgeblasen werden. Das Wetter war dazu viel zu schlecht. Beide Hilfskreuzer steuerten nun die Insel Emirau an, wo sie die Gefangenen, insgesamt 343 Europäer und 171 Farbige, an Land setzten. Erst durch diese abgesetzten Menschen erhielt die britische Führung Nachricht über den Einsatz der Hilfskreuzer und daß diese den englischen Funk-Code erbeutet hatten.

Am 22. Dezember wurde der Dreier-Schiffsverband der beiden Hilfskreuzer mit der "Kulmerland" aufgelöst. Schiff 36 erhielt von der "Kulmerland" noch 1000 Tonnen Heizöl. Die beiden Hilfskreuzer setzten einzeln ihre Operationen fort, während "Kulmerland" Kurs auf Kobe nahm.

Auch Schiff 10 hatte im letzten Vierteljahr eine Reihe Erfolge erzielt. Über das Gefecht seines Schiffes mit dem englischen Hilfskreuzer "Carnavon Castle" berichtete Kähler in seinem KTB.:

"Auf 140 hm dreht der Dampfer hinter mir auf SW. Er folgt mir. Die Entfernung steht bei etwa 160 hm. Meine Hoffnung auf Nebel erfüllt sich nicht. Es wird zum Kampf kommen.

Der Gegner kommt bald auf, obwohl Schiff 10 auf 'Äußerste Kraft' ging.

Um 07.01 feuerte der Gegner einen Stoppschuß, der etwa 300 m zu kurz lag.

Nach Setzen der Kriegsflagge ließ ich aus 129 hm Distanz das Feuer eröffnen. Nach den ersten Salven drehte die 'Carnavon Castle' ab, um ihre volle Breitseite zum Tragen zu bringen. Aus ihren vier 15,2 cm-Geschützen gab sie jedoch nur Einzelfeuer ab."

Schiff 10 nebelte einige Minuten, und danach gelang es Kpt.z.S. Kähler, im Kreisgefecht die günstigere Wind- und Sonnenseite zu gewinnen. Die beiden aus 100 hm geschossenen Torpedos gingen vorbei. Als dann die Sonne voll durchbrach und Schiff 10 den Gegner aus sich ständig weiter verkürzenden Abständen unter Feuer nahm, erzielte es mindestens acht Treffer. Die "Carnavon Castle" drehte hart nach Norden ab und lief mit AK davon.

Unmittelbar nachdem die schwer blessierte "Carnavon Castle" dieses Gefecht gemeldet hatte, wurden zwei Leichte und ein Schwerer Kreuzer dem Befehlshaber der "South American Division", Commodore Pegram, zugeteilt. Doch sie fanden die Hilfskreuzer nicht. Später wurde bekannt, daß die "Carnavon Castle" nicht weniger als 22 Treffer erhalten sowie 37 Tote und 82 Verwundete zu verzeichnen hatte.

Auch Schiff 33 war in diesem Zeitraum noch erfolgreich. Es brachte die 7920 BRT große "Nowshera" auf, die gesprengt wurde, nachdem man die 113 Mann starke Besatzung übernommen hatte.

Auch dieser Dampfer war mit zwei Geschützen armiert worden und hatte Panzerwände erhalten, die das Kartenhaus schützten. Die "Maioma", ein Schiff von 10123 BRT, kam als nächstes an die Reihe. Es war ein Kühlschiff mit 87 Mann Besatzung. Das Schiff wurde angehalten und durch angeschlagene Sprengladungen versenkt.

Einen Tag darauf, am 21. November, wurde abermals ein Dampfer gesichtet. Auf den Anhalteschuß am späten Abend dieses Tages reagierte der Dampfer nicht. Er funkte auch; nach den Treffern in die Funkkabine, in den Schornstein und ins Oberdeck sowie in die Rudermaschine blieb er liegen. Es war das Kühlschiff "Port Brisbane" mit 8739 BRT, das mit zwei Geschützen, einer Flak und einem Bugschutzgerät gegen Minen ausgestattet war.

Eine Maschinenüberholung war am 28. November beendet. Danach stieß Schiff 33 auf die "Port Wellington" mit 8301 BRT, die wie ihr vorher versenktes Schwesterschiff mit Gefrierfleisch, Käse, Eiern, Butter und Weizen vollgepackt und für England bestimmt war. Drei Stunden nach Mitternacht des 1. Dezember ging das Schiff nach Sprengung auf Tiefe.

Kpt.z.S. Krüder marschierte nun mit Schiff 33 in die Antarktis. Er erhielt am 18. Dezember einen FT-Spruch der Skl, der ihm sagte, daß die englisch-norwegische Walfangflotte im Seegebiet 200 sm um Süd Georgia stehe. Am 23. Dezember wurde der erste Funksprechverkehr aufgefangen, dann auch FT-Verkehr. Es war zu erwarten, daß es in den nächsten Tagen im Januar zum Einsatz kommen werde. (Darüber mehr in Band III.).

Mit dem Einsatz von Schiff 41 sei das letzte dieser Schiffe genannt. Es wurde am 9. Oktober 1940 von KKpt. Detmers in Dienst gestellt, und hatte bis Ende Novmeber die Erprobungen und Restarbeiten durchzuführen. Detmers meldete Anfang Dezember seine Einsatzbereitschaft.

Am 3. Dezember lief dieser Hilfskreuzer aus Gotenhafen aus und marschierte durch die Ostsee, dann durch den Großen Belt nach Frederikshaven-Reede.

Von hier aus setzte es den Marsch am 7. Dezember fort, um, von drei T-Booten der 1. T.-Flot. geleitet, in Richtung Shetland-Norwegen-Passage zu laufen. Nach Einbruch der Dunkelheit kehrten die T-Boote um. Detmers lief mit seinem Schiff Stavanger an, ging am selben Nachmittag wieder ankerauf und erreichte den Beginn des Durchbruchsstreifens, wo Schiff 41 zunächst wegen des hellen Mondlichtes nicht weiterlaufen konnte, ohne gesichtet zu werden. Erst als um 22.00 Uhr eine Schlechtwetterfront aufzog, ließ Detmers durch die Dänemarkstraße laufen. Das Schiff stand wenig später auf dem Operstionsstreifen des sogenannten Kapstadt-England-Tracks und der Südamerika-England-Route. Hier sollte es die ersten Erfolge erringen, wie später dargelegt werden wird.

"Admiral Hipper" und "Admiral Scheer" im Handelskrieg

Nach dem deutschen Sieg in Norwegen und der Niederringung Frankreichs in zwei Teilfeldzügen boten sich im Sommer 1940 für Deutschland einige gute Chancen, diese günstige strategische Lage zu weiteren Unternehmungen zu nutzen. Neben dem Einsatz der Hilfskreuzer war beabscihtigt gewesen, die schweren Überwasserstreitkräfte im ozeanischen Zufuhrkrieg einzusetzen.

Allerdings waren vier der schweren deutschen Überwasserstreitkräfte im Norwegenfeldzug beschädigt oder gar versenkt worden. Die Skl bemühte sich fieberhaft, die beiden Panzerschiffe schnellstmöglich wieder einsatzbereit zu bekommen. Aber "Lützow" war auf dem Rückmarsch von Norwegen durch U-Boot-Torpedos schwer beschädigt worden. "Gneisenau" fiel ebenfalls durch U-Boot-Torpedos aus, die sie am 26. Juni getroffen und für mehrere Monate kampfunfähig gemacht hatten.

Übrig blieb nur der Schwere Kreuzer "Admiral Hipper". Er lief am 25. Juli aus Drontheim aus, um im Nordpolarmeer Handelskrieg zu führen. Aber alle angehaltenen Schiffe dort waren "Russen"; die nicht versenkt werden durften. Schließlich mußte "Admiral Hipper" nach Danzig in die Werft laufen, um Kolbenstangenbrüche und Risse an den Fundamenten der Haupt- und Hilfsmotoren zu reparieren.

Mit dem Auslaufen des Flottentankers "Nordmark" unter KKpt. Grau aus Gotenhafen kündigte sich der Wiedereinsatz der "Admiral Scheer" an, der in "Schwerer Kreuzer" umbenannt worden war.

Am 23. Oktober 1940 ging der Schwere Kreuzer in Gotenhafen ankerauf und lief durch Ostsee und Kaiser-Wilhelm-Kanal in die Nordsee und von dort in den Atlantik. Seine Aufgabe lautete:

"1. Nordatlantik:

a) Operieren auf der Kanada-Route zwischen Halifax und dem Nordkanal.

b) Operieren auf der Westindien-Route, und dort auf den Verkehrswegen zwischen den Westindischen Inseln und Freetown bzw. dem Nordkanal.

2. Südatlantik:

a) Operieren auf den Verkehrswegen zwischen dem La Plata und Freetown bzw. auf der Kap-Freetown-Route.

Auftreten auf der Kap-Freetown-Route.

3. Möglichst operieren in der Antarktis während der Walfangperiode von Dezember bis Februar.

4. Ausweichgebiet sollte der Indische Ozean sein."

(Siehe KTB der Skl, Teil A Heft 12).

Als "Admiral Scheer" den Großen Belt erreichte, wurde er von der Marinegruppe Nord, Generaladmiral Carls, im Einverständnis mit der Seekriegsleitung zurückgerufen. Es lagen triftige Gründe zu der Annahme vor, daß das Auslaufen des Schweren Kreuzers der Gegenseite bekannt geworden war. Da zudem außergewöhnlich gute Sicht in diesem Seegebiet herrschte, schien das Durchbruchrisiko zu hoch.

"Admiral Scheer" lief nach Brunsbüttel zurück. Drei Tage später ging der Schwere Kreuzer abermals ankerauf. Da die Sicht immer noch nicht wesentlich schlechter geworden war, versuchte der Kommandant des Schiffes, Kpt.z.S. Krancke, sich durch einen schnellen Nachtmarsch der Sicht des Gegners zu entziehen.

Im Morgenlicht des nächsten Tages lief der Kreuzer in einen Fjord bei Stavanger ein. Von hier aus sollte der Marsch um 18.30 Uhr weitergehen. Als der Kreuzer das Schärenfahrwasser verließ, wurde durch den Funkbeobachtungsdienst ein Feindflugzeug 65 sm westlich Stavanger erfaßt. Krancke ließ wieder kehrtmachen und lief erst um 19.10 Uhr in einer dichten Regenböe aus. Das Flugzeug hatte inzwischen nach Westen abgedreht und stellte keine Gefahr des Gesichtetwerdens mehr dar.

In schneller Fahrt auf Nordkurs versuchte Krancke sein Schiff aus dem Bereich der gegnerischen Luftaufklärung herauszubringen.

Am 30. Oktober trat dann jene Wetterverschlechterung ein, die für den Durchbruch des Schweren Kreuzers durch die Dänemarkstraße Vorausbedingung war. Die "Admiral Scheer" stampfte mitten in einem ausbrechenden Orkan nach Norden. Zwei Soldaten wurden über Bord gerissen. Sie blieben in der See. Einmal konnte man sich nicht um sich kümmern, zum anderen war einer von ihnen unbemerkt über Bord gegangen.

Am 1. November notierte Kpt.z.S. Krancke in sein KTB: "Ich beabsichtige zunächst einen Punkt anzusteuern auf etwa 53 Grad Nord, 35 Grad West, um von hier mit Kreuzschlägen das Gebiet abzusuchen."

Nachdem "Admiral Scheer" um 23.16 Uhr gemeldet hatte, daß er den 60. Breitengrad überlaufen habe, ging die operative Führung des Kreuzers von der Marinegruppe Nord auf die Seekriegsleitung über.

Bis zum 3. November durfte ein Geleitzug erwartet werden. Es war der HX 84, der Halifax am 27. Oktober verlassen hatte. Auf diesen richtete Krancke seine Operationen aus.

Erst am 5. November hatte sich das Wetter derart gebessert, daß das Bordflugzeug starten konnte. Die fliegende Besatzung bestand aus Oblt.z.S. Pietsch und Ofw. Gallinat als Flugzeugführer. Als die Maschine um 12.15 Uhr bei der "Admiral Scheer" landete, meldete Oblt. z.S. Pietsch, ihr Beobachter, noch vor dem Anbordholen des Flugzeuges: "Acht Dampfer gesichtet, Herr Kapitän!"

Nach Anbordkommen erläuterte er diese Meldung durch die weiteren aufgefaßten Einzelheiten, u.a. Kurs, Geschwindigkeit und weitere Dampfer hinter dieser ersten Gruppe.

Auf diese Sichtmeldung ließ Krancke zuhalten. Mit 24 kn Fahrt lief der Schwere Kreuzer durch die See. Zwei Stunden später wurden Rauchwolken gesichtet. Es war ein Dampfer, der mehrere Kursänderungen ausführte, so daß man in ihm einen Hilfskreuzer vermutete.

Es war der bewaffnete Dampfer "Mopan", der wenig später gestoppt wurde. Nachdem die 68köpfige Besatzung übernommen worden war, ließ Krancke den Dampfer durch wenige Schüsse mit dem 10,5 cm-Geschütz unterhalb der Wasserlinie versenken.

Noch während dieses Einsatzes tauchten im Süden Rauchfahnen über dem Horizont auf. Dann kamen Mastspitzen über die Kimm heraus. Es wurden 27 Fahrzeuge gezählt. Das mußte der HX 85 sein.

Mit großer Fahrt drehte "Admiral Scheer" darauf ein. Auf 250 hm herangekommen, wurde er von einem Hilfskreuzer aufgefordert, das Erkennungssignal zu geben. "Admiral Scheer" antwortete nicht darauf und drehte - auf 170 hm herangekommen - zum laufenden Gefecht auf.

Um 16.40 Uhr wurde das Feuer der Schweren Artillerie auf den Hilfskreuzer und das Feuer der Mittelartillerie auf einen rechts dahinter aufgekommenen Tanker eröffnet.

Der Hilfskreuzer schoß rote Sterne, ein Signal für den Konvoi, sich aufzulösen. Die Schiffe drehten einzeln auf südliche Kurse ab und begannen Nebel zu blasen.

Der Hilfskreuzer, der nach Backbord aus dem Kurs lief, eröffnete das Feuer auf den deutschen Kreuzer. Er hieß "Jervis Bay". Er stand nach den ersten Salven bereits in Flammen. Auch der Tanker hatte Treffer erhalten, die zu Bränden führten. Er nebelte sich ebenfalls ein.

Nach einem Brückenvolltreffer stellte der Hilfskreuzer den Kampf ein und sackte rasch tiefer, um wenig später von der Oberfläche der See zu verschwinden.

In schneller Folge befahl Kpt.z.S. Krancke nun Zielwechsel und ließ auf etwa zehn Schiffe schießen, die in gute Schußdistanz herangekommen waren. Allerdings mußten sie einzeln aus dem Nebel "herausgepickt" werden.

Brände loderten durch den Nebel empor. Einer der Dampfer wurde durch Torpedoschuß versenkt. Die übrigen blieben schwergetroffen hinter dem Schweren Kreuzer liegen. Bei einfallender Abenddämmerung stellte die "Admiral Scheer" das Feuer ein. Kpt.z.S. Krancke wollte noch genügend Muniton zur Verfügung haben, wenn er auf feindliche Kriegsschiffe stoßen sollte. Er konnte erst in einer Woche von der "Nordmark" neue Munition übernehmen.

Insgesamt wurden durch das rasante Hineinjagen in den feindlichen Geleitzug neun Schiffe versenkt. Dies zeigte auf, welch eine tödliche Bedrohung ein schwerer Kreuzer für einen Geleitzug sein konnte.

Wie sich später herausstellte, fielen sieben Schiffe mit 52 884 BRT diesem Angriff der "Admiral Scheer" zum Opfer. Ein Tanker war zweimal angegriffen und schwer getroffen worden. "Admiral Scheer" hatte keinen Treffer erhalten.

Dazu berichtete Captain Roskill, der offizielle Seegeschichtsschreiber der Royal Navy:

"Der Verlust an Importen, der durch das plötzliche Auftreten der deutschen Taschen-Schlachtschiffe verursacht wurde, war weit größer als die Ladung, die wirklich durch diese Schiffe versenkt wurde."

Um den Gegner zu täuschen, ließ Kpt.z.S. Krancke nun sein Schiff umtarnen. Er erhielt durch die Skl Weisung, zur Ölergänzung mit dem Tanker "Eurofeld" zusammenzutreffen.

Nachdem er bei der "Eurofeld" Öl übernommen hatte, marschierte der Schwere Kreuzer mit dem Ölversorger zur "Nordmark", aus der sich beide Einheiten versorgten. Außerdem wurden die 68 Gefangenen der "Mopan" an die "Nordmark" abgegeben.

Kpt.z.S. Krancke meldete am 20. November, daß er in den Raum der Antillen verlegen werde. Er hoffte dort Tanker erfassen und versenken zu können. Dazu wollte er etwa 14 Tage in diesem Seegebiet bleiben, um anschließend wieder nach Osten zu marschieren und auf der Route Kapverdische Inseln-England aufzutauchen.

Die Skl war damit einverstanden. Am 23. November erreichte "Admiral Scheer" die Antillen, und 24 Stunden darauf wurde von einem der Ausgucks die erste Rauchwolke gesichtet. Mit 23 Knoten Fahrt operierte der Kreuzer darauf zu und erreichte den englischen Dampfer "Port Hobart" nach einer 90 Minuten dauernden Verfolgungsjagd. Der Dampfer gab nun auf, nachdem er inzwischen zwei Hilfs-Funksprüche abgesetzt hatte. Passagiere und Besatzung wurden übernommen. Das Schiff, das Stückgut geladen hatte, wurde versenkt.

Nun galt es, das Ausweichziel westlich der Kapverden anzusteuern, weil der eigene Standort ja durch die FT-Sprüche bekannt geworden war.

Unmittelbar nach Eingang der Hilferufe der "Port Hobart" ließ die Britische Admiralität drei Jagdgruppen bilden:

"Force K: mit dem Träger "Formidable" und den Schweren Kreuzern "Berwick" und "Norfolk".

Gebiet: St. Helena: Träger "Hermes", ein Kreuzer der D-Klasse.

Verstärkung der Südamerikanischen Division: Schwerer Kreuzer "Cumberland", Leichter Kreuzer "Newcastle".

Die erste dieser Einsatzgruppen erreichte das Einsatzgebiet jedoch erst Anfang 1941.

"Admiral Scheer" hingegen erschien am 30. November in seinem neuen Einsatzgebiet, und bereits am 1. Dezember wurde die erste Rauchwolke gesichtet. Kpt.z.S. Krancke entschloß sich dazu, dieses Schiff erst in der kommenden Nacht anzugreifen, um nicht auch hier wieder vorzeitig enttarnt zu werden.

Um 20.52 Uhr, gut eine Stunde nach Einfall der Dunkelheit, war "Admiral Scheer" herangeschlossen. Der Dampfer erhielt einen Schuß vor den Bug, doch stoppte er weder noch verlangsamte er seine Fahrt. Vielmehr wurde beobachtet, wie sein Geschütz auf der Back besetzt wurde. Krancke ließ eine Salve schießen. Der Dampfer erwiderte das Feuer. Mit den nächsten drei Salven erzielte die "Scheer" Treffer. Die Besatzung ging von Bord. Es war die 6252 BRT große "Tribesman", die zum Glück für Krancke nicht gefunkt hatte.

Die Besatzung, sieben Engländer und 69 Inder, wurden von dem Schweren Kreuzer übernommen. Da aber ein Boot mit dem Kapitän und 20 Mann entkommen war, mußte Kpt.z.S. Krancke auch dieses neue Einsatzgebiet wieder räumen. Er rechnete damit, daß das Boot in spätestens 48 Stunden gefunden werden würde.

Am 14. Dezember traf der Schwere Kreuzer wieder mit der "Nordmark" zusammen und übernahm von dem Versorger 1,385 cbm Öl. 150 Gefangene wurden an die "Nordmark" abgegeben.

Nachdem auch die beschädigten Tragflächen des Bordflugzeuges ausgetauscht werden konnten, verfügte "Admiral Scheer" wieder über ein Bordflugzeug, das am 18. Dezember startete und sogleich einen auf Nordkurs laufenden Dampfer sichtete.

"Admiral Scheer" hielt darauf zu und versuchte, die "Duquesa", ein Kühlschiff von 8651 BRT, durch einen Schuß vor den Bug zu stoppen. Dieses aber konnte seinen Standort funken und melden, daß es von einem Kriegsschiff beschossen werde. Diesmal war der Funkspruch günstig für Krancke, denn sein Schiff befand sich soeben auf dem Ausmarsch in das neue Einsatzgebiet.

Unter Führung von Lt.z.S. Goetsch wurde die "Duquesa" mit einem Prisenkommando besetzt und ins Wartegebiet "Andalusien" in den Südatlantik verlegt. Dort diente das Schiff als "Verpflegungsstation Wilhelmshaven-Süd". Es hatte 3539 Tonnen Gefrierfleisch geladen, die aus Argentinien kamen und für England bestimmt waren.

Admiral Raikes, Stationschef in Freetown, ließ sofort eine neue Suchaktion starten. Die Kreuzer "Dorsetshire" und "Neptune" klärten in dem Seegebiet bis 500 sm südlich Freetown auf, während der Träger "Hermes" mit dem Leichten Kreuzer "Dragon" und dem Hilfskreuzer "Pretoria Castle" von St. Helena aus nach Norden aufklärten.

Jetzt auf Nordkurs laufend, sichtete "Admiral Scheer" erst wieder am Morgen des 18. Januar 1941 das nächste Schiff. Es war ein schwerbeladener Tanker. Die "Sandefjord" hatte 11 000 Tonnen Rohöl geladen. Da sie Unterbringungsmöglichkeiten für 200 Mann hatte, ließ Kpt.z.S. Krancke ein Prisenkommando unter Lt.z.S. Goetsch an Bord bleiben und schickte den Tanker zum Treffpunkt mit der "Nordmark". Hier sollte er die Gefangenen übernehmen und alle in die Heimat schaffen.

Deutsche Schnellboote im Einsatz

Die Schnellbootwaffe hatte im Sommer 1936 eine Reihe neuer Boote erhalten. Sie bildete aus den beiden bestehenden Halbflottillen nunmehr die 1. Schnellbootflottille. Mit dem Boot S 18 erhielt diese Flotte das erste Boot, das mit seinen drei 20-Zylinder-Dieselmotoren von jeweils 2000 PS eine Geschwindigkeit von 43,5 kn erreichte. Spitzenleistung dieser Boote waren 45 Seemeilen.

Dieses Boot sollte auf allen Kriegsschauplätzen unter Beweis stellen, daß es im Vergleich mit den Schnellbooten fremder Marinen das beste Boot seiner Art war.

Von S 18 bis S 25 wurden acht Boote mit diesen neuen Motoren ausgestattet. Im August 1938 wurde die 2. Schnellboot-Flottille aufgestellt. Damit befanden sich zu Ende 1939 nach der Indienststellung von S 25 am 9. Dezember dieses Jahres insgesamt 20 Schnellboote in Fahrt.

Im Einsatz gegen Polen stand die 1. S.-Flot. mit ihrem Begleitschiff "Tsingtau" in Pillau. Die S-Boote unterstanden dem Führer der Torpedoboote (F.d.T.).

Gegen Mitternacht des 1. September 1939 lief die 1. S.-Flot. unter dem Befehl von Kptlt. Sturm mit 15 kn Marschfahrt in ihren Bereitstellungsraum. Ihre Aufgabe lautete: "Kontrolle über die Danziger Bucht." Erst am Abend dieses ersten Kriegstages liefen die S-Boote in die Danzier Bucht ein, um nach feindlichen Schiffen zu suchen. Die See war leer.

Am anderen Morgen mußten die Boote wegen der zu groben See nach Pillau zurücklaufen und machten zur Ölübernahme an ihrem Begleitschiff "Tsingtau" fest.

Die erste Kampfhandlung bestand während der Nacht zum 3. September in der Aufbringung eines polnischen Sperrlotsenschiffes von 80 BRT, das mit der 2 cm-FlaMW durch Schüsse unterhalb der Wasserlinie versenkt wurde, nachdem die Besatzung übernommen worden war. Die ersten scharfen Schüsse der Schnellboote waren gefallen.

Von ihrem Stützpunkt Helgoland aus unternahm die 2. S.-Flot. unter dem Kommando von Kptlt. Petersen bereits wenige Stunden nach der Kriegserklärung Englands und Frankreichs den ersten Aufklärungsvorstoß in das Seegebiet nördlich Helgoland. In der groben See erlitten alle Boote Seeschäden, die Petersen dazu zwangen, den Rückmarsch zu befehlen. S 17 konnte - nachdem es von einer sehr hohen Welle erfaßt und unter Wasser gedrückt worden war - nur mit Mühe nach Helgoland eingeschleppt werden. Der Kiel des Bootes war gebrochen. Es mußte außer Dienst gestellt werden.

In den folgenden Wochen und Monaten kam es zu keinerlei Kampfeinsätzen größerer Art. Die U-Jagd stand mehrfach auf dem Programm, ohne daß ein Erfolg erzielt worden wäre. Flugsicherungs- und Übungseinsätze kamen hinzu, und daran beteiligte sich auch die 1. S.-Flot, die inzwichen ebenfalls nach Helgoland verlegt worden war. Am 1. November wurde die 1. S.-Flot. unter das Kommando von Kptlt. Birnbacher gestellt und am 29. verlegte auch die 2. S.-Flot. nach Kiel, um ebenfalls die Grundüberholung durchführen zu können.

Der einfallende Frost setzte weiteren Einsätzen ohnehin ein Ende.

Die Schnellboote bei der Operation "Weserübung": Kurzfassung

Für das Unternehmen "Weserübung" wurde die 1. S.-Flot. der Kriegsschiffsgruppe 3 zugeführt, die für die Besetzung von Bergen vorgesehen war. In der Kriegsschiffsgruppe 4 stand die 2. S.-Flot. Sie war dazu ausersehen, Kristiansand-Ardenal zu besetzen.

Die 1. S.-Flot. unter Kptlt. Birnbacher verfügte dazu über die Boote S 19, S 21, S 22, S 23, S 24. Beim Anmarsch auf Bergen rammten S 19 und S 21 einander, wobei S 19 beschädigt wurde und vom Torpedoboot "Wolf" "auf den Haken genommen" wurde.

Die übrigen Boote liefen dicht hinter dem Torpedoboot "Leopard" in den Korsfjord ein. Im ersten Morgengrauen des 9. April übernahmen die Schnellboote vor dem Westausgang des By-Fjords vom Leichten Kreuzer "Königsberg" jene Truppen, die sie zu den norwegischen Batterien auf dem Kvarven bringen sollten.

Die Ausschiffung dauerte sehr lange. Als die drei letzten S-Boote voll beladen ablegten, sammelte sich dieser Verband und lief mit AK dicht unter Land zur Scheinwerfersperre des By-Fords. Weit voraus hörten die Männer auf diesen kleinen Booten den Gefechtslärm der Kvarven-Batterie, die auf die inzwischen vorausgelaufenen deutschen Einheiten feuerte.

Einige Weitschüsse dieser Batterie jagten über die S-Boote hinweg und krachten in die Uferfelsen. In dem Bemühen, diesen Schüssen auszuweichen, lief jenes S-Boot, in dem die Sturmabteilung der Marineartillerie ans Ziel gebracht werden sollte, auf einen Uferfelsen auf, der sich unter Wasser fortsetzte.

Schrauben und Ruder wurden schwer beschädigt. Dennoch kam das Boot frei und lief mit kleiner Fahrt weiter. Durch Blinkspruch wurde ein Schwesterboot herbeigerufen und die Soldaten mußten übersteigen. Danach setzte das Ersatzboot seine Fahrt fort und erreichte die Landungsbrücke von Gravdal nahe der Torpdobatterie, die es auszuschalten galt.

Nun sollten auch die auf dem Leichten Kreuzer "Köln" wartenden Soldaten von den S-Booten übernommen werden.

Als deutsche Kampfflugzeuge die norwegischen Stellungen bei Sandviken und Kvarven bombten, eröffneten die Kriegsschiffe ebenfalls ihr Feuer. Und während noch der Gefechtslärm von den Bergen widerhallte, flitzten die S-Boote in den Innenhafen von Bergen und setzten dort ihre Soldaten ab.

Damit war die Aufgabe der 1. S.-Flot. beendet. Gegen Mittag dieses 9. April 1940 waren Stadt und Hafen von Bergen fest in deutscher Hand.

Die 2. S.-Flot. unter Führung von KKpt. Petersen mit den Booten S 7, S 8, S 17, S 30, S 31, S 32 und S 33 erreichte mit der KGr. 4 um 4.00 Uhr den Kristiansand-Fjord. Auch sie hatte Männer der Marineartillerie-Abteilung an Land zu bringen. Hinter zwei Torpedobooten liefen sie mit hoher Fahrt durch die Einfahrt des Fjords und weiter mit Zickzackkursen auf den links von der Batteriestellung gelegenen Haupthafen von Kristiansand zu. Die Batteriestellungen der Norweger auf den Felsen von Gloedde und Odderöy schossen nicht mehr, so daß die Boote an der Pier des Innenhafens von Kristiansand anlegen konnten.

Während die Torpedoboote mit der "Karlsruhe" um 19.00 Uhr den Hafen Kristiansand wieder verließen, blieben das S-Boot-Begleitschiff "Tsingtau" und die sieben Boote der 2. S.-Flot. in Kristiansand. Erst Anfang Mai erhielten sie von der Skl den Rückmarschbefehl nach Wilhelmshaven.

Vorstöße in den Kanal

Nach einer Überholung auf der Wilhelmshavener Werft liefen die Boote S 30, S 31 und S 33 der 2. S.-Flot. zu einem Vorstoß in den englischen Kanal aus. Ihr Auftrag lautete:

"Angreifen und vernichten der englischen Minenschiffe, die mit dem Kreuzer "Birmingham" und sieben Zerstörern Minensperren legen."

S 32 unter Oblt.z.S. Kosky sichtete diesen Gegner als erster und machte dem Flo-Chef Meldung. Dieser setzte die Rotte S 30 und S 32 zum Umgehungsmarsch auf diesen als Zerstörer ausgemachten Gegner an. Beide Boote wurden vorzeitig erkannt und beschossen. Währenddessen war es Oblt.z.S. Opdenhoff gelungen, in den dunklen Hintergrund zu laufen und zwei Torpedos auf einen Zerstörer zu schießen. Es war der Zerstörer "Kelly", der mittschiffs getroffen wurde. Auch S 33 schoß auf einen Zerstörer, hinter dem plötzlich zwei weitere auftauchten und das Boot unter Feuer nahmen. Im Zickzackkurs steuerte S 33 aus dem Bereich der in die See hauenden Granaten heraus, als plötzlich unmittelbar vor ihm ein grauer Schatten heranglitt. Es war ein weiterer Feindzerstörer, an dessen Steuerbordflanke das Schnellboot entlangschrappte und dennoch freikam.

Am 10. Mai meldete der deutsche Wehrmachtbericht zum erstenmal etwas über den Einsatz der Schnellboote:

"Ein deutsches Schnellboot versenkte im Laufe der Operation in der Nordsee einen feindlichen Zerstörer durch Torpedoschuß." Dies traf jedoch so nicht zu, denn die "Kelly" wurde von dem Schwesterboot "Bulldog" mit letzter Kraft nach Newcastle eingeschleppt.

Die 1. S.-Flot., die Mitte Mai 1940 den Rückmarschbefehl aus Bergen erhielt, sammelte am 18. Mai im Hipperhafen von Wilhelmshaven. Kptlt. Birnbacher meldete seine Flottille beim Marinegruppenkommando West aus Norwegen zurück. Am nächsten Tag bezogen beide Flottillen ihren neuen Stützpunkt auf Borkum.

Bei einer Kommandantenbesprechung des 20. Mai auf dem S-Boot-Begleitschiff "Tanga" wurde ein Angriff beider Flottillen gegen Dünkirchen beschlossen.

Um 18.00 Uhr legten die 1. S.-Flot. mit vier und die 2. S.-Flot. mit fünf Booten ab. Mit 28 kn-Marschfahrt liefen diese neun Schnellboote unter der Gesamtführung von KKpt. Petersen nach Westen. Es war Mitternacht, als sie Dünkirchen erreichten. Unterwegs hatten sie noch einen Angriff von drei Anson-Bombern abgewiesen.

Mit kleinster Fahrt liefen die Boote vor der Küste entlang. Auf der Brücke von S 25 sichtete einer der Wachgänger einen großen Schatten. Aber noch ehe der Befehl zum Torpedoschuß gegeben werden konnte, stieg an diesem Tanker die Detonationssäule eines vermeintlichen Torpedotreffers empor. Es war jedoch eine Fliegerbombe gewesen, die von einem deutschen Bomber auf dieses große Ziel geworfen wurde. S 25 schoß zur Sicherheit noch zwei Torpedos, die allerdings vorbeigingen. Der Einsatz verlief also erfolglos.

Beide Flottillen liefen am 23. Mai nachmittags zu einer neuen Unternehmung vor die Küste von Boulogne, wo feindliche Transportschiffe erwartet wurden, die englische Soldaten von dort nach England zurückschaffen sollten.

Ein Warnspruch der Marinegruppe West "Vorsicht, Feindzerstörer südlich Harwich!" hielt die Boote nicht davon ab, dennoch Boulogne anzulaufen, wenngleich mit verstärkter Wachsamkeit der Ausgucks. Es wurden unmittelbar vor Boulogne einige Schiffe gesichtet. Kptlt. Birnbacher befahl: "Gemeinsamer Angriff!"

Dieser Befehl galt einem großen Zerstörer. S 21 und S 23 machten jeweils zwei Torpedos im "gemeinsamen Schuß" los. Nach Ablauf der Zeit dröhnten drei Detonationen zu den Schnellbooten hinüber. Auf dem getroffenen Zerstörer ging Munition hoch. Wasserbomben detonierten, dann erfolgte eine mächtige Kesselexplosion. Es war der 2 126 tons große französische Zerstörer "Jaguar", der auf 51-03 Grad Nord und 02.-05 Grad Ost sank. Die Boote traten den Rückmarsch an.

Diese Versenkung wurde den beiden Kommandanten Christansen und Mirbach gemeinsam zugeschrieben.

Zum nächsten Einsatz am 28. Mai liefen vier Boote aus, keines von ihnen kam auf einen Gegner zum Schuß. Erst der Einsatz am Abend des 31. Mai brachte die Boote der 1. S.-Flot. in dieser vierten Nacht der Operation "Dynamo" zum Schuß. Es war S 25 unter Oblt.z.S. Wuppermann, der den französischen Zerstörer "Sirocco" mittschiffs traf und ihn versenkte.

S 24 gelang es in derselben Nacht noch, den französischen Zerstörer "Cyclone" zu versenken.

Die 2. S.-Flot operierte in der folgenden Nacht vor Nieuport; dort versenkte S 34 unter Oblt.z.S. Obermaier einen französischen Fischdampfer. Einige Nächte vorher hatte das Boot mit der 2 cm-FlaMW einen zweimotorigen Bomber abgeschossen.

Mitte Juni verlegte die 2. S.-Flot. nach Boulogne. Die 1. S.-Flot zog einige Tage danach ebenfalls in diesen Hafen ein. Der Kanal und die englische Südküste wurden nun zum nächtlichen Einsatzgebiet der Boote. Zu den Angriffen auf Geleitzüge kamen nun Mineneinsätze.

Anläßlich einer Besprechung im Oberkommando der Kriegsmarine entschied der Ob.d.M., Großadmiral Raeder am 20. Juni, daß Boulogne und Cherbourg ständige Flottillenstützpunkte der Schnellboote seien.

Ein Vorstoß der beiden Boote S 19, Oblt.z.S. Töniges, und S 26, Oblt.z.S. Fimmen, am 19. Juni von Boulogne aus gegen die englische Südküste, war erfolgreich. Der Dampfer "Roseburn" mit 3103 BRT wurde von S 19 gejagt und lief S 26 vor die Torpedorohre. Oblt.z.S. Fimmen nahm diese Chance wahr und versenkte diesen Dampfer.

Am nächsten Abend wurde S 32 Opfer einer Minendetonation. Das Boot hatte eine Mine überlaufen. Binnen weniger Sekunden trieb es mit starker Schlagseite auf der See. Der Kommandant und fünf Männer der Besatzung fielen, mehrere wurden verwundet. Sie konnten mit den übrigen geborgen werden.

Die S-Boote liefen nun beinahe jede Nacht aus. Sie erwiesen sich als immerwährende Gefahr für die britische Küstenschiffahrt. S 19 unter Oblt.z.S. Töniges vernichtete den mit Munition vollgepackten Frachter "Albuerea" mit 3 477 BRT. Ein weiteres kleines Schiff wurde von S 36 versenkt. Der folgende Wehrmachtsbericht vom 24. Juni meldete diesen Erfolg.

Die Schnellboote, nunmehr als "Kanalarbeiter" bekannt, erzielten weitere Erfolge. Die Dampfer "Elmcrest", "Hartlepool" und der Tanker "British Corporal" sanken im Torpedofeuer der Boote; weitere kamen hinzu. Die Kommandanten Wuppermann, von Mirbach, Töniges, Christiansen, Opdenhoff, Fimmen und die beiden Flottillenchefs wurden mit dem Ritterkreuz des Eisernen Kreuzes ausgezeichnet.

Neben den zahlenmäßig erheblichen Erfolgen kam es aber auch zu Einsätzen, die hohe und höchste Opfer forderten. So während eines Einsatzes, der am 28. August 1940 begann. Die beiden in Cherbourg liegenden S-Boote S 19 und S 22 wurden an diesem Morgen alarmiert. Sie erhielten Weisung, sich in See mit den übrigen Booten der Flottille zu treffen und einen gemeinsamen Einsatz gegen die britische Südostküste durchzuführen.

Oblt. Töniges führte auf S 19, dicht gefolgt von S 22 unter Oblt.z.S. Grund. Als Kap Gris Nez im Abstand von einer sm passiert wurde, setzte Töniges die Fahrt über die Tonnen 5 und 6 ins Quadrat 51-07 Grad Nord und 02-07 Grad Ost fort, das als minensicher galt und durch welches sie in der vergangenen Nacht einlaufend marschiert waren. Daß dort noch Minen vermutet wurden, war keinem der Kommandanten bekannt.

Es war 16.28 Uhr, als am Heck von S 19 eine starke Detonation erfolgte. Dazu Oblt.z.S. Töniges an den Autor:

"Ich befand mich zu dieser Zeit im Mannschaftsraum, um dort zu Mittag zu essen. Durch die Detonation wurde ich in den Raum geschleudert und blieb einige Sekunden bewußtlos liegen. Erst durch den Wassereinbruch kam ich wieder zur Besinnung. Ich kletterte aus dem Einstiegluk und sah, daß das Heck meines Bootes zum Teil hochgerissen und abgebrochen war. Bis zum MG-Stand herrschte große Verwüstung. Der Leitende Maschinist, Stabsobermaschinist Langer, lag unter den Trümmern. Ich befahl dem Maschinen-Obermaaten Hickmann, die Maschinenanlage zu übernehmen, und ließ sofort mit zwei Aggregaten lenzen. Das Boot machte nur in Abt. III Wasser und konnte schwimmfähig gehalten werden.

Durch Winkspruch rief ich S 22 heran, um den größten Teil meiner Besatzung abzugeben. Als S 22 sich bis auf 10 m genähert hatte, sah ich am Heck meines Bootes eine weitere Mine. S 22 wäre auf diese Mine aufgelaufen, deshalb verständigte ich das Boot durch Zuruf. S 22 ging nun mit Höchstfahrt zurück. Ich ließ meine Besatzung auf der Back antreten. Plötzlich rief einer der Männer: "Mine, zwei Meter Backbord voraus!"

Die Rettung meines Bootes wurde durch die Schrauben von S 22 erwirkt, deren Strom S 19 vorausdrückte und durch die Lücke der beiden Minen trieb, so daß ich von beiden Teufelseiern freikam. Eine dieser Minen scherte nur etwa einen halben Meter vor dem Bug vorbei." Soweit der Bericht.

Um 19.00 Uhr wurde die Schleppverbindung mit S 22 hergestellt. Der Rückmarsch wurde angetreten und um 22.00 Uhr liefen beide S-Boote in Calais ein.

"Nur durch die hohe Fahrt des Bootes ist eine Totalvernichtung vermieden worden", wurde später festgestellt.

S 19 wurde in einer dramatischen Fahrt nach Kiel in die Werft geschleppt.

Aufstellung der 3. Schnellboot-Flottille
Weitere Einsätze

Am 15. Mai 1940 wurde in Kiel diese neue Flottille aufgestellt. In ihr waren alle 80-Tonnen-Boote der 1. und 2. S.-Flot. zusammengefaßt. Beide Flottillen wurden ihrerseits mit neuen 100-Tonnen-Booten ausgerüstet.

Der September sah weitere Geleitzugskämpfe vor der Küste Englands. Die Erfolge häuften sich, und am 18. Oktober meldete der Wehrmachtsbericht:

"Bei einem Vorstoß deutscher Schnellboote gegen die englische Südostküste wurden zwei bewaffnete Handelsschiffe und ein Tanker mit insgesamt 23 000 BRT versenkt."

Zum letzten Einsatz des Jahres 1940 liefen am 31. Dezember S 26, S 28, S 29, S 34, S 56, S 58 und S 59 der 1. S.-Flot. zum Angriff gegen den gemeldeten Konvoi FN 366 aus. Der Konvoi wurde von den Booten dicht unterhalb der Südküste Englands gestellt. Trotz starker Zerstörersicherung erfolgte der Angriff. Sechs Boote schossen beinahe gleichzeitig ihre Torpedos. Der Dampfer "Stad Maastricht" mit 6 552 BRT wurde von S 59 unter Oblt.z.S. Müller getroffen. Er zerbrach in zwei Teile und sank. S 28 unter Oblt.z.S. Klug torpedierte die "Pelton", die sofort sank. Damit waren auch die Schnellboot-Einsätze des Jahres 1940 mit einem Erfolg abgeschlossen worden.

Torpedoboote und Zerstörer nach "Weserübung"

Am 31. August 1940 unternahmen Torpedoboote und Zerstörer die letzte gemeinsame Unternehmung des ersten Kriegsjahres mit dem Legen der "Sperre 3" in der südwestlichen Nordsee.

Die Minenschiffe "Roland", "Tannenberg" und "Cobra" waren randvoll gepackt mit Minen.

Um diese Großoperation wirksam zu schützen, wurde die 5. Zerstörer-Flottille unter FKpt. Berger mit den Zerstörern "Erich Steinbrinck", "Paul Jacobi", und "Karl Galster" eingesetzt.

Hinzu kamen die Boote der 5. Torpedoboot-Flottille unter FKpt. Henne mit "Falke", "Iltis", "Jaguar" und "Greif" sowie die Boote der 2. T.-Flot unter KKpt. Riede mit T 8, T 6 und T 7.

Diese Unternehmung verlief ohne Feindberührung. Wie erfolgreich solche Minenoperationen waren, wird durch jenes Ereignis des 31. August 1940 bezeugt, bei dem im Seegebiet nordwestlich von Texel die 20. brit. Z.-Flot. in ein solches deutsches Minenfeld geriet. Die Flottille verlor die Zerstörer "Esk" und "Ivanhoe". Die "Exeter" wurde schwer beschädigt. Der Chef der 20. brit. Z.-Flot. wurde schwer verwundet. Die Zerstörer hatten schwere Verluste an Menschen zu beklagen.

Bis zum 1. September 1940 wurden im Kriege sechs neue Torpedoboote und ein Zerstörer in Dienst gestellt. Sie konnten die schweren Verluste der Zerstörerwaffe im Norwegenfeldzug nicht im entferntesten ausgleichen. Die deutschen Zerstörer hatten am 1. September 1940 nur 50 Prozent jener Stärke, wie sie am 1. September 1939 zur Verfügung gestanden hatte. Lediglich die Zahl der einsatzbereiten Torpedoboote hatte sich beträchtlich erhöht.

Torpedoboote und Zerstörer im Kanal und vor Englands Küste

Eine Reihe deutscher Minenunternehmungen durch Minenschiffe aber auch durch Torpedoboote und Zerstörer stand im Herbst 1940 auf dem Programm. Jene offensive Minenunternehmung, die am 28. September begann und am 29. endete, sah den F.d.Z., Kpt.z.S. Bey, auf dem Führerzerstörer "Hans Lody" eingeschifft, der mit "Karl Galster", "Paul Jacobi" und "Erich Steinbrinck" als Minenleger gegen die Falmouthbucht im Südwesten von Cornwall auslief. Die Deckungsgruppe mit dem Chef der 5. Z.-Flot., FKpt. Berger, als Führer, bestand aus den Zerstörern "Friedrich Eckoldt" und "Theodor Riedel".

Auf dieser Minensperre sanken nachweislich fünf Schiffe.

Am 8. Oktober unternahm die 5. T.-Flot unter KKpt. Henne mit "Greif", "Seeadler", "Kondor", "Falke" und "Wolf" einen Erkundungsvorstoß ins Gebiet der Isle of Wight. Dieser Vorstoß verlief ohne Gefechtsberührung. Anders jener drei Tage darauf durchgeführte Vorstoß, der abermals von der 5. T.-Flot. unternommen wurde. Dabei war der "Greif" wieder als Führerboot verwendet, auf dem sich neben dem FlotChef, KKpt. Henne, noch der Kommandant, Kptlt. Hoffmann, befand.

Es ging von Cherbourg in Richtung Isle of Wight. Der Auftrag für alle Boote lautete: "Vor der Küste laufende englische Frachter sind anzugreifen und zu versenken."

Es war "Greif", das den ersten Feindkontakt hatte und auf einen Frachter schoß, der vor der Zufahrt von Portsmouth stand. Treffer wurden beobachtet, doch der Frachter verschwand hinter einem Landvorsprung außer Sicht.

Wenig später wurden leichte feindliche Seestreitkräfte gesichtet. Alle Boote eröffneten das Feuer. Nach kurzem Gefecht sanken hier die beiden französischen U-Jäger "Ch 6" und "Ch 7", die unter englischer Führung liefen.

KKpt. Henne befahl "Greif", zur Untergangsstelle zu laufen und Überlebende zu fischen. "Greif" lief an, leuchtete mit dem Scheinwerfer und fand einige Pulks im Wasser schwimmender Seeleute. Es zeigte sich, daß es in der Mehrheit französische Seeleute waren. Wenn sie nach Vichy-Frankreich ausgeliefert wurden, mußten sie mit dem Tode rechnen, denn Frankreich hatte sich gegenüber Deutschland als streng neutral erklärt und auf eine Beteiligung französischer Staatsbürger am Kampf gegen Deutschland die Todesstrafe gesetzt. KKpt. Henne meldete daher: "Es wurden 34 französische Seeleute gesehen, aber nur 20 ließen sich an Bord nehmen. Die übrigen verzichteten darauf und hofften auf eine Rettung durch englische Schiffe, was ihre Auslieferung an Frankreich und den sicheren Tod verhinderte."

Unmittelbar nach dieser Rettungsaktion kamen auf Nord-Südkurs fünf englische Zerstörer in Sicht, die hohe Fahrt liefen. Auf Parallelkurs drehend, wurden die Zerstörer von den deutschen Booten unter Feuer genommen. Doch der Gegner nahm dieses Gefecht nicht an, sondern verschwand schwarzqualmend nach Süden und Südosten.

Am 17. Oktober liefen die Zerstörer "Hans Lody", "Karl Galster" und "Friedrich Ihn" aus Brest zu einem Unternehmen gegen den Bristol-Kanal aus. Als Unterstützungsgruppe wurde die gesamte 5. T.-Flot. eingesetzt. Der F.d.Z., Kpt.z.S. Bey, führte den Verband.

Diesmal kam es zu einer Begegnung mit englischen Kreuzern und Zerstörern. Insgesamt wurden zwei Kreuzer und sechs Zerstörer gesichtet. Es kam zu einem kurzen Gefecht, in dessen Verlauf "Erich Streinbrinck" einen Torpedotreffer auf einem Kreuzer meldete. Die deutschen Einheiten kehrten heil von dieser Unternehmung zurück.

Der 6. November sah das Auslaufen der 1. und 2. T.-Flot. zu einem offensiven Vorstoß gegen die schottische Küste. Dicht vor dieser Küste lief T 6 unter Kptlt. Wolfram auf eine Mine und sank. Das Unternehmen wurde abgebrochen und der Rückmarsch angetreten, denn es war zu vermuten, daß hier weitere Minen gelegt worden waren.

Am Abend des 24. November liefen die Zerstörer "Karl Galster", "Hans Lody" und "Reichard Beitzen" unter Kpt.z.S. Bey ins Seegebiet vor Plymouth. Sie sichteten in dieser Nacht zwei Schiffe, die im Artillerieduell vernichtet wurden.

Vier Nächte darauf führten diese Zerstörer einen weiteren Vorstoß in das Gebiet von Plymouth zwischen Landsend und Start Point durch. Diesmal wurden zwei kleine Schiffe versenkt und der britische Zerstörer "Javeline" torpediert.

In der Nacht zum 3. Dezember liefen die Boote "Iltis" und "Jaguar" der 5. T-Flottille unter Kptlt. Neuss zum Minenlegen vor Dover aus. Als sie am Abend des 3. Dezember in Cherbourg festmachten, folgten ihnen die Boote "Greif", "Kondor", "Falke" und "Seeadler" mit dem Flottillenchef an Bord nach. Ihr Ziel war ebenfalls

Dover. Dies war die letzte Fahrt von KKpt. Henne als Chef der 5. T.-Flot., die am nächsten Tage von Kptlt. Neuss übernommen wurde.

Mit Geleitaufgaben für die Hilfskreuzer Schiff 14 "Kormoran" unter FKpt. Detmers und einem letzten Minenunternehmen am Abend des 21. Dezember ging auch für die Torpedoboote und Zerstörer das Kriegsjahr 1940 zu Ende.

Der Seenotdienst der deutschen Luftwaffe im Einsatz 1940: Kurzübersicht

Während des Unternehmens "Weserübung" kam es nicht zum ersten Großeinsatz des Seenotdienstes der Deutschen Luftwaffe und zu seiner großen Bewährungsprobe. Der Seenotdienst war nicht rechtzeitig benachrichtigt worden. Der General der Luftwaffe beim Ob.d.M. war der Überzeugung, daß er aufgrund des Führerbefehls Nr. 1 (über Geheimhaltung des Unternehmens) seinen Referenten für den Seenotdienst nicht einweihen durfte.

Bis zum Morgen des 9. April hatten die Seenotdienstleiter keine Ahnung über den Verlauf eines solchen Unternehmens.

Dies hatte zur Folge, daß der Führer des Norwegen-Nachschubs, Oberst Frhr. von Gablenz, niemanden wußte, der zur Bergung der Ju 52 nördlich Jütland zur Hilfe gerufen werden konnte. So ertrank die Besatzung, und die wertvolle Ladung "Benzin in Fässern, das dringend benötigt wurde", versank ebenfalls in der See.

Erst nach telefonischer Rücksprache beim Kommandierenden General des X. FlK., General der Flieger Geisler, erfuhr der Seetransportführer überhaupt etwas vom Seenotdienst und davon, daß Seenotflugzeuge in List auf Sylt stationiert waren.

Als endlich der Norwegen-Einsatz bekannt wurde, veranlaßte der Referent für den Seenotdienst die Verlegung einiger Seenotflugzeuge des Typs He 59 von List nach Aalborg, um näher am Ort des Geschehens zu sein.

Später verlegten weitere Maschinen von List nach Stavanger, Bergen und Drontheim, noch später nach Tromsö und Kirkenes. Zur raschen Meldung von Seenotfällen wurden in Oslo, Lister, Stavanger-Sola, Bardufoß, Barnak, Kirkenes, Fori und Kemi Funkstationen errichtet.

Im Juli 1940 entstand in Bergen eine Seenotzentrale, die von Major Wahl, einem "Alten Adler" des Ersten Weltkrieges, übernommen wurde. Er war nun für den Einsatz im Raume Norwegen verantwortlich.

Am 1. August 1941 - dies sei vorgetragen - wurde die 5. Seenotstaffel von List nach Stavanger-Sola verlegt.

Die Einsätze im zweiten Halbjahr 1940 im Westen

Auch im Westfeldzug hatte man den deutschen Seenotdienst schlicht vergessen. Trotz der Vorbereitungen für das Unternehmen "Seelöwe", das sicherlich Tausende von in Seenot geratenen Landsern gebracht hätte, war nichts geschehen. Schließlich waren es die beiden im Westraum eingesetzten Luftflotten 2 und 3, die an die dafür verantwortlichen Stellen appellierten, den Seenotdienst zu verstärken.

Nun wurden zwölf He 59 in den Luftpark (See) nach Kiel-Holtenau überführt. Dort sollten sie unter der Leitung des Flugingenieurs Heitmann zu Seenotmaschinen umgebaut werden. Der Inspekteur für das Seenotwesen, Oberst Goltz, reiste nach Frankreich und Belgien, um dafür in Frage kommende Häfen zu finden.

Zeebrügge kam aus mehreren Gründen nicht als Liegeplatz in Betracht. Im Bereich der Luftflotte 2 wurde Boulogne genannt. Für die Luftflotte 3, die weit auseinandergezogen am Kanal und Atlantik lag, wurden Cherbourg und Brest gewählt.

Für die Luftflotte 2 wurde Major Engelhorn als Chef der Seenoteinheiten genannt. Bei der Luftflotte 3 war es Major Dreyer. Die für beide Seenotbereiche eintreffenden Flugzeuge wurden zunächst noch weiß gestrichen und mit dem Roten Kreuz gekennzeichnet. Erst nach Winston Churchills Befehl, auch diese Maschinen abzuschießen, entfiel die Rot-Kreuz-Kennzeichnung.

Als die beiden ersten He 59 in Boulogne eintrafen, stand damit die Seenotstaffel, die von Lt.d.Res. Wölke übernommen wurde.

Im Bereich der Luftflotte 3 ergaben sich einige Schwierigkeiten, die Major Dreyer folgendermaßen schilderte:

"Als ich Mitte Juli 1940 mit meinen beiden ersten He 59 in Cherbourg eintraf, fand ich dort weiter nichts vor als einen brauchbaren französischen Seeflughafen. Die ersten Erkundungen ergaben, daß das auf dem Fliegerhorst Querqueville nordwestlich Cherbourg stationierte JG 2 bereits einen provisorischen Seenotdienst eingerichtet hatte." (Siehe Kühn Volkmar: Der Seenotdienst der Deutschen Luftwaffe 1939 - 1945).

Die ersten Seenoteinsätze wurden im August 1940 im Westen geflogen. Als Ende August ein von Cherbourg gestartetes Seenotflugzeug zu einer Rettungsaktion in Richtung Kanalinseln flog, wo eine deutsche Flugzeugbesatzung - aus der Luftschlacht über England zurückfliegend - in Seenot geraten war, wurde es plötzlich beschossen. Die Maschine war mit dem Roten Kreuz versehen, und der feindliche Jägerpilot konnte die Bemalung deutlich erkennen, da er sehr nahe herankam. Selbst als die Seenotmaschine durch Motortreffer zum Notwassern gezwungen wurde, stieß das englische Flugzeug tief herunter und setzte die Beschießung der nun selber in Seenot geratenen Seenotmaschine fort. Die Besatzung konnte sich dennoch aus dem sinkenden Flugzeug retten und trieb nach 24 Stunden im Schlauchboot an der Küste von Alderney an.

Wenige Tage darauf startete ein weiteres Seenotflugzeug zu einer Rettungsaktion für deutsche Kampfflieger, die südlich der englischen Küste abgestürzt waren. Es wurde auch von einem Feindflugzeug angegriffen und erhielt einige Treffer. Erst als es sehr dicht auf die See hinunterstieß, ließ dieser Gegner von ihm ab, und das Seenotflugzeug konnte beschädigt entkommen.

Diesen ersten Zwischenfällen folgten weitere, die zeigten, daß der Gegner weder das Rote Kreuz noch eine Seenotsituation achtete und blindlings "draufhielt".

Nun wurden auch die Seenotmaschinen mit einem Tarnanstrich versehen.

Das Seenotgebiet des neuernannten Seenotdienstführers 3 im Kanal und Atlantik reichte von der Insel Texel im Norden bis hinunter zur spanischen Grenze. Es war 2000 km lang. Dafür gab es an Seenotflugzeugen und Seenot-Rettungsbooten viel zu wenige. Als Major Dreyer Anfang September 1940 von Paris nach Cherbourg verlegte, lagen dort vier He 59 und eine Staffel Do 18, ferner 6 - 8 Motorboote, zwei Schnellboote und die Dampfjacht "Ariane".

Die Seenotzentrale Brest unter Major Heß verfügte über vier Breguet Bizerte und sechs Motorboote. In der Seebezirksstelle Royan, die Brest unterstellt war, lagen zwei Breguet Bizerte.

Die Seenotbezirksstelle Le Havre (Cherbourg unterstellt) hatte zwei He 59 und drei Boote zur Verfügung.

Der Seenotdienstführer der Luftflotte 2, Major Engelhorn, hatte in Boulogne vier He 59, zwei Flugbetriebsboote und 16 Pionier-Sturmboote zur Verfügung. Die Seenotbezirksstelle Holland, die Boulogne unterstellt war, konnte auf zwei He 59 und zwei Hilfsboote zurückgreifen.

Insgesamt gab es drei Seenotstaffeln und vier Seenot-Flottillen.

Ein seltsamer Seenotdienstfall im Atlantik

Im September 1940 wurde eine Maschine der Wettererkundungsstaffel etwa 200 sm westlich Brest von einem englischen Flugzeug abgeschossen. Der Funker konnte den vermeintlichen Standort der Abschußstelle durchtasten, ehe die Maschine niedergehen mußte, Die erste Breguet-Bizerte startete zum Hilfseinsatz. Sie erreichte die Untergangsstelle und fand dort - den Staffelkapitän der Wettererkundungsstaffel - der sofort nach Eingang der SOS-Meldung auf eigene Faust gestartet war. Er war ebenfalls abgeschossen worden.

Der Staffelkapitän wurde aufgenommen, und die Breguet Bizerte setzte die Suche nach der Besatzung des Wetterflugzeuges fort. Doch konnte diese nicht gefunden werden.

Zehn Tage später lief eine französische Fischereiflotte in Concarneau ein. Sie hatte die Besatzung des besagten Wetterflugzeuges an Bord. Leider war einer der Männer tot. Es stellte sich heraus, daß das feindliche Flugzeug auf das in Seenot geratende deutsche Wetterflugzeug noch einen Angriff geflogen und den Metereologen schwer verwundet hatte. Dann aber sei eine Sunderland erschienen und habe für das von der vorigen Maschine zerschossene Schlauchboot ein neues Schlauchboot abgeworfen, in das sich die Besatzung retten konnte.

Wenige Tage später rettete Oblt. Wagner mit seiner Breguet Bizerte einen Mann der Besatzung einer abgeschossenen Ju 88 aus einem halb voll Wasser geschlagenen Schlauchboot und fand kurz darauf auch den zweiten Mann der Besatzung, der ebenfalls an Bord genommen wurde. Bei völliger Dunkelheit wurde gestartet und sicher in Brest gelandet. Ohne diese unmittelbar erfolgte Suche wären die Männer am anderen Morgen ertrunken gewesen.

Oblt. Wagner rettete kurz darauf einen Jagdflieger, der vor den Scilly-Inseln abgeschossen wurde. Er flog allein weiter, als die Geleit-Jäger umkehren mußten, und - fand den Jägerpiloten der rote Leuchtkugeln schoß. Bei schwerer See gelang die Wasserung. Der Jäger wurde an Bord genommen und nach mehreren vergeblichen Startversuchen heil zurückgebracht.

Als am 28. November 1940 Major Helmut Wick, Kommodore des JG 2 "Richthofen", südlich der Insel Wight abgeschossen wurde, führten sämtliche Seenotflugzeuge zwei Tage lang mit allen verfügbaren Booten ihre Suche durch. Sie blieb leider erfolglos.

Auf jeden Fall zeigten diese Rettungsaktionen, daß Seenotflugzeuge notwendig waren, weil sie die einzige Chance boten, auf See notgelandete Flieger oder auch Besatzungen von Schiffen aus Seenot zu retten.

DEUTSCHE U-BOOTE IM EINSATZ

Die Übersicht: Verluste der U-Waffe in neun Kriegsmonaten

Nach Ende des Unternehmens "Weserübung", das einer Katastrophe für die U-Boot-Waffe gleichzusetzen war, wollte Admiral Dönitz, der Befehlshaber der U-Boote, in einer Reihe von Untersuchungen den Ursachen der Torpedmisere auf den Grund gehen; doch das war leichter gesagt als getan.

Eines jedoch war bei den Besatzungen der Boote zurückgeblieben: Das Mißtrauen gegenüber allen Beteuerungen, daß die Torpedos nunmehr besser werden würden. (Daß sie dies nicht in dem Maße wurden, wie es beabsichtigt war, zeigte sich auch in den letzten sechs Monaten des Jahres 1940, als immer wieder Fehlschüsse gemeldet wurden).

Eine radikale Einstellung des U-Boot-Einsatzes aber konnte nicht in Frage kommen, auch wenn die Boote nach den Worten des Befehlshabers der U-Boote "ohne Waffen waren" (Siehe Dönitz Karl: Zehn Jahre und Zwanzig Tage, S. 89).

Dazu Dönitz weiter: "Ich stand nach diesem Unternehmen vor der Entscheidung, ob die U-Boote mit einem derart mangelhaften Torpedo weiterhin zu verwenden seien. Der Chef meiner Operationsabteilung, KKpt. Godt, war der entschiedenen Ansicht, daß es vor einer grundlegenden Verbesserung der Torpedos nicht zu verantworten sei, die U-Boote wieder in den Kampf zu schicken."

Ein Stilliegen der U-Boote aber würde einen unvorhersehbaren Schaden anrichten, darüber war sich Dönitz klar.

"Die Truppe war entmutigt, ich konnte sie nicht in dieser Niedergeschlagenheit belassen."

Gerade in dieser Zeit hatte Admiral Dönitz die Verlustmeldung an das OKM senden lassen. Sie lautete:

"Befehlshaber der U-Boote
Operationsabteilung
B.Nr. gKdos 967 vom 12. 6. 1940
An OKM (4)
Gruppe West
Flotte
B.d.U. Org.Abt.
Betrifft: Verluste der U-Bootwaffe
(Ohne Vorgang)

Von 74 in den ersten neun Monaten des Krieges in Dienst gestellten oder in Dienst befindlichen Booten sind 66 am Feind gewesen.

Von diesen 66 Booten gingen 24 Boote verloren; das sind 36,4 Prozent. Dieser Prozentsatz aber gibt eher ein zu günstiges Bild von der Höhe der Verluste, da in der

Zahl von 66 Booten auch solche enthalten sind, die als Schulboote nur vorübergehend zu Unternehmungen herangezogen wurden.

Der Vergleich der Verluste mit den bisher abgeschlossenen 252 Unternehmungen ergibt, daß je Boot - bezogen auf alle Boote - im folgenden Verhältnis verlorengingen:

Bezogen auf alle kleinen Boote bei 20 Unternehmungen.

Bezogen auf alle mittleren Boote bei 5 Unternehmungen.

Bezogen auf alle Boote des Typs VII bei 7 Unternehmungen.

Bezogen auf alle Boote des Typs VII b bei 5 Unternehmungen.

Bezogen auf alle Boote des Typs IX bei 4 Unternehmungen.

Bezogen auf alle Boote ging bei 10 Unternehmungen jeweils ein Boot verloren.

Bei der Verschiedenheit der Unternehmungen können ins einzelne gehende Folgerungen aus den Verlusten der einzelnen Bootstypen nicht gezogen werden. Es unterliegt jedoch keinem Zweifel, daß das kleine U-Boot (250 tons) weniger gefährdet ist, als die mittleren und großen Boote.

Am Einsatz der U-Boote ist nichts zu ändern. Die Einsatzfreudigkeit ist unvermindert groß. Die Verluste werden geringer werden, wenn es gelingt, dem U-Boot ein Schutzmittel gegen den ASDIC zu geben. Auf B.d.U. Op. B.Nr. gKdos 847 vom 17. 4. 1940 wird Bezug genommen. gez. Dönitz."

1. Skl 8138/40 gKdos.

Die ersten Einsätze nach "Weserübung"

Gerade in dieser Zeit fuhr Admiral Dönitz zu allen Front-Flottillen und den Ausbildungsflottillen in der Ostsee und sprach zu den Besatzungen, die er ja alle persönlich kannte und die ihm vertrauten. So gelang es ihm, diese Krise zu überwinden. Er schickte als erstes Boot U 37 unter Kapitänleutnant Oehrn bereits am 15. Mai in einen neuen Einsatz. U 37 hatte Torpedos mit verbesserten Aufschlagpistolen an Bord.

U 37 lief in das Gebiet nordwestlich Cap Finisterre. Sehr bald mußte Kptlt. Oehrn melden, daß er von fünf mit Magnetzündung geschossenen Torpedos zwei Frühzünder und zwei Nichtzünder gehabt hatte.

Dönitz verbot sofort das Schießen von Torpedos mit Magnetzündung und befahl das Schießen ausschließlich mit der Aufschlagzündung.

U 37 kehrte am 9. Juni 1940 von dieser Unternehmung zurück. Am ausgefahrenen Luftzielsehrohr flatterten acht Versenkungswimpel mit 43 000 BRT. Davon war allerdings die 9 494 BRT große "Dunster Grange" nicht gesunken. Dieses Schiff wurde schwer beschädigt eingeschleppt.

Damit war der lähmende Bann abgeschüttelt. U 37 hatte gezeigt, daß wieder Versenkungserfolgte erzielt werden konnten. Und damit begann eine Phase, die als "Schlacht im Atlantik" zur längsten Schlacht der Kriegsgeschichte werden sollte.

Die Schlacht im Atlantik bis Ende 1940

Der Junieinsatz der ersten Phase der Schlacht im Atlantik sah eine Vielzahl von Booten in See. So standen am 16. dieses Monats U A, U 25, U 28, U 29, U 30, U 38, U 43, U 46, U 47, U 48, U 51, U 52 und U 101 im Operationsgebiet. Dorthin auslaufend befand sich U 122 im Seeraum bei den Shetlandinseln und U 65 bei den Hebriden. Auslaufbereit warteten in Wilhelmshaven U 26, U 34 und U 37 auf den Befehl zum Einsatz. Folgende Boote meldeten im Juni Versenkungserfolge:

U 46: unter Oblt.z.S. Endraß 53000 BRT

U 101: unter Kptlt. Frauenheim: 41500 BRT.

U 43 forderte eine Versorgung in Westspanien an und wurde dafür am 18. Juni vorgesehen. Am 29. Juni lief dann U 48 in Wilhelmshaven ein. Es hatte unter Kptlt. Rösing, der den erkrankten Kommandanten Schultze vertrat, 42686 BRT feindlichen Schiffsraumes versenkt. Am 30. Juni meldete auch Kptlt. Prien die Versenkung von 51086 BRT. Bei diesen Meldungen handelte sich es um unbeständige Versenkungen, so daß später, nach Kenntnis der vom Feind bestätigten Schiffsversenkungen, Änderungen möglich waren.

Admiral Dönitz hatte sich noch im Juni bei einer Besichtigungsfahrt zur Atlantikküste begeben, wo er die französischen Häfen inspizierte. Nach seiner Rückkehr nach Berlin am 2. Juli meldete er dem Ob.d.M., daß es ratsam sei, die Benutzbarmachung der französischen Atlantikhäfen mit allen Mitteln voranzutreiben.

Sobald dies der Fall sein würde, mußte auch die Dienststelle des BdU dorthin verlegen, wie Dönitz mit seinem GKdos Nr. 1049 vom 2. Juli 1940 dem OKM meldete.

Nach U 46, das zu einem nur kurzen Aufenthalt in die Loiremündung eingelaufen war, lief am 7. Juli 1940 U 30 unter Kptlt. Lemp als erstes Atlantikboot zur Neuausrüstung mit Torpedos und Brennstoff nach Lorient ein. Diese Werft war in aller Eile für die U-Boot-Reparatur eingerichtet worden. Sie konnte am 2. August das erste U-Boot aufnehmen.

Von diesem Zeiptunkt an liefen die U-Boote aus dem Atlantik nach ihren Einsätzen zur Überholung in die eingerichteten Stützpunkte der französischen Atlantikküste. Am 29. August übersiedelte die Operationsabteilung des BdU von Sengwarden nach Paris und richtete sich am Bois de Boulogne auf dem Boulevard Suchet in einem Haus mit vier Stockwerken ein.

Die Me-110-Zerstörer flogen Geleitaufgaben für Kampfverbände.

Bf 109 F-4 des JG 2 an der Kanalküste.

Schnellboot auf Kriegsmarsch.

Schnellboot, große Fahrt laufend.

Erfolgreiche Schnellboot-Kommandanten, von links: Töniges, Fimmen, Klug und von Mirbach. Sie waren von Anfang an dabei.

Zerstörer „Georg Thiele" bei Sildvik selbstversenkt.

Die beiden norwegischen Küstenpanzerschiffe „Eidsvold" und „Norge" im Hafen von Narvik.

Die „Lützow" nach dem Torpedotreffer.

Pietro Badoglio, der italienische Oberbefehlshaber.

Graf Ugo Cavallero, Chef des italienischen Generalstabes.

Rodolfo Graziani, OB der in Libyen stationierten Truppen Italiens.

Der große Gegenspieler: Ministerpräsident Joannis Metaxas, der die Verteidigung gegen den italienischen Angriff formierte.

Italienische Vorausabteilungen überschreiten die griechische Grenze.

Italienische Gebirgsjäger rücken in die Stellungen ein.

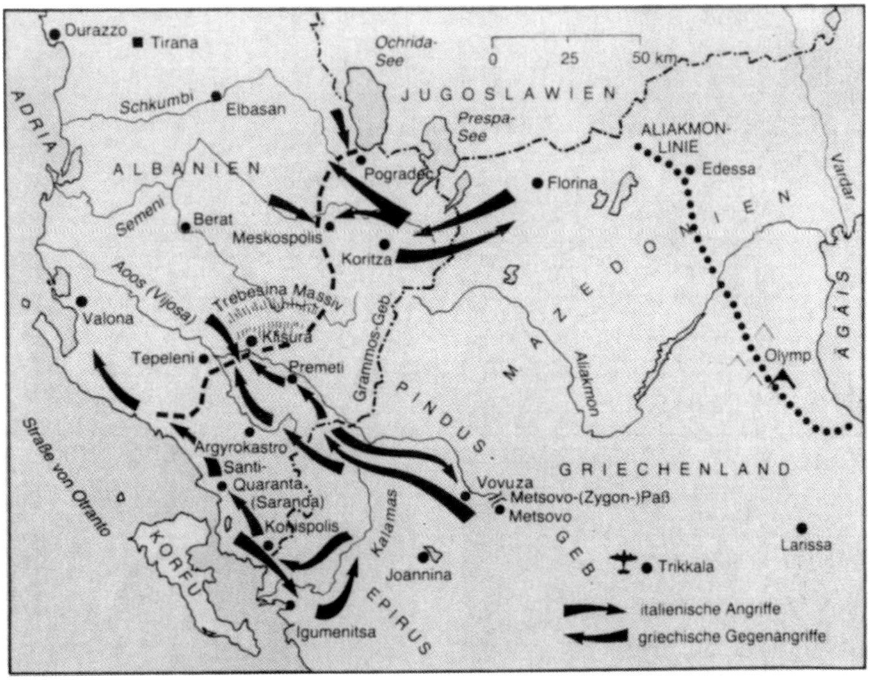

Angriff und Gegenangriff in Nordgriechenland.

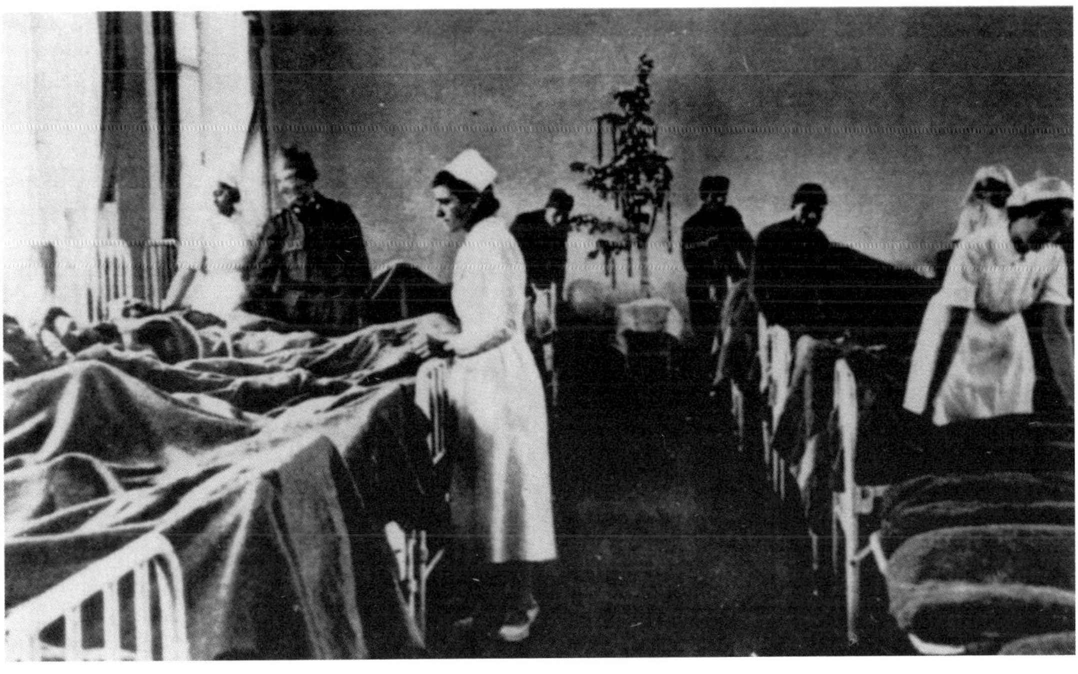

Weihnachten 1940 ein Feldlazarett dicht hinter der Front.

Die U-Boot-Asse des zweiten Kriegsjahres: Otto Kretschmer.

Hans Joachim Schepke.

Hans Rudolf Rösing.

Fritz Frauenheim.

Von hier aus leitete der BdU die weiteren Operationen aller U-Boote, bis der nachrichtenmäßige Ausbau seiner Befehlsstelle in Kernevel bei Lorient beendet war.

Dönitz, inzwischen zum Vizeadmiral befördert, übersiedelte schließlich mit seinem gesamten Stab dorthin, als die Operation "Seelöwe" abgesagt wurde. Hier bereitete er von nun an die beginnenden Geleitzugsschlachten vor, die im Herbst und Winter 1940 trotz der niedrigen Bootszahlen für den Gegner zu einer einzigen Katastrophe wurden.

Der blutige Sommer

Die im Juli beginnende "Schlacht im Atlantik" sollte 35 Monate dauern und von allen Seiten höchste Opfer kosten. 15 Boote fuhren im Juli erfolgreiche Angriffe gegen feindliche Schiffe. Der erste Kommandant, der im Juli zum Schuß kam, war Kptlt. Lemp mit U 30. Er versenkte am 1. Juli den Dampfer "Beignon" mit 5218 BRT und den Briten "Clearton" mit 5219 BRT. Eine Reihe weiterer Schiffe fielen den Torpedos dieses Bootes zum Opfer. Als Lemp von dieser Feindfahrt zurückkam, hatte er sechs Schiffe mit 25520 BRT versenkt und erhielt als neunter U-Boot-Fahrer das Ritterkreuz.

Am 1. Mai 1940 hatte Kptlt. Kretschmer mit U 99 ein neues Boot erhalten. Am 17. Juni lief er von Kiel zu seiner ersten Feindfahrt aus. Der am 5. Juli gesichtete Einzelfahrer wurde mit einem Torpedo beschossen. Dieser traf den Dampfer "Magog" mittschiffs. Er brach nach einer gewaltigen Explosion der geladenen Munition in der Mitte auseinander und sank.

Der Frachter "Bissel" folgte am späten Abend des 7. Juli nach, und am folgenden Tage traf es auch die "Humber Arm" tödlich. Geleitzerstörer griffen U 99 an und warfen Wasserbomben, von denen einige dicht beim Boot detonierten. Sieben Stunden dauerte dieses erste Bombardement. Das Boot war inzwischen auf 210 m Tiefe hinuntergegangen. Seine maximale Tauchtiefe war mit 165 m angegeben. 127 Wasserbomben wurden auf U 99 geworfen. Und das ging insgesamt nach zwei Pausen 14 Stunen lang.

U 99 entkam dank der Führung dieses eisenharten Kommandanten, der als "schweigsamer Otto" bekannt war. Am 18. Juli versenkte U 99 die "Woodbury" mit seinen beiden letzten Torpedos.

Kretschmer ließ Wolldecken und Rum auf die im Wasser schwimmenden Rettungsflöße hinüberreichen. Dann meldete er das Boot als "verschossen" und erhielt Weisung, nach Lorient einzulaufen.

Von dort aus trat U 99 am 24. Juli zur zweiten Feindfahrt an. Die "Auckland Star", ein Schiff von 13202 BRT, wurde mit einem Einzelschuß aus 2200 m ins Heck getroffen. Die Besatzung ging von Bord, aber vom Heck schoß noch immer eine dort aufgestellte Kanone. In Sehrohrtiefe hinuntergehend und dicht heranlaufend, schoß Kretschmer einen Fangschuß. Die "Auckland Star" sank.

Am nächsten Morgen traf es die "Clan Menzies", und am 31. Juli waren es zwei Dampfer, die den Torpedos dieses Bootes zum Opfer fielen.

Am Nachmittag des 1. August wurde ein Geleitzug gesichtet. Er steuerte Westkurs und bestand aus 20 Schiffen. Bis zum Abend hatte sich Kretschmer mit seinem Boot an der Steuerbordseite vorgesetzt. Er ließ mitten in den Geleitzug hineinsteuern, um die noch verbliebenen vier Torpedos "gut anzulegen". Der aus 600 m Distanz geschossene erste Torpedo traf den norwegischen Motortanker "Strinda", mit 10973 BRT ein großer Brocken. Während das Schiff mit aufgerissenem Achtersteven zurücksackte, griff Kretschmer das zweite an. Es war der britische Tanker "Licerna" mit 6556 BRT, der ebenfalls nach diesem Treffer mittschiffs sank.

Während die Schiffe des Geleitzuges eine Schwenkung ausführten, traf der dritte Torpedo den Motortanker "Alexia", der mit seinen 8016 BRT ebenfalls groß war.

Der vierte Aal erwies sich als Versager. Dennoch hatte Kretschmer binnen 30 Minuten drei Tanker versenkt. Zwei Schiffe, die zum Rammstoß auf das über Wasser laufende Boot ansetzten, rammten einander und hinkten beschädigt zur Seite. Da die "Alexia" noch schwamm, wollte Kretschmer sie mit der 8,8-cm-Bugkanone versenken. Doch die Besatzung erwiderte das Feuer. U 99 drehte ab und trat den Rückmarsch an. Kretschmer hatte mit U 99 eine der erfolgreichsten Feindfahrten hinter sich gebracht, neun Schiffe mit 50964 BRT wurden versenkt und drei weitere mit 25520 BRT torpediert.

Am 4. Juli war auch U 47 unter seinem legendären Kommandanten, Kptlt. Prien, zu seiner sechsten Feindfahrt ausgelaufen. Auf dem Ausmarsch ins Operationsgebiet fand die Besatzung die Soldaten eines notgewasserten deutschen Flugzeuges. Es waren drei Männer, von denen einer verwundet war. Am Mittag des 14. Juni sichtete Prien den Konvoi HX 48, aus dem das Boot am Abend den Frachter "Balmoralwood" herausschoß. Danach wurde U 47 abgedrängt und unter Wasser gedrückt.

Erst eine Woche darauf wurde ein Konvoi von über 30 Schiffen gesichtet. Bis zur Abenddämmerung kam U 47 in Schußposition, und Prien ließ auf einen großen Tanker schießen. Es war die "San Fernando, die mit 13056 BRT ein granz großer Brokken war, der am 21. Juni für immer auf Tiefe ging.

Die "Cathrine" wurde am 24. Juni durch die Artillerie von U 47 versenkt. Drei Tage später folgte die "Lenda" nach. Die "Leticia" wurde abermals durch die Artillerie versenkt.

Am 29. Juni wurde die "Empire Toukan" torpediert, und am 30. Juni traf es die "Georgios Kyriakides".

Die "Arandora Star", ein Dampfer von 15501 BRT, wurde mit dem letzten Torpedo aus kürzester Schußdistanz versenkt. Am 5. Juli lief U 47 wieder in den Stützpunkt ein. Das Boot hatte unter Priens Führung sieben Schiffe versenkt.

U 57 unter Oblt.z.S. Topp stand ebenfalls im Juli im Einsatz. Das Boot versenkte drei Schiffe, ehe es wegen verschiedener Schäden den Rückmarsch antreten mußte.

Auf seiner nächsten Fahrt kam Oblt. Topp mit U 57 auf ein Schiff des Konvois OB 202 zum Schuß. Er versenkte mit drei einzeln geschossenen Torpedos die Dampfer "Cumberland", "Saint Dunstan" und "Havildar". Die erste hatte eine Verdrängung von über 10000 BRT, die beiden folgenden jeweils etwa 5000 BRT. Der britische Motortanker "Pecten" mit 7468 BRT folgte am 25. August nach.

Auf dem Rückmarsch wurde U 57 in der Schleuse Brunsbüttel von einem auslaufenden norwegischen Dampfer gerammt und sank binnen 15 Sekunden. Das Boot nahm sechs Mann der Besatzung mit in die Tiefe. Die überlebende Besatzung bat ihren Kommandanten, bei ihm auf einem neuen Boot dienen zu können.

Am 11. Juli stellte Kptlt. Schulz mit U 124 ein neues Boot in Dienst und lief damit am 20. August zur ersten Feindfahrt aus. Als Kommandantenschüler war Reinhard Hardegen an Bord, der später einer der großen Kommandanten werden sollte.

Das Boot versenkte aus dem HX 65 A drei Schiffe und lief erst am 24. September wieder in Lorient ein, da es als Wetterbeobachter gedient hatte.

Kapitänleutnant Rollmann schrieb sich im Juli noch mit einer Versenkung von zwölf Schiffen in die Versenkungsliste ein. Darunter war der britische Zerstörer "Whirlwind".

Im August wurden 70 Schiffe versenkt. Am 17. August 1940 erfolgte deutscherseits die Erklärung der verschärften Blockade gegen England. Im Anschluß daran wurde den U-Booten vom 21. August ab der sofortige Waffeneinsatz gegen alle Fahrzeuge (auch gegen Passagierdampfer) in den wie folgt begrenzten Gebieten mit Ausnahme eines 10 sm breiten Streifens an der irischen Küste freigegeben:

Von 47.30 Grad Nord - 02.40 Grad West nach
45.00 Grad Nord - 05.00 Grad West und
45.00 Grad Nord - 20.00 Grad West. Ferner nach
58.00 Grad Nord - 20.00 Grad West nach
62.00 Grad Nord - 03.00 Grad Ost zur belgischen Küste bei 03.00 Grad Ost.

Ausgenommen blieben irische Schiffe und Schiffe mit Sonderkennzeichen, deren Namen, Ladung und Kurs den Streitkräften vorher bekanntgegeben worden ist.

U-Bootverluste
September 1939 - August 1940

Befehlshaber der U-Boote den 24. August 1940
-Op.Abt.-
B.Nr. gKdos - 1300 - A 5
An OKM und OKM Skl. 1. Abt.
nachrichtlich den Befehlshabern der U-Boote - Org. -
An die 1., 2., 7., 24., 25., 27. U-Flottille.
An die 1. Unterseeboots-Lehrdivisionen und
die U-Boot-Ausbildungsabteilung Plön.
Betrifft: Ein Jahr U-Boot-Kriegsführung
Der B.d.U. gibt folgenden Rückblick:

I. Die U-Boot-Waffe ist seit dem Aufmarsch im August 1939 pausenlos eingesetzt. Hafenlage wurde nur gewährt, soweit sie aus Reparaturgründen unbedingt erforderlich war.

II. Zur operativen U-Boot-Waffe gehörten 61 U-Boote. Von diesen Booten wurden 288 Feindfahrten durchgeführt. Eine Gegenüberstellung der See- und Hafenlage der Boote ergibt im Durchschnitt 45,5 Prozent Seetage; jedes Boot war also nahezu sechs Monate in See.

III. An Handelsschiffstonnage wurden versenkt: 384 Schiffe mit einer zum Teil geschätzten Tonnage von ca. 2 000 000 BRT. Soweit die Dampfer geschätzt wurden, sind Überschätzungen anzunehmen.

IV. An Kriegsschiffen wurden versenkt: Schlachtschiff "Royal Oak", Flugzeugträger "Courageous", Zerstörer "Daring", "Exmouth", "Viscount", "Whirlwind" und zwei Zerstörer der Tribal-Klasse.

An U-Booten: "Spearfish", "Tarpon", "Doris". Die Hilfskreuzer "Andania", "Carinthia", "Scotstown", "Transsylvania". Ferner über zwölf bewaffnete Fischdampfer.

Durch U-Boote wurden beschädigt: Schlachtschiffe "Nelson" und "Barham", Schwere Kreuzer "Belfast".

V. Es wurden 33 Minenunternehmungen durchgeführt und 330 Minen geworfen.

VI. Von 61 U-Booten der operativen U-Boot-Waffe gingen 28 Boote verloren. Das sind 46% der Gesamtzahl. Es sind gefallen:

79 Offiziere, 272 Unteroffiziere und 412 Mannschaften.
In Kriegsgefangenschaft gerieten:
33 Offiziere, 114 Unteroffiziere und 280 Mannschaften.
gez. Dönitz.

Am 1. September 1940 eröffnete U 101 unter Oblt.z.S. Frauenheim der Versenkung des griechischen Dampfers "Efploia" die Erfolge des September. Jenisch stieß am selben Tage mit seinem U 32 auf einen in Richtung Dakar laufenden britischen Kriegsschiffsverband. Er torpedierte den Kreuzer "Fiji", der eingeschleppt wurde.

Am 2. September wurde der Konvoi OB 205 durch U 46, das sich bereits auf dem Rückmarsch befand, gesichtet. Das Boot hatte bereits vier Schiffe versenkt, darunter den Hilfskreuzer "Dunvegan Castle" mit 15.007 BRT. Es schoß einen Zweierfächer, mit dem die "Thornlea" und die "Bibury" aus dem OB 205 versenkt wurden.

U 47 hatte ebenfalls sein Operationsgebiet erreicht. Es war am 26. August zur 7. Feindfahrt ausgelaufen, hatte am 2. September die "Ville de Mons" versenkt und schoß aus dem OA 207 ein Schiff heraus. Auf den Konvoi SC 2 angesetzt, sichtete das Boot diesen 42 Schiffen starken Geleitzug, gab Peilzeichen für die übrigen Boote und griff in der Nacht zum 4. September an. Er versenkte drei Dampfer aus diesem Geleitzug, und am 9. September schoß Prien noch einen Nachzügler aus dem SC 2 heraus, die "Possidon". U 28 unter Kptlt. Kuhnke kam ebenfalls noch an diesen Konvoi heran und versenkte den Dampfer "Mardinian". Der Kommandant hatte das Glück, am 11. dieses Monats auch noch an den OA 210 heranzuschließen, aus dem er zwei Schiffe torpedierte, von denen eines sank.

Von seinem dritten Kommandanten geführt, beschoß U 48 am 14. September vier Schiffe mit Torpedos, darunter die "Dundee". Damit hatte auch Kptlt. Bleichrodt mit diesem Boot Erfolg, das sich in den nächsten zwölf Monaten zum erfolgreichsten U-Boot der Welt entwickelte. Diesen Erfolg setzte Bleichrodt fort, als er eine Minute nach Mitternacht des 18. September auf die "City of Benares" mit 11081 BRT zum Schuß kam und dieses große Schiff versenkte. Sieben Minuten später sank dann noch die "Marina", und am Abend dieses Tages fiel auch noch die "Magdalena" den Torpedos dieses Bootes zum Opfer. Abermals drei Tage darauf kam Bleichrodt noch auf die "Blairangus" und die "Broompark" zum Schuß. Ersterer Dampfer sank, der zweite konnte eingeschleppt werden.

Kptlt. Lüth, soeben zu diesem Dienstgrad befördert, stellte U 138 in Dienst, mit dem er im September 1940 zur ersten Feindfahrt auslief. Im Nordkanal stehend, sichtete die Brückenwache den OB 216. U 138 schnürte heran, und Lüth ließ binnen sechs Minuten drei Einzelschüsse schießen. Alle drei trafen. Die "Boca" und die "Empire Adventure" sanken sofort, der anvisierte und ebenfalls getroffene Tanker aber machte Notruf. Er stand wenige Minuten nach dem Treffer über alles in Flammen. Sein Name: "New Sevilla". Er hatte nach dem Lloyds-Register 13801 BRT. Ein großer Erfolg für das kleine Boot des Typs II D. Lüths Boot wurde unter Wasser gedrückt. Es mußte wegdrehen. Aber der Kommandant griff wieder an und schoß am 21. September die "City of Simla" mit 10138 BRT aus dem Konvoi heraus. Nach Vernichtung dieser vier Schiffe mit insgesamt 34644 BRT trat U 138 den Rückmarsch an.

Ende des Monats August war auch U 99 wieder auslaufklar. Kptlt. Kretschmer nahm als "Kommandantenschüler" den italienischen U-Boot-Kommandanten, FKpt. Longobardo an Bord, damit dieser mehr über die Atlantikkriegsführung lerne.

Zwei Tage nach seinem Auslaufen, am 2. September, sichtete die Brückenwache von U 99 den kleinen britischen Dampfer "Luimneach", der mit der Artillerie versenkt wurde. Am 9. September kam das Boot auf einen westgehenden Geleitzug zum Schuß und versenkte daraus den Dampfer "Albionic". Der Dampfer "Hird" wurde in der Nacht des 15. September versenkt, und am 20. fing der Funkmaat von U 99 einen FT-Spruch von U 47 auf. Priens Boot hatte einen Geleitzug gesichtet. Fünf im Nahbereich desselben stehende Boote wurden darauf angesetzt. So U 99, U 48, U 100 und U 32.

Am frühen Morgen des 21. war U 99 bis auf Schußentfernung herangekommen. Der Tanker "Invershannon" mit 9154 BRT war das erste Opfer dieses Bootes. Danach wurde die "Elmbank" torpediert und ein dritter Dampfer, bis unter die Ladeluken mit Munition vollgestopft, explodierte Sekunden nach dem Treffer.

Die "Elmbank" mußte mit Phosphorgranaten zum Sinken gebracht werden, nachdem kurz vorher auch U 47 versucht hatte, das von U 99 getroffene Schiff mit Granaten unterhalb der Wasserlinie unter Wasser zu bringen.

Um 6.14 Uhr kam auch U 48 zum Schuß auf eines der Schiffe dieses HX 72. Das Boot versenkte die "Blairangus" mit 4409 BRT.

U 100 unter Kptlt. Schepke kam eine Stunde vor Mitternacht dieses Tages in Schußposition. Schepke ließ binnen dreier Minuten vier Einzelschüsse schießen, denen die 8286 BRT große "Canonesa" und der 10364 BRT große Tanker "Torinia" zum Opfer fielen. In der ersten Stunde nach Mitternacht schoß Schepke vier weitere Schiffe aus dem HX 72 heraus, darunter die 10525 BRT große "Frederick S. Fales", ein Tanker.

Als letzter kam noch U 32 unter Kptlt. Jenisch auf diesen Konvoi zum Schuß. Der britische Dampfer "Collegian" wurde schwer getroffen, konnte aber eingeschleppt werden.

Damit hatte der Konvoi HX 72 14 Schiffe verloren. Dies war der größte Erfolg, den bis dahin ein U-Boot-Rudel im Geleitzugskampf errungen hatte. Er stellte die Richtigkeit der Rudeltaktik des BdU Dönitz unter Beweis. Was aber fehlte, war eine genügend große Zahl an Booten, um solche Rudel auch aufstellen zu können.

Im Monat September sanken durch deutsche und italiensiche U-Boote 69 Schiffe. Davon 52 durch die deutschen Boote. Diese 52 Schiffe hatten eine Tonnage von insgesamt 265 737 BRT.

Nun aber sollte es zu einer Rudelschlacht kommen, die alles bisher Dagewesene in den Schatten stellte.

Die "Nacht der langen Messer"

Am 1. Oktober standen neun deutsche U-Boote im Operationsgebiet Atlantik, während in Lorient weitere zwölf Boote zur Neuausrüstung lagen und in den nächsten Tagen und Wochen auslaufbereit sein würden. Unter ihnen die Boote U 47, U 48, U 99 und U 100 mit den "Tonnagekönigen" der U-Boot-Waffe.

Insgesamt standen mit den auf dem Rückmarsch, in St. Nazaire und Kiel und zur Ausbildung in der Ostsee abkommandierten Booten dem BdU 38 Boote zur Verfügung, von denen sieben wieder instandgesetzt werden mußten.

Aus Lorient, St. Nazaire und Bergen liefen in den ersten Oktobertagen mehr und mehr Boote aus und bildeten auf See Suchstreifen, mit denen auslaufende oder nach England heimkehrende Geleitzüge gesucht und gestellt werden sollten. Am 16. Oktober standen acht Boote im Operationsgebiet. Hinzu kam das italienische U-Boot "Malaspina" unter KKpt. Leoni. Auf dem Marsch ins neue Operationsgebiet vor Freetown befanden sich sechs Boote sowie die drei italienischen Boote "Dandolo", "Barlarigo" und "Otario". Auf dem Rückmarsch nach Lorient waren drei Boote, während in diesem Hafen drei Boote neu ausgerüstet wurden. In Kiel lagen immer noch U A, U 58 und U 59.

Am 17. Oktober bekam U 48 unter Kptlt. Bleichrodt Fühlung am Konvoi SC 7 im Quadrat AL 3380. Es wurden 25 Schiffe und drei Kanonenboote als Geleitsicherung erkannt. Auf diesen Konvoi operierten neben U 48 noch U 46, U 99, U 100, U 101 und U 123.

Noch am 17. Oktober kam U 48 zum Schuß und versenkte den 9512 BRT großen britischen Motortanker "Languedoc" und den Dampfer "Scoresby" mit 3843 BRT. Das Boot wurde unter Wasser gedrückt und abgedrängt. Stattdessen aber kam U 38 unter Kptlt. Liebe heran und schoß zwei Dampfer heraus, von denen nur einer sank.

Inzwischen hatte der BdU, nachdem U 48 Fühlung verloren hatte, alle verfügbaren Boote einen senkrecht zur vermutlichen Vormarschrichtung des Konvois verlaufenden Suchstreifen bilden lassen, der erheblich weiter ostwärts Aufstellung nahm.

Sieben Boote hatten sich dort am Vormittag des 18. Oktober versammelt. Am Nachmittag dieses Tages lief der SC 7 in diesen Suchstreifen hinein und ermöglichte fünf Booten den Angriff. U 123 unter Kptlt. Moehle schoß als erster und versenkte die "Beatus". Dann kam U 46 unter Kptlt. Endraß zum Schuß. Das Boot schoß, außerhalb der Sicherung stehend, drei Torpedos und traf nur ein kleines Schiff. Acht Minuten darauf griff U 101 unter Kptlt. Frauenheim an. Seinen Torpedoschüssen fiel die "Shekatika" zum Opfer, die allerdings noch schwamm, um eine Stunde darauf von U 101 zum zweitenmal torpediert zu werden, ehe sie von U 124 den Fangschuß erhielt.

Kretschmer eröffnete mit U 99 um 22.06 Uhr den Angriff. Im ersten Anlauf fiel ihm die "Empire Miniver" mit 6055 BRT zum Opfer. Der kleine Dampfer "Gunborg" und das ein wenig größere Schiff "Niritos" folgten. Frauenheim war am

Abend des 18. Oktober und am frühen Morgen des 19. erneut erfolgreich, und Moehle schrieb sich ebenfalls erneut in die Erfolgsliste am SC 7 ein.

Um 1.38 Uhr des 19. Oktober griff U 99 wieder an. Alle Tropedorohre waren nachgeladen, als das Boot, von achtern auflaufend, in den Konvoi einbrach und die "Empire Brigade" und die "Sedgepool" herausschoß. Mit der "Thalia" gelang es U 99, noch einen weiteren Dampfer zu vernichten. U 123 unter Moehle war es, der den letzten Dampfer dieses Konvois, die 3106 BRT große "Clintonia", mit Artilleriefeuer versenkte, als sie durch einen U 99-Torpedo lahmgeschossen worden war.

Aus dem SC 7 wurden insgesamt 21 Schiffe herausgeschossen. Zwar mußten U 99 und U 101 ebenso wie U 124 verschossen den Rückmarsch antreten, aber die übrigen Boote blieben dran, und noch am selben 19. Oktober sichtete die Brückenwache von U 47 einen neuen Geleitzug. Es war der HX 79, der westlich von Rockall Bank aufgespürt wurde. Gegen ihn operierten die Boote U 47, U 46, U 48 und U 100. Darüber hinaus setzte der BdU auch noch U 38 und U 28 dagegen an.

Alle Boote bis auf U 28 kamen in der Nacht zum 20. Oktober heran. Liebe schoß mit U 38 um 22.13 Uhr den ersten Fächerschuß, der zwei Dampfer zum Sinken brachte. Um 22.27 Uhr war U 47 an der Reihe. Zwei 6000-Tonner fielen den Torpedos dieses erfahrenen Kommandanten zum Opfer, der in den beiden ersten Stunden des 20. Oktober noch drei weitere Schiffe torpedierte, von denen lediglich die "Athelmonarch", ein Tanker von 8995 BRT, nicht sank.

In der Zwischenzeit waren noch U 46 und U 124 zum Schuß gekommen, und auch U 100 unter Schepke schoß binnen zweier Minuten zwei große Tanker - die 8230 BRT große "Caprella" und die 6218 BRT große "Sitalia" - aus dem Geleitzug heraus und konnte um 7.20 Uhr dieses 20. Oktober noch die "Loch Lomond" mit 5452 BRT unter Wasser schicken.

Damit hatte der HX 79 und ebenso der HX 79s 15 Schiffe verloren. Dies war ein großer Erfolg einer Doppel-Rudelschlacht, die in die U-Boot-Geschichte als "Nacht der langen Messer" einging.

Am 28. Oktober kam U 32 unter Kptlt. Jenisch auf den 42 348 BRT großen Passagierdampfer "Empreß of Britain" zum Schuß, der von deutschen Kampfflugzeugen in Brand geworfen worden war. Bei dem britischen Versuch, diesen wertvollen Dampfer einzuschleppen, hatte Jenisch ihm zwei Torpedos angetragen, die ihn zum Sinken brachten.

Zwei Tage darauf wurde U 32 nordwestlich von Irland durch die britischen Zerstörer "Harvester" und "Highlander" gestellt und versenkt. Im selben Monat dieser großen Erfolge gingen fünf weitere deutsche Boote verloren.

Damit war die erste Phase der Schlacht im Atlantik mit einem Paukenschlag zu Ende gegangen. Es waren die deutschen U-Boote, die nach den Worten ihres Befehlshabers Dönitz "draußen im Atlantik den entscheidenden Kampf gegen England zu kämpfen hatten". (Siehe Dönitz, Karl: a.a.O. und Kurowski Franz: Krieg unter Wasser).

Die Schlußfolgerungen des BdU zu dem Doppelerfolg lauteten:

"Die Operationen beweisen, daß das seit 1935 zugrunde gelegte Prinzip der U-Boot-Taktik und der Ausbildung richtig war. Der feindlichen Konzentration der Schiffe in Geleitzügen mußte eine Konzentration der U-Boote entgegengesetzt werden.

Die Durchführung derartiger Angriffsoperationen ist nur möglich mit hierfür gründlich geschulten Kommandanten und Besatzungen.

Sie ist nur möglich, wenn die erforderlichen Bootszahlen im Operationsgebiet stehen. Das war im bisherigen Verlauf des Krieges nur zeitweise der Fall.

Die Möglichkeit solcher Operationen wird sich um so häufiger ergeben, je mehr Boote im Operationsgebiet stehen und je größer die Wahrscheinlichkeit ist, mit mehr 'Augen', d.h. mehr Booten, mehr Geleitzüge zu fassen.

Mehr U-Boote bedeuten ferner, daß nach solchen Angriffen nicht die Zufahrtswege nach England zunächst frei werden, weil - wie dies diesmal geschehen ist - alle Boote nach Aufbrauch ihrer Torpedos zurückkehren mußten.

Erfolge wie bei diesen beiden Konvois können nicht immer erwartet werden. Nebel, schweres Wetter und andere besondere Verhältnisse können zeitweise die Erfolgsaussichten zunichte machen." (Siehe KTB des BdU II/1940).

Am 25. Oktober hielt Admiral Dönitz Hitler Vortrag über die Operationen der U-Boote gegen diese beiden Geleitzüge. Nach den allgemeinen Fragen Hitlers referierte Dönitz über die notwendigen Vorbereitungen der Ausweitung des U-Bootkrieges.

U 99 im Aufwind: Harte Schläge bis Dezember 1940

Nach den Geleitzugsschlachten des Oktober trat zunächst im Atlantik eine U-Boot-Leere ein. Es waren nur noch einige wenige Boote, die in See standen. Unter ihnen auch U 124, das am 1. November die "Empire Bison" versenkte.

Inzwischen war U 99 nach nur gut einwöchiger Liegezeit und Neuausrüstung sowie der Aufmunitionierung bereits Ende Oktober wieder ausgelaufen. Am 3. November stand das Boot in Höhe der Bloody Forelands im Operationsgebiet. Am Nachmittag sichtete einer der Brückenwächter ein großes Schiff. U 99 setzte sich zum Angriff vor und shoß um 20.40 Uhr auf die 5376 BRT große "Casanare", die schnell sank. Inzwischen war bereits ein weiterer Dampfer gesichtet worden, und während sich alles auf dieses "riesige" Schiff konzentrierte, tauchte noch ein dritter Dampfer auf.

Als das zweite Schiff einen FT-Spruch absetzte, mit dem die Anwesenheit von U 99 gemeldet wurde, fing der Funker in der Kabine von U 99 den Namen desselben auf: "Laurentic". Sie war ein 18724 BRT großer Hilfskreuzer. Und wenig später kam auch der Name des zweiten Schiffes heraus. Auch dieses ein Hilfskreuzer von 11314 BRT: die "Patroclus".

Aus einer Distanz von 1 500 m schoß Kretschmer den ersten Torpedo auf die "Laurentic", die mittschiffs in Höhe der Kessenanlagen getroffen wurde und stoppte. Boote wurden zu Wasser gelassen. Aber der Riese sank nicht. Deshalb schoß Kretschmer einen weiteren Torpedo auf ihn, der achtern detonierte.

Erst nach dem dritten Tropedo, der aus kürzester Distanz geschossen wurde, sank der Hilfskreuzer tiefer, schoß aber immer noch Granaten und Leuchtgranaten auf das U-Boot.

Inzwischen war der zweite Hilfskreuzer dicht andie "Laurentic" herangekommen und nahm einige Schiffbrüchige an Bord.

Aus nächster Nähe ließ Kretschmer einen Einzelschuß auf die "Patroclus" schießen, der das Heck traf. Ein zweiter Aal detonierte hinter dem Vormast. Die "Patroclus" eröffnete das Feuer. Ihre ersten Granaten schlugen dicht bei U 99 in die See. Das Boot mußte sich weiter absetzen, um nicht durch einen Zufallstreffer vernichtet zu werden. Kretschmer ließ auf Tiefe gehen.

Als das Boot drei Stunden später wieder auftauchte, waren alle Rohre nachgeladen. Die beiden großen Hilfskreuzer schwammen noch. Wenig später wurde ein Zerstörer gesichtet, der mit AK näherkam.

Die "Lauretic" erhielt einen Fangschuß aus 300 m, der dem Hilfskreuzer das Heck wegriß, da die dort lagernden Wasserbomben mit hochgingen. Die "Laurentic" sank.

U 99 lief jetzt mit AK auf den zweiten Hilfskruzer zu. Er mußte noch einige Schüsse auf die "Patroclus" anlegen, bevor sie nach dem sechsten Torpedotreffer sank.

Inzwischen war der Zerstörer nahe herangekommen und lief mit AK auf Kollisionskurs zum U-Boot. Kretschmer ließ schnell tauchen und glitt mit kleiner Fahrt der E-Motoren zur Seite. Als U 99 drei Stunden später in der Morgendämmerung auftauchte, sichtete die aufgezogene Brückenwache den Zerstörer bei seinen Rettungsversuchen.

U 99 lief ab und sah im Verlaufe des Tages einen Geleitzug, den es meldete. Ein in Sicht kommender Tanker, die "Sottish Maiden" mit 6993 BRT, wurde mit dem letzten Torpedo des Bootes versenkt. Damit hatte Otto Kretschmer mit U 99 vier Schiffe mit 32407 BRT binnen zweieinhalb Tagen versenkt.

In diesem Monat versenkte erstmals Oblt.z.S. Wohlfahrth mit U 137 vier Schiffe. Durch U 103 unter Kptlt. Schütze und U 123 unter Kptlt. Moehle verlor der OB 244 vier Schiffe. U 100 kämpfte am SC 11 und brachte es auf sechs Versenkungen. U 123 schoß weitere vier Schiffe aus dem OB 244 heraus. Insgesamt kam Moehle auf sechs Erfolge, während U 103 unter Schütze auf dieser Feindfahrt fünf Schiffe zum Sinken brachte. Mit 34 versenkten Schiffen und einer Gesamttonnage von 173995 BRT hatte eine Handvoll Boote dennoch gute Erfolge im November erzielt.

Doch noch einmal kam auch U 99 noch im alten Jahr zu großen Erfolgen. Das Boot war nach abermals sehr kurzer Ausrüstungszeit am 27. November wieder ausgelaufen. Der Marsch ins Operationsgebiet dauerte vier Tage. Die hohe See überrollte oftmals den U-Boot-Turm. Am 2. Dezember sichtete die Brückenwache einen sehr großen Dampfer. Es war der Hilfskreuzer "Forfar" mit 16402 BRT, der als Geleitschutz am HX 90 mitlief. Um 5.46 Uhr schoß Kretschmer den ersten Torpedo, der den Hilfskreuzer traf und zum Stoppen brachte. Die "Forfar" benötigte aber noch weitere vier Fangschüsse und sank erst um 6.57 Uhr. Am selben Tage sichtete U 99 abends den Einzelfahrer "Samnanger" mit 4276 BRT, der nach dem Torpedotreffer mit der Artillerie versenkt wurde. Der Motortanker "Conch", der nach Abdrehen des Bootes auf Südkurs als Nachügler des HX 90 gesichtet wurde (sie war am Morgen dieses Tages durch einen Torpedo von U 95 angeschossen worden und konnte nur mit verminderter Fahrt laufen), sank nach dem Torpedofangschuß.

Am 7. Dezember kam das Boot noch auf die "Farmsum" zum Schuß. Auch dieser Dampfer sank. In einer anschließenden Zerstörerverfolgung erlitt das Boot Schäden am Sehrohr und den Ausfall eines der E-Motoren für die Unterwasserfahrt und mußte den Rückmarsch antreten. Es hatte abermals vier Schiffe mit insgesamt 34291 BRT versenkt.

Neben U 99 konnten noch U 37 unter Clausen mit vier, U 101 unter Mengersen mit fünf Schiffen, Prien mit einem Schiff Erfolge erzielen. Hinsch und Schütze gehörten zu den wenigen, die auslaufen konnten. Und auch Kptlt. Lüth war mit U 43, einem neuen Boot, wieder dabei und versenkte drei Schiffe mit 21262 BRT, darunter den britischen Motortanker "Victor Ross" mit 12247 BRT.

Am 2. Dezember war auch U 96 zu einer ersten Feindfahrt aus Kiel ausgelaufen. Es war am 14. September von Kptlt. Lehmann-Willenbrock in Dienst gestellt worden. Am 11. Dezember, dem Geburtstag des Kommandanten, wurde in Höhe von Kap Wrath eine Rauchsäule gesichtet. Es war ein kleiner Geleitzug, der in Richtung Nordkanal lief. Unter Wasser setzte sich U 96 vor. Der erste scharfe Torpedo dieses Bootes traf den britischen Erzdampfer "Totorua" mit 10890 BRT tödlich. Ein zweiter Torpedo verfehlte sein Ziel, weil der Konvoi HX 92 eine scharfe Kursänderung vornahm.

Auftauchen und Hinterherlaufen! Als es dunkel wurde, hatte U 96 wieder aufgeschlossen, und der geschossene Torpedo traf die "Towa" tödlich. Der dritte Anlauf besiegelte das Schicksal der "Stureholm". Von Zerstörern abgedrängt, kam das Boot erst knappe drei Stunden später zum nächsten Torpedoschuß, der die "Macedonier" unter Wasser brachte.

Am nächsten Tag lief das Boot auf Suchkurs durch die See. Der Einzelfahrer "Western Prince", mit 10926 BRT ein Riese, wurde gesichtet, gestellt und mit einem Torpedo ins Vorschiff gestoppt. Nachdem die Besatzung von Bord gegangen war, ließ Lehmann-Willenbrock das Schiff durch einen Fangschuß versenken. Das Schiff hatte den kanadischen Munitionsminister an Bord und war mit Flugzeugen und Munition bis unter die Lukendeckel vollgeladen.

Durch Sunderland-Flugboote wurde U 96 unter Wasser gedrückt. Als das Boot einige Stunden später wieder auftauchte, sichtete die Brückenwache einen weiteren Einzelfahrer. Die "Empire Razorbill" wurde getroffen, wehrte sich aber mit einer auf der Back stehenden Kanone, so daß Lehmann-Willenbrock tauchen mußte. Der Dampfer konnte nach notdürftiger Reparatur seinen Weg fortsetzen.

Mit seinem letzten Torpedo traf U 96 am 18. Dezember den 19746 BRT großen Motortanker "Pendrecht", der allerdings eingeschleppt werden konnte.

Damit hatte Kptlt. Lehmann-Willenbrock auf seiner ersten Feindfahrt fünf Schiffe mit 37037 BRT versenkt und zwei weitere mit 15864 BRT torpediert.

Der BdU schrieb in das ihm vorgelegte KTB des Bootes, das auch dem Autor vorgelegen hat: "Ausgezeichnete Unternehmung, zäh, entschlossen und mit festem Willen zum Erfolg durchgeführt. Besonders bei der Geleitzugsverfolgung des 11. und 12. 12. - gez. Dönitz."

Zu Ende des Jahres standen ganze zwei U-Boote in See. Etwa 100 deutsche U-Boot-Männer führten den Seekrieg gegen England. Dennoch hatte auch der Dezember 1940 mit einer Versenkung von 39 Handelsschiffen mit 229501 BRT einen - gemessen an der Zahl der eingesetzten U-Boote - verblüffend hohen Erfolg zu verzeichnen gehabt.

Quellenverzeichnis und Literaturangaben

(Im Auszug)

Alman, Karl: Ritter der Sieben Meere, Rastatt 1963
ders.: Angriff, ran, versenken! Rastatt 1965
ders.: Günther Prien - der Wolf und sein Admiral, Leoni 1981
ders.: Großadmiral Karl Dönitz - Vom U-Bootkommandanten zum Staatsoberhaupt, Berg 1983
ders.: U-Boot-Asse, Wien 1981
ders.: U 48 - Das erfolgreichste Boot des Zweiten Weltkrieges, Leoni 1986
ders.: Wolfgang Lüth - Der erfolgreichste U-Boot-Kommandant des Zweiten Weltkrieges, Friedberg 1988
Altmayer, Robert: La 10. Armée sur la Basse-Somme, en Normandie, vers le réduit breton, Paris 1946
Armengaud, J.: Le Drame de Dunkerque, Paris 1948
Auphan, Paul und Mordal Jacques: französische Marine im Zweiten Weltkrieg, Oldenburg 1964
Badoglio, Pietro: L'Italia nella seconda guerra mondiale, Milano 1946
Barclay, Cyril N.: Agains great Odds. The Story of the first Offensive in Lybia 1940 - 1941, London 1955
Bardies, Colonel: Le Campagne 1939 - 40, Paris 1947
Bauer, Prof. Eddy: Der Panzerkrieg, Bonn 1963
Bekker, Cajus: Kampf und Untergang der Kriegsmarine, Hannover 1953
ders.: Verdammte See, Oldenburg 1973
ders.: Angriffshöhe 4000, München 1967
Belperron Pierre u. Andersen, Georges: La deuxième guerre mondiale, Paris 1945
Benoist-Mechin, Jacques: Der Himmel stürzt ein, Frankreichs Tragodie 1940, Dusseldorf 1958
Bidou, Henry: La Bataille de France, Genève 1941
Bloch, Marc: L'étrange défaite, Paris 1957
Borchert, Herbert: Panzerkampf im Westen, Berlin 1940
Boucher, J.: L'armée blindée dans la guerre, Paris 1953
Bourret, Victor: La Tragédie de l'Armée francaise, Paris 1947
Braddock, David W.: The Campaigns in Egypt and Lybia, 1940 - 42, London 1955
Bragadin, Marc-A.: Che ha fatto la Marina? Milano 1953
Busch, Dr. Harald: So war der U-Boot-Krieg, Bielefeld 1957
Busch, Fritz-Otto: Zehn Zerstörer, Hannover 1959
ders.: Narvik, Gütersloh 1940
Cavallero, Ugo: Comando Supremo 1940 - 1943, Bologna 1948
Choltitz, D. von: Soldat unter Soldaten, Wien 1951
Churchill, W.S.: The Second World War, dt. Der Zweite Weltkrieg, Stuttgart 1951 - 52
ders.: Der Zweite Weltkrieg, Bern 1954
Creswell, John: Sea warfare 1939 - 1945, London 1950
Cugnac, General de: Les quarante Jours, Paris 1948
Collier, Richard: Dünkirchen, Konstanz-Zürich 1962

Cunningham, Lord Andrew B.: A saylors Odyssee, London 1951
Dahms, Helmut, G.: Geschichte des Zweiten Weltkriegs, Tübingen 1965
Derry, Thomas, K.: The Campaign in Norway, London 1952
Dönitz, Karl: Zehn Jahre und 20 Tage, Bonn 1958
ders.: Bedeutung der Seestrategie im Zweiten Weltkrieg, i.MS an den Autor
ders.: Mein wechselvolles Leben, Göttingen-Zürich-Berlin Frankfurt 1968
ders.: Der Krieg in 40 Fragen, Paris 1970 und i.MS. an den Autor
ders.: Kräftebinden des U-Bootkrieges, i.Ms.
ders.: Wie ich Günther Prien sah, (Gespräche mit dem Autor)
ders.: Meine U-Bootmänner (Gespräche mit dem Großadmiral)
ders.: Kriegstagebücher des BdU 1940
Dreyer, Oberst a.D.: Der Seenotdienst der Luftflotte 3 von August 1940 bis zur Umorganisation im Jahre 1942 i.Ms.
Dwinger, Edwin-Erich: Panzerführer. Tagebuchblätter vom Frankreichfeldzug, Jena 1941
Ettighoffer, Paul C.: 44 Tage und Nächte. Der Westfeldzug 1940, Stuttgart 1953
Fitzgibbon, Constantine: "Blitz!", London 1957
Frank, Wolfgang: Prien greift an, Hamburg 1942
ders.: Die Wölfe und der Admiral, Oldenburg 1953
Fraschka, Günter: Mit Schwertern und Brillantan, Rastatt 1961
Fuller, J.F.C.: Armored Warfare, Harrisburg 1951
ders.: Der Zweite Weltkrieg 1939 - 1945, Wien-Stuttgart 1950
Gamelin, Maurice, Gustave: Servir, T. 1-3, Paris 1946 - 47
Galland, Adolf: Die Ersten und die Letzten, Darmstadt 1953
Görlitz, Walter: Der Zweite Weltkrieg 1939 - 1945, Stuttgart 1951 - 52
Goltz, GenLt. Konrad: Der Seenotdienst der Luftwaffe von Juni 1940 bis zur Umorganisation im Frühjahr 1942, i.Ms.
Graziani, Rodolfo: Africa settentrionale 1940-1941, Rom 1948
Guderian, Heinz: Erinnerungen eines Soldaten, Heidelberg 1951
ders.: Panzer marsch! München 1956
Halder, Franz: Kriegstagebuch 1-3, Stuttgart 1962 - 64
Heß, Oberstleutnant: Das erste Jahr der Seenotzentrale Brest, i.Ms.
Hetz, Karl: Warum Zerstörer? ZS 3/1953
Heye, August-Wilhelm: Z 13: Von Kiel bis Narvik, Berlin 1941
Hoth, Hermann: Schicksal der französischen Panzerwaffe im ersten Teil des Westfeldzuges 1940, Wehrkunde Jgg. 7, 1958
Hildebrand, Hans H.: Die deutsche Kriegsmarine 1939 - 1945, Bad Nauheim ab 1956 (3 Bd.)
Hümmelchen, Gerhard: Handelsstörer, München 1967
Hubatsch, Walter: 61. Infanterie-Division, Bad Nauheim 1961
ders.: Weserübung - Die deutsche Besetzung von Dänemark und Norwegen 1940, Frankfurt/Main 1960
Jacobsen, H.-A.: Dokumente zum Westfeldzug 1940, Frankfurt/Main 1960
ders.: Fall "Gelb": Der Kampf um den deutschen Operationsplan zur Westoffensive 1940, Wiesbaden 1957
ders.: 1939 - 1945: Der Zweite Weltkrieg in Chroniken und Dokumenten, Darmstadt 1961
Juin, Alphonse: Mémoires, Paris 1959 - 60
Jungenfeldt, Ernst Frhr. v.: So kämpften Panzer, Berlin 1941
Kempf, Werner: Briefe, dokumentarischer Lebenslauf, i.Ms.

Kesselring, Albert: Soldat bis zum letzten Tag, Bonn 1953
Kleffens, Eelco Nicolaas van: The Rape of the Netherlands, dtsch: Der Einfall in die Niederlande, Zürich 1941
Knobelsdorff, Otto v.: Geschichte der 19. PD, Bad Nauheim 1958
Koeltz, Louis: Comment s'est joé notre destin. Hitler et le Offensive du 10 mai 1940, Paris 1957
Kräutler, Mathias und Springenschmidt, Karl: Es war ein Edelweiß, Schicksal und Weg der 2. Gebirgsdivision, Graz 1962
Kriegsheim, Herbert: Getarnt, getäuscht und doch getreu, Berlin 1958
Kreisch, Leo, VAdm.: Führungsorganisation, Einsatzgebiete und Stellenbesetzungslisten der Zerstörerwaffe, i. MS an den Autor
Klatt, Paul: Die 3. Gebirgs-Division 1939 - 1945, Bad Nauheim 1958
Kühn, Volkmar: Torpedoboote und Zerstörer im Einsatz 1939 - 1945, Stuttgart 1988 (7. Auflage)
ders.: Schnellboote im Einsatz 1939 - 1945, Stuttgart 1986 (2. Aufl.).
ders.: Der Seenotdienst der Deutschen Luftwaffe, Stuttgart 1978
Kühn, Volkmar: Deutsche Fallschirmjäger im Zweiten Weltkrieg 1939 - 1945, Stuttgart 1989 (8. Aufl.).
Kurowski, Franz: Grenadiere, Generale, Kameraden, Rastatt 1969
ders.: Zu Lande, zu Wasser, in der Luft, Bochum 1976
ders.: Krieg unter Wasser, Düsseldorf 1979
ders.: Der Luftkrieg über Deutschland, Düsseldorf 1977
ders.: Mit Eichenlaub und Schwertern, Herrsching 1985
ders.: Deutsche Offiziere in Staat, Wirtschaft und Wissenschaft, Herford 1965
ders.: Globale Mission. Die deutsche Abwehr im Zweiten Weltkrieg, i.Ms.
ders. und Thornau Gottfried: Sturmartillerie - Fels in der Brandung, Herford 1966
dieselben: Sturmartillerie - Die dramatische Geschichte einer Waffengattung 1939 - 1945, Stuttgart 1977
Lanz, Herbert: Gebirgsjäger. Die 1. Gebirgsdivision 1939 - 1945, Bad Nauheim 1954
L'Hoest, Jean-Louis: Les Paras allemands au canal Albert, Mai 1940, Paris 1964
Liss, Ulrich: Westfront 1939/40, Neckargemünd 1959
Mac Intyre, Donald: The Battle for the Mediterranean, London 1964
Manstein, Erich von: Verlorene Siege, Bonn 1955
Melzer, Walter: Albert Kanal und Eben Emael, Neckargemünd 1957
Michaels, Oscar: 18 Jours de guerre en Belgique, Paris 1947
Metzsch, Friedrich-August v.: Geschichte der 22. Infanterie-Division 1939 - 1945, Bad Nauheim 1960
Mordal, Jacques: La Campagne de Norvège, Paris 1949
Podzun, Hans-Hennig: Das Deutsche Heer 1939, Bad Nauheim 1953
Pretelat, Andrè Gaston: Le destin tragique de la Ligne Maginot, Paris 1950
Raissac, Guy: Un soldat dans la Tourmente (General Weygand) Paris 1963
Roskill, Stephen Wentworth: The War at Sea, 1939 - 1945, London 1954-61
Ruge, Friedrich.: Der Seekrieg, Stuttgart 1962
ders.: Briefe und Unterlagen an den Autor
Schepke, Joachim: U-Boot-Fahrer von Heute, Berlin 1940
Seemen, Gerhard v.: Die Ritterkreuzträger 1939 - 1945, Bad Nauheim 1955
Senger und Etterlin, Friedo v.: Krieg in Europa 1940 - 1945, Köln-Berlin 1960

Stoves, Rolf: 1. Panzer-Division 1939 - 1945, Bad Nauheim 1962
Straub, Walter: Panzer-Regiment 6 im Westfeldzug, München 1959
Teske, Hermann: Bewegungskrieg: Führungsprobleme einer Infanterie-Division im Westfeldzug 1940, Heidelberg 1955
ders.: Die silbernen Spiegel, Heidelberg 1952
Tippelskirch, Kurt von: Geschichte des Zweiten Weltkrieges, Bonn 1952
Trizzino, Antonio: Sopra di noi l'Oceano, Mailand 1962
Turner, John, Frayn: Periscope patrol! London 1957
Voisin, Pierre: Ceux des chars, 45 Jours 45 Nuits, Archat 1941
Wagner, Dr. Th.: Erfolgreiche Seenoteinsätze, i.Ms. an Autor
Warlimont, Walter: Im Hauptquartier der Deutschen Wehrmacht, Frankfurt/Main 1962
Westphal, Siegfried: Heer in Fesseln, Bonn 1954
ders.: Erinnerungen, Mainz 1975
Wagner, Gerhard: Lagevorträge des Oberbefehlshabers der Kriegsmarine vor Hitler 1939 - 1945, München 1971
Weygand, Maxime: Le Général Frère. Un chef, un héros, un martyr. Paris 1949
Wykeham, Peter: Fighter Command, a Study of Air Defense 1940 - 1960, London 1964
Zbyszewski, Karol: The Fight for Narvik, London 1940
Zimmermann, Hermann: Der Griff ins Ungewisse, Neckargemünd 1964

Danksagung.

Der Dank von Herausgeber und Redakteur gilt allen jenen Soldaten und Offizieren der drei Wehrmachtsteile, die auch am zweiten Band der Geschichte des Zweiten Weltkrieges mitgearbeitet haben oder durch Unterlagen, Dokumente, Befehle und KTB zur Vervollständigung beitrugen.

Im Registerband werden sie alle genannt werden.

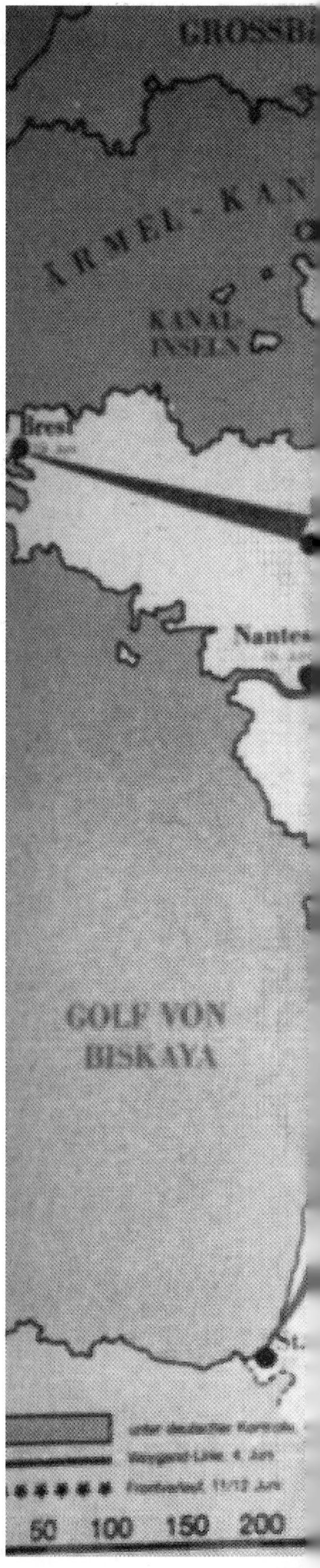
KANAL-
INSELN
Brest
GOLF VON
BISKAYA
50 100 150 200